Bob Woodward
Robert Costa

GEFAHR

Die amerikanische
Demokratie in der Krise

Aus dem Englischen von
Karsten Petersen, Hans-Peter Remmler,
Heike Schlatterer, Sigrid Schmid,
Thomas Stauder

Hanser

Titel der Originalausgabe: *Peril*
New York, Simon & Schuster, 2021

1. Auflage 2022

ISBN 978-3-446-27329-0
Copyright © 2021 by Bob Woodward and Robert Costa
All rights reserved
Published by arrangement with the original publisher, Simon & Schuster, Inc.
Alle Rechte der deutschen Ausgabe:
© 2022 Carl Hanser Verlag GmbH & Co. KG, München
Umschlag: Anzinger und Rasp, München
Motiv: © David Papazian / Getty Images
Satz: Sandra Hacke, Dachau
Druck und Bindung: CPI books GmbH, Leck
Printed in Germany

MIX
Papier aus verantwortungsvollen Quellen
FSC® C083411

Immer für die Eltern:

Alfred E. Woodward und Jane Barnes
Tom und Dillon Costa

INHALT

Persönliche Vorbemerkung der Autoren	11
Prolog	13
Kapitel 1–72	31
Epilog	491
Hinweis für unsere Leserinnen und Leser	497
Dank	499
Anmerkungen	507
Bildnachweise	536
Personenregister	537

Wir haben viel zu tun in diesem Winter der Gefahr.

Präsident Joseph R. Biden jr. in seiner Antrittsrede
am 20. Januar 2021 vor dem Kapitol der Vereinigten
Staaten von Amerika

PERSÖNLICHE VORBEMERKUNG DER AUTOREN

Claire McMullen, 27, eine Anwältin und Autorin aus Australien, arbeitete als Assistentin an diesem Buch mit. Als unsere Mitarbeiterin war sie umfassend in die investigative Berichterstattung und Recherche eingebunden, sie war unser Antrieb, noch gründlicher nachzuforschen, noch mehr Fragen zu stellen und noch präziser zu sein. In jeder Phase war sie fokussiert, ideenreich und hartnäckig, auch in schwierigen Momenten, und sie war immer entschlossen, jeden einzelnen Schritt mit Akribie und Sorgfalt zu erledigen. Claires kreative Hingabe an harte Arbeit geht über bloßes Pflichtbewusstsein weit hinaus.

Sie setzte sich an jedem Tag und zu jeder Stunde für die Sache ein. Bereitwillig ging sie früh am Morgen ans Werk und blieb bis spät in der Nacht, opferte auch zahllose Wochenenden unserer gemeinsamen Arbeit. Sie brachte zudem ihre brillanten Einsichten in Menschenrechtsfragen, Außenpolitik und die menschliche Natur in dieses Projekt ein. Ihre Karriere ist mehr als grenzenlos vielversprechend. Sie ist einfach die Beste.

Wir werden für ihre Freundschaft und Hingabe ewig dankbar sein.

PROLOG

Zwei Tage nach dem 6. Januar 2021, dem Tag der gewalttätigen Angriffe auf das Kapitol der Vereinigten Staaten durch Anhänger von Präsident Donald Trump, tätigte General Mark Milley, Chef des Generalstabs der Streitkräfte der USA, um 7:03 Uhr morgens einen dringenden Anruf über eine geheime Leitung bei seinem chinesischen Pendant, General Li Zuocheng, dem Leiter des Generalstabs der Volksbefreiungsarmee.

Milley wusste aus ausführlichen Berichten, dass Li und die chinesische Führung angesichts der Fernsehbilder von dem beispiellosen Angriff auf Amerikas Legislative fassungslos und höchst irritiert waren.

Li bombardierte Milley mit Fragen. War die Supermacht Amerika instabil? Stand sie gar vor dem Kollaps? Was ging da vor? Würde das US-Militär einschreiten?

»Die Dinge mögen im Moment instabil aussehen«, sagte Milley und versuchte, Li zu beschwichtigen, den er seit fünf Jahren kannte. »Aber so ist das eben in der Demokratie, General Li. Wir sind zu 100 Prozent stabil. Alles ist gut. Aber die Demokratie kann mitunter schludrig sein.«

Es dauerte eineinhalb Stunden – die Hälfte davon war dem notwendigen Einsatz von Dolmetschern geschuldet –, um Li einigermaßen zu beruhigen.

Als Milley auflegte, war er überzeugt, dass die Lage sehr ernst war. Li blieb ungewöhnlich aufgewühlt und sah die beiden Nationen am Rand einer Katastrophe.

Die Chinesen waren ohnehin bereits auf höchster Alarmstufe wegen der Absichten der USA. Wie vertrauliche Geheimdienstinformationen belegen, gingen die Chinesen am 30. Oktober, vier Tage vor der Präsidentschaftswahl, davon aus, die USA würden heimlich einen Angriff auf sie vorbereiten. Die Chinesen nahmen an, Trump würde in seiner Verzweiflung eine Krise heraufbeschwören, um sich selbst als Retter hinzustellen und sich mit diesem Schachzug seine Wiederwahl zu sichern.

Milley wusste, dass die Behauptung, Amerika würde einen geheimen Militärschlag gegen China aushecken, unsinnig war. Er hatte auch damals General Li über die gleiche Geheimleitung angerufen, um beruhigend auf die Chinesen einzuwirken. Er betonte die langjährigen Beziehungen der Staaten und versicherte, die USA würden keinesfalls einen Angriff planen. Zu der Zeit ging er davon aus, General Li, der die Botschaft an Chinas Präsidenten Xi Jinping weiterleiten sollte, erfolgreich beschwichtigt zu haben.

Nun jedoch, zwei Monate später, am 8. Januar, waren Chinas Befürchtungen durch den Aufstand ganz offenkundig nur noch angeheizt worden.

»Wir verstehen die Chinesen nicht«, erzählte Milley seinem Führungsstab, »und die Chinesen verstehen uns nicht.« Das war an sich schon gefährlich genug. Aber das war noch nicht alles.

Milley hatte aus nächster Nähe miterlebt, wie impulsiv und unberechenbar Trump war. Nicht besser wurde die Sache durch Milleys inzwischen gewachsene Gewissheit, dass Trump im Nachgang der Wahlen geistig spürbar abgebaut hatte. Inzwischen führte sich Trump nahezu irrsinnig auf, er schrie seine Beamten an und konstruierte seine eigene, alternative Realität mit endlosen Verschwörungen im Zusammenhang mit den Wahlen.

Die Szenen eines brüllenden Trump im Oval Office erinnerten an *Full Metal Jacket*, den Film aus dem Jahr 1987, in dem ein Unteroffizier der Marines seine Rekruten auf übelste Weise mit entmenschlichenden Obszönitäten traktiert.[1]

»Man weiß nie genau, wo der Triggerpunkt eines Präsidenten liegt«, sagte Milley seinem Führungsstab. Wann würde die Verbindung aus bestimmten Ereignissen und Druck von verschiedenen Seiten einen Präsidenten veranlassen, militärisches Eingreifen anzuordnen?

Dass der Präsident zugleich militärischer Oberbefehlshaber des Landes ist, bedeutet eine gewaltige Machtkonzentration in einer Hand. Die Verfassung gibt dem Präsidenten damit die Entscheidungsgewalt, die Streitkräfte nach Gutdünken im Alleingang einzusetzen.

Milley ging davon aus, dass Trump zwar keinen Krieg wollte, aber zweifellos willens war, Militärschläge durchzuführen, wie im Iran, in Somalia, Jemen und Syrien bereits geschehen.

»Ich erinnerte ihn immer wieder daran«, sagte Milley, »dass wir uns, je nachdem, wo und gegen wen ein solcher Schlag geführt wird, in einem Krieg wiederfinden könnten.«

Während sich die öffentliche Aufmerksamkeit auf die heimischen Nachwehen des Aufstands am Kapitol richtete, erkannte Milley insgeheim, dass die USA in eine neue Periode mit außergewöhnlichen Risiken auf internationaler Ebene geraten waren. Es war just die Art von hochsensiblem Szenario, in dem ein Unfall oder eine Fehlinterpretation katastrophal eskalieren konnte.

Alles entwickelte sich schnell und abseits der öffentlichen Wahrnehmung, und in mancher Hinsicht hatte das Ganze Ähnlichkeit mit den Spannungen während der Kuba-Krise im Oktober 1962, als die USA und die Sowjetunion wegen des Disputs über die Stationierung sowjetischer Raketen auf Kuba nur haarscharf an einem Krieg vorbeischrammten.

Milley, 62 und ein ehemaliger Eishockeyspieler an der Universität Princeton, stämmig und kerzengerade mit seinen 1,75 m, wusste nicht, was China als Nächstes vorhatte. Sehr wohl wusste er aber aus 39 Jahren Erfahrung in der Army und nach vielen blutigen Kampfeinsätzen, dass ein Gegner dann am gefährlichsten war, wenn er Angst hatte und glaubte, er könnte angegriffen werden.

Wenn ein Widersacher wie China das jemals wollte, sagte er, »dann konnten sie sich zu etwas entschließen, was wir als ›Erstschlagsvorteil‹ oder auch schlicht ›Pearl Harbor‹ bezeichnen, und zu einem Präventivschlag greifen.«

Die Chinesen investierten gerade massiv in die Expansion ihres Militärs und rüsteten sich de facto zum Supermachtstatus hoch.[2]

Nur 16 Monate zuvor hatte Präsident Xi, der mächtigste chinesische Führer seit Mao Zedong, anlässlich einer eindrucksvollen Militärparade auf dem Tiananmen-Platz in Peking gesagt, es gebe »keine Kraft, die das Voranschreiten des chinesischen Volkes und der chinesischen Nation aufhalten kann«.[3] Die Chinesen enthüllten bei der Gelegenheit auch ihre neueste »bahnbrechende« Waffe, eine Überschallrakete mit fünffacher Schallgeschwindigkeit.[4]

Milley erzählte leitenden Mitarbeitern, »es gibt Möglichkeiten im Cyberspace oder im Weltraum, einer großen und komplexen Industriegesellschaft wie den USA wirklich erhebliche Schaden zuzufügen, und dies auch noch sehr, sehr schnell mittels extrem leistungsstarker Werkzeuge, die bereits existieren. China ist dabei, all diese Möglichkeiten aufzubauen.«

China exerzierte auch auf aggressive Weise Kriegsspiele und schickte täglich Militärflugzeuge in Richtung Taiwan, den unabhängigen Staat vor der Küste Chinas, den China als Teil seines Landes betrachtet und den die USA zu beschützen gelobt hatten.[5] Im Jahr zuvor hatte General Li angekündigt, China würde Taiwan »entschlossen zerschmettern«, falls nötig.[6] Alleine schon Taiwan war nicht weniger als ein Pulverfass.

Im Südchinesischen Meer war China auf dem Vormarsch wie nie zuvor, installierte Militärbasen auf künstlichen Inseln und stellte sich, aggressiv und unter Inkaufnahme bisweilen haarsträubender Risiken, Schiffen der US-Marine auf wichtigen Welthandelsrouten entgegen.[7]

Die anstehenden Manöver der U.S. Navy unter dem Motto »Freedom of Navigation« in der Region um Taiwan und im Südchinesischen Meer sowie eine Übung von Bombern der U.S. Air Force beunruhigten Milley zutiefst.

Derartige simulierte Attacken stellten Kriegssituationen so realistisch wie möglich nach und waren nicht selten machohafte, provozierende Unterfangen, bei denen US-Marineschiffe absichtlich mit hoher

Geschwindigkeit gegen Chinas Ansprüche auf international anerkannte maritime Territorien angingen.

Wutentbrannt versuchten chinesische Kapitäne mehrfach, die US-Schiffe vom Kurs abzudrängen, indem sie sie mit geringem Abstand verfolgten oder frontal auf sie zusteuerten. Schon aufgrund der Größe der Schiffe waren rasche Wendemanöver grundsätzlich mit Gefahren verbunden – Unfälle, die eine katastrophale Kettenreaktion auslösen konnten, waren geradezu vorprogrammiert.

Der Vorsitzende des Generalstabs ist der hochrangigste Offizier der Streitkräfte und der führende militärische Berater des Präsidenten. Kraft Gesetzes hat dieser Generalstabschef eine Rolle der Aufsicht und Beratung inne. Er ist zwar nicht Teil der militärischen Befehlskette, in der Praxis ist der Posten jedoch mit sehr viel Macht und Einfluss verbunden. Einige von Milleys Vorgängern waren große Symbolfiguren der US-Militärgeschichte – Omar Bradley, Maxwell Taylor und Colin Powell sind prominente Namen.

Kurz nach dem Gespräch mit General Li am 8. Januar rief Milley Admiral Philip Davidson, den Leiter des Indo-Pazifik-Kommandos der USA, das China im Auge behält, auf einer abhörsicheren Leitung an.

Phil, sagte Milley und erinnerte ihn zuerst einmal daran, dass er in seiner Funktion als Chef des Generalstabs keine Befehlsgewalt habe. »Ich kann Ihnen nicht sagen, was Sie zu tun haben. Aber vielleicht sollten Sie diese Übungen zum gegenwärtigen Zeitpunkt überdenken. Angesichts dessen, was in den USA gerade los ist, könnte das von den Chinesen als Provokation verstanden werden.«

Davidson ordnete unverzüglich eine Verschiebung der Übung an.

Die geplanten Manöver erinnerten potenziell an eine ähnliche Begebenheit in den 1980er-Jahren, als die Führer der damaligen Sowjetunion glaubten, die USA und das Vereinigte Königreich planten einen atomaren Präventivschlag. Ein NATO-Militärmanöver mit Namen ABLE ARCHER verstärkte diesen Verdacht der Sowjets noch zusätzlich.[8] Der spätere CIA-Direktor und Verteidigungsminister Robert Gates sagte,

»das Erschreckendste an ABLE ARCHER war, dass wir möglicherweise am Rande eines Atomkriegs standen.«[9]

Genau diese heikle Situation bereitete Milley Sorgen. Er befand sich quasi genau an diesem Rand.

Die Beziehung zu China war die bei Weitem sensibelste und gefährlichste in der amerikanischen Außenpolitik. Aber aus den Erkenntnissen der US-Geheimdienste ging hervor, dass der Aufruhr vom 6. Januar nicht nur China in helle Aufregung versetzt hatte. Auch Russland und der Iran sowie weitere Nationen schalteten auf höchste Alarmstufe und behielten das US-Militär und die politischen Geschehnisse in den USA genauestens im Auge.

»Die halbe Welt war verflucht nervös«, sagte Milley. Viele Länder intensivierten ihr militärisches Operationstempo und die Nutzung von Spionagesatelliten. Die Chinesen ließen bereits ihre Spionage- und Aufklärungssatelliten Ausschau halten, ob sich in den USA irgendetwas Ungewöhnliches oder Unberechenbares abspielte oder ob die Supermacht irgendwelche militärischen Operationen vorbereitete.

Milley war jetzt von morgens bis abends in höchster Alarmbereitschaft. Er behielt den Weltraum, Vorgänge im Cyberspace, abgefeuerte Raketen, Militärbewegungen zu Wasser, zu Land und in der Luft sowie Geheimdienstoperationen im Blick. Er hatte abgeschirmte Telefonleitungen in nahezu jedem Raum von Quarters 6, der Residenz des Vorsitzenden in der Joint Base Myer-Henderson Hall, Virginia, über die er sofort eine Verbindung mit dem War Room im Pentagon, dem Weißen Haus oder mit Kommandeuren der kämpfenden Truppen auf dem gesamten Globus herstellen konnte.

Milley sagte den Befehlshabern von Army, Navy, Air Force und Marines – dem Generalstab –, sie müssten alles »rund um die Uhr« im Auge behalten.

Er rief Paul Nakasone an, den Direktor der National Security Agency (NSA), und berichtete von seinem Telefonat mit Li. Die NSA ist für die Überwachung der weltweiten Kommunikation zuständig.

»Sperrt Augen und Ohren auf«, sagte Milley, »beobachtet und scannt weiter.« Konzentriert euch besonders auf China, aber achtet auch darauf, dass die Russen nicht versuchen, »die Situation mit einer opportunistischen Aktion zu ihrem Vorteil auszuschlachten«.

»Wir haben unsere Kommunikationswege im Blick«, versicherte ihm Nakasone.

Milley rief CIA-Direktorin Gina Haspel an und ließ ihr ein Protokoll des Telefonats mit Li zukommen.

»Beobachten Sie aggressiv alles, in alle Richtungen«, sagte Milley zu Haspel. »Im Moment müssen wir leider mit absolut allem rechnen. Ich will einfach nur irgendwie bis zum Mittag des 20. Januar durchkommen« – die Stunde der Amtseinführung von Joe Biden als Präsident.

Was auch immer geschah, Milley überwachte die Mobilisierung der nationalen Sicherheitskräfte Amerikas, ohne dass die amerikanischen Bürgerinnen und Bürger und der Rest der Welt etwas davon ahnten.

Milley hatte General Li getäuscht mit seiner Behauptung, die Vereinigten Staaten seien »zu 100 Prozent stabil« und der Aufstand des 6. Januar sei bloß ein Beispiel für eine etwas »schludrige« Demokratie.

Ganz im Gegenteil: Milley hielt den 6. Januar für eine geplante, koordinierte, synchronisierte Attacke mitten ins Herz der amerikanischen Demokratie, darauf angelegt, die Regierung zu stürzen, um die verfassungsgemäße Bestätigung einer legitimen, von Joe Biden gewonnenen Wahl zu verhindern.

Es war in der Tat ein Putschversuch und nichts Geringeres als »Verrat«, sagte er, und Trump könnte noch immer auf etwas aus sein, was Milley als »Reichstagsmoment« bezeichnete.[10] 1933 hatte Adolf Hitler die absolute Macht für sich selbst und die NSDAP inmitten von Straßenterror und Reichstagsbrand zementiert.

Milley konnte nicht ausschließen, dass der Angriff vom 6. Januar, so unerwartet und chaotisch er war, eine Generalprobe für etwas viel Größeres gewesen sein könnte, zumal Trump öffentlich wie im privaten

Kreis an seinem Glauben festhielt, die Wahl sei zugunsten Bidens verfälscht und der Wahlsieg ihm, Trump, gestohlen worden.

Milley war fokussiert auf den von der Verfassung vorgesehenen Countdown: noch zwölf Tage Trump als Präsident. Er war fest entschlossen, alles zu tun, um eine friedliche Machtübergabe zu gewährleisten.

Unerwartet betrat Milleys Stabsoffizier das Büro und reichte ihm eine handschriftliche Notiz: »Sprecherin Pelosi möchte ASAP mit Ihnen reden. Thema: Nachfolge. 25. Verfassungszusatz.« Nancy Pelosi, Demokratin aus Kalifornien und die Sprecherin des Repräsentantenhauses, würde im Fall der Fälle nach dem Vizepräsidenten die Nachfolge des Präsidenten antreten und erhielt detaillierte Briefings zu Befehlsgewalt und Kontrolle über das Atomwaffenarsenal der USA. Die Veteranin mit 34 Dienstjahren im Repräsentantenhaus war in allen Fragen, die mit nationaler Sicherheit, Militär und Geheimdiensten zu tun hatten, bestens informiert.

Milley nahm Pelosis Anruf auf seinem persönlichen Mobiltelefon entgegen, eine nicht speziell abgeschirmte Leitung, und schaltete den Lautsprecher ein, damit seine Berater mithören konnten.

Das Folgende ist eine Mitschrift des Telefonats, die den Autoren vorliegt.

»Welche Sicherheitsvorkehrungen sind vorhanden«, fragte Pelosi, »um zu verhindern, dass ein instabiler Präsident feindselige militärische Aktivitäten auslöst oder sich Zugang zu den Startcodes verschafft und einen Atomschlag befiehlt? Diese Situation mit einem geistig verwirrten Präsidenten ist extrem gefährlich. Wir müssen alles in unserer Macht Stehende tun, um das amerikanische Volk vor seinem extremen Anschlag auf unser Land und unsere Demokratie zu schützen.«

Pelosi sagte, sie würde Milley in seiner Funktion als hochrangigen Offizier anrufen, weil Christopher Miller, kurz zuvor von Trump als amtierender Verteidigungsminister installiert, noch nicht vom Senat bestätigt worden war.

»Ich kann Ihnen versichern, dass wir eine Menge Kontrollinstanzen im System haben«, sagte Milley. »Und ich kann Ihnen garantieren, darauf können Sie sich verlassen, dass wir, dass die nuklearen Auslöser sicher sind und wir nicht – wir werden nicht zulassen, dass irgendetwas Verrücktes, Ungesetzliches, Unmoralisches oder Unethisches geschieht.«

»Und wie wollen Sie das anstellen? Wollen Sie ihm den Football oder was auch immer wegnehmen?«, fragte sie.

Sie wusste natürlich, dass mit dem Football der Aktenkoffer gemeint war, den ein hoher Offizier zum Präsidenten brachte und der die versiegelten Authentifizierungscodes enthielt, die für den Einsatz von Atomwaffen benötigt wurden, sowie ein sogenanntes »Schwarzes Buch«, in dem Angriffsoptionen und mögliche Ziele aufgelistet sind.

»Nun«, antwortete Milley, »es sind bestimmte Prozeduren festgelegt. Es gibt Startcodes und Prozeduren, die erforderlich sind, um das zu machen. Und ich kann Ihnen versichern, als Vorsitzender des Generalstabs kann ich Ihnen versichern, dass *das* nicht passieren wird.«

»Wenn Sie nun gewisse Bedenken hätten, dass es doch passieren könnte, wie würden Sie vorgehen?«

»Wenn ich auch nur eine Nanosekunde glauben würde, dass – ich habe keine unmittelbare Entscheidungsbefugnis«, sagte er, »aber ich habe viele Möglichkeiten, schlimme Dinge zu verhindern, in meiner eigenen kleinen ...«

Pelosi unterbrach ihn, »Das amerikanische Volk braucht eine gewisse Zusicherung von Ihnen in dieser Sache, General. Was können Sie öffentlich darüber sagen?«

»Ich kann das nicht, offen gesagt, Madam Speaker. Öffentlich sollte ich mich, glaube ich, im Moment besser nicht äußern. Ich glaube, dass alles, was ich als Individuum sagen würde, auf zehn verschiedene Arten fehlinterpretiert würde.«

»Nun, sehen wir es mal objektiv und sprechen nicht von einem bestimmten Präsidenten«, sagte Pelosi. »Angesichts all der Macht, über die der Präsident verfügt – ich wiederhole mich –, wo sind da die Sicherheitsvorkehrungen?«

»Die Sicherheitsvorkehrungen sind die Prozeduren, die wir festgelegt haben«, sagte er, »sie verlangen eine Authentifizierung, eine Zertifizierung, und alle Instruktionen müssen von einer kompetenten Autorität kommen, und sie müssen gesetzeskonform sein. Und jeder Einsatz von Atomwaffen muss logisch begründet sein. Nicht nur der Einsatz von Atomwaffen, überhaupt der Einsatz von Gewalt. Ich kann Ihnen versichern, wir haben stabile Systeme einsatzbereit. Es gibt nicht den Hauch einer Chance für diesen Präsidenten, oder für irgendeinen Präsidenten, Atomwaffen auf ungesetzliche, unmoralische, unethische Weise einzusetzen, ohne angemessene Zertifizierung durch ...«

»Und Sie haben gesagt, nicht bloß Atomwaffen, sondern Gewalt grundsätzlich?«, hakte sie nach.

»Absolut«, sagte Milley. »Viele Menschen sind besorgt, und mit vollem Recht besorgt, über einen möglichen Zwischenfall in, sagen wir, im Iran. Ich behalte das im Auge und sehe sehr genau hin. Die Dinge im Ausland sind rund um die Uhr unter Beobachtung. Und daheim in den USA ist es nicht anders, Dinge wie Ausnahmezustand oder Kriegsrecht, der Insurrection Act, der den Umgang mit einem Aufstand regelt.«

»Das ist einer dieser Momente, Madam Speaker, da müssen Sie mir einfach vertrauen. Ich garantiere es Ihnen. Ich gebe Ihnen mein Wort. Ich kann nichts davon öffentlich verlauten lassen, weil ich nicht die Befugnis habe, und es würde in 50 verschiedene Richtungen falsch gedeutet werden, aber ich kann Ihnen versichern, dass das Militär der Vereinigten Staaten felsenfest steht und dass wir nichts Ungesetzliches oder Unmoralisches oder Unethisches mit dem Einsatz von Gewalt tun werden. Das werden wir nicht tun.«

Pelosi hielt dagegen. »Aber er hat gerade erst etwas Ungesetzliches und Unmoralisches und Unethisches getan, und niemand hat ihn aufgehalten. Niemand. Niemand im Weißen Haus. Das Ganze ist so eskaliert, wie es eskaliert ist, weil es die Absicht des Präsidenten war. Der Präsident hat dazu angestachelt, und niemand im Weißen Haus hat etwas dagegen getan. Niemand im Weißen Haus ist ihm in den Arm gefallen und hat ihn aufgehalten.«

»Ich kann Ihnen da nicht widersprechen«, antwortete Milley.
»Sie sagen also, Sie sorgen dafür, dass es nicht passiert?«, fragte die Sprecherin. »Es ist doch bereits passiert. Ein Anschlag auf unsere Demokratie ist geschehen, und niemand sagte ihm, das können Sie nicht machen. Niemand.«
»Nun, Madam Speaker, das Abschießen von Atomwaffen und das Anstiften zu einem Aufruhr …«
»Ich kenne den Unterschied, vielen Dank auch. Was ich sagen will, ist, dass, wenn Sie ihn nicht einmal an einem Anschlag auf das Kapitol hindern konnten, wer weiß, was er noch alles anstellt? Und gibt es da irgendeinen Verantwortlichen im Weißen Haus, der etwas anderes getan hat, als ihm wegen dieser Sache in seinen fetten Arsch zu kriechen?«
Sie redete weiter. »Gibt es irgendeinen Grund anzunehmen, dass jemand, irgendeine Stimme der Vernunft, eingreift und ihm in den Arm fällt? Was das angeht, wir sind sehr, sehr stark getroffen von dieser Sache. Das ist kein Unfall. Das ist nichts, wo man sagen kann, na schön, jetzt wo es passiert ist, sollten wir doch lieber nach vorne schauen. Machen wir einfach weiter. So funktioniert das nicht. Das ist eine tiefgreifende Sache, die er da gemacht hat. Er hat die Mitarbeiter traumatisiert. Er hat das Kapitol angegriffen und das alles. Und er darf damit nicht ungestraft davonkommen. Er darf nicht die Macht bekommen, noch mehr Unheil anzurichten.«

Pelosi erwähnte Präsident Richard Nixon, der wegen des Watergate-Skandals 1974 zum Rücktritt gezwungen worden war.
»Nixon hat viel weniger Schlimmes angerichtet, und die Republikaner sagten ihm trotzdem, ›Sie müssen gehen‹. Seine Verfehlungen spielen in einer ganz anderen Liga. ›Sie müssen gehen.‹ Die Republikaner ermöglichen dieses Verhalten doch erst, und ich frage mich einfach, ob da im Weißen Haus noch irgendjemand bei Sinnen ist? Ob irgendjemand da ist, der ihm sagt, das geht zu weit? Gestern brachten sie dieses verlogene – dieses, äh – Video mit, in dem er sagt, er habe nichts damit zu tun, weil sie wissen, dass sie in Schwierigkeiten sind. Das ist übel, aber wer

weiß, was er anstellen könnte. Er ist wahnsinnig. Sie wissen, dass er wahnsinnig ist. Und er ist nicht erst seit gestern wahnsinnig. Also sagen Sie nicht, Sie wissen nicht, wie es um seinen Geisteszustand bestellt ist. Er ist wahnsinnig, und was er gestern gemacht hat, ist nur ein weiterer Beweis für seinen Wahnsinn. Aber wie auch immer, ich weiß zu schätzen, was Sie gesagt haben.«

»Madam Speaker«, sagte Milley. »Ich stimme Ihnen in jedem Punkt zu.«

»Was kann ich meinen Kolleginnen und Kollegen sagen, die Antworten verlangen, die wissen wollen, was geschieht, um ihn davon abzuhalten, irgendwelche wie auch immer gearteten feindseligen Aktionen zu initiieren, und auch, ihm diese riesige Macht aus der Hand zu nehmen? Und die einzige Möglichkeit, das zu tun, besteht darin, ihn loszuwerden, weil niemand da ist, der den Mut hat, ihn an der Stürmung des Kapitols zu hindern und daran, einen Aufstand anzuzetteln. Und da ist er nun, der Präsident der Vereinigten Staaten, mittendrin. Und Sie haben meine Frage beantwortet. Vielen Dank, General. Ich danke Ihnen.«

Pelosi hielt einen Moment inne und fragte: »Ist dieser Dummkopf im Verteidigungsministerium, der amtierende Minister, hat er irgendeine Macht, was das angeht? Lohnt es sich, auch nur eine Sekunde mit ihm zu telefonieren?«

»Ich stimme allem, was Sie gesagt haben, zu 100 Prozent zu«, antwortete Milley. »Das eine, was ich Ihnen garantieren kann, ist, dass ich als Vorsitzender des Generalstabs, ich möchte, dass Sie das wissen – ich möchte, dass Sie in Ihrem tiefsten Inneren wissen, ich kann Ihnen zu 110 Prozent garantieren, dass das Militär, der Einsatz militärischer Gewalt, ob es Atomwaffen sind oder irgendein Schlag in einem anderen Land, wir werden nichts Ungesetzliches oder Verrücktes anstellen. Wir werden nicht ...«

»Nun«, fragte Pelosi, »was meinen Sie mit ungesetzlich oder verrückt? Ungesetzlich nach wessen Urteil darüber, was ungesetzlich ist? Er hat es bereits getan, und niemand hat etwas dagegen unternommen.«

»Also, ich rede vom Einsatz des US-Militärs«, sagte Milley. »Ich rede davon, dass wir einen Schlag führen, einen Militärschlag. US-Militärgewalt im eigenen Land und/oder international.«

»Ich kann nicht behaupten, dass mich das beruhigt«, sagte sie, »aber ich werde sagen, dass ich Sie danach gefragt habe – nur damit Sie das wissen. Weil ...«[11]

»Ich kann Ihnen mein Wort geben«, sagte Milley. »Das Beste, was ich tun kann, ist Ihnen mein Wort zu geben, und ich werde zu verhindern wissen, dass dergleichen beim Militär der Vereinigten Staaten geschieht.«

»Nun«, sagte sie, »ich hoffe, Sie können sich auch in dieser irrsinnigen Schlangengrube namens Oval Office durchsetzen, und auch gegen die ganze verrückte Familie. Man sollte eigentlich annehmen, es hätte inzwischen jemand eingreifen müssen. Die Republikaner haben Blut an den Händen, und jedem, der ihm ermöglicht, das zu tun, was er tut, klebt das Blut an den Händen, und jeder von ihnen ist schuldig an den traumatischen Auswirkungen auf unser Land.

Und unsere jungen Leute, die idealistisch sind und die hier arbeiten, ich sage Ihnen, diese Leute auf beiden Seiten des Repräsentantenhauses wurden in extremer Weise traumatisiert, weil dieser Mann komplett wahnsinnig ist, und jeder weiß das, und niemand unternimmt etwas deswegen. Wir werden also weiter auf den 25. Verfassungszusatz drängen und darauf, dass irgendwelche führenden Leute bei den Republikanern sich dafür einsetzen, den Präsidenten auszutauschen. Aber es ist ein Armutszeugnis für unser Land, dass wir von einem Diktator gekapert wurden, der mit Gewalt gegen ein anderes Organ der Regierung vorgegangen ist. Und er sitzt noch immer da. Er hätte in Haft genommen werden müssen. Er hätte unverzüglich verhaftet werden müssen. Er hat einen Staatsstreich gegen uns verübt, um selbst im Amt bleiben zu können. Es muss eine Möglichkeit geben, ihn abzusetzen. Aber wie auch immer, es ist sinnlos, damit Ihre Zeit zu verschwenden. Ich sehe das ein. Vielen Dank, General. Ich danke Ihnen.«

»Madam Speaker, Sie haben mein Wort. Ich kenne das System, und wir sind okay. Nur der Präsident kann den Einsatz von Atomwaffen befehlen. Aber er trifft diese Entscheidung nicht alleine. Eine Person kann den Einsatz befehlen, aber es braucht mehrere Leute, um den Einsatz wirklich auszulösen. Vielen Dank, Madam Speaker.«

Milley war klar, dass Pelosi durchaus recht hatte. Ihre schweren Bedenken waren allesamt wohlbegründet. Seit dem Beginn des nuklearen Zeitalters waren die Prozeduren, Techniken, selbst die Mittel und die Ausrüstung zur Kontrolle eines möglichen Einsatzes von Atomwaffen analysiert, diskutiert und mitunter auch verändert worden.

Milley sagte oft, dass der Einsatz von Atomwaffen »gesetzeskonform« sein muss und das Militär dafür ein strenges Prozedere vorsieht.

Aber kein System war idiotensicher, ganz gleich wie fein abgestimmt und eingeübt es sein mochte. Die Kontrolle von Nuklearwaffen lag auch in der Hand von Menschen, und Menschen machten nun einmal Fehler, auch er selbst. Praktisch gesehen war es unwahrscheinlich, dass ein Team aus Anwälten oder Offizieren des Militärs in der Lage wäre, einen Präsidenten aufzuhalten, wenn er entschlossen war, sie einzusetzen.

Der ehemalige Verteidigungsminister William J. Perry sagte seit Jahren, dass der Präsident die alleinige Kontrolle über den Einsatz der amerikanischen Atomwaffen hat.[12]

In einem Anfang 2021 veröffentlichten Artikel schrieb Perry: »Sobald ein Präsident im Amt ist, erlangt er die absolute Verfügungsgewalt, einen Atomkrieg zu beginnen. Innerhalb von Minuten kann Trump Hunderte Atomwaffen auf den Weg schicken, oder auch nur eine. Er muss dafür keine zweite Meinung einholen.«[13]

Nun, mit Pelosis bohrenden Nachfragen und den deutlichen Alarmsignalen aus China, wollte Milley einen Weg finden, diese zweite Meinung ins System einzubinden, wenn nicht sogar verbindlich vorzuschreiben.

Er entwickelte dazu die Formulierung »der absolut dunkelste Moment einer theoretischen Möglichkeit«.

Das war ebenso nuanciert wie real. Es gab die dunkle und theoretische Möglichkeit, dass Präsident Trump völlig durchdreht und eine Militäraktion oder den Einsatz von Atomwaffen befiehlt, ohne sich an das vorgeschriebene Prozedere zu halten.

Milley war sich nicht absolut sicher, ob das Militär Trump unter Kontrolle halten oder ihm vertrauen könnte. Milley betrachtete es als seine Pflicht als hochrangiger Offizier, das Undenkbare zu denken und wirklich alle notwendigen Vorkehrungen zu treffen, ohne Ausnahme.

Er sah sich als heimlichen Historiker und besaß eine Privatbibliothek mit mehreren Tausend Büchern.

»Den Schlesinger machen«, das würde er tun müssen, um Trump im Zaum zu halten und eine möglichst straffe Kontrolle über die Kommunikationskanäle des Militärs und die Befehlsbefugnis zu behalten.

Das spielte auf einen Erlass des früheren Verteidigungsministers James Schlesinger an hochrangige Militärs im August 1974 an. Schlesinger hatte verfügt, die Offiziere sollten Befehle, die direkt von Präsident Nixon – dieser stand vor einem Amtsenthebungsverfahren – oder aus dem Weißen Haus kamen, nur nach Rücksprache mit Schlesinger und seinem JCS-Vorsitzenden, General George Brown, befolgen.

Zwei Wochen nach Nixons Rücktritt wegen des Watergate-Skandals brachte die *New York Times* die Story unter dem Titel: »Das Pentagon hatte in Nixons letzten Tagen im Amt die Zügel fest in der Hand.«[14]

Schlesinger und General Brown fürchteten, Nixon könnte die Befehlskette umgehen und eigenmächtig Kontakt zu Offizieren oder einer militärischen Einheit aufnehmen, um einen Militärschlag anzuordnen, was möglicherweise das Land und die ganze Welt in Gefahr gebracht hätte. Das Risiko wollten sie einfach nicht eingehen.

Milley sah alarmierende Parallelen zwischen Nixon und Trump. 1974 war Nixon zunehmend irrational geworden und immer mehr isoliert. Er trank stark, und in seiner Verzweiflung betete er fortwährend mit dem damaligen Außenminister Henry Kissinger.[15]

Milley entschied sich zum Handeln. Er bestellte unverzüglich hohe Offiziere des National Military Command Center (NMCC) ein. Das ist der »War Room« im Pentagon, der zur Kommunikation von Notfallbefehlen durch die National Command Authority – den Präsidenten oder dessen Nachfolger – dient, in denen militärisches Handeln oder der Einsatz von Atomwaffen angeordnet wird.

Das NMCC ist Teil des Generalstabs und täglich rund um die Uhr besetzt. Fünf Teams, an deren Spitze jeweils ein Ein-Sterne-General oder Admiral stehen muss, wechseln sich im Schichtbetrieb ab.

Zügig versammelten sich ein Ein-Sterne-General und mehrere Oberste, allesamt hohe Offiziere im NMCC, in Milleys Büro. Für die meisten war es der erste Besuch im Büro des Stabschefs. Die meisten wirkten nervös und verunsichert wegen dieser Einbestellung.

Ohne einen Grund zu nennen, sagte Milley, er wolle die Prozeduren und Verfahren für den Start von Atomraketen durchgehen. Nur der Präsident konnte den Befehl dazu erteilen, sagte er.

Aber dann stellte er klar, dass *er*, der Vorsitzende des Generalstabs, unmittelbar involviert werden müsse. Die gegenwärtige Prozedur sah eine Telefonkonferenz in einem geschützten Netzwerk vor, an der der Verteidigungsminister, der JCS-Vorsitzende und Juristen teilnahmen.

»Wenn Sie Anrufe bekommen«, sagte Milley, »egal von wem, wir haben hier einen Prozess, ein festes Prozedere. Was auch immer Ihnen gesagt wird, halten Sie sich an die vorgegebene Prozedur. Halten Sie sich an den Prozess. Und ich bin ein Teil dieser Prozedur. Sie müssen sicherstellen, dass die richtigen Leute im Netzwerk eingebunden sind.«

Und falls es noch irgendwelche Zweifel gab, worauf er damit hatte hinweisen wollen, ergänzte er: »Stellen Sie sicher, dass ich in dieses Netzwerk eingebunden bin.«

»Vergessen Sie das nicht. Vergessen Sie das auf keinen Fall.« Er sagte, seine Ansagen gälten für jede Form von militärischer Handlung, nicht nur den Einsatz von Atomwaffen. Er musste in jedem Fall eingebunden sein.

Zusammenfassend meinte er, »die strikten Prozeduren sind explizit dazu da, versehentliche Irrtümer und Unfälle zu vermeiden, oder böswillige, unbeabsichtigte, ungesetzliche, unmoralische, unethische Handlungen, die das Starten der gefährlichsten Waffensysteme der Welt auslösen.«

Das war sein »Schlesinger«, vor den versammelten NMCC-Offizieren vermied er allerdings diesen Begriff.

Stellen Sie sicher, dass jeder, der in jeder einzelnen Schicht Dienst tut, diese Übersicht bekommt, sagte er.

»Sie sind 24/7 vor Ort, jeden Tag, rund um die Uhr.« Die Überwachungsteams probten die Prozedur mehrmals täglich.

Bei jedem Zweifel, jeder Unregelmäßigkeit, rufen Sie zuerst mich direkt und unverzüglich an. Ergreifen Sie vorher keinerlei Maßnahmen.

Er zeigte mit dem Finger auf sich selbst.

Dann drehte er eine Runde durch den Raum und bat jeden Offizier um Bestätigung, dass er diese Anweisungen verstanden hatte, und sah jedem einzelnen dabei in die Augen.

»Verstanden?«, fragte Milley.

»Ja, Sir.«

»Verstanden?«, fragte er den nächsten.

»Ja, Sir.«

»Verstanden?«

»Ja, Sir.«

»Verstanden?«

»Ja, Sir.«

Milley betrachtete es als Eid.

Plötzlich, gegen 12:03 Uhr mittags, bemerkte Milley, wie der Nachrichtenticker am Fernseher in seinem Büro auf CNN wechselte – der Ton war ausgeschaltet:

PELOSI BESPRACH MIT GENERALSTABSCHEF, WIE DAS »AUSLÖSEN MILITÄRISCHER FEINDSELIGKEITEN« ODER DER »BEFEHL EINES ATOMSCHLAGS« DURCH TRUMP ZU VERHINDERN SEI.[16]

»Was zum Teufel ist das?«, fragte ein Offizier.

Milley hörte sich die Meldung auf CNN an und erkannte rasch, dass Pelosi nicht enthüllt hatte, was er zu ihr gesagt hatte – sie hatte nur den Teil an die Presse weitergegeben, den sie ihm selbst mitgeteilt hatte. Sie erwähnte auch nicht ihren Verweis auf Nixon. Was sie öffentlich kundgetan hatte, war jedenfalls in Inhalt und Umfang so weit korrekt. Konnte Trump, fragte sich Milley, in diesen letzten Tagen als Präsident tatsächlich die amerikanische Demokratie und die gesamte Weltordnung untergraben, die seit dem Zweiten Weltkrieg so sorgfältig aufgebaut worden war?

Milley würde einen instabilen Oberbefehlshaber der Streitkräfte, der seiner Ansicht nach eine auf Verrat hinauslaufende Verletzung seines Amtseids begangen hatte, um das Militär in unangemessener Weise einzusetzen, keinesfalls dulden.

Der Rückgriff auf Schlesinger, 47 Jahre nach Nixon, war notwendig gewesen, eine kluge Vorsichtsmaßnahme, sorgfältig austariert, da war sich Milley sicher.

Stellte das eine Unterwanderung der Macht des Präsidenten dar? Manche könnten der Ansicht sein, Milley hätte seine Kompetenzen überschritten und übermäßig viel Macht für sich selbst reklamiert.

Aber sein Handeln war, davon war er überzeugt, eine Vorsichtsmaßnahme nach bestem Wissen und Gewissen, die sicherstellen sollte, dass es nicht zu einem historischen Bruch in der Weltordnung kam, zu keinem versehentlichen Krieg mit China oder anderen und zu keinem Einsatz von Atomwaffen.

EINS

Fast vier Jahre zuvor, am Wochenende des 12. August 2017, war Joe Biden in seinem Strandhaus in Rehoboth, Delaware, beschäftigt und bekam dabei Szenen von Präsident Trump im Fernsehen mit. Der Präsident insistierte, dass die gewalttätigen Auseinandersetzungen zwischen marschierenden *White Supremacists* und Gegendemonstranten in Charlottesville, Virginia, die Schuld beider Seiten seien.

Trump sprach vor vier US-Fahnen in seinem Golfclub in New Jersey und verkündete, es habe »auf vielen Seiten Hass, Selbstgerechtigkeit und Gewalt gegeben, auf vielen Seiten«.[1]

Erbost griff Biden zum Telefon und rief »Mike D.« an, Mike Donilon, seinen engsten politischen Vertrauten, der mit seinen 59 Jahren aussah und auftrat wie ein Pfarrer aus der Nachbarschaft – graues Haar, buschige Augenbrauen, Brille und gedämpfte Stimme.[2]

Wie Biden war Donilon in einer irisch-katholischen Familie aufgewachsen. Seine Mutter war eine lokale Gewerkschaftsfunktionärin in South Providence, Rhode Island, sein Vater war der Chef der dortigen Schulbehörde.[3] Im Laufe von vier Jahrzehnten war Donilon zu Bidens engstem Vertrauten geworden, zu einer Mischung aus den beiden wichtigsten Beratern John F. Kennedys: dessen strategisch denkendem jüngeren Bruder Robert F. Kennedy sowie seinem Redenschreiber Theodore Sorensen.

Donilon ging hinaus auf die Veranda hinter seinem Haus in Alexandria, Virginia, weil sein Mobiltelefon im Haus selbst einen schlechten Empfang hatte.

In den TV-Nachrichten wurden laufend verstörende Szenen von weißen Nationalisten gezeigt. Viele von ihnen trugen brennende Fackeln und skandierten »Juden werden uns nicht ersetzen« sowie die Nazi-Parole »Blut und Boden«. Am Abend der »Unite the Right«-Protestdemonstration marschierten sie streitlustig auf den Campus der University of Virginia und protestierten gegen die Entfernung einer überlebensgroßen Statue von Robert E. Lee, einem General der Südstaaten-Armee im Sezessionskrieg.

Als am 12. August die Zusammenstöße weitergingen, wurde Heather Heyer, eine 32-jährige Gegendemonstrantin, getötet. Ein selbst erklärter Antisemit in der Innenstadt hatte seinen Dodge Challenger in einen Demonstrationszug gesteuert, dessen Teilnehmer Plakate mit Aufschriften wie »Love«, »Solidarity« und »Black Lives Matter« hochhielten.[4]

»Dazu muss ich etwas sagen«, sagte Biden zu Donilon. »Das hier ist etwas anderes. Es ist dunkler. Es ist gefährlicher. Das hier ist eine wirklich fundamentale Bedrohung für unser Land.«

Donilon konnte an Bidens Stimme hören, wie beunruhigt er war. Biden war häufig emotional berührt und wurde dann weitschweifig, aber zu den Ereignissen in Charlottesville redete er endlos weiter, sogar noch länger als sonst.

»Dieser historische Moment ist deswegen von einer neuen Qualität, weil die Amerikaner aufstehen und die Werte des Landes und die Verfassung verteidigen müssen, da sie keinen Präsidenten haben, der das tun wird.«

Biden hatte in seinem ganzen Leben noch nie so etwas erlebt wie Trumps Reaktion auf Charlottesville. Der Präsident der Vereinigten Staaten hatte Menschen, die sich Hassparolen entgegenstellten, moralisch auf die gleiche Stufe gestellt wie jene, die Hass verbreiteten – ein sicherer Hafen für *White Supremacists* und Nazis, die bereit waren, öffentlich aufzutreten.

»Beispiellos«, sagte Biden, eines seiner Lieblingswörter. »Trump haucht den finstersten und niedrigsten Instinkten des Landes neues Leben ein.«

»Sie haben sich noch nicht einmal die Mühe gemacht, ihre Gesichter zu maskieren!«, rief Biden. »Und zwar, weil sie glaubten, sie hätten den Präsidenten der Vereinigten Staaten auf ihrer Seite.«

Er werde nicht tatenlos zusehen. Er fragte Donilon, ob er ihm helfen könne, etwas zu entwerfen – einen Artikel, einen Gastkommentar, eine Rede?

Zu diesem Zeitpunkt war Biden – 74 Jahre alt und 1,83 Meter groß – seit sieben Monaten aus dem Amt geschieden, nachdem er acht Jahre lang als Vizepräsident gedient hatte. Im Laufe der Jahre war sein Haar schlohweiß geworden, seine Gesichtshaut gegerbt. Biden hatte versucht, sich an die traditionelle Regel für ein Mitglied der Vorgängerregierung zu halten: jeden öffentlichen Kommentar zum Verhalten des neuen Präsidenten zu unterlassen, bis er fest im Sattel saß. Doch jetzt, so sagte er zu Donilon, galt diese Regel nicht mehr.

»Ich muss mich dazu äußern«, so Biden. »Ich muss mich klipp und klar äußern.« Er meinte, wenn die Menschen dazu schweigen würden, könne sich das gesellschaftliche Gewebe der Nation auflösen, was zu noch mehr Straßenterror führen würde. Trump attackierte systematisch die Gerichte, die Presse und den Kongress – altbekannte Manöver eines Autokraten, um die Institutionen, die seine Macht einschränken, außer Gefecht zu setzen.

»Okay«, sagte Donilon, »ich muss anfangen zu schreiben.« Der alte Biden zeigte sich wieder so engagiert, als sei er noch im Amt.

Während Donilon sich an die Arbeit machte, setzte Biden an jenem Samstag um 18:18 Uhr einen Tweet ab: »Es gibt nur eine Seite.«[5]

Der Tweet war typisch für Biden – proklamierend und rechtschaffen. Er entfaltete eine gewisse Wirkung in den sozialen Medien, war aber schwerlich eine Sensation. Ein ehemaliger Vizepräsident war eine verblassende Marke.

Aber Trump ließ nicht locker.[6] Auf einer Pressekonferenz im Trump Tower in New York am 15. August sagte er abermals, »beide Seiten haben Schuld« und dass es »auf beiden Seiten hervorragende Leute« gebe.

Biden und Donilon schickten Entwürfe hin und her.

Donilon grübelte, wie er rüberbringen konnte, wie wichtig Biden die Sache war. Wie sollten sie das zum Ausdruck bringen? Sie waren sich darüber einig, dass Biden Alarm schlagen sollte, ohne hysterisch zu klingen. Wie konnte er am besten – um es mit einem Ausdruck zu sagen, den Biden bekanntlich nach der Verabschiedung des Affordable Care Act im Jahr 2010 geflüstert hatte – mit diesem »big fucking deal«, diesem verstörenden amerikanischen Moment umgehen?[7]

Sie waren auf der Suche nach einem übergeordneten Thema, vielleicht sogar einem Rahmen, der sich auf Bidens katholischen Glauben und seine Spiritualität bezog. Etwas Intuitives mit einem moralischen Element; etwas, das Bidens Optimismus und den Geist der Nation einfing – aber was?

Donilon kam das Wort »Seele« in den Sinn – ein Wort, das niemand mit Trump identifizieren würde. Biden gefiel das Wort sehr gut. Er fand es goldrichtig.

Zwei Wochen später erschien ein Stück von 816 Worten im *Atlantic*, unter der Überschrift »Wir erleben eine Schlacht um die Seele dieser Nation«.[8]

»Die verrückten, wütenden Gesichter werden von Fackeln beleuchtet; ihre Sprechchöre reflektieren genau die antisemitische Aggression, die in den 1930er-Jahren in ganz Europa zu beobachten war«, schrieb Biden. »Die Neonazis, Ku-Klux-Klan-Männer und *White Supremacists* kommen hervor aus ihren dunklen Kammern, von ihren abgelegenen Feldern, aus der Anonymität des Internet und treten ins helle Tageslicht.«

Nach dem Protestmarsch, schrieb er, »begann Amerikas moralisches Gewissen sich zu regen«.

Nachdem der Essay erschienen war, zeigte sich eine neue, wachsende Intensität in Bidens nicht öffentlichen Reden.

»Wer von Ihnen glaubt, dass Demokratie eine Selbstverständlichkeit ist?«, fragte Biden ein Publikum von Konzernmanagern bei einer geschlossenen Veranstaltung am 19. September 2017. »Wenn Sie das tun, sollten Sie noch einmal darüber nachdenken.«

Donilon, auch bekannt als »Mr. Silent«, war ein ungewöhnlich guter Zuhörer. Berater von Biden vergaßen oft, dass Donilon an einer Telefonkonferenz teilnahm, bis Biden fragte: »Mike D., sind Sie da?«

Ja, pflegte Donilon dann zu sagen, ich nehme alles auf und versuche, es zu durchdenken.

Doch sein Schweigen diente einem ganz bestimmten Zweck – Bidens Bestrebungen zu Worten gerinnen zu lassen. Und dieses Mal hatte Donilon das Gefühl, sie seien mit »Seele« auf etwas Machtvolles gestoßen. Beim Redenschreiben gelingt das manchmal – und manchmal gelingt es nicht.

»Die Schlacht um die Seele der Nation« rief keine so starke Resonanz hervor wie John F. Kennedys berühmte Parole, die er bei seiner Amtseinführung ausrief: »Frage nicht, was dein Land für dich tun kann; frage, was du für dein Land tun kannst!« Doch der Slogan stellt tiefere, grundlegendere Fragen: Was ist dein Land? Was ist unter Trump aus ihm geworden?

ZWEI

Die Republikaner standen in jenem Sommer 2017 am Scheideweg. Es gefiel ihnen, in Washington an der Macht zu sein, doch sie waren zunehmend genervt von Trump und seiner Reaktion auf Charlottesville. Einer von ihnen war Paul Ryan, der bei den Präsidentschaftswahlen 2012 als Mitt Romneys Kandidat für die Vizepräsidentschaft fungiert hatte.

Ryan, ein hochgewachsener, dunkelhaariger Mann aus dem Mittleren Westen, war in vielerlei Hinsicht das genaue Gegenteil von Trump. Er war ein Fan des extrem anstrengenden »P90X«-Fitnessprogramms, ein sittenstrenger Familienmensch und ein Kapitol-Insider, seit er Anfang 20 war. Er war im Oktober 2015 zum Sprecher des Repräsentantenhauses gewählt worden.

Trumps Persönlichkeit verunsicherte Ryan, der Freunden erzählte, er sei noch nie einem solchen Menschen begegnet.

Im gesamten Wahlkampf 2016 hatte Ryan den Kandidaten der Republikaner unterstützt, obwohl die meisten führenden Mitglieder der Partei bezweifelten, dass dieser die Wahl gewinnen konnte. Doch im Oktober begann Ryans Unterstützung für Trump zu bröckeln, als er öffentlich sagte, Trumps lüsterne, auf Band aufgezeichnete Kommentare über Frauen, die von der *Washington Post* veröffentlicht worden waren, würden ihn »krank machen«.[1]

Dass Trump die Wahl gewann, erwischte Ryan auf dem falschen Fuß – jetzt musste er sich mit ihm arrangieren. Ryan war als Sprecher des Repräsentantenhauses an zweiter Stelle in der Nachfolge für das Präsidentenamt, direkt nach Vizepräsident Mike Pence. Er konnte den Kontakt zu Trump unmöglich vermeiden.

Ryan begann, selbst zu recherchieren, wie man am besten mit einem amoralischen und transaktionsorientierten Menschen umgeht. Das erwies sich zunächst als schwierig. Ryan bezeichnete sich selbst gern als einen »policy guy«, einen Befürworter von Regeln, doch seine politische Erfahrung reichte nicht über Social Security und Medicare hinaus in den Bereich der Psychiatrie.[2]

Dann rief ein wohlhabender New Yorker Arzt und Spender für die Republikanische Partei Ryan an und sagte: »Sie müssen verstehen, was eine narzisstische Persönlichkeitsstörung ist.«

»Eine was?«, fragte Ryan.

Der Arzt schickte Ryan ein Memo und eine E-Mail mit seinen »Überlegungen zu der Frage, wie man am besten mit einer Person mit antisozialer Persönlichkeitsstörung umgeht«. Darüber hinaus schickte er Internet-Links auf etliche wissenschaftliche Artikel in der Fachzeitschrift *The New England Journal of Medicine*.

Außerdem enthielt das Memo Material aus der *International Statistical Classification of Diseases and Related Health Problems*, 10. Ausgabe, besser bekannt als »ICD-10«.[3] Ryan beschäftigte sich wochenlang mit diesem Material und gelangte zu der Überzeugung, dass Trump von dieser Persönlichkeitsstörung betroffen sei.

Ryans wichtigste Erkenntnis: Du darfst Trump nicht öffentlich demütigen. Durch das Demütigen eines Narzissten beschwört man eine echte Gefahr herauf – er wird wie ein Rasender um sich schlagen, wenn er sich bedroht oder kritisiert fühlt.

Am 9. Dezember 2016 überprüfte Ryan seine Erkenntnisse in der Praxis.[4] Er und seine hochrangigsten Berater, darunter auch der angehende Stabschef Jonathan Burks, trafen sich im Trump Tower in Manhattan, um mit dem designierten Präsidenten ein Meeting zur Übergabe der Amtsgeschäfte abzuhalten.

Ryan, Burks und einige andere betraten den glitzernden Lift und sagten nichts. Burks überlegte, ob der Fahrstuhl abgehört werde; Trump wurde nachgesagt, dass er gern heimlich Aufnahmen machte.

Sobald sie im 26. Stock angekommen waren, wurden sie in Trumps Büro geleitet. Burks schloss die Tür und stellte sich davor, damit der Sprecher und der designierte Präsident sich vertraulich unterhalten konnten.

»Nein, die Tür lassen wir offen«, sagte Trump.

»Okay«, antwortete Burks und setzte sich.

Trump rief nach seiner langjährigen Verwaltungsassistentin Rhona Graff.

»Rhona! Rhona! Hol Kaffee, und zwar den guten! Paul Ryan ist hier«, bellte Trump. »Für ihn müssen wir den guten Kaffee holen!«

Ständig kamen Trump-Leute in den Raum und verließen ihn dann wieder: Steve Bannon, der ungekämmte konservative Stratege, der von *Breitbart*, einer Rechtsaußen- und Anti-Ryan-Website, in Trumps Dunstkreis gewandert war; der angehende Nationale Sicherheitsberater Michael Flynn; Ivanka Trump.

Na ja, so ist es in New York, dachte Burks.

Trump nickte zustimmend, als Ryan mit ernstem Gesichtsausdruck über Steuern und Health Care sprach, blickte dann aber nach unten auf sein Smartphone, das klingelte. Es war Sean Hannity von Fox News. Trump nahm den Anruf an, während Ryan und seine Berater ihm schweigend gegenübersaßen.

»Ja, ich sitze hier mit Paul zusammen«, sagte Trump ins Telefon. »Ach so, Sie wollen mit ihm sprechen?«

Trump sah Ryan an und stellte den Lautsprecher an. »Sean, Paul kann Sie hören, sprechen Sie«, sagte er dem Fernsehmoderator, und Hannity sprach etwa sieben Minuten lang.

Dieses Muster von sprunghaftem Verhalten setzte sich fort, als Trump Präsident geworden war. Immer wieder traf er irrlichternde Entscheidungen und machte seinem Ärger über eine vermeintliche Kränkung in einem Wutausbruch Luft.

Am 26. April 2017 bekam Ryan mit, dass Trump ankündigen wollte, dass die Vereinigten Staaten das North American Free Trade Agreement (NAFTA, das Freihandelsabkommen zwischen den USA, Kanada und Mexiko) verlassen würden.[5] Ryan sagte Trump, damit riskiere er, sich öffentlich zu blamieren. »Sie werden den Aktienmarkt zum Absturz bringen«, warnte Ryan. Trump überlegte es sich anders.

Zu einem bleibenden Bruch kam es am 15. August 2017. Während Ryan mit seiner Familie auf einem Wanderausflug in Colorado war, sprach ein Mitglied seines achtköpfigen Personenschutzteams ihn an und reichte ihm das Satellitentelefon.

Der Anrufer war ein Berater mit schlechten Nachrichten: Trump sei wieder am Schwadronieren und mache »beide Seiten« für Charlottesville verantwortlich. Die Medien wollten hören, was Ryan dazu zu sagen habe. Er seufzte. Dieses Mal musste er sich öffentlich gegen Trump stellen. Während er abseits des Wanderwegs an einer Bergwand stand, diktierte Ryan ein scharfes Statement, das dann über Twitter veröffentlicht wurde.[6]

Sobald sein Smartphone wieder Empfang hatte, brummte es. Trump rief an.

»Sie stehen nicht hinter mir!«, brüllte Trump.

Ryan brüllte zurück. »Sind Sie fertig? Darf ich jetzt auch mal was sagen? Sie sind der Präsident der Vereinigten Staaten. Sie haben die moralische Verpflichtung, diese Sache angemessen zu bewerten und nicht zu verkünden, dass beide Seiten moralisch gleichwertig sind.«

»Diese Menschen lieben mich. Sie sind meine Leute«, schoss Trump zurück. »Ich kann nicht den Leuten in den Rücken fallen, die mich unterstützen.«

Ryan sagte, es seien *White Supremacists* und Nazis in Charlottesville aufmarschiert.

»Na ja, es gibt halt ein paar schlechte Menschen«, so Trump. »Das ist mir schon klar. Ich bin nicht dafür. Ich bin gegen das alles. Aber da sind ein paar von den Leuten, die für mich sind. Einige von ihnen sind gute Menschen.«

Später sprach Ryan mit John Kelly, Trumps Stabschef, einem Viersternegeneral der Marine im Ruhestand. Kelly sagte, Ryan habe mit seinem Tweet das Richtige gemacht.

»Ja, dafür müssen Sie ihm die Leviten lesen«, sagte Kelly. »Machen Sie sich deswegen keine Sorgen.«

Am 21. März 2018 machte Ryan noch eine ermüdende Episode durch, als der Präsident drohte, ein Haushaltsgesetz über 1,3 Billionen Dollar, das in Washington als »Omnibus« bekannt war, per Veto zu blockieren.[7] Trump hatte auf Fox News gehört, dass Wirtschaftsexperten die Gesetzesvorlage verrissen hätten. Ein Veto konnte zu einer Haushaltssperre führen. Ryan machte sich auf den Weg ins Weiße Haus.

Trump fing sofort an zu brüllen: Ihm sei der Omnibus zutiefst zuwider und damit würde er sich gegen seine Kernwähler stellen.

»Das ist ein furchtbar schlechter Deal! Wer hat dieses Stück Scheiße unterschrieben?«, fragte Trump. Niemand antwortete.

»Dies ist ein Stück Scheiße, ein beschissener Deal!«, schrie Trump und steigerte sich in einen Wutanfall hinein.

»Die Mauer! Sie ist nicht drin!«

»Sie müssen das unterschreiben, wir haben es gerade beschlossen«, sagte Ryan. »Wir haben das doch schon durchdiskutiert. Darin geht es ums Militär. Um den Wiederaufbau. Um Kriegsveteranen.«

Als Trump sich wieder darüber beklagte, dass er nur 1,6 Milliarden Dollar für die Grenzmauer bekommen sollte, sagte Burks, der Betrag in der Gesetzesvorlage sei genau die Summe, die der Präsident in seinem eigenen Haushaltsentwurf gefordert habe.

»Wer zur Hölle hat das genehmigt?«, fragte Trump.

Niemand sagte etwas.

Als eine Stunde vergangen war, fragte Ryan: »Werden Sie also die Vorlage unterschreiben oder nicht?«

»Also gut, ich werde unterschreiben«, antwortete Trump.

Als sie gingen, sprachen Ryan und Burks kurz mit Marc Short, der seit Jahrzehnten einer der Berater von Pence war und sich bereit erklärt hatte, unter Trump als Director of Legislative Affairs zu dienen.

»Was zur Hölle war das denn?«, fragte Ryan ihn.

»So geht es hier jeden Tag zu«, antwortete Short.

»Mein Gott, das ist ja nicht zu fassen«, sagte Ryan.

Zwei Tage später zögerte ein mürrischer Trump erneut, als der Zeitpunkt gekommen war, das Gesetz formal zu unterzeichnen.

An jenem Morgen hatte Pete Hegseth, ein Veteran, das Gesetz als Paradebeispiel eines »Haushaltssumpfs« bezeichnet.[8] Steve Doocy, einer der Moderatoren von Fox & Friends, lamentierte: »Es gibt keine Mauer« in dem Gesetz. Trump verkündete in einem Tweet: »Ich denke über ein Veto nach.«[9]

Falls Trump die Vorlage nicht bis Mitternacht unterschrieben hatte, würde es zu einer Haushaltssperre kommen.

Ryan rief Jim Mattis an, den damaligen Verteidigungsminister. Der Präsident nannte ihn »Mad Dog«, den verrückten Hund.

»Sie müssen Ihren Hintern herbewegen, sich vor Trump aufbauen und dafür sorgen, dass er dieses Ding unterschreibt«, so Ryan. »Wenn Sie vor ihm stehen, wird er es tun.« Mattis sagte seine Termine ab und verbrachte mehrere Stunden mit Vizepräsident Pence und Short, um Trump dazu zu bewegen, das Gesetz zu unterschreiben. Letzten Endes tat er das dann auch.

Spätestens Anfang 2018 hatte Ryan genug. Eine Steuerreform war vom Kongress verabschiedet und von Trump unterschrieben worden. Ryans drei Kinder drüben in Wisconsin waren noch jung genug, um Zeit mit ihrem Vater zu verbringen. Sein eigener Vater war gestorben, als er noch ein Teenager war.[10]

Am 11. April 2018 kündigte Ryan an, dass er sich nicht wieder zur Wahl stellen werde.[11] Er war 48 Jahre alt. Die politischen Medien zeigten sich erstaunt. Ryan wurde für einen denkbaren Präsidentschaftskandidaten gehalten, oder zumindest für einen Typ wie Bob Dole, der viele Jahre ganz oben in der Führung der Republikanischen Partei mitmischen konnte.

Bald darauf traf sich Ryan mit Mitch McConnell aus Kentucky, dem »Majority Leader«, dem Mehrheitsführer, im Senat. Der Sprecher des Repräsentantenhauses und der Mehrheitsführer des Senats arbeiteten zusammen, um Trump zu managen. Auch McConnell, 76 Jahre alt und bekannt dafür, zurückhaltend und berechnend zu sein, fand Trump grotesk und völlig resistent gegen logische Argumente und Beratung.

Als Ryan das Büro des Mehrheitsführers betrat, befürchtete er, McConnell könnten die Tränen kommen.

»Sie sind ein sehr talentierter Mann«, sagte McConnell. »Wir hatten eine erstklassige Arbeitsbeziehung.« Doch er hatte ein Problem. Er und Ryan waren die beiden Führer der Republikanischen Partei im Kongress, die Trainer auf dem Spielfeld.

Wenn Ryan ging, würde Trump dann völlig außer Rand und Band geraten? Wer sonst würde versuchen, ihn zu bändigen?

»Es gefällt mir überhaupt nicht, zusehen zu müssen, wie Sie das Spielfeld verlassen«, sagte McConnell.

DREI

Joe Bidens erste zwei Kandidaturen für das Präsidentenamt, 1988 und 2008, verliefen desaströs. Die erste wurde zunichtegemacht durch Vorwürfe, er habe Inhalte aus dem britischen Wahlkampf plagiiert,[1] die zweite durch aus dem Zusammenhang gerissene, angeblich rassistische Kommentare.

Nach seiner zweiten vermasselten Kandidatur schrieb Biden ein neues Vorwort für die Taschenbuchausgabe seiner 365 Seiten starken Autobiografie *Promises to Keep*, die er vor der Wahlkampagne veröffentlicht hatte.[2] Seine eigenen Worte erzählen die Geschichte eines Mannes, der immer wieder mit erschütternden Dramen des Lebens und der Politik auf präsidentieller Ebene fertigwerden musste, angefangen bei dem schrecklichen Tod seiner ersten Frau Neila und ihrem gemeinsamen Baby, der Tochter Naomi, bei einem Autounfall im Jahr 1972. Damals war er 30 Jahre alt und gerade in den Senat gewählt worden.

Biden schreibt über seine Kindheit in Scranton, Pennsylvania: Sein Vater Joe senior gab nie auf und beklagte sich nie. »Er hatte keine Zeit für Selbstmitleid.«

»*Reiß dich zusammen!* Das war seine Maxime, die sich durch mein gesamtes Leben gezogen hat. Du bist auf den Kopf gefallen? *Reiß dich zusammen!*, pflegte mein Vater zu sagen. Du liegst im Bett und bemitleidest dich selbst? *Reiß dich zusammen!* Du hast beim Football einen Tritt in den Hintern gekriegt? *Reiß dich zusammen!* Schlechte Zensuren in der Schule? *Reiß dich zusammen!* Die Eltern des Mädchens wollen es nicht mit einem katholischen Jungen ausgehen lassen? *Reiß dich zusammen!*«

»Das kam nicht nur bei Kleinigkeiten, sondern auch bei ernsten Problemen – als die einzige Stimme, die ich noch hören konnte, meine eigene war. Nach der OP werden Sie vielleicht nie wieder sprechen können, Senator? *Reiß dich zusammen!* Die Zeitungen behaupten, du seist ein Plagiator, Biden? *Reiß dich zusammen!* Ihre Frau und Tochter – tut mir leid, Joe, es gab nichts mehr, was wir hätten tun können, um sie zu retten? *Reiß dich zusammen!* Du hast im Jurastudium eine Prüfung vermasselt? *Reiß dich zusammen!* Rotzfreche Gören machen sich über dich lustig, weil du stotterst, B-b-b-b-b-Biden? *Reiß dich zusammen!*«[3]

Bidens gescheiterte Wahlkampagne von 2008 brachte ihm allerdings einen Trostpreis ein: Barack Obama, damals Senator von Illinois, der bald darauf der erste schwarze Präsident der Nation werden würde, wählte ihn als seinen »Running Mate«, den Kandidaten für das Amt des Vizepräsidenten. Er beauftragte Biden mit wichtigen Aufgaben in Außenpolitik und Verhandlungen zum Staatshaushalt, womit er ihn anscheinend auf einen aussichtsreicheren Versuch vorbereiten wollte, noch einmal für die Präsidentschaft zu kandidieren.[4]

Doch gegen Ende seiner zweiten Amtszeit ließ Präsident Obama ziemlich deutlich durchblicken, dass Hillary Clinton an der Reihe sei.[5] Sie hatte Obama 2008 bei der Nominierung des Kandidaten der Demokratischen Partei beinahe geschlagen und dann in seinem Kabinett sehr kompetent als Außenministerin gedient. Er sagte Biden auch ganz direkt, dass sie schwer zu schlagen sein würde.

Biden behielt die Idee im Hinterkopf. Er mochte Obama, sie hatten ein enges Verhältnis. Doch er sagte seinen Beratern, er habe nie das Gefühl gehabt, er müsse Obamas Signalen für eine weitere Kandidatur folgen.

Am Abend des 6. Februar 2015 folgten Bidens jüngster Sohn Hunter Biden und seine damalige Frau Kathleen einer Einladung zum Dinner in Woodwards Privathaus. Woodwards erste Frau Elsa Walsh und Kathleen hatten sich angefreundet, und zwar über die Sidwell Friends School, eine von Quäkern betriebene Privatschule, auf die die Kinder beider Frauen gingen.

Hunters Alkoholismus, seine Drogensucht und finanziellen Probleme würden später Schlagzeilen machen. Doch weder Woodward noch Walsh waren über diese Probleme ausführlich informiert, abgesehen von einer kurzen Meldung im Oktober 2014, dass Hunter, Absolvent der Yale Law School und Lobbyist, nach einem positiven Test auf Kokain aus der U. S. Navy Reserve entlassen worden war.[6] Und sie wussten auch nichts von dem bösartigen Hirntumor von Hunters Bruder Beau, den die Familie streng geheim hielt.

Beim Dinner fragte Walsh Hunter, ob sein Vater als Präsident kandidieren werde.

Hunter – 45 Jahre alt, hager, mit pechschwarzem Haar – bejahte die Frage, ohne zu zögern. Sie saßen am Tisch im Esszimmer und unterhielten sich ganz offen. Kathleen erzählte, ihr Schwiegervater habe sie ein paar Tage zuvor angerufen und gesagt, er wolle zum Dinner kommen. Er habe wichtige Neuigkeiten.

Kathleen, die mit Opfern häuslicher Gewalt arbeitete, erzählte, sie habe die Spaghetti von den Tellern zurück in die Schüssel getan, um abzuwarten, bis »Pop« in ihrem nicht weit entfernten Haus eintraf.

Als er da war, erklärte der Vizepräsident, er habe beschlossen zu kandidieren. Hunter und Kathleen schienen begeistert zu sein – dieses Mal konnte möglicherweise endlich Joe Biden an der Reihe sein.

In seinen 2021 erschienenen Erinnerungen *Beautiful Things: Meine wahre Geschichte* schrieb Hunter Biden: »Beau und ich wussten, dass Dad niemals in den Ruhestand treten würde, wenn er nicht zuerst das Präsidentenamt ausgeübt hätte. Das war der gemeinsame Traum, den wir alle drei teilten.«[7] Beau und Hunter, die an jenem Tag im Jahr 1972 ebenfalls im Auto saßen, waren zwar verletzt worden, hatten den Unfall jedoch überlebt.

Woodward und Walsh waren nicht sonderlich überrascht. Die Hoffnung aufs Präsidentenamt lag Biden im Blut – es schien so, als würde er ständig kandidieren.

Als Bidens Berater später von Hunters Behauptung an jenem Februarabend hörten, bestanden sie darauf, seinerzeit nichts von Bidens Entscheidung gewusst zu haben. Häufig sprach Biden über seine aktuellen Überlegungen nur im engsten Kreis, in der Familie.

Einige Monate später, am 30. Mai 2015, starb Beau Biden im Alter von 46 Jahren.[8] Er schied aus einem Leben, in dem er für seinen Militärdienst im Irak mit einem *Bronze Star* ausgezeichnet worden war und zwei Amtszeiten als Attorney General von Delaware gedient hatte.[9]

Joe Biden war am Boden zerstört.

»Dies wird für mich persönlich eine sehr schwere Zeit werden«, sagte Biden zu Steve Ricchetti, der beinahe drei Jahre lang sein Stabschef gewesen war, ein weiteres wichtiges Mitglied von Bidens politischer Seilschaft.

»Die einzige Art, wie ich das durchstehen kann«, so Biden, »und wir als Familie, ist, dass ihr immer dafür sorgen müsst, dass ich arbeite und beschäftigt bin.«

Ricchetti – wie Donilon war er grauhaarig, bekam allmählich eine Glatze und hatte eine Abneigung dagegen, im Fernsehen zu erscheinen oder öffentliche Statements abzugeben – hielt große Stücke auf Biden. Er mochte dessen Resilienz, seine Großzügigkeit und Freundlichkeit. Wenn Biden sagte, er müsse arbeiten, dann wusste Ricchetti, wie er den Vizepräsidenten beschäftigt halten konnte – durch Termine und Action.

Später sinnierte Ricchetti gegenüber anderen, das würde »manchmal fast grausam klingen«.

Aber beschäftigt zu bleiben bedeutete auch, noch einmal über eine Präsidentschaftskandidatur nachzudenken.

Biden bat Donilon, ehrlich zu beurteilen, ob noch genug Zeit bleibe, um eine Kampagne auf die Beine zu stellen und die Wahl zu gewinnen.

In dem Meeting am 20. Oktober 2015, als endgültig entschieden wurde, ob Biden kandidieren würde oder nicht, äußerte Donilon die Vermutung, dass Hillary Clinton angreifbar sei, wenn sie gegen Biden in einer allgemeinen Wahl antrat, und sogar in der parteiinternen Wahl zur Kandidatin der Demokratischen Partei.

Donilon erinnerte sich gegenüber anderen: »Ich habe mich nie davon abbringen lassen, dass ich davon überzeugt war, er könne kandidieren und die Wahl gewinnen.«

Doch als Donilon sich Biden ansah, konnte er sehen, wie schwer die Bürde von Beaus Tod auf ihm lastete – der Verlust eines zweiten Kindes und eines dritten Familienmitglieds. Biden war von Gram gebeugt, zeigte nicht mehr sein gewohntes lockeres Lächeln, sondern biss die Zähne zusammen.

»Ich glaube, Sie sollten es bleiben lassen«, sagte Donilon ihm schließlich.

Es war das erste Mal seit Jahren, dass Donilon ihm von einer Kandidatur abgeraten hatte. Biden fasste es als den guten Rat eines Freundes auf, und Donilon ging mit Instruktionen, ein Statement zu formulieren.

Am nächsten Tag stand Biden im Rose Garden des Weißen Hauses, mit Präsident Obama an seiner Seite, und verkündete, dass er nicht für das Präsidentenamt kandidieren werde.[10]

VIER

Biden begann, etwas völlig Ungewohntem entgegenzusehen: einem Leben außerhalb eines Amtes. Doch andere waren skeptisch. »Ein Fisch wird schwimmen, ein Vogel wird fliegen, und Biden wird kandidieren«, sagte ein Freund Bidens einmal.

Biden sagte zu Ricchetti: »Ich will nur erreichen, dass ich weiterhin das tun kann, was ich schon immer getan habe. Wie kann ich auch in Zukunft an den Dingen arbeiten, an denen ich mein ganzes Leben lang gearbeitet habe, den Dingen, die mir am wichtigsten sind?«

Biden und Ricchetti skizzierten die Grundpfeiler seines zukünftigen Lebens: die Biden Foundation, die Biden Cancer Initiative (»Biden-Krebsinitiative«), das Penn Biden Center for Diplomacy and Global Engagement an der University of Pennsylvania und das Biden Institute an der University of Delaware.

»Hillary wird die Wahl gewinnen, und wir werden einen Weg finden, um einen Beitrag zu leisten«, sagte Biden.

Ein Jahr später, am 8. November 2016, versammelte Biden seine wichtigsten Berater im Naval Observatory, der Residenz des Vizepräsidenten, um die Entwicklung der Wahlergebnisse zu beobachten.

Der Abend fing gut an, nämlich mit Hochrechnungen, die einen Sieg Clintons erwarten ließen. Bidens Frau Jill entspannte sich und zog sich mit einem Buch und einem Glas Wein nach oben zurück.

Jill und Joe Biden sind seit 1977 verheiratet.[1] Sie, die damals in der Gegend von Philadelphia als Lehrerin und hin und wieder als Model arbeitete, war ihm auf einem Werbeplakat am Flughafen aufgefallen, woraufhin er ihre Telefonnummer herausfand. Er machte ihr fünfmal einen Antrag, bevor sie bereit war, ihn zu heiraten.

Jill half ihm, seine zwei Söhne großzuziehen, und sie bekamen eine gemeinsame Tochter namens Ashley. Letzten Endes erwarb sie einen Doktorgrad als Dozentin und unterrichtete Englisch am Northern Virginia Community College. Sie joggte regelmäßig und bezeichnete sich selbst als introvertiert; sie fühlte sich nicht wohl im Rampenlicht und hielt ungern Reden, verteidigte jedoch ihren Mann mit Leidenschaft.

Je später es an jenem Wahlabend wurde, desto gewisser ließen die Hochrechnungen einen Sieg Trumps erwarten.[2] Joe Biden war beunruhigt. Um 22:36 Uhr gewann Trump Ohio, um 22:50 Uhr Florida. Mitten in der Nacht, um 02:29 Uhr, erklärte die Nachrichtenagentur Associated Press Trump zum Wahlsieger, und bald darauf räumte eine schockierte Hillary Clinton ihre Niederlage ein.

Biden fing an, pausenlos zu telefonieren. »Mein Gott, gerade wurde die Welt auf den Kopf gestellt«, sagte er.

Während Biden im Erdgeschoss seines Hauses hin und her lief, sagte er Freunden, er habe schon lange gespürt, dass Clinton Probleme bekommen könnte. Er habe den Eindruck, Trump habe unter den einfachen Arbeitern in der Partei an Unterstützung hinzugewonnen, ohne groß darum kämpfen zu müssen.

»Im letzten Wahlkampf war kein einziger Satz über den Arbeiter am Montageband zu hören, der 60 000 Dollar im Jahr verdient, oder über die verheiratete Frau, die als Kellnerin in einem Restaurant 32 000 Dollar nach Hause bringt«, sagte Biden später einmal, im Jahr 2017 bei einem Auftritt an der University of Pennsylvania.[3]

Am 20. Januar hörte Biden sich Trumps drastische Rede zur Amtseinführung an, in der dieser von »American carnage« sprach, einem »amerikanischen Blutbad«, und machte sich dann daran, ein zweites Buch mit Erinnerungen zu schreiben: *Promise Me, Dad (Versprich es mir: Über Hoffnung am Rande des Abgrunds)*.[4] Es war ein Chance, das Andenken an Beau zu bewahren und über ihn zu schreiben. Ricchetti erklärte es anderen mit den Worten, das Schreiben sei für Biden eine »Suche nach einem Weg nach vorne für sein eigenes Leben« gewesen. Er habe damit zeigen wollen, dass ein Mensch die verstörendste Tragödie überstehen und dennoch in der Erinnerung daran einen Sinn finden kann.

Bald darauf war die Familie Biden erneut in den Schlagzeilen. Hunters Frau Kathleen hatte im Dezember diskret die Scheidung eingereicht und ihm Drogenmissbrauch und Untreue vorgeworfen. Sie hatte den Antrag gestellt, das Gericht möge sein Vermögen einfrieren. Am 1. März brachte die *New York Post* den ersten Bericht darüber, dass Hunter ein Verhältnis mit Beaus Witwe Hallie habe.[5]

Joe Biden gab gegenüber der Zeitung ein Statement ab: »Wir alle sind froh, dass Hunter und Hallie sich gefunden haben, dass sie nach so tiefer Trauer beschlossen haben, ihre Leben zusammenzuführen. Sie haben meine und Jills Unterstützung, voll und ganz, und wir freuen uns für sie.« Es war eine trostlose Zeit für Hunter. In seinen Erinnerungen schreibt er, seine Töchter seien durch sein Verhalten schockiert gewesen und sein Geschäft sei eingebrochen – immer mehr Kunden würden ausbleiben. »Schlimmer noch, ich rutschte wieder ab« in die Drogensucht.[6]

Joe Bidens zweites Buch *Versprich es mir* erschien im November 2017, drei Monate nach Charlottesville. Es war sehr persönlich, und Biden beschreibt darin die innere Leere, die ihn überwältigte. Doch dieses Mal war es Beau, der kurz vor seinem Tod zu ihm sagte: *Reiß dich zusammen!*

»Aber versprich mir, Dad, dass du klarkommst, ganz egal, was passiert. Versprich mir, Dad, dass du klarkommst. Versprich es mir, Dad«, wird Beau Biden in dem Buch zitiert. Und weiter heißt es dort:

»›Ich werde klarkommen, Beau‹, antwortete ich, aber das genügte ihm nicht.

›Nein, Dad‹, sagte er. ›Gib mir dein Biden-Ehrenwort. Gib mir dein Wort, Dad. Versprich es mir, Dad.‹

Ich versprach es ihm.«

Obwohl es Beau hier um das Wohlergehen seines Vaters ging, interpretierten viele den Buchtitel als Beaus Bitte an Biden, ihm zu versprechen, für die Präsidentschaft zu kandidieren.

Biden begann seine landesweite PR-Tour zur Vorstellung des Buches mitten im Wahlkampf zu den Kongresswahlen 2018.

Cedric Richmond war damals 44 Jahre alt und der einzige Demokrat, der als Abgeordneter Louisianas in den Kongress gewählt worden war. Außerdem war er Vorsitzender des mächtigen Congressional Black Caucus, der Vereinigung der afroamerikanischen Kongressabgeordneten. Er bat Biden, für die Black Democrats (die schwarzen Mitglieder der Demokratischen Partei) im Wahlkampf aufzutreten.

Richmond war ein aufgehender Stern der Demokratischen Partei und ein geschickter Stratege, dessen Kollegen im Repräsentantenhaus es für durchaus möglich hielten, dass er eines Tages der erste schwarze Sprecher des Hauses werden könnte.[7] Er fand Gefallen an politischen Absprachen im Hinterzimmer und am Nachverfolgen der persönlichen Beziehungen im Repräsentantenhaus und der Demokratischen Partei.

Darüber hinaus hatte Richmond die Statur und das großspurige Auftreten eines prominenten Sportlers. Er hatte als Center Fielder und Pitcher im Baseballteam des Morehouse College gespielt, bevor er fortging, um Jura zu studieren.[8] Er genoss den Ruf, beim jährlichen Congressional Baseball Game der einzige wirklich gute Spieler zu sein.

Richmond war aufgefallen, dass Biden überall willkommen war. Anderen bekannten Figuren wurde in bestimmten Gegenden des Landes mit Zurückhaltung begegnet; doch bei Biden, so erzählte Richmond anderen, »gibt es keinen Bezirk im ganzen Land, der ihn nicht will«. Einschließlich dem liberalen New York, dem Mittleren Westen, den konservativen Enklaven in den Randsiedlungen der Großstädte und dem Süden des Landes.

Auch Mike Donilon beobachtete genau, wie Biden bei den Bürgern ankam. Es war eine praktische politische Realität, wenn ein ehemaliger Vizepräsident 65 Kandidaten in 24 Bundesstaaten aktiv unterstützte. Donilon stellte sich die Schlüsselfrage: »Hat Biden nach wie vor echten Rückhalt in der Partei und im Land?« Und die Antwort, zu der er kam, war »Ja«. Bidens Buch hielt sich eine Woche lang an der Spitze der Bestsellerliste der *New York Times*.[9] Er zog große Menschenmengen an.

Donilon und Ricchetti drängten Biden, noch einmal in den Wahlkampf zu ziehen. Sie sagten ihm, die Daten würden einen Weg in einer sich schnell verändernden Partei zeigen. Trump hatte die Motivation und die Prioritäten mancher Wähler der Demokratischen Partei verändert – inzwischen wollten sie vor allem Trump loswerden.

Bidens Chefstatistiker John Anzalone, der Sohn eines Lkw-Fahrers in Michigan, hatte seit Bidens erfolglosem Wahlkampf 1988 in Iowa mit ihm zusammengearbeitet. Er pflegte Präsentationen für Biden zu produzieren, die als »Anzo's decks«, Anzos Kartenspiele, bekannt waren und Informationen über Kandidaten und Parteispender enthielten. Biden nahm sie auf seine Reisen mit, um sich vor jedem Wahlkampfauftritt entsprechend zu informieren.

Auf einer Folie hatte Anzalone geschrieben: »Die Wähler bei den innerparteilichen Vorwahlen der Demokratischen Partei neigten dazu, eher konservative, etablierte Kandidaten zu unterstützen als progressive Unruhestifter.«

Auf der letzten Folie kam er zu dem Schluss: »Es ist wichtig festzuhalten, dass es in der Wählerschaft keinen ausgeprägten Bedarf für eine jüngere Generation in der Parteiführung gibt.«

Biden wollte sich nicht festlegen, ob er kandidieren wollte. Er scheute davor zurück und ließ die Folien für sich sprechen.

»Cedric, gibt es irgendetwas, was ich für Sie tun kann, wenn ich auf meiner Buchtour zu euch runterkomme?«, fragte Biden Richmond, bevor er im Juni 2018 nach New Orleans kam, um sein Buch vorzustellen.

»Ich brauche niemanden, der Spenden für mich eintreibt«, sagte Richmond; er hatte seinen Abgeordnetensitz im Kongress sicher. Stattdessen schlug er eine Runde Golf auf dem Joseph M. Bartholomew Golf Course vor, einem historischen, öffentlich zugänglichen Golfplatz, der nach dem schwarzen Architekten benannt war, der viele der besten Golfplätze der Country Clubs in Louisiana geplant hatte, auf denen allerdings er selbst im segregierten Süden nicht hatte spielen dürfen.[10]

Als Biden dort ankam, stellte Richmond fest, dass er von einem einzigen Verlagsmitarbeiter am Golfplatz abgesetzt wurde – kein Personenschutz, keine Entourage. Nach den ersten neun Löchern begann es zu regnen, und die Gruppe zog ins Clubhaus, wo 30 ältere schwarze Golfer auf Biden warteten. Richmond ließ Tabletts mit Häppchen und Getränken servieren.

Richmond beobachtete Biden genau, während dieser im Raum herumging und Fragen stellte. Wie verdienen Sie Ihren Lebensunterhalt? Sind Sie im Ruhestand? Sein Interesse schien echt zu sein. Einige der Anwesenden waren Vietnam-Veteranen; Biden erzählte ihnen, sein verstorbener Sohn sei Anwalt bei der Army gewesen, der sich für einen Einsatz im Irak freiwillig gemeldet habe. Er sprach über Beaus Krebstumor im Gehirn und die Wunde, die sein Tod gerissen hatte. Er hielt keine politischen Reden.

»Sie sollten kandidieren«, sagte einer der Männer. Ein anderer stimmte ihm zu, dann noch einer. »Kandidieren Sie!«, skandierten immer mehr Stimmen immer lauter.

»Ich werde mich nicht darauf festlegen zu kandidieren«, sagte Biden. »Ich will uns nur so weit bringen, dass wir Trump schlagen können. Aber ich muss nicht die Person sein, die ihn schlägt.«

Biden verbrachte zwei Stunden mit den Männern. Es war eine so aufrichtige zwischenmenschliche Begegnung, wie Richmond sie bei einem Politiker noch nie erlebt hatte.

FÜNF

Im Sommer 2018 hatte Mitch McConnell alle Hände voll zu tun, Trump im Zaum zu halten, vor allem im Hinblick auf die Besetzung von Richterposten. Es könnte der Grundpfeiler seines politischen Erbes sein, die Bundesjustiz weiter nach rechts gesteuert zu haben.

Trump stimmte sich in der Regel mit McConnell und Don McGahn, dem Justiziar des Weißen Hauses, ab. McGahn arbeitete eng zusammen mit McConnell, um die Nachfolge-Pipeline der Justiz mit konservativen Kandidaten zu füllen.[1] Aber Trumps Motive für diese Bestrebungen waren nie in Ideologie begründet, sondern in seinem Drang zu »gewinnen«, wodurch er dazu neigte, unvermittelt seine Meinung zu ändern.

Trump nominierte Brett Kavanaugh, um den Posten zu besetzen, der von Richter Anthony M. Kennedy geräumt wurde. Kurz vor Kavanaughs Anhörung vor dem Justizausschuss des Senats trat die Collegeprofessorin Christine Blasey Ford am 16. September 2018 an die Öffentlichkeit und beschuldigte Kavanaugh, er habe versucht, sie zu vergewaltigen, als beide noch Teenager waren.[2]

Blasey Ford wurde aufgefordert, am 27. September vor dem Justizausschuss auszusagen.

An jenem Morgen rief Trump McConnell an und fragte ihn, ob er die Nominierung Kavanaughs zurückziehen solle.

»Warum sprechen wir nicht darüber, nachdem Dr. Ford ausgesagt hat?«, fragte ihn McConnell. »Das können wir uns als Halbzeitpause vorstellen.«

Trump war einverstanden. Er würde warten.

Blasey Ford galt als vorsichtig und zurückhaltend; ihre Aussage wurde überwiegend für glaubhaft gehalten. Trump war verunsichert und blieb in Kontakt mit McConnell. Er wollte abwarten, was Kavanaugh ihm dazu zu sagen hatte. Kavanaughs Aussage am selben Tag war emotional aufgeladen und defensiv und erhielt Beifall von rechts.

Trump rief McConnell noch einmal an, nachdem sowohl Blasey Ford als auch Kavanaugh ausgesagt hatten.

»Was halten Sie von Kavanaugh?«, fragte Trump.

»Meine Unterstützung für ihn ist stärker als Maultierpisse«, antwortete McConnell.

»Was?«, fragte Trump.

In Kentucky ist nichts stärker als Maultierpisse, erklärte McConnell. »Wir sollten uns für ihn einsetzen.«

Außerdem, so McConnell, »müssen wir das so oder so bald zum Abschluss bringen, da wir nicht wissen, ob wir nach November noch eine Mehrheit im Senat haben werden.«

McConnell brauchte eine schnelle Abstimmung zur Bestätigung Kavanaughs. Er war sicher, dass sie nur so genug Zeit hätten, um noch vor der Wahl einen anderen Kandidaten bestätigt zu bekommen. Falls Kavanaugh nicht genug Unterstützung fand oder seine Kandidatur zurückzog, konnte McConnell nicht garantieren, dass er das rechtzeitig hinkriegen würde.

Am 6. Oktober bestätigte der Senat Brett Kavanaugh mit 50 zu 48 Stimmen.

Das Hochgefühl, draußen im Land Wahlkampf zu machen, motivierte Joe Biden, in den letzten sechs Tagen vor den Kongresswahlen 2018 in 13 Städten aufzutreten. Und der 6. November brachte blaue Gewinne ein.[3] Die Demokratische Partei gewann 40 Sitze im Repräsentantenhaus hinzu und somit die Mehrheit, wodurch Nancy Pelosi zum zweiten Mal Sprecherin des Repräsentantenhauses wurde. Die Republikaner konnten ihre Mehrheit im Senat halten.

Cedric Richmond und sein Stabschef Virgil Miller machten einen Termin aus, um Biden in dessen Washingtoner Büro zu treffen, das sich in der Constitution Avenue Nummer 101 befand, nur ein paar Schritte vom Kapitol entfernt.

»Vielleicht sind Sie die einzige Person, die Donald Trump schlagen kann«, sagte Richmond. »Ich meine, Sie sollten es versuchen.« Kandidieren und ihn schlagen.

Richmond war mit Senator Cory Booker aus New Jersey und Senatorin Kamala Harris aus Kalifornien befreundet, zwei schwarzen Demokraten, von denen ebenfalls erwartet wurde, dass sie kandidieren würden. Doch er kam immer wieder auf Biden zurück – für Richmond hatte der Wahlerfolg Priorität. Du kannst nicht regieren, wenn du nicht zuerst gewinnst, pflegte er zu sagen.

»Ich bin nicht sicher, dass ich dafür die richtige Person bin«, erwiderte Biden. Richmond spürte ein echtes Widerstreben bei Biden. »Ich muss diese Person nicht sein. Es geht nicht um mich. Jemand anders kann ihn schlagen.«

Richmond sagte, das wichtigste Ziel für den Congressional Black Caucus sei, Trump zu schlagen. Viele der schwarzen Abgeordneten würden ihn unterstützen, so Richmond. Er habe ein sehr gutes Verhältnis zur Black Community. Er erinnerte Biden an seinen Besuch auf dem Bartholomew Golf Course.

Richmond drängte ihn. »Sehen Sie, erstens gefällt vielen Afroamerikanern Ihre Authentizität. Zweitens wissen sie es zu schätzen, dass Sie Obama den Rücken freigehalten haben. Und drittens wissen sie, wie viel unsere Community zu verlieren hat, wenn die Demokraten Trump nicht schlagen können.«

Richmond fügte hinzu, dass nicht nur der Black Caucus Biden unterstütze, sondern auch der Hispanic Caucus sowie die Moderaten der Demokratischen Partei. Er habe eine Basis.

In der Zeit bis Thanksgiving am 22. November 2018 wurden die Einzelteile zusammengesetzt, doch zunächst nur vorläufig. Greg Schultz, drahtig und noch keine 40, war der inoffizielle Wahlkampfmanager für eine mögliche Biden-Kampagne. Er war das Gegenteil von Donilon – ein junger Taktiker, der sich hauptsächlich auf organisatorische Aspekte und Daten konzentrierte, nicht auf »Seele«.

Schultz stammte aus der Gegend um Cleveland, Ohio, und hatte Obama als dessen Wahlkampfleiter für Ohio zu zwei aufeinanderfolgenden Wahlsiegen in diesem Bundesstaat verholfen; später wurde er als hochrangiger Berater für Bidens Vizepräsidentenbüro tätig.

Mit seiner älteren Mannschaft sprach Biden gern über Ideen und Missstände, doch sie alle verließen sich auf Schultz, um Bidens politische Maschinerie am Laufen zu halten. Schultz hatte es nicht leicht – diese Maschine lief nicht immer rund, und viele talentierte Wahlkämpfer, die meinten, Bidens Zeit sei vorbei, engagierten sich für andere Kandidaten.

Diese Einschätzung hatte durchaus ihre Vorteile: Biden war beliebt im Wahlkampf. Aber er war kein erfolgreicher Spendenwerber. Seine Social-Media-Followerschaft war das, was man von einem beliebten Ex-Vizepräsidenten erwarten würde, doch seine politische Präsenz war nicht der Rede wert.

Schultz und sein Stellvertreter Pete Kavanaugh schickten Biden im Dezember 2018 ein detailliertes, elfseitiges Memo zu der Frage, wie ein landesweiter Wahlkampf am besten zu organisieren sei.[4] Es enthielt Empfehlungen zur Wahlkampfzentrale, zu Terminen, Reisen, Personalien. Clintons Wahlkampf-Hauptquartier vier Jahre zuvor in Brooklyn war eine riesige Organisation gewesen; Bidens bestand aus einem kleinen Kader von Loyalisten.[5]

Eine Ankündigung der Kandidatur Bidens und des Wahlkampfstarts wurden für die erste Märzwoche 2019 vorgeschlagen.

Richmond tauchte immer wieder in Bidens Büro in der Constitution Avenue auf.

»Ich bin zu 74 Prozent dabei«, sagte Biden bei einer solchen Begegnung. Bald darauf hieß es: »Ich bin zu 82 Prozent dabei.«

Was zur Hölle haben diese Prozentsätze zu bedeuten?, fragte sich Richmond. Das ist verrückt.

Als Nächstes waren es 85 Prozent, dann 88 Prozent.

Ach scheiße, er kandidiert auf jeden Fall, wurde Richmond klar. Es war Bidens Art, sich zu einem »Ja« durchzuhangeln.

SECHS

Ende 2018 ernannte Präsident Trump General Mark Milley, den damaligen Chef der U. S. Army, zum Chairman of the Joint Chiefs of Staff (CJCS), dem Vorsitzenden des Vereinigten Generalstabs der Streitkräfte, ein Jahr vor dem offiziellen Ende der Amtszeit des Marinegenerals Joseph Dunford Jr.[1]

Trump ließ seinem Stab gegenüber keinen Zweifel daran, dass Milley, mit seinen breiten Schultern und seiner extrovertierten Persönlichkeit, sein bevorzugter Typ General war.[2] David Urban, ein Absolvent der Militärakademie West Point und ein Lobbyist, dem Trump es hoch anrechnete, dass er ihm 2016 geholfen hatte, Pennsylvania zu gewinnen, und der Trump auf CNN ständig mit Lob überhäufte, hatte Milley wärmstens empfohlen.[3] Trumps Verteidigungsminister James N. Mattis hatte sich dagegen für David L. Goldfein starkgemacht, den Stabschef der U. S. Air Force. Trump stellte sich auf Urbans Seite.

Bei Milleys Confirmation Hearing vor dem Streitkräfteausschuss sagte Senator Angus King, ein unabhängiger Abgeordneter aus Maine: »General Milley, in Anbetracht der Risiken, welche Sie artikuliert haben und welche die nationale Verteidigungsstrategie artikuliert, halte ich Ihren Job für den zweitwichtigsten in der Regierung der Vereinigten Staaten, da wir in einer gefährlichen Welt leben. Und Ihre Position als Chefberater des Präsidenten in einer Zeit erhöhter internationaler Spannungen und Risiken ist unglaublich signifikant und wichtig. Sie wissen, welche Frage ich Ihnen stellen werde.«[4]

»Werden Sie sich einschüchtern lassen?«, nahm Milley die Frage vorweg.

»Genau«, sagte King. »Und wie lautet die Antwort?«

»Auf keinen Fall, von nichts und niemandem. Ich werde nach bestem Wissen und Gewissen meinen militärischen Rat geben. Und dieser Rat wird offen sein. Er wird ehrlich sein. Er wird belastbar sein. Er wird gründlich sein. Und so werde ich mich jedes Mal verhalten, wenn ich um Rat gefragt werde, ohne Ausnahme.«

Milley war selbstgerecht und genoss es, seine Unabhängigkeit ins rechte Licht zu rücken. Allerdings hatte ihn nichts auf Trump vorbereitet. Es gab keinen Einführungskurs, keine Einweisung, keine Schule für den Umgang mit einem Präsidenten, der aus der Perspektive des Systems ein totaler Außenseiter war. Trump war in militärische Bilder und Sprache vernarrt, konnte aber zugleich führenden Militärs mit scharfer Kritik begegnen. Er konnte isolationistische und unberechenbare Instinkte an den Tag legen, wenn es um den politischen Kurs ging. »America First« bedeutete oft »America Only«.

Als Milley begann, sich in seinen neuen Job einzuarbeiten, glaubte er, seine wichtigste Mission bestünde darin, einen Krieg zwischen den Großmächten zu verhindern. Ein großes Bücherregal an der Wand seines Flurs in Quarters 6, dem offiziellen Wohnsitz des CJCS in Fort Myers, Florida, enthielt Hunderte von dickleibigen Büchern allein über China.

Sein Job brachte es auch mit sich, Trumps hochrangigster Militärberater zu sein, eine Verantwortung, die Milley an eine militärische Doktrin erinnerte, die als »movement to contact«, Vorrücken bis zum Kontakt, bekannt ist. Dabei tastet man sich durch die Rauchschwaden auf einem Schlachtfeld vor und versucht, das Unbekannte zu erkunden, Schritt für Schritt, und dabei möglichst viel in Erfahrung zu bringen. Milley hatte diese Taktik schon lange vor Trump angewandt, und jetzt war sie zu seinem beruflichen Alltag geworden.

Mattis hatte Trumps Tendenz, bei Besprechungen vom Thema abzukommen, einmal als Highway-Ausfahrten »ins Nirgendwo irgendwo bei Seattle« bezeichnet, wobei Nachrichtenmeldungen auf Fox News ihn ablenkten.[5]

Trump gab nicht nach, weder bei den wichtigsten Angelegenheiten noch bei Kleinigkeiten. Eines Tages fixierte er sich total auf den Flugzeugträger USS *Gerald R. Ford* – die Kosten des Schiffs und die Platzierung der »Insel«, des Flugkontrollzentrums, das senkrecht vom Deck aufragt.

Trump beklagte sich wiederholt, die Generäle und Admirale seien denkbar schlechte Geschäftsleute und besonders unfähig bei der Beschaffung von großen Schiffen und den dazugehörigen Preisverhandlungen, wodurch sie dafür verantwortlich seien, dass das Militär ständig übers Ohr gehauen werde.

Die nach dem 38. US-Präsidenten benannte *Ford* sei ein Paradebeispiel für diese Art von Geldverschwendung, sagte Trump. Er kritisierte fast alles an dem Schiff – die Munitionsaufzüge, die Flugzeug-Startkatapulte.

»Ich war früher im Baugeschäft«, erzählte Trump der militärischen Führung bei einem Meeting. »Ich kenne mich aus mit Aufzügen. Wenn sie nass werden«, könnten sie ausfallen.

Doch was den Präsidenten wirklich aufbrachte, war die veränderte Platzierung der Insel nach weit hinten auf dem Deck.

»Es sieht einfach nicht richtig aus. Ich habe ein Auge für Ästhetik«, sagte Trump bei einem Dinner mit Milley.

Dann strich Trump sich mit der Hand übers Haar.

»Können Sie das nicht sehen?«, fragte er jovial.

Führende Offiziere der Navy erklärten Trump später, die Insel sei weiter hinten platziert worden, um mehr Platz zu schaffen für die Landebahn, auf der die Flugzeuge an Deck landen. Wäre die Insel in der Mitte, so sagten sie ihm, würde sie den Wind so umlenken, dass die Landung für die Piloten schwieriger wird.

»Es sieht einfach nicht richtig aus«, erwiderte Trump.

Trump kam immer wieder auf die *Ford* zu sprechen, und Milley hörte ihm zu. Was hätte er auch sagen sollen? Dem Präsidenten missfiel das Aussehen eines Schiffes. Milley musste das ertragen und ihm einfach Gelegenheit geben, Dampf abzulassen.

Trump hatte am 7. Dezember 2018 angekündigt, dass er William Barr als seinen nächsten Justizminister nominieren werde, um Jeff Sessions zu ersetzen. Barr war 68 Jahre alt und war bereits 26 Jahre vorher Justizminister gewesen, von Ende 1991 bis Anfang 1993 für Präsident George H. W. Bush. Anschließend war er 14 Jahre lang Justiziar des US-Telekommunikationskonzerns Verizon gewesen.[6]

Barr war ein konservativer Republikaner und einer der engagiertesten Befürworter der Exekutivmacht des Präsidenten. Er war ein überzeugter Unterstützer von Trumps politischer Linie, von Steuersenkungen und Deregulierung. Und er hatte die Untersuchung des Sonderermittlers Robert Mueller über ein angebliches Einvernehmen zwischen Trump und Russland öffentlich kritisiert, weil sie Trumps Macht untergrabe – eine Geste, die selbst manch einem Republikaner als gezieltes Einschmeicheln erschien.[7]

»Er war schon immer meine erste Wahl«, hatte Trump gesagt. »Es gibt niemanden, der für diese Rolle kompetenter oder qualifizierter wäre.«

In seinem Bewerbungsgespräch mit Trump hatte Barr betont, dass der Präsident und das Weiße Haus sich fernhalten müssten von strafrechtlichen Ermittlungen des Justizministeriums unter der Aufsicht des Justizministers.

Strafrechtliche Anklagen folgen einem rigorosen Prinzip: den Beweis der Schuld des Angeklagten jenseits jedes vernünftigen Zweifels zu erbringen. Das ist die Grundlage, auf der jemand angeklagt oder nicht angeklagt wird. Barr sagte, es liege im Interesse des Präsidenten, des Weißen Hauses, des Justizministers und des Justizministeriums, Entscheidungen der Strafjustiz von der Politik strikt zu trennen. Das habe er gelernt, als er zum ersten Mal Justizminister gewesen sei. Von diesem Grundsatz könne es keine Ausnahmen geben, und er würde, ungeachtet der Person, jeden Versuch, diese Trennung zu durchbrechen, nicht tolerieren. Das sei ein absoluter Grundsatz.

Um jedes Missverständnis auszuschließen, wiederholte Barr noch einmal, dass er es nicht tolerieren würde, falls der Präsident versuchen wolle, strafrechtliche Verfahren zu beeinflussen – wer angeklagt werden soll und wer nicht. »Ich will davon nichts hören«, sagte Barr. »Falls es etwas gibt, das Sie wissen sollten, werde ich es Ihnen mitteilen.«

Trump nickte zustimmend, aber Barr war nicht sicher, ob der Präsident seine Ermahnung verstanden hatte.

»Nach geltendem Recht konnte Bob Mueller nur aus triftigem Grund seines Amtes enthoben werden«, sagte Barr einen Monat später bei seinem Confirmation Hearing vor dem Justizausschuss des Senats.[8] Er kannte Mueller, der zwölf Jahre lang FBI-Chef gewesen war, seit Jahrzehnten. Mueller genoss einen makellosen Ruf und war ein von politischen Parteien unabhängiger Workaholic. »Offen gesagt ist es für mich unvorstellbar, dass Bob irgendeinen Anlass für eine erfolgversprechende Anklage geben könnte.«

Barr fuhr fort: »Ich bin zum jetzigen Zeitpunkt davon überzeugt, dass es im übergeordneten öffentlichen Interesse liegt, ihn seine Untersuchung abschließen zu lassen.« Und etwas pointierter: »Ich glaube nicht, dass Mr. Mueller sich an einer Hexenjagd beteiligen würde.« Bevor Barr nominiert wurde, hatte Trump die Untersuchung zum Thema Russland ganze 84 Mal eine »Hexenjagd« genannt.

Barr griff Mueller ganz bewusst nicht an. Während einer Pause, die etwa zwei Stunden nach Beginn der Anhörung stattfand, zog er sich in ein Vorzimmer zurück, wo sein Beraterteam ihm sagte, er würde sich da draußen ganz hervorragend schlagen, einen großartigen Job machen.

Barrs Stabschef kam zu ihm und sagte, er sei gerade von Emmet Flood angerufen worden, der kurz zuvor als geschäftsführender Rechtsberater des Weißen Hauses gedient hatte. »Er sagte mir, er habe ein Problem mit seinem Mandanten.«

»Warum?«, fragte Barr.

»Der Präsident wird verrückt. Er glaubt, er habe einen Fehler gemacht, als er Sie nominiert hat, wegen dem, was Sie gesagt haben. Sie haben nette Dinge über Bob Mueller gesagt.«

Im Weißen Haus war First Lady Melania Trump anderer Meinung als der Präsident.

»Bist du verrückt?«, fragte sie ihren Mann. »Der Bursche ist doch geradezu prädestiniert für den Job. Sieh ihn dir an«, sagte sie und zeigte auf Barr, »*das* ist ein Justizminister.«

Der Gegensatz zu dem farblosen Jeff Sessions war nicht zu übersehen.

Jetzt sprach Melania die Sprache des Präsidenten, der großen Wert auf die äußere Erscheinung einer Person legte. Barr mit seinen 1,83 Metern und einem mächtigen Bauch, sagte sie, wirke wie ein sachlicher und kluger Rechtsanwalt.

Später erzählte Trump Barr von den Bemerkungen seiner Frau und wie wichtig sie für ihn waren. »Sie sind in der Tat prädestiniert für den Job.« Er schien Barrs ansonsten schwerfällige Erscheinung zu entschuldigen. Barr wusste, dass er auf andere Menschen groß wirkte, mit seiner kräftigen, selbstbewussten Stimme.

Trump, der selbst nicht gerade dünn war, sagte Barr zum Thema Gewicht: »Sie halten ja Ihr Gewicht, Bill. Es steht Ihnen gut. Sehen Sie sich vor, denn wenn Sie zu viel abnehmen, wird Ihre Haut schlaff.«

Im März 2019 wurde Mueller endlich mit seinem Bericht fertig und übergab gemäß geltendem Recht das 448 Seiten starke Dokument dem Justizminister Barr.[9] Er und seine wichtigsten Berater lasen es.

»Sie werden es nicht glauben«, sagte Barr am Telefon mit Lindsey Graham, dem Vorsitzenden des Justizausschusses. »Nach zwei vollen Jahren sagt er: ›Na ja, ich weiß es nicht genau, entscheiden Sie das.‹«

Barr sagte, Mueller habe keine Beweise gefunden, dass Trump oder sein Stab illegal gearbeitet oder mit Russland konspiriert hätten. Zu der entscheidenden Frage, ob Trump die Justiz behindert habe, schrieb Mueller eine der gewundensten Zeilen in der Geschichte schlagzeilenträchtiger Untersuchungen: »Dieser Bericht kommt zwar nicht zu dem Schluss, dass der Präsident eine Straftat begangen hätte, doch er entlastet ihn auch nicht.«[10]

Der Justizminister glaubte an das, was er die »Scheiß schon oder komm vom Klo runter«-Regel für jeden Staatsanwalt nannte: Entweder klagte er an, oder er klagte nicht an. Von einem amerikanischen Staatsanwalt wird nicht erwartet, dass er entlastende Umstände beurteilt. Barr veröffentlichte einen Brief, in dem er mitteilte, dass er und sein Stellvertreter »zu dem Schluss gekommen sind, dass die im Rahmen der Untersuchung des Sonderermittlers entwickelte Beweislage nicht ausreicht, um festzustellen, dass der Präsident durch Behinderung der Justiz eine Straftat begangen hätte«.[11]

Dieser vierseitige zusammenfassende Brief und diese Schlussfolgerung wurden kontroverser diskutiert als der Mueller-Report selbst. Viele Beobachter waren empört, nannten Barr einen Speichellecker und Loyalisten, der pflichtgemäß den Präsidenten schütze und seinen Dreck wegmache.

»Es war eine vollständige und totale Entlastung«, sagte Trump, womit er Barrs Brief widersprach, in dem die Aussage aus Muellers Bericht zitiert wurde, er »entlastet ihn auch nicht«.[12]

Mueller selbst beklagte sich, der Brief von Barr würde seine Erkenntnisse falsch darstellen.[13] Dann meldeten sich 700 ehemalige Bundesstaatsanwälte zu Wort und sagten, der Mueller-Report zeige mehrere Fälle von Behinderung der Justiz durch den Präsidenten und der Präsident werde nur deswegen nicht angeklagt, weil es ein Grundsatz des Justizministeriums sei, einen amtierenden Präsidenten nicht anzuklagen.[14]

In einer Klage auf Auskunft nach dem Freedom of Information Act sagte ein Bundesrichter, Barr habe die »im Mueller-Report dargelegten Erkenntnisse falsch dargestellt«; in einer anderen Kritik wurde Barr beschuldigt, er sei ein Wasserträger Trumps.[15]

Für praktische Zwecke waren die Ermittlungen Muellers beendet, doch die Debatte über seinen Bericht würde jahrelang weitergehen. Aufgrund der durch Muellers Untersuchung gewonnenen Erkenntnisse wurde Trump weder angeklagt noch wurde versucht, ein Amtsenthebungsverfahren gegen ihn einzuleiten.

Trump hatte eine echte Bedrohung für seine Präsidentschaft überstanden. In einem auf Band aufgezeichneten Interview sagte er Woodward: »Das Schöne ist, dass sich alles verflüchtigt hat. Es endete mit einem Gewinsel. Schon verblüffend. Es zerfiel alles zu Staub.«[16]

SIEBEN

Biden überlegte immer noch, ob er kandidieren wollte. Anfang 2019 lud er Anita Dunn ein, ihn auf dem Anwesen zu treffen, das er in einer Vorstadt im Bundesstaat Virginia gemietet hatte.[1] Sie hatte unter Obama als Kommunikationsdirektorin des Weißen Hauses gedient und war geschäftsführende Direktorin der SKDK, einer Washingtoner Beratungsfirma für Politik und Kommunikation.[2]

Dunn war mit Bob Bauer verheiratet, der unter Obama als Justiziar des Weißen Hauses gedient hatte, und gehörte der politischen Mitte der Demokratischen Partei an. Sie sah sich selbst als überzeugte Liberale, zählte jedoch nicht zu den Progressiven, die immer mehr an Einfluss gewannen, seit Senator Bernie Sanders aus Vermont in seinem Wahlkampf für die Vorwahlen 2016 eine Bewegung gegen Hillary Clinton ins Leben gerufen hatte.[3]

Sanders und seine Unterstützer definierten ihre Politik als »progressiv« und links von »liberal«. Der Begriff »progressiv« impliziert einen Geist des Protestes gegen Establishment und Großkonzerne – und ein entschiedeneres, linksorientiertes Herangehen an wirtschaftliche und kulturelle Probleme. Viele Progressive befürworten Ideen wie »Medicare for All«, die gesetzliche Krankenversicherung für alle, und Vermögenssteuern, obwohl dem Parteiflügel ein bestimmtes Credo fehlt.

Mit ihren 61 Jahren war Dunn in derselben Altersgruppe wie Donilon und Ricchetti. Sie hatte ihre ersten politischen Erfahrungen im Umfeld des Präsidenten im Weißen Haus unter Jimmy Carter gesammelt und genoss den Ruf, formidabel, eigensinnig, tough und clever zu sein.

Dunn hatte eine zentrale Botschaft für Biden: Sie meinte, die Demokratische Partei würde die Wahlergebnisse der Zwischenwahlen von

2018 völlig falsch deuten, falls sie glaube, die Partei würde deshalb an Einfluss gewinnen, weil eine progressive Welle durchs Land fegt.

Obwohl die 28-jährige Sozialdemokratin Alexandria Ocasio-Cortez aus New York eine führende Persönlichkeit der Demokratischen Partei im Repräsentantenhaus bei einer Vorwahl geschlagen hatte und andere Verbündete von Sanders an Boden gewannen, gebe es keine solche Welle, so Dunn.

Achten Sie auf Demokraten vom Typ Biden, die gewonnen haben, sagte sie.[4] Sie erwähnte Abigail Spanberger aus Virginia, eine ehemalige Operations Officer der CIA, und andere, die Abgeordnetensitze wiedergewonnen hatten, die seit Langem fest in republikanischer Hand gewesen waren.

Biden zeigte sich zögerlich. Bin ich zu spät dran? Werden wirklich genug Wahlkampftalente da sein? Er war vorsichtig und nervös; er erinnerte sich zweifellos daran, wie viele Mitglieder von Obamas Stab 2015 zu Clinton übergelaufen waren.

Ich werde Sie unterstützen, falls Sie sich zur Wahl stellen, sagte ihm Dunn. Biden hatte einen klaren Vorteil: Den meisten Kandidaten fällt es schwer, ihre Botschaft deutlich zu machen. In seinem Fall war er selbst die Botschaft.

Aber Bidens Richtungslosigkeit beunruhigte Dunn. Er brauchte sehr lang, um zu Entscheidungen zu kommen, und er unterließ es, die schlagkräftige Operation zu organisieren, die er brauchen würde, um aus einer Position der Stärke ins Rennen zu gehen. Niemand schien autorisiert zu sein, potenziellen Wahlkampfhelfern Jobs anzubieten, und Biden schien zu zögern, Menschen zu bitten, für eine »Vielleicht-Kampagne« zu arbeiten. Dunn kam zu dem Schluss, dass er unter Umständen nicht kandidieren würde, falls ein anderer hervorragender Kandidat auftauchte, der aus Bidens Sicht Trump schlagen konnte.

Anfang März zitierte Biden Ron Klain zu sich, der in den ersten zwei Jahren seiner ersten Amtszeit als Stabschef im Büro des Vizepräsidenten für ihn gearbeitet hatte.

»Bitte kommen Sie her und reden Sie mit mir über den Wahlkampf«, sagte Biden. Klain, 55 Jahre alt, mit gewelltem dunklen Haar, hatte die Ausstrahlung eines Universitätspräsidenten, der jahrelang Mitglied der Professorenschaft gewesen war. Er hatte keine Probleme im Umgang mit Macht, war aber bei Hinterzimmerkungeleien noch mehr in seinem Element. Er trat locker und gesellig auf, setzte aber schnell die Ellbogen ein, wenn jemand versuchte, seine Agenda zu durchkreuzen.

Klain war vor mehr als zwei Jahrzehnten in Bidens Umfeld aufgetaucht, als Chefberater für den Justizausschuss des Senats, dessen Vorsitzender Biden damals war. Er war einer von Bidens Ivy-League-Erfolgstypen – hatte magna cum laude an der Harvard Law School promoviert, als Redakteur der *Harvard Law Review* gearbeitet und Byron White, einem Richter am U. S. Supreme Court, als Referendar zugearbeitet.

Darüber hinaus war er bestens vertraut mit der Washingtoner Hackordnung und kannte Biden sehr gut. Er sagte einmal ganz offen: »Joe Biden stellte sich 2008 zur Wahl als Präsident. Und es wird wohl kaum jemand als Präsident kandidieren, wenn er nicht davon überzeugt ist, dass er Präsident sein könnte, oder? Offenbar meinten 99 Prozent der Demokraten, dass jemand anders Präsident sein sollte, doch er dachte, er selbst sollte Präsident sein. Und das brachte er mit, als er Vizepräsident wurde.«

Klain hatte 2016, als Biden ewig lang brauchte, um sich zu entscheiden, Hillary Clintons Bewerbung ums Präsidentenamt unterstützt, und dieser Bruch war für beide Männer schmerzhaft gewesen.[5]

»Es ist mir ein bisschen schwergefallen, eine solche Rolle in Bidens Niedergang zu spielen«, schrieb Klain im Oktober 2015 an Clintons Wahlkampfleiter John Podesta, eine Woche bevor Biden erklärte, dass er nicht kandidieren werde. »Für sie bin ich definitiv tot – aber ich freue mich, im Team HRC [Hillary Rodham Clinton] dabei zu sein.« Die E-Mail war in einem Datenbestand mit Korrespondenz von Podesta enthalten, der von Russen gehackt worden war.[6]

Klain, der seinerzeit für eine Investmentfirma arbeitete, die von AOL-Gründer Steve Case geführt wurde, sprang in seinem Wohnort

Chevy Chase, Maryland, in sein Auto und fuhr die zwei Stunden nach Wilmington, Delaware.

Ein paar Stunden lang Bidens Optionen zu analysieren würde eine anspruchsvolle intellektuell-politische Übung sein, ein gefundenes Fressen für Klain. Er gehörte dem semi-permanenten Club von Politikern in Washington an, die zwar in den privaten Sektor gegangen waren, aber begeistert jede Chance ergriffen, in die politische Arena im Umfeld des Präsidenten zurückzukehren.

»Ich habe einfach das Gefühl, dass ich kandidieren muss«, sagte Biden, als sie sich setzten. »Trump repräsentiert etwas, das fundamental anders und zutiefst falsch ist an Politik.«

Bidens nächste Worte würden sich unauslöschlich in Klains Gedächtnis einbrennen: »Dieser Typ ist eben nicht wirklich ein amerikanischer Präsident.«

Klain war erstaunt über die Gewissheit, mit der Biden sprach. Er hatte das von Biden gewohnte ermüdende Hin und Her erwartet, ein Abwägen von Vor- und Nachteilen vor einer wichtigen Entscheidung.

Außerdem wunderte sich Klain, wie anders dieser Biden sich anhörte im Vergleich zu jenem Biden während seiner ersten Präsidentschaftskandidatur Ende der 1980er-Jahre. Damals war es in ihren Gesprächen hauptsächlich darum gegangen, welche Art von Kandidat am besten gewinnen konnte. Die Theorie besagte, dass Biden, damals 44 Jahre alt, zur richtigen Generation gehörte. Er hatte das Aussehen, und das *National Journal* hatte ihn als Kennedy-ähnliche Figur aufs Cover gehoben, was seinerzeit eine außergewöhnliche Auszeichnung war.

Die Wahlkampfstrategie wurde 1988 komplett von politischen Themen bestimmt – die Version der Marketingabteilung von dem, was notwendig ist, um das Weiße Haus zu gewinnen. Es war ein Desaster.

Inzwischen sah Klain die Dinge anders. Dies war kein politisches Gespräch, sondern es ging darum, das zu reparieren, was Trump kaputt gemacht hatte – eine Mission. Sie sprachen nicht darüber, welche Bundesstaaten Biden gewinnen konnte, oder über die blaue Mauer der Demokraten oder das Electoral College, das Gremium der Wahlleute.

Andere Präsidentschaftskandidaten sagten, das Land müsse das Kapitel »Trump« beenden. Biden sagte, er werde regelmäßig über Trump sprechen, womöglich ohne Ende.

»Das wird brutal werden für Ihre Familie«, sagte Klain ihm. »Das Problem mit Trump ist, dass es keine Regeln geben wird. Er wird Sie und Ihre Familie mit jeder nur denkbaren Lüge, jeder Niedertracht, jedem Schmutz bewerfen.«

Einige Aspekte der dunklen Seite von Hunter Biden hatten bereits Schlagzeilen gemacht: Alkohol und Drogensucht, fragwürdige Auslandsinvestitionen, ein Verhältnis mit Beaus Witwe, hohe Kreditkarten- und Steuerschulden. Seine Ex-Frau Kathleen hatte ihm vorgeworfen, ihre Finanzen auf Drogen und andere Frauen verschwendet zu haben.[7]

Klain insistierte. »Ist Ihre Familie wirklich bereit für das, was kommt?« Es war ein delikater Hinweis auf diese Probleme Hunters.

Biden bejahte nachdrücklich. Sie würden verstehen.

»Sind *Sie* denn bereit für das, was kommt?«, fragte Klain. »Dies wird anders sein als jeder andere Wahlkampf, den Sie jemals gemacht haben.«

Als Biden 2008 kandidierte, pflegten er und Senator John McCain, der damalige Kandidat der Republikaner, sich inoffiziell und vertraulich auszutauschen, um die Wogen zu glätten.

»Dieses Mal wird es keine Telefonate geben«, sagte Klain. »Dies wird eine Schlacht auf Leben und Tod werden. Nichts wird tabu sein. Trump wird jedes denkbare Mittel einsetzen, legitim oder illegitim, fair oder unfair, wahr oder unwahr, um zu versuchen, Sie und Ihre Familie zu vernichten.«

Biden blieb standhaft. Er hatte sich entschieden. Er wollte kandidieren.

Es war höchste Zeit für eine offizielle Ankündigung. Einige Top-Wahlkämpfer hatten sich bereits für Senatorin Kamala Harris aus Kalifornien und Senatorin Elizabeth Warren aus Massachusetts, deren progressive Referenzen sie zu einer ernst zu nehmenden Kraft machten, an die Arbeit gemacht.[8] Pete Buttigieg, der 37-jährige Bürgermeister von South Bend, Indiana – schwul, Kriegsveteran und Rhodes-Stipendiat –, zog Lobeshymnen auf sich.⁹ Biden wurde von manchen Parteispendern und Rivalen in privaten Gesprächen als ein Mann der Vergangenheit abgetan.

Kurz nach 16 Uhr, nachdem sie sich etwa sechs Stunden unterhalten hatten, beendeten Biden und Klain ihr Gespräch.

»Ich werde gewinnen«, sagte Biden zu Klain.

ACHT

»Wissen Sie«, sagte Biden in dieser Zeit einmal zu Mike Donilon, »meine Familie wird die Entscheidung treffen.«

Joe und Jill beriefen Anfang Februar 2019 ein Familientreffen ein, zu dem auch ihre fünf Enkelkinder eingeladen waren – ein Signal an seine Berater, dass er allmählich einer Entscheidung näher kam.

»Was meint ihr?«, fragte Jill ihre Enkelkinder.[1] »Pop denkt darüber nach.«

Die Enkelkinder der Bidens waren begeistert. »Pop muss kandidieren! Er muss das machen.« Aber Joe und Jill Biden waren zurückhaltender. Sie wussten: Wenn Biden kandidierte, konnte das Rennen qualvoll werden, mit bösartigen Attacken gegen die Familie.

Wir verstehen, Pop, beruhigten ihn seine Enkelkinder.[2] Biden erinnerte sich später in jenem Jahr, dass jedes Kind »seine eigene Geschichte erzählte, sie hatten sie aufgeschrieben, und auch, dass sie wussten, wie gemein es werden würde«, aber außerdem, warum Biden und die Familie sich voll und ganz für eine Kandidatur entscheiden sollten.

Bidens Enkelsohn Robert »Hunter« Biden II hatte ihm ein Foto gegeben, das ihn und seinen Großvater zeigte und bei der Trauerfeier für seinen Vater Beau entstanden war. Damals war er neun Jahre alt gewesen, und Biden hatte sich zu ihm hinuntergebeugt und hielt tröstend eine Hand unter das Kinn des Jungen.

Daraufhin waren aus diversen rechten Ecken im Internet wilde Spekulationen über Bidens Geste zu hören gewesen, die andeuteten, dass Biden pädophil sei.[3] Sein Enkel sagte Biden, dass er wisse, wie hässlich ein Wahlkampf werden konnte.

»Wir entscheiden alles bei Familientreffen«, erzählte Biden am

26. Februar 2019 vor einem Publikum an der University of Delaware. Er sagte, es habe einen »Konsens« gegeben, dass er kandidieren solle.[4]

»Sie sind die wichtigsten Menschen in meinem Leben, und sie wollen, dass ich kandidiere.«

Was Biden allerdings nicht sagte, war, dass seine Familie ebenfalls in einer schweren Krise steckte.[5] Hunter Biden machte seine Kokainsucht zu schaffen. Joe Bidens engste Freunde erzählten sich hinter vorgehaltener Hand, dass er anscheinend ständig an Hunter dachte.

Hunter hatte seinen Drogenentzug in einer Klinik abgebrochen und sich in ein Motel in New Haven, Connecticut, verkrochen. Er rauchte so viel Crack, wie er beschaffen konnte, zog spätabends ziellos durch die Straßen oder machte lange Autofahrten mit seinem Porsche. Er schrieb in seinen Erinnerungen, er habe einen »Todeswunsch« gehabt, und sah seine Fähigkeit, »Crack überall und jederzeit aufspüren zu können«, als eine »Superkraft«.

»Verderbnis in Dauerschleife.«

Joe Biden rief Hunter häufig an oder schickte ihm Textbotschaften, wollte wissen, wie es ihm ging und wo er war.

»Ich sagte ihm, es ginge mir bestens«, schreibt Hunter. »Alles sei gut, nach einer Weile aber kaufte er mir das nicht mehr ab.«

Im März 2019 organisierte die Familie eine Intervention.

»Eines Tages, nach drei, vier Wochen dieses Wahnsinns, rief aus heiterem Himmel meine Mutter an«, schreibt Hunter in seinen Erinnerungen.[6]

»Sie sagte, sie plane ein Familienessen, weshalb ich kommen und vielleicht sogar einige Tage in Delaware bleiben solle. Es würde bestimmt großartig; wir seien ja seit einer Ewigkeit nicht mehr alle zusammen gewesen. Ich war in einer ziemlich lausigen Verfassung, aber es klang verlockend. Wenn ich mich richtig erinnere, bin ich an einem Freitagabend angekommen. Ich ging ins Haus, heimelig und behaglich wie eh und je.« Er war erstaunt, seine drei Töchter zu sehen – Naomi, Finnegan and Maisy. »Da wusste ich, dass was im Busch sein musste. ...

Dann sah ich Mom und Dad, die etwas bedrückt dreinblickten und verlegen lächelten.«

Hunter entdeckte zwei Suchtberater im Zimmer. Er kannte sie aus einer Entzugsklinik in Pennsylvania.

»Nie im Leben«, sagte Hunter. Er erinnert sich, dass Joe Biden ihn entsetzt ansah.

»Ich weiß nicht, was ich sonst machen soll«, rief sein Vater. »Ich habe solche Angst. Sag mir doch, was ich für dich tun kann.«

Hunters Antwort: »Jedenfalls nicht so einen Scheiß.«

»Es war schrecklich. Ich war schrecklich«, erinnerte sich Hunter. »Von da an entwickelte sich das Familientreffen zu einem überdrehten, qualvollen Debakel.« Joe Biden lief ihm auf die Auffahrt hinterher, als Hunter gehen wollte, packte ihn und nahm ihn in die Arme, hielt ihn fest und weinte. Eine seiner Töchter schnappte sich seinen Autoschlüssel.

Um die Szene zu beenden, willigte Hunter schließlich ein, in eine nahe gelegene Entzugsklinik in Maryland zu gehen. »Irgendwas, egal was. Bitte!«, flehte Joe Biden.

Aber schon wenige Minuten nachdem Hunter vor der Klinik abgesetzt worden war, rief er Uber an, buchte einen Fahrer und fuhr in sein Hotelzimmer zurück, wo er wieder Crack rauchte. »In den nächsten beiden Tagen hockte ich in meinem Zimmer und rauchte alles Crack, was ich noch in meiner Reisetasche gehabt hatte.«

Dann buchte Hunter einen Flug nach Kalifornien und »rannte davon, rannte und rannte und rannte«.[7] Er wollte, so schrieb er, »verschwinden«.

NEUN

Nachdem er grünes Licht bekommen hatte, verfasste Mike Donilon ein Memo über die Fallstricke, mit denen Biden rechnen musste. Es lief darauf hinaus, das Gerede auf Twitter und von Reportern zu ignorieren. Der letzte Satz des Memos: »Sie müssen als Joe Biden kandidieren.« Donilon fasste das Memo für Biden mündlich zusammen. Er war sehr direkt.

»Also, Sie sollten als der Mensch kandidieren, der Sie sind. Und wissen Sie was? Sie waren Vizepräsident der Vereinigten Staaten, Sie gehen in diesen Wahlkampf mit einem Image bei den Wählern, das ungewöhnlich stark ist, und dieses Image haben Sie sich erarbeitet, indem Sie sich selbst treu geblieben sind. Und falls Sie das ändern wollen, können Sie gleich nach Hause gehen. Versuchen Sie es gar nicht erst.«

Dann kamen sie wieder auf das Konzept »Seele« zu sprechen. Inzwischen war es nicht nur ein fester Bestandteil von Bidens Vokabular, sondern eine Idee mit Bestseller-Gefolgschaft, dank einem 2018 erschienenen Buch des Historikers Jon Meacham, *The Soul of America*.[1]

Als Meacham in jenem Winter das Gespräch mit Biden an der University of Delaware moderierte, sagte er ihm: »Dieses Buch habe ich wegen Charlottesville geschrieben.«[2]

Meacham, der in Tennessee lebte, hatte hinter den Kulissen mit Biden und Donilon Bekanntschaft gemacht; telefonisch gab er ihnen Tipps zu Formulierungen und lieferte historische Details. Laut Meachams Definition war »Seele« ein Wertegerüst, eine Kraft, die amerikanische Bürger in Richtung Tugend zog.

Biden und Donilon schätzten diesen Input. Meacham schien Biden zu verstehen, im Gegensatz zu vielen der sogenannten Experten, die ständig in den TV-Nachrichten zu sehen waren. Allmählich wurde er für die noch nicht angekündigte Biden-Kampagne zu einem inoffiziellen Arthur M. Schlesinger jr., der auch als »Historiker der Macht« bekannt war.³

Im März 2019 sagte Biden den drei Kongressabgeordneten aus Delaware, allesamt Demokraten: »Ich werde meine Kandidatur ankündigen.« Biden hatte die zwei Senatoren des Bundesstaates, Chris Coons und Tom Carper, sowie Delawares einziges Mitglied des Repräsentantenhauses, Lisa Blunt Rochester, zum Lunch in seinem Büro in der Constitution Avenue eingeladen.

Coons, der an der Yale Law School und der Yale Divinity School, dem theologischen Seminar, Abschlüsse gemacht hatte, war schon immer der Meinung gewesen, er würde Biden verstehen. Sie waren beide religiöse Männer, beide stammten aus Delaware.

Er kannte Biden seit 30 Jahren und war in den Gemeinderat der New Castle County gewählt worden, in das gleiche Amt, mit dem Biden seine politische Laufbahn begonnen hatte. Außerdem war er mit Beau Biden befreundet gewesen, und Beau hatte Coons gebeten, 2010 für den Sitz seines Vaters im Senat zu kandidieren, als Joe Biden dieses Mandat niedergelegt hatte, um Vizepräsident zu werden.

Coons war nicht überrascht, zu hören, dass Biden in Washington war. Biden sprach über Charlottesville und über die beunruhigende Spaltung der Gesellschaft des Landes. Er gab der Kernaussage seiner Wahlkampfbotschaft den letzten Schliff.

Nach dem Lunch gingen Carper und Blunt Rochester, doch Coons blieb noch eine Weile. Er und Biden unterhielten sich über Delaware.

»Joe«, sagte Coons und sah Biden in die Augen. »Ich möchte Ihnen einen Rat geben. Wissen Sie, vielleicht werden Sie das nicht gerne hören, aber Lisa ist aus eigener Kraft Kongressabgeordnete geworden.« Blunt Rochester war die erste Frau und die erste schwarze Person, die auf den Sitz Delawares im Repräsentantenhaus gewählt worden war.⁴

»Sie ist eine gewählte Abgeordnete des Bundesstaates.«

»Okay«, sagte Biden, »aber worauf wollen Sie hinaus?«

»Sie haben über Ihren Vater gesprochen, der Vorsitzender des Stadtrats war. Sie haben darüber gesprochen, wie gut Sie sich mit John Lewis verstehen«, dem Kongressabgeordneten und Bürgerrechtsvorkämpfer aus Georgia. »Sie haben darüber gesprochen, wie diese und jene Person Sie unterstützen wird.«

»Sie hätten *ihr* den Respekt erweisen müssen, *ihr* in die Augen zu sehen und zu sagen: ›Kongressabgeordnete, ich würde mich geehrt fühlen, Ihre Unterstützung zu haben.‹«

Biden blinzelte und drehte sich, um aus dem Fenster zu sehen.

»Ich dachte, das hätte ich getan«, sagte er.

»Nein, das haben Sie nicht getan«, sagte Coons. »Es ist unangenehm für Sie, weil Sie nicht wollen, dass sie ›Nein‹ sagt. Und es ist unangenehm für uns, weil wir nicht als selbstverständlich betrachtet werden wollen. Aber ich sage Ihnen, Sie werden Zeit investieren müssen, um sie tatsächlich zu respektieren und sie um Unterstützung zu bitten.«

Einen Moment lang befürchtete Coons, dass Biden verärgert sein könnte. Er machte eine Pause und lehnte sich zurück. Biden sah Coons an.

»Wissen Sie, das ist genau das, was Beau mir gesagt hätte, wenn er hier wäre.«

Biden wurde still. »Es wird schwerer werden, als ich dachte, weil ich niemanden habe, der mir solche Ratschläge gibt. Ich möchte, dass Sie mir versprechen, es mir zu sagen, wenn ich so etwas mache, selbst wenn es mich ärgert, selbst wenn ich es nicht hören will.«

Coons versprach es ihm.

»Ich frage mich nur, wie dieser Lunch aus Ihrer Sicht gelaufen ist«, fragte Coons später in einem Telefonat mit Blunt Rochester.

Keine Antwort. Coons fragte sie, ob Biden sich ihrer Meinung nach respektvoll verhalten habe in der Art und Weise, wie er sie um Unterstützung gebeten hatte.

»Nein, auf keinen Fall«, sagte sie. »Ich hatte den Eindruck, er wollte mir mitteilen, ich sollte ihn unterstützen, weil mein Vater ihn unterstützt hat. Aber ich bin nicht mein Vater.«

»Ja«, sagte Coons, »den Eindruck hatte ich auch.« Obwohl er bereits mit Biden darüber gesprochen hatte, fragte er sie: »Würde es Sie stören, wenn ich das dem Vizepräsidenten sage?«

»Nein, im Gegenteil. Es wäre hilfreich, weil ich mich ein bisschen geärgert habe«, antwortete sie.

Bald darauf wurde Blunt Rochester eingeladen, Biden am Samstag bei ihm zu Hause zu besuchen. Sie hatte gravierende Zweifel hinsichtlich seiner Kandidatur. »Ist er wirklich bereit dafür?«, dachte sie. »Ist er der richtige Mann?« Sie klopfte an seine Haustür. Niemand öffnete, aber sie konnte Hunde bellen hören.

Dann sah sie Biden den Hügel herunterfahren. Er brachte Kaffee und Bagels mit. Ich weiß nicht, ob Sie schon gegessen haben, sagte er. Dann gingen sie in sein Arbeitszimmer. Dort bemerkte sie ein Foto von Beau in seiner Bomberjacke.

Biden sagte, er wolle schwierige Fragen hören.

Sie fragte ihn, wie er die Kluft zwischen Progressiven und Moderaten in der Partei überbrücken wolle. Von welcher Art von Leuten werden Sie diesen Wahlkampf organisieren lassen? Wen würden Sie für Ihr Kabinett in Betracht ziehen?

Seine Antworten waren nicht sonderlich originell, doch sie war beeindruckt von der Intensität seines Engagements. Er wollte, dass sie ihm weitere Fragen stellt. Er wirkte beinahe gequält, als er über seine Familienmitglieder sprach, welche Nachteile sie in Kauf nehmen würden und wie sie ihn ermutigten zu kandidieren. Zum Thema Innenpolitik sagte er, er wolle Obamacare erweitern.

Ich würde mir eine Frau als »running mate«, als Vizepräsidentschaftskandidatin, wünschen, sagte ihr Biden. Das überraschte Blunt Rochester, er hatte es bis zu diesem Zeitpunkt noch nicht öffentlich gesagt.

Biden sagte, er werde von manchen Leuten unter Druck gesetzt, zu sagen, dass er nur für eine Amtszeit dienen würde, doch diesem Druck habe er widerstanden.

Nach zweieinhalb Stunden begleitete Biden sie zu ihrem Auto. Bevor sie losfuhr, bat sie ihn, zusammen ein kurzes Gebet zu sprechen. Also beteten sie. Sie fuhr fort mit dem Gefühl, Biden sei für diesen Moment geboren worden.

Bald darauf erklärte Blunt Rochester ihre Unterstützung für Biden. Sie trat in mehreren Bundesstaaten und Kirchen auf, um für ihn Wahlkampf zu machen, von Harlem bis zum Mittleren Westen. Sie engagierte sich stärker für Bidens Wahlkampf als Coons. Biden bat sie, eine der Co-Vorsitzenden für seine Kampagne zu sein und später einen Sitz in seiner Vizepräsidenten-Auswahlkommission zu übernehmen.

Als Biden gewählt wurde, wusste sie, dass eine Menge auf ihn einstürzen würde – Ratschläge, spezielle Bitten, Empfehlungen. Aber sie blieb in seiner Nähe und ging sehr verantwortungsvoll mit seiner Zeit um. »Ich habe immer das Gefühl gehabt, dass er mir zuhört«, sagte sie.

Bidens frühere Angewohnheiten machten sich nach wie vor bemerkbar. Seine Neigung, Frauen, die er kennenlernte, zu umarmen und zu küssen – auch Kandidatinnen und gewählte Staatsbedienstete[5] –, wurde erneut kritisch hinterfragt, als die Me-too-Bewegung zahlreiche Fälle von sexueller Belästigung und Gewalt aufdeckte.[6]

Biden hatte Kritik an seinem Verhalten lange als plumpen Versuch der Republikaner abgetan, seinen Umgang mit Frauen zu sexualisieren. Doch am 29. März 2019 war es keine Republikanerin, sondern Lucy Flores, Demokratin und ehemalige Abgeordnete der Nevada State Assembly, die Biden vorwarf, »erniedrigendes und respektloses Verhalten« an den Tag gelegt zu haben, als er sie bei einem Event im Jahr 2014 auf den Hinterkopf geküsst hatte.

»An Awkward Kiss Changed How I Saw Joe Biden« (»Ein peinlicher Kuss änderte meinen Eindruck von Biden«) lautete die Überschrift der Story, die Flores darüber für die Zeitschrift *New York* geschrieben hatte.[7] Biden war fassungslos.

Bei einem Telefongespräch mit einem Mitarbeiter hörte Biden sich verletzt und aufgebracht an. »Ich wollte keineswegs ...«, begann er, doch dann erstarb seine Stimme.

Ein paar Tage später scherzte Biden dann in einer Rede, er habe die Erlaubnis gehabt, den Gewerkschaftschef zu umarmen, der ihn vorgestellt hatte.[8] Außerdem sagte er Reportern: »Nichts, was ich jemals getan habe, tut mir leid.« Die Reaktionen waren scharf. Biden hörte auf, diesen Scherz zu machen.

In ihrem Buch schrieb Jill, ihr Mann stamme aus einer Familie von »Umarmern«.[9] Aber nach der Episode mit Flores und öffentlichen Beschwerden von sechs anderen Frauen, die gesagt hatten, Bidens Berührungen und Küsserei seien ihnen unangenehm gewesen, sprach Jill ein Machtwort zu ihrem Mann: Du musst dich ändern, und zwar schnell.

»Er muss den Menschen ihren Freiraum lassen«, sagte Jill Biden später in einem Interview mit *CBS This Morning*.[10] Sie bezeichnete die Frauen, die an die Öffentlichkeit gegangen waren, als mutig. »Joe hat diese Botschaft gehört.«

ZEHN

Spätestens im April 2019 standen Biden und Donilon unter erheblichem Druck, den Wahlkampf zu starten. Mittlerweile waren 19 Demokraten ins Rennen gegangen, es war das größte Kandidatenfeld seit Jahrzehnten.[1] Anfänglich war Donilon der Meinung, Biden müsse eine Rede in Charlottesville halten. Doch es kam zu Komplikationen mit der University of Virginia, wo der Auftritt stattfinden sollte. Biden machte stattdessen etwas Untypisches: Ein sorgfältig inszeniertes, dreieinhalb Minuten langes Video wurde über die sozialen Medien veröffentlicht. Es sollte jünger und zeitgemäßer wirken als ein persönlicher Auftritt.

Im Jackett, mit offenem Hemdkragen und vor dramatischer Hintergrundmusik sagte Biden: »Charlottesville, Virginia, ist die Heimat des Autors eines der großartigsten Dokumente der Menschheitsgeschichte«, nämlich Thomas Jefferson.[2] Virginia sei »auch der Schauplatz eines für diese Nation definierenden Moments im Laufe der vergangenen Jahre«.

»Wenn wir Donald Trump acht Jahre im Weißen Haus gewähren, wird er das Wesen dieser Nation fundamental und für immer verändern. Wer wir sind. Und ich kann nicht dabeistehen und zusehen, wie das geschieht.«

Bemerkenswert war, was er nicht sagte. Keine biografischen Details. Keine politischen Erklärungen. Nur Charlottesville, die »Seele der Nation« und Trump als moralische Verirrung.

Die Berichterstattung der Medien über seine Ankündigung hatte die Qualität eines Formulars mit Kästchen zum Ankreuzen. Der ewige Kandidat. Viele politische Reporter fanden Biden langweilig, wie einen Großvater, den man zwar mag, der aber zu viele volkstümliche Geschichten erzählt. Und viele Progressive verabscheuten ihn nach außen hin als ein Relikt, verbunden mit alten Fehlern der Demokratischen Partei im Hinblick auf den Irak und ein von Biden auf den Weg gebrachtes Gesetz zur Eindämmung der Kriminalität (Violent Crime Control and Law Enforcement Act von 1994), das sich in unverhältnismäßig hohem Maße auf People of Color auswirkte.[3] Doch am präsentesten in der öffentlichen Erinnerung geblieben war seine vielfach kritisierte Reaktion auf Anita Hills Anschuldigungen wegen sexueller Belästigung gegen Clarence Thomas, einen Kandidaten für einen Richterposten am Supreme Court.

In Bidens innerem Kreis wurde diskret geklagt über die subtile Abqualifizierung in der Berichterstattung der politischen Medien: Ein alter weißer Mann mit einer Geschichte von Misserfolgen und vorzeitigem Aufgeben bewirbt sich für die diverseste parteiinterne Vorwahl zum Präsidentschaftskandidaten. Konnten sie nicht sehen, dass er direkt den Kampf gegen Trump aufnahm?

Biden nahm den Amtrak-Zug von Washington nach Wilmington, die Strecke, die er an den meisten Abenden zurückgelegt hatte, während er im Senat war, um den Abend zu Hause im Kreise seiner Familie zu verbringen.[4] Bei Gianni's Pizza legte er einen Stopp ein, bestellte eine Pizza mit Pepperoni zum Mitnehmen und unterhielt sich mit Leuten aus der Nachbarschaft. Und er rief Heather Heyers Mutter Susan Bro an, gegen 16:30 Uhr, um ihr sein Beileid auszusprechen.

Dann machte Biden sich auf den Weg zu einem Wahlkampf-Fundraiser in Philadelphia.[5] Am nächsten Tag gab ein Sprecher seines Wahlkampfteams bekannt, man habe innerhalb von 24 Stunden nach seiner Ankündigung, dass er sich zur Wahl stellen würde, 6,3 Millionen Dollar an Spenden erhalten – mehr, als jemals ein Kandidat der Demokratischen Partei am ersten Tag eingeworben hatte.

Donilon machte sich Hoffnungen inmitten all der Unkenrufe, die vor allem kritisierten, der Slogan »Seele« sei zu vage und altmodisch. Er war so wie Biden. Das Letzte, was Donilon wollte, war noch ein Demokrat, der noch eine typische Präsidentschaftswahlkampagne durchzog, mit

Versprechungen für die Wirtschaft oder zur medizinischen Versorgung. Etwas Größeres war in Arbeit.

Das Weiße Haus unter Trump zeigte sich überrascht. Welch eine verpasste Chance für Joe Biden, sagte Kellyanne Conway, die umstrittene Beraterin Trumps, dem Präsidenten und nahm dann Bidens Video auseinander. Charlottesville? Trump stimmte ihr zu. Er fand es lächerlich.

»Seine Chance auf einen Vorsprung«, so Conway zu Trump, »lag darin, uns alle daran zu erinnern, dass er und nur er Barack Obamas Nummer 2 war.« Ihm den Rücken freigehalten hatte. Die Bürgerinnen und Bürger daran zu erinnern, dass er die perfekte Washingtoner Laufbahn vorzuweisen hatte. Stattdessen erwähnte Biden weder Obama noch seine Erfahrung.

Sie sah einen besseren Ansatz und schaltete um in ihren Wahlkampf-Autopilotenmodus. Biden hätte besser sagen sollen: »Trump ist das, was passiert, wenn jemand nicht genug Washington-Erfahrung hat. Trump ist das, was passiert, wenn jemand sich nicht so gut auf dem Capitol Hill auskennt wie ich. Für alle unter euch, die die Obama-Jahre vermissen: Ich bin euer Mann.«

Conway nannte es eine verpatzte Ankündigung. »Biden hat eine weitere Chance verpasst«, sagte sie. »Er hätte am Tag seiner Ankündigung sechs oder sieben energische und enthusiastische Auftritte in einigen der Bundesstaaten machen sollen, die Obama und Biden zweimal gewonnen haben und die Sie 2016 gewannen.«

Sie wussten genau, welche Staaten das waren – Michigan, Wisconsin und Pennsylvania – und mit welchem Vorsprung Trump dort gewonnen hatte.[6] »Er hätte ein paar Gewerkschaftsleute hinter sich stehen haben sollen. Biden hätte zu den Wählern sagen sollen: ›Hört mir zu, Leute: Ich will wieder eure Stimmen haben.‹«

Trump nickte und nannte Biden einen Kandidaten, der ihm kaum oder gar keine Schwierigkeiten machen würde, der überhaupt nicht im Einklang stand mit seiner Partei. Doch Trump wusste auch, dass Biden eine Marke hatte. Wenn überhaupt jemand die Macht einer Marke verstand, dann Trump. Obama und Biden hatten zwei Präsidentschaftswahlen gewonnen. Er musste aufpassen.

»Willkommen im Rennen, Sleepy Joe«, twitterte Trump.[7] »Ich hoffe ja nur, dass Sie die Intelligenz haben – was ja lange bezweifelt wurde –, einen erfolgreichen Wahlkampf zu führen. Es wird hässlich werden – Sie werden es mit Leuten zu tun bekommen, die wirklich einige sehr kranke & schwachsinnige Ideen haben. Aber wenn Sie es schaffen, werde ich Sie am Starttor begrüßen!«

Ein paar Tage später blieb Trump auf dem White House Lawn kurz stehen, um mit Reportern zu sprechen, bevor er in den Marine One einstieg. Die Drehflügel des Helikopters dröhnten. Der Präsident war gut gelaunt, er schlug einen spöttischen Ton an.

»Ich fühle mich wie ein junger Mann. Ich bin so jung. Ich kann es gar nicht glauben«, sagte er den Reportern.[8] »Ich bin ein junger, dynamischer Mann. Wenn ich mir Joe ansehe, bin ich mir da nicht so sicher.«

Als Biden am selben Tag in ABCs Nachrichtensendung *The View* interviewt wurde, erzählte man ihm von Trumps Kommentaren. Schelmisch senkte er den Kopf einen Moment, zwinkerte zweimal wütend und lächelte dann.[9]

»Ach, wissen Sie«, scherzte Biden, »wenn er im Vergleich zu mir jung und dynamisch aussieht, dann sollte ich wahrscheinlich nach Hause gehen.«

Biden behielt Trump im Blick. Ende April 2019 reiste er nach Pittsburgh, Pennsylvania, um vor einer jubelnden Menge im Teamsters Local 249, einem Gewerkschaftssaal, seine Mittelschicht-Wahlkampfrede zu halten.

»Ich bin ein Gewerkschaftsmann«, sagte er den dort versammelten Arbeitern.[10] »Wenn ich es 2020 schaffe, Donald Trump zu schlagen, dann wird das hier [in Pennsylvania] passieren.«

Doch im Sommer kam Anzalone mit Umfrageergebnissen aus Iowa zurück, dem ersten Bundesstaat, in dem gewählt werden würde.[11] Der

Slogan »Seele« war ein Flop. Die Demokraten in Iowa sehnten sich nach einer kühneren wirtschaftlichen Botschaft.

Donilon ließ sich davon nicht beeindrucken, und auch Biden wollte keine Änderung. Die »Seele der Nation« war ihr Slogan.

ELF

Cedric Richmonds politischer Mentor James Clyburn, Majority Whip im Repräsentantenhaus, hörte die Kritiker. Schon wieder Biden? Warum kein neues Gesicht? Sollten die Black Democrats nicht einen aus den eigenen Reihen unterstützen?

Doch dies war kein normales Jahr für den Demokraten aus South Carolina. Clyburn war zwei Jahre älter als Biden und der einflussreichste schwarze Abgeordnete im Kongress. Trump musste besiegt werden.

Clyburn, ein guter Redner seit seiner Jugend und seiner Zeit als Lehrer an einer staatlichen Schule in Charleston, war auch seine Freizeit wichtig.[1] Kürzlich hatte er sein Wissen über die Geschichte des Faschismus aufgefrischt, mit Schwerpunkt Italien. Er sah Trump als den amerikanischen Benito Mussolini im Wartestand.

Clyburn fragte sich, ob Trump das Weiße Haus räumen würde, falls er nicht wiedergewählt wurde.

Am 21. Juni 2019, einem schwülen Freitag, traf Biden in Columbia, South Carolina, ein, um an Clyburns alljährlichem Fish Fry teilzunehmen. Das Treffen hatte sich zu einer Pflichtveranstaltung für hoffnungsvolle Präsidentschaftskandidaten der Demokratischen Partei entwickelt. Die meisten Gäste waren schwarz und aßen gebratenes Wittlingfilet mit Hot Sauce.[2]

Biden brauchte von dem Partykönig in South Carolina einen Anschub und eine Demonstration, dass Clyburn ihn unterstützte.

Die Berichterstattung über Bidens Wahlkampf hatte gerade ihre bislang übelste Wendung genommen. In jener Woche hatte Biden gesagt, vor einigen Jahren habe es in Washington noch eine »gewisse Höflichkeit« gegeben.[3] Als Beispiel nannte er seine guten Erfahrungen aus der Zusammenarbeit mit segregationistischen Senatoren.

»Ich war in einem Wahlkampfausschuss mit James O. Eastland«, sagte Biden bei einem Fundraiser. Er bezog sich auf den verstorbenen Senator und Segregationisten aus dem Bundesstaat Mississippi.[4] »Er hat mich nie ›boy‹ genannt, er nannte mich immer ›son‹.«

Biden erinnerte sich auch an den verstorbenen Herman Talmadge, Senator und Segregationist aus Georgia: »Er war einer der gemeinsten Burschen, die ich je getroffen habe. Man geht die Liste all dieser Leute durch, und wissen Sie was? Zumindest gab es damals eine gewisse Höflichkeit. Wir haben Dinge erledigt bekommen. Wir waren uns über so gut wie nichts einig, aber wir haben Dinge erledigt. Wir haben Dinge zu Ende gebracht. Wenn man dagegen heute auf die andere Partei zugeht, ist man der Feind. Nicht die Opposition, sondern der Feind. Wir reden nicht mehr miteinander.«

Als Biden später von einem Pulk von Reportern wegen dieser Bemerkungen in die Enge getrieben wurde, ging er in die Defensive.[5]

»Ich habe mich für einen Sitz im Senat der Vereinigten Staaten beworben, weil ich anderer Meinung war als diese Segregationisten«, sagte er.

Sie fragten ihn, ob er sich entschuldigen würde.

»Entschuldigen wofür?«, fragte Biden zurück und hob die Augenbrauen. »Es gibt keinen einzigen rassistischen Knochen in meinem ganzen Körper.«

Clyburn verteidigte Biden, als er auf seiner Fish-Fry-Party von Reportern angesprochen wurde. Biden sei ein guter Mann, basta.[6] Aber er sprach ihm nicht seine Unterstützung aus, gemäß seiner Gepflogenheit, bei einer Vorwahl keinen Favoriten zu nennen.

Als Clyburn an jenem Abend nach Hause kam, erzählte er seiner Frau Emily, mit der er seit 60 Jahren verheiratet war und die sich dem Ende eines jahrzehntelangen Kampfs gegen ihre Diabetes näherte, wie der Abend gelaufen war. Er beschrieb, wie die Leute für Biden gejubelt hatten.

Emily, eine Bibliothekarin, war eine scharfsinnige politische Beobachterin, sozusagen die Augen und Ohren Clyburns.[7] Wenn sie zusammen in die Kirche gingen, nahm sie ihr Notizbuch mit und notierte, wie andere auf ihren Mann reagierten. Später las sie ihm dann ihre Notizen vor.

»Wenn wir wirklich gewinnen« und Trump schlagen wollen, »ist Joe Biden der beste Kandidat für uns«, sagte Emily ihm an jenem Abend mit sanfter Stimme.

»Wahrscheinlich hast du recht«, antwortete Clyburn. »Aber das gilt für die allgemeine Wahl. Das Problem ist, ihn durch die Vorwahl zu bekommen.«

Eine Woche später bemerkte Pete Buttigieg bei einem Wahlkampfauftritt in Miami, wie Biden mit gesenktem Kopf den Rosenkranz an seinem Handgelenk berührte, bevor er für die erste Debatte zwischen den Kandidaten der Demokratischen Partei für die Präsidentschaftsvorwahl auf die Bühne ging.

Biden sah ihn an und erzählte ihm, dieser Rosenkranz habe Beau gehört.

Alle anderen Kandidaten schienen sich auf Biden einzuschießen. Er wurde nicht mit Samthandschuhen angefasst. Der schärfste Angriff kam von Senatorin Kamala Harris, die Bidens schon mehrere Jahrzehnte zurückliegenden Widerstand gegen »School Busing« kritisierte. Gemäß der Idee des »Busing« sollten schwarze Kinder per Schulbus in überwiegend von weißen Kindern besuchte Schulen gebracht werden und umgekehrt, um der Segregation entgegenzuwirken.

»Zum Thema ›Rasse‹«, so Harris, »kann ich aus voller Überzeugung sagen, dass dies ein Problem ist, über das immer noch nicht ehrlich und aufrichtig gesprochen wird.«[8]

Sie hielt inne und blickte nach rechts. »Ich will Vizepräsident Biden direkt ansprechen. Ich glaube nicht, dass Sie ein Rassist sind. Und ich stimme Ihnen zu, wenn Sie betonen, wie wichtig es ist, Gemeinsamkeiten zu finden. Aber andererseits war es sehr verletzend«, so Harris weiter, »zu hören, wie Sie über zwei Senatoren der Vereinigten Staaten gesprochen haben, die ihren Ruf und ihre Karrieren der Segregation in diesem Land verdanken. Und nicht nur das: Sie haben auch noch gemeinsame Sache mit ihnen gemacht, um ›Busing‹ zu verhindern.«

»Und wissen Sie«, sagte sie mit emotional werdender Stimme, »damals gab es ein kleines Mädchen in Kalifornien. Es ging in eine staatliche Schule, und zwar in die zweite Schulklasse, die integriert wurde. Es wurde jeden Tag mit dem Bus zur Schule gefahren, und dieses kleine Mädchen war ich.«

Harris hatte Eindruck gemacht.

Mitglieder der Familie Biden waren erstaunt und empört. Senatorin Harris, die ehemalige Justizministerin Kaliforniens, hatte eng mit Beau zusammengearbeitet, als er Justizminister in Delaware war.

Wie konnte sie nur?

In der darauffolgenden Woche zeigte eine Umfrage der Quinnipiac University, dass Harris schlagartig hinzugewonnen hatte und fast gleichauf mit Biden das Rennen anführte; Biden lag bei 22 Prozent und Harris bei 20 Prozent der Wählerstimmen innerhalb der Demokratischen Partei.[9]

ZWÖLF

Die Progressiven waren auf dem Vormarsch, eifrig darum bemüht, die Partei unabhängig zu machen von der Wall Street und den außenpolitischen Falken – und von Biden. Senatorin Harris' Sprung in die Führungsgruppe hielt nicht lange an,[1] und als es Herbst wurde, waren Senator Bernie Sanders und Senatorin Elizabeth Warren die beiden führenden Persönlichkeiten an der Spitze des linken Flügels im parteiinternen Rennen.[2]

Zwar hatte Sanders aus seinem Wahlkampf 2016 – in dem er anscheinend kurz davor gewesen war, Hillary Clinton aus dem Feld zu schlagen – immer noch eine leidenschaftliche Anhängerschaft, doch inzwischen sahen ihn seine progressiven Rivalen als angreifbar. Sein Herzanfall bei einem Wahlkampfauftritt in Las Vegas am 1. Oktober führte nur zu noch mehr Fragen, ob der 78-Jährige sich im Rennen würde halten können.[3]

Aber Sanders erholte sich schnell – und konzentrierte sich wieder auf Biden.[4] Sanders, früher ein bekannter Mittelstrecken- und Crossläufer, kandidierte ständig für das eine oder oder andere politische Amt, angefangen bei seinen wenig aussichtsreichen und letztlich erfolglosen Wahlkämpfen auf Bundesstaatsebene in den 1970er-Jahren bis hin zu seinem völlig unerwarteten Sieg bei der Wahl zum Bürgermeister von Burlington, Vermont im Jahr 1981.[5]

Falls es ihm gelingen sollte, den Wahlkampf im Herbst durchzustehen, fassten Sanders und sein Team ein Kopf-an-Kopf-Rennen gegen Biden ins Auge, unter Umständen bis weit ins Jahr 2020 hinein.

»Auf lange Sicht ist er der perfekte Gegenpol für Sie, Senator«, sagte ihm Faiz Shakir, Sanders' altbewährter Wahlkampfmanager. Sie konnten Sanders als einen Progressiven auf der richtigen Seite der Geschichte positionieren, Biden dagegen als einen Mann der Vergangenheit.

Sanders gab ihm recht. Buttigieg und andere waren krampfhaft bemüht, sich als die zentristische Alternative zu Biden darzustellen, ebenso wie der Milliardär Michael Bloomberg, ehemaliger Bürgermeister von New York, dessen Kandidatur immer wahrscheinlicher wurde. Aber Sanders hätte nie gedacht, dass sie länger durchhalten würden als sein ehemaliger Kollege im Senat.

»Joe Biden ist der Mann, den wir schlagen müssen«, sagte Sanders. Später erzählte Shakir anderen, Sanders habe »das immer geglaubt, immer gefühlt«.

»In jeder Debatte. In jeder Art von Gespräch, das wir über das Rennen führten, ging es immer nur um Biden, Biden, Biden. Nie um Bloomberg oder Warren oder sonst jemanden«, sagte Shakir. »Wissen Sie, er fragte immer: ›Wie läuft's für Joe Biden? Wie schlägt sich sein Wahlkampfteam?‹ Das war es, was er immer wieder wissen wollte.«

Donilon verweigerte sich standhaft den anhaltenden Forderungen, die Botschaft völlig umzukrempeln. Er organisierte eine Serie von Fokusgruppen in South Carolina, dem Bundesstaat, der für Bidens Firewall gehalten wurde.

Donilon zeigte ihnen Videos. Die Videos von Bidens Ankündigung seiner Kandidatur und ein anderes Video, in dem es um die »Seele der Nation« ging.

Die meisten Teilnehmer waren schon etwas ältere schwarze Frauen – die Wählergruppe, die laut Clyburn die Wahl entscheiden würde. Als ihnen die Videos vorgeführt wurden, fingen die Frauen an zu weinen. Sie sagten, das ist das Amerika, in dem wir leben. Das ist es, wovor wir Angst haben. Das ist es, warum wir uns Sorgen machen. Das ist unser Leben. Das ist es, warum wir wollen, dass Biden gewinnt.

Donilon war ermutigt, als er mit Kollegen über die Ergebnisse sprach, und sagte später: »Ich werde mich immer an diesen einzelnen Fakt erinnern, daran, wie beeindruckend diese Botschaft war, wie klar und deutlich sie bei dieser Wählergruppe ankam, vor allem bei afroamerikanischen Wählern und bei älteren afroamerikanischen Frauen in South Carolina.«

Außerhalb der intensiven Echokammer auf Twitter, sagte Donilon, gebe »es eine fundamentale Angst« im Kern dieses Rennens um die Präsidentschaft.

Donilon erzählte Biden davon und berichtete ihm: »Sie haben geweint.«

Biden schien durchaus offen für Ratschläge zu sein – ihm war klar, dass er mehrere Generationen ansprechen musste.

»Seien Sie einfach Sie selbst«, sagte ihm Sprecherin Pelosi im Oktober bei der Trauerfeier für Elijah Cummings, den Kongressabgeordneten aus Maryland. »Und zwar auf eine Art und Weise, die Ihre Authentizität zeigt. Letzten Endes ist es das, was die Menschen sehen wollen. Die Aufrichtigkeit. Die Echtheit.«

Sie hatte seinen Wahlkampf beobachtet und gesehen, wie er schon früh ins Stolpern geraten war. Sie würde bei den Vorwahlen neutral bleiben, machte aber keinen Hehl aus ihren Sympathien für ihn, sowohl persönlich als auch politisch.

»Wissen Sie«, so Pelosi weiter, »die jungen Leute heutzutage haben eine kürzere Aufmerksamkeitsspanne. Also müssen wir uns alle etwas kürzer fassen in unseren öffentlichen Äußerungen.«

Bis Ende des Jahres, noch bevor irgendwelche Stimmen abgegeben worden waren, hatten Senatorin Harris und der ehemalige texanische Kongressabgeordnete Beto O'Rourke aufgegeben, trotz der enthusiastischen Anfänge ihrer Wahlkämpfe.

Biden hatte durchgehalten, aber seine Kampagne steckte nach wie vor in einer Sackgasse. Sanders, Warren und Buttigieg gewannen in den Bundesstaaten, wo früh gewählt wurde, rapide an Boden.

Um die Lage noch komplizierter zu machen, gab Bloomberg, der erst im November ins Rennen gegangen war, Millionenbeträge für Anzeigenwerbung und Veranstaltungen an der Basis aus.[6] Nach seinem späten Start setzte er auf eine unorthodoxe Taktik und verzichtete darauf, in den Staaten, wo früh gewählt wurde, Wahlkampf zu machen.

Biden-Unterstützer wie der Kongressabgeordnete Tim Ryan, ein Demokrat aus Ohio, wurden nervös. Biden schien völlig aus den Nachrichten verschwunden zu sein.

»Vertrauen Sie auf den Plan«, sagte Biden zu Ryan, als sie sich auf einem Flughafen in Pittsburgh über den Weg liefen.

Bei einem Interview im Oval Office am 5. Dezember 2019 für Woodwards Buch *Wut* bat Trump Woodward, vorherzusagen, wer denn wohl sein Gegenkandidat von der Demokratischen Partei werden würde.[7] Woodward zog es vor, keine Prognose abzugeben.

»Ich will Ihnen ganz ehrlich etwas sagen: Ich finde, es ist eine furchtbar schlechte Gruppe von Kandidaten«, sagte Trump ihm daraufhin. »Es ist peinlich. Ich finde die Kandidaten der Demokratischen Partei peinlich. Ich werde vielleicht gegen einen von ihnen antreten müssen, und wer weiß? Es ist ja eine Wahl. Aber im Moment stehe ich ganz gut da.«

DREIZEHN

Im Januar 2020 machte Biden ausschließlich in Iowa Wahlkampf, vor den Wahlversammlungen der Parteien. Zwischen Auftritten traf er sich regelmäßig mit Antony Blinken, seinem langjährigen Topberater für Außenpolitik, und ließ sich von ihm auf den neuesten Stand der weltpolitischen Lage bringen. Blinken hatte während der Obama-Jahre als stellvertretender Außenminister im State Department fungiert, nachdem er zuvor für Biden im Büro des Vizepräsidenten gearbeitet hatte.[1] Er hielt ständig Kontakt zum außenpolitischen Establishment und zu Geheimdienstkreisen und war mindestens ebenso gut vernetzt wie jeder Akteur außerhalb der Regierung.

Obwohl Blinken bekannt war für seine geschliffene Diplomatie sowohl in politischen als auch privaten Angelegenheiten, trug er sein Haar lang und spielte in einer Classic-Rock-Band.[2]

In jenem Januar machte ein aggressives neuartiges Virus aus China Schlagzeilen.[3] Am 23. Januar verhängte China einen Lockdown über Wuhan – die elf Millionen Einwohner der Stadt mussten zu Hause bleiben, um den Ausbruch unter Kontrolle zu bringen.

Blinken sagte Biden, dieser Ausbruch könne sich zu einem globalen Gesundheitsnotstand auswachsen, vielleicht zu einer Pandemie. Er drängte Biden, dazu ein Statement abzugeben.

Biden sprach mit Klain, der Ende 2014 und Anfang 2015 für die Obama-Administration die Maßnahmen gegen die Ebola-Krise geleitet hatte. Klain hatte die Versuche koordiniert, in den von Ebola betroffenen Ländern Infektionsketten nachzuverfolgen, und hatte dabei eng mit den Centers for Disease Control and Prevention (CDC), der US-Behörde für Seuchenschutz und -prävention, zusammengearbeitet.[4]

Kommen Sie der Krise zuvor, riet Klain Biden. Schlagen Sie laut Alarm.

Wann immer es zu so einem Ausbruch kommt, so Klain, ist er umfassender und dauert länger, als es irgendjemand erwartet hätte. Er ist erst dann vorbei, wenn er wirklich vorbei ist, und Sie gehen das Risiko ein, zu stark oder zu schwach zu reagieren.

Sie waren sich darüber einig, dass es sich um ein Problem des Regierens und Organisierens handelte, dem Trump nicht gewachsen sein würde, aber Biden durchaus.

Biden und sein Team verfassten einen Gastkommentar und platzierten ihn in der Tageszeitung *USA Today*. Er richtete sich an Reisende, die über die potenzielle weltweite Gesundheitskrise beunruhigt waren.[5]

Das Stück erschien am 27. Januar unter der Überschrift: »Trump Is Worst Possible Leader to Deal with Coronavirus Outbreak« (»Trump ist die denkbar schlechteste Führungspersönlichkeit, um mit dem Coronavirus-Ausbruch fertigzuwerden«). Biden attackierte Trump, weil der über Twitter kundgetan hatte, »es wird alles gut ausgehen«, und weil er »drakonische Etatkürzungen« für die CDC und die National Institutes of Health (NIH), die nationalen Gesundheitsinstitute, gefordert hatte. Biden versprach, falls er gewählt werden sollte, »stets der Wissenschaft zu folgen und nicht Fiktionen oder Panikmache«.

Am nächsten Tag wurde Präsident Trump im Rahmen eines streng geheimen Presidential Daily Briefings von seinem Nationalen Sicherheitsberater Robert O'Brien gewarnt, dass der Ausbruch des mysteriösen, grippeartigen Virus die Welt erschüttern würde.

Trump saß an seinem Schreibtisch und fixierte O'Brien.

»Dies wird die größte Bedrohung der nationalen Sicherheit sein, der Sie sich in Ihrer Präsidentschaft stellen müssen«, sagte O'Brien.[6]

»Was können wir dagegen tun?«, fragte Trump und drehte sich zu Matthew Pottinger, dem stellvertretenden Nationalen Sicherheitsberater, der früher als Reporter des *Wall Street Journal* in China gearbeitet hatte. Pottinger sagte, seine wohlinformierten Quellen in China vermuteten, in den USA könnten Hunderttausende von Menschen durch das Virus sterben.

Reisen aus China in die Vereinigten Staaten müssten unterbunden werden. Es braue sich eine schwere Gesundheitskrise zusammen, so Pottinger, die sich ähnlich entwickeln könne wie die Pandemie der Spanischen Grippe von 1918, bei der schätzungsweise 675 000 Amerikaner ums Leben gekommen waren.

Drei Tage später erließ Trump Restriktionen für Reisen zwischen China und den USA, doch der Präsident war nach wie vor nicht ganz bei der Sache. Bald würde der Superbowl stattfinden, die Football-Meisterschaft, die Demokratische Partei würde ihren Kandidaten oder ihre Kandidatin für die Präsidentschaftswahlen nominieren und Trump würde seine Rede zur Lage der Nation halten – während im Senat ein Amtsenthebungsverfahren gegen ihn eingeleitet wurde.

Im Kern dieses Verfahrens ging es um Trumps Angst, gegen Biden zu verlieren.[7] Öffentlich behauptete Trump, Biden sei keine Gefahr für ihn, doch er und seine hochrangigen Berater wussten, dass Biden – im Gegensatz zu Hillary Clinton – eine starke Basis in der Arbeiterschaft hatte. Da Trump Clinton nur knapp geschlagen hatte, konnte ein Schwinden der Unterstützung dieser Wähler für Trump seine Chance, wiedergewählt zu werden, ernsthaft gefährden.

Am 25. Juli 2019 rief Trump den kurz zuvor gewählten Präsidenten der Ukraine Wolodymyr Selenskyj an, der eine Zusage über US-Militärhilfe im Konflikt der Ukraine gegen Russland anstrebte.

In diesem Telefonat, von dem Trump später eine Mitschrift veröffentlichen ließ, forderte er Selenskyj auf, mit US-Justizminister William Barr und Trumps persönlichem Anwalt Rudy Giuliani über eine Untersuchung der Beziehungen der Bidens zur Ukraine zu sprechen, vor allem der Arbeit von Hunter Biden für Burisma, einen ukrainischen Energiekonzern, der in juristische Schwierigkeiten verwickelt war.[8]

Anfang Februar ließ der von den Republikanern kontrollierte Senat die Vorwürfe gegen Trump, er habe seine Macht missbraucht und den Kongress behindert, fallen und stellte das Amtsenthebungsverfahren gegen ihn ein. Bei der Abstimmung fehlten 10 Stimmen zu der Zweidrittelmehrheit von 67 Stimmen, die gemäß US-Verfassung erforderlich ist, um den Präsidenten aus seinem Amt zu entfernen.[9]

Jake Sullivan, ein ehemaliger Topberater zur nationalen Sicherheit für Biden und für Hillary Clinton, war ein weiterer hervorragender Leistungsträger in Bidens Wahlkampfteam.

Sullivan war 42 Jahre alt, Absolvent der Yale Law School, Rhodes-Stipendiat und hatte als Referent für Stephen Breyer gearbeitet, einen Richter am Supreme Court. Sullivan war dünn wie eine Bohnenstange, zurückhaltend und ernst. In Meetings pflegte Biden ihn oft zu fragen: »Jake, was meinen Sie?«

Sullivan hatte sich zu den bevorstehenden Parteiversammlungen und parteiinternen Vorwahlen gründlich informiert. Sie waren ganz offensichtlich ein schwieriges Umfeld für Biden – überwiegend weiß und in ländlichen Regionen.

Schon früh hatte Sullivan sich eine Strategie ausgedacht, die er schriftlich fixierte und bei der er blieb:

4–3–2–1.

Vierter Platz in Iowa, dritter in New Hampshire, zweiter in Nevada und erster in South Carolina – dem Staat, den Biden unbedingt gewinnen musste.

Spätestens im Februar 2020 war der 4–3–2–1-Plan kurz davor, völlig auseinanderzufallen, und Wahlkampfmanager Greg Schultz geriet immer stärker unter Druck.[10]

Biden, dem das Drama einer öffentlichen Umbesetzung seiner Wahlkampfmannschaft zuwider war, behielt Schultz an Bord, schickte jedoch Anita Dunn nach Philadelphia ins Hauptquartier der Kampagne, um sich dort an die Spitze eines demoralisierten Teams zu stellen, und das mit einem sehr knappen Budget. Sie war jetzt de facto Bidens Wahlkampfleiterin.

Die Parteiversammlungen in Iowa am 3. Februar waren eine Niederlage; Biden erreichte den erwarteten vierten Platz.[11] Er konnte nur

16 Prozent der Stimmen gewinnen, blieb also weit hinter Buttigieg, Sanders und Warren zurück; das Trio konnte 70 Prozent der Stimmen der Parteimitglieder in Iowa verbuchen.

Als die Vorwahl in New Hampshire näher rückte, warnte Dunn, dass Biden womöglich nicht würde mithalten können, falls Bloomberg im ganzen Land Zugewinne erzielte. Am 3. März, nach den ersten vier Vorwahlen, stand der Super Tuesday bevor, ein Schlachtfeld mit 1357 Delegierten in 14 Bundesstaaten.

Biden versuchte nicht, anderen die Schuld in die Schuhe zu schieben. Dunn konnte kein Selbstmitleid bei ihm erkennen. Stattdessen fragte sie ihn: »Welchen Plan haben Sie, wie können wir es schaffen?«

Da sie ein zu knappes Budget hatte, stellte Dunn die auf den Super Tuesday abzielenden Aktivitäten des Wahlkampfteams ein. Die Wahlkampfhelfer, die östlich des Mississippis aktiv gewesen waren, wurden nach South Carolina geschickt; diejenigen aus Regionen westlich des Mississippis wurden nach Nevada geschickt, wo Biden versuchen wollte, mehr Unterstützung in der Arbeiterschaft zu gewinnen.

Buttigieg, dessen Beliebtheitswerte in den Umfragen deutlich zulegten, nachdem er die Vorwahl in Iowa knapp gewonnen hatte, betrachtete die Vorwahl in New Hampshire am 11. Februar als seine Chance, in Führung zu gehen.[12]

In dem Versuch, ihn auszubremsen, fabrizierte die Biden-Kampagne eine brutale Attacke gegen ihn, in Form eines Videos mit dem Titel *Pete's Record*, in dem Buttigiegs Leistungen mit denen von Biden verglichen wurden.[13] Der Sprecher in dem Werbevideo sagte, sowohl Biden als auch Buttigieg seien in einen »schwierigen Kampf gezogen«.

»Angesichts der Gefahr eines nuklearen Iran hat Joe Biden geholfen, den Iran-Deal zu verhandeln«, heißt es in dem Video weiter. Dann wird die Hintergrundmusik beschwingter, wie in einem Cartoon-Soundtrack. »Und angesichts der Gefahr, dass Haustiere verschwinden, hat Pete Buttigieg gelockerte Lizenzbestimmungen für Haustier-Chipscanner verhandelt.«

Und so geht es immer weiter, mit wechselnder musikalischer Untermalung: Bidens Arbeit für die Wirtschaft und Obamas Konjunkturprogramm wird angepriesen, wodurch »unsere Wirtschaft vor einer Depression bewahrt wurde«, während »Pete Buttigieg die Bürgersteige im Zentrum von South Bend herrichtete, indem er dekorative Ziegel verlegen ließ«.

Freilich hatte Bidens Kampagne nicht genug Geld, um den Spot im Fernsehen laufen zu lassen. Donilon konnte Biden davon überzeugen, dass es politisch notwendig sei, das Video über die Medien und auf YouTube zu veröffentlichen. Das würde unter Umständen mehr Wirkung bringen als ein bezahlter Werbespot im Fernsehen.

»Ich halte überhaupt nichts davon«, sagte Biden, war aber dann doch einverstanden, das Video zu veröffentlichen.

Etwa sechs Stunden später rief Biden Donilon an: »Löscht das Video. Zieht es zurück. Ich will nicht, dass es weiter gesendet wird. Löscht es!«

Aber dafür war es zu spät. In den Medien lief der Werbefilm immer weiter, und einige Kommentatoren meinten, er würde zeigen, wie verzweifelt Biden sei. Buttigiegs Berater stempelten die Attacke als ein klassisches Beispiel der boshaften und hinterhältigen Politik ab, wie sie in Washington üblich sei.

Laut Umfragen lag Biden in New Hampshire an fünfter Stelle. Außerdem ging seiner Kampagne das Geld aus.

Am Abend der Vorwahl in New Hampshire saßen Jake Sullivan und Bidens Kommunikationsdirektorin Kate Bedingfield in einem Lokal in Manchester, New Hampshire. Sullivan schrieb eine neue Zahlenreihe auf eine Papierserviette:

4–5–2–1.

New Hampshire war eine Katastrophe. Sanders und Buttigieg erzielten jeweils etwa 25 Prozent der Stimmen, und Senatorin Amy Klobuchar aus Minnesota, ebenfalls eine Moderate, schnitt unerwartet gut ab und kam auf 20 Prozent. Warren ging als Vierte durchs Ziel.

Biden landete mit etwa acht Prozent der Stimmen auf dem fünften Platz. Er verließ New Hampshire an jenem Abend und machte sich auf den Weg nach South Carolina.

VIERZEHN

Am 23. Februar, einem Sonntag, versammelte sich der Congressional Black Caucus auf der USS *Yorktown*, einem riesigen, außer Dienst gestellten Flugzeugträger, der in Charleston, South Carolina aufgedockt ist.[1] Es blieben noch sechs Tage bis zur Vorwahl in South Carolina. Für Biden war es notwendig, dass Clyburn sich endlich entschied, sofort, und sich hinter ihn stellte. Biden traf am späten Abend auf dem Schiff ein. Clyburn wartete in einem Nebenraum.

Er kam direkt zur Sache. In diesem Meeting ging es um konkrete Politik. Wenn Clyburn den Retter spielen sollte, dann verlangte er im Gegenzug eine politische Garantie: dass Biden schwarze Wählerinnen und Wähler zu seiner Priorität machen würde, sowohl im Wahlkampf als auch im Weißen Haus.

Außerdem meinte Clyburn, Biden sei ein bisschen eingerostet und bräuchte einen Tritt in den Hintern.

»Es gibt drei Dinge, die Sie meiner Meinung nach tun sollten und die dazu führen würden, dass meine Unterstützung tatsächlich funktioniert«, sagte Clyburn zu Biden.

»Ich höre«, sagte Biden.

»Erstens sollten Sie Ihre Reden kürzer machen und direkter zur Sache kommen.«

Biden schwieg.

»Mein Rat ist der gleiche Rat, den mein Vater mir gab«, sagte Clyburn und erinnerte sich an seinen Vater, einen Pfarrer: Sag es einfach, sag es kurz.

»Er pflegte mir zu sagen: ›Denk immer daran, wenn du etwas sagst: Vater, Sohn und Heiliger Geist. Gehe nicht über diese drei Punkte hinaus‹«, erzählte Clyburn.

»Zweitens geht es mir um 10–20–30«, sagte Clyburn.[2] Biden wusste, worauf er sich bezog. Es war der mit Clyburns Namen verbundene Plan zur Bekämpfung der Armut mit Geldern aus dem Bundeshaushalt: »Mindestens 10 Prozent des Etats von jedem Programm des Bundes für Distrikte, wo mindestens 20 Prozent der Bevölkerung seit mindestens 30 Jahren unterhalb der Armutsgrenze leben.«

»Sie müssen 10–20–30 einführen«, sagte Clyburn zu Biden. »Es steht zwar schon in Ihrem Wahlprogramm, aber Sie müssen es in Ihrem Wahlkampf in den Vordergrund stellen.«

»Und schließlich drittens: Ich habe drei Töchter. Ich bin sehr stolz auf meine drei Töchter, und es ist ein bisschen irritierend für uns, in diesem besonderen Moment unserer Geschichte festzustellen, dass es noch nie eine afroamerikanische Frau unter den Richtern des Supreme Court gegeben hat. Dort sitzen vier Frauen, aber kein einziger Afroamerikaner. Da stimmt doch was nicht.«

»Ich habe eine Rolle dabei gespielt, die erste Latina als Richterin in den Supreme Court zu holen, und ich freue mich darauf, das auch für eine afroamerikanische Frau zu tun«, sagte Biden.

Die beiden Männer gaben sich die Hand.

Die übrigen Demokraten kamen am 25. Februar in Charleston zusammen, für die letzte Debatte vor der Vorwahl.

Biden stand im Rampenlicht. Aber auch Sanders, der am 22. Februar auf den Parteiversammlungen in Nevada die Vorwahl für sich entschieden und Biden auf den zweiten Platz verwiesen hatte. Mit zwei klaren Siegen in New Hampshire und Nevada und einem sehr knappen zweiten Platz in Iowa schien eine Nominierung von Sanders, die vor fünf Jahren eine bloße Fantasie gewesen war, in greifbare Nähe gerückt zu sein.[3]

Bei der Debatte saß Clyburn in der ersten Reihe. Seine Unterstützung für Biden war an bestimmte Bedingungen geknüpft und stand noch keineswegs fest. Doch bislang war nichts durchgesickert. Wenn Biden durchfiel oder sich nicht an ihre Abmachungen hielt, konnte Clyburn einen Rückzieher machen.

Clyburn krümmte sich, während er zusah. Biden ließ mehrere Gelegenheiten verstreichen, sein Versprechen zur Besetzung des Supreme Court abzugeben.

In einer Pause sagte Clyburn einem Freund, er wolle auf die Toilette gehen. Stattdessen ging er in den Backstage-Bereich und nahm Biden beiseite.

»Mann, es gab heute Abend mehrere Gelegenheiten da oben, bei denen Sie hätten erwähnen können, dass Sie eine schwarze Frau im Supreme Court haben wollen«, sagte Clyburn. »Sie können die Bühne nicht verlassen, solange Sie das nicht gesagt haben. Sie müssen das einfach machen.«

Natürlich, sagte Biden, das werde ich.

In seiner letzten Antwort hielt Biden sein Versprechen.

»Jede Bürgerin und jeder Bürger sollte repräsentiert sein. Jeder«, sagte er.[4] »Was wir tatsächlich tun sollten – also, wir haben über den Supreme Court gesprochen. Ich freue mich darauf, dafür zu sorgen, dass wir eine schwarze Richterin am Supreme Court haben werden. Dann können wir sicher sein, dass tatsächlich jede Bevölkerungsgruppe repräsentiert sein wird.«

Das Publikum tobte begeistert. Clyburn nickte zufrieden.

Am nächsten Tag hielt Clyburn eine Rede in North Charleston.[5]

Im dunklen Anzug und mit einer goldfarben leuchtenden Krawatte schaute er in den Saal und sah zwei seiner Töchter, Jennifer und Angela, im Publikum. Sie saßen zusammen, doch der Sitz zwischen ihnen war frei geblieben. Clyburn dachte an seine Frau Emily, die im September gestorben war.

»Ich kenne Joe«, sagte Clyburn. »Wir kennen Joe. Am wichtigsten ist aber«, sagte er mit heiserer Stimme und erhob den rechten Zeigefinger, »dass Joe *uns* kennt. Ich weiß, dass er ein gutes Herz hat. Ich weiß, wer er ist. Ich weiß, wer er ist!«, so Clyburn weiter. »Ich weiß, wo dieses Land steht.«

Biden stand rechts neben Clyburn, die Hände zusammengelegt. Bidens Augen wurden feucht, als er ergriffen zuhörte, wie Clyburn ihm seine leidenschaftliche Unterstützung zusagte. Es war genau das, was er in jenem Moment brauchte. Und es war nichts weniger als eine politische Explosion.

Seit Monaten war Bidens Kampagne ständig schlechtgemacht worden.[6] Er sei zu alt, zu langsam, habe nicht genug Energie. Zu zentristisch, ein Mann der Vergangenheit. Viele Parteifunktionäre, die Presse – sie alle hatten diesen Refrain gesungen. Aber das war jetzt vorbei. Jetzt war Biden der Kandidat, der sich in Stellung gebracht hatte, um Sanders zu verhindern. Der Mann, der die Black Democrats begeistern konnte. Der Mann, der Trump schlagen konnte.

Bei einem Interview mit CNN an jenem Freitag, dem Abend vor der Vorwahl, machte Clyburn eine provozierende Aussage: Biden müsse mit mindestens 15 oder 16 Prozentpunkten Abstand gewinnen.[7] An jenem Abend las Cedric Richmond ihm bei einem Drink die Leviten.

»Versuchen Sie nicht, uns einen Gefallen zu tun«, so Richmond. »Bis jetzt haben wir uns noch keinen verdient. Und plötzlich wollen Sie, dass wir das Bewerberfeld mit 15 oder 16 Punkten schlagen? Sie haben gerade den Einsatz erhöht.«

Clyburn war sicher, dass Biden sogar noch deutlich besser abschneiden würde. »Ich kenne South Carolina«, sagte er. Er wusste auch, dass Sanders, obwohl er bei den schwarzen Wählern an Boden gewonnen hatte, seit er 2016 ins Stolpern geraten war, noch keinen Weg gefunden hatte, um sie ebenso sehr zu begeistern, wie er weiße Progressive mitreißen konnte.

Einen Tag später, am 29. Februar, gewann Biden 48,7 Prozent der Stimmen in South Carolina. Es war ein kolossaler Sieg. Sanders, der vorher fast in Führung lag, stürzte ab auf 19,8 Prozent der Stimmen, einen glanzlosen zweiten Platz. Buttigieg und Klobuchar landeten im einstelligen Bereich.

Bei Bidens Auftritt am Abend der Vorwahl umarmte eine strahlende Jill Biden Clyburn, als sie und Joe Biden auf die Bühne kamen. Über die Lautsprecher tönte Curtis Mayfields Song *Move on Up*, und seine Unterstützer hielten ihre blauen Biden-Poster hoch.

»Mein Kumpel Jim Clyburn! Sie haben mich wieder nach vorne gebracht!«, rief Biden in die Menge. »Und wir sind sehr lebendig.«

Buttigieg und Klobuchar reisten in aller Eile nach Dallas, um Biden dort zu treffen und ihm ihre Unterstützung auszusprechen. Beto O'Rourke, der junge Texaner, der gern auf Tische sprang, um Reden zu halten, machte es genauso.

Am 2. März, einen Tag vor dem Showdown am Super Tuesday, war es eine Demonstration der Einheit.

Sanders' Befürchtung war plötzlich zur Realität geworden. Viele Demokraten beeilten sich, um Biden zu unterstützen und das Rennen zu entscheiden – und ein Comeback von Sanders zu verhindern. Sanders, so glaubten sie, würde in einer allgemeinen Wahl gegen Trump verlieren.

Biden war gerührt, als seine Rivalen eintrafen.[8]

»Ich glaube, ich habe das noch nie gesagt, aber er erinnert mich an meinen Sohn Beau«, sagte Biden auf einem Event vor der Parteiversammlung über Buttigieg, der wie aus dem Ei gepellt neben ihm stand, im gestärkten weißen Hemd und mit dunkelblauer Krawatte. Er hatte als Soldat der Navy Reserve in Afghanistan gedient.

»Ich weiß, das wird den meisten Leuten nicht viel bedeuten. Aber für mich ist es das größte Kompliment, das ich jemandem machen kann«, sagte Biden.

Im Backstage-Bereich begegneten Amy Klobuchar und ihr Mann John Bessler Joe und Jill Biden. Sie tauschten Höflichkeiten aus. Dann bemerkte Klobuchar, dass Cameron Smith, die junge Fotografin ihres Wahlkampfteams, weinte.

»Cam, es ist okay«, sagte Klobuchar. »Es ist gut so.«

Biden ging zu Smith und legte ihr auf väterliche Weise den Arm um die Schultern. »Cam, wir werden alle zusammenarbeiten. Sie werden zufrieden sein.«

Auch Jill Biden weinte hinter der Bühne. Es war eine Katharsis. Alles war zusammengekommen.

Klobuchar erzählte Jill Biden, dass sie häufig bei Debatten auf sie, Jill, achtete, weil sie ein »gutes Gesicht« habe, warmherzig und gut gelaunt sei. Und, das merkte sie mit einem Lächeln an, weil Jill bei Klobuchars Äußerungen hin und wieder zustimmend nickte.

Nach dem Auftritt schlossen sich O'Rourke und seine Frau Amy den Bidens an, für einen späten Imbiss bei Whataburger, einer Fastfoodkette. Biden war in Hochstimmung, drückte den Angestellten hinter der Theke die Hand und gab Autogramme.

Als sie bei Burgern und Milchshakes zusammensaßen, unterhielten sie sich über ihre Kinder. O'Rourkes Sprösslinge wuchsen schnell heran, und Biden merkte an, dass sie bald aufs College gehen würden. Er erinnerte sich, wie er vor Jahrzehnten diverse Hochschulen besucht hatte, um zu entscheiden, wo er studieren wollte.

Seinem Vater habe das elitäre Amherst College in Massachusetts nicht gefallen, eine der »Little Ivies«, obwohl Biden interessiert war, dort zu studieren.

»Er sagte mir: ›Du müsstest in der Mensa arbeiten und die Kinder reicher Eltern bedienen‹«, erzählte Biden.

Er fuhr fort, dass sein Vater, der seinen Highschool-Abschluss an der St. Thomas Academy in Scranton gemacht hatte, an einem Besuch in Amherst einfach nicht interessiert war. Er hätte sich dort nicht wohlgefühlt, fehl am Platz.

»Das hat mich wirklich umgehauen«, sagte O'Rourke, der einen Abschluss von der Columbia University hatte, später über diese Unterhaltung. »Weil das offenbar Biden umgehauen hatte.« Das Ressentiment seines Vaters nachzuempfinden, 50 Jahre später.

O'Rourke notierte an jenem Abend in seinem Tagebuch, dass »Bidens Fähigkeit, das Gefühl zu verstehen, welches sein Vater damals empfunden hat, ein Element seiner Genialität ist«.

FÜNFZEHN

Bald darauf wurde Faiz Shakir, Sanders' Wahlkampfmanager, von seinem früheren Chef Harry Reid aus Nevada angerufen, dem ehemaligen Mehrheitsführer im Senat. Reid unterstützte Bidens Kandidatur. »Hören Sie, Faiz«, sagte Reid. »Ich hoffe nur, dass Ihnen klar ist, wie stark ich unter Druck gesetzt wurde.«
Shakir rief Sanders an. »Wenn Harry Reid auf Joe Biden umschwenkt«, sagte er, »dann hat das zu bedeuten, dass viele andere ihm folgen werden. Harry Reid macht so ein Manöver nicht allein.« Parteiführer, Spender, Funktionäre – sie alle wollten, dass endlich eine Entscheidung fällt.

Am Super Tuesday gewann Biden zehn weitere Bundesstaaten, er fuhr Siege im Süden über den Mittleren Westen bis hin nach New England ein. Und er gewann in Texas.[1] Die Vorwahl in Michigan am 10. März war entscheidend, und auch dort gewann Biden. Es waren nicht nur Funktionäre, die ein Statement machten – es waren Wählerinnen und Wähler.

An jenem Abend im Flugzeug winkte Sanders Shakir zu sich. Es sei Zeit, Bidens Leute anzurufen.

»Fragen Sie sie einfach, ob in ihrem Wahlkampf auch Progressive eine Rolle spielen dürfen«, sagte Sanders mit gedämpfter Stimme. »Fragen Sie sie einfach. Wir wollen sehen, in welche Richtung sie gehen wollen.«

Im Gegensatz zu 2016, als er und seine Verbündeten bis zum Parteitag unablässig gegen Clintons Kampagne Krieg führten und sie für elitär und moderat hielten, wollte Sanders dieses Mal mitspielen und Bidens Kandidatur unterstützen.[2] Vielleicht konnte er Joe dazu bewegen, einen großen Wurf ins Auge zu fassen, in Richtung einer Transformation, in Richtung einer Agenda, die auch progressive Konzepte mit einbezog. Biden würde ein Bürgerkrieg innerhalb der Demokratischen Partei erspart bleiben. Es war eine der dramatischsten Wenden in der Geschichte der Präsidentschaftskampagnen.

Biden fand sich in einer neuen Welt wieder: Inzwischen war er praktisch der Präsidentschaftskandidat der Demokratischen Partei, aber durch die Pandemie wurden die Pläne seines Wahlkampfteams über den Haufen geworfen.

Mitte März stellte Biden seine persönlichen Wahlkampfauftritte vorübergehend ein, da das Virus grassierte und immer mehr Gouverneure der Bundesstaaten große Versammlungen nicht mehr zuließen.[3] Er konzentrierte sich stattdessen auf virtuelle Auftritte.

Diese Umstellung war seltsam, von hektischen Marathontagen mit Flügen und Wahlkampfauftritten zu einem abgeschiedenen Leben mit Arbeiten vom Homeoffice in Delaware aus, bewacht von Personenschützern des Secret Service.[4] Anstatt auf großer Bühne aufzutreten, sprach er den ganzen Tag lang mit Beratern und Unterstützerinnen, telefonisch und per Videokonferenz. Er gab Fernsehinterviews. Trump machte sich über Biden lustig und nannte ihn »Basement Biden«, Keller-Biden.[5]

Obwohl Sanders aufgegeben hatte, war es eine Priorität, die Demokraten zusammenzuhalten. Biden musste seine einstigen Rivalinnen und Rivalen bei der Stange halten und dafür sorgen, dass die Linken sich willkommen fühlten. Wenn sie Trump schlagen wollten, durfte niemand abseitsstehen.

Don Reed, der ältere Bruder von Senatorin Elizabeth Warren, starb Ende April 2020 infolge einer Infektion mit dem Coronavirus.[6] Er war ein Veteran der U.S. Air Force und hatte in Vietnam gekämpft.

Warren, die nach dem Super Tuesday das Rennen aufgegeben hatte, nahm Dutzende von Anrufen an – beliebig austauschbare Beileidsbekundungen.

Dann rief Joe Biden an.

»Das ist einfach falsch. Es ist so verdammt falsch!«, sagte ihr Biden. Er erzählte ihr, er habe Don Reed nicht gekannt, sei sich aber »ziemlich sicher, dass er sehr stolz« auf sie gewesen sei.

Er sagte ihr, Brüder und Schwestern hätten ein ganz besonderes Verhältnis zueinander. Er erzählte ihr von seiner Schwester Valerie und wie sie oft zusammen Fahrradtouren gemacht hätten.

»Solche geschwisterlichen Beziehungen, die man bildet, wenn man noch ganz klein ist, halten ewig«, sagte Biden. Dann lachte er: »Und heute sind wir alle schon über 70. Aber die Dinge, die uns als Kinder miteinander verbanden, sie verbinden uns als Menschen, bis über den Tod hinaus.«

Dann lenkte Biden das Gespräch auf die Pandemie und die Wirtschaft. Er sagte, das Land stünde in beiderlei Hinsicht kurz vor einer Katastrophe, wenn nicht sehr bald entschlossene Gegenmaßnahmen ergriffen würden.

Warren, eine Progressive, die ihre Kampagne auf »Pläne« für nicht näher ausgeführte wirtschaftliche Reformen und einen Zufluss von Bundesmitteln aufgebaut hatte, horchte auf. Wollte Biden andeuten, dass er ihr entgegenkommen wollte?

»Es ist schlimm, und wir stehen am Abgrund«, sagte Biden ihr. »Und dieser Typ«, nämlich Trump, »versucht, das zu bestreiten.«

Biden sagte, er wolle unbedingt etwas unternehmen. Etwas, das Wirkung zeige.

Er brachte zum Ausdruck, wie dankbar er ihr und anderen in der Partei für ihre Unterstützung sei. Es bedeute ihm viel zu sehen, wie die Demokraten sich zusammenfanden. Warren spürte, dass er gerührt war.

»Ohne Sie könnte ich es nicht schaffen, Elizabeth«, sagte Biden ihr. Sie hatten eine halbe Stunde lang miteinander gesprochen.

Am 27. April 2020 schickte Tony Fabrizio, ein führender Meinungsforscher der Republikaner, der für Präsident Trump arbeitete, ein ungeschöntes und pointiertes dreiseitiges Memo an Brad Parscale, den damaligen Wahlkampfleiter von Trump.[7] Es war ein Dokument, das es wert war, in die Ruhmeshalle politischer Wahlkämpfe aufgenommen zu werden.

»Wir haben den Feind gesehen, und der Feind sind wir selbst«, schrieb Fabrizio. Sie würden es nicht schaffen, Biden zu definieren, ein Bild von ihm zu prägen, und zulassen, dass er sein Image nach Belieben selbst formte.

Das Memo lieferte eine ominöse Prognose über den Ausgang von Trumps Kampagne: Er sei auf dem Weg zu einer Niederlage epischer Ausmaße.

Zum Auftakt schrieb Fabrizio: »Wahrscheinlich haben Sie genug davon, dass ich alarmistisch klinge, aber ich glaube, dass die Informationen, die ich weiter unten präsentiere, überzeugende Argumente dafür liefern werden, unsere Anstrengungen, Biden zu definieren, zu verstärken.«

»Wir sind an einem Tiefpunkt angekommen. ... Das Schwinden des Optimismus über die wirtschaftliche Entwicklung, die Auswirkungen des CV [Coronavirus] insgesamt und vor allem, wie der POTUS [President of the United States] in der Wahrnehmung der Menschen damit umgeht, sind ein dreifacher Schlag für uns gewesen. Dagegen war Biden weitgehend verschwunden, und indem er in die nationalen Medien und direkt in die lokalen Werbemedien gegangen ist, hat er sein Image stetig wieder verbessert, im ganzen Land.«

Und weiter: »Wenn es nicht innerhalb von zwei Monaten zu einer wundersamen Erholung der Wirtschaft kommt oder Biden buchstäblich implodiert, haben wir kaum eine Chance, wieder die Position zu erreichen, die wir im Februar hatten, wenn wir Biden nicht frontal attackieren.«

Fabrizio fasste die Umfrageergebnisse und Recherchen der Kampagne in zehn Punkten zusammen. Er warnte, dass Trumps Mangel an Führung bei der Bekämpfung der Pandemie ein Handicap sei:

Während der POTUS zwar hinsichtlich seines Umgangs mit dem [Coronavirus] aus einer starken Position heraus startete und obwohl er den Diskurs dominierte und mit seinen täglichen Briefings ein riesiges Publikum erreichte, waren die Kontroversen und Konflikte, die daraus entstanden, oftmals das Einzige, was beim Wähler hängen blieb.

Fabrizio betonte sein Fazit:

Wie wir es schon so oft gesehen haben, ist es nicht die Politik des POTUS, die das größte Problem verursacht, sondern es sind die Reaktionen der Wähler auf sein Temperament und Verhalten.

Zudem wies Fabrizio das Gerücht zurück, dass die Demokratische Partei auf ihrem Parteitag Biden durch einen anderen Kandidaten ersetzen würde.[8] Dieses Gerede hatte sich in Kreisen rechter Medien ausgebreitet und war von dort ins Oval Office gedriftet. Trump redete ständig davon.

»Ich weiß, dass der POTUS ebenfalls zu dieser Meinung tendiert«, so Fabrizio. Doch dann sagte er, die Idee sei absurd.

»Wenn es nicht zu einer totalen und kompletten Implosion seinerseits kommt«, werde Biden der Kandidat sein, schrieb Fabrizio. Im Mai sei ein »mehrere Wochen anhaltender Angriff« notwendig, »mit genug Gewicht, um Zahlen zu verändern«.

Fabrizio erwartete nicht, dass Parscale seinen Rat befolgen würde. Parscale arbeitete eng mit Jared Kushner zusammen, Trumps Schwiegersohn und Berater, von dem Fabrizio annahm, er würde routinemäßig unbequeme politische Wahrheiten vor dem Präsidenten verschleiern.[9]

Fabrizio, ein korpulenter Mann mit grauem Bart, überbrachte die schlechte Nachricht direkt an Donald Trump ins Oval Office.

»Mr. President, an jedem Tag, an dem es in diesem Rennen um Sie geht, verlieren wir«, sagte er. »An jedem Tag, an dem es in diesem Rennen um Joe Biden geht, gewinnen wir. Und im Moment macht Joe Biden überhaupt nichts, sodass es ständig nur um Sie geht.«

SECHZEHN

Nachdem er 15 Monate lang das Justizministerium geleitet hatte, befürchtete im April 2020 auch Justizminister William Barr, dass Trump seine Chancen auf eine Wiederwahl sabotierte. Trump brauchte ein Erweckungserlebnis.

Barr fragte seine Frau Christine um Rat, was er Trump sagen sollte, eine Bibliothekarin, mit der er seit 47 Jahren verheiratet war. Sie pflegte eine enge Freundschaft zu Robert Muellers Frau Ann.[1]

»Du kannst niemanden vor sich selbst schützen«, sagte Christine ihrem Mann. »Dieser Typ ist völlig festgelegt in seinem Verhalten – er ist, was er ist, und das wirst du nicht ändern.«

»Das weiß ich«, antwortete Barr. »Aber ich werde es versuchen.« Er wolle weiterhin das Justizministerium so führen, wie es seiner Ansicht nach im Interesse von Trump und der Regierung lag, und dann »wird er hoffentlich eine Chance haben, wiedergewählt zu werden«.

Barr gestand jedoch ein, dass er ein bisschen verbittert war. »Ich bin lange genug in der Politik, um nicht nachtragend zu sein, aber ich finde, dass ich und viele andere diesem Burschen zu Hilfe kamen, um ihn sozusagen an das politische System in Washington zu akklimatisieren.« Um Trump seine Grenzen aufzuzeigen. Das Problem, so Barr, seien Trumps »eigene Sturheit und seine Blindheit«.

Barr erinnerte sich, wie er 28 Jahre früher ähnliche Anstrengungen unternommen hatte, als er unter Präsident George H. W. Bush zum ersten Mal Justizminister war.

Nach einer Kabinettssitzung im März 1992, als Bush während seiner Wiederwahlkampagne in den Umfragen führte, hatten Jack Kemp, der damalige Wohnungsbauminister, und Barr den Präsidenten aufgesucht.[2]

»Mr. President, wir glauben, dass Sie die Wahl verlieren werden, wenn der aktuelle Trend sich fortsetzt«, sagte Barr, und Kemp stimmte ihm zu. Bush war schockiert. Ihre Botschaft war, dass er den innenpolitischen Angelegenheiten und der Wirtschaft wesentlich mehr Aufmerksamkeit schenken müsse. Das erwies sich als ein guter Rat. Bush verlor unter anderem, weil er keine koordinierte Botschaft zur wirtschaftlichen Entwicklung hatte.

Barr sprach mit Jared Kushner, der ihm sagte, es stehe ihm frei, allein mit Trump zu sprechen. Kushner sagte, Trump müsse die Botschaft hören, und es würden andere aus seinem Stab dazukommen. Aber Barr solle die »sanfte Intervention« anführen, weil er vielleicht Erfolg haben könnte.

Barr ging in das kleine, dem Oval Office angeschlossene Esszimmer und setzte sich. Er nahm seine ganze Entschlossenheit zusammen, um sich auf das Gespräch mit dem Präsidenten vorzubereiten. Wenn Trump spürte, dass jemand mit einer unwillkommenen Empfehlung oder etwas, das er nicht hören wollte, zu ihm kam, war seine übliche Taktik, einfach endlos zu reden, das, was man einen Filibuster nennt.

»Bitte kein Filibustern, Mr. President«, sagte Barr. »Ich hoffe sehr, dass Sie sich zu Herzen nehmen, was ich zu sagen habe, weil es mir wichtig ist, dass Sie zuhören.«

Trump nickte und signalisierte, dass er zuhören werde.

»Mr. President, ich glaube, dass Sie die Wahl verlieren werden, wenn Sie auf dem jetzigen Kurs bleiben. Ich reise wahrscheinlich mehr als jeder andere Minister im Land herum. Und ich rede mit einfachen Menschen, Joe-Sixpack-Typen, Polizisten und so weiter. Ich habe noch keinen Ihrer Unterstützer getroffen, der nicht zu mir kommen und sagen würde: ›Wissen Sie, wir mögen den Präsidenten, wir mögen Sie. Wir wollen ein Selfie haben. Wissen Sie, Gott sei es gedankt. Gott segne Sie.‹«

Aber dann fuhr Barr fort: »Und dann flüstern diese Leute mir zu: ›Würden Sie bitte dem Präsidenten sagen, er möge sich ein bisschen zurückhalten? Würden Sie bitte dem Präsidenten sagen, er soll nicht so viel twittern? Er ist sich selbst sein schlimmster Feind.‹«

»Diese Wahl wird in den Vorstädten entschieden«, sagte Barr weiter. »Sie wissen, dass Sie Ihre Basis sicher haben. Sie gewinnen nichts dadurch, dass Sie sich immer weiter von Tag zu Tag noch ein bisschen empörender verhalten. Und ich glaube, Sie müssen ein bisschen was reparieren bei den Republikanern und unabhängigen Wählern, die Ihre Politik im Großen und Ganzen eigentlich gut finden.«

Barr machte eine Pause und lieferte dann seine Zusammenfassung: »Sie glauben, dass Sie einfach ein verdammtes Arschloch sind.«

Trump schien weder erstaunt noch beleidigt zu sein.

»Meiner Meinung nach«, sagte Barr, »wird diese Wahl nicht an der Basis entschieden. Ihre Basis ist wichtig, und Sie werden sie an die Wahlurnen bringen. Und es gibt eine Menge Leute da draußen, Unabhängige und Republikaner in den Vorstädten der wahlentscheidenden Bundesstaaten, die Sie für ein Arschloch halten. Sie glauben, dass Sie sich wie ein Arschloch verhalten, und Sie müssen – Sie müssen anfangen, das zu berücksichtigen. Sie sind stolz darauf, ein Kämpfer zu sein, und das hat 2016 funktioniert, als die Wähler jemanden wollten, der Washington aufmischt. Und sie wollen immer noch jemanden, der die politische Landschaft aufmischt, aber sie wollen kein komplettes Arschloch. Und deswegen müssen Sie das andere machen, was Sie sehr gut können, nämlich, Menschen zu umwerben. Und ich glaube, darum geht es bei dieser Wahl. Wissen Sie, ich befürchte, dass Sie in mancherlei Hinsicht zu sehr vom dem politischen Establishment in Washington vereinnahmt wurden, da Sie jetzt all diese selbst ernannten Sprecher für Ihre Basis haben, die zu Ihnen kommen und Ihnen sagen, was sie wollen. Sie schütten Sie zu mit ihren Forderungen.«

Barr dachte an einige dieser Interessengruppen, denen die Tür zum West Wing offen stand – die Waffenlobby, der Vorsitzende von Judicial Watch, einer konservativen Aktivistengruppe, die innerhalb der Bundesbehörden Liberale ausfindig macht, TV-Persönlichkeiten des konservativen Nachrichtensenders Fox News.

»Das andere wichtige Thema«, sagte Barr, »und ich weiß, dass dies nicht ganz uneigennützig ist, weil mir klar ist, wie ungeduldig Sie auf die

Ergebnisse unserer Arbeit warten, die wir drüben im Justizministerium machen. Aber ich glaube, dass es den Menschen – den Moms und Pops drüben in Wisconsin und Pennsylvania und Michigan – scheißegal ist.« Es ist ihnen egal, ob der ehemalige FBI-Chef James Comey und andere dafür belangt werden, wie sie die Russland-Untersuchung durchgezogen haben.

»Ihrer Basis ist es wichtig, dass Comey und die anderen dafür zur Rechenschaft gezogen werden, aber diesen anderen Leuten ist es egal. Ihr verdammtes Gezeter ist ihnen egal. Sie machen sich Sorgen um ihre Zukunft. Sie machen sich Sorgen um die Wirtschaft, gerade jetzt mit Covid und dem ganzen Zeug. Sie sollten darüber reden, was Sie vor Covid gemacht haben, warum Sie der Mann sind, der das Land nach Covid wiederbeleben kann, dass Sie eine nachweisbare Erfolgsbilanz haben. Dann sollten Sie den Menschen eine Vision dessen zeigen, wohin Sie dieses Land führen werden. Und nur darüber sollten Sie reden, nicht über diesen ganzen anderen Scheiß, nicht über jede kleine Kränkung, die Ihnen im Magen liegt.«

»Bill«, erwiderte Trump, »diese Leute sind bösartig. Ich muss kämpfen. Ich brauche meine Basis. Meine Basis will mich als starken Mann sehen. Es sind meine Leute.«

»Ich sehe das so, Mr. President«, sagte Barr. »Ich glaube, Sie haben es bei der letzten Wahl geschafft, das Ruder in letzter Minute rumzureißen, nach Ihrem Spruch ›grab them by the pussy‹, weil Sie dadurch zur Vernunft gekommen sind und erkannt haben, dass Sie nicht alles wissen. Dann haben Sie angefangen, Leuten wie Kellyanne Conway und anderen tatsächlich zuzuhören, und sich ungefähr einen Monat lang einigermaßen benommen. Und das war gerade lang genug, da die Wähler nicht festgelegt waren. Ich fürchte, dass dieses Mal zwei Faktoren anders sind, und das ist der Grund, warum ich jetzt mit Ihnen rede. Dieses Mal sind die Wähler nicht so unentschlossen. Letztes Mal kannten die Leute Sie nicht als öffentliche Figur, und sie waren bereit, Ihnen eine Chance zu geben. Inzwischen haben sich viele Leute eine Meinung über Sie gebildet. Sie glauben, dass sie wissen, wer Sie sind. Also sind sie nicht mehr so unsicher in ihrer Entscheidung. Und der zweite Faktor, der anders ist – und ich glaube, das ist das Hauptproblem –, ist, dass Sie glauben, Sie wären ein politisches Genie. Sie glauben, dass Sie ein Genie sind, und deswegen werden Sie auf niemanden mehr hören. Sie glauben, dass Sie wissen, was die Menschen wollen. Und ich glaube, dass Sie falschliegen. Ich habe noch keinen Trump-Unterstützer getroffen, der mir das nicht gesagt hätte. Und das sind Leute, die Sie tatsächlich mögen und Ihren Blödsinn tolerieren. Aber sie dulden es nur. Sie unterstützen Sie nicht deswegen, weil Sie sich so verhalten. Und ich glaube, dass Sie, wenn Sie nicht eine, also sagen wir mal, eine Charmeoffensive starten und versuchen, einen Teil des Schadens zu flicken, der in manchen Vorstädten entstanden ist, dass Sie dann verlieren werden.«

»Ich muss kämpfen«, erwiderte Trump.»Ich habe es so weit gebracht, weil ich bereit bin zu kämpfen. Es gefällt den Leuten, dass ich bereit bin zu kämpfen. Ich muss kämpfen.« Dann erzählte er, seine Berater hätten ihm gesagt, wenn er 65 Millionen Stimmen bekäme, würde er gewinnen.

Barr glaubte, das würde bedeuten, dass die Berater dächten, Trump könne die Wahl gewinnen, indem er seine Basis aktiviere und in ländlichen Regionen neue Wähler mobilisiere.»Es ist kein statisches Spielfeld«, warnte ihn Barr.»Die andere Seite arbeitet auch für den Sieg.«

SIEBZEHN

Trotz Barrs eindringlichem Plädoyer änderte Trump sein Verhalten nicht.

Für den 4. Mai 2020 berief Trump ein Meeting im Roosevelt Room ein, mit seinen politischen und juristischen Topberatern zum Thema Affordable Care Act (ACA), das Gesetz zur medizinischen Versorgung, das besser als »Obamacare« bekannt ist.[1]

Der Supreme Court hatte eine Klage gegen das Gesetz angenommen, das über 20 Millionen unversicherten Amerikanern einen Zugang zur Krankenversicherung ermöglicht hatte.

»Mr. President«, sagte Barr in dem Meeting, »diese Klage wird abgeschmettert werden. Sie können von Glück reden, wenn Sie in dieser Sache ein besseres Ergebnis als 9 zu 0 Richterstimmen erreichen.«

Obamacare hatte bereits zwei Klagen vor dem Obersten Gerichtshof überstanden. Trump wollte, dass die Bundesregierung sich einer Klage gegen Obamacare anschließen sollte, die von Texas und 17 anderen Justizministern von republikanisch regierten Bundesstaaten eingebracht worden war.

Nein, nein, nein, nein, sagte Barr.

»Mr. President, dies ist ein Wahljahr. Die Liberalen im Supreme Court haben dafür gestimmt, diesen Fall anzunehmen, weil ihnen klar ist, dass Sie dabei nur verlieren können. Wir stecken mitten in einer Covid-Epidemie. Und jetzt schüren Sie Unsicherheit über die Frage, ob die Menschen Zugang zur Krankenversicherung haben. Und Sie haben keine Alternative vorgeschlagen, und wir werden den Fall verlieren. Wir haben das Mandat zunichtegemacht.«

Im Jahr 2017 annullierte der von Republikanern kontrollierte Kongress erfolgreich eine der fundamentalen Bestimmungen des Affordable

Care Act, nämlich das individuelle Mandat, sodass Personen, die keine ACA-Police abschlossen, nicht länger durch höhere Steuern bestraft wurden.

»Das ist der Sieg«, meinte Barr. »Den Sieg erklären und sagen, man werde beim nächsten Mal ein besseres Gesetz einbringen. Aber warum sollten wir das tun? Wir werden nicht gewinnen. Politisch gesehen hat es nur Nachteile.«

»Wir müssen uns an die Seite von Texas stellen«, sagte Trump. »Dort ist meine Basis.«

»Der Justizminister von Texas ist nicht der Präsident der Vereinigten Staaten«, sagte Barr. »Er hat seine Wählerschaft. Sie haben Ihre Wählerschaft. Ich halte überhaupt nichts davon, unsere Politik an den verdammten Staat Texas zu delegieren.«

»Also gut, ich werde darüber nachdenken«, sagte Trump. Er berief sich wieder auf seine Basis.

»Mr. President«, sagte Kellyanne Conway, »ich glaube, ich weiß ein bisschen was über Ihre Basis. Ich arbeite seit Jahrzehnten als Meinungsforscherin für die Republikanische Partei. Diese Sache kostet Sie Wählerstimmen. Diese Sache hilft Ihnen nicht. Die Auseinandersetzung um das Gesundheitssystem ist der Grund, warum wir 2018 Sitze im Kongress verloren haben. Warum sollten wir das Problem der anderen Seite jetzt noch einmal auf einem silbernen Tablett präsentieren?« Es schicke sich nicht für den Präsidenten der Vereinigten Staaten, sich an einem juristischen Feldzug zu beteiligen, der darauf abzielt, 20 Millionen Amerikanern ihre Krankenversicherung zu entziehen.

Pat Cipollone, der Rechtsberater des Weißen Hauses, war der gleichen Meinung. Er sagte, er stimme Conway zu, brachte aber keine zusätzlichen Argumente.

Dann war Barr wieder an der Reihe. »Mr. President, diese Klage ist scheiße«, sagte er. »Es fällt schwer, sich das Lachen zu verkneifen, wenn man unsere Begründung dafür liest.«

Texas und die anderen von Republikanern geführten Bundesstaaten argumentierten, da der Kongress die Strafsteuer für das individuelle

Mandat abgelehnt habe, möge das gesamte Gesetz, mit sämtlichen Krankenversicherungs- und Schutzbestimmungen, aufgehoben werden.

»In dieser Sache sollten wir unseren Schaden begrenzen«, sagte Barr. »Niemand wird dieses Gesetz aufheben.« Barr drängte Trump, eine etwas gezieltere Strategie zu verfolgen und zu überlegen, ob nicht bestimmte Teile des Gesetzes erhalten bleiben sollten.

Auch andere Republikaner konnten über diese Klage nur den Kopf schütteln.[2] »Die Gründe des texanischen Justizministeriums für diese Klage sind völlig an den Haaren herbeigezogen«, sagte Senator Lamar Alexander, Republikaner aus Tennessee.

Wie Barr es vorhergesagt hatte, lehnte der Supreme Court am 17. Juni 2021 die Argumente der Trump-Administration ab und bestätigte das Gesetz mit 7 zu 2 Richterstimmen.

Eines Tages fragte Trump Barr und Cipollone: »Wann kümmern Sie sich endlich um die Verfügung zum Geburtsortprinzip?« Seit er im Frühjahr 2020 in den Umfragen abgerutscht war, brachte er dieses Thema immer wieder zur Sprache.

Barr schüttelte den Kopf, ohne zu lächeln. Trump gab nie auf. Barr nannte es »Und täglich grüßt das Murmeltier« – es war seine Version der 1993 erschienenen Filmkomödie, in der Bill Murray in einer endlosen und qualvollen Zeitschleife des immer selben Tages gefangen ist.[3]

Das sogenannte Geburtsortprinzip (»birthright citizenship«) ist im 14. Verfassungszusatz verankert, der 1868 verabschiedet wurde und bestimmt, dass alle Personen, die in den Vereinigten Staaten geboren oder eingebürgert wurden, »Bürger der Vereinigten Staaten sind«.

Trump wollte eine Exekutivorder, eine Verfügung des Präsidenten, erlassen, mit der den in den Vereinigten Staaten geborenen Menschen, deren Eltern illegal im Land lebten, die Staatsbürgerschaft verweigert würde. Das heißt, dass die USA ihnen dann keine Staatsbürgerschaftsdokumente mehr ausstellen würden.

Eine solche Verfügung würde die politische und konstitutionelle Geschichte der Vereinigten Staaten auf den Kopf stellen. Woche um Woche erklärten Barr und Cipollone Trump, dass es sich dabei um eine komplizierte rechtliche Angelegenheit handelte. Man müsse die Verfügung begründen, sagte ihm Barr. Doch der richtige Weg, so etwas zu bewerkstelligen, bestünde darin, den Kongress aufzufordern, ein entsprechendes Gesetz zu beschließen. Der Kongress habe die Macht, eine solche Regelung zu modifizieren, die Definition eines Zusatzartikels zur Verfassung zu präzisieren. Wenn Sie aber so eine Änderung per Verfügung anordnen, wird das nicht funktionieren. Die Verfügung würde angefochten werden und einer gerichtlichen Überprüfung nicht standhalten, erklärte der Justizminister.

»Und hinzu kommt noch, dass Sie damit in einem Wahljahr die Staatsbürgerschaft von mindestens zehn Millionen amerikanischen Bürgern infrage stellen«, so Barr.

»Ich würde es ja nicht rückwirkend machen«, sagte Trump. Die Verfügung würde nur für zukünftige Kinder von illegalen Immigranten gelten.

»Aber Sie können nicht sagen, dass Sie es nicht rückwirkend machen werden«, erwiderte Barr. »Im Grunde genommen sagen Sie ja, dass diese Leute keine Bürger sind, oder? Die Prämisse wäre, dass all diese anderen Leute in der Vergangenheit keine Bürger sind. Wie wollen Sie diese Menschen an diesem Punkt darüber hinwegtrösten?«

Trump wollte sie überhaupt nicht trösten. Diese Leute seien überwiegend Wähler der Demokratischen Partei, so glaubte er, und wenn sie keine Staatsbürgerschaft hätten, dann könnten sie auch nicht wählen.

»Es gibt diverse Bestimmungen, die festlegen, dass ein Mensch die Staatsbürgerschaft haben muss, um bestimmte Zulassungen und andere Dinge zu erhalten«, sagte Barr, darunter auch das Wahlrecht.

Trump schien die endlosschleifenartige Qualität dieser Diskussion zu gefallen. Er quengelte immer weiter, ohne Ende, immer weiter und weiter. Über kurz oder lang war Cipollone mit seinen Nerven am Ende.

»Bill«, sagte Cipollone unter vier Augen zu Barr, »wissen Sie, wir sind da auf ein Minenfeld geraten. Glauben Sie, dass Sie absehen können, wie wir da wieder rauskommen?« Nach all diesem Widerstand, sollten wir dem Präsidenten nicht ein Zugeständnis machen? Seine Verfügung würde einer gerichtlichen Überprüfung mit Sicherheit nicht standhalten.

Barr war früher der Chef des mächtigen Office of Legal Counsel im Justizministerium gewesen, das den Präsidenten und sämtliche Ministerien und Behörden der Exekutive in rechtlichen Fragen berät. Am Anfang der Regierungszeit von Bush senior hatte er diesen Posten innegehabt und musste sich als 39-jähriger Anwalt in die verfassungsmäßigen Probleme der Macht des Präsidenten einarbeiten.

»Nein, das werden wir nicht machen«, sagte Barr. »Ich werde meinen Kopf dafür hinhalten.«

Am Morgen des 14. Mai sagte Trump auf Fox News, dass ehemalige Bedienstete des Justizministeriums und des FBI es verdient hätten, strafrechtlich verfolgt zu werden.[4]

»Wenn ich Demokrat wäre statt Republikaner, dann wären sie alle wohl schon längst im Gefängnis« und müssten 50 Jahre absitzen, so Trump. »Die Leute sollten für diese Sachen ins Gefängnis gehen. ... Das alles war Obama. Das alles war Biden.« Er bezog sich auf die Ermittlungen des United States Attorney für Connecticut, John Durham, der untersucht hatte, wie das FBI die Ermittlungen zur Wahlkampagne Trumps und der angeblichen Zusammenarbeit mit Russland aufarbeitete.[5]

Aus Barrs Sicht war das eine maßlose Überreaktion von Trump. Barr hatte ihm gesagt, er müsse die Ergebnisse von Durhams Untersuchung geduldig abwarten, zumal die Pandemie den gesamten Betrieb im Justizministerium ins Stocken gebracht hatte. Er möge Durham in Ruhe lassen.

Barr entwarf eine kleine Rede, die er am nächsten Tag auf einer Pressekonferenz halten wollte.[6] Er sagte, er habe genug von Politikern, die die »Justiz als politische Waffe« benutzen. Dadurch, dass er Biden und Obama anprangerte, diskreditierte Trump letzten Endes Durhams Arbeit. Barr wusste, dass Durham seinen Hut nehmen würde, falls Trump so weitermachte.

»Ich weiß, dass die Menschen Transparenz wollen, und daran arbeiten wir, aber es wird nicht – wir machen das nicht auf politischer Ebene, und es geht hier nicht darum, jemandem eins auszuwischen«, sagte Barr zu Trump. Und erinnerte den Präsidenten daran, dass der Supreme Court vor Kurzem geurteilt habe, dass nicht alles, was als Machtmissbrauch gewertet werde, aus juristischer Sicht eine Straftat darstelle. Trump sagte, er hasse diese Antwort.

ACHTZEHN

»Tief im Herzen Delawares sitzt Joe Biden tief im Herzen seines Kellers. Allein. Versteckt. Zurechtgestutzt«, verkündete eine Werbeanzeige Trumps.[1] Eine andere Spitze lautete »Punxsutawney Joe« – sie bezog sich auf Pennsylvanias Murmeltier Phil, das einmal im Jahr aus seinem unterirdischen Bau auftaucht, um vorherzusagen, wie lang der Winter wird.[2] Und Trumps Kampagne twitterte jeden Tag, wie viele Tage schon vergangen waren, seit Biden seine letzte Pressekonferenz gegeben hatte.

Auch viele Demokraten waren beunruhigt, weil Biden monatelang aus der Kampagne verschwunden war. Er war als Kandidat bekannt dafür, die Sympathien vieler Wähler durch Auftritte in Town Halls und Händeschütteln zu gewinnen. Im März 2020 war sein Vorsprung mit sechs Prozentpunkten kleiner als derjenige Hillary Clintons zur gleichen Zeit im Jahr 2016.

Doch die Strategie, Trump gegen sich selbst arbeiten zu lassen, schien zu funktionieren. Bidens Führung nahm auf zweistellige Werte zu, während der Präsident auch weiterhin die Pandemie schlecht managte.[3] Auf einer Pressekonferenz am 23. April 2020 sinnierte Trump darüber, das Virus durch Injizieren von Bleichmittel zu bekämpfen.[4]

Unterdessen erwies sich für Biden, der auch gerne mal ins Fettnäpfchen trat, die Isolation als unerwartetes Geschenk; normalerweise hat ein Kandidat kaum einen ruhigen Moment, wenn er im Wahlkampf durchs Land reist.

Was Öffentlichkeit und Medien nicht wussten: Biden ließ sich täglich von zwei führenden medizinischen Experten im Hinblick auf das Virus auf den aktuellen Stand bringen, nämlich von Dr. Vivek Murthy, Gesundheitsminister unter Obama, und Dr. David Kessler, dem ehemaligen Chef der Food and Drug Administration, der für seinen Feldzug gegen das Rauchen bekannt war.

Jeden Tag verfassten Murthy und Kessler einen schriftlichen Covid-19-Bericht für Biden, der auf den neuesten Informationen beruhte, die durch stundenlanges telefonisches Recherchieren bei Experten aus Regierung und Wirtschaft im ganzen Land zusammengetragen wurden, ergänzt durch Daten, die ein kleines Team ehrenamtlicher Freiwilliger lieferte, das vertraulich arbeitete und diverse öffentliche und private Informationsquellen durchkämmte. Anfänglich war dieser tägliche Bericht bis zu 80 Seiten stark und enthielt Karten, Grafiken und Diagramme.

Die mündlichen Briefings waren per Telefon oder Zoom für 45 Minuten angesetzt, zogen sich jedoch regelmäßig auf bis zu anderthalb Stunden hin. Kessler und Murthy waren beide zutiefst beunruhigt über Trumps Einstellung und seine Unfähigkeit zu verstehen, womit er und die Welt es zu tun hatten.

»Ich wollte es immer herunterspielen«, erklärte Trump Woodward in einem Interview im März 2020. »Ich spiele es immer noch gern runter, weil ich keine Panik erzeugen will.«[5]

Trump hatte früher in jenem Monat über seine Sicht der Dinge getwittert: »Letztes Jahr starben 37 000 Amerikaner an einer normalen Grippe. Im Durchschnitt fordert sie 27 000 bis 70 000 Tote pro Jahr. Nichts wird geschlossen, das Leben & die Wirtschaft gehen weiter. Zum jetzigen Zeitpunkt gibt es 546 bestätigte Fälle einer Coronavirus-Infektion und 22 Todesfälle. Denkt mal darüber nach!«[6]

Eine Woche später verhängte Trump einen Lockdown über das Land, begann aber fast sofort darüber zu reden, es wieder zu öffnen. »Unser Land wurde nicht für einen Lockdown gemacht. Dies ist kein Land, das dafür gemacht wurde«, sagte Trump am 23. März bei einer Pressekonferenz im Weißen Haus.[7] »Amerika wird schon bald wieder offen für Business sein.«

Murthy wusste, dass Trump die Lage völlig falsch einschätzte. Ein Coronavirus ist wie ein Eisberg. Wenn so wenige Fälle einer Infektion mit einem durch die Luft übertragenen, hochgradig ansteckenden Virus berichtet und kaum Tests durchgeführt wurden, bedeutet das, dass es noch wesentlich mehr unentdeckte Fälle gab. Das Virus war schon in den Vereinigten Staaten angekommen und würde sich bald flächendeckend ausbreiten.

Biden vertiefte sich in die wissenschaftlichen Erkenntnisse zum Thema und ließ sich jeden Tag von Murthy und Kessler unterrichten. Er bombardierte sie mit Fragen. So wollte er zum Beispiel wissen: Wie dringt das Virus in den Körper ein?

Ihre Antwort: Wenn eine infizierte Person hustet oder niest oder auch nur ganz normal atmet, können in der Atemluft schwebende Tröpfchen in die Atemwege anderer Menschen gelangen, wo die Viren an Rezeptoren andocken können, die als ACE2 bezeichnet werden und in großer Zahl an den Oberflächen von Zellen vorhanden sind. Sie übernehmen die Zelle und vermehren sich.[8] Da die Lungenflügel einem Baum gleichen, dessen Zweige in kleinen Luftsäckchen enden, die ebenfalls zahlreiche ACE2-Rezeptoren aufweisen, wandert das Virus dorthin und kann die Zellen der Lunge zerstören.

Zudem erklärten Murthy und Kessler, wie das Virus unterschiedliche Zell- und Gewebearten angreifen kann, zum Beispiel auch Blutgefäße und das Herz.

Biden fragte: Was ist denn mit den Impfstoffen, die entwickelt werden?

Es gibt zwei Arten von Vakzinen, sagten ihm die Mediziner. Der erste Typ ist ein Adenovirus-basierter Impfstoff, der es den Zellen ermöglicht, Spike-Proteine zu produzieren, die Antikörper bilden. Diese kann man sich als Soldaten vorstellen, die den Körper gegen das Virus verteidigen.

Der zweite Typ ist die mRNA oder Boten-Ribonukleinsäure; das »m« steht für »messenger«. Ein solcher Impfstoff aktiviert die Immunabwehr, indem er den Zellen Instruktionen liefert, um ein Spike-Protein zu produzieren. Es ist wie ein Rezept für Ihre DNA. Dann merkt sich der Körper, wie er das Virus abwehren kann, falls er später infiziert wird. Die mRNA-Rezeptur für den Impfstoff kann geändert werden, falls eine Variante des Virus auftaucht. Viren mutieren oft.

»Das ist mir nicht detailliert genug«, sagte Biden an einem Punkt, »das verstehe ich nicht« an einem anderen, fragte »Warum?« oder »Wie funktionieren die wissenschaftlichen Grundlagen?«.

Bei einem Interview mit Trump am 19. März fragte Woodward den Präsidenten, ob er sich jemals mit Dr. Anthony Fauci zusammensetzen würde, dem Direktor des National Institute of Allergy and Infectious Diseases (NIAID), um sich über die wissenschaftlichen Erkenntnisse zu dem Virus informieren zu lassen.[9]

»Ja, ich denke schon«, sagte Trump, »aber ganz ehrlich, für so etwas bleibt nicht viel Zeit, Bob. Im Weißen Haus ist viel los. Wir haben jede Menge zu tun. Und dann kam noch das hier.«

Woodward fragte ihn, ob es einen Moment gegeben hätte, in dem er sich selbst gesagt habe, das ist die Prüfung seines Lebens in puncto Führungsqualitäten? »Nein«, antwortete Trump.

Murthy wunderte sich darüber, wie detailliert Biden sich informieren wollte. Er nahm ihre Erklärungen mit weiteren Fragen unter die Lupe: Warum sind People of Color, schwarze und andere nicht-weiße Amerikaner, von dem Virus stärker betroffen?

Die Mediziner erklärten ihm, dass überkommene Benachteiligungen in der medizinischen Versorgung, im Bildungswesen und im Zugang zu finanziellen Ressourcen einige ohnehin schon anfällige Bevölkerungsgruppen noch anfälliger machen würden. People of Color hatten ein wesentlich höheres Risiko, wegen einer Infektion mit dem Virus im Krankenhaus behandelt werden zu müssen oder zu sterben.

Falls ein wirkungsvoller Impfstoff entwickelt werden könne, so Biden, sei es geboten, ihn gerecht zu verteilen.

»Falls wir mit der Chance gesegnet sein sollten, dabei führend zu sein«, sagte Biden, »müssen wir alle zusammen herausfinden, wie wir das gemeinsam hinkriegen können, wie wir diese Pandemie bekämpfen und sie gemeinsam stoppen können.« Sie begannen, einen Plan für eine detaillierte Reaktion auf das Virus zu entwickeln.

Murthy war eigentlich davon ausgegangen, dass ihre täglichen Briefings bald zu Ende gehen würden. Sie kosteten zu viel Zeit, die Biden eigentlich für seinen Wahlkampf brauchte. Stattdessen wurden ihre Sitzungen immer länger und detaillierter.

»Sir«, sagte Murthy, »Sie wissen, dass unser vereinbartes Zeitfenster bald zu Ende ist. Wir können gern den Rest dieses Themas für morgen aufheben.«

»Nein, nein, nein«, sagte Biden. Lassen Sie uns das bis zum Ende durchsprechen.

Wollen Sie, dass wir mit diesen Sitzungen aufhören oder sie abkürzen?, fragte Murthy Jake Sullivan, den Chefstrategen der Biden-Kampagne.

Er sitzt am Steuer in dieser Sache, sagte Sullivan. Er will sich darüber informieren. Es ist ihm sehr wichtig. Also lassen Sie ihn fahren.

Murthy konnte sehen, dass der Kandidat Biden anscheinend erkannt hatte, dass das Virus nicht nur seinen Wahlkampf bestimmen würde, sondern auch – falls er gewann – seine Präsidentschaft.

Murthy war »Mr. Bedside Manner«, jemand, der gut mit Kranken umgehen kann, er hatte eine beruhigende Stimme. Als praktizierender Arzt hatte er gelernt, viel Zeit dafür aufzuwenden, seinen Patienten zuzuhören, weil er festgestellt hatte, dass sie in vielen Fällen eine zutreffende Selbstdiagnose stellen.

Bevor Biden seine Entscheidung verkündet hatte, zum dritten Mal für das Amt des Präsidenten zu kandidieren, hatte Murthy ihn in Wilmington, Delaware, besucht. Später schrieb er das Buch *Together: The Healing Power of Human Connection in a Sometimes Lonely World* (»Zusammen: Die heilende Kraft menschlicher Verbundenheit in einer manchmal einsamen Welt«), und er sprach mit Biden darüber, wie Einsamkeit und Isolation sich auf die geistige und körperliche Gesundheit eines Menschen auswirken können.[10]

In ihren Virus-Briefings erwähnte Biden häufig Freunde, die ihn anriefen, um sich mit ihm zu unterhalten. Er hatte die Angewohnheit, Menschen, mit denen er bei Wahlkampfauftritten sprach, seine Handynummer zu geben. Es liege auf der Hand, sagte er, dass das Virus die Leute isolieren und ihre geistige Gesundheit beeinträchtigen würde. Kindern fehlte der soziale Kontakt im Klassenzimmer, Angestellten der Kontakt zu Kollegen im Büro. Die Pandemie zersetzt das gesellschaftliche Gewebe, sagte Biden.

NEUNZEHN

Ende Mai brachen in über 140 Städten im ganzen Land wütende Proteste aus.[1] In Minneapolis war der Polizist Derek Chauvin dabei gefilmt worden, wie er sein Knie auf den Hals des Schwarzen George Floyd gedrückt hielt, und zwar 7 Minuten und 46 Sekunden lang.[2] Wodurch er ihn tötete.

Einige der Protestdemonstrationen eskalierten zu gewalttätigen Zusammenstößen mit Polizeikräften und zu allabendlichen Plünderungen, sobald es dunkel wurde. Solche Szenen wurden in den TV-Nachrichten endlos wiederholt.

In einem damals geführten Interview sagte Trump zu Woodward:[3] »Das waren Brandstifter, Diebe, es sind Anarchisten und sehr schlechte Menschen. ... Sehr gefährliche Menschen.«

»Das sind alles sehr gut organisierte Veranstaltungen. Die Antifa führt sie an«, sagte Trump, womit er die antifaschistische Bewegung meinte, die sich Gruppen von *White Supremacists* und anderen Demonstranten entgegengestellt hatten.

Stephen Miller, der 34-jährige Chef der Redenschreiber des Weißen Hauses und einer von Trumps konservativsten Topberatern, gab sich in Bezug auf die Unruhen als Hardliner.[4] Etliche seiner Kollegen glaubten, er sei dafür verantwortlich, dass dem Präsidenten gegenüber die gewalttätigen Ausschreitungen übertrieben dargestellt wurden, um ihn aufzustacheln.

Miller war rhetorisch geschickt, ziemlich schroff und bekannt für seine Maßanzüge und schmalen Krawatten. Er war an dem Entwurf zu Trumps Rede zur Amtseinführung (Stichwort »amerikanisches Blutbad«) beteiligt gewesen, und er war der Architekt des umstrittenen Einreiseverbots für Menschen aus mehrheitlich muslimischen Ländern. Er schien ständig im Oval Office herumzuhängen und auf eine Gelegenheit zu warten, seine Agenda voranzutreiben.

Falls es in der Moderne überhaupt jemals einen Rasputin gegeben habe, so die Einschätzung von Mark Milley, des Vorsitzenden des Vereinigten Generalstabs der Streitkräfte, dann sei es Miller.

Milley ließ von seinem Stab einen täglichen als GEHEIM eingestuften Bericht ausarbeiten, den *Domestic Unrest National Overview* (»Nationale Übersicht zu Unruhen im Inland«). Der Bericht erfasste tagesaktuell die gewalttätigen Ausschreitungen in US-Städten mit einer Bevölkerung von mehr als 100 000 Menschen.

Knapp eine Woche nach dem Tod von Floyd war Milley im Oval Office und ging zusammen mit Trump den Bericht durch.

»Mr. President«, meldete sich Miller von einem der Sofas im Oval Office zu Wort, »sie brennen Amerika nieder. Antifa, Black Lives Matter, sie brennen es nieder. Wir haben es mit einem Aufstand zu tun. Barbaren sind vor den Toren.«

Auf seinem Sessel vor dem Schreibtisch des Präsidenten drehte Milley sich schwungvoll zu Miller um. »Verdammte Scheiße, Steve, halten Sie die Schnauze.«

»Mr. President«, sagte Milley, nachdem er sich zu Trump zurückgedreht hatte, »sie brennen Amerika nicht nieder.« Er hielt seine ausgestreckten Hände flach vor die Brust, hob sie bis auf Schulterhöhe und senkte sie dann wieder in einer beruhigenden Geste. Dann zitierte er Informationen aus dem täglichen GEHEIM-Report.

»Mr. President, es gibt ungefähr 276 Städte mit mehr als 100 000 Einwohnern in Amerika. In den vergangenen 24 Stunden ist es in zwei dieser Städte zu großen Protestdemonstrationen gekommen«, so Milley. »Anderswo waren es zwischen 20 und 300 Protestierende.« Zwar wurden im Fernsehen Bilder von Bränden und Gewalt gezeigt, doch die meisten der Proteste verliefen friedlich – etwa 93 Prozent davon, laut einem später erstellten neutralen Bericht.

»Sie haben Parolen auf Wände gesprüht«, sagte Milley. »Das ist kein Aufstand. Der Mann da oben ...« Er zeigte auf das Porträt von Abraham

Lincoln, das im Oval Office an der Wand hängt. »Der Mann da oben, Lincoln, der musste mit einem Aufstand fertigwerden.« Milley erwähnte die Bombardierung von Fort Sumter, einem Stützpunkt der U.S. Army, durch Milizen, womit im April 1861 der Sezessionskrieg begann. »*Das* war ein Aufstand«, sagte Milley.

»Wir sind ein Land mit 330 Millionen Menschen, und wir haben diese lächerlichen Proteste«, sagte Milley. Die Lage sei nicht annähernd so bedrohlich wie die Aufstände in Washington, D.C., und anderen Städten im Jahr 1968, nach der Ermordung von Martin Luther King.[5]

Barr, der ebenfalls an dem Meeting teilnahm, konnte verstehen, warum Milley wegen Miller so frustriert war. Auch er hatte einmal zu Miller gesagt, er solle doch verdammt noch mal die Schnauze halten. Und Milley hatte Barr in den vergangenen Wochen regelmäßig angerufen und ihn gebeten, sich bei den Meetings im Oval Office zu äußern, sozusagen als Hitzeschild und als Schutz für das Militär.

»Hören Sie, Steve«, sagte Barr, »Sie haben keine operative Erfahrung, um über solche Dinge zu reden, okay? So etwas ist sehr heikel. Für jeden Erfolg, den man erzielt, gibt es ein Waco.« Damit meinte er die Belagerung und den Angriff auf eine Siedlung der religiösen Sekte Branch Davidians durch das FBI im Jahr 1993; der Einsatz führte zum Tod von 76 Sektenmitgliedern, darunter 25 Kinder und schwangere Frauen.[6]

»Man muss vorsichtig sein«, sagte Barr. »Und man muss wissen, was man tut. Hören Sie auf, solches Zeug zu reden. Klar können wir eine solche Konfrontation in Gang setzen. Aber zurzeit ist es nicht nötig, das Militär einzusetzen. Ich bin nicht bereit, ein solches Risiko einzugehen.« Er sagte, ein Militäreinsatz sei nur der allerletzte Ausweg.

Milley drehte sich zu Keith Kellogg um, Armeegeneral im Ruhestand, Nationaler Sicherheitsberater von Mike Pence und loyaler Trump-Unterstützer, der ebenfalls auf einem Sofa saß.

»Keith«, sagte Milley, »dies ist nicht annähernd so schlimm wie 1968. Sie waren 1968 als Lieutenant Kellogg auf einem dieser Gebäude und dem kommandierenden General der 82. Luftlandedivision unterstellt.«

Präsident Lyndon B. Johnson hatte die Entsendung von Kampftruppen nach Washington angeordnet.[7]

»Dies ist nicht mal auf der gleichen Ebene wie 1968, als Zigtausende von Protestierenden und Randalierern durch Detroit und Chicago und Los Angeles zogen.«

»Das ist richtig, Mr. President«, sagte Kellogg. Die Proteste sollten überwacht werden, sagte Milley. »Wir müssen darauf achten. Das ist wichtig.« Aber das sei eine Aufgabe für lokale Polizeikräfte und Verwaltungen, für Bürgermeister und Gouverneure.

»Es ist nicht die Aufgabe der US-Streitkräfte, auf den Straßen von Amerika Soldaten einzusetzen, Mr. President.«

Dann sprach Milley gegenüber Trump vorsichtig das Problem von systemischem Rassismus und rassistischer Polizeiarbeit an.

»Da hat sich in den Communitys, wo die Menschen Polizeieinsätze erlebten, die sie als brutal empfanden, eine Menge aufgestaut«, so Milley.

Trump sagte dazu nichts.

Spätestens am 1. Juni 2020 schäumte Trump vor Wut.

Die Proteste hatten im ganzen Land an Größe und Intensität zugenommen. Trump hatte sich das ganze Wochenende lang über die lautstarken Proteste vor den Toren des Weißen Hauses aufgeregt. Eine Fußgängerzone, die von der 16th Street zum Weißen Haus führte und bald darauf in »Black Lives Matter Plaza« umbenannt wurde, war zu einem Versammlungsort für verschiedene Aktivistengruppen geworden, mit zunehmender Polizeipräsenz.

Am Vorabend, dem 31. Mai, war im Untergeschoss der historischen St. John's Episcopal Church, die kaum 300 Meter vom Weißen Haus entfernt liegt und häufig die »Church of Presidents« genannt wird, ein Feuer gelegt worden. Daraufhin brachten die Sicherheitskräfte des Secret Service Präsident Trump in den unterirdischen Schutzbunker des Weißen Hauses.[8]

Die mit Sperrholz vernagelte und verkohlte Kirche und die apokalyptischen Szenen davor brachten die Unruhen, die das Land erschütterten, direkt vor Trumps Haustür.

Am 1. Juni gegen 10:30 Uhr zitierte Trump die wichtigsten Mitglieder seines Stabs ins Oval Office.

Er sagte ihnen, er wolle einen »Law-and-Order-Schlag« mit 10 000 aktiven und regulären Einsatztruppen in der Stadt. Er fragte nach dem Insurrection Act, einem 1807 verabschiedeten Gesetz, das den Präsidenten ermächtigt, aktiv dienende Soldaten im Inland einzusetzen, indem er einfach einen Aufstand deklariert.

»Wir sehen schwach aus«, sagte Trump wütend. »Wir sehen nicht stark aus.« Er saß mit verschränkten Armen an seinem Schreibtisch.

Verteidigungsminister Mark Esper beantwortete die meisten von Trumps Fragen. Esper wusste, dass Trump, wenn er »wir« sagte, eigentlich »ich« meinte.

Esper war 56 Jahre alt und hätte mit seinem kantigen Unterkiefer und seiner randlosen Brille eine Statistenrolle in der Fernsehserie *Mad Men* über Werbemanager in den 1960er-Jahren spielen können. Er war zwar medienscheu, aber dafür einer der erfahrensten Verteidigungsminister der neueren Zeit. Er hatte 1986 seinen Abschluss an der Militärakademie West Point gemacht und dann 21 Jahre in der Armee gedient. Im Golfkrieg hatte er 1991 an einem Kampfeinsatz der 101. Luftlandedivision »Screaming Eagles« teilgenommen und war mit einem *Bronze Star* ausgezeichnet worden. Später diente er in der Nationalgarde, machte dann einen Masterabschluss an der Kennedy School der Harvard University und promovierte anschließend im Fach Öffentliche Verwaltung.

Esper hatte als Referent im Kongress gearbeitet und als Lobbyist für Raytheon, bevor Trump ihn zum Secretary of the Army machte, dann zum geschäftsführenden stellvertretenden Verteidigungsminister und schließlich zum Verteidigungsminister.

»Mr. President, es ist nicht notwendig, sich auf den Insurrection Act zu berufen«, sagte Esper. »Die Nationalgarde ist vor Ort und für einen solchen Einsatz wesentlich besser geeignet.« Die Nationalgarde rekrutiert sich aus freiwilligen Reservisten und wird häufig bei einem nationalen Notstand eingesetzt.

Barr meldete sich zu Wort und sagte, sie könnten zusätzliche Polizeikräfte einsetzen, was das übliche Verfahren sei, um Proteste im Inland unter Kontrolle zu bringen. Barr hatte das FBI und die Justizminister der Bundesstaaten gebeten, sich kurzzuschließen und sämtliche Informationen über die Geschehnisse in verschiedenen Städten zusammenzutragen. Er besprach sich fast jeden Tag mit Milley.

»Mr. President«, sagte Barr, »wenn es darum geht, auf den Straßen Recht und Ordnung aufrechtzuerhalten, würde ich nicht zögern, reguläre Truppen einzusetzen, wenn es denn sein müsste, das können Sie mir glauben. Aber das ist nicht nötig. Wir brauchen kein Militär. In diversen Städten passiert eine Menge, aber das ist alles zu bewältigen, wenn die Städte etwas mehr Einsatz zeigen. Ihnen stehen ausreichend Ressourcen zur Verfügung, insbesondere, wenn sie ihre Nationalgarde einsetzen oder die Polizeikräfte ihres Bundesstaates. Durch die Art und Weise, wie die Medien darüber berichten, sieht es schlimmer aus, als es tatsächlich ist. In manchen dieser Städte hängen vielleicht 300 Leute an einer Straßenecke herum, und im Hintergrund brennt ein Auto. Um das in den Griff zu kriegen, brauchen wir nicht die 82. Luftlandedivision.«

Aber Trump ließ sich nicht beirren. Als auf dem Lafayette Square, einem knapp drei Hektar großen Park zwischen Weißem Haus und St. John's Church, eine Protestdemonstration angekündigt wurde, wollte er, dass die legendäre, in Fort Bragg, North Carolina, stationierte 82. Luftlandedivision, die Elitetruppe des Militärs für Kriseneinsätze, vor Sonnenuntergang in Washington eintraf.

Esper erklärte Trump, die 82. sei dafür ausgebildet, den Kampf hinter die feindlichen Linien zu tragen, mit den größten und modernsten Waffensystemen. Sie sei nicht dafür ausgebildet, eine Menschenmenge und zivile Unruhen unter Kontrolle zu bringen. Sie sei schlicht die falsche Truppe für eine solche Aufgabe.

Trump wurde zusehends streitlustiger, und Esper befürchtete, dass der Präsident, falls er ihm nicht etwas anbot, ihn formal anweisen könnte, die 82. Luftlandedivision nach Washington zu bringen. Er musste den Präsidenten beruhigen.

»Mr. President«, sagte Esper, »lassen Sie uns Folgendes machen. Wir werden die 82. in Alarmbereitschaft versetzen und anfangen, sie von Fort Bragg aus in Richtung Norden zu verlegen. Aber wir werden sie nicht in die Stadt bringen. Wir können die Nationalgarde rechtzeitig herbringen. Und falls wir es nicht schaffen, falls die Dinge außer Kontrolle geraten sollten, dann hätten wir immer noch die 82.«

Milley war einverstanden mit Espers Vorschlag. Weder er noch Esper wollten eine potenziell blutige Straßenschlacht mit unvorhersehbarem Ausgang zwischen Black-Lives-Matter-Aktivisten und tödlichen, kampferprobten US-Streitkräften riskieren.

Trump saß da, immer noch mit verschränkten Armen. Er fing an zu brüllen, sein Gesicht wurde rot. Esper spürte, wie Trumps graue Zellen arbeiteten. Esper schwieg.

Ein Assistent kam eilig in den Raum: »Mr. President, die Gouverneure sind am Telefon, sie sind bereit für Ihre Konferenzschaltung.«

Trump stand auf und ging hinüber in den Situation Room. Am Telefon sagte er den Gouverneuren, sie sollten die Demonstranten in ihrem Zuständigkeitsbereich mit Gewalt unter Kontrolle bringen.[9] Er verzichtete darauf, ihnen gut zuzureden, wie er es sonst zu tun pflegte. Sein Ton war aggressiv.

»Ihr müsst Stärke zeigen«, sagte Trump ihnen im Befehlston.[10] »Wenn ihr ihnen gegenüber keine Stärke zeigt, verschwendet ihr eure Zeit. Dann werden sie euch überrennen. Ihr werdet wie ein Haufen Weicheier aussehen. Ihr müsst Stärke zeigen, und ihr müsst Leute festnehmen, und ihr müsst Leute anklagen, und sie müssen für lange Zeit hinter Gitter wandern.«

»Ein Polizeieinsatz wird nicht funktionieren, wenn wir nicht die Straßen beherrschen, wie es der Präsident gesagt hat«, sagte Justizminister Barr den Gouverneuren und schlug den gleichen Ton an. »Wir müssen die Straßen unter Kontrolle bringen.«

Dann schloss Esper sich ihnen an. »Ich sehe das genauso, wir müssen das Schlachtfeld beherrschen«, sagte er während der Konferenzschaltung.

Milley verließ das Weiße Haus und machte sich auf den Weg ins Stadtzentrum, um der FBI-Kommandozentrale, wo die Demonstrationen beobachtet wurden, einen Besuch abzustatten. Da er annahm, dass es spät werden würde, zog er sich um; seine Uniform in Tarnfarben war bequemer.

ZWANZIG

Esper ging und rief den Chef der Nationalgarde an, General Joe Lengyel, Kommandant der beinahe 460 000 Reservisten von Army und Air Force, die in der Nationalgarde dienten.[1]

»Joe, wir müssen Nationalgardisten nach Washington bringen, und zwar so schnell wie möglich«, sagte Esper. »Wen soll ich zuerst anrufen?«

Esper rief die Gouverneure von Maryland, Virginia und Pennsylvania an. Am Ende hatten er und Lengyel die Regierungschefs von mindestens zehn Bundesstaaten überzeugt, Einheiten der Nationalgarde zu entsenden.

Esper hatte ihnen nicht erzählt, dass Trump die Stadt mit aktiven Einsatzkräften des Militärs besetzen wollte, falls sie nicht schnell genug handelten.

Gegen 18 Uhr machte sich Esper auf den Weg zur FBI-Kommandozentrale, um dort Milley zu treffen. Sie beschlossen, die Gardisten in den Straßen zu besuchen, ihnen für ihren Einsatz zu danken und ein Gefühl dafür zu bekommen, was vor Ort geschah – an den Ort des Geschehens zu gehen und selbst zu sehen, was sich dort abspielte.

Doch während er auf dem Weg zum FBI war, erhielt Esper einen Anruf: »Der Präsident möchte, dass Sie ins Weiße Haus kommen.«

Als er im West Wing angekommen war, fragte Esper: »Wo findet das Meeting statt?«

Sir, es gibt kein Meeting.

Was soll das heißen, es gibt kein Meeting?

Also wartete Esper.

Gegen 18:30 Uhr schickte die U.S. Park Police eine Gruppe von berittenen Polizisten in Schutzausrüstung in die Menschenmenge. Sie begannen, gewaltsam Demonstranten vom Lafayette Square zu räumen.[2] Obwohl die Räumung schon etliche Tage vorher geplant worden war, um einen Zaun rings um den Park zu bauen, entwickelte sich der Einsatz schnell zu einer chaotischen Szene.

Um die Unruhen unter Kontrolle zu bringen, setzten Polizeikräfte spezielle Ausrüstung ein, die laute Explosionen verursachte, Feuerwerk und Rauch. Viele Demonstranten wurden mit Pfefferspray beschossen, das Augen und Nase reizt.[3] Einige Polizisten drückten Demonstranten auf den Boden. Berittene Polizisten trieben die Leute vor sich her.

Als um 18:48 Uhr die Demonstration aufgelöst war, sprach Trump sieben Minuten lang im Rose Garden vor dem Weißen Haus.[4] »Ich werde dafür kämpfen, Sie zu schützen. Ich bin Ihr Präsident für Law and Order und ein Freund aller friedlichen Demonstranten«, sagte er und versprach, die »Aufstände und Gesetzlosigkeit, die sich in unserem Land breitgemacht haben«, unter Kontrolle zu bringen.

»Wenn eine Stadt oder ein Bundesstaat sich weigert, die notwendigen Maßnahmen zu ergreifen, um Leben und Eigentum der Bürger zu schützen«, so Trump weiter, »werde ich das Militär der Vereinigten Staaten zum Einsatz bringen und das Problem für sie lösen. Während ich hier spreche, werden Tausende schwer bewaffnete Soldaten, Militär- und Polizeikräfte in Stellung gebracht, um die Aufstände, Plünderungen, Sachbeschädigungen, tätlichen Angriffe und die böswillige Zerstörung von Eigentum zu beenden.«

Einer von Trumps Assistenten im Weißen Haus kam auf Esper und andere hochrangige Anwesende zu, die Trumps Rede gehört hatten, und sagte zu ihnen: »Bitte stellen Sie sich in einer Reihe auf.«

»In einer Reihe? Wofür?«, fragte Esper.

Sir, wir werden über den Lafayette Square gehen, sagte der Bedienstete. Der Präsident möchte durch den Park gehen und sich St. John's Church ansehen. Er möchte, dass Sie alle, er möchte, dass seine Kabinettsmitglieder ihn begleiten.

Milley war in seiner Tarnuniform im Weißen Haus angekommen.
»Wir gehen zu der Kirche«, sagte Trump ihnen.

Anscheinend gingen fast alle mit, die an jenem Abend im Weißen Haus waren: Esper und Milley, der Nationale Sicherheitsberater Robert O'Brien, William Barr, hochrangige Berater, Trumps Familienmitglieder Jared Kushner und Ivanka Trump, seine Pressesprecherin Hope Hicks sowie Mark Meadows, der Stabschef des Weißen Hauses.

Es war eine der meistfotografierten und -gefilmten Paraden während Trumps Präsidentschaft.

Esper fühlte sich plötzlich angewidert, als er einen Pulk von Reportern, Fotografinnen und Kameraleuten vorbeilaufen sah, die filmten und blitzten, während die Parade durch den Park marschierte. Trump blieb in Bewegung und zog alles andere an, wie ein Magnet.

»Wir sind verarscht worden«, sagte Esper zu Milley, während sie auf die Kirche zugingen. »Wir werden ausgenutzt.«

Das sah Milley ganz genauso.

Milley drehte sich zum Chef seiner Personenschützer um und sagte: »Das hier ist total abgefuckt, das ist ein politischer Stunt, und ich verschwinde. Wir verschwinden hier, verdammt noch mal. Ich hab die Schnauze gestrichen voll von diesem Scheiß.«

Milley löste sich aus der Gruppe.

Doch es war zu spät, Milley konnte nicht mehr unbemerkt zurückbleiben. Er war in seiner Tarnuniform fotografiert worden – er sah aus, als ob er in eine Schlacht ziehen wollte. Zudem hatte er telefoniert, was von mancher Seite interpretiert wurde als Anruf, um die Maßnahmen gegen die Demonstranten zu koordinieren. Tatsächlich war es jedoch seine Frau Hollyanne.

»Was ist los?«, fragte sie ihn. Sie hatte die Szene im Fernsehen gesehen. »Bist du okay?«

Milley sagte, es gehe ihm gut, aber das stimmte nicht.

Innerhalb von 45 Sekunden wurde Milley klar, dass er einen Fehler gemacht hatte, der drohte, seine am meisten geschätzten Qualitäten zu kompromittieren, die er über Jahrzehnte aufgebaut hatte: seine moralische Integrität und seine Unabhängigkeit als hochrangigster Offizier des Militärs der Vereinigten Staaten von Amerika.

Im Schulterschluss mit Trump zu gehen, wenn dieser auf einer politischen Mission war, selbst für eine Zehntelsekunde, war zutiefst falsch.

Dies ist mein Moment der Erleuchtung, dachte Milley und fühlte sich, als blicke er in einen persönlichen Abgrund.

Milley war nicht vor der Kirche, als Trump ungefähr zwei Minuten lang dort stand, linkisch eine Bibel hielt und damit herumwedelte. Aber inzwischen machte es keinen Unterschied mehr – der Schaden war angerichtet.

Der Präsident hatte ihn benutzt und das US-Militär für politische Zwecke vor seinen Karren gespannt. Sie waren zu Trumps Schachfiguren geworden.

Esper, der sich durchaus des Umstands bewusst war, dass seine politischen Antennen weniger empfindlich waren als jene von Milley, würde mit dem unvermeidlichen Fallout fertigwerden müssen, den es produzieren würde, neben dem Präsidenten zu stehen und zu gehen, während Tausende von Amerikanern sich vor der Kirche versammelt hatten und in Sprechchören Reformen der Polizeiarbeit forderten.

Noch stärker beunruhigt war Esper jedoch über einen anderen Aspekt: Die angesehenste Institution des Landes, die fein austarierte und souverän überparteiliche Militärmaschinerie, war in unmittelbarer Gefahr, in einen politischen Sturm hineingezogen zu werden. Die Republik schien ins Wanken zu geraten. Wie konnte er die Lage beruhigen? Wie konnte er etwas beenden, das eigentlich nur als ein Fieber bezeichnet werden konnte?

»Bill! Bill! Bill!«, hatte Trump zu Barr hinübergebrüllt, an einem bestimmten Punkt während des Spaziergangs. »Kommen Sie her!«

In diesem Moment wäre Barr am liebsten im Boden versunken. Im Gegensatz zu Milley war er ein politischer Funktionsträger, der sich wünschte, dass Trump gute Presse bekam und die Wahl gewann. Aber er wusste, dass dieses Spektakel, das ihm zuvor als einfacher »Ausflug« des

Präsidenten angekündigt worden war, zutiefst lächerlich wirken musste – anders konnte man es nicht beschreiben.

Er hatte eine Ahnung, warum Trump das machte: Es war ihm immer noch peinlich, sich im Bunker des Weißen Hauses verkrochen zu haben. Er wollte Stärke zeigen.

Als es vorbei war, hielt Barr inne, um Trump zu beobachten, wie er zum Weißen Haus zurückging. Barr sah, wie der uniformierte Zweig des Secret Service sich in zwei geraden Reihen aufstellte, mit vorgehaltenem Schild. Es sah aus wie eine Ehrengarde, mit all den Insignien einer bombastischen Militärparade.

»Ich werde nicht durch diese verdammte Ehrengarde gehen«, murmelte Barr.

Später an jenem Abend kamen Esper und Milley endlich dazu, durch die Stadt zu fahren, um die anderen Einheiten der Schutztruppen zu inspizieren. Dutzende Nationalgardisten wurden später in Schutzausrüstung auf der Treppe vor dem Lincoln Memorial fotografiert, ihre Gesichter fast vollständig bedeckt mit grauen Masken und dunklen Sonnenbrillen.[5] Sie sahen bedrohlich aus, wie eine militarisierte Version von Trumps Law-and-Order-Verkündigung.

»Wir müssen weniger martialisch auftreten«, sagte Milley zu Esper.

Esper gab ihm völlig recht. Er hatte ein Bataillon, etwa 600 reguläre Einsatzkräfte der 82. Luftlandedivision, in die Joint Base Andrews in Maryland verlegt, etwas außerhalb von Washington. Er beließ sie absichtlich außerhalb des Stadtgebiets. Aber wie lange ließ sich das noch aufrechterhalten? Trumps Lunte war gezündet – und er hatte sie schon einmal manipuliert.

Am nächsten Tag, dem 2. Juni, gab Milley ein einseitiges Memo heraus, »BETREFF: Botschaft an die Joint Force«. Es richtete sich an die Chefs aller militärischen Dienste und die Kombattanten-Befehlszentralen.

Für die Militärs war es eine Erinnerung an ihre Pflichten, für ihn selbst eine Neuzentrierung, einen Tag nach dem Chaos an Trumps Seite auf dem Lafayette Square.

Neben seiner Unterschrift schrieb Milley von Hand eine zusätzliche Botschaft: »Wir alle haben unser Leben der Idee verpflichtet, die Amerika ausmacht – wir werden diesem Eid und dem amerikanischen Volk die Treue halten.«

UNCLASSIFIED

CHAIRMAN OF THE JOINT CHIEFS OF STAFF
WASHINGTON, DC 20318-9999

2 June 2020

MEMORANDUM FOR CHIEF OF STAFF OF THE ARMY
COMMANDANT OF THE MARINE CORPS
CHIEF OF NAVAL OPERATIONS
CHIEF OF STAFF OF THE AIR FORCE
CHIEF OF THE NATIONAL GUARD BUREAU
COMMANDANT OF THE COAST GUARD
CHIEF OF SPACE OPERATIONS
COMMANDERS OF THE COMBATANT COMMANDS

SUBJECT: Message to the Joint Force

1. Every member of the U.S. military swears an oath to support and defend the Constitution and the values embedded within it. This document is founded on the essential principle that all men and women are born free and equal, and should be treated with respect and dignity. It also gives Americans the right to freedom of speech and peaceful assembly. We in uniform – all branches, all components, and all ranks – remain committed to our national values and principles embedded in the Constitution.

2. During this current crisis, the National Guard is operating under the authority of state governors to protect lives and property, preserve peace, and ensure public safety.

3. As members of the Joint Force – comprised of all races, colors, and creeds – you embody the ideals of our Constitution. Please remind all of our troops and leaders that we will uphold the values of our nation, and operate consistent with national laws and our own high standards of conduct at all times.

We all committed our lives to the idea that is America — we will always true to that oath and the American People.

MARK A. MILLEY
General, U.S. Army

cc:
Secretary of Defense
Deputy Secretary of Defense
Vice Chairman of the Joint Chiefs of Staff
Director, Joint Staff

UNCLASSIFIED

EINUNDZWANZIG

»Wir müssen die Gewalt, die unserer Demokratie und dem Streben nach Gerechtigkeit durch den amtierenden Präsidenten angetan wird, wachsam im Auge behalten«, sagte Biden bei einer Rede in der City Hall von Philadelphia am 2. Juni.[1] Hinter ihm waren mehrere amerikanische Fahnen zu sehen. Seit März und seit dem Beginn der Pandemie war es seine erste Rede vor einem Live-Publikum.

Seine Botschaft: präsidial. Nur an seinem Redepult war ein Wahlplakat zu sehen. Nach dem Tod von George Floyd zeigte Trump eine neue Bereitschaft und Entschlossenheit, an die Öffentlichkeit zu gehen und aggressiver aufzutreten. Viele seiner Berater betrachteten es als einen Wendepunkt für ihn, die Wählerinnen und Wähler daran zu erinnern, was auf dem Spiel stand.

»Wir können diesen Moment nicht verstreichen lassen in dem Glauben, dass wir uns noch einmal abwenden und nichts tun können. Das können wir nicht«, sagte Biden seinem Publikum in Philadelphia. »Für unsere Nation ist der Moment gekommen, sich mit systemischem Rassismus auseinanderzusetzen. Sich mit der zunehmenden wirtschaftlichen Ungleichheit in unserer Nation auseinanderzusetzen. Und sich damit auseinanderzusetzen, dass das Versprechen dieser Nation gegenüber so vielen nicht gehalten wird.«

Am 3. Juni war Esper nervös. Die Proteste in Washington gingen weiter, und Trump wollte nach wie vor 10 000 aktive Truppen in die Stadt verlegen lassen.

Ebenso wie Milley wusste Esper nur allzu gut, was das bedeuten konnte. Die Ursachen der Unruhen von 1968 waren gravierende Missstände, welche die Städte plagten: Armut, Rassismus und Empörung über Polizeigewalt. Ein Einsatz von aktiven Soldaten auf den Straßen Washingtons konnte im Zeitalter sozialer Medien und globalen Fernsehens eine menschliche Tragödie provozieren.

Esper beschloss, dass er handeln musste, bevor die Lage mit Trump noch schwieriger wurde. Doch mit seinen diskreten Empfehlungen konnte er nicht viel ausrichten. Trump war ein Präsident, der politisches Kapital an seinen öffentlichen Statements und der Zahl der Medienberichte über ihn maß. Esper entschloss sich, öffentlich und unmissverständlich zu erklären, dass er keinen Grund sehe, den Insurrection Act in Anspruch zu nehmen.

Er schlug Milley vor, sich bei seiner Ansprache neben ihn zu stellen. »Das sollte ich nicht tun«, sagte Milley. »Sie wollen eine wichtige Ankündigung über den politischen Kurs der Regierung machen, und dabei sollte ich nicht in Uniform neben Ihnen stehen. Aber Sie wissen ja – es gibt keine Regel ohne Ausnahme. Und dies ist so ein Moment.«

Esper stand allein vor den am Pentagon akkreditierten Journalistinnen und Journalisten; Milley war hinten im Raum und hörte zu.

»Ich habe immer geglaubt und glaube nach wie vor, dass die Nationalgarde am besten dafür geeignet ist, lokale Polizeikräfte bei der Durchsetzung der Rechtsordnung zu unterstützen«, sagte Esper.[2] »Das sage ich nicht nur als Verteidigungsminister, sondern auch als ehemaliger Soldat und ehemaliges Mitglied der Nationalgarde. Die Option, aktiv dienende militärische Kräfte zur Durchsetzung der Rechtsordnung einzusetzen, sollte nur als letzter Ausweg aktiviert werden, und nur in den dringendsten und ausweglosesten Lagen. Derzeit sind wir nicht in einer solchen Lage. Ich halte es für falsch, den Insurrection Act in Anspruch zu nehmen.«

Aus Milleys Sicht hatte Esper ewigen Dank verdient, weil er eine klare Linie gezogen hatte. Es war ein wichtiger Moment.

Dann begannen ihre Telefone verrücktzuspielen.

»Der Präsident ist stinksauer«, sagte Mark Meadows, der Stabschef des Weißen Hauses, schon nach wenigen Minuten zu Esper. »Er schäumt vor Wut. Und er wird Sie zur Sau machen.«

Esper und Milley wurden um zehn Uhr im Weißen Haus erwartet, für eine Sitzung des Nationalen Sicherheitsrats zu Plänen, die US-Truppen aus Afghanistan abzuziehen. General Frank McKenzie, der Befehlshaber des Zentralkommandos, der in dem seit 19 Jahren andauernden Krieg das Kommando geführt hatte, war in Washington, um den Präsidenten über die Lage vor Ort zu unterrichten.

»Können Sie allein zu dem Briefing gehen?«, fragte Esper Milley. »Sie und Frank allein, weil es wirklich hässlich werden wird.«

»Sicher könnten wir das«, antwortete Milley. »Aber das sollten wir nicht. Sie müssen mitkommen.«

Esper atmete geräuschvoll aus. »Es wird wirklich schlimm werden. Er wird mich anbrüllen und anpöbeln.«

»Ja, das wird er«, sagte Milley. Die beiden Männer kannten sich gut. Sie hatten, schon lange bevor sie die höchsten militärischen Positionen in der Regierung der Vereinigten Staaten übernommen hatten, eng zusammengearbeitet. Esper hatte als Secretary of the Army fungiert und Milley 18 Monate lang als Stabschef der Army.

»Das stimmt«, sagte Milley, »aber manchmal muss man sich dem Drachen stellen. Stellen Sie sich einfach vor, Sie wären wieder auf *The Plain*« – dem Exerzierplatz – »in West Point und werden gerade fertiggemacht.«

Als sie zum Oval Office gingen, hatten alle, an denen sie vorbeikamen, betreten die Köpfe gesenkt und sahen auf ihre Schuhe.

Irgendetwas Unerfreuliches scheint im Gang zu sein, dachte sich Milley. Ein Hinterhalt.

Trump saß mit verschränkten Armen an seinem Schreibtisch. Davor waren Stühle im Halbkreis aufgestellt. Pence setzte sich auf einen davon, Meadows auf einen anderen. Der Stuhl in der Mitte war für Esper reserviert, einer daneben für Milley.

Einige Mitarbeiter aus Trumps Stab saßen auf Sofas und den anderen Stühlen. Trump saß kerzengrade an seinem Schreibtisch, als habe er einen Ladestock verschluckt. Sein Gesicht war rot. Er starrte Esper wütend an, der zurückstarrte.

145

»Was haben Sie getan?«, brüllte Trump. »Warum haben Sie das gemacht?«

»Mr. President, das habe ich Ihnen doch schon gesagt«, erwiderte Esper. »Ich habe Ihnen gesagt: Ich glaube nicht, dass die aktuelle Lage es notwendig macht, den Insurrection Act in Anspruch zu nehmen. Ich glaube, ein solches Vorgehen wäre ein großer Schaden für das Land und ein großer Schaden für das Militär.«

»Sie haben sich meine Autorität angemaßt!«, schrie Trump.

»Mr. President, ich habe mir keineswegs Ihre Autorität angemaßt. Es ist Ihre Autorität. Ich habe lediglich meine Meinung dazu gesagt und ob ich es unterstützen würde oder nicht.«

Trump antwortete voller Wut und zitierte irgendeine verworrene Version dessen, was Esper früher an diesem Tag zu den Medien gesagt hatte.

Esther nahm ein Protokoll seiner Pressekonferenz aus einer Mappe. Er hatte seine Aussagen zum Insurrection Act markiert, knallte das Papier auf den Schreibtisch und schob es dem Präsidenten zu.

»Hier steht drin, was ich gesagt habe!«

Trump warf einen Blick darauf. »Ihr verdammtes Protokoll ist mir scheißegal.«

Esper war nicht sicher, ob Trump seine Aussagen gelesen hatte, aber zumindest hatte er den Präsidenten in dieser Hinsicht auf den Boden der Tatsachen zurückgeholt. Trumps Gesicht rötete sich immer stärker, und Esper glaubte, der Präsident würde denken, dass er sich fortan nicht mehr auf den Insurrection Act berufen konnte. Dieser Irrtum war Esper durchaus recht – der Präsident war gebändigt worden.

»Was glauben Sie denn, wer Sie sind?«, schrie Trump Esper an. »Sie haben mir meine Befugnisse weggenommen. Sie sind nicht der Präsident! Ich bin der gottverdammte Präsident!«

Milley, der schweigend neben Esper saß, beobachtete Trump genau. Er empfand die Eskalation und den Wutausbruch, die er aus erster Hand miterlebte, als eine weitere verstörende Machtprobe, die ihn an den Kriegsfilm *Full Metal Jacket* erinnerte.

Die Schimpfkanonade ging immer weiter. Als der Präsident mit Esper fertig war, drehte er sich zu den anderen, die im Oval Office saßen. »Ihr seid alle abgefuckt!«, brüllte er sie an. »Ihr alle. Ihr seid alle im Arsch. Jeder von euch ist abgefuckt!«

»Robert«, flüsterte Milley O'Brien ins Ohr, »ich glaube, wir sollten den Präsidenten über Afghanistan briefen.« Laut Plan sollte das Meeting bald anfangen.

»Okay«, sagte Trump schließlich, als ob er plötzlich beim Fernsehen den Sender gewechselt hätte. »Raus hier. Ihr alle, raus hier.«

Aus Milleys Sicht hatten er und Esper keineswegs die Autorität des Präsidenten untergraben, sondern vielmehr ihre Pflicht erfüllt, ihm nach bestem Wissen und Gewissen ihren ungeschönten Rat zu erteilen. Sie hatten gemäß Verfassung die Pflicht, dafür zu sorgen, dass der Präsident über seine Optionen vollständig unterrichtet war. Doch sobald Trump eine Anordnung beschlossen und verkündet hatte, war es ihre Pflicht, diese Anordnung auszuführen.

Die einzige Ausnahme war eine illegale, unmoralische oder unethische Anweisung. Das wäre der Punkt, so dachte sich Milley, an dem man überlegen könnte zurückzutreten. Doch er konnte sich an keine historische Begebenheit erinnern, bei der ein Kabinettsmitglied – zumal ein so wichtiges wie der Verteidigungsminister – voller Wut ein Papier auf den Schreibtisch geknallt hätte.

»Wir haben ihn mattgesetzt«, dachte sich Milley mit vorsichtiger Erleichterung. Sie hatten Trump die Hände gebunden, ihn ausgespielt, und das war es, was ihn so erzürnt hatte.

Auf dem Weg zum Situation Room sagte Milley zu Esper: »Setzen Sie sich einfach hin und sagen Sie nichts. Lassen Sie mich und Frank diese Sache regeln.«

Wenige Minuten später nahm der Präsident im Situation Room seinen Platz am Kopf des Tisches ein.

General McKenzie, ein Offizier der Marine mit viel Erfahrung als Kommandant, begann, die Optionen für den Abzug aus Afghanistan zu erläutern, eines von Trumps zentralen Wahlkampfversprechen. Die Generäle vertraten beharrlich die Auffassung, dass sie die Terroristen in Afghanistan bekämpfen wollten und nicht im eigenen Heimatland. Sie riefen immer wieder die Erinnerung an die Anschlagspläne vom 11. September 2001 wach, deren Ursprünge in Afghanistan lagen, und argumentierten, dass die dortige US-Truppenpräsenz eine Versicherungspolice gegen einen weiteren Anschlag nach dem Muster von 9/11 sei.

Die Diskussion begann sehr ruhig und sachlich, ohne dass Nachwirkungen des *Full-Metal-Jacket*-Feuerwerks im Oval Office sich bemerkbar gemacht hätten.

Dann brachte jemand die Bedrohung durch den Iran zur Sprache.

»Okay«, sagte Trump, »erzählen Sie mir was über den Iran. Sagen Sie mir, was für Pläne Sie haben, was für Optionen Sie haben für den Iran.«

Der Iran stand unter dem Zentralkommando von General McKenzie, das verantwortlich war für den Nahen Osten und Afghanistan. Der Iran stand allerdings nicht auf der Agenda. Doch McKenzie kannte die Planung für Militärschläge und Kriegsführung aus dem Effeff.

»Frank, übernehmen Sie das«, sagte Milley, »erläutern Sie dem Präsidenten, was wir für den Iran haben.«

McKenzie zählte eine Reihe von Optionen auf – Luftschläge, militärische Schläge zur See, Sabotage, Cyberattacken, Unterwanderung und eine Invasion zu Land, falls erforderlich.

»Oh, wow«, reagierte Trump, »wie lange würde es dauern, so was zu machen?«

Da er den Eindruck erwecken wollte, auf diese Frage einzugehen, ließ McKenzie einige der Optionen attraktiv erscheinen. »Jawohl, Sir«, sagte er, »so was können wir schon machen.«

»Nun mal langsam«, sagte Milley und hielt die Hand hoch. »Frank, erzählen Sie ihm den Rest der Geschichte.«

Dann ratterte Milley sehr schnell eine Serie von Aussagen und Fragen herunter, die alle darauf abzielten, Zweifel zu wecken an einem militärischen Angriff auf den Iran.

»Sagen Sie ihm, was es kostet.«

»Sagen Sie ihm, wie viele Gefallene zu beklagen wären.«
»Sagen Sie ihm, wie lange es dauern würde.«
»Wie viele Schiffe würden versenkt werden?«
»Und wie viele Soldaten würden sterben?«
»Wie viele Piloten würden abgeschossen werden?«
»Wie viele Zivilisten kämen ums Leben?«
»Und was wäre mit den Familien in Bahrain?« Dort war der Heimathafen der 5. Flotte der U.S. Navy.
»Wie lange würde das Ihrer Meinung nach dauern?«
»30 Tage oder 30 Jahre?«
»Würde das noch ein Krieg werden?«
Der Präsident sah hin und her zwischen Milley und McKenzie. Die Antworten telegrafierten unbekannte Konsequenzen und Ergebnisse.

Einer der Falken in Sachen Iran war O'Brien, der Nationale Sicherheitsberater. Falls der Iran militärische Ziele der USA angreifen würde, müsste rasch und massiv Vergeltung geübt werden, sagte er.

»Wir sollten sie hart treffen, Mr. President«, sagte O'Brien mehrere Male. »Sie hart treffen.«

»Es ist nicht schwer, in einen Krieg zu geraten«, fuhr Milley dazwischen und zitierte einen der bevorzugten Aussprüche von ihm und Esper. »Aber es ist sehr schwer, aus einem Krieg wieder herauszukommen.«

Im Laufe der Zeit hatte Milley sich intensiv mit der Geschichte des Ersten Weltkriegs beschäftigt, der 1914 durch die Ermordung des Erzherzogs Franz Ferdinand in Sarajewo ausgelöst worden war.

Doch in jenem Jahr hatte es auf der weltpolitischen Bühne zahlreiche tödliche Attentate gegeben. Warum hatte gerade dieses den Krieg ausgelöst? Das war eine Frage, die Milley nicht mehr losließ. Zahlreiche Historiker hatten versucht, sie zu beantworten, doch damals hätte niemand die globalen Folgen vorhersagen können. Für jeden militärischen Schlag konnte man einen Plan haben, doch die Folgen waren nie mit Gewissheit abzusehen. Und ein Krieg zwischen Großmächten war jederzeit möglich, wenn die USA nicht vorsichtig waren.

Milley wusste, dass Meadows dem Präsidenten gesagt hatte, ein Krieg würde sich sehr negativ auf Trumps Chancen auswirken, wiedergewählt zu werden. Meadows hatte ihm auch gesagt, dass es Trump politisch nicht helfen würde, noch einen Verteidigungsminister zu feuern.

»Sie wollen keinen Krieg«, hatte Milley in einer früheren Sitzung zu Trump gesagt. Und selbst jetzt, als er im Situation Room saß, glaubte Milley nicht, dass der Präsident einen Krieg vom Zaun brechen wollte. Doch ein Militärschlag schien immer auf dem Tisch zu sein. Trumps Experimentierfreude musste gezügelt werden.

Ein Militärschlag oder irgendeine andere Aktion gegen den Iran wurde immer weniger verlockend, als die Sitzung zu Ende ging.

ZWEIUNDZWANZIG

Die Ereignisse vom 1. Juni ließen Milley nicht mehr los. Seine Kritiker waren überall: in den TV-Nachrichten, den sozialen Medien und den Kommentarspalten der Zeitungen.

Er konnte den Spott durchaus verstehen. Er war im Kampfanzug an der Seite eines Präsidenten fotografiert worden, der unbedingt das Militär vor seinen politischen Karren spannen wollte. Es war ein Fiasko. Er rief viele seiner Vorgänger an, um sie um Rat zu bitten.

»Sollte ich zurücktreten?«, fragte er Colin Powell, der von 1989 bis 1993 unter Präsident George H. W. Bush Vorsitzender des Vereinigten Generalstabs gewesen war.

»Zur Hölle, nein!«, sagte Powell. »Ich habe Ihnen doch gesagt, dass Sie den Job nicht annehmen sollten. Sie hätten den Job nicht annehmen sollen. Trump ist ein verdammter Irrer.«

Milley erhielt ähnliche, wenn auch nicht ganz so drastische Empfehlungen von einem Dutzend ehemaligen Verteidigungsministern und Chefs des Generalstabs.

Milley beschloss, sich öffentlich zu entschuldigen, ohne jedoch vorher Trump darüber zu informieren.[1]

Am 11. Juni sagte Milley bei einer Rede, die er anlässlich der Abschlussfeier der National Defense University hielt und die auf Video aufgezeichnet wurde: »Wenn Sie in einer Führungsposition sind, wird alles, was Sie tun, genau beobachtet werden, und das gilt auch für mich. Wie viele von Ihnen gesehen haben, führte das Foto von mir auf dem Lafayette Square vergangene Woche dazu, dass eine landesweite Debatte über die Rolle des Militärs in der Zivilgesellschaft ausgelöst wurde«, sagte er. »Ich hätte nicht dort sein sollen. Meine Anwesenheit dort in diesem Moment und unter diesen Umständen ließ den Eindruck entstehen, das Militär mische sich in innenpolitische Angelegenheiten ein. Für mich als uniformierter Offizier war das ein Fehler, aus dem ich gelernt habe, und ich hoffe sehr, dass wir alle daraus lernen können. Verinnerlichen Sie die Verfassung, nehmen Sie sie sich zu Herzen. Sie ist unser Leitstern.«

Einige Tage später, nach einem regulären Meeting im Oval Office, sprach Trump Milley an.

»Hey, sind Sie nicht stolz darauf, Seite an Seite mit Ihrem Präsidenten zu gehen?«, fragte Trump ihn.

»Sie meinen, zu der Kirche?«, fragte Milley zurück.

Ja, sagte Trump. »Warum haben Sie sich dafür entschuldigt?«

»Mr. President, es hat eigentlich gar nichts mit Ihnen zu tun.«

Trump sah ihn skeptisch an.

»Es hatte etwas mit mir zu tun«, sagte Milley. »Es hatte etwas mit dieser Uniform zu tun. Mit den Traditionen des Militärs der Vereinigten Staaten und damit, dass wir eine unpolitische Organisation sind. Sie sind Politiker«, sagte Milley. »Sie sind ein politischer Akteur. Wenn Sie so etwas machen, ist das Ihre Entscheidung. Aber ich darf mich nicht an politischen Veranstaltungen beteiligen, Mr. President. Das ist eine unserer althergebrachten Traditionen.«

»Warum haben Sie sich entschuldigt?«, fragte der Präsident wieder. »Das ist ein Zeichen von Schwäche.«

»Mr. President«, sagte Milley und sah Trump direkt an, »nicht dort, wo ich herkomme.« Er stammt aus der Umgebung von Boston. »Dort, wo ich geboren, und so, wie ich erzogen wurde, steht man zu seinen Fehlern.«

Trump neigte den Kopf zur Seite wie Nipper, der kleine Hund, der auf einem bekannten Bild in den Schalltrichter eines Grammofons starrt und lange von RCA Records als Maskottchen verwendet wurde.[2]

»Hmm«, brummte Trump. »Okay.«

Später rief Trump Milley zweimal an, um ihn zu fragen, wie das Militär mit dem Problem von Fahnen und Denkmälern der Konföderierten umgehen sollte und mit den Militärbasen, die nach Generälen der Konföderierten benannt wurden.³ Milley sagte, er wäre dafür, Änderungen vorzunehmen.

Bei einem Meeting im Oval Office kam Trump erneut auf das Thema zu sprechen. Er sagte, er wolle keine Änderungen. »Wir werden die Fahne der Konföderierten nicht verbieten. Sie steht für den Stolz und das Erbe der Südstaaten.«

Meadows sagte, die Fahne der Konföderierten könne nicht verboten werden. Sie zu zeigen sei von der gesetzlich garantierten Meinungsfreiheit abgedeckt, und die Rechtsanwälte des Pentagons stimmten ihm zu.

Trump fragte Milley, was meinen Sie?

»Das habe ich Ihnen bereits zweimal gesagt, Mr. President. Sind Sie sicher, dass Sie es noch einmal hören wollen?«

Ja, schießen Sie los, sagte Trump.

»Mr. President«, sagte Milley, »ich meine, Sie sollten die Fahnen verbieten, die Militärbasen umbenennen und die Denkmäler entfernen lassen.«

Und weiter: »Ich bin aus Boston, und für mich waren diese Typen Landesverräter.«

Jemand fragte, was denn mit den Gefallenen der Konföderierten sei, die auf dem Arlington National Cemetery bestattet sind.

»Interessanterweise«, sagte Milley zum Thema der beinahe 500 dort bestatteten Soldaten, »sind ihre Gräber in einem Kreis angeordnet, und die Namensinschriften auf den Grabsteinen sind ins Kreisinnere gerichtet. Das symbolisiert, dass sie der Union den Rücken zugekehrt haben. Sie waren damals Verräter, sie sind heute Verräter, und auch nach ihrem Tod bleiben sie Verräter, bis in alle Ewigkeit. Ändern Sie die Namen der Militärbasen, Mr. President.«

Einen Moment sagte niemand etwas im Oval Office.

Pence, der Trump fast immer mit todernster Miene zu unterstützen pflegte, sagte halb im Scherz: »Ich habe gerade den Nordstaaten-Patrioten in mir entdeckt.«

Pat Cipollone, der Rechtsberater des Weißen Hauses, sagte: »Ich bin auch ein Yankee!«

Ohne etwas dazu zu sagen, lenkte Trump das Gespräch auf das nächste Thema, das ihm in den Sinn kam.

David Urban, ein Lobbyist und Trump-Verbündeter, der Esper gut kannte, probierte später eine andere Taktik, um Trump umzustimmen. »Falls Sie es nicht machen«, sagte er, womit er die Namensänderungen meinte, »werden die Demokraten sie umbenennen.«

Dann fragte Urban: Sagt Ihnen der Name USNS *Harvey Milk* etwas?

»Nein, was ist das?«, fragte Trump.

»Das ist ein Schiff der U. S. Navy, das nach einem schwulen Mitglied des Stadtrats von San Francisco benannt wurde«, der 1978 einem Mordanschlag zum Opfer gefallen war. »Was meinen Sie: Haben Demokraten oder Republikaner das gemacht?«

»Okay, in Ordnung«, brummte Trump, »lassen Sie mich darüber nachdenken.«

Urban schlug vor, die Militärbasen nach Personen zu benennen, die mit der Medal of Honor ausgezeichnet wurden. »Um die ehrenwertesten Persönlichkeiten Amerikas zu würdigen.«

Als Trump weiter zögerte, machte Urban Meadows dafür verantwortlich – ein weiterer Fehler in einer ohnehin schon schwierigen Kampagne.

»Es geht überhaupt nicht voran«, beklagte sich Urban bei Esper. »Hat Meadows etwa 800 Rednecks aus den Südstaaten dazu angestiftet, den Präsidenten anzurufen und ihm zu sagen, dass sie alle Helden sind?«

Milley beschloss, dass er ein Drehbuch für die Zeit vor und nach den Wahlen verfassen müsse.

Er hatte Trumps Experimentierfreude und seine Bemerkungen zu einem denkbaren Angriff auf den Iran nicht vergessen und auch nicht Trumps Wut, die sich anscheinend jederzeit in Form eines Ausbruchs

Luft machen konnte. Milley musste die Stellung halten, wie ein Bollwerk. Er musste auf alles vorbereitet sein, auch auf einen plötzlichen Ausrutscher in Trumps Benehmen und einen Zusammenbruch der Ordnung im West Wing.

»In der nächsten Zeit sehe ich Folgendes auf uns zukommen«, sagte Milley in einem privaten Meeting. »Ich habe gegenüber dem amerikanischen Volk die Pflicht, dafür zu sorgen, dass wir nicht in Übersee einen unnötigen Krieg anfangen. Und dass wir nicht einen rechtswidrigen Einsatz amerikanischer Streitkräfte auf den Straßen Amerikas haben. Wir werden nicht unsere Schusswaffen auf das amerikanische Volk richten, und wir werden nicht in Übersee ein Szenario wie in *Wag the Dog* haben.«

Wag the Dog – Wenn der Schwanz mit dem Hund wedelt ist ein 1997 erschienener Spielfilm, eine politische Satire über einen US-Präsidenten, der einen Krieg anzettelt, um von einem Skandal abzulenken.[4]

Milley glaubte, es würde ihm mehr Einfluss auf Trump verschaffen, wenn er an Bord blieb, da Trump ihn praktisch nicht feuern konnte.

Wenn Trump von Milleys Empfehlung nichts hielt, konnte er sie einfach ignorieren. Doch die symbolische Macht seines Amtes spielte eine gewichtige Rolle. Einen Vorsitzenden des Vereinigten Generalstabs zu feuern würde ein politisches Erdbeben auslösen – und Milley war vom Senat mit 89 zu 1 Stimme bestätigt worden, was darauf hindeutete, dass er die nahezu einstimmige Unterstützung beider Parteien genoss.

In »The Tank«, dem geweihten Sitzungsraum der JCS im Pentagon, wo führende Militärs offen sprechen können, erläuterte Milley den Chiefs seinen Plan.

»Phase 1 erstreckt sich von jetzt bis zur Wahl am 3. November«, sagte Milley. »Phase 2 ist vom Abend der Wahl bis zu ihrer Bestätigung«; am 6. Januar 2021 würde der Kongress das Wahlergebnis formal bestätigen. »Phase 3 läuft von der Bestätigung bis zur Amtseinführung des gewählten Präsidenten am 20. Januar. Und Phase 4 sind die ersten 100 Tage der Amtszeit der Person, die die Wahl gewonnen hat.«

»Wir werden Schritt für Schritt vorgehen. Wir werden ständig in

Kontakt bleiben. Wir werden uns durch diese Sache voranarbeiten. Ich werde an vorderster Front dabei sein. Von den Stabschefs, von Ihnen, erwarte ich nur, dass Sie Schulter an Schulter stehen – Sie alle. Und die Tagesparole lautet: fest im Sattel sitzen. Wir werden den Horizont im Blick behalten. Und wir werden das tun, was für das Land richtig ist – ungeachtet der eigenen Kosten.«

DREIUNDZWANZIG

Ende Juni 2020 nahm die Zahl der Coronavirus-Infektionen rapide zu. Aber Trump war fest entschlossen, seine Wahlkampfauftritte in großen Stadien fortzusetzen, vor einem dicht gedrängten Publikum von Unterstützern, die rote Kappen trugen und Wahlplakate hochhielten. Er vermisste sie.

Für den 20. Juni war in Tulsa, Oklahoma, ein großer Auftritt im BOK Center mit seinen 19 000 Plätzen angesetzt, sein erster seit 60 Tagen. Da allerdings das Gesundheitsamt der Stadt befürchtete, es könne zu einem »Superspreader-Ereignis« kommen, bedrängte es Trump, den Auftritt abzusagen.[1]

Einen Tag vor dem Event erzählte Trump in einem von Woodward geführten Interview, der Auftritt würde ein riesiger Erfolg werden.

»Ich habe morgen in Oklahoma eine Wahlkampfveranstaltung. Über 1,2 Millionen Menschen haben sich angemeldet. Wir können aber nur so zwischen 50 000 und 60 000 einlassen. Wissen Sie, es ist ein wirklich großes Stadion, nicht wahr? Aber wir können 22 000 in ein Stadion lassen und um die 40 000 in ein anderes. Wir füllen zwei Stadien. Denken Sie nur. Niemand hatte je so große Wahlkampfveranstaltungen.«[2]

Bei der Veranstaltung selbst war dann höchstens die Hälfte der Plätze im Stadion besetzt. Trump stand vor einem Meer von leeren blauen Sitzen, zum Teil infolge eines Streichs, den Trump-kritische Teenager über soziale Medien organisiert hatten.[3] Tausende von ihnen hatten sich für eine Eintrittskarte registriert, ohne jedoch die Absicht zu haben, die Veranstaltung tatsächlich zu besuchen.

Später platzte Trump der Kragen wegen seines Wahlkampfchefs Brad Parscale. Mit seinen 2,03 Metern und dichtem Bart sieht Parscale aus wie ein Profi-Wrestler im Anzug. Er hatte überregionale Anerkennung gefunden für seine digitale Wahlwerbung und dafür, dass es ihm gelungen war, Trump-Unterstützer auf sozialen Medien wie Facebook zu organisieren.

»Das war der größte verdammte Fehler«, sagte Trump bei einem Meeting im Oval Office. »Ich hätte diesen beschissenen Scheiß-Auftritt niemals machen sollen.« Er nannte Parscale einen »verdammten Vollidioten«.

Am 15. Juli wurde Parscale als Wahlkampfchef gefeuert und zum Berater degradiert.

Kurz darauf, bei einem weiteren Meeting im Oval Office, ebenfalls im Juli, sagte Trumps Meinungsforscher Tony Fabrizio, dass viele Wähler, vor allem unabhängige, emotional erschöpft seien.

»Also, wenn ich ehrlich sein soll, Mr. President«, sagte Fabrizio, »die Wähler sind einfach ermüdet. Sie sind erschöpft von dem Chaos, sie haben genug von dem Tumult.«

Obwohl er Fabrizio, der ihm beim Wahlkampf 2016 geholfen hatte, sonst mit einer gewissen Beflissenheit begegnete, drehte Trump sich jetzt ruckartig zu ihm um.

»Ach, sie sind ermüdet?«, sagte Trump laut und wütend. »Sie haben die Schnauze voll, verdammt noch mal? Also, ich bin auch ermüdet und verdammt erschöpft.«

Im Oval Office wurde es totenstill.

Dann kam Fabrizio auf Biden zu sprechen, doch Trump wischte das sofort vom Tisch. »Biden ist alt«, sagte Trump. »Er ist dem Job nicht gewachsen. Wissen Sie, er kann noch nicht mal mehr einen Satz zusammenstoppeln.«

»Sie können ihn nicht zu einem verrückten Liberalen abstempeln«, erwiderte Fabrizio. »Ich glaube, das werden die Leute Ihnen nicht abnehmen.«

Fabrizio wusste, dass er Trump gekränkt hatte, doch der Präsident suchte weiter nach einer Möglichkeit, seiner schwächelnden Kampagne wieder neuen Schwung zu verleihen.

Das Weiße Haus und Trumps Wahlkampfteam nahmen Kontakt auf

zu allen möglichen Leuten, fragten Newt Gingrich, den ehemaligen Sprecher des Repräsentantenhauses, um Rat, und sogar Dick Morris, einen diskreditierten Wahlkampfberater Bill Clintons. »Wenn Sie als jemand wahrgenommen werden, der in Krisenzeiten versagt hat, wird Ihnen kein Comeback gelingen. Denken Sie an Neville Chamberlain oder Herbert Hoover«, schrieb Morris im Sommer in einer E-Mail an Trumps wichtigste Berater. Damit bezog er sich auf den britischen Premierminister, der für seine katastrophalen Zusammenkünfte mit Hitler bekannt ist, und auf den US-Präsidenten, der hauptsächlich mit der Weltwirtschaftskrise ab 1929 in Verbindung gebracht wird.

Trump gab sich weiterhin trotzig, inmitten der weltweiten Gesundheitskrise. Am 7. August beschloss er anscheinend aus einer Laune heraus, in seinem Golfclub in New Jersey eine Pressekonferenz abzuhalten.

Die Pandemie »ist dabei zu verschwinden«, insistierte er.[4] »Sie wird verschwinden.« In den USA war die Zahl der bestätigten Fälle auf fast 4,9 Millionen angestiegen – und die der Toten auf über 160 000. Die meisten Schulen blieben auf unbestimmte Zeit geschlossen.

»Der *deep state*«, twitterte Trump zwei Wochen später, »oder wer auch immer da drüben in der FDA, macht es den Pharmakonzernen sehr schwer, Menschen zu bekommen, um Impfstoffe und Therapien zu testen. Offenbar hoffen sie, die Antwort bis nach dem 3. November zu verzögern. Sie müssen sich darauf konzentrieren, schnelle Fortschritte zu machen und Leben zu retten!«[5]

Der »wer auch immer« war Dr. Stephen Hahn, 60 Jahre alt, Chef der U.S. Food and Drug Administration, der Behörde für Lebens- und Arzneimittel.

Hahn war von Trump auf diesen Posten berufen worden. Vorher war er der angesehene medizinische Direktor des MD Anderson Cancer Center an der University of Texas gewesen und hatte im Laufe seiner medizinischen Karriere über 220 nach dem Peer-Review-Verfahren geprüfte Fachartikel veröffentlicht. Und davon abgesehen hatte er regelmäßig für republikanische Kandidaten gespendet.[6]

Nach seinen Jahren in der von rücksichtslosem Ellenbogeneinsatz geprägten Welt der akademischen Medizin war Hahn ein versierter Spieler auf dem politischen Parkett. Er hatte ein angespanntes Verhältnis zu Meadows, der von Trump unter Druck gesetzt wurde, das Zulassungsverfahren für Impfstoffe zu beschleunigen.

»Er wollte definitiv, dass ich die Dinge beschleunige, und er wollte die Daten. Er wollte Informationen, um mit dem Präsidenten sprechen zu können«, sagte Hahn einem Kollegen.

»Als ich mit ihm über das von uns verwendete Zulassungsverfahren sprach, erwähnte er, dass er für eine Beratungsfirma arbeitet und Erfahrungen hätte mit Prozessen und Prozessoptimierung. Und dass wir alles falsch machen würden und für die Analyse zu viele Schritte bräuchten.«

»Er hielt es nicht für nötig, mich zu fragen, warum bestimmte Schritte notwendig sind. Er konnte in dem, was ich ihm über unser Zulassungsverfahren sagte, keinerlei Validität erkennen.«

Nach Trumps »Deep state«-Tweet rief Hahn sofort den Präsidenten an.

»Ich möchte noch einmal betonen, dass niemand irgendetwas blockiert«, sagte ihm Hahn. Einen Impfstoff zu produzieren sei ein kompliziertes Verfahren, das durch Gesetze geregelt sei, und die Impfstoffhersteller und die beteiligten Behörden würden schon jetzt die Zulassung extrem beschleunigen, in partnerschaftlicher Zusammenarbeit mit der Initiative »Operation Warp Speed« der Trump-Administration.

»Wir verzögern auch nicht die Registrierung von Teilnehmern für die Versuchsreihen. Wir tun unser Bestes, um Daten und Informationen zu beschaffen«, sagte Hahn. Das habe nichts mit Politik zu tun. Er versuchte, Trump das für klinische Versuchsreihen angewendete Verfahren zu erklären.

Die FDA ist eine Regulierungsbehörde und folgt strikten Richtlinien, um festzustellen, ob und wann ein Impfstoff sicher und wirksam ist für die Verwendung durch die breite Öffentlichkeit in den USA. Die FDA produziert das Vakzin nicht. Es dauert normalerweise 10 bis 15 Jahre, einen typischen Impfstoff zu entwickeln. Um das Vakzin gegen Mumps zu entwickeln, brauchte man vier Jahre, und dies war der Impfstoff mit der kürzesten Entwicklungszeit.

»Wissen Sie«, sagte Hahn, »solche klinischen Versuchsreihen werden von Unternehmen durchgeführt und von den National Institutes of Health (NIH)«, den Nationalen Gesundheitsinstituten.

Die Impfstoffe gegen Covid-19 würden von Unternehmen wie Pfizer/ BioNTech, Johnson & Johnson und Moderna entwickelt. Sie würden die wissenschaftlichen Studien durchführen, inklusive Forschungsarbeit im Labor und nicht klinischer Versuchsreihen mit Tieren, bevor sie bei der FDA die Genehmigung beantragen, um mehrphasige klinische Versuchsreihen mit menschlichen Probanden durchzuführen.

»Zwar hat die FDA die Aufsicht über die klinische Forschung, doch sie führt keine Versuchsreihen durch«, sagte Hahn noch einmal. Ihre Aufgabe sei es, die von den Unternehmen eingereichten Daten auszuwerten, um die Sicherheit und die Wirksamkeit eines Impfstoffs festzustellen. Trump änderte seinen Ton total und sagte: »Ich bin stolz auf Sie.« Damit beendete er das Gespräch. Sein Tweet schien ihm peinlich zu sein, und er sprach nicht mehr davon.

Hahn wurde klar, dass der Präsident keine Ahnung hatte, wie die FDA arbeitet, und sich auch nicht bemüht hatte, das herauszufinden, bevor er seinen Tweet absetzte. Es war einer seiner klassischen Twitter-Ausbrüche, ignorant und störend. Trump verstand nicht, welche Macht seine Worte hatten. Das Vertrauen der Öffentlichkeit in die Sicherheitsverfahren der Behörde war eine der entscheidenden Voraussetzungen, um die Menschen im Land zu motivieren, sich impfen zu lassen.

Hahn hatte den Präsidenten freilich nicht gefragt, ob er denn auch mal darüber nachgedacht hätte, was die vielen Tausend bei der FDA beschäftigten Menschen wohl denken würden, wenn sie die Statements lasen, mit denen der Präsident der Vereinigten Staaten ihre Arbeit diskreditierte.

VIERUNDZWANZIG

Jim Clyburn hatte bei Biden, der sich immer an den Sieg bei den Vorwahlen in South Carolina erinnern würde, einen ganz besonderen Stein im Brett. Biden hatte den Zweitplatzierten, Bernie Sanders, um fast 30 Prozentpunkte hinter sich gelassen, nachdem Clyburn seine ebenso von Herzen kommende wie entscheidend wichtige Unterstützung erklärt hatte. Das hatte ihm die Kandidatur gerettet.

Im März hatte Biden öffentlich gelobt, eine Frau zur Kandidatin für die Vizepräsidentschaft zu küren.[1] Clyburn war umsichtig genug, niemals von Biden zu verlangen, es müsse eine schwarze Frau sein. Die Auswahl einer schwarzen Frau wäre »ein Plus, aber kein Muss« – eine Formulierung, die er im privaten Kreis gegenüber Biden und anderen oft wiederholte. Er hatte bereits seinen Deal mit Biden für einen Sitz im Supreme Court geschlossen – Biden versprach, eine schwarze Frau für das höchste Gericht der USA zu nominieren.

Aber Clyburn wusste, dass die Entscheidung für eine schwarze Frau als Vizepräsidentin einen großen Vorteil in der Demokratischen Partei darstellen und schon für sich genommen eine eigene Logik vermitteln konnte. Er hatte mehrere schwarze Frauen auf seiner Liste der Kandidatinnen, darunter zwei angesehene Mitglieder des Repräsentantenhauses und eine Senatorin.

Clyburn kannte Senatorin Kamala Harris nicht so gut wie seine Kolleginnen aus dem Repräsentantenhaus. Aber eine von Harris' Eigenschaften stach hervor: Sie war Absolventin der Howard University in Washington, einer der prominentesten HBCUs – der historisch schwarzen Colleges und Hochschulen. Und sie war Mitglied einer der ältesten historisch schwarzen Studentinnenverbindungen – Alpha Kappa Alpha.[2]

Als Biden in einem Telefonat im Sommer Harris zur Sprache brachte, meinte Clyburn: »Sie ist HBCU-Absolventin.«

Clyburn, der ebenfalls an einer historisch schwarzen Uni, der South Carolina State, seinen Abschluss gemacht hatte, erläuterte Biden die Bedeutung dieser Tatsache.

»Das bedeutet den HBCU-Leuten etwas«, betonte er.

Zwar besuchten erfolgreiche schwarze Frauen und Männer laut Clyburn inzwischen die renommiertesten Universitäten der Ivy League, aber »die Leute vergessen gerne, dass diese Leute, ihre Eltern, auf HBCUs waren, auch die Großeltern gingen auf HBCUs – wobei die Großeltern ohnehin kaum woanders hätten studieren können«.

Harris' Hochschulabschluss war mehr als bloß ein akademischer Grad. Er hatte Gewicht bei genau den Leuten, auf deren Teilnahme an der Wahl Biden angewiesen war, sagte Clyburn.

»Das ist wohl eines der Dinge, die die Leute übersehen. Sie denken nicht an die Geschichte, die hinter alledem steht. Es heißt immer nur, was weiß ich, ›Ich war in Yale, ich war in Harvard.‹ Nun, für viele von uns gab es damals diese Möglichkeiten überhaupt nicht. Für uns hieß es South Carolina State, North Carolina A&T, wo auch immer.«

Clyburn hatte diese Ansicht schon seit Jahren vertreten. Für ihn waren die HBCUs die Keimzelle der Identität und Kraft in der schwarzen Community, über den Aspekt der akademischen Bildung hinaus. Nach seinem Eindruck war den meisten Amerikanern gar nicht klar, dass zu der Zeit, als seine Generation erwachsen wurde, die meisten schwarzen Männer und Frauen überhaupt keinen Zugang zu bürgerlicher Partizipation im Rotary Club, im Lions Club oder in anderen Gruppen hatten. Die Schwarzen sahen in den weiblichen und männlichen Studentenverbindungen Orte, zu denen sie wirklich einen Beitrag leisten konnten, und davon gab es nicht so viele.

Und noch eine Frage stand im Mittelpunkt von Bidens Entscheidung: Was hätte sein verstorbener Sohn, Beau Biden, ihm geraten?

Anderen vertraute er an, dessen Antwort wäre fast sicher Kamala Harris gewesen.

Kamala und Beau hatten zur gleichen Zeit als Justizministerin und Justizminister gedient, Harris für Kalifornien, Biden für Delaware. Während der Immobilienkrise und der Rezession ein Jahrzehnt zuvor hatten die beiden bei den Ermittlungen gegen die größten Banken zusammengearbeitet.[3] »Wir hielten einander den Rücken frei«, schrieb Harris in ihrer Autobiografie aus dem Jahr 2019, *Der Wahrheit verpflichtet*.[4]

Als Beau 2015 starb, besuchte Harris die Trauerfeier. Sie postete am 8. Juni 2015 ein Foto auf Instagram und bezeichnete die Feier als »bewegende Ehrung« für »meinen lieben Freund«.[5]

2016 sprach sich Joe Biden dafür aus, dass Harris den Senatssitz der scheidenden kalifornischen Senatorin Barbara Boxer übernimmt. »Beau hat sie immer unterstützt«, schrieb er in einer Stellungnahme.[6] Sie wurde als erste schwarze Person überhaupt als Vertreterin Kaliforniens im Senat gewählt.

Harris ist die Tochter einer indischen Mutter, Shyamala, und eines Vaters aus Jamaika, Donald. Beide waren vor Harris' Geburt in die USA eingewandert.[7] Sie trafen sich als Bürgerrechtsaktivisten in Berkeley – Donald war Ökonom, Shyamala Wissenschaftlerin im Bereich Biomedizin.

Harris strahlte einen inneren Mut, einen Kampfgeist aus, der ihre steile und spektakuläre Karriere befeuert hatte. Sie war die erste Frau gewesen, die als Bezirksstaatsanwältin in San Francisco gedient hatte, die erste schwarze Person und die erste Frau überhaupt, die es bis zur Justizministerin des Bundesstaates brachte.

War ihr Abstimmungsverhalten zwar stets unerschrocken liberal gewesen, schien sie in einer Partei, in der Bernie Sanders inzwischen für den linken Flügel stand, eher zur moderaten Mitte zu tendieren.[8] Sie orientierte sich weiterhin eng an Präsident Obama und war eine frühe Unterstützerin seiner Bewerbung um das Präsidentenamt im Jahr 2008.

Ihre eigene Präsidentschaftskandidatur, die in Oakland vor 20 000 Unterstützern an den Start ging, hatte keinen Erfolg. Aber da Biden schon zwei Mal aus dem Rennen um die Präsidentschaft ausgeschieden war, sagte er zu anderen, er sehe in Harris' Entscheidung, ihre Bewerbung zurückzuziehen, kein Zeichen von Schwäche. Es war einfach ein Teil des Weges, den man bis zur Präsidentschaft zurücklegt.

Als ehemaliger Vorsitzender des Rechtsausschusses des Senats bewunderte er auch, wie sie sich als profilierte Stimme in diesem Ausschuss schon früh Gehör verschafft hatte. Ihre direkten Fragen bei den Anhörungen vor der Bestätigung von Kavanaugh als Richter am Supreme Court im Jahr 2018 hatten ihr weitere Aufmerksamkeit eingebracht. Ihre Angriffe während der Kandidatur hatten ihn zwar schmerzhaft getroffen, er wusste allerdings auch, dass das für sie nicht einfach nur eiskaltes Business war. Sie war selbstbewusst und athletisch, mit einem gewinnenden Lachen, und sie trug auf der Wahlkampftour lieber sportliche und klassische Converse Sneaker als flache Halbschuhe oder hohe Absätze.

Biden erzählte Chris Dodd, dem ehemaligen Senator aus Connecticut, der den Vorsitz im Ausschuss zur Bestimmung des Vizepräsidenten hatte, die Verletzungen aus der TV-Debatte von 2019 seien für ihn vergeben und vergessen. Dort hatte Harris seine Haltung zur Praxis des »Busing« scharf kritisiert. Dodd sagte danach dem Prüfausschuss, wenn Biden das abhaken konnte, dann sollte es jeder andere auch können.

Bei einer Wahlkampfveranstaltung in Wilmington, Delaware, am 28. Juli wurde Bidens Notizenkarte fotografiert.[9]

»Kamala Harris«, stand auf der Karte. »Bin nicht nachtragend. Hat zusammen mit mir & Jill Wahlkampf gemacht. Talentiert. Große Hilfe im Wahlkampf. Respektiere sie sehr.«

Nachdem Clyburn in der letzten Woche der Auswahl des Vizepräsidentenkandidaten mit Biden telefoniert hatte, hatte er das Gefühl, jetzt wäre ihr die Nominierung eigentlich so gut wie sicher.

Die Proteste, die grundlegende politische Veränderungen forderten, um den systemischen Rassismus in den Griff zu bekommen, erfassten nach dem Mord an George Floyd das ganze Land. Die Rufe, Biden solle eine *woman of color* als Vizepräsidentin auswählen, wurden immer lauter. Sogar Harris' Rivalinnen, darunter Senatorin Elizabeth Warren und Gretchen Whitmer, die Gouverneurin von Michigan, äußerten sich in diese Richtung – und immerhin kandidierten beide ebenfalls für den Posten.[10] Diese Leidenschaft teilten auch viele andere in der Partei, die die Macht und den Einfluss schwarzer Frauen nicht nur in der Partei anerkannt sehen wollten, sondern in der amerikanischen Politik ganz allgemein.

Eine Entscheidung zugunsten von Harris lag auf der Hand.

Am 11. August saß Biden vor seinem Laptop am Schreibtisch in Wilmington und bereitete sich auf den Zoom-Anruf bei Senatorin Harris vor.[11] Auf seinem Tisch lag eine gerahmte Grußkarte, ein Geschenk seines Vaters, mit der Comicfigur »Hägar der Schreckliche« darauf.[12] Hägar ruft in den sturmgepeitschten Himmel: »Warum ich?« Der Himmel antwortet: »Warum nicht?«

»Sind Sie bereit, sich an die Arbeit zu machen?«, fragte Biden Harris. Harris hielt inne.

»Oh mein Gott. Ich bin so was von bereit.«

Harris' Ehemann Doug Emhoff, Rechtsanwalt von Beruf, gesellte sich am Bildschirm dazu, und Jill tauchte neben Biden auf. »Wir werden viel Spaß miteinander haben«, sagte Biden.

Kurz nach dem Videoanruf verkündete Biden formell, sich für Harris als Vizepräsidentschaftskandidatin entschieden zu haben.

Die Entscheidung wurde in den Medien als historischer Moment für Amerika präsentiert und als kluger politischer Schachzug, der der Koalition der Demokraten potenziell neue Wähler erschließen konnte. Rund 10 Millionen mehr Frauen als Männer registrierten sich für die Wahlen.[13] Harris würde auch ihre staatsanwaltliche Energie mit einbringen, wenn sie sich mit Vizepräsident Mike Pence bei ihrer Fernsehdebatte duellierte.

Harris schnitt bei Umfragen generell sehr gut ab. Die Kampagne sammelte 48 Millionen Dollar in den 48 Stunden nach der Ankündigung und allein im August die Rekordsumme von 365,4 Millionen Dollar, ein höherer Fundraising-Betrag als in irgendeinem anderen einzelnen Monat bei früheren Präsidentschaftswahlen.[14]

Am 12. August traten Harris und Biden gemeinsam in Delaware auf.[15] »Joe sagt gerne, bei der Wahl geht es um Charakter, und das stimmt«, sagte sie. »Als er sah, was heute vor genau drei Jahren in Charlottesville passierte, wusste er, dass wir uns in einem Kampf um die Seele unserer Nation befinden.«

FÜNFUNDZWANZIG

Trump hatte schon seit Wochen geschäumt vor Wut wegen der Berichterstattung in den Medien, in der davon die Rede war, er hätte sich in den Bunker begeben. Seine Wut flammte am 10. August erneut auf, als er im Briefing Room des Weißen Hauses Fragen beantwortete.

Ein Agent des Secret Service unterbrach Trump und brachte ihn aus dem Raum in einen Wartebereich für das Pressebüro des Weißen Hauses.[1] »Draußen sind Schüsse gefallen«, informierte der Agent den Präsidenten.

Trump zog ein mürrisches Gesicht.

»Ich gehe nicht in diesen Scheißbunker«, sagte er.

Tags darauf, kurz nach Bidens Ankündigung seiner Auswahl der Vizepräsidentin, twitterte Trump.[2] »Kamala Harris startete stark in den Vorwahlen der Demokraten und endete schwach, sie stieg am Ende aus dem Rennen aus, mit fast null Unterstützung. Von so einer Konkurrentin träumt jeder Kandidat!«

Die Trump-Kampagne schickte gleich ein Video hinterher – »Der lahme Joe und die verlogene Kamala«, verkündete eine Sprecherstimme.[3] »Perfekt füreinander, falsch für Amerika.«

Später schickte Trump-Berater Dick Morris eine E-Mail an die Demoskopen und Wahlkampfstrategen des Präsidenten. Er fragte sich, ob man aus der Entscheidung für Harris Kapital schlagen könnte.

»Ist Biden leicht zu manipulieren? Wir wissen, dass er alt und schwach ist, aber folgt daraus auch, dass er übermäßig von Mitarbeitern, Beratern und Spendern beeinflusst werden kann? Können wir sagen, er entschied sich für Harris, weil die schwarzen Anführer in der Partei ihn dazu gedrängt haben? Können wir sein Einschwenken auf die radikale Agenda als erfolgreiche Manipulation durch Bernies Leute verkaufen?«

Innerhalb des Trump-Kampagnenteams, das nach der Degradierung Brad Parscales inzwischen vom altgedienten Politikberater Bill Stepien aus New Jersey geleitet wurde, griff der Frust immer mehr um sich.[4] Trumps Umfragewerte waren im Keller. Außenseiter wie Dick Morris und Sean Hannity hatten zu viel Einfluss und fütterten ihn mit Ideen und Ratschlägen, die der eigenen, in Umfragen bewährten Strategie zuwiderliefen.

Am Mittwoch, dem 23. September um 8:20 Uhr morgens schickte Trump-Berater Jason Miller eine Mail an Stepien und die Demoskopie-Experten des Wahlkampfteams, John McLaughlin und Tony Fabrizio. Die Betreffzeile lautete: »Wurde diese neue Umfrage mit Dick Morris geteilt???«

Fabrizio antwortete um 11:23 Uhr und schrieb, »der Präsident hatte mir gesagt, ich sollte Zahlen mit ihm teilen«.

Miller antwortete drei Minuten später.

Nun ja, das war großer Mist.
Jetzt »droht« er, dem Präsidenten zu sagen, unsere Zahlen wären »verhunzt«.
Ich will nicht, dass irgendjemand jemals wieder Dick Morris in irgendetwas einweiht – nie mehr.

Ende September legte die FDA dem Weißen Haus Richtlinien für den internen Ablauf zur Notfallgenehmigung der Corona-Impfstoffe vor.[5] Über zwei Wochen warteten sie auf eine Freigabe. Der Grund für die Verzögerung war Mark Meadows. Er fürchtete, der Genehmigungsprozess durch die FDA umfasse zu viele unnötige Schritte. Ihm dauerte das alles zu lange.

Aus der Sicht Hahns war es eine weitere Intervention durch Meadows, den forschen Ex-Geschäftsmann aus North Carolina, der sich als angeblicher Experte in den FDA-Prozess einmischte, wenngleich er gar kein Mediziner war.

Die Richtlinien verlangten, dass Studien der Phase 3 eine zweimonatige Folgeperiode enthalten mussten, in der festgestellt werden konnte, ob die Teilnehmer an der Studie von irgendwelchen ersten Nebenwirkungen berichteten.

Peter Marks, Direktor des Center for Biologics Evaluation and Research an der FDA, hatte einen Doktortitel in Zell- und Molekularbiologie und arbeitete beim Genehmigungsprozess eng mit Hahn zusammen. »Ich war sehr erstaunt, dass Mark Meadows meinte, er wüsste mehr als Peter Marks, was die Evaluierung der Sicherheit und Wirksamkeit eines Impfstoffs betrifft«, ließ Hahn andere wissen. »Er glaubt, Dinge zu wissen, die er eben nicht weiß, und hält sich für einen Experten, wo er kein Experte ist.«

Sieben ehemalige FDA-Kommissare veröffentlichten am 29. September einen Gastkommentar in der *Washington Post* und baten das Weiße Haus darum, man möge die FDA ihre Arbeit machen lassen: »Das Weiße Haus sagte, es könnte versuchen, Einfluss auf die von der FDA erarbeiteten wissenschaftlichen Normen für die Zulassung von Impfstoffen zu nehmen. Diese Erklärung kam, kurz nachdem wichtige Entscheidungsträger bei der FDA, den Centers for Disease Control and Prevention (CDC) und den National Institutes of Health (NIH) allesamt öffentlich ihre Unterstützung für die Richtlinie bekundet hatten«, schrieben sie. »Die Arzneimittelhersteller haben ebenfalls zugesichert, sich an die Standards der FDA zu halten.«[6]

Später am gleichen Abend sagte Trump bei der ersten Fernsehdebatte der Präsidentschaftskandidaten in Cleveland: »Ich habe mit Pfizer gesprochen, ich habe mit all den Leuten gesprochen, auf die es ankommt, Moderna, Johnson & Johnson und andere.«[7]

»Uns trennen nur noch Wochen von einem Impfstoff«, behauptete Trump und beharrte darauf, die Unternehmen »können einen Zahn zulegen«. Trotz all der Rhetorik, mit der er das Virus verharmloste, war Trump klar, dass ein Impfstoff, wenn er vor der Wahl verfügbar wurde, ihm politisch helfen konnte.

Albert Bourla, der Vorstand von Pfizer, reihte sich in den Chor der Stimmen aus der wissenschaftlichen Gemeinde ein und versuchte, Taktik und Tonfall des Präsidenten zu ändern.⁸ »Ein weiteres Mal war ich enttäuscht, dass die Abwehr einer tödlichen Krankheit als Politikum diskutiert wurde und nicht auf der Basis wissenschaftlicher Fakten«, schrieb Bourla in einem offenen Brief an Kollegen.

Während einer Sitzung zur Vorbereitung der Debatten im Herbst fragte Biden Ron Klain: »Haben Sie schon darüber nachgedacht, was Sie tun möchten, wenn der Wahlkampf vorbei ist?«

»Wenn Sie gewinnen«, sagte Klain, »hätte ich Interesse, wiederzukommen und dem Land zu dienen.«

»Können Sie sich vorstellen, mein Stabschef zu werden?«

»Ich fühle mich geehrt und geschmeichelt, dass Sie dabei an mich denken«, sagte Klain. »Ich schätze, es gibt eine Menge aufzuräumen, wenn Sie gewinnen. Und ich würde sehr gerne meinen Teil dazu beitragen.«

»Schauen Sie, ich bin abergläubisch«, sagte Biden und hielt sich alle Optionen offen. »Ich biete niemandem irgendwelche Posten an, solange ich nicht gewählt bin. Aber es ist mir wichtig, im Hinterkopf zu behalten, dass Sie das übernehmen würden.«

»Ja«, sagte Klain. »Sie wissen, wenn Sie mir den Job anbieten, dann werde ich nicht Nein sagen.«

Klains Vorhersage Monate zuvor, bei jenem privaten Treffen in Delaware, bewahrheitete sich bei der ersten TV-Debatte zwischen Trump und Biden. Kein Thema blieb außen vor, auch Bidens Familie nicht.

Trump war aggressiv und wütend – er stichelte und unterbrach Biden ständig. »Halten Sie vielleicht mal die Klappe, Mann?«, bat Biden verärgert. Es war der Satz des Abends.⁹

Präsident Trumps Einweisung ins Krankenhaus wegen seiner Corona-Infektion am späten Freitag, dem 2. Oktober, unterbrach für kurze Zeit die Endphase seines Wahlkampfs. Trump wurde per Helikopter ins Walter Reed National Military Medical Center in Bethesda, Maryland, geflogen.

Trump hatte sich zunächst dagegen gewehrt, ins Krankenhaus zu gehen.[10] Als jedoch seine Blutsauerstoffwerte in den 80er-Bereich absackten, eine potenziell lebensbedrohliche Zone, und der Präsident unter Atemnot litt, musste ihm sein Leibarzt Sauerstoff zuführen. Mehrere Helfer warnten, er müsste mit dem Rollstuhl oder gar auf der Trage aus dem Weißen Haus gefahren werden, wenn er nicht gehen würde. Er erklärte sich bereit, in den Präsidentenhubschrauber einzusteigen und hinüber ins Bethesda zu fliegen.

Im Krankenhaus stabilisierte sich Trumps Zustand. Trump bekam einen »Antikörper-Cocktail«, wie die Ärzte das nannten, inklusive Regeneron, ein Antikörper-Medikament, das sich noch in der klinischen Versuchsphase befand.[11] Laut Yasmeen Abutaleb und Damian Paletta von der *Washington Post* versuchten US-Gesundheitsexperten hektisch, eine FDA-Zulassung für Trumps Nutzung des Medikaments zu erwirken, und debattierten, ob die Einnahme dieses Cocktails für ihn überhaupt geeignet war, angesichts seiner Fettleibigkeit und des Alters von 74 Jahren.[12]

»Guten Appetit beim Krankenhausessen«, wünschte Kellyanne Conway Trump telefonisch während seines dreitägigen Klinikaufenthalts.

Monate zuvor, als Conway in häuslicher Quarantäne gewesen war, nachdem sie sich mit dem Virus angesteckt hatte, hatte Trump sie bei Laune gehalten.

»Sie haben null Prozent Körperfett, Schätzchen«, sagte Trump. »Schätzchen, mit ihren null Prozent Körperfett kann Ihnen überhaupt nichts passieren.«

Am 5. Oktober wurde er entlassen, nahm sich auf dem Balkon des Weißen Hauses theatralisch die Maske ab, dann reckte er zum Zeichen des Sieges die Daumen in die Höhe und salutierte in Richtung Marine One.

Das Weiße Haus blieb ein Hotspot, was die Infektionsgefahr betraf.[13] Meadows und andere leitende Mitarbeiter wollten vom Tragen einer Maske nichts wissen, und rangniedrige Kollegen hatten den Eindruck, die Bürokultur schien das Ignorieren der öffentlichen Richtlinien zur

Pandemievorsorge zu begünstigen. Sie hatten ein Meeting nach dem anderen, bei denen Trump und seine Gehilfen die Sendschreiben von Fauci und anderen als moralisierend und linkslastig abtaten. Mindestens »34 Mitarbeiter des Weißen Hauses und andere Kontakte« hatten sich mit dem Virus infiziert, notierte ein internes Memo der FEMA (Federal Emergency Management Agency) im Oktober.

Mitch McConnell, der Mehrheitsführer im Senat, behielt ein Auge auf Bidens schlichte allgemeine Wahlkampagne. Seiner Ansicht nach stellte Bidens Kampagne den Kandidaten klug als Moderaten heraus – der gelassene Großpapa aus Delaware als Gegenpol zum rabaukenhaften republikanischen Amtsinhaber. Fast jeder Demokrat war sich seines Wahlerfolgs sicher, nachdem die Wähler Zeugen von Trumps Verhalten geworden waren.

»Donald Trump zu sein«, erzählte McConnell anderen, war schon genug, damit Trump im November verlieren konnte. »Trumps Persönlichkeit war sein größtes Problem, und was die Persönlichkeit betraf, war Joe das exakte Gegenteil von Trump.«

McConnell sah darin eine republikanische Tragödie. Sie hatten die Steuerreform verabschiedet. Sie hatten Vollgas gegeben, um möglichst viele Posten von Bundesrichtern mit Konservativen zu besetzen. Die Wirtschaft brummte, bevor die Pandemie im März die Regie übernahm. Nichts davon kam zufällig, Trump hatte überall die Hand im Spiel.

»Wir hatten fantastische vier Jahre«, sagte McConnell. Aber jetzt ging es nur noch um die Persönlichkeit – nur noch um Trump.

Biden, der bei seinen bisherigen zwei Anläufen aufs Weiße Haus nie mehr als 1 Prozent der Stimmen im eigenen Lager hatte gewinnen können, hatte Glück, und er hatte den perfekten Gegner.

»Ich sage nicht, dass es einfach nur Glück war, aber Glück hatte er schon«, sagte McConnell.

Was Trump betraf, wollte McConnell keinen öffentlichen Krieg mit dem Präsidenten haben. Aber er machte keinerlei Hoffnung, dass Trump sich ändern könnte.

Fast vier Jahre lang hatte McConnell nun das gepflegt, was er selbst als »Bruderschaft« mit Kabinettsmitgliedern wie dem Ex-Verteidigungsminister James Mattis und dem ehemaligen Stabschef im Weißen Haus, John Kelly, bezeichnete, und nun mit Justizminister William Barr. Sie versuchten, Trump in Richtung eines halbwegs normalen Verhaltens zu bewegen.

Sie standen dabei routinemäßig auf verlorenem Posten. Es hatte einfach keinen Sinn. Und in dieser letzten Runde hatte die sogenannte Bruderschaft miterleben müssen, wie ein Bruder nach dem anderen von der Bühne abtrat.

In internen Kreisen der Republikaner erzählte McConnell mit Vergnügen einen Witz über Trumps ehemaligen Außenminister Rex Tillerson, ein Kabinettsmitglied, das er gemocht hatte.

2017 hatte das State Department energisch bestritten, dass Tillerson Trump als »Trottel« bezeichnet hätte.[14]

»Wisst ihr, wieso Tillerson behaupten konnte, dass er den Präsidenten nicht als ›Trottel‹ bezeichnet hat?« Fragte McConnell staubtrocken einige Kollegen in seinem breiten Kentucky-Akzent.

»Weil er ihn einen ›Volltrottel‹ genannt hat.«

SECHSUNDZWANZIG

Am Freitag, dem 30. Oktober, vier Tage vor der Wahl, ging der Vorsitzende Milley die neuesten sensiblen Informationen der Geheimdienste durch, und was er da las, war alarmierend: Die Chinesen glaubten, die USA würden einen Angriff auf sie planen.

Milley wusste, dass das nicht stimmte. Aber die Chinesen waren auf höchster Alarmstufe, und immer, wenn eine Supermacht auf »Alarmstufe Rot« schaltet, eskaliert die Gefahr eines Krieges. Medienberichte in Asien waren voller Gerüchte und Gerede von Spannungen zwischen den zwei Staaten wegen der Militärübungen unter der Bezeichnung »Freedom of Navigation« im Südchinesischen Meer, bei denen die U.S. Navy regelmäßig Schiffe in bestimmte Zonen dirigierte, um die maritimen Gebietsansprüche der Chinesen infrage zu stellen und die Freiheit der Meere zu propagieren.

Es gab Andeutungen, Trump könnte vielleicht vor der Wahl noch schnell einen Krieg anzetteln – nach dem Vorbild der Filmsatire *Wag the Dog – Wenn der Schwanz mit dem Hund wedelt* aus dem Jahr 1997 –, um seine Wähler anzustacheln und Biden noch abzufangen.

Misslungene Kommunikation war schon öfter der Auslöser von Kriegen gewesen. 1987 hatte Admiral William J. Crowe, Vorsitzender des Generalstabs unter Präsident Ronald Reagan, einen vertraulichen Kommunikationskanal zur Führung der Streitkräfte der Sowjetunion aufgebaut, um einen versehentlichen Krieg zu vermeiden.[1] Crowe hatte Präsident Reagan über die Entscheidung, die nationale Sicherheit in die eigene Hand zu nehmen und direkt mit Marschall Sergei Achromejew zusammenzuarbeiten, dem Chef des sowjetischen Generalstabs, gar nicht erst informiert.

Milley war klar, dass seine unmittelbaren Vorgänger, die Generäle

Martin Dempsey und Joseph Dunford, ähnliche Verbindungen zur militärischen Führungsriege in Russland und China arrangiert hatten.

Und Milley wusste, dass er in Krisenzeiten beim russischen General Waleri Gerassimow oder General Li Zuocheng von der Volksbefreiungsarmee anrufen konnte.

Dies war ein solcher Moment. Zwar hatte er schon öfter verschiedene taktische oder routinemäßige US-Militärmanöver auf Eis gelegt oder abgesagt, die von der anderen Seite als Provokation verstanden oder falsch interpretiert werden konnten, aber das war nicht die Zeit, um nur etwas auf Eis zu legen. Er arrangierte ein Gespräch mit General Li. Trump griff China im Wahlkampf bei jeder Gelegenheit an, gab dem Land die Schuld am Coronavirus. »Ich besiege dieses verrückte, furchtbare China-Virus«, sagte er gegenüber Fox News am 11. Oktober.[2] Milley wusste, dass die Chinesen unter Umständen nicht wussten, wo das politische Gerede endete und das Handeln begann.

Damit der Anruf bei Li ein wenig routinemäßiger wirkte, brachte Milley zuerst alltägliche Dinge wie die Kommunikation zwischen den jeweiligen Mitarbeiterstäben und Methoden zur Sprache, die sicherstellen sollten, dass die andere Seite stets rasch zu erreichen war.

Schließlich kam Milley auf den Punkt und sagte: »General Li, ich möchte Ihnen versichern, dass die US-Regierung stabil ist und alles gut werden wird. Wir werden Sie nicht angreifen oder irgendwelche ›kinetischen Militäraktionen‹ gegen Sie durchführen. General Li, wir beide kennen uns jetzt seit fünf Jahren. Wenn wir Sie angreifen, dann werde ich Sie rechtzeitig vorher anrufen. Es würde keinen Überraschungsangriff geben, keinen Blitz aus heiterem Himmel. Wenn es einen Krieg gäbe oder irgendeine Art von militärischen Aktionen zwischen den USA und China, dann hätte dies zwangsläufig einen Vorlauf, so wie es in der Geschichte schon immer gewesen ist. Und es wird Spannungen geben. Und ich werde ziemlich regelmäßig mit Ihnen kommunizieren«, sagte Milley. »Solche Zeiten haben wir im Moment aber nicht. Alles wird gut werden. Es wird keinen Kampf zwischen uns geben.«

»Okay«, antwortete General Li, »Ich nehme Sie beim Wort.«

Milley erkannte sofort, welch wertvollen und wichtigen Kanal er hier hatte. In wenigen Minuten war es ihm gelungen, die Situation zu deeskalieren und Missverständnisse zu vermeiden, die zu einem Zwischenfall oder gar einem Krieg zwischen den USA und China hätten führen können.

Milley konnte von seiner Wohnung in Quarters 6 aus das Lincoln Memorial sehen. Der Nationalfriedhof Arlington war ganz in der Nähe.

»Ich habe 242 Kids dort begraben«, erzählte er anderen später, an einem Sonntagmorgen. »Ich bin an keinem Krieg interessiert, mit wem auch immer. Ich werde das Land verteidigen, wenn es sein muss. Aber Krieg, das militärische Instrument, muss das absolut letzte Mittel sein, nicht die erste Option.«

Trump erzählte er nichts von seinem Gespräch mit General Li.

Unmittelbar vor der Wahl erinnerte Milley die Chiefs, dass die Periode nach dem Wahltag – in den hektischen Monaten zuvor hatte er diese als »Phase 2« tituliert – die gefährlichste Periode für das Land sein würde, mit einer entnervenden Wartezeit zwischen den Wahlen und der Bestätigung des Wahlergebnisses am 6. Januar.

»Wenn Präsident Trump gewinnt, werden die Straßen mit Aufruhr und Unruhen geradezu explodieren. Wenn Präsident Trump verliert, wird es große Diskussionen wegen der Anfechtung der Wahlen geben«, sagte Milley in einem Meeting.

Es gab Hinweise auf anstehende Tumulte auf den Straßen. In den sozialen Medien tönte Trumps Wahlkampagne von der Idee einer politischen Auseinandersetzung in militärischem Stil. Die Briefwahl, die in vielen Staaten wegen der Pandemie genutzt wurde, wurde als betrügerisch und als Werkzeug einer Verschwörung gebrandmarkt.

»Wir brauchen euch in der ›Operation Sichere Wahlen‹ der ARMY FOR TRUMP!«, lautete ein offizieller Post der Trump-Kampagne Ende September. Donald Trump jr. flehte darin »alle körperlich fähigen Männer und Frauen« an, sich dem Bemühen des Präsidenten um »Sicherheit« anzuschließen.³

»Erlaubt ihnen nicht, die Wahl zu stehlen«, sagte Trump jr. »Meldet euch noch heute an.«

SIEBENUNDZWANZIG

Die Wahlnacht im Weißen Haus des Donald Trump begann wie alle anderen Trump-Partys der vergangenen vier Jahre zuvor: mit der Bestellung von Fast Food.[1] Pizzakartons und Tüten von Chick-fil-A stapelten sich im Roosevelt Room. Der Map Room, wo Franklin Roosevelt die Schlachten des Zweiten Weltkriegs verfolgt hatte, war als Schaltzentrale eingerichtet worden.

Trumps Familie und wichtige Helfer tigerten nervös auf und ab. Auf den TV-Bildschirmen im gesamten West Wing lief Fox News.

In den Monaten vor der Wahl hatte Trump systematisch behauptet, das Ergebnis wäre verfälscht. Wenn er nicht gewönne, wäre es eine gestohlene Wahl. Entweder gehörte ihm der Sieg, oder es war ein einziger Betrug.

Am 22. Juni twitterte er: »MILLIONEN BRIEFWAHLSTIMMEN WERDEN VOM AUSLAND UND ANDEREN QUELLEN GEDRUCKT. DAS WIRD DER GROSSE SKANDAL UNSERER ZEIT!«[2]

In seiner eigenen Rede vor der Republican National Convention am 27. August erklärte Trump: »Die einzige Möglichkeit, mit der sie uns diese Wahl nehmen können, ist eine manipulierte Wahl.«[3]

Früh am Abend des 3. November waren Trumps Verbündete obenauf. Trump gewann eine Reihe roter Bundesstaaten gegen 20 Uhr – Kentucky, West Virginia und Tennessee, unter anderem. Gegen 23 Uhr hatte er Missouri und Utah sicher. Dann, 19 Minuten nach Mitternacht, meldete die Associated Press Ohio als Sieg für Trump.[4] Dann Iowa, dann Florida und Texas. Im East Room, wo sich Hunderte Anhänger versammelt hatten, kam Jubel auf.

James Clyburn saß zu Hause nervös vor dem Fernseher. Als Biden anrief, meinte Clyburn, was er da sehe, gefalle ihm gar nicht.

Biden war zuversichtlich. Er sagte, seine Berater wüssten, dass viele Staaten mit dem Auszählen der Briefwahlstimmen im Rückstand waren. Die Biden-Kampagne hatte zur Nutzung der Briefwahl aufgerufen, Trump dagegen hatte immer auf die persönliche Stimmabgabe gedrängt, damit die frühen Ergebnisse in jedem Fall zugunsten des Präsidenten tendieren mussten.

»Ich denke, wir liegen gut im Rennen«, sagte Biden.

Die Stimmung im Map Room verfinsterte sich allmählich.

Drei von Trumps Kindern – Donald Trump jr., Eric Trump und Ivanka Trump, seine Chefberaterin – schauten immer wieder vorbei und nervten die Helfer. Eric fragte nach Daten, die sein Vater in einer Rede zitieren könnte. Er wurde zusehends verärgert, als man ihm sagte, die Zahlen würden sich weiterhin verändern. Viele Staaten zählten noch aus.

Der sogenannte »Decision Desk« von Fox News schlug Arizona kurz vor 23:30 Uhr Biden zu, und den Trump-Fans verschlug es die Sprache.[5] Trump drängte seine Familie und Berater, auf den Sender einzuwirken, sie müssten diese Prognose zurückziehen. Fox weigerte sich, der Präsident geriet in Rage und sagte, nun wäre auch Fox News Komplize bei der gestohlenen Wahl.

Biden begann, Siege anzuhäufen. Associated Press meldete, er hätte Wisconsin und Michigan gewonnen. In Pennsylvania und Georgia, zwei der am heißesten umkämpften Swing States dieser Wahlnacht, war der Stand noch zu knapp, um einen Sieger zu verkünden. Um 0:26 Uhr am 4. November hatte Biden 214 Wahlmännerstimmen auf dem Konto, Trump 210. Beide Kandidaten waren vermutlich nur Stunden davon entfernt, in die Nähe der benötigten 270 Stimmen des Wahlmännergremiums zu kommen und damit die Wahl zu gewinnen.

Kurz vor 0:45 Uhr betrat Biden die Bühne in Wilmington. Er sagte voraus, dass er gewinnen würde, erklärte sich jedoch nicht direkt zum Wahlsieger.[6] Die Menschen saßen größtenteils in ihren geparkten Autos vor dem Chase Center, wegen der Regeln zum Social Distancing. Die Fahrer ließen ihre Hupen ertönen.

»Danke für eure große Geduld«, sagte Biden. »Aber seht, wir fühlen uns gut, so wie es jetzt aussieht. Ganz ehrlich. Ich bin heute Abend hier, um euch zu sagen, wir glauben, wir sind auf Kurs, diese Wahl zu gewinnen.« Er bat dringend um Geduld, während alle auf die Ergebnisse der Briefwahlstimmen und das Auszählen absolut aller Stimmen warteten.

Um 2:30 Uhr morgens am 4. November, während seine Führung in anderen Staaten zerrann, trat Präsident Trump an ein Rednerpult im East Room. Er trug einen dunklen Anzug, eine blaue Seidenkrawatte und einen Anstecker mit der US-Flagge. First Lady Melania Trump und Vizepräsident Pence waren an seiner Seite. »Hail to the Chief« war laut aus den Lautsprechern zu hören, bevor er seine Ausführungen vor einer Wand aus amerikanischen Flaggen und einer Menschenmenge begann, die eigentlich eine Siegesfeier erwartet hatte.

»Dies ist ein Betrug an der amerikanischen Öffentlichkeit«, sagte er.[7] Trumps Tonfall war verächtlich, indigniert. »Dies ist eine Peinlichkeit für unser Land. Wir waren dabei, diese Wahl zu gewinnen. Offen gesagt, wir haben diese Wahl sehr wohl gewonnen.« Und er ergänzte: »Also werden wir vors Oberste Gericht ziehen.«

»Wie zum Teufel konnten wir die Wahl gegen Joe Biden verlieren?«, fragte Trump Kellyanne Conway ein paar Stunden später am 4. November. Conway, die altgediente Meinungsforscherin, hatte das Weiße Haus im August verlassen, hielt aber engen Kontakt zu Trump.

Trump weigerte sich, öffentlich seine Niederlage einzuräumen, aber er schien zumindest im privaten Kreis bereit zu sein, die Wahlniederlage anzuerkennen.

Es waren die Briefwahlstimmen, sagte sie. Covid. Ihrer Kampagne ging das Geld aus. Die TV-Debatten.

»Jaja«, sagte er genervt. »Das macht einfach bloß keinen Sinn. Es ist furchtbar.«

Man konnte die Zahlen auf zwei Arten deuten. Einerseits hatte Biden um 7 Millionen Stimmen gewonnen – 81 Millionen für Biden, 74 Millionen für Trump. Andererseits hätte ein Kippen von 44 000 Stimmen in

Arizona, Wisconsin und Georgia zugunsten Trumps ein Unentschieden zwischen Trump und Biden im Wahlmännergremium herbeigeführt.[8]

Eine Analyse in der *Washington Post* bemerkte, Biden hätte am Ende das geschafft, was Hillary Clinton 2016 nicht geschafft hatte, nämlich sich einige Stimmen aus der amerikanischen Arbeiterklasse zu sichern, die sich nur selten politisch beteiligten.[9]

Einige davon hatten beim letzten Mal für Trump gestimmt. Außerdem hatte Biden unter den traditionellen Demokraten landesweit für eine hohe Wahlbeteiligung gesorgt.

»Diese Wechselwähler, die von Trump zu Biden gingen, sorgten sich ganz überwiegend wegen Covid-19. Etwa 82 Prozent von ihnen betrachteten die Pandemie als ›bedeutenden Faktor‹ bei ihrer Wahlentscheidung«, schloss die Analyse auf der Basis von Nachwahlbefragungen.

Die Berater versuchten, ihn bei Laune zu halten.

Brian Jack, Trumps 32-jähriger politischer Direktor aus Georgia, der ihn über die Ergebnisse jedes einzelnen Kongressmitglieds auf dem Laufenden hielt, informierte den Präsidenten in dessen privatem Speisezimmer am 5. November.

Die Republikaner im Repräsentantenhaus hatten netto zehn Sitze dazugewonnen: 13 Sitze konnten sie den Demokraten abjagen, verloren aber nur drei eigene Sitze an die Demokraten, sagte Jack und ging die einzelnen Zahlen durch.[10] Eine Rekordzahl republikanischer Frauen war gewählt worden, insgesamt gab es nun über 25 Frauen der Grand Old Party im Repräsentantenhaus.

Sie haben ihnen geholfen, mit Ihren TV-Town-Hall-Auftritten, mit Ihrer Unterstützung per Twitter, sagte Jack. Trump war bedient.

»Waren sie dankbar?«, fragte er. »Waren sie dankbar?« Jack versicherte ihm, sie wären es.

Trump führte Dutzende weiterer Telefonate mit vielen Verbündeten in den folgenden Tagen und beharrte leidenschaftlich darauf, dass er gewonnen hatte. Der Sieg wurde Ihnen einfach gestohlen, erzählten ihm viele seiner Unterstützer. Wir hören verrückte Geschichten aus Pennsylvania und Michigan.

Einige langjährige Verbündete gingen danach bei Fox News auf Sendung und hielten das Getrommel am Laufen. Alles gefälscht. Alles Betrug.

Einer davon war Rudy Giuliani, der ehemalige Bürgermeister von New York und Trumps persönlicher Anwalt. Einst der Held des Big Apple nach den Anschlägen vom 11. September, war er nun ein streitlustiger Stammgast in Trumps Orbit, der regelmäßig Zigarren paffte. Er sagte dem Präsidenten, er brauche eine bessere Strategie. Und er bot seine Hilfe an.

Trump sprach im privaten Kreis nicht mehr davon, dass er die Abstimmung verloren hätte. Und er gab Giuliani seinen Segen: Dieser sollte beginnen, nach Verwertbarem herumzustochern.

ACHTUNDZWANZIG

Giuliani traf am 6. November in der Wahlkampfzentrale Trumps in Arlington ein und begab sich in einen Konferenzsaal, umgeben von Freunden und Assistenten.

In der Nähe beobachtete Matt Morgan das Ganze, der Chefjustiziar der Wahlkampagne. Morgan hatte mit Pence zusammengearbeitet und wies auch charakterlich einige Gemeinsamkeiten mit dem Vizepräsidenten auf. Ruhig, zutiefst konservativ, sorgfältig.

Morgan wollte wissen, was Giuliani hier tat. Sein Juristenteam hatte einen Plan. Sie reichten bereits Klagen in diversen Staaten ein und arbeiteten mit mehreren externen Anwaltsfirmen zusammen. Die Strategie des Wahlkampfteams für die Zeit nach der Wahl stand schon seit Monaten fest, mit Zustimmung des Präsidenten.

Giulianis Freunde und Trumps Wahlkampfmitstreiter redeten aufgeregt durcheinander, ein einziges Chaos aus Papier und Memos und iPhones. Giuliani machte den Anfang, sprach zuversichtlich von massiven, zu spät nachgereichten Stimmen in demokratischen Bundesstaaten und Großstädten. Die Zahlen wären unmöglich, insistierte er. Die Wahl musste gestohlen worden sein.

Morgan schwieg. Jeder erfahrene, auf Wahlen spezialisierte Anwalt wusste, dass manche Bezirke seit Jahrzehnten berüchtigt dafür waren, ihre Ergebnisse besonders spät zu melden. Das war alles nicht neu.

Laut Giuliani sei den Beobachtern aus Trumps Wahlkampfteam der Zutritt zu den Orten der Auszählung verweigert worden. »Sie warfen sie raus, weil sie betrogen haben! Das ist alles Teil einer koordinierten Aktion der Demokraten.«

Er hielt einen Stapel Papier in die Höhe. »Ich habe acht eidesstattliche Erklärungen«, sagte er. »Ich habe acht eidesstattliche Erklärungen, die besagen, dass Beobachter in Michigan ferngehalten wurden. Hier passieren schlimme Dinge.«

Am gleichen Tag bestellte Trump die Giuliani-Truppe und sein Anwaltsteam ins Oval Office, wo sich ihnen die Anwälte des Weißen Hauses anschlossen. Giuliani fing wieder mit seiner Verschwörungstheorie an, man müsse doch nur zwei und zwei zusammenzählen.

Trump fragte, wie sie diese Verstöße, von denen Rudy sprach, vor Gericht bringen könnten. Das würde nicht einfach werden, meinten die Anwälte. Man bräuchte eine Klageberechtigung, einen gewissen juristischen Schwellenwert, der das Recht einer Partei, vor Gericht zu ziehen, untermauert. Sich aufzuregen ist kein juristisch haltbarer Grund.

»Nun, wieso ziehen wir dann nicht direkt vor den Supreme Court?«, wollte Trump wissen. »Ich meine, warum können wir nicht einfach sofort dahin gehen?« Es gab einen vorgegebenen juristischen Ablauf, der einzuhalten war, wiederholten die Anwälte.

Geht dieser Sache für mich auf den Grund, sofort, wies sie Trump an. Die Gruppe wanderte quer durch die Halle in den Roosevelt Room.

Drinnen hatten Trumps Kampagnenanwälte und die Rechtsberater des Weißen Hauses eine angespannte, grundlegende Diskussion darüber, wie sie Trump das juristische Einmaleins nahebringen sollten. Sie wussten, dass sie niemals einfach vor den Supreme Court ziehen konnten. Trump müsste vor Bezirksgerichten Klage einreichen, dann müssten sich Bundesgerichte in einem Berufungsverfahren den Fall anhören, erst dann konnte man vor dem Supreme Court klagen. Das würde dauern.

Giuliani kam herein. Er tönte laut herum.

»Ich habe 27 eidesstattliche Erklärungen!«, sagte Giuliani und ratterte Beschwerden gegen die Wahlen aus diversen Staaten herunter. Seltsam, dachte Morgan. Es ist nur eine Stunde her, da hatte Giuliani behauptet, er hätte bloß acht eidesstattliche Erklärungen.

Trump trommelte schon bald wieder alle im Oval Office zusammen. Die Gruppe bildete einen Kreis um den Präsidenten. Giuliani zeterte noch immer herum, beschuldigte Michigan eines angeblichen Wahlbetrugs.

Giuliani hob die Hand. »Wenn Sie einfach mich die Sache in die Hand nehmen lassen«, sagte er zu Trump, dann werden wir das schon geregelt kriegen.

»Ich habe 80 eidesstattliche Erklärungen«, versicherte Giuliani.

Am Samstag, dem 7. November erklärte die Nachrichtenagentur Associated Press um 11:25 Uhr vormittags Joe Biden zum Wahlsieger. Die Presseagentur war zu dem Schluss gekommen, dass Biden in Pennsylvania gewonnen und damit 20 Wahlmännerstimmen sicher hatte, die ihn über die entscheidende Grenze von 270 Stimmen brachten, die es für den Sieg im Kampf ums Weiße Haus brauchte.[1]

»Joe Biden ist gewählt als 46. Präsident der Vereinigten Staaten«, lautete die Headline auf der Website der *New York Times*.[2] Wenngleich in einigen Staaten noch nicht alle Stimmen ausgezählt waren, begann auch der Rest der landesweiten Medien, die sich bei der Berichterstattung über Wahlergebnisse normalerweise an der Associated Press orientierten, die gleiche Nachricht zu verbreiten, eine vernünftige Schlussfolgerung auf der Basis der vorhandenen Daten.

Im inneren Zirkel des Mehrheitsführers auf dem Capitol Hill war McConnell derjenige, der am wenigsten überrascht war. Und McConnell hatte alles gesehen, aus nächster Nähe. »Es gab derart viele Schockmomente in diesen vier Jahren«, erzählte er seinem Stab.

Während Trump dreist die Wahlergebnisse infrage stellte, sagte McConnell, er würde Trump Raum geben, damit er Dampf ablassen und sich weiterhin weigern konnte, Biden öffentlich als gewählten Präsidenten anzuerkennen. Er brauchte nach wie vor eine vernünftige Arbeitsbeziehung mit Trump, und, was noch wichtiger war, McConnell sorgte sich, Trump könnte negativ reagieren und die anstehende, heiß umstrittene Stichwahl um den Senat in Georgia vermasseln. Diese Sitze waren notwendig, um die republikanische Mehrheit im Senat zu behalten – und McConnell als Mehrheitsführer.

Er sagte auch, er wollte nicht, dass Biden, ein gewohnheitsmäßiger Telefon-Junkie, ihn anriefe. Jeder Anruf Bidens würde Trump mit Sicherheit wütend machen und unerwünschte Anrufe von diesem zur Folge haben mit der Frage, ob er, McConnell, denn glaube, dass Biden die Wahl gewonnen habe. Besser gar nicht erst mit Biden telefonieren.

McConnell beauftragte Senator John Cornyn – einen Republikaner aus Texas, seinen früheren Stellvertreter als Mehrheitsführer und engen Freund –, vertraulich mit Senator Chris Coons zu sprechen, Bidens engem Verbündeten aus Delaware. Coons war nach der Wahl an McConnell herangetreten und hatte sich als Kontakt im Hintergrund angeboten, wenn McConnell Biden erreichen wollte.

Sagen Sie Coons, er soll Biden sagen, dass er mich nicht anrufen soll – eine klare Aufforderung. McConnell wollte seine Strategie vertraulich halten. Er wollte keine Flut von Geschichten in den Medien, die behaupteten, er würde Bidens Anruf nicht annehmen. Biden würde das verstehen. Die beiden waren alte Fahrensmänner in der Politik, die wussten, wie der Hase läuft.

»Wir befinden uns in einer heiklen Situation«, sagte Cornyn zu Coons. »Ich erkenne an, dass euer Mann vermutlich der korrekt gewählte nächste Präsident der USA ist. Und wir beide wissen, dass ihn mit dem Mehrheitsführer eine lange und enge Beziehung verbindet. Und der Mehrheitsführer möchte nicht, dass der Vizepräsident [Biden] beleidigt ist, weil er ihn nicht direkt anruft. Aber es wird der Sache nicht dienlich sein, wenn der Vizepräsident selbst zum Hörer greift und den Mehrheitsführer anruft. Präsident Trump wird irgendwie davon ausgehen, sie würden hinter seinem Rücken einen Deal aushecken und ihn außen vor lassen, und dann wird er noch irrationaler.«

Coons übermittelte die Nachricht an Biden.

Biden sprach am Abend des 7. November zu Anhängern in Wilmington. Erneut auf einem Parkplatz vor dem Chase Center, mit mehreren Reihen hupender Autos anstatt einer Menschenmenge. Aber selbst in dieser Autokino-Atmosphäre war es unzweifelhaft eine Versammlung zur Feier des Sieges.

Bidens führende Wahlkampfhelfer sagten ihm, er müsse entschlossen und klar auftreten: Die Sache ist gelaufen.

»Leute, die Menschen dieses Landes haben gesprochen. Sie haben uns einen klaren Sieg geschenkt, einen überzeugenden Sieg«, sagte Biden lächelnd in seinem dunklen Anzug mit taubenblauer Krawatte.[3] Er dankte den schwarzen Wählern, die ihn über das ganze Jahr unterstützt hatten. »Die afroamerikanische Community stand ein weiteres Mal auf für mich. Ihr hattet immer meine Unterstützung, und ich habe eure.« Er bediente sich bei einem Thema, das Gerald Ford 46 Jahre zuvor genutzt hatte, als er die Präsidentschaft im August 1974 nach Nixons Rücktritt übernahm. Biden sagte: »Jetzt ist die Zeit, Wunden zu heilen in Amerika.«[4]

»Beginnen wir heute, diese finstere Zeit der Dämonisierung in Amerika hinter uns zu lassen, hier und jetzt«, sagte er und las aus einem Text, den Mike Donilon und Jon Meacham, auf die das Schlagwort von der Seele Amerikas zurückgeht, mit ihren Vorschlägen geformt hatten. »All denen, die für Präsident Trump gestimmt haben, sage ich, ich verstehe eure Enttäuschung am heutigen Abend. Ich habe selbst ein paar Mal verloren. Aber jetzt sollten wir uns gegenseitig eine Chance geben.«

Über die Lautsprecher hörte man den R&B-Klassiker »(Your Love Keeps Lifting Me) Higher and Higher« von Jackie Wilson, als erneut das Hupkonzert der Autos einsetzte.[5] Anhänger sprangen auf die Ladeflächen ihrer Pick-ups und die Motorhauben ihrer Autos und schwenkten Fahnen und Transparente. Feuerwerksraketen erleuchteten den dunklen Himmel.

Familie Biden umarmte sich auf der Bühne. Jill Biden. Hunter Biden. Ashley Biden. Die Enkelkinder. Kamala Harris und ihre Familie kamen dazu. Alle blickten sie in den Himmel, das Leuchten der bunten Raketen spiegelte sich in ihren Gesichtern.

Margaret Aitken, seit zehn Jahren Bidens Pressesprecherin im Senat, war ebenfalls im Publikum.[6] Sie blieb eine enge Freundin des gewählten Präsidenten und war quasi die Clearing-Stelle für eine Vielzahl der Kontakte Bidens in Delaware, nach wie vor einer der Mittelpunkte seines Lebens.

Aitken hatte Biden eine Textnachricht geschickt: Elaine Manlove, seit 12 Jahren Wahlleiterin in Delaware, und ihr Mann Wayne waren in der Woche zuvor bei einem Autounfall ums Leben gekommen, kurz nachdem sie ihren 51. Hochzeitstag gefeiert hatten. Sie hatten mit ihrem Chevrolet Equinox an einer Ampel auf der Route 13 gehalten, als der Anhänger eines Traktors, dessen Fahrer eingeschlafen war, auf das Auto prallte und die beiden tötete.

Aitken sagte Biden, am 9. November würde in St. Elizabeth, Wilmingtons größter katholischer Kirche, eine Trauerfeier stattfinden.

Elaine hatte bei Bidens erstem Wahlkampf für den Senat 1972 mitgearbeitet und nannte ihn immer »My Senator«. Sie war eine Institution im Bundesstaat. Sie hatte an der Küste in Sussex County in Delaware gewohnt, einer republikanischen Enklave. Immer wenn jemand in ihrer Nachbarschaft ein Trump-Plakat aufstellte, pflanzte sie ein weiteres Biden-Plakat in ihren Garten. Am Ende standen da 17 Biden-Schilder. Biden gewann am Ende auch seinen Heimatstaat, mit einer Bevölkerung von weniger als einer Million, mit 19 Prozentpunkten Vorsprung und damit auch die drei Wahlmännerstimmen des Bundesstaats.

Am Sonntag, dem 8. November, seinem ersten vollen Tag als gewählter Präsident, rief Biden Aitken an.

»Ich habe Sie gestern Abend gesehen«, sagte Biden.

»Tatsächlich?«, wunderte sich Aitken.

»Ich habe Ihnen zugewunken.«

»Ich dachte, Sie winken einfach in die Menge.«

»Ich kann nicht zu Elaines Trauerfeier gehen«, sagte Biden. »Es gibt so viele Restriktionen. Die Leute um mich herum müssen auf Covid getestet werden. Ich muss sehr vorsichtig sein. Da ist die ganze Sache mit dem Secret Service. Ich kann nicht in so etwas wie eine Trauerfeier hineinplatzen.«

Aitken meinte, das würden alle verstehen.

Elaine hatte einen Sohn, erinnerte sich Biden. Wie war seine Telefonnummer?

Aitken gab ihm die Nummer von Matthew Manlove. Am gleichen Abend rief Biden Matt auf dem Handy an. Matt, 42, stellte einen eingehenden Anruf um ca. 19 Uhr fest, von einer unbekannten Nummer. Wegen der bevorstehenden Beerdigung nahm er ab.

»Hey, Matt, hier ist Joe Biden.«

»Joe«, sagte Matt, dann wurde ihm auf einmal klar, dass er mit dem gewählten Präsidenten sprach. Er bat ihn, sein Telefon auf Lautsprecher stellen zu dürfen, damit seine beiden Brüder, Joseph, 39, und Michael, 35, am Gespräch teilhaben konnten.

Es tut mir so leid wegen eurer Mutter und eurem Vater, sagte Biden. Eure Mutter, die ich so gut kannte, war eine solche Kraft für das Gute und die Ehre in der Politik. Eine treue Dienerin des Staates Delaware. Sie war so großzügig zu mir und zu allen. Ich schätzte sie über alle Maßen.

Es tut mir so leid, welch ein schrecklicher Verlust, sagte er. Das muss die schlimmste Zeit für euch alle sein. Vor fast 50 Jahren, 1972, verlor ich meine Frau und meine Tochter durch einen Autounfall. Ich kann nachfühlen, was ihr jetzt durchmacht. Die allertiefste Trauer. Alles scheint falsch zu laufen in eurem Leben. Aber ich kann euch sagen, jeden Tag wird es ein bisschen besser werden. Ihr werdet das durchstehen.

Biden redete weiter. Er wirkte nicht wie jemand unter Zeitdruck.

Ich hatte geplant, morgen zur Beerdigung eurer Eltern zu gehen, aber ich kann nicht, wegen Covid, sagte er. Meine Ärzte lassen mich nicht näher als 30 Meter an jede Menschenmenge heran. Alle müssten einen Test vorweisen. Dann ist da die Sache mit dem Secret Service. Es tut mir leid, dass ich nicht da sein kann. Aber im Herzen werde ich bei euch sein. Gottes Segen für euch und eure Eltern, für immer.

Dann sagte Biden, er wollte ein paar seiner Lieblingszeilen des großen irischen Dichters Seamus Heaney rezitieren.[7] Er betrachtete es als Gebet und zitierte es recht oft, zuletzt erst im August, am Schluss seiner Rede, mit der er die Nominierung der Demokraten annahm.

> History says, don't hope
> On this side of the grave.
> But then, once in a lifetime
> The longed-for tidal wave
> Of Justice can rise up.
> And hope and history rhyme.

> Die Geschichte sagt: *Hoff nie*
> *Diesseits des Grabs.* Doch Mut:
> Einmal im Leben kann sie,
> Die lang ersehnte Flut
> Der Gerechtigkeit, doch steigen,
> Geschichte Hoffnung zeugen.

Vielen Dank, Präsident Biden, sagte jeder der drei Söhne.

Matt dachte, es war ein wunderbarer Anruf, der ein paar Minuten gedauert hätte, aber dann sah er auf die Zeitanzeige auf seinem Smartphone.[8] Biden hatte fast 20 Minuten lang geredet. Er spürte, wie ihn die Emotionen übermannten. Die erste Person, der er erzählen wollte, sie hätten einen Anruf von Präsident Biden bekommen, war seine Mutter. Biden schickte den drei Söhnen später einen persönlichen Brief.

NEUNUNDZWANZIG

»Ich habe das Unmögliche geschafft«, witzelte Biden am Telefon mit seinem alten Freund, Senator Lindsey Graham, in den Tagen nach der Wahl.

Graham lachte laut.

»Wir waren mal Freunde«, sagte Biden.

»Joe, wir sind immer noch Freunde«, sagte Graham. »Du weißt, dass ich dir helfen werde, wo ich kann.«

Graham ging davon aus, mehrere von Bidens Nominierungen für das Kabinett zu unterstützen, vor allem die Spitzenpositionen im Bereich nationale Sicherheit.

Ein Dutzend Jahre zuvor hatte der damalige Vizepräsident Biden zu Präsident Obama gesagt: »Lindsey Graham hat im Senat das größte Fingerspitzengefühl.«[1] Obama sah es ebenso, und Graham, der unverheiratete Jurist und Oberst der Reserve in der Air Force, war gemeinsam mit Biden auf mehreren diplomatischen und militärischen Missionen während Obamas Präsidentschaft um die Welt gereist. Es war eine echte, parteiübergreifende Verbindung.

Die Freundschaft war während Trumps Präsidentschaft in die Binsen gegangen, weil Graham sich hinter Trumps Attacken auf Hunter Biden und dessen Geschäfte gestellt hatte.

Graham dachte nicht daran, sich dafür zu entschuldigen.

Bei dem Telefonat mit Biden sagte er: »Ich habe kein Problem mit dir. Aber Joe, wenn der Sohn von Mike Pence oder jemand von den Trump-Leuten tun würde, was Hunter getan hat, dann wäre Feierabend.«

Für Biden war alles, was mit der Familie zu tun hatte, etwas zutiefst Persönliches.[2]

Graham, der selbst keine Kinder hatte, hatte eine rote Linie überschritten.

Biden und Graham redeten monatelang nicht mehr miteinander – und wenn es nach Biden ginge, würden sie wahrscheinlich nie wieder ein Wort miteinander wechseln.

Hope Hicks, ein ehemaliges Model, das 2017 im Alter von 28 Jahren Direktorin für strategische Kommunikation im Weißen Haus wurde und die engste Mitarbeiterin Trumps während der Wahlkampagne 2016 gewesen war, war im Februar 2020 wieder zum Weißen Haus gestoßen, nach einem Intermezzo als Kommunikationschefin bei Fox.

Aufgrund ihrer Vorgeschichte und der früheren engen Arbeitsbeziehung glaubte Hicks, offen sprechen zu können. Anders als die meisten anderen Helfer hatte sie keine Agenda. Am Morgen des 7. November, dem Tag, an dem die Medien Biden zum Wahlsieger erklärten, traf sich Hicks mit Trumps Schwiegersohn und Chefberater Jared Kushner und mehreren weiteren Wahlkampfberatern des Trump-Lagers im Wahlkampf-Hauptquartier in Arlington. Trump spielte derweil Golf in seinem nahe gelegenen Club in Virginia.

Wer sagt dem Präsidenten, wenn er mit Golfen fertig ist, dass das Rennen gelaufen ist? Niemand meldete sich freiwillig.

Kushner, schlank und mit weicher Stimme, der als Vertrauter des Präsidenten gedient hatte, meldete sich zu Wort. »Es gibt eine Zeit für den Doktor und eine Zeit für den Priester«, sagte er. Er sah mehrere leitende Wahlkampfhelfer direkt an. Vielleicht könnten sie den Part des Doktors übernehmen und dem Präsidenten die ernste Diagnose nahebringen.

Das Erteilen der politischen Sterbesakramente wäre dann, wenn überhaupt, eine Sache der Familie, deutete Kushner an.

»Die Familie wird handeln, wenn die Familie handeln muss«, sagte Kushner. »Aber so weit sind wir noch nicht.«

Andere argumentierten, die juristischen Auseinandersetzungen stünden gerade erst am Anfang. Vielleicht konnte Trump ja ein paar Erfolge einfahren. Aber keiner war zuversichtlich, dass Trump die Präsidentschaft für sich würde reklamieren können.

Hicks meldete sich. »Wieso sagen wir ihm nicht einfach die Wahrheit?«, fragte sie.

»Er kann aus einem schlechten Ausgang immer noch das Beste machen. Das war ja kein Desaster. Er wurde schließlich nicht mit Schimpf und Schande aus dem Amt gejagt«, sagte Hicks und verwies auf mehr als ein Dutzend Sitze, die die Partei im Repräsentantenhaus den demokratischen Abgeordneten abgejagt hatte. Die Mehrheit der Demokraten – zuvor 232 Sitze – war auf eine Handvoll Sitze über der Grenze von 218 zusammengeschmolzen, sie haben ihre Mehrheit in der Kammer nur mit Mühe und Not halten können.

»Das war auch eine Zustimmung zu seiner Politik, wenn nicht sogar zu ihm persönlich, und manchmal laufen die Dinge eben anders, als man denkt«, sagte sie.

Hicks meinte, es gäbe eine Möglichkeit, die Sache in Würde zum Abschluss zu bringen, zumindest einigermaßen. Die Buchverträge, Comeback-Auftritte, spritzige Fernsehshows und gut bezahlte Reden würden Trump das Eingeständnis der Niederlage vielleicht etwas versüßen. Er könnte als König von Palm Beach die Führung der GOP an sich nehmen.

Mehrere weitere leitende Wahlkampfhelfer erklärten sich bereit, an diesem Nachmittag mit Trump zu reden, darunter Jason Miller, der Berater für Kommunikation, und Wahlkampfmanager Bill Stepien, die nach Parscales Degradierung in die erste Reihe aufgerückt waren.

Trump jedoch wollte von einem Eingeständnis der Niederlage absolut nichts wissen.

Rudy Giuliani hielt eine Pressekonferenz in Northeast, einem Arbeiterviertel in Philadelphia, bekannt für seine Autohändler und preiswerten Cheesesteak-Sandwiches, auf dem Parkplatz einer Landschaftsgärtnerei namens Four Seasons Total Landscaping.

Fotos von Giuliani und ernst dreinblickenden Trump-Beratern, die auf einem Parkplatz in irgendeinem Gewerbegebiet herumstanden, machten zügig die Runde auf Twitter und in diversen Nachrichtenkanälen.[3]

Giuliani stand vor dem Garagentor der kleinen Firma und einem Gebäude mit verblassendem grünem Anstrich und neben einem selbst ernannten Wahlbeobachter, der sich später als verurteilter Sexualstraftäter herausstellte. Er ramenterte unentwegt über allerlei Verschwörungsvorwürfe und ließ billige Witzchen vom Stapel.[4]

»Joe Frazier geht hier immer noch zur Wahl – nicht so einfach, wenn man bedenkt, dass er vor fünf Jahren gestorben ist«, scherzte Giuliani über die verstorbene Boxlegende. »Aber Joe wählt immer noch. Wenn ich mich richtig erinnere, war Joe Republikaner. Also sollte ich mich vielleicht besser nicht beklagen. Aber wir sollten wohl nachschauen, ob Joe heute, von seinem Grab aus, republikanisch oder demokratisch wählt.«

Er behauptete auch, der Vater des Schauspielers Will Smith, der 2016 starb, hätte seit seinem Ableben zwei Mal an Wahlen teilgenommen. »Ich weiß nicht, wen er wählt, die Stimmabgabe ist schließlich geheim. In Philadelphia halten sie die Stimmen von Toten geheim.«

Als ein Reporter Giuliani erzählte, Biden sei zum Wahlsieger erklärt worden, lachte er nur. »Kommen Sie, machen Sie sich nicht lächerlich«, sagte er. »Wahlen werden nicht von den Medien entschieden, sondern von Gerichten.«[5]

An jenem Abend erzählte Trump in der Residenz des Weißen Hauses einer Gruppe von Verbündeten und Beratern, er wäre über Giulianis Auftritt und die billige Location, über die sich die Nachrichtensender lustig machten, gar nicht glücklich. Er wäre davon ausgegangen, Rudy hätte seinen Auftritt im Luxushotel »Four Seasons« organisiert.

Die Berichterstattung der Medien über Bidens Sieg und die Sache mit dem Gartenbaugeschäft »Four Seasons Total Landscaping« schien Trump in seinem aktionistischen Eifer nur noch zu bestärken. Er fragte, was denn der Plan sei? Welchen Plan haben wir in den einzelnen Staaten? Welche Optionen haben wir?

Er war darauf fokussiert, wie sich in mehreren Staaten ein paar Zehntausend Wählerstimmen an Land ziehen lassen könnten. Das würde ihm eine zweite Amtszeit sichern, noch einmal vier Jahre.

»Wissen Sie, das wird schwierig werden«, sagte ihm sein externer politischer Berater David Bossie. »Wir müssen es richtig anstellen, auf methodische Weise, und daran müssen wir hart arbeiten. Aber wir können die Sache auskämpfen, und wir können gewinnen.«

»Aber«, betonte Bossie, »es wird schwierig werden. Wir müssen uns gegen große Widerstände durchsetzen.«

Bossie, ein erfahrener politischer Streiter, war 2016 Trumps stellvertretender Wahlkampfmanager gewesen.

»Oh?«, wunderte sich Trump. »Finden Sie nicht, dass wir kämpfen sollten?«

»Doch, doch«, sagte Bossie. »Wir müssen um jede korrekt abgegebene Stimme kämpfen.«

Bedienstete trugen Platten mit Fleischbällchen und Würsten im Teigmantel herein. Trump trank dazu Cola light, wie üblich.

»Wie finden wir die 10 000 Stimmen, die wir in Arizona brauchen? Wie finden wir die 12 000, die wir in Georgia brauchen?«, fragte Trump. »Was ist mit den Briefwahlstimmen der Soldaten, sind die schon alle eingerechnet?«

Am nächsten Morgen, dem 8. November, bestellte Trump Bossie wieder ins Weiße Haus ein. Vielleicht sollte er Bossie die Federführung überlassen, und Rudy soll eben machen, was Rudy macht. Bossie konnte die Sache am Laufen halten. So etwas konnte er gut.

Als Bossie am gleichen Nachmittag eintraf, wurde er zuerst auf das Coronavirus getestet und machte sich danach auf in Richtung Residenz. Aber bevor er die Treppen hinaufstieg, um sich mit Trump zu treffen, nahm ihn ein Mitarbeiter des Weißen Hauses abrupt beiseite. Er müsse sofort zurück in die medizinische Abteilung. Sein Testergebnis war zurück.

»Scheiße, Scheiße, Scheiße, Scheiße«, dachte Bossie, als er das medizinische Büro betrat. Sein Corona-Test war positiv. Damit reihte er sich in eine lange Liste von Helfern des Weißen Hauses und Trump-Loyalisten ein, die sich mit dem Virus infiziert hatten.

Bossie machte noch einige weitere Tests, nur zur Sicherheit. Er saß auf den Stufen des Old Executive Office Building und vertrieb sich die Zeit mit Peter Navarro, Trumps Berater für Handelspolitik und bekannter Hardliner. An einem verschlafenen Sonntag unterhielt man sich über Politik.

Bossie war sauer. Er wusste, dass Trump fast so weit war, ihm für den Kampf um die Wahlen die Zügel in die Hand zu geben. Es wäre eine Aufgabe mit enormer Öffentlichkeitswirkung. Jetzt aber musste er sich isolieren und sich vom Gelände des Weißen Hauses fernhalten. So waren die Regeln.

Von den Stufen aus sah er in der Abenddämmerung Giuliani und Sidney Powell. Powell, eine ernste, politisch rechts stehende Juristin, war einst eine angesehene Rechtsanwältin gewesen. Zuletzt hatte sie allerdings mit bizarren Behauptungen über angeblich manipulierte Wahlmaschinen von sich reden gemacht.

Im Gespräch mit Lou Dobbs, dem Moderator von Fox Business, dessen Sendung Trump regelmäßig verfolgte, sprach Powell am 6. November davon, es gäbe eine »Wahrscheinlichkeit, dass 3 Prozent der Gesamtstimmen vor den eigentlichen Wahlen verändert worden seien, nämlich digital erfasste Stimmabgaben.[6] Das würde eine massive Veränderung der Wahlergebnisse bedeuten, die das gesamte Land beträfe«, sagte sie, und dies »erklärt eine Menge von dem, was wir gerade beobachten.« Sie behauptete, Hunderttausende von Stimmen wären aus dem Nichts aufgetaucht und hätten Biden auf unrechtmäßige Weise zur Präsidentschaft verholfen.

Bossie beobachtete, wie Powell und Giuliani gemeinsam ins Weiße Haus gingen. Panik stieg in ihm auf.

Powell ging mit »zusammengeschustertem Schwachsinn« hausieren, dachte er. Und er konnte sie nicht aufhalten. Sie und Giuliani waren nun diejenigen, die im Zentrum der Macht waren.

DREISSIG

Am 9. November nachmittags rief Meadows bei Esper an, um ihm zu sagen, dass Trump ihn feuern würde.

»Sie dienen von Gnaden des Präsidenten. Sie haben ihn nicht in ausreichendem Maße unterstützt«, sagte Meadows und gedachte nicht, sich für dieses harsche Gesamturteil zu rechtfertigen.

Esper hatte stets einen eigenen Kurs gefahren und erst kurz zuvor einen vertraulichen Brief verfasst, in dem er sich gegen den Rückzug der US-Truppen aus Afghanistan aussprach. Nach Meadows' Ansicht hatte Esper das politische Spiel, das mit dem Job einherging, Trumps Verteidigungsminister zu sein, noch nicht begriffen.

»Ich habe einen Eid auf die Verfassung geschworen«, antwortete Esper. »Ich nehme zur Kenntnis, dass der Präsident die Entscheidungsbefugnis in dieser Sache hat.«

Ungefähr acht Sekunden später, um 12:54 Uhr mittags, verkündete Trump per Tweet, »[Verteidigungsminister] Mark Esper wurde entlassen. Ich möchte ihm für seinen Einsatz danken«, schrieb Trump.[1]

Esper war überrascht, sich überhaupt so lange im Amt gehalten zu haben. Dass sein Job eine Gratwanderung sein würde, war ihm vorher klar gewesen, und er hatte den Leuten den ganzen Sommer über erzählt, er könnte jeden Tag gefeuert werden.

In der Annahme, früher oder später entlassen zu werden, hatte er der *Military Times* in einem Interview erzählt: »Wer wird mein Nachfolger werden? Es wird ein lupenreiner Jasager werden. Und dann gnade uns Gott.«[2]

Trump ernannte Chris Miller, den Leiter des Antiterrorzentrums, zum kommissarischen Verteidigungsminister.

»Chris wird GROSSARTIGE Arbeit leisten!«, schrieb Trump.

David Urban, ein enger Freund Espers, rief bei Jared Kushner an. Er war wütend.

»Jared, was soll der Scheiß? Das ist doch kompletter Schwachsinn.«

Kushner sagte, er hätte nichts damit zu tun. »Ich sitze hier nicht am Steuer«, sagte er.

»Und wer dann, bitte schön?« Kushner gab keine Antwort.

»Das ist wirklich total beschissen, was er da mit Esper gemacht hat.« Urban erinnerte Kushner daran, dass Esper immer bereit gewesen war, seinen Rücktritt zu erklären, wenn es von ihm verlangt worden wäre. »Der Mann ist Soldat!«

Ich weiß, sagte Kushner.

Urban beendete das Gespräch. Er erzählte anderen, Miller und seine Verbündeten würden mit Sicherheit versuchen, mehr Einfluss auf die nationale Sicherheitspolitik zu bekommen. Leute, die er kannte und denen er vertraute, waren nicht mehr auf ihren Posten.

»An dem Tag war für mich der Ofen endgültig aus«, sagte er.

Espers Entlassung stand an dem Tag im Schatten eines plötzlichen Durchbruchs bei der Impfstoffentwicklung. Pfizer teilte mit, die Studien hätten einen Wirkungsgrad ihres Vakzins von 90 Prozent bei der Verhinderung einer Ansteckung mit dem Virus ergeben. Das Unternehmen nannte es »einen historischen Moment«.

Kathrin Jansen, Direktorin für Forschung und Entwicklung von Impfstoffen bei Pfizer, sagte der *New York Times,* sie habe am Tag davor von den Ergebnissen erfahren, am Sonntag um 13 Uhr, und lege Wert auf die Feststellung, die Wahlen hätten keinerlei Einfluss auf die Freigabe dieser Information gehabt. »Wir haben immer gesagt, dass unser Vorgehen ausschließlich auf wissenschaftlicher Grundlage basiert«, sagte sie, »nicht auf der Grundlage von Politik.«[3]

Trump glaubte ihr kein Wort. »Die @US_FDA und die Demokraten wollten schon vor den Wahlen nicht, dass ich mit dem Impfstoff GEWINNE«, twitterte er später, »deshalb kam der Impfstoff fünf Tage danach heraus – Wie ich schon die ganze Zeit gesagt habe!«[4]

Pfizer kümmerte sich um die FDA-Zulassung für den Notfalleinsatz, um das Vakzin an die Öffentlichkeit ausgeben zu können, ein strenges Prüfverfahren.

Vizepräsident Mike Pence, seit jeher ein Teamplayer, weigerte sich ebenfalls, Bidens Sieg öffentlich anzuerkennen. Er hatte seine politische Zukunft daran geknüpft, von Trumps Wählern als des Präsidenten ehrerbietiger Stellvertreter und logischer Nachfolger wahrgenommen zu werden.

»Es ist erst vorbei, wenn es vorbei ist«, twitterte Pence am 9. November, »und DAS HIER ist noch nicht vorbei!«[5]

Aber das Pence-Team wollte nicht, dass er in Trumps Kampf um die Wahl hineingezogen wurde.

»Holt ihn verdammt noch mal raus aus D.C., weg von dieser Stadt der Irren«, lautete der Ratschlag von Pence' altgedientem politischen Berater Marty Obst an Marc Short, den neuen Stabschef des Vizepräsidenten.

Short – ein lebhafter Konservativer mit kurz geschorenem Haupthaar und tiefen Verbindungen zu Business und Kongress – begann, Tagestrips für Pence zu organisieren. Der Vizepräsident, der immer noch Vorsitzender der Corona-Taskforce des Weißen Hauses war, sollte zu Standorten der Entwicklung und Produktion von Impfstoffen aufbrechen.

Pompeo, gewichtig und gesellig und mit wenig Toleranz für Liberale ausgestattet, galt immer als einer der standhaftesten Unterstützer Trumps im Kabinett. Er traf sich mit Generalstabschef Milley in Quarters 6 am Abend des 9. November zu einer Unterhaltung unter vier Augen am Küchentisch.

»Die Verrückten übernehmen den Laden«, sagte Pompeo. Er machte sich immer mehr Sorgen, wenn er sah, wie sich Trump mit Giulianis Wanderzirkus traf.

Inzwischen hatten Sidney Powell, Michael Flynn und Mike Lindell

Zugang zum Oval Office. Der Dritte im Bunde – Mike Lindell – war der freimütige ehemalige Drogenabhängige und millionenschwere CEO von »My Pillow«, einem Unternehmen, das mit Matratzen und Kissen handelte.

Als Bester seiner Altersklasse, West Point 1986, hatte Pompeo den gleichen militärischen Hintergrund wie Milley. Als ein ehemaliger Klassenkamerad von Esper war er verärgert über den Umgang mit ihm und seine Entlassung durch Trump. Es war grausam und unfair. Die Entlassung eines Verteidigungsministers hatte einen ganz anderen symbolischen Stellenwert als die jedes anderen Kabinettsmitglieds, schon aufgrund der enormen militärischen Macht und des riesigen Waffenarsenals.

Milley erinnerte sich lebhaft an eine Aussage, die Trump gegenüber *Breitbart News* im März 2019 gemacht hatte: »Ich kann Ihnen sagen, ich habe die Polizei hinter mir, ich habe das Militär hinter mir, ich habe die ›Bikers for Trump‹ hinter mir. Ich habe richtig toughe Leute an meiner Seite, aber sie zeigen erst dann, was sie draufhaben, wenn ein bestimmter Punkt erreicht ist, und dann wird es [für die anderen] richtig, richtig übel werden.«[6]

Das sah nach einer Warnung aus. Milley dachte an die Streitkräfte, die Polizei, das FBI, die CIA und die anderen Geheimdienste als untergeordnete Institutionen der Macht. Diese Machtzentren waren nur zu oft zum Werkzeug von Despoten geworden.

In der Küche von Quarters 6 vertraute Milley Pompeo an, er glaube, Trump befinde sich in einem Zustand geistigen Verfalls. Jeder, der die Präsidentschaft anstrebte, hatte natürlich ein ausgeprägtes Ego. Trumps Ego, merkte er an, wäre allerdings überdimensional. Und Trump hatte soeben die denkbar schmerzlichste Zurückweisung erfahren müssen. Das muss ihn auf eine Weise verletzt haben, wie es andere niemals vollständig werden begreifen können.

»Wissen Sie«, antwortete Pompeo, »er ist im Moment an einem sehr finsteren Ort.«

»Dazu kann ich nichts sagen«, meinte Milley vage und ergänzte, sein Fokus liege auf Stabilität. Auf dem Übergang.

Für Milley war der Rauswurf Espers inmitten des Tohuwabohus nach den Wahlen ein Wendepunkt. Die Gefahr für das Land nahm rasch zu, ein sinnloser Marsch in immer mehr Chaos und Unordnung.

Pompeo meinte, es wäre eine Wende in eine Richtung, die die Republik in Gefahr brachte.

»Wir müssen Schulter an Schulter zusammenstehen«, sagte Pompeo. »Wir sind die letzten Mohikaner«.

Am Tag darauf wurde Pompeo bei einem öffentlichen Pressetermin des Außenministeriums nach dem Übergang zum neuen Präsidenten Biden gefragt.

»Es wird einen reibungslosen Übergang zu einer zweiten Regierung Trump geben«, antwortete Pompeo. Dann lächelte er und ergänzte mit einem ironischen Grinsen: »Genau.«[7]

Am 10. November um 8:10 Uhr morgens rief CIA-Direktorin Gina Haspel, die erste Frau mit dauerhafter Stellung an der Spitze dieses Geheimdienstes, Milley an.

Haspel, die 35 Dienstjahre in der CIA hinter sich hatte, war ausgebildete Sachbearbeiterin, abgebrüht und kenntnisreich in der Überwachung labiler politischer Führungsfiguren im Ausland. Sie war verärgert wegen der Entlassung Espers und ging davon aus, dass auch sie selbst bei Trump auf der Abschussliste stand.

»Gestern war furchtbar«, sagte Haspel zu Milley. »Wir sind auf dem Weg zu einem Putsch von Rechtsaußen. Die ganze Sache ist vollkommener Irrsinn. Er führt sich auf wie ein Sechsjähriger, der einen Tobsuchtsanfall hat.«

»Wir werden standhaft bleiben«, wiederholte Milley sein Mantra. »Standhaft wie ein Fels. Wir halten den Blick auf den Horizont gerichtet. Wir werden sämtliche Risiken und Bedrohungen im Auge behalten. Wir werden alle Kanäle offen halten.«

Was konnten sie auch sonst tun? Trump war noch immer Präsident, und sie waren Untergebene, nach der Verfassung und nach dem Gesetz.

An jenem Dienstagnachmittag besuchte Hope Hicks Trump im Oval Office.

»Es gibt jede Menge Möglichkeiten«, sagte sie heiter und schlug vor, die politischen Waffen niederzulegen, als Signal für den Aufbruch in die Zukunft.

»Sie haben ein riesiges Wohlwollen auf Ihrer Seite, und Sie können daraus in unterschiedlichster Weise Kapital schlagen«, sagte sie. »Das dürfen wir nicht vergeuden.«

Trump wollte nichts hören, was in die Nähe eines Eingeständnisses der Niederlage kam. Er starrte sie missbilligend an, war enttäuscht, aber nicht überrascht. Offenbar hatte er ihre Zurückhaltung schon seit Tagen gespürt.

»Ich bin keiner, der aufgibt«, gab Trump zurück. »So etwas liegt mir nicht im Blut.«

Der Präsident fuhr fort: »Mein Vermächtnis ist mir egal. Mein Vermächtnis zählt nicht. Wenn ich verliere, dann wird das eben mein Vermächtnis. Meine Leute erwarten von mir, dass ich kämpfe, und wenn ich es nicht tue, dann verliere ich sie«, sagte Trump.

»Ich weiß, dass das nicht leicht ist«, sagte Hicks. »Es ist sogar richtig schwer. Ich verliere auch nicht gern. Niemand verliert gern. Aber es gibt so viel zu gewinnen, wenn man den Blick nach vorne richtet.«

EINUNDDREISSIG

Im November begannen Milley, Pompeo und Meadows mit regelmäßigen Telefonkonferenzen unter sechs Augen. Alle paar Tage besprach das Trio ab 8 Uhr morgens über eine gesicherte Verbindung die internationale diplomatische und militärische Situation.

Zweck dieser Konferenzen war es, in einer Phase potenzieller Instabilität Stabilität zu wahren und jedwede unangemessene oder provokative Aktion zu vermeiden.

Chris Miller wurde nicht zur Teilnahme eingeladen. Milley hatte auch Vorbehalte gegenüber Meadows, der zu der Gruppe zu gehören schien, die Trumps Behauptungen wegen der angeblich gestohlenen Wahl unterstützte.

»Wir müssen diesen Flieger irgendwie sicher runterbringen«, sagte Milley vorsichtig bei einer der ersten Telefonkonferenzen dieser neuen Troika. »Wir müssen sicherstellen, dass es eine friedliche Machtübergabe gibt.«

Milley arrangierte eine Rede zur Feier des Veterans Day im Army Museum am 11. November.[1]

»Wir leisten weder einen Eid auf einen König oder eine Königin«, erzählte Milley den Zuhörern, »noch auf einen Tyrannen oder einen Diktator. Wir leisten keinen Eid auf eine bestimmte Einzelperson. Nein, wir leisten auch keinen Eid auf ein Land, einen Volksstamm oder eine Religion. Wir leisten einen Eid auf die Verfassung.« Weiter sagte er: »Jeder von uns wird dieses Dokument schützen und verteidigen, wie hoch auch immer der Preis sein mag, den jeder Einzelne von uns dafür zu bezahlen hat.«

Nach seiner Rede meinte Ryan McCarthy, der Secretary of the Army, zu ihm: »Sie haben ungefähr fünf Stunden« – spätestens dann würde Trump von der Rede erfahren und ihn feuern.

Hollyanne, Milleys Ehefrau, ging vom gleichen Szenario aus. »Und wir haben noch nicht einmal ein Haus gekauft!«[2]

Offenbar erfuhr Trump jedoch nicht von diesen Einlassungen. Er sagte nichts zu Milley und schritt auch nicht zur Tat.

Später am Tag, gegen 13 Uhr, ging Milley nach oben zum Büro des kommissarischen Ministers Miller und nahm Platz. Hinzu kam Millers Stabschef Kash Patel, ein Anwalt und kaum bekannter, aber höchst umstrittener ehemaliger Geheimdienstberater des kalifornischen Kongressabgeordneten Devin Nunes, einer von Trumps entschiedensten Gefolgsleuten. Kolumnist David Ignatius bezeichnete Patel als »beinahe eine ›Zelig‹-Figur, ein menschliches Chamäleon« in den Reihen der Trump-Administration, einer, der glaubte, ein »tiefer Staat« würde gegen den Präsidenten intrigieren.[3] Nach der Tätigkeit für Nunes hatte sich Patel Trumps National Security Council angeschlossen und nahm einen weiteren geheimdienstlichen Spitzenposten ein, bevor er am Ende zu Millers Stabschef wurde.

Bei einem Gespräch mit Barr brachte Mark Meadows einmal die Idee ins Spiel, Trump dazu zu bewegen, Patel zum stellvertretenden FBI-Direktor zu ernennen. Meadows, ein heftiger Kritiker der Russland-Untersuchungen und des Vorgehens des FBI in dieser Sache, meinte, Patel könnte als Verbündeter innerhalb des FBI agieren, dessen Führung er für korrupt hielt.

»Nur über meine Leiche«, sagte Barr dazu.

»Sie müssen eines verstehen«, ergänzte er. »Jeder in diesem Gebäude ist ein *Agent*. Sie haben alle die Akademie durchlaufen. Sie alle haben den Dienst in Städten geleitet, sie haben sich mit dem Kampf gegen Terrorismus und Verbrechen beschäftigt. Sie haben alle den gleichen Hintergrund. Der Einzige beim FBI, der kein Agent ist, ist der Direktor.«

Barr fragte Meadows: »Denken Sie etwa, dieser Drecksack geht da hin und fordert Respekt von diesen Jungs ein? Die werden ihn bei lebendigem Leib auffressen.«

Meadows setzte hartnäckig seine Bemühungen fort, Patel auf diesem FBI-Posten unterzubringen. Aber das war Barrs Welt, und der würde nicht klein beigeben. Meadows ließ das Thema letztendlich wieder fallen. Als Nächstes versuchte Meadows, Patel bei der CIA einzuschleusen.

CIA-Direktorin Gina Haspel erzählte Barr, dass Meadows, offenbar de facto der Chef-Jobvermittler für Patel, sie anwies, ihren derzeitigen Stellvertreter Vaughn Bishop zu feuern, um Platz für ihren neuen Deputy zu schaffen. Man wollte sie vor vollendete Tatsachen stellen.

Sie beschrieb ihr Treffen mit Meadows im Weißen Haus.
»Okay, ich muss los«, sagte sie ihm.
»Wieso?«, fragte Meadows.
»Ich muss dem Präsidenten sagen, dass ich das nicht tolerieren werde«, sagte sie. »Eher würde ich meinen Hut nehmen.«
Daraufhin zog Meadows ein zweites Mal zurück.

Am 11. November schob Patel ein Memo von nur einer Seite über den Tisch zu Milley.
Darin stand: »11. November 2020, Memorandum für den geschäftsführenden Verteidigungsminister: Rückzug aus Somalia und Afghanistan.«
»Ich weise Sie hiermit an, alle US-Truppen bis spätestens zum 31. Dezember 2020 aus der Bundesrepublik Somalia und bis spätestens zum 15. Januar 2021 aus der Islamischen Republik Afghanistan abzuziehen. Informieren Sie sämtliche Streitkräfte von Alliierten und Partnern über diese Direktiven. Bitte bestätigen Sie den Eingang dieser Anordnung.«
Gezeichnet war das Ganze mit »Donald Trump«, in den großen, dicken Strichen seines berühmten schwarzen Markers.
»Hatten Sie damit irgendwas zu tun?«, fragte Milley Patel.

»Nein, nein«, sagte Patel. »Ich habe das auch nur gesehen, Herr Vorsitzender.«

»Stecken Sie hinter dem da?«, fragte Milley den geschäftsführenden Verteidigungsminister.

»Nein, nein, nein«, wehrte Miller ab.

Trump hatte schon während seiner gesamten Präsidentschaft versucht, einen vollständigen Rückzug aus Afghanistan hinzubekommen. Die Militärs hatten dem Jahr um Jahr widerstanden. Jetzt, in seinen letzten fünf Monaten, gab Trump einfach den Befehl dazu – wenn das Memorandum denn echt war.

Einerseits war es verdächtig, weil es das falsche Format hatte und nicht im Stil eines traditionellen »NSM« – National Security Memorandum – gehalten war. Diese waren meist lang und sehr formell. Andererseits bezweifelte Milley, dass man ihm im Büro des Verteidigungsministers eine Fälschung vorsetzen würde, wenngleich Miller ganz frisch im Amt und ohnehin nur geschäftsführender Verteidigungsminister war.

»Nun, ich ziehe meine Uniform an«, sagte Milley, weil er gerade Tarnkleidung trug. »Ich gehe zum Präsidenten, weil er etwas unterschrieben hat, das militärische Operationen betrifft, und er tat dies gänzlich ohne die angemessene Sorgfalt und ohne die militärische Beratung, die ich ihm nach dem Gesetz zu geben habe. Das ist wirklich total daneben, und ich werde deshalb mit dem Präsidenten reden. Ich gehe rüber. Ihr könnt mitkommen, ihr könnt es aber auch bleiben lassen.«

Sie beschlossen, ihn zu begleiten. Nachdem sich Milley in seine übliche Uniform geworfen hatte, wurden alle drei vom Security-Personal zum Weißen Haus gefahren – ein ungewöhnlicher Auftritt und ohne vorherige Terminvereinbarung.

»Robert, was zum Henker soll das sein?«, sagte Milley, nachdem er, Miller und Patel in das Büro des Nationalen Sicherheitsberaters O'Brien in einer Ecke des West Wing marschiert waren. Keith Kellogg, der nationale Sicherheitsberater von Pence und ein Gefolgsmann Trumps, war auch da.

Milley reichte O'Brien, der an seinem Schreibtisch stand, das Blatt mit dem Befehl.

»Wie ist das denn passiert?«, fragte Milley. »Gab es hier überhaupt irgendeinen Prozess? Wie kann ein Präsident einfach so etwas machen?«

O'Brien blickte auf das Memo und las. »Ich habe keine Ahnung«, meinte er.

»Was soll das heißen, keine Ahnung? Sie sind der nationale Sicherheitsberater des Präsidenten. Und Sie wollen mir erzählen, Sie wussten davon nichts?«

»Nein, ich wusste davon wirklich nichts«, sagte O'Brien.

»Und der Verteidigungsminister wusste auch nichts? Und der Stabschef des Verteidigungsministers wusste nichts? Der Vorsitzende wusste nichts? Wie zum Teufel kann so etwas passieren?«

»Geben Sie mir das Papier«, sagte Kellogg, ein pensionierter Generalleutnant.

Er nahm das Memo und überflog es.

»Das ist kompletter Stuss«, sagte Kellogg. »Die Kopfzeile ist falsch. Das wurde nicht korrekt gemacht. Das war nicht der Präsident.«

»Keith«, sagte Milley zu Kellogg, »wollen Sie mir erzählen, jemand hätte die Unterschrift des Präsidenten der Vereinigten Staaten auf einer militärischen Direktive gefälscht?«

»Ich weiß nicht«, sagte Kellogg. »Ich weiß es nicht.«

Geben Sie mir das, sagte O'Brien. »Ich bin gleich wieder da.«

Er verließ für ein paar Minuten den Raum. Nach allem, was O'Brien wusste, waren der Nationale Sicherheitsrat, der Stabssekretär und der Rechtsberater des Weißen Hauses weder eingeweiht noch konsultiert worden.

»Mr. President, Sie müssen sich mit den obersten Militärberatern treffen«, sagte O'Brien. Der Präsident behauptete nicht, die Unterschrift wäre eine Fälschung. Er hatte das Papier unterschrieben. Aber er erklärte sich zu einem Gespräch mit den führenden Beratern bereit, bevor in der Sache eine formelle und endgültige politische Entscheidung getroffen wurde.

»Alsdann«, sagte O'Brien, als er in sein Büro zurückkam, »die Sache ist vom Tisch. Es war ein Fehler. Das Memo wurde annulliert.« Es war nichts weiter als ein fehlerhaftes Memo und würde keinen Bestand haben. Der Präsident würde sich später mit den obersten Militärberatern treffen, um eine Entscheidung über die Truppen in Afghanistan zu erreichen.

»Okay, schön«, sagte Milley und akzeptierte diese Zusicherungen. Dann zogen er, Miller und Patel wieder ab, ohne den Präsidenten getroffen zu haben.

Fall abgeschlossen.

Die beiden Axios-Reporter Jonathan Swan und Zachary Basu fanden im Mai 2021 heraus, dass John McEntee, der ehemalige persönliche Assistent des Präsidenten und ein früherer College-Quarterback, der nun für das Personal zuständig war, sowie der pensionierte Army-Oberst Douglas Macgregor, ein leitender Berater Millers, beim Aufsetzen und Signieren dieses Memos die Hände im Spiel gehabt hatten.[4]

Am nächsten Tag, Donnerstag, 12. November, gaben mehrere für die Sicherheit der Wahlen zuständige Gruppen eine gemeinsame Erklärung heraus. Dazu zählten Beamte aus der Abteilung Cybersecurity and Infrastructure Security Agency im Heimatschutzministerium und der National Association of State Election Directors. In der Erklärung hieß es: »Die Wahl vom 3. November war die sicherste in der Geschichte Amerikas.[5] Sämtliche Bundesstaaten mit knappem Wahlausgang in der Präsidentschaftswahl 2020 haben gedruckte Aufzeichnungen jeder einzelnen Stimme. Auf diese Weise lässt sich bei Bedarf jede einzelne Wählerstimme rückwirkend erneut zählen. Dies ist ein zusätzlicher Vorteil im Sinne von Sicherheit und Resilienz. Dieses Prozedere ermöglicht das Rückverfolgen und die Korrektur aller denkbaren Fehler oder Versäumnisse.« In Fettdruck folgte die Ergänzung: »Es existiert kein Beweis, dass irgendein Wahlsystem Stimmen gelöscht oder verloren hat, Stimmen verändert hat oder in irgendeiner Weise kompromittiert wurde.«

Trump feuerte alsbald Chris Krebs, den Chef für Cybersicherheit im Heimatschutzministerium, per Tweet.[6]

Am 12. November um 17 Uhr bestellte Trump sein Nationales Sicherheitsteam zu einem weiteren Meeting in Sachen Iran ein.

Die Internationale Atomenergieagentur hatte tags zuvor erst gemeldet, dass der Iran 2443 Kilogramm niedrig angereichertes Uran gelagert hatte, das Zwölffache dessen, was im Rahmen von Obamas Atomabkommen mit dem Iran erlaubt war, aus dem Trump ausgestiegen war.[7]

Das war genug Uran, um am Ende zwei Atombomben damit herzustellen, der Iran würde allerdings Monate brauchen, um das Uran bis zur Waffenfähigkeit weiter anzureichern.

CIA-Direktorin Haspel bestätigte, dass der Iran nach den Erkenntnissen ihres Geheimdiensts noch viele Monate vom Besitz einer Atomwaffe entfernt war.

Milley prüfte die übliche Liste der Optionen, von verstärkten Cyberattacken bis zum Einsatz von US-Bodentruppen.

Hier sind die Kosten, in Menschenleben und in Dollars, sagte er: Sie sind hoch, und es nicht sicher, dass es dabei bleibt. Hier sind die Risiken: sehr hoch, und sehr ungewiss. Und hier sind die möglichen Ergebnisse am Ende.

Militärschläge innerhalb des Iran bedeuten Krieg, sagte Milley. »Es bedeutet, dass wir in den Krieg ziehen. Wir begeben uns auf eine Leiter der Eskalation, von der wir nicht wieder herunterkommen. Und den Ausgang der Geschichte haben wir möglicherweise nicht unter Kontrolle.«

Milley erkannte als eine der permanenten unbekannten Größen in seiner Abwägung, dass er den Triggerpunkt welches Präsidenten auch immer nicht genau kannte – vielleicht kannte diesen Punkt überhaupt niemand. Vielleicht kannte ihn nicht einmal der Präsident selbst – vor allem Trump nicht.

Ich empfehle, alle diese Optionen zu verwerfen, sagte Milley. Zu riskant und unnötig.

Milley wandte sich an Pompeo. »Was denken Sie, Mike?« Pompeo war seit langer Zeit ein Fürsprecher militärischen Handelns gegen den Iran.

»Mr. President«, sagte Pompeo, »das Risiko ist es nicht wert.« Pompeo und Milley bewegten sich hin und her wie ein Team beim Tauziehen und betonten immer wieder die Gründe gegen das Ergreifen militärischer Maßnahmen.

Vizepräsident Pence und der kommissarische Verteidigungsminister Miller, der erst seit drei Tagen im Amt war, schienen ebenfalls der Auffassung zu sein, dass die USA von militärischen Aktionen Abstand nehmen sollten.

Okay, danke, sagte Trump. Er sagte nicht »Macht es«, und er sagte nicht »Lasst es sein«. Die Entscheidung blieb in der Schwebe, ein unerträgliches und unklares Szenario, zumal angesichts der frischen Erfahrung mit dem annullierten Afghanistan-Memo. Milley drückte es einmal gegenüber einem Berater so aus: »Die ganze Iran-Sache kommt und geht und kommt und geht und kommt und geht.«

Haspel bereitete das Fehlen einer klaren Entscheidung Kopfschmerzen. Sie rief Milley an: »Das ist eine hochgefährliche Situation. Werden wir zuschlagen, um sein Ego zu befriedigen?«

Später am gleichen Abend rief Pompeo Milley an und dankte ihm für sein Eintreten gegen einen Militärschlag und die Betonung der damit verbundenen Nachteile.

»Alles ist im Lot«, sagte Milley und betonte, wie wichtig es war, die Ruhe zu bewahren, mit einer ganzen Serie von Metaphern. »Einfach standhaft bleiben. Durch die Nase atmen. Standhaft wie ein Fels. Wir werden diesen Flieger sicher landen. Wir haben hier ein Flugzeug mit vier Triebwerken, und drei sind ausgefallen. Wir haben kein Fahrwerk. Aber wir landen diese Maschine, und wir werden sie sicher landen.«

Milley sagte noch: »Erklimmen wir den Suribachi«, eine Anspielung auf den 170 Meter hohen Hügel auf der Insel Iwojima, auf dem U.S. Marines im Jahr 1945 die amerikanische Flagge hissten, wie es auf einem weltberühmten Foto zu sehen ist. In der legendären Schlacht starben fast 7000 Marines, 20 000 wurden verwundet.

Pompeo sagte, die Zeit für militärische Maßnahmen sei vorbei.

»Wir sind zu spät dran«, sagte er. »Wir können nicht jetzt gegen den Iran losschlagen. Überlassen wir es dem Nachfolger. Ich will das Wort Iran verdammt noch mal nie wieder hören.«

ZWEIUNDDREISSIG

Rudy Giuliani forderte über seinen Assistenten eine Vergütung von Trumps Wahlkampforganisation. In einem Brief schrieb der Assistent, er und sein Team bräuchten 20 000 Dollar pro Tag.[1]

Mehrere Mitarbeiter des Wahlkampfteams gingen zu Trump und wollten wissen, wie sie darauf reagieren sollten.

»Nein, nein, nein, nein«, beschied Trump sie. »Rudy setzt auf Sieg«, sagte er und griff auf eine Formulierung aus seinen Zeiten als Betreiber des Trump Plaza Casino in Atlantic City zurück. Er meinte, das alles wäre eine Frage von Eventualitäten. Wenn Trump am Ende gewinnt, bekommt Rudy sein Geld. Die Kampagne ließ Giuliani wissen, man würde ihm seine Kosten erstatten.

Trump und Graham unterhielten sich weiter per Telefon. Graham versuchte, Trump zum Eingeständnis der Niederlage zu bewegen, äußerte dabei aber zugleich Verständnis für Trumps juristischen Kampf.

Am frühen Morgen des 18. November sagte ihm Graham am Telefon, »Mr. President, es hilft Ihnen, wenn Sie mit Biden zusammenarbeiten. Es bringt die Linken auf die Palme. Sie haben die Republikanische Partei größer gemacht«, schmeichelte ihm Graham. »Sie haben mehr Stimmen bei Minderheiten gewonnen. Es gibt eine Menge Dinge, die Sie erreicht haben, auf die Sie stolz sein können. Sie werden noch lange Zeit eine wichtige Kraft in der amerikanischen Politik bleiben. Und der beste Weg, diese Macht zu behalten, besteht darin, diese Sache auf eine Weise zu Ende zu bringen, die Ihnen eine zweite Amtszeit verschafft, oder nicht?«

Trump wehrte sich gegen den Ratschlag. Graham fand ihn zornig, enttäuscht und bisweilen nostalgisch.

Am nächsten Tag, dem 19. November, hielten Rudy Giuliani und Sidney Powell eine Pressekonferenz im Hauptquartier des Republican National Committee in Washington ab.²

Giuliani schwitzte und wirkte beinahe wie eine Comicfigur. »Haben Sie alle *My Cousin Vinny* gesehen?«, fragte er die Reporter und probierte es mit einer juristischen Anspielung auf die Komödie aus dem Jahr 1992.

Irgendwann lief ihm eine Spur dunkelbrauner Flüssigkeit, vermischt mit Schweißtropfen, über die Wange. Die Headline in *Vanity Fair*: »Wie Rudy Giulianis Haarfärbemittel über sein Gesicht dahinschmolz, war der letzte verrückte Teil seiner komplett durchgeknallten Pressekonferenz.«³

Powell, in einem Pullover mit Leopardenmuster, ging sogar noch weiter als Giuliani und behauptete standhaft, die von Dominion, einem Unternehmen mit Hauptsitzen in Toronto und Denver, hergestellten Wahlmaschinen wären Teil einer weltweiten kommunistischen Verschwörung.

»Womit wir alle es hier zu tun haben«, sagte Powell, »und jeden Tag kommt mehr davon ans Licht, ist die massive Einflussnahme durch Geld der Kommunisten über Venezuela, Kuba und wahrscheinlich auch China bei der Störung unserer Wahlen.«

Nebenan bei Fox News sah sich Primetime-Moderator Tucker Carlson den Auftritt Powells an.

»Wenn Sidney Powell diese Informationen schwarz auf weiß hat, wenn sie diesen Beweis für Wahlbetrug hat, kann sie eine ganze Woche unseren Sendeplatz haben. Wir würden ihr die ganze Stunde überlassen«, sagte Carlson zu seinen Produzenten. »Das wäre die größte Story aller Zeiten in der amerikanischen Politik.« Watergate 2.0. Aber, fügte er hinzu, wir wollen erst mal sehen, ob sie auch wirklich liefern kann.

Schon bald wurde klar: Sie konnte nicht. Carlson kontaktierte Powell per Textnachricht, und sie blieb vage und ausweichend. Carlson fiel auf, dass sie die Leute auf ihre Website lotste, wo sie dann Geld spenden konnten.

»Als wir nachhakten, wurde sie wütend«, schrieb Carlson in einem Post für FoxNews.com, »und sie sagte uns, wir sollten sie nicht mehr kontaktieren.«[4]

Powells holpriges Treiben trug wenig zur Beruhigung der Situation bei. Am gleichen Abend sagte Graham, die Medien würden mit zweierlei Maß messen, wenn es um die Herausforderungen im Zusammenhang mit der Wahl ginge. »Als Stacey Abrams ihre Wahlniederlage anfocht, war sie eine Patriotin. Wenn Trump gegen dieses Wahlergebnis kämpft, ist er ein Diktator.«

Abrams, die erste schwarze Frau, die von ihrer Partei für die Gouverneurswahl in Georgia nominiert wurde, weigerte sich, ihre Niederlage gegen den Republikaner Brian Kemp im Jahr 2018 einzugestehen, und beschuldigte ihn der Unterdrückung von Wählern. Sie sagte, ihre Kampagne verfüge über »gut dokumentierte« Beweise.[5] Ihre Weigerung irritierte die Republikaner, auch wenn sie am Ende anerkannte, dass Kemp als Wahlsieger bestätigt werden würde.

Dennoch, so Graham, war der bizarre Auftritt von Rudy und Sidney ein Wendepunkt. »Sie waren mehr als bizarr. Und ich glaube, es hat eine Menge Druck aus dem Kessel genommen, dass ihre Behauptungen so beliebig, zockermäßig und verschwörungstheoretisch daherkamen.« Die Pressekonferenz »beschleunigte den Anfang vom Ende«.

Trump schob alle Bedenken beiseite.

»Yeah«, sagte Trump zu seinen Beratern mit Blick auf Giuliani, »er ist verrückt. Er redet irres Zeug. Ist schon klar. Aber von den Anwälten, die nicht verrückt sind, kann mich keiner vertreten, weil sie unter Druck gesetzt wurden. Den wirklichen Juristen wurde gesagt, sie könnten meine Sache nicht vertreten.«

Im Pressebüro des Weißen Hauses häuften sich die Fragen wegen Powell und Giuliani. Ein neuer Refrain machte unter den jüngeren Mitarbeitern die Runde: Lasst bloß Rudy nicht ins Haus. Lasst bloß Sidney nicht ins Haus.

Aber mit dem Lachen war es bald vorbei. John McEntee stellte gegenüber vielen Trump-Helfern klar, niemand solle anfangen, sich einen neuen Job zu suchen. Eine zweite Amtszeit stehe bevor, gelobte er. Ohne die Spur eines Lächelns.

McEntee war bekannt als Trumps bevorzugter Vollstrecker – und exakt so sah er auch aus. Er war groß und topfit, hätte glatt als Agent des Secret Service durchgehen können. Er hatte 2018 seinen Job im Weißen Haus wegen eines Sicherheitsrisikos verloren – später stellte sich heraus, dass es sich dabei um seine Spielleidenschaft gehandelt hatte. Nicht selten verwettete er mehrere Zehntausend Dollar auf einmal.[6]

Aber als Trump im Februar 2020 Hicks zurückholte, holte er auch McEntee wieder ins Boot. Er wollte seine loyalsten Helfer um sich wissen. Alyssa Farah, Kommunikationsdirektorin des Weißen Hauses, wurde der Scharade und des von McEntee ausgeübten Drucks überdrüssig. Sie hatte kein Problem damit, Trumps Agenda der Öffentlichkeit zu verkaufen, aber der West Wing taumelte einer merkwürdigen neuen Realität entgegen. Einer Fantasie, besser gesagt.

»Ich hatte das Gefühl, wir belogen die Öffentlichkeit«, sagte Farah zu jemandem aus ihrem Bekanntenkreis. »Anständigen, hart arbeitenden, bodenständigen Leuten, die den Präsidenten unterstützten und die nicht viel Zeit oder Geld oder Energie in die Politik investieren können, werden einfach irgendwelche Lügen aufgetischt.«

Farah, jugendlich und konservativ, war Pressesprecherin bei Pence gewesen und hatte auch für Esper gearbeitet. Sie war befreundet mit Hicks und war eine der ersten Neuverpflichtungen gewesen, die Meadows als Stabschef im Weißen Haus angeheuert hatte. Trump hörte schon längst nicht mehr zu.

»Ganz gleich, welche Strukturen und Zuständigkeitsmechanismen wir eingerichtet haben«, sagte sie. »Am Ende des Tages ruft er die Leute einfach von seinem Speisezimmer aus an. Er holt einfach dazu, wen er will. Oder er lässt sie in seine Residenz kommen, und man erfährt erst davon, wenn der Secret Service Alarm schlägt.«

Das war alles zu viel für sie. Sie kündigte.

Barr bekam am 23. November einen Anruf von Cipollone.
»Bill«, sagte Cipollone, »es wird ein bisschen heikel. Er fragt nach Ihnen. Sie haben sich nicht blicken lassen.«
Barr ging ins Weiße Haus.
»Mr. President«, sagte er, »Sie haben hier am Ende großartige Arbeit abgeliefert, und es ist zu schade, dass die Sache so ausgegangen ist, wie sie ausgegangen ist.«
»Nun ja, wir haben gewonnen. Wir haben um Längen gewonnen. Und, wissen Sie, es ist Betrug. Bill, wir dürfen sie damit nicht durchkommen lassen. Das ist Diebstahl einer Wahl. Ich höre wohl, dass ihr euch da lieber zurückhaltet. Sie glauben – irgendwie glauben Sie nicht, es wäre Ihre Aufgabe, da genauer hinzusehen.«
»Nein, Mr. President, das ist nicht korrekt. Es ist nicht unsere Aufgabe, für eine Seite Partei zu ergreifen. Das Justizministerium darf nicht Partei ergreifen, das wissen Sie, es darf sich nicht zwischen Ihnen und dem anderen Kandidaten entscheiden. Dafür haben wir Wahlen, die das entscheiden. Aber wenn ein ausreichend großes Verbrechen vorliegt, mit spezifischen und glaubwürdigen Informationen, die auf einen potenziellen Betrug schließen lassen, in einem Ausmaß, das den Wahlausgang beeinflussen könnte, bin ich absolut gewillt, mir das anzuschauen.«
»Übrigens«, sagte Barr, »eine Menge Leute im Justizministerium denken nicht, dass wir das tun sollten. Und ich habe anders entschieden. Und von Fall zu Fall werden wir uns das auch genau ansehen.«
In fünf Staaten mit knappem Wahlausgang hatte er US-Bundesanwälte gebeten, sich die größeren Fälle anzusehen, wenn jemand den Vorwurf systematischen Betrugs vorbrachte, der Einfluss auf das Wahlergebnis haben könnte. Diese Staaten waren Arizona, Wisconsin, Michigan, Georgia und Pennsylvania. Er hatte sie angewiesen, keine umfassende Untersuchung zu eröffnen, sondern eine vorläufige Analyse oder Bewertung. Wenn es dort irgendetwas gab, das ausreichend fundiert war, sollten sie auf ihn zukommen.
»Aber das Problem ist, diese Sache mit den Wahlmaschinen, das ist schlicht Blödsinn«, sagte Barr.

Eine Woche zuvor, am 16. November, sagte Barr, er und FBI-Direktor Chris Wray hätten ein Treffen mit Computerexperten beim FBI und beim Heimatschutzministerium anberaumt. Sie hatten zwei Meetings, die Experten gingen mit ihnen den Betrieb dieser Maschinen durch und wie durch die Mikrochips und die Verfahren und Methoden ein Verfälschen von Ergebnissen praktisch unmöglich gemacht wurde.

»Das ist alles Unsinn«, sagte Barr. »Die Vorwürfe entbehren jeder Grundlage.«

»Haben Sie gesehen, was sie in Detroit und in Milwaukee gemacht haben?«, fragte Trump. »Diese Haufen von Stimmen, die am frühen Morgen plötzlich da waren.« Dann zog er einige Diagramme und Tabellen und anderes Material hervor, das er von Beratern und Freunden bekommen hatte. »Ich gebe Ihnen diese Diagramme.«

»Nun, okay, Mr. President, Ich werde mir diese Sachen ansehen. Aber Sie wissen, dass das ein völlig normales Prozedere in diesen Staaten ist. Ich denke, das läuft immer so. Aber ich sehe es mir an.«

Barr brachte eine Version seiner Botschaft aus dem April wieder auf, als er im Speisezimmer des Oval Office vorbeigeschaut hatte. Trump sollte sich auf das konzentrieren, auf das es ankommt.

»Mr. President, der beste Weg, Ihr Vermächtnis zu bewahren, besteht für Sie darin, das amerikanische Volk daran zu erinnern, was Sie alles für großartige Dinge erreicht haben, okay? Denken Sie positiv. Und dann gehen Sie runter nach Georgia und sehen zu, dass die Republikaner die Mehrheit im Senat halten. So bewahren Sie Ihr Vermächtnis.«

Barr sprach bald darauf mit Meadows und Kushner.

»Wie lange soll das noch weitergehen?«, fragte Barr. »Die Sache läuft allmählich aus dem Ruder.«

Sie sagten, Trump wäre das klar, und er würde die Situation genau beobachten. Sie sagten, nach ihrer Einschätzung arbeite er gerade an einer Grundlage für einen guten Abgang, und er würde allmählich erkennen, dass er es auch zu weit treiben könnte. Noch am gleichen Tag autorisierte Trump die Fortsetzung der Vorbereitungen für einen Übergang zu Biden. Es schien wie ein Zeichen, dass er vielleicht begonnen haben könnte, die Niederlage zu akzeptieren.

Aber dann begann Trump, Abgeordnete in Pennsylvania anzurufen, und führende Vertreter der Legislative in Michigan und Staatsdiener in Georgia. Keine Spur von Einsicht. Auf Barr wirkte es wie eine weitere Eskalation.

Barr sprach als Nächstes mit McConnell, der sagte: »Bill, Sie wissen, dass wir diese Wahl in Georgia vor uns haben. Ich kann mir an diesem Punkt keinen großen Frontalangriff auf den Präsidenten leisten. Ich muss sehr behutsam vorgehen.«

Trump verbreitete weiter auf Fox News die Botschaft, die Wahl wäre ihm gestohlen worden. Die Wahlen waren gefälscht. Das Justizministerium war nicht auf seinem Posten.

»Diese verdammten Hornochsen«, sagte Barr. Giuliani, Powell und der Rest der Bagage. »Der reinste Clown-Zirkus.«

Die gewählte Vizepräsidentin Harris rief James Clyburn an einem Wochenende im November auf dem Handy an, er war gerade auf dem Golfplatz.

Tun Sie mir einen Gefallen, bat er sie, sprechen Sie mit meinen Golfkumpels. Sie hielten ihn auf dem neuesten Stand in Sachen politischem Tratsch in Charleston oder drüben in Holly Hill und Orangeburg.

Clyburn reichte sein Handy weiter an seinen »Friseursalon«, wie er seine Mitspieler nannte, und Harris plauderte vergnügt mit ihnen.

Später ermutigte Clyburn mit Erfolg Biden, Jaime Harrison aus South Carolina, einen schwarzen Mitstreiter, zum Vorsitzenden des Democratic National Committee zu ernennen. Harrison hatte seinen Kampf um einen Sitz im Senat gegen Lindsey Graham um 10 Prozentpunkte verloren, hatte allerdings eine Rekordsumme von 130 Millionen Dollar investiert und sich ein landesweites Profil aufgebaut.

Bei einem Telefonat ging Clyburn fast schon peinlich genau in die Details. Er sagte Biden, er solle dafür sorgen, dass Harrison nicht weniger bezahlt wurde als dem vorherigen DNC-Vorsitzenden.

Clyburn sagte, Biden würde sicher keine Überschrift in der Zeitung sehen wollen, die besagt, der schwarze Vorsitzende würde weniger bekommen als der scheidende DNC-Vorstand, Tom Perez, ein Latino.

»Sie haben völlig recht«, sagte Biden zu Clyburn. »Ich weiß nicht, wie viel es ist, aber ich verspreche Ihnen, weniger wird es nicht sein.«

»Sehen Sie, ich bin schon ziemlich lange Schwarzer, ich weiß, wie die Schlagzeile aussehen wird«, erläuterte Clyburn gegenüber anderen. »Streitet mit mir nicht über Dinge, von denen ihr nichts wisst. Ich habe das alles durchgemacht.«

Harrison bekam das gleiche Gehalt wie Perez.

Nachdem er nun schon so viel erreicht hatte, wollte Clyburn nicht lockerlassen. Er beklagte sich öffentlich über die fehlende Nominierung schwarzer Kandidaten für Posten im Kabinett. »Bis jetzt sieht es nicht gut aus«, sagte Clyburn der Tageszeitung *The Hill* am 25. November.[7]

Am Ende wählte Biden fünf Afroamerikaner für Spitzenpositionen oder Kabinettsposten aus. Der pensionierte Viersternegeneral der Army, General Lloyd Austin, wurde als erster Schwarzer Verteidigungsminister der USA.

Clyburn sagte Biden, er solle immer an Präsident Harry S. Truman denken, nicht bloß an Franklin D. Roosevelt. Truman war für die Afroamerikaner der bessere Verbündete, sagte er. Die Programme des New Deal von FDR hatten Schwarze diskriminiert und Weißen den Vorzug gegeben, sagte er. Truman dagegen hatte die »Rassen«-Trennung im Militär abgeschafft.

»Nun kann der Mann aus Delaware genau so einer werden wie der Mann aus Missouri«, sagte Clyburn zu Biden.

DREIUNDDREISSIG

Barr rief am 1. Dezember Mike Balsamo an, den Gerichts- und Verbrechensreporter der Associated Press, und bat ihn, zum Mittagessen vorbeizukommen. Trumps Rhetorik sprengte allmählich sämtliche Maßstäbe. Der Präsident hörte auf Juristen, die ihn mit Verschwörungstheorien fütterten.

»Bis heute«, erzählte Barr dem Journalisten, »haben wir keinen Betrug in einem Ausmaß feststellen können, das einen anderen Wahlausgang hätte herbeiführen können.« Balsamo machte die Story kurz darauf öffentlich und sorgte damit für die weltweite Verbreitung von Barrs Kommentar.[1]

Später am gleichen Tag, Barr war im Weißen Haus wegen einer auf 15 Uhr angesetzten Besprechung der Regierungsagenda für den folgenden Monat, erhielt er eine Nachricht, der Präsident wünschte ihn in seinem privaten Speisezimmer zu sehen. Barr ging hin und traf den Präsidenten an dessen angestammtem Platz am Kopf des Tisches an.

Cipollone und sein Stellvertreter Pat Philbin sowie Meadows saßen einträchtig nebeneinander an einer Seite des Tischs. Eric Herschmann, ein weiterer Anwalt des Weißen Hauses, stand an der Seite, ebenso Will Levi, Barrs Stabschef.

Barr setzte sich nicht. Er stemmte die Hände auf die Rückenlehne des Stuhls gegenüber den drei aus dem Weißen Haus. Auf dem großen Fernsehschirm an der Wand rechts von Barr lief ein Hearing oder eine Diskussion über Wahlbetrug auf OAN, One America News, dem politisch weit rechts angesiedelten, Trump-freundlichen Netzwerk.

»Haben Sie das gesagt?«, fragte der Präsident. In der Hand hielt er einen Bericht über Barrs Bemerkung, man hätte keinen Wahlbetrug gefunden.

»Ja.«

»Warum?«

»Weil es wahr ist. Wir haben nichts dergleichen gefunden, Mr. President.«

»Das hätten Sie nicht sagen müssen. Sie hätten einfach sagen können, das kommentiere ich nicht.«

»Während der Woche haben Sie gesagt, das Justizministerium wäre ›nicht auf seinem Posten‹ und Sie wüssten, dass die Wahl gestohlen wurde. Und ich glaube, der Reporter fragte mich, was wir gefunden hätten, und ich sagte ihm, was wir gefunden haben, bisher also: nichts.«

Trump sagte zu Barr: »*Sie können das nur gesagt haben, weil Sie Trump hassen, Sie müssen Trump wirklich hassen.*«

»Nein, Mr. President, ich hasse Sie nicht. Ich denke, Sie wissen, dass ich unter Inkaufnahme nicht unerheblicher persönlicher Opfer in diese Regierung eingetreten bin, um zu helfen, und ich habe versucht, ihr ehrenvoll zu dienen. Lassen Sie mich Ihnen sagen, warum Sie da stehen, wo Sie im Moment stehen. Nach einer Wahl gibt es nur fünf oder sechs Wochen, in denen derartige strittige Fragen gelöst werden können, denn die Zusammenkunft des Wahlmännergremiums ist ein festgelegtes Datum, das nicht mehr weit ist. Was Sie gebraucht hätten, wäre ein Team knallharter und bestens gerüsteter Anwälte, die rasch eine Strategie formulieren konnten, die tatsächlich zu der Aussage in der Lage wären: ›Wir kämpfen um diese Stimmen hier, um jene Stimmen hier, und das sind unsere Argumente dort‹, und die das dann auch umsetzen. Stattdessen haben Sie einen Wanderzirkus losgeschickt. Jeder Jurist in diesem Land, der über eine Portion Selbstachtung verfügt, ist lieber in Deckung gegangen. Ihr Team ist nichts als ein Haufen Clowns. Vollkommen skrupellos präsentieren sie standhaft irgendwelche Details und tun so, als handele es sich um unbestreitbare Tatsachen. Das sind sie aber nicht. Sie haben vier Wochen vergeudet für diese eine Theorie, die nachweislich verrückt ist, nämlich die Sache mit den Wahlcomputern.«

»Nun, was wollen Sie damit sagen?«

»Mr. President, diese Maschinen sind im Prinzip Addiermaschinen.

Sie zählen Dinge. Wenn Sie einen Stapel 20-Dollar-Scheine nehmen und durch eine Maschine laufen lassen, die sie zählt, stellt die Maschine fest, wie viele es sind, und bündelt sie in einzelne Päckchen à 1000 Dollar zusammen. Und nun raten Sie, was passiert? Das Gesetz verlangt, dass die eigentlichen Stimmzettel aufbewahrt werden, genau wie die gebündelten Geldscheine aufbewahrt werden. Wenn Sie also behaupten, die Maschine hat nicht richtig gezählt, nehmen Sie einfach das Bündel Scheine und zählen nach, ob es 1000 Dollar sind oder nicht. Und wenn es 1000 Dollar sind und die Maschine hat gesagt, dass es 1000 Dollar sind, dann will ich nichts von all diesem Zeug hören, von wegen dieser oder jener Funktion und dergleichen. Zeigen Sie mir, wo falsch gezählt wurde. Und bisher ist nirgendwo eine Diskrepanz aufgetaucht. Das ist doch verrückt.«

»Wie ist das mit den Stimmen, die in Detroit hereinkamen?«, fragte Trump. »Sie wissen ja, ich habe dort viele Tausend Stimmen Vorsprung. Und dann tauchen plötzlich um 4 Uhr morgens oder was weiß ich wann alle diese Stimmzettel auf.« Trumps Vorsprung löste sich in Wohlgefallen auf.

»Mr. President, haben Sie das verglichen mit dem, was beim letzten Mal passiert ist, 2016? Sie haben in Detroit dieses Jahr sogar besser abgeschnitten als damals. Die Abstände waren nahezu gleich, nur dass Sie besser und Biden etwas schlechter abgeschnitten haben in Detroit.«

»Nun, da gab es diese Kisten«, sagte Trump. »Die Leute haben diese Kisten gesehen, die Stunden nach Schließung der Wahllokale plötzlich massenhaft reinkamen.«

»Mr. President, es gibt 503 Wahlbezirke in Detroit. Es ist der einzige Bezirk in Michigan, in dem die Stimmen nicht direkt vor Ort im jeweiligen Wahlbezirk ausgezählt werden. In jedem anderen Wahlbezirk erfolgt die Auszählung unmittelbar vor Ort. In Detroit haben sie dagegen eine zentrale Auszählungsstelle. Und deshalb werden bis in die Nacht diese Kisten herangeschafft. Deshalb ist die Tatsache, dass Kisten frühmorgens in die Auszählungsstelle gebracht werden, kein bisschen verdächtig. Die machen das dort nun mal so. Die Stimmzettel kommen eben um diese Zeit an, und das Stimmenverhältnis ist nicht anders als beim letzten Mal. Es gibt keinen Hinweis auf einen plötzlichen Anstieg zusätzlicher Biden-Stimmen.«

Was ist mit Fulton County, Georgia?

»Wir haben das im Blick. Aber bisher heißt es, nun ja, es waren korrekt abgegebene Stimmen. Mr. President, wir sehen uns diese Sachen an, aber dabei kommt nicht wirklich etwas heraus.«

Trump wechselte zu anderen Unstimmigkeiten. »Wann wird Durham zu einem abschließenden Ergebnis kommen?« Trump konnte es nicht lassen, auf der Untersuchung des US-Bundesanwalts John Durham über das Verhalten des FBI bei den Russland-Ermittlungen herumzureiten.

»Ich weiß nicht, Mr. President. Das ist nicht so eine Sache, wo Sie einfach sagen können, ihr müsst liefern, was ich haben will.« Barr schnippte mit den Fingern. »Das hat seinen eigenen Ablauf, je nachdem, wie die Beweislage aussieht. Das kann ich Ihnen also nicht sagen. Aber ich denke, es wird zu Beginn der Biden-Administration Klarheit geben, hoffentlich in den ersten sechs Monaten.«

Trump wurde laut: »*Zu Beginn der Biden-Administration!*«

Ach du Scheiße, dachte Barr. Trump kochte vor Wut. Barr hatte Trump noch nie so in Rage erlebt. Wenn es möglich ist, dass einem Menschen Flammen aus den Ohren schlagen, dann hier und jetzt. Barr malte sich die Flammen aus. Niemals hatte er Trump wütender erlebt. Aber offenbar versuchte Trump, sich zu beherrschen. Er wollte sich anscheinend beruhigen und dann die Flammen ersticken.

An einer anderen Stelle sagte Trump: »Bill, ich weiß nicht, ob Sie es mitbekommen haben, aber ich habe Sie nicht angerufen.« Trump sagte dies, als hätte Barr wirklich nicht bemerkt, dass er keine regelmäßigen Anrufe des Präsidenten bekam. Gott sei Dank, dachte Barr. Unwillkürlich musste er an eine Szene in der Filmsatire *Dr. Seltsam oder: Wie ich lernte, die Bombe zu lieben* denken. Ein Offizier raunt in der Dialogszene etwas davon, seine »Essenz« den Frauen vorzuenthalten.

»Comey! Sie haben Comey nicht angeklagt, als Sie es hätten tun können«, rief Trump. »Sie haben sich geweigert.«

»Ich habe Ihnen schon hundert Mal gesagt, Mr. President, es gab in dem Fall keine Handhabe.«

Aber der Inspector General des Justizministeriums, sagte Trump, hätte doch einen Verweis darauf geschickt, dass Comey zwei Memos mit vertraulichen Informationen seinem Anwalt in New York übergeben habe. Anschließend wurden diese Memos an die Medien weitergereicht.[2]

Barr erinnerte den Präsidenten daran, dass Comey die Memos durchgegangen war und die vertraulichen Inhalte entfernt hatte. Es gab einen Disput. Es gab ein paar Sätze, die möglicherweise vertraulich hätten sein können.

»Das sind geheime Informationen«, sagte der Präsident.

»Es tut mir leid, Mr. President, ich werde in dieser Sache keine strafrechtliche Verfolgung betreiben. Wir verfolgen diesen Fall nicht.«

»Der Inspector General hat aber eine Anklage empfohlen, und Sie haben ihn überstimmt«, sagte Trump.

»Nein«, antwortete Barr, »das entspricht nicht den Tatsachen. Der IG empfiehlt keine Anklage.« Er schickt die Ergebnisse seiner investigativen Untersuchungen an die Kriminalabteilung und wartet, wie die vorgehen wollen, und als Attorney General hatte Barr dann das letzte Wort.

»Gibt es irgendetwas, das die Leute aus der Kriminalabteilung zu tun gedenken?«, fragte Trump.

Nein, sagte Barr. Dann sagte er, er müsse gehen. Er war zum Dinner mit Pompeo verabredet.

»Ich denke, wir können einen Weg finden, wie wir das geklärt kriegen«, sagte Meadows am Telefon zu Barr nach dessen Krach mit Trump vom 1. Dezember.

»Ach wirklich?«, antwortete Barr zweifelnd.

»Wissen Sie, er mag es nicht, wenn die Leute ihm die Brocken hinschmeißen«, sagte Meadows. »Er handelt lieber selbst, mit einem Präventivschlag. Er sorgt sich, die Leute sorgen sich, dass Sie einfach unerwartet irgendwann zwischen jetzt und dem 20. Januar gehen. Also, werden Sie bleiben? Können Sie versprechen, im Amt zu bleiben?«

Barr stand vor einer Entscheidung: Entweder er legte sich fest, oder er wurde wahrscheinlich gefeuert. Er sagte zu Meadows: »Erstens möchte ich niemanden überrumpeln. Ich würde nicht gehen, ohne es Ihnen vorher zu sagen. Und zweitens werde ich so lange bleiben, wie ich gebraucht werde.«

Barr, ganz Jurist, nahm an, er hätte sich ein wenig Spielraum gelassen, da er ja nicht gesagt hatte, wer darüber entscheidet, dass er gebraucht würde.

»Okay, okay«, sagte Meadows. Er schien mit diesen Bedingungen einverstanden zu sein. Es würde keinen überraschenden Rücktritt geben.

Barr bedauerte augenblicklich, gesagt zu haben, er würde bleiben. Nichts änderte sich. Trump hörte ihm nicht zu, und der Attorney General war inzwischen bestenfalls eine Marionette.

Barr trieben widerstreitende Gefühle um, wenn er über seine Rolle in der Präsidentschaft Trumps nachdachte. Einerseits stand er klar und eindeutig hinter konservativen Prinzipien – eine starke Exekutive, niedrigere Steuern, weniger Regulierung und eine Abneigung gegen die Progressiven. Er nahm auch an, Trump wäre vor allem wegen seiner Kritiker immer härter und unnachgiebiger geworden. Die Demokraten, die Medien und die Mueller-Untersuchung hatten bei Trump eine Art »Clarence-Thomas-Effekt« ausgelöst – eine Anspielung auf die bei vielen Konservativen wie Barr verbreitete Überzeugung, die scharfen Befragungen im Senat von 1991, bei denen es um die Bestätigung von Clarence Thomas' Ernennung zum Richter am Supreme Court gegangen war, hätten Thomas weit ins rechte Lager abdriften lassen.

Nach dieser Lesart, die auch von Thomas' engen Freunden und seiner Familie geteilt wurde, war Thomas wesentlich moderater, bevor Anita Hill ihre Vorwürfe wegen sexueller Belästigung vorbrachte, die Thomas auf immer verbittert hatten.

»Als die Linke mit Thomas fertig war, zog er weiter«, sagte Barr. Er glaubte, Trump wäre ebenfalls viel pragmatischer gewesen, hätte es da nicht diese unablässigen Attacken gegeben. Dasselbe könnte man auch von Barr selbst sagen, der aus seiner ersten Amtszeit als Attorney General mit hohem Ansehen ausgeschieden war, nun aber heftige Angriffe hinnehmen musste, weil er Trump beschützte und sich als standhafter Alliierter des Präsidenten im Schützengraben verbarrikadierte.

Barr musste auch weiterhin wegen seiner schützenden Hand über Trump heftige Kritik einstecken. Während des Wahlkampfs 2020 unterstützte und verstärkte Barr sogar Trumps Einwände gegen die Briefwahl. Die Republikaner mochten die Briefwahl nicht, und Barr mochte sie auch nicht. Das sagte er auch öffentlich und behauptete, das Potenzial für Wahlbetrug wäre »offenkundig« und »allgemein bekannt«, aber weder er selbst noch irgendjemand sonst legte irgendeinen Beleg dafür vor.

Als Vorsitzender Milley davon hörte, Barr könnte zurücktreten, rief er unverzüglich an.

»Mann, Sie können nicht gehen«, sagte Milley zu ihm. »Sie wissen, dass Sie nicht gehen dürfen. Wir brauchen Sie.«

»Wisst ihr, was?«, fragte Trump seine Helfer an Bord der Air Force One am 5. Dezember auf dem Rückflug von einer Wahlveranstaltung in Valdosta, Georgia, nach Washington. »Das war perfekt. Ich glaube nicht, dass wir da noch mal hinmüssen.«

Trump war genervt von den zwei Stichwahlen für den Senat, die auf den 5. Januar in Georgia terminiert waren. Er sagte seinen Helfern, die republikanischen Senatoren Kelly Loeffler und David Perdue wären typische Business-Republikaner, sie wären nicht tough genug. Er würde für sie Wahlkampf machen, okay, aber er würde sich nicht auf den Kopf stellen. Er hatte anderes zu tun.

Sein Juristenteam fiel auseinander. Er verlor ein Verfahren nach dem anderen. Und am 6. Dezember wurde Giuliani ins Georgetown University Hospital eingeliefert. Er hatte sich mit dem Coronavirus infiziert.

Am Tag darauf brütete Trump alleine im Oval Office vor sich hin, während unten in der Halle gerade eine Feiertagsparty des Weißen Hauses anfangen sollte (der 7. Dezember ist der Pearl-Harbor-Gedenktag, allerdings kein offizieller Feiertag in den USA – Anm. d. Ü.). Nur wenige Teilnehmer trugen Masken, während sie sich um einen riesigen Weihnachtsbaum, eine Fraser-Tanne, im Blue Room scharten, obgleich die Infektionszahlen stark zunahmen, nicht zuletzt im Weißen Haus selbst.

»Fantastische Zeit«, schrieb Donald Trump jr. in einem Post auf Instagram und posierte mit seiner Freundin Kimberly Guilfoyle, einer ehemaligen Moderatorin bei Fox News. Keiner von beiden trug eine Maske.[3]

Der konservative Kommentator Steve Cortes, ein Investor aus Chicago, der inzwischen zum festen Ensemble in Trumps Kampf um den Wahlausgang gehörte, wurde eingeladen, den Präsidenten zu besuchen. Cortes' Twitter-Profil beschrieb ihn als »Stimme der ›Deplorables‹. Hispanisch. Geschaffen für einen Sturm.«[4] Die »Deplorables«, die Beklagenswerten, waren eine Anspielung auf die Formulierung Hillary Clintons, mit der sie bestimmte Trump-Anhänger im Jahr 2016 beschrieben hatte.[5]

Sonst war niemand da. Cortes erzählte anderen später, er wäre verblüfft angesichts der Leere im West Wing gewesen, als er nach oben in Richtung Oval Office ging, wo er Trump alleine antraf.

Als Cortes eintrat, stauchte Trump bei einem Videotelefonat Rudy Giuliani zusammen. Er war erregt, tobte erneut wegen der gestohlenen Wahl und der juristischen Probleme seiner Kampagne.

»Ah, Cortes ist da. Ich muss gehen.« Er beendete das Videotelefonat.

»Sie können es immer noch wiederbeleben«, sagte Cortes aufmunternd. Er war gekommen, um Trump daran zu hindern, den Kampf aufzugeben. »Aber Sie werden eine Menge Verbündete brauchen, eine Menge Kampfgeist und eine Menge Geld.« Trump gab ihm recht. Offenbar war es das, was er hatte hören wollen.

Jemand, der einen Silberstreif am Horizont sah.

Cortes sagte, Trump müsse sich wieder bei den Leuten blicken lassen. »Sie sind seit der Wahl in der Versenkung verschwunden«.

»Nein, bin ich nicht.«

»Aber sicher sind Sie das.«

Trump wurde laut. Er war auf 180. »Ich habe viel getwittert!«

»Twittern zählt nicht. Tweets aus der Residenz ist nicht dasselbe, wie für die Öffentlichkeit der Präsident der Vereinigten Staaten zu sein.«

Cortes blieb bei seiner Richtung. Er wollte bei Trump Wirkung erzielen. Die »Deplorables« konnten es nicht erwarten, Trump wieder dabei zu erleben, wie er auf das Establishment losgeht.

»Gehen Sie zu CNN, zu Brian Williams auf MSNBC«, sagte Cortes. »Die Fakten sind auf unserer Seite. Lassen wir Lester Holt hier antanzen. Stehen Sie auf und kämpfen Sie für Ihre Sache.«

Trump verwarf den Gedanken. Die waren die Fake News, sagte er. Nie im Leben. Er nahm sich Fox News vor und fing wieder an zu toben. Sie hatten Arizona als Sieg für Biden verbucht. Sie waren genauso ein Teil dieses Wahlbetrugs wie alle anderen. Sie waren ganz schlimm.

»Wir müssen kämpfen«, sagte Cortes. »Wir müssen die Legislative öffentlich unter Druck setzen. Wir müssen ihnen die Hölle heißmachen.«

Trump sprach über Giuliani, die Gerichtsverfahren.

»Kein Richter im Land will über diese Verfahren entscheiden, am allerwenigsten der Supreme Court«, meinte Cortes. »Das Gericht der öffentlichen Meinung ist das einzige, auf das es ankommt.«

VIERUNDDREISSIG

McConnell blieb schärfstens fokussiert auf die Senatsstichwahl in Georgia. Ihm bereiteten die Umfragen Sorgen, in denen die beiden demokratischen Kandidaten konstant in der Nähe von oder gar über 50 Prozent lagen.

Sein Verbündeter, Senator Todd Young aus Indiana, der den Senatswahlkampf der GOP leitete, rekrutierte Karl Rove, den altgedienten Berater von Expräsident George W. Bush, als Berater für die Leitung einer speziellen gemeinsamen Fundraising-Aktion für Perdue und Loeffler. Rove rief nahezu jeden einzelnen wichtigen Spender der Republikaner an und bat darum, noch den einen oder anderen Tausender lockerzumachen.

Rove hatte gerüchteweise vernommen, dass Trump und das Weiße Haus gar nicht glücklich darüber waren, eine Person, die so enge Verbindungen zu dem von Trump verachteten und verspotteten George W. Bush hatte, in die Endphase des Wahlkampfs in Georgia eingespannt zu sehen. Rove äußerte sich auch noch öffentlich ablehnend über Trumps Slogan »Stop the Steal«, und die Überschrift seiner Kolumne im *Wall Street Journal* vom 11. November lautete denn auch: »Dieses Wahlergebnis wird nicht gekippt.«[1]

Rove rief Jared Kushner an und fragte, ob sich Trump an seiner Mitwirkung störe. Kushner sagte ihm, er solle weitermachen. Ich habe keine Ahnung, wovon Sie reden, meinte Kushner.

Aber die Achse Rove-McConnell besaß nicht gerade die Meinungsführerschaft in Georgia, obwohl sie die Ausgaben koordinierte. Stattdessen wurde ein vorlauter Anwalt namens Lin Wood, der zutiefst verschwörungstheoretische Ansichten zu den Wahlen vertrat, immer mehr zu einer zentralen Figur. Er trat bei Wahlveranstaltungen und in den sozialen Medien prominent in Erscheinung und wetterte gegen Bidens angeblich illegalen Wahlsieg. Erstaunlicherweise riet er bei einer frühen Veranstaltung im Dezember zusammen mit Sidney Powell den Republikanern in Georgia, sie sollten besser zu Hause bleiben und gar nicht wählen.

»Sie haben eure Stimmen nicht verdient«, sagte Wood über die beiden GOP-Senatoren. »Gebt sie ihnen nicht. Warum um Himmels willen solltet ihr hingehen und eure Stimme bei einer weiteren manipulierten Wahl verschleudern? Korrigiert lieber das Wahlergebnis!«[2]

Rove war sprachlos. Die Anwältin des Präsidenten und Lin Wood sorgten dafür, dass die GOP weniger Stimmen bekam. Mit voller Absicht.

»Ihr lasst Sidney Powell und Lin Wood hingehen und diese bescheuerten Anschuldigungen gegen die Wahlmaschinen von Dominion unter die Leute bringen, es würde sich angeblich um eine von Hugo Chávez geschaffene Firma handeln«, beschwerte sich Rove mit Hinweis auf den verstorbenen Präsidenten Venezuelas. Ihn beunruhigte das drohende Desaster für die Republikanische Partei ganz erheblich.

Rove hatte mehr als genug Erfahrung mit dem Kreuzzug gegen Wahlbetrug. Nur konnte hier schlicht keine Rede davon sein. Die Maschinen waren zuverlässig und sicher, wiederholte er gegenüber anderen wieder und wieder, als sich die Fragen häuften.

»Sie sind nicht mit dem Internet verbunden, und sie tabulieren die Stimmzettel mittels eines USB-Sticks, codiert für die jeweilige Maschine im jeweiligen Wahlbezirk. Diese Sticks mit den Einzelergebnissen wurden dann an einen zentralen Standort gebracht, wo die Stimmen übertragen und gezählt werden sollten.«

Trump verlor auf der ganzen Linie, durch die Bank.

»Trump und die GOP haben inzwischen über 50 Gerichtsverfahren nach den Wahlen verloren«, lautete die Überschrift in *Forbes* vom 8. Dezember,[3] nachdem der Supreme Court einen Versuch seines Verbündeten, des Kongressabgeordneten Mike Kelly aus Pennsylvania, abgewiesen hatte, den Staat an der Bestätigung von Bidens Wahlsieg zu hindern.

Die Ablehnung durch das Oberste Gericht, ausgesprochen von Samuel Alito, einem der konservativsten Richter am Supreme Court, bestand aus einem einzigen Satz: »Der dem Richter Alito vorgelegte und von ihm an das Gericht verwiesene Antrag auf Erlass einer einstweiligen Verfügung wird abgelehnt.«[4]

Frustriert rief Trump Senator Ted Cruz an, den forschen Republikaner aus Texas. Cruz, der in Harvard seinen Jura-Abschluss gemacht hatte, hatte von 1996 bis 1997 für Chief Justice William H. Rehnquist gearbeitet.

Die beiden hatten sich während des Kampfs um die republikanische Nominierung zum Präsidentschaftskandidaten 2016 verfeindet. Auf Twitter hatte Trump in unverschämter Weise die Attraktivität von Cruz' Ehefrau Heidi derjenigen seiner glamourösen Gattin Melania gegenübergestellt.

»Ein Bild sagt mehr als tausend Worte«, lautete Trumps Tweet, mit dem er einen Tweet eines Unterstützers weiterverbreitete.[5] Unter dem Text waren dann zwei Fotos zu sehen. Eines zeigte Melania, die aussah wie ein Supermodel, aufgenommen in einem perfekt ausgeleuchteten Fotostudio. Das andere zeigte Heidi Cruz mit einem keifend wirkenden Blick in einem Raum mit kaltem, hartem Licht.

Trump erzählte später Maureen Dowd, der Kolumnistin der *New York Times*, er würde den Tweet bedauern – einer der ganz seltenen Fälle, in denen er sich jemals für einen Tweet entschuldigte.[6] Er hatte auch Cruz' Vater einer Verbindung zu Lee Harvey Oswald beschuldigt, dem Mörder John F. Kennedys.

Trump und Cruz hatten diesen zurückliegenden Streit abgehakt und ein Zweckbündnis während Trumps Präsidentschaft geschmiedet – zwei Politiker, die sich gegenseitig von Nutzen sein konnten.

Cruz befand sich mitten beim Dinner in einem Steakhouse, als der Präsident anrief.

»Ich bin auch frustriert«, sagte Cruz.

»Aber sind Sie überrascht?«

»Nein«, sagte Cruz. »Es gibt jede Menge institutionelle Gründe, warum sie sich weigern, diesen Fall anzunehmen. Sie lassen sich auf reale Risiken ein, wenn sie diesen Fall annehmen.« Cruz hatte sich öffentlich dafür starkgemacht, den Fall vor den Supreme Court zu bringen, insgeheim war ihm jedoch klar, dass das ein ziemlich aussichtsloses Unterfangen war.

Nun, meinte Trump, aus Texas sei an jenem Tag ein weiterer Fall vor den Supreme Court gebracht worden. Würden Sie diesen Fall vertreten?

Sicher, sagte, Cruz. Ich freue mich immer, wenn ich helfen kann.

»Aber vielleicht nehmen sie die Klage gar nicht an«, ergänzte er.

»Wieso? Wieso? Wieso sollten sie den Fall nicht annehmen?«

Cruz sagte, wenn der Supreme Court den Fall aus Pennsylvania nicht annimmt, würden sie sehr wahrscheinlich auch den Fall aus Texas zurückweisen.

Drei Tage danach, am 11. Dezember, versammelte Trump eine große Gruppe seiner Kampagnenanwälte im Oval Office. Er ging durch den Raum und fragte nach den neuesten pikanten Details zu den Fällen und den Stimmenauszählungen.

»Was denken Sie über Nevada?

»Was denken Sie über Pennsylvania?«

Die Antworten fielen maßvoll und zurückhaltend aus.

Dann schlug er einen gemeinsamen Fototermin vor. Das Lächeln wirkte gezwungen. Matt Morgan und Justin Clark, ein weiterer Spitzenjurist der Wahlkampagne, blieben noch da, nachdem andere gegangen waren.

Trump fragte die Experten nach Pennsylvania. Er fragte auch nach dem Fall in Texas. Cruz könnte die Sache vor Gericht vertreten. Was halten Sie davon? Wie sind unsere Chancen, dass unsere juristischen Eingaben in diesen Staaten vom Supreme Court gehört werden?

»Ich denke, das wird ein sehr schwerer Kampf«, sagte Morgan. Ich glaube nicht, dass Sie die nötigen Stimmen im Obersten Gericht auf Ihrer Seite haben.

»Die haben keinen Mut«, sagte Trump.

Die Aussichten waren bescheiden. Trump beendete das Treffen und schickte die Juristen hinaus. Er hatte noch andere Anwälte. Die erzählten ihm, er könne am Ende wieder ins Weiße Haus einziehen, Supreme Court hin oder her.

Barr nahm an, dass Trump das denkbar schlechteste Juristenteam um sich geschart hatte, um gegen den Wahlausgang zu Felde zu ziehen. Rudy Giuliani war im Aufstieg begriffen, zusammen mit Leuten wie der konservativen Anwältin Jenna Ellis – Barr hielt sie schlicht für dumm. Sidney Powell dagegen hielt er für glatt unzurechnungsfähig. Der Schlimmste jedoch war Giuliani selbst – »ein absoluter Vollidiot«, der schuld daran war, dass Trump ein Amtsenthebungsverfahren am Hals gehabt hatte, wie Barr sagte. Giuliani »trank zu viel und brauchte dringend Geld, vertrat Gesindel und Ekelpakete wie Lev Parnas«, den in der Ukraine geborenen amerikanischen Geschäftsmann, der bei verschiedenen Bemühungen, Trump hilfreich zur Seite zu stehen, seine Finger im Spiel hatte.

»Die sitzen im Trump Hotel herum, mit offenem Hemd und dicken Goldketten um den Hals«, fasste Barr die merkwürdige Truppe zusammen.

Am Wochenende nach dem 1. Dezember verfasste Barr ein Rücktrittsschreiben – für alle Fälle.[7] Er kannte alle Knöpfe, die man an Trumps psychologischer Konsole drücken oder drehen konnte. Erschlage ihn mit Schmeicheleien: »Ihre Bilanz ist umso historischer, weil Sie sie gegen unerbittlichen und unversöhnlichen Widerstand erzielt haben.« Während die Vorwürfe wegen Wahlbetrugs weiterhin verfolgt werden, werden Sie mit der Operation Warp Speed und der Entwicklung von Impfstoffen »zweifellos Millionen Menschenleben retten«. Das harte Durchgreifen gegen Gewaltverbrechen im Inland und das entschlossene Auftreten im Handelsstreit mit China seien einzigartige Erfolge Trumps.

Er traf sich mit Trump privat am 14. Dezember, das Rücktrittsschreiben in der Hand.

»Ich weiß, dass Sie enttäuscht von mir sind«, begann Barr. »Ich weiß, dass Sie über einige Dinge, die ich gemacht habe, verärgert sind. So viel haben Sie klargestellt. Und wir hatten ja einen guten Start gehabt. Ich denke, Sie wissen, dass ich mein Bestes gegeben habe, um Ihnen ehrenvoll als Attorney General zu dienen. Und Sie wissen auch, dass wir eine Weile ein ganz gutes Verhältnis hatten, aber inzwischen geraten wir doch ziemlich heftig aneinander. Und ich glaube nicht, dass das aufhören wird. Deshalb möchte ich gehen, und zwar in gutem Einvernehmen. Ich möchte nichts tun, was Sie bloßstellt oder verletzt. Zugleich glaube ich aber auch, dass ich meinen Zweck hier erfüllt habe. Es gibt nichts Positives mehr, was ich hier beitragen könnte.«

Barr sagte, er wolle am 23. Dezember zurücktreten, um die Weihnachtsferien mit seiner Familie zu verbringen. Trump akzeptierte den Rücktritt und twitterte: »Unser Verhältnis war ausgezeichnet, er hat hervorragende Arbeit geleistet.«[8]

Am 14. Dezember gaben die Wahlleute aller 50 Bundesstaaten sowie von Washington, D. C., formell ihre Stimmen ab. Biden erhielt 306 Wahlmännerstimmen, Trump 232. Aufgrund von Trumps diversen juristischen und gesetzgeberischen Anfechtungen musste das Endergebnis noch drei Wochen warten, bis zu einer gemeinsamen Sitzung am 6. Januar. Dabei würde der Kongress formell die Stimmen der Wahlleute auszählen und das verfassungsgemäße Wahlergebnis bestätigen.[9]

Trump hielt den Kongress noch immer dazu an, die Zertifizierung des Ergebnisses zu verweigern. Viele Republikaner schlossen sich seinem Kampf an. Tage vor der Stimmabgabe der Wahlleute sagten nahezu zwei Drittel der Republikaner im Repräsentantenhaus, einschließlich des Minderheitsführers Kevin McCarthy, sie würden eine Stellungnahme als »Amicus Curiae« unterstützen. Diese sprach sich für eine Klage in Texas aus, welche den Supreme Court veranlassen sollte, das Auszählen der Wahlmännerstimmen für Biden aus Pennsylvania, Michigan, Wisconsin und Georgia zu blockieren.[10]

Lindsey Graham sah allerdings große Unterschiede zwischen der

Kampfeslust im Repräsentantenhaus und dem politischen Willen innerhalb der Republikanischen Partei im Senat. Auf der Basis seiner eigenen Zählung schien kein Interesse an einem Kippen des Ergebnisses der Wahlleute vorhanden zu sein, und er hoffte, die republikanischen Senatoren würden sich nicht in diesen Kampf hineinziehen lassen. Er und andere republikanische Senatoren hielten diese Ansicht von Trump fern und versuchten, seine Wut nicht noch stärker eskalieren zu lassen.

Bei einem Telefonat mit Trump fütterte Graham dessen Ego: »Niemand in der Geschichte Amerikas hat das Amt so mächtig verlassen, wie Sie es tun. Sie sind ein Schattenpräsident. Mr. President, Sie sitzen auf einer Geldmaschine. Sie haben in den letzten fünf oder sechs Wochen Hunderte Millionen Spenden eingeworben. Sie haben die Nominierung durch die Republikanische Partei fest verbucht, wenn Sie das wünschen.

Bessern Sie bei den Frauen mit College-Abschluss nach, bei denen wir schlecht abschneiden«, riet ihm Graham – nicht sehr wahrscheinlich, dass daraus etwas werden würde.

Die Abstimmung der Wahlleute war genug für McConnell, der Mark Meadows am Morgen des 15. Dezember anrief.

»Reden Sie persönlich mit dem Präsidenten und sagen Sie ihm, dass ich den Wahlsieg Bidens anerkennen werde«, sagte ihm McConnell.

McConnell begab sich bald darauf in den Senatssaal.

»Viele Millionen von uns hatten gehofft, die Präsidentschaftswahlen würden ein anderes Ergebnis hervorbringen. Aber in unserem Regierungssystem gibt es Abläufe, die bestimmen, wer am 20. Januar den Amtseid ablegt«, sagte er. »Das Electoral College hat gesprochen. Deshalb möchte ich heute dem gewählten Präsidenten Joe Biden gratulieren.«[11]

Trump griff unverzüglich zum Telefon und deckte McConnell mit Schimpfwörtern ein.

»Mr. President«, wehrte sich McConnell, »das Electoral College hat gesprochen. So wird in diesem Land der Präsident gewählt.«

Trump verfluchte McConnell. Illoyal! Schwächling! Er behauptete, McConnell hätte seine Kandidatur zur Wiederwahl in Kentucky Monate zuvor nur dank seiner, Trumps, Unterstützung gewonnen.

»Und das ist jetzt der Dank?«, fragte Trump. Er war auf 180. Wollte es nicht glauben. »Sie verstehen mich einfach nicht. Sie haben mich noch nie verstanden.«

McConnell schwieg. Aber Trumps Behauptung, er hätte ihm erst die Wiederwahl in den Senat ermöglicht, war absurd. Er bemerkte gegenüber Helfern, im Jahr 2014, als Trump noch seine TV-Realityshow *The Apprentice* auf NBC moderierte, habe er in Kentucky mit 15 Prozentpunkten Vorsprung gewonnen, genau wie 2020.

Am Telefon beendete McConnell das Gespräch mit einem kurzen Hinweis an Trump, der die Fakten zusammenfasste.

»Sie haben die Wahl verloren«, sagte er, »das Electoral College hat gesprochen.« Dann legte er auf.

McConnell hoffte, das wäre das letzte Mal gewesen, dass er und Trump ein Wort miteinander gewechselt hatten.

Biden rief McConnell an.

»Mr. President«, sagte McConnell mit voller Absicht, wenngleich Biden eigentlich erst »President-elect« war. Die beiden hatten ein freundliches, wenn auch ergebnisloses Gespräch.

McConnell und Biden pflegten seit Jahren ein freundschaftliches Verhältnis. McConnell bewunderte ihn als herausragenden Fürsprecher der Chancengleichheit. Er hatte sogar bei der Beerdigung von Strom Thurmond gesprochen, dem verstorbenen Senator, der einst Befürworter der Segregation gewesen war. Biden war jemand, der mit seinen Kollegen gut zurechtkam, der Bündnisse schmiedete, auch wenn die politischen Ansichten nicht auf einer Linie lagen.

Die beiden hatten in den Obama-Jahren eng zusammengearbeitet, um Haushaltsbeschlüsse unter Dach und Fach zu bringen. Biden hatte das McConnell Center an der University of Louisville im Jahr 2011 besucht. Viel näher konnte ein Senatsführer einem im Stil von Präsidentenbibliotheken gehaltenen Archiv und Versammlungsort schwerlich kommen. Biden sagte, die Menschen seien gekommen, weil sie »sehen wollten, ob ein Republikaner und ein Demokrat wirklich miteinander können oder nicht«.[12]

»Wir können«, sagte Biden, und McConnell quittierte es mit einem Lächeln.

FÜNFUNDDREISSIG

Meadows rief FDA-Commissioner Stephen Hahn eines Morgens Mitte Dezember an und beschuldigte ihn und Peter Marks, Hahns für den Impfstoff zuständigen Stellvertreter, sie würden nicht genug tun, um den Genehmigungsprozess für den Impfstoff zu beschleunigen. Sie würden die Sache nicht ausreichend ernst nehmen und nicht genug Ressourcen dafür investieren.

Dem Durchschnittsbürger ist es egal, ob sich die FDA dieses oder jenes Prozesses bedient, sagte Meadows. Das hätte mit dem Vertrauen in den Impfstoff als solchen nichts zu tun.

Hahn war schockiert. Er hatte bereits zahlreiche Telefonate mit dem Präsidenten und mit Meadows hinter sich – bisweilen drei Mal in der Woche.

»Das ist, als würde man sagen, wir haben nicht genug Gehirnchirurgen, also setze ich einen Assistenzarzt darauf an und sage ihm, er solle Ihre Kraniotomie übernehmen und Ihnen den Gehirntumor herausoperieren«, sagte Hahn später gegenüber anderen. »Das kann man nicht machen.«

Sie wissen überhaupt nicht, was Sie tun, schrie Meadows Hahn an.

Mark, ich bin da vollkommen anderer Ansicht, sagte Hahn. »Sie liegen völlig falsch.«

Danach grummelte Meadows etwas von Rücktritt. »Entschuldigen Sie, was haben Sie gesagt?«, wollte Hahn wissen.

»Nichts, ich habe gar nichts gesagt«, sagte Meadows. »Ich werde die Sache in die Hand nehmen.« Meadows legte auf, rief 30 Minuten später aber wieder an und entschuldigte sich.

Aber Trump ließ schon bald einen Tweet vom Stapel: »Nur mein Drängen hat die Genehmigung ZAHLREICHER fantastischer Impfstoffe durch die in Geld schwimmende, aber extrem bürokratische FDA um 5 Jahre beschleunigt, aber die FDA ist trotzdem noch immer eine große, alte, langsame Schildkröte. Bringen Sie diese verdammten Vakzine JETZT heraus, Dr. Hahn. Hören Sie auf, Spielchen zu spielen, und fangen Sie an, Leben zu retten!!!«[1]

Pfizer-BioNTech wurde noch am gleichen Tag autorisiert, den Impfstoff bei Personen ab 16 Jahren in den USA anzuwenden.[2] Eine Woche später wurde der Impfstoff von Moderna für Personen ab 18 Jahren zugelassen.[3] Die Entwicklung zweier hochgradig wirksamer Impfstoffe in Rekordzeit war eine noch nie da gewesene Leistung.

Aber bei der Verteilung hakte es.[4]

Für Ron Klain, den frischgebackenen Stabschef, türmte sich die Arbeit derweil ungebremst immer weiter auf. Genau dies betrachtete Klain als das prosaische Handwerk des Regierens inmitten der Krise. Sie mussten die Dinge eben irgendwie auf die Reihe kriegen.

Die Zahlen der Corona-Infektionen und der damit verbundenen Todesfälle waren seit November gestiegen und kletterten gerade auf immer neue Rekordwerte.[5] Am 2. Dezember erreichte die Hospitalisierungsrate ein Allzeithoch – über 100 000 –, und an dem einen Tag wurden mindestens 2760 Todesfälle registriert, mehr als die bis dahin höchste Opferzahl an einem Tag – das waren 2752 Tote am 15. April gewesen.

Das Vakzin war also in Höchstgeschwindigkeit entwickelt worden, aber wenn es nicht in die Arme der Menschen gespritzt werden konnte, würde der Effekt dieses Erfolgs verpuffen.

Klain sah zu, als die ersten Impfungen am 14. Dezember begannen. Die ersten Empfänger der Spritze waren 3913 Personen, die im Gesundheitsdienst an vorderster Front tätig waren.[6] Rund 2,9 Millionen Impfdosen wurden an die Bundesstaaten verteilt, und 12,4 Millionen bis zum 30. Dezember – deutlich weniger als die ursprünglich angepeilten 20 Millionen. Man ging davon aus, dass die meisten Amerikaner erst 2021 geimpft werden konnten. Das Verteilungssystem war entscheidend, und es war nicht ausreichend. Würde sich das beheben lassen?

Und wie konnte man die am Boden liegende Wirtschaft ankurbeln? Die Wirtschaft, die sich im Mai zu erholen begonnen hatte, geriet wieder ins Stocken. Mehr als 140 000 Amerikaner würden im Dezember ihren Job verlieren. Die Angestellten von Restaurants und Bars sahen sich immer wieder mit Entlassungen konfrontiert, weil nur die wenigsten Amerikaner zum Essen ausgehen oder Bars besuchen konnten.[7]

Klain hatte Stunden mit Biden verbracht und über die wichtigen Lektionen diskutiert, die er in seiner Zeit als Obamas Ebola-Koordinator im Jahr 2014 gelernt hatte. Die Wissenschaft muss von der Politik getrennt werden. Jeder hat in seiner Spur zu bleiben.

Diese Dinge sind wie Waldbrände, sagte Klain zu Biden: Selbst wenn nur fünf Glutnester übrig blieben, würden die Brände wieder aufflackern. Man musste die Sache wirklich gründlich zu Ende bringen.

Als Ebola-Koordinator erinnerte Klain Biden daran, dass er entschieden hatte, 17 Stationen für die Ebola-Behandlung in Westafrika einzurichten, an jedem potenziellen Standort, an dem die Seuche aufflammen könnte.[8] Von diesen 17 Stationen, meinte er, wurden neun niemals genutzt. Ich bekam später Prügel, weil ich Geld verschwendet hätte. Aber da es zwei Monate dauerte, diese Zentren aufzubauen, wäre es zu spät gewesen, wenn sie erst einmal hätten abwarten wollen, um zu sehen, ob sie überhaupt gebraucht wurden. So läuft das eben bei einer Epidemie. Du musst der Sache vorausbleiben.

Aufrüsten war nun an allen Fronten das A und O, sagte Klain. Aufrüsten und vorbereitet sein. Alles einkaufen, was die USA vielleicht brauchen konnten, oder eben riskieren, dass die Ware nicht zur Verfügung steht, wenn es darauf ankommt. Die anfänglichen Engpässe – bei Masken, Ausrüstung für Mitarbeiter im Gesundheitswesen, Beatmungsgeräten – waren zweifellos ein Faktor bei dieser virulenten Ausbreitung des über die Atemluft übertragenen Virus in den ersten Monaten der Pandemie gewesen.

Biden beherzigte Klains Lehren und wies sein Team wiederholt an, keine halben Sachen zu machen. Biden zeigte seine Verärgerung, wann immer er von Störungen im Ablauf erfuhr.

»Wie viele Impfdosen werden wir brauchen?«, fragte Biden. »Wie viele Menschen müssen eingestellt werden, um den Leuten ihre Impfdosen zu verabreichen?« Er wollte alles wissen.

»Sehen Sie«, sagte Biden bei einem Treffen zur Machtübergabe, »unterschätzen Sie die Sache nicht. Überschätzen Sie sie besser. Wenn wir am Ende zu viel Impfstoff haben, zu viele Impfstandorte, zu viel von allem, werde ich es auf meine Kappe nehmen. Was ich jedoch nicht auf meine Kappe nehmen werde, ist ein Zustand des Mangels.«

Anfang Dezember hatte Biden seinen 54-jährigen Vorsitzenden des Übergangsteams, Jeff Zients, zum Koordinator des Weißen Hauses für den Umgang mit dem Coronavirus ernannt.

Zients war weder Mediziner noch Wissenschaftler, er war ein Management-Guru, der auch in der Amtszeit Obamas führende Wirtschaftspositionen im Weißen Haus eingenommen hatte. So diente er etwa als kommissarischer Direktor des Amts für Verwaltung und Haushalt (Office of Management and Budget – OMB).

Zu seinen früheren Aufgaben hatten die Aufräumarbeiten nach dem verhängnisvollen Zusammenbruch der Website Healthcare.gov gehört, die zur Registrierung für Obamacare dienen sollte. Dann hatte ihn der damalige Vizepräsident Biden zur Seite genommen. »Das ist Stress«, sagte Biden, »und es kann klappen, es kann aber auch schiefgehen. Sagen Sie uns einfach immer die unverblümte Wahrheit, und wir werden mit allem fertig.«

Zients war klar, dass das Koordinieren der Reaktion auf Covid-19 um Längen komplizierter und wichtiger war.

Als Geschäftsmann lief Zients' Philosophie darauf hinaus, ein Problem regelrecht zu erschlagen, wie verrückt zu planen, Mittel zuzuweisen, Dinge neu zu evaluieren und anzupassen, Tag für Tag, wenn es sein musste, und dann die Mittel neu zu verteilen.[9] Diese Herangehensweise hatte ihm ein Privatvermögen von mindestens 100 Millionen Dollar eingebracht.

Zients und sein Team machten sich sofort an die Ausarbeitung von

Bidens nationaler Strategie zur Reaktion auf das Virus und eventuell notwendiger Dekrete, um die Umsetzung dieser Strategie zu beschleunigen. Sie mussten am Mittag des 20. Januar vollständig startklar sein. Der Plan wurde 200 Seiten lang.

Natalie Quillian, eine Expertin für nationale Sicherheit und ehemalige leitende Beraterin des Weißen Hauses und des Pentagons, wurde zu Zients' Stellvertreterin ernannt. Die beiden verbrachten mehrere Wochen mit dem Versuch zu verstehen, wie Trump plante, die Impfungen wirklich an die Leute zu bringen, aber die Kooperationsbereitschaft und die Weitergabe von Informationen seitens der Trump-Administration waren lückenhaft und unzureichend. Und was noch schlimmer war: Das Trump-Team schien überhaupt keinen umfassenden Plan zur Verteilung des Impfstoffs zu haben.

Angesichts der Dimension des Problems gingen Zients und Klain davon aus, es müsste einen Geheimplan geben, den das Trump-Team nicht herausrücken wollte. Am Ende kamen sie zu dem Schluss, dass es schlicht nichts herauszurücken gab, sei es nun öffentlich oder geheim.

Klain brachte Biden auf den neusten Stand. »Sie haben es vollkommen in den Sand gesetzt«, sagte Klain.

Für den Aufbau ihrer nationalen Strategie teilte Quillian danach die Aufgabe in drei Bereiche auf.

Erstens: Steigerung von Impfstoffproduktion und -angebot. Zweitens: ausreichend Impfpersonal bereithalten, um die Impfungen zu den Menschen zu bringen. Drittens: Beschaffen der Standorte, Kliniken oder Impfzentren, an denen die Menschen geimpft werden konnten.

Die Trump-Administration hatte die Entwicklung des Impfstoffs angeregt und gefördert, eine immerhin beachtliche Errungenschaft in Rekordzeit, aber sie hatte auch vor, die Fläschchen den einzelnen Staaten sozusagen vor die Tür zu stellen und es dann jedem Einzelstaat selbst zu überlassen, sich einen Verteilungsplan zurechtzulegen.

»Das war die denkbar schlechteste Entscheidung«, sagte Dr. Anthony Fauci dem Zients-Team bei einer Zoom-Konferenz. Die Staaten blieben so auf sich allein gestellt.

Fauci war das Gesicht des medizinischen Teils der US-amerikanischen Antwort auf das Coronavirus. Biden hatte dem 80 Jahre alten Wissenschaftler den Job des leitenden medizinischen Beraters angeboten.

Fauci sagte, die Hauptaufgabe bestünde darin, um die 70 bis 85 Prozent der Bevölkerung geimpft zu bekommen und damit eine »Herdenimmunität« zu erreichen. Das war ein Punkt, an dem Infektionen begannen, rasch zurückzugehen, ohne dass zusätzliche drastische Maßnahmen zum Eindämmen der Verbreitung notwendig wurden. Es würde ein effizientes Impfen über mehrere Monate brauchen, um dieses Ziel zu erreichen. Er warnte vor einem »Anstieg nach dem Anstieg« nach den Ferien, wenn die Krankenhäuser möglicherweise an ihre Belastungsgrenze kommen könnten.

Wir müssen auf jeden Fall dafür sorgen, dass die Bundesregierung partnerschaftlich mit den Einzelstaaten kooperiert, sagte Fauci.

»Sagt nicht einfach bloß den Staaten: Hier ist das Geld, kümmert euch selbst um den Rest«, sagte er. »Sie brauchen oft eine gewisse Anleitung. Und sie brauchen Ressourcen.«

An welchen Stellschrauben würde Biden drehen können, um die Maßnahmen des Bundes in die Gemeinden zu bringen und vor Ort wirkungsvoll zu helfen? Zients' Team stellte eine umfassende Liste mit allen Agenturen und Unteragenturen auf Bundesebene zusammen.

FEMA! Das war der große »Aha«-Moment, sagte Zients zu seinem Team. Die Federal Emergency Management Agency war exakt dafür konzipiert, auf Notfälle wie die Pandemie zu reagieren. Während Trump die FEMA und ihren Finanzierungspool früher im Jahr mit präsidialen Verfügungen quasi angezapft hatte, war Zients überzeugt, diese Institution würde viel zu wenig genutzt.

Er setzte sich mit Tim Manning in Verbindung, der als stellvertretender Administrator der FEMA während der acht Jahre der Regierung Obama gearbeitet hatte. Zients fragte Manning, ob es möglich wäre, dass die FEMA dazu beiträgt, im ganzen Land Standorte für Massenimpfungen in den Gemeinden hochzuziehen und zu betreiben.

Die FEMA konnte das, sagte Manning. Kurz darauf wurde er zu Zients' Beschaffungskoordinator.

Zients und Quillian war klar, dass sie während der Übergangsphase die FEMA nicht anweisen konnten, mit den Vorbereitungen zu beginnen. Stattdessen begannen sie, die FEMA mit Fragen zu bombardieren und dabei den Plan zu signalisieren, den die FEMA am Mittag des 20. Januar in die Tat umsetzen sollte.

Sie planten überdies, den Defense Production Act zu nutzen, der dem Präsidenten weitreichende Notfallbefugnisse verlieh, mit denen er auf Ressourcen und Fertigungskapazitäten privater US-Unternehmen zurückgreifen konnte. Auf dieser Grundlage sollten dann die Produktion, das Testen und die Versorgung mit Geräten hochgefahren werden. Trump hatte mithilfe dieser Befugnis bei der Produktion von Beatmungsgeräten aufs Tempo gedrückt.

Der 20. Januar sollte den Startschuss für einen neuen nationalen Virusreaktionsplan abgeben. »Fairness und Gleichheit«, das war Bidens Mantra. Das wollte er in den Mittelpunkt seines Plans stellen, zusammen mit der Effizienz.

Sie konnten die 1385 Gesundheitszentren der Gemeinden im ganzen Land nutzen, sagte Zients zu Biden. Das sind von den Einzelstaaten und den Kommunen geführte Organisationen, die eine bezahlbare, hochwertige medizinische Grundversorgung für rund 30 Millionen Amerikaner in den am schwersten betroffenen und am schwierigsten zu erreichenden Communitys bereitstellen.[10]

Über 91 Prozent der dortigen Patienten leben unterhalb der Armutsgrenze, und über 60 Prozent gehören einer ethnischen Minderheit an, sagte er.[11] Die Bundesregierung könnte in Zusammenarbeit mit den Gesundheitszentren für einen direkten Zugang zu Impfstoffversorgung, Finanzierung und Personal sorgen.

Bidens Team legte ihm schon bald die ersten Schätzungen hinsichtlich der Prioritäten vor, die er in seinem ersten Ausgabenpaket abgedeckt wissen wollte: über 150 Milliarden Dollar für den Kauf von Impfstoff, weitere 150 Milliarden für das Impfen selbst, und 150 Milliarden für die Wiedereröffnung der coronabedingt geschlossenen Schulen.

Brian Deese, der im Jahr 2009 mit erst 31 Jahren in führender Position zu Obamas Rettung der Automobilindustrie beigetragen hatte, war nun der designierte Leiter des Nationalen Wirtschaftsrats des Weißen Hauses. Mit seinem Vollbart und der tiefen Stimme wirkte er professorenhaft.

Deese sagte, die Regierung müsse auch die Hilfszahlungen für Arbeitslose verlängern. Die Wirtschaft lag am Boden. Seit dem Sommer waren Millionen in die Armut abgerutscht, und im November hatte es einen weiteren Einbruch bei den Neueinstellungen gegeben. Das kostete rund 350 Milliarden Dollar. Mehr als 400 Milliarden würden gebraucht, um Millionen von Amerikanern Schecks zur Ankurbelung der Wirtschaft zukommen zu lassen. Es wurde weiteres Geld gebraucht, um mit einem Ernährungsprogramm die Nahrungsmittelversorgung der Menschen zu sichern.

Nachdem der Kongress im Dezember ein Stimulus-Paket über 900 Milliarden verabschiedet hatte, klang Trump wie ein Demokrat, als er die neuen Stimulus-Schecks in Höhe von 600 Dollar als »Schande« und »lächerlich wenig« bezeichnete. Er sagte, »die Schecks müssten 2000 bzw. 4000 Dollar für Paare betragen.«[12]

Biden und Klain begrüßten das, auch wenn Trumps Haltung vor allem von seiner Wut auf McConnell getrieben war, weil dieser sich weigerte, seine Behauptungen über einen gefälschten Wahlausgang zu wiederholen. Chuck Schumer aus New York, Minderheitsführer im Senat, der schon lange davon träumte, McConnell abzulösen und erstmals in seiner Karriere als Mehrheitsführer zu dienen, argumentierte, die Schecks könnten dazu beitragen, Wähler vor den beiden Senatsstichwahlen in Georgia zu motivieren.

Nach dem gegenwärtigen Stand der Dinge hatten die Demokraten 48 Sitze im Senat. Würden jedoch die demokratischen Kandidaten Jon Ossoff und Reverend Raphael Warnock beide in Georgia am 5. Januar gewinnen, kämen sie auf 50 Sitze.

Und nach dem 20. Januar könnte gemäß der Verfassung die Vizepräsidentin Kamala Harris bei einem 50:50-Gleichstand die entscheidende Stimme sein. Es wäre hauchdünn, aber sie hätten dann die Kontrolle über den Senat und die Ausschüsse. Biden und Schumer waren sich einig, Trumps Worte als Wahlkampfmunition zu nutzen und die 2000-Dollar-Schecks zur zentralen Kampagnenbotschaft in Georgia zu machen. Die einzige Möglichkeit, um sicherzustellen, dass diese Schecks kommen, ist eine demokratische Senatsmehrheit, argumentierten sie.

SECHSUNDDREISSIG

Kevin McCarthy, hochrangigster Republikaner im Repräsentantenhaus und Minderheitsführer, hielt am Abend des 16. Dezember in seiner Suite im Kapitol vor einer Schar von Abgeordneten und Helfern Hof.

McCarthy, 55, saß in einem Sessel vor dem Kaminfeuer, riss Witze und erzählte Geschichten. Es herrschte Feierstimmung, fast schon Siegesgewissheit. Biden mag ja große Pläne haben, aber McCarthy und die Republikaner im Repräsentantenhaus hatten Pelosis Mehrheit angekratzt. 13 demokratische Sitze wechselten zu den Republikanern! Es gab eine historisch hohe Zahl republikanischer Frauen.[1]

»Welches Mandat?«, fragte McCarthy in die Runde und tat Bidens Ergebnis von 2020 ab.

»Er ist das Gestern, wir sind die Zukunft«, sagte McCarthy über den gewählten Präsidenten – eine Bezeichnung, die er bislang auszusprechen vermieden hatte. »Er holt alle möglichen Leute aus der Vergangenheit zurück. Er versteht diese Wahl ganz falsch.«

»Die Menschen werden gelangweilt von ihm sein«, fuhr er fort. McCarthy machte sich über Biden lustig und meinte, wenn die Wähler einen Wahlkampfauftritt Bidens beschreiben sollten, »reden sie von Kreisen. Aber nicht von Kreisen von Leuten, die zusammenstehen, sondern von Kreisen am Boden, in die sich die Leute stellen sollen«, um das Social Distancing einzuhalten. McCarthy stammte aus Bakersfield in Kalifornien, hatte einen silbergrauen Haarschopf und war der Sohn eines stellvertretenden Feuerwehrkommandanten. Er hatte sein gesamtes Erwachsenenleben in der Politik zugebracht. Besonders stolz war er auf die vier Sitze, die er in Kalifornien für die Republikaner dazugewinnen konnte, was die *New York Times* später einen »schmerzhaften Rückschlag« und eine »Warnung für die Demokraten« nannte.[2]

»Ich habe vier Sitze in Kalifornien dazugewonnen«, erzählte McCarthy den Leuten um sich herum. »Alle haben gesagt, ich würde 15 Sitze verlieren, aber wir haben keinen einzigen Sitz abgegeben.« Er ratterte eine Liste der einzelnen Sieger herunter.

Das war der kommende Inbegriff der Republikanischen Partei im Repräsentantenhaus, in privater Umgebung: trotzig und mit neuer Macht ausgestattet. McCarthy war von 2014 bis 2019 Minderheitsführer gewesen. Er glaubte an seinen Wiederaufstieg, und diesmal als Sprecher.

McCarthy legte Wert darauf, Trumps Verdienste hervorzuheben. Seine Allianz mit ihm hatte ihn ganz nah an die Mehrheit der Abgeordneten herangebracht.

McCarthys Blick richtete sich bereits auf 2022. Noch zwei Jahre durchhalten und dann Sprecher des Repräsentantenhauses werden.

»Die Mehrheit«, sagte McCarthy geradeheraus, wenn er nach seinen Prioritäten gefragt wurde.

Um das zu schaffen, schwebte McCarthy eine partielle Wiederbelebung des Ethos der inzwischen sozusagen stillgelegten Tea Party vor: Staatsausgaben kürzen, wegen der Verschuldung Alarm schlagen, Kulturkrieg und Hinwendung an Wähler, die vom politisch korrekten Washington die Nase voll haben. Er würde Wahlkampfauftritte Trumps als Unterstützung von Kandidaten fürs Repräsentantenhaus organisieren.

»Ich glaube, die Verschuldung wird ein größeres Thema werden, als die Leute glauben, weil es um den Kater danach geht – den Leuten wird ein Licht aufgehen«, meinte McCarthy. »Ich glaube, die Menschen werden aufwachen.

»Wisst ihr, wen ich einspanne? Unternehmer des Mittelstands«, ergänzte er. »Die werden Leidenschaft an den Tag legen; sie sehen, was der Missbrauch durch die Regierung für ihr eigenes Leben bedeutet.

»Wir sind die Partei des arbeitenden Volkes. Sie sind jetzt die Elitären, die uns sagen wollen, wo wir essen, was wir essen, was wir trinken sollen, was wir lesen dürfen, was richtige Nachrichten sind und was nicht«, sagte er. »Am Ende des Tages werden sie damit nicht durchkommen.«

McCarthy war pessimistisch, was das Verhältnis zu Biden anging. »Er ist ein Mann des Senats. Er wird immer nur den Senat im Auge haben.«

Biden hatte ihn noch nicht angerufen, vermerkte McCarthy, auch wenn ihm mehrere Verbündete erzählten, der Grund dafür wäre seine Weigerung, Biden als gewählten Präsidenten anzuerkennen. Nichts Persönliches.

SIEBENUNDDREISSIG

Sidney Powell hatte eine neue Idee, wie man die Macht des Präsidenten ausdehnen könnte: Trump könnte mit einem Präsidentenerlass die Kontrolle über die Stimmenauszählung an sich ziehen. Die Bundesstaaten waren manipuliert, die Medien waren manipuliert. Trump musste zur Tat schreiten.

Powell erläuterte Trump am Abend des 18. Dezember ihre Strategie. Mit dabei waren ihr früherer Mandant, der von Trump ganz frisch begnadigte ehemalige nationale Sicherheitsberater Michael Flynn, sowie Patrick Byrne, der frühere Vorstand von Overstock.com. Das Treffen war nicht geplant, die drei hatten an dem Abend lediglich dem Weißen Haus einen Besuch abgestattet, angeblich hätte sie ein ihnen bekannter rangniedriger Mitarbeiter durch das Haus führen sollen. Stattdessen winkte sie Trump kurzerhand ins Oval Office.

Byrne, eine rothaarige Nervensäge aus der Businesswelt, war 2019 aus seiner eigenen Firma ausgestiegen, nachdem er eine Beziehung zu einer Frau eingeräumt hatte, die später in den USA wegen Tätigkeit als nicht registrierte Agentin Russlands verhaftet wurde.[1]

Er behauptete in einer Erklärung außerdem, das FBI hätte ihn in eine »politische Spionage« gegen Hillary Clinton und Donald Trump während der Wahlen von 2016 eingespannt.[2]

»Haben Sie irgendeine Vorstellung, wie einfach es für mich wäre, am 20. Januar einfach zu gehen, in Marine One einzusteigen und wegzufliegen?«, fragte Trump die drei. Er wirkte müde. »Ich habe meine Golfplätze. Ich habe meine Freunde. Ich hatte und habe ein richtig gutes Leben.« Aber er sagte auch, die Präsidentschaft wäre ihm gestohlen worden, und deshalb würde er kämpfen.

Das Trio versuchte, dem Präsidenten die Idee schmackhaft zu machen, Powell zur Sonderermittlerin für eine Untersuchung der Wahlen anzuheuern, vielleicht innerhalb des Büros der Berater des Weißen Hauses oder vielleicht sogar unter dem Dach des Justizministeriums.

Trump nickte. Er schien die Idee ernsthaft zu erwägen. Er rief weitere Berater herein. Meadows und Pat Cipollone, Rechtsberater des Weißen Hauses, rieten von dem Vorschlag ab, ebenso wie weitere Juristen aus Trumps Wahlkampfteam. Insgeheim hielten sie Powells Ideen für irrsinnig und gefährlich, und sie fürchteten, sie würde das Übelste in Trumps Charakter zum Vorschein bringen.

Trump wollte nicht von der Idee ablassen. Er wollte Action sehen. Powell sagte, er könnte die Wahlcomputer beschlagnahmen. Sie sagte, das wäre nötig, weil diese Maschinen von korrupten, gegen Trump eingestellten Kräften manipuliert worden wären.

Mehrere Anwälte wandten aufgeregt ein, Trump könne das nicht machen. Eric Herschmann, ein Rechtsanwalt und leitender Berater im West Wing, warnte den Präsidenten davor, sein ganzes politisches Kapital auf die Karte Powell zu setzen. Es wäre reine Verschwendung.

»Sidney Powell verspricht viel und liefert nie«, meinte Herschmann und sah Powell dabei an – eilfertig sprangen ihr Flynn und andere zur Seite.

»Juristen«, seufzte Trump, »ich habe nichts als Juristen, die mich an allem hindern wollen.«

»Ich stehe ganz schlecht da wegen meiner Juristen und wegen des Justizministeriums«, fügte er hinzu.

Trump sah Powell an. »Sie gibt mir immerhin eine Chance.« Sirenengesang im Ohr des Präsidenten: Handle per Dekret!

Trump rief Meadows über die Freisprechfunktion an. Machen Sie Powell zur Sonderberaterin, sagte er. Meadows antwortete ausweichend, signalisierte zwar Unterstützung für Trumps Kampf, wollte aber nichts versprechen.

»Sie müssen es richtig anstellen. Sie müssen das über das Justizministerium laufen lassen«, sagte er. »Sie können nicht, Sie können das nicht einfach heute Abend per Dekret durchsetzen.«

»Mir ist es wichtig, an diese Maschinen ranzukommen«, sagte Trump zu seiner Truppe. »Ich will diese Maschinen haben, und ich habe nach dem Gesetz auch das Recht dazu«, ein Verweis auf den National Emergencies Act, der die Rechte des Präsidenten im Fall eines Notstands regelt.

FDR hatte sich auf das Gesetz berufen, um die Große Depression in den Griff zu bekommen, und Truman hatte versucht, es gegen einen Streik der Stahlarbeiter während des Koreakriegs einzusetzen. Der Supreme Court beschied Truman allerdings letztendlich in einem richtungsweisenden Verfahren, *Youngstown Sheet & Tube Co. v. Sawyer*, dass ein Präsident nicht das Recht hatte, die Stahlfabriken oder irgendwelches anderes Privateigentum zu requirieren.[3]

Trumps Wahlkampfjuristen und die Rechtsberater des Weißen Hauses sahen sich gegenseitig an. Eine Beschlagnahme der Wahlcomputer durch Maßnahmen der Exekutive könnte drastische Konsequenzen nach sich ziehen. Wie sollte man dabei vorgehen? Etwa mit dem Militär? In einem Interview mit Newsmax am Vortag hatte Flynn das »Kriegsrecht« als mögliche Option ins Spiel gebracht.

Trump tobte. »Ich brauche Juristen im Fernsehen. Ich brauche Leute, die vor die Kameras gehen. Sidney geht vor die Kameras. Rudy geht vor die Kameras. Holt mir Rudy ans Telefon.«

Herschmann, Powell und Flynn begannen lebhaft zu diskutieren.

Trump wies die Vermittlung des Weißen Hauses an, Giuliani anzurufen.

»Erst einmal beruhigt sich bitte alles!«, sagte Giuliani über die Freisprechanlage. Er konnte den lauten Streit im Hintergrund mithören.

Lautes Klirren und andere Geräusche waren aus dem Hintergrund zu vernehmen. Trump fragte Rudy, was das für ein Lärm sei. »Rudy? Sind Sie das?«

Am anderen Ende der Leitung wies Giuliani seine Leute an, sie sollten leiser sein. »Ich habe gerade einen Anruf.«

»Soll ich ins Weiße Haus rüberkommen?«

Ja, sollte er, sagte Trump. »Sind Sie in der Nähe?«

»Na ja, ich bin in Georgetown.« Er war zum Dinner in einem italienischen Restaurant. »Ich kann in vielleicht 15 Minuten da sein. Ich habe einen Fahrer.«

»Alles klar«, sagte Trump. »Kommen Sie her.«

Trump wandte sich wieder der Gruppe im Oval Office zu. Giuliani blieb in der Leitung. Trump sah Powell an. »Ich finde sie großartig im TV«, sagte er. »Sie wird sich hervorragend für unsere Sache starkmachen.« Er sprach mit Meadows, der ebenfalls dazukam.

»Ich mache Sidney zur Sonderberaterin des Präsidenten. Mark, Sie erledigen die Formalitäten«, sagte Trump. »Geben Sie ihr die Dokumente, damit sie an Bord kommen kann.«

Als Giuliani Trumps Anweisung vernahm, meldete er sich augenblicklich zu Wort. Er war stolz darauf, Trumps Chefanwalt zu sein. Was sollte das mit der Sonderberaterin denn werden? Das passte ihm überhaupt nicht.

»Ich bin unterwegs«, sagte Giuliani.

Okay, sagte Trump, dann beschied er die anderen, die Versammlung würde in ca. 30 Minuten in der Residenz fortgesetzt. Bevor er nach oben ging, wandte sich Trump an das Trio. Damit diese Sache klappt, müssen Sie gut mit Rudy zusammenarbeiten.

Nachdem die anderen gegangen waren, blieben Powell, Flynn und Byrne im Cabinet Room und warteten auf Giuliani, bevor sie wieder zu Trump gingen. Während Giuliani in der Leitung der Freisprechanlage war, konnte Byrne spüren, dass der Ex-Bürgermeister nicht glücklich über Powells Versuch war, die Verantwortung an sich zu ziehen. Er war der juristische Boss. Byrne hoffte, es gäbe nun eine Gelegenheit, sich zu unterhalten und einen Weg zur Zusammenarbeit zu finden.

Nachdem Giuliani eingetroffen war, immer noch dabei, seine Krawatte zu binden, war schnell klar, dass sich keine Harmonie einstellen würde. Giuliani ließ Powell schroff wissen, sie müsse ihn ab jetzt über ihre juristische Tätigkeit auf dem Laufenden halten. Es dürfe keine weiteren Überraschungen mehr geben. Sie reagierte nicht minder scharf:

Sie melden sich doch nie bei *mir*, wenn ich Sie über etwas informiere. Lesen Sie erst mal *Ihre* Nachrichten.

Giuliani schüttelte den Kopf. Stimmt nicht, behauptete er. Sie sind es, die mich immer im Dunkeln lässt!

»Unterstehen Sie sich, von oben herab mit mir zu reden, Rudy Giuliani!«, protestierte Powell und wurde immer lauter.

Beim Treffen in der Präsidentenwohnung kam man nie auf einen gemeinsamen Nenner. Giuliani und Powell nahmen sich gegenseitig kaum zur Kenntnis. Aus einer Sonderberaterin Powell wurde nie etwas.

An jenem Montag, dem 21. Dezember, sagte Attorney General Barr, der eine Woche zuvor seinen Rücktritt für Ende Dezember angekündigt hatte, zu Reportern, es gebe keinen Bedarf für einen Sonderermittler und er könne keinen Beweis für »systemischen oder großflächigen« Betrug bei der Wahl erkennen.[4]

»Wenn ich der Ansicht wäre, ein Sonderermittler wäre in dieser Phase das richtige und angemessene Mittel, dann würde ich einen ernennen, aber dieser Ansicht bin ich nicht, also ernenne ich auch keinen«, sagte Barr und fügte gleich hinzu, er würde auch keinen Sonderermittler auf Hunter Biden ansetzen. Hunter Biden hatte im Dezember öffentlich gemacht, dass er Gegenstand von Untersuchungen der Bundesanwaltschaft in Delaware war.

Trump war erzürnt. Keine Sorge, beschwichtigten ihn Giuliani und andere, wir haben noch ein weiteres Ass im Ärmel.

Mike Pence.

ACHTUNDDREISSIG

Ende Dezember rief Pence den ehemaligen Vizepräsidenten Dan Quayle an. Mit 74 genoss der einst jungenhaft wirkende Quayle das Privatleben in Arizona mit seinem geliebten Golfspiel.

Die beiden Männer besaßen eine einzigartige Gemeinsamkeit: Beide waren Republikaner aus Indiana, und beide hatten es bis zum Vizepräsidenten gebracht.

Pence wollte Ratschläge haben. Obwohl das Electoral College am 14. Dezember seine Stimmen für Biden abgegeben hatte, war Trump überzeugt, dass Pence am 6. Januar die Wahl noch kippen und Trump zum Sieger erklären könnte, wenn der Kongress zusammentrat, um die Auszählung endgültig zu bestätigen.

Pence erklärte seinem Landsmann aus Indiana, Trump würde ihn unter Druck setzen, er solle intervenieren und dafür sorgen, dass Biden nicht die notwendigen 270 Stimmen bei der Bestätigung bekommt, und stattdessen die Wahl zur Abstimmung im Repräsentantenhaus bringen.

Wenn das Repräsentantenhaus abstimmen würde, gäbe es eine besondere Regel, einen Trick. Und Trump war fixiert auf diesen Trick, sagte Pence. Es war die Klausel, die Trump an der Macht halten konnte.

Die Demokraten hatten zwar aktuell die Mehrheit im Repräsentantenhaus, der 12. Verfassungszusatz der Verfassung sieht allerdings vor, dass im Fall einer umstrittenen Wahl *nicht* die einfache Mehrheitsabstimmung im Haus zum Tragen kommen würde.

Vielmehr hieß es in dem Verfassungszusatz, bei der Wahl würden blockweise die *Delegationen der Einzelstaaten* ausgezählt, wobei jeder Bundesstaat nur eine Stimme erhält:[1]

… wenn niemand eine derartige Mehrheit erreicht hat, soll das Repräsentantenhaus sogleich … den Präsidenten wählen. Bei dieser Präsidentschaftsstichwahl wird jedoch nach Staaten abgestimmt, wobei die Vertretung jedes Staates eine Stimme hat.

Die Republikaner kontrollierten inzwischen mehr Delegationen im Repräsentantenhaus, was bedeutet, dass Trump wahrscheinlich gewinnen würde, wenn es am Ende dieser Kammer obliegen sollte, den Sieger zu bestimmen.[2]

Quayle hielt Trumps Vorschlag für hanebüchen und gefährlich. Er erinnerte sich an seinen eigenen 6. Januar – den 6. Januar 1993 – vor 28 Jahren. Als Vizepräsident und Präsident des Senats hatte er den Wahlsieg von Bill Clinton und Al Gore zu bestätigen, die Bush senior und Quayle bei den Wahlen deutlich geschlagen hatten.

Er hatte seine Hausaufgaben gemacht. Er hatte wieder und wieder den 12. Verfassungszusatz gelesen. Alles, was er zu tun hatte, war das Zusammenzählen der Stimmen.

Der Präsident des Senats öffnet vor Senat und Repräsentantenhaus alle diese beglaubigten Listen; anschließend sind die Stimmen zu zählen.

Das war alles.

Trumps Bemühungen, Pence zu umschmeicheln, waren nach Quayles Überzeugung eine finstere Fantasie à la Rube Goldberg, die unversehens in eine Verfassungskrise münden konnte.

»Mike, Sie haben hier keinerlei Spielraum. Nicht den geringsten. Null. Vergessen Sie's. Haken Sie das ab«, sagte Quayle.

»Ich weiß, das habe ich Trump auch schon zu erklären versucht«, sagte Pence. »Aber er glaubt ernsthaft, er könnte das machen. Und es gibt noch andere Figuren dort, die sagen, ich hätte diese Machtbefugnis. Ich habe –«

Quayle unterbrach ihn.

»Sie haben sie nicht, lassen Sie es sein«, sagte er.

Pence ließ noch nicht locker. Aus seinem politischen Altenteil heraus konnte Quayle natürlich leicht pauschale Aussagen treffen. Er, Pence, wollte wissen, von Vize zu Vize, ob es da nicht irgendeinen Hauch von Licht am Ende des Tunnels gebe, juristisch und verfassungsmäßig, um vielleicht die Zertifizierung auf Eis zu legen, wenn noch laufende Gerichtsverfahren und juristische Anfechtungen anhängig waren.

»Vergessen Sie's«, wiederholte Quayle.

Pence stimmte letztendlich zu, dass das Kippen der Wahl seiner eigenen, traditionellen Sicht des Konservatismus widersprechen würde. Es konnte nicht sein, dass ein Mann im Alleingang die Wahl dem Repräsentantenhaus vor die Füße legt.

Quayle sagte zu Pence, er solle es gut sein lassen.

»Mike, reden Sie am besten gar nicht mehr darüber«, sagte er.

Pence hielt inne.

»Sie wissen nicht, in welcher Lage ich mich befinde.«

»Ich kenne Ihre Lage sehr genau«, meinte Quayle. »Und ich kenne auch das Gesetz. Sie hören einfach nur zu, was die Stimmenzähler im Kongress verlesen. Das ist alles, was Sie tun. Sie haben diese Macht nicht. Vergessen Sie's einfach.«

Pence erzählte Quayle, er hätte das Video vom 6. Januar 1993 studiert.[3] Es war im Archiv der Website C-SPAN.org abrufbar. Viele der Menschen, die dort zu sehen sind, waren inzwischen tot, darunter auch der damalige Sprecher des Repräsentantenhauses, Tom Foley, ein Demokrat, der Quayle die Hand reichte, als der Vizepräsident die Sitzung eröffnete.

»Meine Sitzung war ziemlich einfach«, kicherte Quayle. »Du verkündest das Ergebnis, und weiter geht's.«

Quayle wandte sich Trumps Behauptung zu, die Wahl wäre ihm gestohlen worden. Er sagte zu Pence, diese Aussagen seien lächerlich und würden das Vertrauen der Öffentlichkeit untergraben.

»Es gibt keinerlei Beweis«, sagte Quayle.

»Na ja, da gab es so einige Dinge in Arizona«, sagte Pence und brachte Quayle auf den neuesten Stand, was die juristischen Bemühungen der Trump-Kampagne in dem Bundesstaat anging. Es gab eine Klage beim Bundesgericht, mit der der Gouverneur von Arizona gezwungen werden sollte, Bidens Sieg in dem Staat zu »annullieren«. Trump hatte sich über dieses Ergebnis aufgeregt, seit Fox News Arizona in der Wahlnacht um 23:20 Uhr als Sieg für Biden gemeldet hatte.

»Mike, ich lebe in Arizona«, sagte Quayle. »Da ist nichts im Busch.«[4]

Quayle spürte, dass Pence dies wusste, aber Pence achtete sorgfältig darauf, ein paar Punkte direkt aus Trumps Argumentation wiederzugeben, wie der Prozess vor den Gerichten abzulaufen hatte. Quayle hatte den Verdacht, Pence hätte einen regelrechten Marathon an Gesprächen mit Trump vor sich.

Dennoch sagte Quayle, die Behauptung mit der gestohlenen Wahl sei Unsinn, ebenso selbst der bloße Gedanke daran, Bidens Amtsübernahme im Januar zu blockieren.

Bald wandten sie sich angenehmeren Themen zu, etwa der Frage, wie es sich denn so lebe als Ex-Vizepräsident.

Quayle blickte nach draußen, nicht weit vom satten Grün der Golfplätze von Scottsdale und den Klippen des McDowell-Gebirgszugs, und versicherte Pence, alles stehe zum Besten. Sie waren Konservative. Halten Sie sich einfach an die Verfassung.

Etwa zur gleichen Zeit im Dezember sprach Senator Mike Lee aus Utah mit Senatsführer McConnell und fasste zusammen, was er seinen Kollegen seit Wochen über Versuche erzählte, die Zertifizierung der Wahlergebnisse zu verweigern: »Wir haben nicht mehr Machtbefugnisse als die Königin von England. Nicht die Spur.«

»Ich stimme Ihnen zu«, sagte McConnell. »Ich sehe es genauso.«

Als einer der konservativsten Senatoren hatte sich Lee einen Schreibtisch im Senat ausgesucht, an dem einst Senator Barry Goldwater aus Arizona gesessen hatte, der zum Gewissen der Republikanischen Partei während der Watergate-Affäre geworden war. Er war eine der treibenden Kräfte dabei gewesen, Nixon zum Rücktritt zu überreden.

Lee war einer von Trumps verlässlichsten Anhängern in der GOP, außerdem ein Streber als Jurist und ehemaliger Mitarbeiter von Richter Samuel Alito am Supreme Court. Er hatte auf Trumps engerer Kandidatenliste für die Nominierung zum Obersten Gericht gestanden und wies einen makellosen juristischen Stammbaum auf. Sein Vater, Rex Lee, war Generalstaatsanwalt unter Präsident Reagan gewesen und war Gründungsdekan an der juristischen Fakultät der Brigham Young University.

Er sah sich selbst als strikten Konstruktionisten, sprich: Er war überzeugt, dass die Verfassung dem Kongress bestimmte Machtbefugnisse verlieh, aber nicht mehr als diejenigen, die im ursprünglichen Wortlaut festgeschrieben waren.

Vor Weihnachten traf sich Lee mit Ted Cruz. Beide hatten früher als Mitarbeiter am Supreme Court gedient, beide waren strikte Konstruktionisten – »Jura-Nerds«, wie Lee das nannte. Sie liebten diese Thematik – wer besaß die Macht und warum?

In einer langen Diskussion kamen sie nach dem Eindruck Lees zur exakt gleichen Schlussfolgerung: Der Kongress hatte hier keine Befugnisse.

Cruz glaubte allerdings, einen alternativen Weg finden zu können, um die Zertifizierung des Wahlergebnisses aufzuhalten. Er hörte auf Trump-Gefolgsleute wie den Kongressabgeordneten Mo Brooks aus Alabama, der zusammen mit gleichgesinnten Konservativen gelobte, am 6. Januar Einspruch zu erheben. Sie brauchten nur einen einzigen Senator.

Wenn auch nur ein Senator formell der Zertifizierung widersprach, mussten alle 100 Senatoren über diese Zertifizierung abstimmen. Statt einer routinemäßigen Bestätigung, die innerhalb weniger Stunden abgeschlossen wäre, könnte sich diese Übung zu einem politischen Albtraum auswachsen, an dessen Ende die Republikaner im Senat gezwungen sein könnten, sich zwischen der Verfassung und Trump zu entscheiden. Cruz bat seinen Mitarbeiterstab, sich in die Recherche zur Auszählung der Wahlleute, zur Geschichte des Electoral Count Act zu vertiefen. Er hörte Dinge von Leuten daheim in Texas. Sie vertrauten dem Ausgang der Wahl nicht. Aber McConnell und andere in der Führung des Senats machten Druck auf die Mitglieder im Senat. Legt keinen Widerspruch ein.

Lee schwankte zu keinem Zeitpunkt. Er sagte immer wieder im Verlauf des Dezembers mit wachsender Dringlichkeit zu Mark Meadows und zu jedem, der ihn nach seiner Meinung fragte: »Der Präsident sollte niemals behaupten, dass der Kongress alleine dies in seinem Sinn korrigieren kann. Wir haben nicht die Macht dazu. Sie müssen erkennen, dass Sie diese Sache im Prinzip verloren haben, es sei denn, es geschieht etwas wirklich sehr Ungewöhnliches«, sagte Lee. Damit bezog er sich auf ein wenig wahrscheinliches Szenario oder einen Skandal bei der Abstimmung, »etwas, das an sich schon Stirnrunzeln hervorrufen würde und sehr, sehr besorgniserregend wäre«.

Aber auf der Grundlage der Fakten und der Beweislage, ergänzte er stets, sehe ich dieses Szenario einfach nicht.

Lee begab sich über Weihnachten in die Heimat nach Utah. Genau wie Cruz begann auch er, von Freunden, Nachbarn und Verwandten zu hören, die Wahl wäre gestohlen worden. Er erkannte, welche suggestive Macht Trump besaß.

Menschen, von denen man gewiss nicht behaupten würde, sie bewegten sich am Rand der Gesellschaft – Bürgermeister, Stadt- und Gemeinderäte, Landräte, Sheriffs –, sagten, sie würden von ihm erwarten, nach Washington zurückzugehen und – »Stop the Steal!« – dem Diebstahl Einhalt zu gebieten. In Textnachrichten, Posts in den sozialen Medien und Telefonanrufen wollten die Leute von ihm wissen, was da los war. Wie konnte es passieren, dass die Wahl gestohlen wurde? Was werden Sie unternehmen?

Lee wurde an John Eastman verwiesen, einen weiteren Trump-Anwalt.

Die beiden redeten miteinander.

»Es wird gerade an einem Memo gearbeitet«, sagte Eastman. »Ich lasse es Ihnen so bald wie möglich zukommen.«

NEUNUNDDREISSIG

Am ersten Weihnachtsfeiertag spielte Trump in Florida mit Lindsey Graham Golf.

»Mr. President«, sagte Graham, »ich habe keinen Zweifel daran, dass es in Georgia und anderswo eine Menge Betrügereien gibt, aber das wird nicht ausreichen, um den Wahlausgang umzukehren.«

Grahams Strategie bestand nun nicht mehr darin, Trump davon zu überzeugen, dass er verloren hatte – diese Schlacht war umsonst gewesen –, sondern ihm klarzumachen, dass er das Ergebnis nicht ändern konnte.

Trump blieb stur. Er konnte nicht verstehen, wie es möglich sein sollte, mit 74 Millionen gewonnenen Stimmen zu verlieren. Seine Meinungsforscher und Wahlkampfmitarbeiter hatten ihm gesagt, dass er mit 74 Millionen Stimmen die Wahl gewinnen würde. Das waren mehr Stimmen, als jeder andere Präsidentschaftskandidat je erhalten hatte – außer Joe Biden. Trump hatte in vielen wichtigen Wahlbezirken gewonnen; er hatte in Ohio und Florida gesiegt.

»Mr. President, Sie haben das Rennen ganz knapp verloren. Jetzt sollten Sie sich Gedanken machen über ›Das große amerikanische Comeback‹.«

»Warum lassen Sie mich das nicht zu Ende spielen?«, fragte Trump Graham zweimal während ihrer Runde.

»Ich lasse Sie es doch zu Ende spielen«, sagte Graham, nachdem Trump die Frage wiederholt hatte. »Es gibt bestimmte Dinge, die ich nicht für Sie tun kann, und Sie wissen, welche das sind. Aber lassen Sie uns das ausspielen. Lassen Sie ruhig weiterhin die Wahlvorgänge überprüfen, von denen Sie glauben, dass sie verfälscht wurden.«

Graham fügte hinzu, auch er glaube, dass einige Briefwahlstimmen verdächtig seien. »Kämpfen Sie weiter« vor Gericht, sagte er, »aber gehen Sie nicht bis zum Äußersten.«

Nach 18 Löchern lagen Trump und ein in Russland geborenes Golf-Wunderkind gleichauf mit Graham und dem Club-Profi.

»Dann spielen wir weiter«, sagte Trump.

Ihr Gleichstand hielt mehrere Löcher lang an. Bei einem Par 4 pfiff ihnen der Wind mit 50 Stundenkilometern um die Ohren.

Beim zweiten Schlag sagte Trump zu seinem Partner: »Pass auf, dass du ihn an dieser Stelle triffst. Achte darauf, den Schläger richtig einzusetzen.«

Der Junge versenkte seinen Ball im Wasser vor dem Green.

Graham vermutete, er müsse nun Selbstmordgedanken hegen, weil er den Präsidenten enttäuscht hatte.

»Oh, das ist schon in Ordnung«, sagte Trump. »Du bist ein großartiger Spieler. Nächstes Mal solltest du aber vorher nachdenken. So ist das Leben.«

Graham war überzeugt, dass er sich für den Rest seines Lebens an Trumps Kommentar erinnern würde. Beinahe hätte Graham zu ihm gesagt: »Ich könnte es nicht besser ausdrücken – denken Sie beim nächsten Mal nach.«

Aber Trump konnte jene 74 Millionen Stimmen nicht aus dem Kopf bekommen und kam immer wieder darauf zurück. Er konnte nicht glauben, dass Biden 81 Millionen – 7 Millionen mehr als er selbst – erhalten haben sollte.

Graham schwankte zwischen Unterstützung und schonungsloser Zuneigung, zwischen Freundschaft und Realismus.

»Mr. President«, sagte Graham, »ich werde nicht mit Ihnen streiten. Wenn man in 19 von 20 richtungsweisenden Wahlbezirken sowie in Florida und Ohio gewinnt, wenn man 74 Millionen Stimmen erhält und am Ende trotzdem verliert, dann muss das schwer zu verkraften sein.«

»Das können Sie mir glauben, dass das schwer zu verkraften ist!«

»So ist es eben«, sagte Graham. »So ist das Leben.«

Von seinem Stabschef Marc Short und seinem wortkargen Anwalt Greg Jacob erfuhr Pence, dass es für ihn keine rechtliche oder verfassungskonforme Grundlage gab, um die Auszählung der Wählerstimmen zu unterbrechen. Nur die Abgeordneten, nicht der Vizepräsident, konnten Einspruch erheben. Aber beide hatten das Gefühl, dass ihr Chef vor einem Dilemma stand. Pence war erst 61 Jahre alt und hegte Ambitionen auf das Präsidentenamt. Er konnte sich nicht so einfach von Trump lossagen.

Das Risiko wurde real, als Senator Josh Hawley aus Missouri, ein parlamentarischer Neuling, der in Yale Jura studiert hatte und Referent von Oberrichter John Roberts am Supreme Court gewesen war, am 30. Dezember ankündigte, dass er als erster Senator Einspruch gegen die für den 6. Januar geplante Bestätigung des Wahlleutegremiums einlegen werde.[1]

»Zumindest sollte der Kongress den Vorwürfen des Wahlbetrugs nachgehen und Maßnahmen zur Sicherung der Integrität unserer Wahlen ergreifen. Aber der Kongress hat es bisher versäumt zu handeln«, sagte Hawley.

In Houston schnappte sich Cruz, der bemerkt hatte, dass Hawley mit seinem Plan, die Auszählung anzufechten, auf Widerhall gestoßen war, seinen Laptop und begann, seine eigene Idee zu skizzieren: eine vom Kongress eingesetzte Wahlkommission, die das Ergebnis untersuchen sollte. Auch auf dem Rückflug mit Southwest Airlines nach Washington tippte er weiter in seinen Computer.

Vielleicht ziehe ich das allein durch, vielleicht schließen sich andere an, sagte Cruz seinen Mitarbeitern in einer Telefonkonferenz. Zurück in Washington erwähnte er die Idee der Kommission gegenüber Senator John Kennedy aus Louisiana, der ihm seine Unterstützung zusicherte. Anschließend kontaktierte Cruz weitere konservative Politiker.

Senator Lee, sein engster Freund im Senat, schloss sich seiner Initiative nicht an. Als Lee zu ihm sagte, eine Kommission sei nicht möglich, antwortete Cruz, sie seien sich einig, unterschiedlicher Meinung zu sein.

Es gab keinen Ausweg. Pence würde nun gezwungen sein, seine eigene Niederlage und die von Trump im nationalen Fernsehen zu verkünden, während ihre Rivalen und Verbündeten Reden schwingen würden.

»SECHSTER JANUAR, TREFFEN IN DC!«, twitterte Trump am 30. Dezember aus Mar-a-Lago, wo er das Jahresende verbrachte.[2]

Seine Unterstützer, angeführt von einer Gruppe namens »Women for America First«, hatten beim National Park Service um eine Genehmigung für den 22. und 23. Januar in Washington gebeten.[3] Diesen Antrag auf Zulassung einer Kundgebung änderten sie nun und reservierten stattdessen für den 6. Januar eine Versammlungsfläche auf der Freedom Plaza in der Nähe des Weißen Hauses.

Sollte Trump noch gezögert haben, so wurden diese Zweifel von seinen Anhängern im Fernsehen und auf den rechten Websites, die er über Twitter verfolgte, beseitigt.

Die »Deplorables«, die »MAGA«-Anhänger, »my people«: Sie alle fieberten dem Kampf entgegen.

Der ehemalige Chefstratege des Weißen Hauses, Steve Bannon, befand sich am 30. Dezember im zweiten Stock seines Stadthauses am Capitol Hill, von wo aus er mit Trump telefonierte.

Trump und Bannon hatten sich zwei Jahre zuvor wegen Bannons zu großer Medienpräsenz zerstritten, ihre Beziehung aber trotz Bannons neuer Probleme mit der Justiz mittlerweile wieder aufleben lassen.

Im August war Bannon vor einem Bundesgericht in Manhattan angeklagt worden, weil er Spender mit einem privaten Projekt namens »We Build the Wall« betrogen hatte, einem Versuch, die Regierung zu umgehen und Trumps Mauer an der Grenze zwischen den USA und Mexiko zu bauen.[4] Trump schien dieser Prozess nicht zu kümmern. Vielleicht würde er Bannon begnadigen.

Trump schimpfte, dass die Republikaner nicht genug täten, um ihn an der Macht zu halten.

»Sie müssen nach Washington zurückkehren und dort noch heute einen dramatischen Auftritt hinlegen«, sagte Bannon zu ihm.

Bannons graues Haar war zottelig, und er trug dicke Schichten von Kleidung, Schwarz auf Schwarz. Seine Augen waren eingefallen und blutunterlaufen, weil er an vielen Tagen bis fast zum Morgengrauen aufblieb, um mit Freunden in aller Welt zu telefonieren und verschwörerische Pläne zu schmieden oder um Texte für seinen rechtsradikalen Podcast zu verfassen.

»Sie müssen Pence von seiner verdammten Skipiste holen und ihn noch heute hierherkommen lassen. Wir stecken in einer Krise«, sagte Bannon und bezog sich dabei auf den Vizepräsidenten, der gerade in Vail, Colorado, Urlaub machte.

Bannon riet Trump, er solle sich auf den 6. Januar konzentrieren. Das sei der Moment für eine Abrechnung.

»Die Leute werden sich fragen: ›Was zum Teufel ist hier los?‹«, prognostizierte Bannon. »Am 6. Januar werden wir Biden zu Grabe tragen, verdammt noch mal, das wird sein Begräbnis.«

Wenn es den Republikanern gelänge, am 6. Januar einen ausreichend großen Schatten auf Bidens Sieg zu werfen, so Bannon, würde es Biden schwerfallen zu regieren. Millionen von Amerikanern würden ihn dann für einen illegitimen Präsidenten halten. Sie würden ihn ignorieren. Sie würden ihn nicht ernst nehmen und darauf warten, dass Trump erneut kandidieren würde.

»Wir werden das von Anfang an sabotieren. Wir werden der Präsidentschaft von Biden gleich zu Beginn den Garaus machen«, sagte er.

Am 31. Dezember brach Trump seinen Aufenthalt ab, ließ die Silvestergala in Mar-a-Lago ausfallen und kehrte vorzeitig aus Florida zurück. Beim Verlassen des Marine-One-Helikopters starrte Trump, der einen schweren schwarzen Wintermantel und eine leuchtend rote Krawatte trug, wortlos zu den Reportern hinüber. Fragen wurden von ihm nicht beantwortet.

BILD 1: »Dazu muss ich etwas sagen«, sagte Biden im August 2017 zu Mike Donilon, nachdem er Fernsehberichte über den Aufmarsch von *White Supremacists* in Charlottesville, Virginia gesehen hatte. »Das hier ist etwas anderes. Es ist dunkler. Es ist gefährlicher. Das hier ist eine wirklich fundamentale Bedrohung für unser Land.« Zwei Wochen später veröffentlichte Biden einen Artikel in *The Atlantic* unter der Überschrift »Wir erleben eine Schlacht um die Seele dieser Nation«. Das wurde dann zum Slogan seiner Wahlkampagne, nachdem er sich schließlich entschlossen hatte zu kandidieren.

BILD 2: »Sie sollten als der Mensch kandidieren, der Sie sind«, sagte Mike Donilon (links im Bild) Anfang 2019 zu Biden, als der überlegte, zum dritten Mal für das Amt des Präsidenten zu kandidieren. »Und falls Sie das ändern wollen, können Sie gleich nach Hause gehen. Versuchen Sie es gar nicht erst.« Seit Jahrzehnten war »Mike D.«, wie Biden ihn nennt, sein engster Vertrauter, sein Wortkünstler und politischer Stratege, der ihm half, das Konzept »Seele« als zentrale Botschaft für Bidens Kampagne 2020 zu entwickeln. Donilon, Ron Klain (Mitte) und Anita Dunn (rechts) sind Schlüsselfiguren in Bidens innerem Kreis.

BILD 3: »Sie stehen nicht hinter mir!«, brüllte Trump im August 2017 bei einem Telefonat mit Paul Ryan, dem Sprecher des Repräsentantenhauses. Der Republikaner aus Wisconsin hatte Trump kurz zuvor angegriffen, weil er »beide Seiten« der Demonstranten für den Aufmarsch von *White Supremacists* in Charlottesville verantwortlich machte. Ryan brüllte zurück: »Sind Sie fertig? Darf ich jetzt auch mal was sagen? Sie sind der Präsident der Vereinigten Staaten. Sie haben die moralische Verpflichtung, diese Sache angemessen zu bewerten und nicht zu verkünden, dass beide Seiten moralisch gleichwertig sind.«

BILD 4: »Wisst ihr, wieso [Rex] Tillerson behaupten konnte, dass er den Präsidenten nicht als ›Trottel‹ bezeichnet hat?«, fragte Mitch McConnell, der Mehrheitsführer im Senat, staubtrocken republikanische Kollegen in seinem breiten Kentucky-Akzent über Trumps Ex-Außenminister. »Weil er ihn einen ›Volltrottel‹ genannt hat.«

BILD 5: »Mr. President, ich glaube, dass Sie die Wahl verlieren werden, wenn Sie auf dem jetzigen Kurs bleiben«, sagte Justizminister William Barr Trump bei einem vertraulichen Gespräch im April 2020. »Sie sind stolz darauf, ein Kämpfer zu sein, und das hat 2016 funktioniert, als die Wähler jemanden wollten, der Washington aufmischt. Und sie wollen immer noch jemanden, der die politische Landschaft aufmischt, aber sie wollen kein komplettes Arschloch.«

BILD 6: »Ach, Sie sind ermüdet?«, fragte Trump lautstark seinen altgedienten Meinungsforscher Tony Fabrizio im Juli 2020 während seiner Kampagne für eine zweite Amtszeit. Er saß im Oval Office und geriet in Wut wegen neuer Umfrageergebnisse, die zeigten, dass unabhängige Wähler emotional erschöpft waren davon, wie Trump mit der Pandemie umging. »Sie haben die Schnauze voll, verdammt noch mal? Also, ich bin auch ermüdet und verdammt erschöpft.«

BILD 7: »Wir sind verarscht worden«, sagte Verteidigungsminister Mark Esper (Bildmitte) zu General Mark Milley, dem Vorsitzenden der Joint Chiefs of Staff (rechts), während sie Trump am 1. Juni 2020 über den Lafayette Square folgten. Milley, der eine Tarnuniform trug, sah das genauso und sagte: »Das hier ist total abgefuckt, das ist ein politischer Stunt, und ich verschwinde.« Die Parade von Präsident und Gefolge fand statt, während zugleich Polizeikräfte den Platz von überwiegend friedlichen Demonstranten gewaltsam räumten. Von links nach rechts: Justizminister William Barr, Präsident Trump, Jared Kushner, Verteidigungsminister Mark Esper, Ivanka Trump, Vorsitzender der Joint Chiefs of Staff General Mark Milley (im Tarnanzug) sowie Mark Meadows, Stabschef des Weißen Hauses.

BILD 8: »Ich glaube nicht, dass die aktuelle Lage es notwendig macht, den Insurrection Act in Anspruch zu nehmen«, sagte Verteidigungsminister Mark Esper am 3. Juni 2020 zu Trump, nachdem er sich kurz zuvor öffentlich dagegen ausgesprochen hatte, aktiv dienende Soldaten auf den Straßen Washingtons einzusetzen, um Rassenunruhen und fortgesetzte Ausschreitungen unter Kontrolle zu bringen. »Sie haben sich meine Autorität angemaßt!«, schrie Trump ihn an.

BILD 9: Senatorin Kamala Harris wurde von Biden am 11. August 2020 als Kandidatin für die Vizepräsidentschaft auserkoren. Sie war eine treibende Kraft im Justizausschuss des Senats gewesen, dessen Vorsitz Biden einst innehatte. Außerdem brachte sie Regierungserfahrung und politisches Kapital in die Kandidatur ein. Als Justizministerin in Kalifornien entwickelte sie eine Verbindung zu Bidens Sohn, dem verstorbenen Beau Biden, der zu der Zeit Justizminister von Delaware gewesen war. Am 20. Januar 2021 wurde sie als erste Frau, erste schwarze Amerikanerin und erste Person südasiatischer Abstammung Vizepräsidentin der Vereinigten Staaten.

BILD 10: »Sie werden am 20. nicht vereidigt werden. Es gibt kein Szenario, bei dem Sie am 20. vereidigt werden können«, sagte Vizepräsident Mike Pence am 5. Januar 2021 im Oval Office zu Trump. Dieser war fassungslos angesichts der Weigerung von Pence, seine Anweisungen zu befolgen, nachdem er ihn zuvor wochenlang unablässig gedrängt hatte, die Bestätigung von Bidens Sieg durch den Kongress zu vereiteln.

BILD 11: Die Beamten der Capitol Police wurden am 6. Januar 2021 von einer immer größer werdenden Horde von Randalierern überrannt, die über die Mauern vor dem Gebäude kletterten und dessen Fenster einschlugen. Einige Beamte wurden mit Metallstangen und ihren eigenen Schutzschilden geschlagen. Sobald sie im Inneren waren, drangen die Aufständischen in den Senatssaal ein. Drüben im Repräsentantenhaus zogen die Beamten ihre Schusswaffen, als Trump-Anhänger gegen die Türen hämmerten. Den Abgeordneten riefen sie zu, in Deckung zu gehen.

BILD 12: »Hängt Mike Pence!«, skandierten die Trump-Anhänger, während sie durch die Marmorhallen des Kapitols zogen und von den Balkonen riesige blaue Trump-Flaggen schwenkten. »Bringt Mike Pence raus! Wo ist Pence? Findet ihn!« Draußen war ein behelfsmäßiger Galgen für ihn errichtet worden. Die Randalierer verwüsteten auch das Büro von Nancy Pelosi, der Sprecherin des Repräsentantenhauses. »Wo ist die Sprecherin?«, schrien einige. »Findet sie!«

BILD 13: »Ich glaube, es gefällt ihm«, vertraute der Generalstabschef, General Mark Milley, einem Abgeordneten an, mit dem er telefonierte, während am 6. Januar 2021 eine wütende Menschenmenge das Kapitol erstürmte. »Er möchte, dass seine Unterstützer bis zum bitteren Ende kämpfen.« Zwei Tage später setzte Milley sich mit seiner Befürchtung auseinander, der Aufruhr könne ein Vorläufer dessen sein, was er einen »Reichstagsmoment« nannte: eine Trump-Version der von Adolf Hitler 1933 herbeigeführten Krise, die seine uneingeschränkte Herrschaft über Deutschland dauerhaft festigte.

BILD 14: Am 4. Februar 2020 zerriss Nancy Pelosi, die Sprecherin des Repräsentantenhauses, nach dem Auftritt des Präsidenten einen Ausdruck von Trumps Rede zur Lage der Nation. Nahezu ein Jahr danach, nach dem Aufstand der Trump-Anhänger am Kapitol, rief sie Generalstabschef Milley an und sagte: »Es ist ein Armutszeugnis für unser Land, dass wir von einem Diktator gekapert wurden.« Und sie fügte hinzu: »Er hätte unverzüglich verhaftet werden müssen.«

BILD 15: »Sie sind die wichtigsten Menschen in meinem Leben, und sie wollen, dass ich kandidiere«, sagte Biden im Februar 2019. Seine Frau Jill hat ihm bei drei aufreibenden Präsidentschaftskampagnen und mehreren Krisen und Tragödien in der Familie, die fast Bidens Rückkehr in die Politik auf Bundesebene verhindert hätten, zur Seite gestanden. Dieses Foto zeigt, wie Präsident und First Lady sich innig umarmen, als sie am 20. Januar 2021 am North Portico des Weißen Hauses ankommen.

BILD 16: »Wenn wir nicht liefern können, dann können wir den Vormarsch des Autoritarismus womöglich nicht aufhalten«, warnte Senator Bernie Sanders Biden am 3. Februar 2021. Seine kratzige Stimme und sein drängender Brooklyner Akzent füllten das Oval Office. Sanders war bei den Vorwahlen 2020 lange Bidens Kontrahent gewesen, inzwischen aber ein wichtiger Verbündeter, der half, das 1,9-Billionen-Dollar-Rettungspaket durch den Senat zu bringen, und der für Biden den Kontakt zu den Progressiven in der Partei hielt.

BILD 17: »Die verhalten sich, als wollten sie mich dazu zwingen«, beschwerte sich Manchin am 5. März 2021 während eines Telefongesprächs bei Biden. »Die können mich mal am Arsch lecken.« Der gemäßigte Manchin aus West Virginia war wütend über die Änderungen an Bidens 1,9-Billionen-Dollar-Rettungspaket, die andere Demokraten vorgenommen hatten. Am Ende stimmte Manchin nach stundenlangen Verhandlungen doch für das Paket. »Es wird so aussehen, als hätten Sie den Deal ausgehandelt«, versprach ihm Biden.

BILD 18: »Mr. President«, sagte Außenminister Tony Blinken zu Biden im April 2021, »das war eine unglaublich schwierige Entscheidung.« Sie sei im Stil eines Präsidenten getroffen worden. »Ich bewundere Sie, dass Sie sich zu einem Entschluss durchgerungen haben.« Während Biden das Für und Wider eines Abzugs abgewogen hatte, fungierte Blinken als Verbindungsmann zu den NATO-Partnern und als zuverlässiger Vermittler. Diese Aufgabe übernimmt er seit über 20 Jahren für Biden, er arbeitete bereits zu dessen Senatszeiten für ihn.

BILD 19: Verteidigungsminister Lloyd Austin hält sich gern im Hintergrund. Doch hinter den Kulissen spielte er bei Bidens Überlegungen zum Truppenabzug aus Afghanistan eine entscheidende Rolle. Er fragte Kollegen, was sie von einem langsamen, »gesteuerten« Rückzug in drei oder vier Phasen hielten, um ein Druckmittel bei diplomatischen Verhandlungen zu haben. Doch Biden erklärte, das erinnere ihn an den alten, »an Bedingungen gebundenen« Ansatz, woraufhin Austin seinen Vorschlag schließlich zurückzog.

BILD 20: »Es fällt mir in diesen Tagen schwer, einen Friedhof zu besuchen, ohne an meinen Sohn Beau zu denken«, erklärte Biden, als er durch die Reihen der weißen Marmorgrabsteine auf dem Nationalfriedhof Arlington schritt, wo die Toten aus den Kriegen in Afghanistan und im Irak bestattet sind. Wenige Stunden zuvor hatte er seine Entscheidung zum Abzug der US-Truppen aus Afghanistan bekannt gegeben. Er blickte auf die Hunderte von Grabsteinen und sagte bekümmert: »Sehen Sie sich das an.«

BILD 21: »Gib mir dein Biden-Ehrenwort«, bat Beau Biden seinen Vater im Mai 2015, kurz bevor er an einem Krebstumor im Gehirn verstarb. »Versprich mir, Dad, dass du klarkommst, ganz egal, was passiert.« Das Leben seines Sohnes Beau, der für seinen Militärdienst im Irak mit einem *Bronze Star* ausgezeichnet wurde, hat nach wie vor großen Einfluss auf seinen Vater, angefangen bei dessen anhaltender Trauer und seinem Gefühl der Schicksalsbestimmtheit bis hin zu seiner Entscheidung, die US-Truppen aus Afghanistan abzuziehen.

BILD 22: »Wenn man als Präsident der Vereinigten Staaten eine solche Entscheidung treffen muss, dann muss man sich der Tatsache stellen, dass diese Entscheidung Menschenleben kosten kann und wird«, sagte der Nationale Sicherheitsberater Jake Sullivan, als Biden darüber grübelte, ob er die US-Truppen aus Afghanistan abziehen sollte. Bei Besprechungen fragte Biden fast immer: »Jake, was denken Sie?«

BILD 23: »Seine Stimmung, in der er derzeit jeden Tag ins Büro kommt, befindet sich in einem mittleren emotionalen Bereich«, berichtete Ron Klain, Stabschef des Weißen Hauses, im privaten Kreis über Biden. »Keine Nachricht, die ich ihm am Morgen mitteile, kann schlimmer sein als die Art von Nachricht, die er schon so oft in seinem Leben erhalten hat.« Klain wusste, dass der Präsident Delaware vermisste. »Er fühlt sich in der Wohnung im Weißen Haus nicht richtig wohl.«

BILD 24: »Ja, hier muss man wirklich Verantwortung übernehmen«, sagte Biden zu seinem Außenminister Blinken und dem Nationalen Sicherheitsberater Jake Sullivan im April 2021. Er bezog sich auf seine Entscheidung zum Abzug der US-Truppen aus Afghanistan, die bald heftig kritisiert wurde. Republikanische wie demokratische Politiker befürchteten einen Zusammenbruch der afghanischen Regierung und brutale Menschenrechtsverletzungen durch die Taliban.

BILD 25: »Die Demokratie ist in Gefahr, und der Senat verliert sich in sinnlosen Debatten!«, erklärte Majority Whip James Clyburn, als die Demokraten im Juni 2021 mit ihrem Gesetz zur Wahlreform scheiterten. Ein Jahr zuvor, als Bidens Kandidatur bei den Vorwahlen der Demokraten auf der Kippe stand, hatte der Königsmacher aus South Carolina einen Deal mit ihm vereinbart: Clyburn würde ihn unterstützen, wenn Biden sich bereit erklärte, eine schwarze Richterin für das Oberste Gericht zu nominieren.

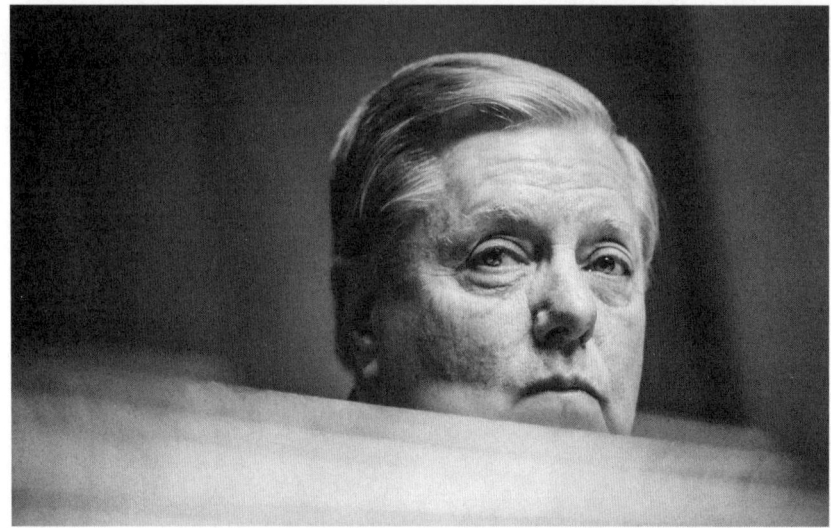

BILD 26: »Sie haben Scheiße gebaut«, sagte Senator Lindsey Graham zu Trump bei einem Telefonat im Sommer 2021. Trump legte abrupt auf. »Ich mache Ihnen keinen Vorwurf«, sagte Graham, als er am Tag darauf zurückrief. »Ich hätte auch aufgelegt!« Dennoch drängte er Trump erneut, die Wahl 2020 abzuhaken und sich auf die Wahlen 2022 zu konzentrieren. Graham war zu einer Art Suchtberater für Trump geworden, der sich mühte, seinen Patienten davon abzuhalten, sich ein weiteres Glas von seinem angeblichen Wahlsieg 2020 zu genehmigen.

BILD 27: »Trump 2020 ähnelte Hillary 2016. Sie hatten zu viel Geld, zu viel Zeit, zu viel Ego«, sagte Kellyanne Conway, Trumps langjährige Wahlkampfstrategin, im Sommer 2021 zu Trump. Sein Wahlkampf 2020 mit einem Etat von über einer Milliarde Dollar sei von Zwistigkeiten zwischen Trumps Mitarbeitern und seinen Verbündeten geprägt gewesen. »Dieses Mal haben Ihnen der Hunger und der Biss gefehlt«, erklärte sie im Vergleich zu seinem weniger durchgeplanten Wahlkampf 2016.

BILD 28: »Wir werden uns nicht beugen«, erklärte Trump am 26. Juni 2021 in Wellington, Ohio. Er war zurück auf der Bühne, hielt große Auftritte vor Tausenden begeisterten Anhängern und fachte dabei Gerüchte über ein mögliches Comeback im Jahr 2024 an. »Wir werden nicht zerbrechen. Wir werden nicht nachgeben. Wir werden niemals aufgeben. Wir werden niemals kapitulieren. Wir werden niemals klein beigeben. Wir werden unter keinen Umständen aufgeben, nie im Leben.« Es war eine Kriegsansprache.

BILD 29: Bei einem Telefongespräch am 9. Juli 2021 warnte Präsident Biden den russischen Präsidenten Waldimir Putin, er müsse gegen die von Russland aus operierenden Cyberkriminellen und ihre Ransomware-Attacken vorgehen. »Wenn Sie es nicht können oder wollen, werde ich es tun«, sagte er. Am Ende des Gesprächs ergänzte Biden: »Wissen Sie, große Länder haben eine große Verantwortung. Sie sind aber auch sehr verwundbar.« Die US-Kapazitäten für Cyberangriffe waren hervorragend, wie Putin wusste. Biden beließ es dabei. Eine direkte Drohung gegenüber dem russischen Präsidenten sprach er nicht aus.

VIERZIG

Anfang Januar begannen Lee und Graham mit getrennten, von ihnen persönlich durchgeführten Untersuchungen zu den Wahlbetrugsvorwürfen des Präsidenten. Wenn daran etwas Wahres wäre, müsste es Beweise dafür geben, das schien ihnen logisch.

Am Samstag, dem 2. Januar, erhielt Lee ein zweiseitiges Memorandum aus dem Weißen Haus, verfasst von dem Rechtsgelehrten John Eastman, der mit Trump zusammenarbeitete.[1]

PRIVILEGED AND CONFIDENTIAL

January 6 scenario

7 states have transmitted dual slates of electors to the President of the Senate.

EINGESCHRÄNKT UND VERTRAULICH
Szenario für den 6. Januar
Sieben Bundesstaaten haben dem Präsidenten des Senats doppelte Wahlleutelisten übermittelt.

Lee war schockiert. Er hatte bis dahin noch nichts von alternativen Listen von Wahlleuten gehört.

Nach dem geheimnisvollen, in der Verfassung festgelegten Verfahren gaben die Wahlmänner und -frauen die endgültigen Stimmen für den Präsidenten so ab, wie sie am 14. Dezember abgestimmt hatten. Und innerhalb von vier Tagen musste der Senat diese Stimmen offiziell auszählen, um die Wahl zu bestätigen.

Die Möglichkeit, dass es zu alternativen oder miteinander konkurrierenden Listen von Wahlleuten kommen könnte, würde landesweit Schlagzeilen machen. Bisher hatte es keine solchen Nachrichten gegeben.

Lee wusste, dass sich einige Trump-Unterstützer in verschiedenen Bundesstaaten seit mehreren Wochen als »alternative Wahlleute« angeboten hatten. Allerdings handelte es sich dabei eher um eine Social-Media-Kampagne, um eine Amateuraktion ohne rechtliche Grundlage.

Es hatte auch Aufrufe von Trump-Anhängern gegeben, die Wahlmänner und -frauen, die Biden ihre Stimmen zugesagt hatten, aus ihrer Pflicht zu entlassen, damit sie für jemand anderen stimmen konnten. Aber dieser Vorstoß in letzter Minute wurde ebenfalls durch die gesetzlichen Rahmenbedingungen erschwert, denn die meisten Staaten verboten sogenannten »treulosen« Wahlleuten, sich bei der Stimmabgabe umzuorientieren.[2]

Der Trump-Berater Stephen Miller hatte dennoch die Hoffnung auf eine bevorstehende Umkehrung des Wahlausgangs geschürt. Auf Fox News behauptete er im Dezember, dass »eine alternative Gruppe von Wahlleuten aus den umstrittenen Staaten abstimmen wird und wir die Ergebnisse an den Kongress weiterleiten werden«.[3]

In privaten Gesprächen forderte Eastman, dass Gruppen von Personen aus den Bundesstaaten, die als Wahlmänner und -frauen fungieren wollten, vom Kongress als legitim erachtet werden sollten. Diese Personen seien organisiert und entschlossen, sagte er, und es gebe einen Präzedenzfall für die Anerkennung einer zweiten Wahlleuteliste. Hawaii hatte bei der Wahl von 1960 nach einem Streit zwischen dem republikanischen Gouverneur und den Demokraten dieses Bundesstaates zwei konkurrierende Listen aufgestellt.

Doch anders als im Jahr 1960 gab es diesmal keinen offiziellen Versuch, konkurrierende und zugkräftige Wahlleutelisten auf der Ebene einzelstaatlicher Parlamente zu präsentieren. Aufrufe an die Gouverneure, Sondersitzungen bezüglich der Abstimmung einzuberufen, blieben ungehört. Es gab lediglich einen lautstarken Protest, vor allem von

Trump-Anhängern in verschiedenen Bundesstaaten, die die Anerkennung einer anderen Gruppe von Wahlleuten durch den Kongress forderten.

Am 2. Januar war Lee sich sicher, dass bisher nichts geschehen war. Es war alles nur Gerede gewesen, bloßer Lärm in dieser Angelegenheit, deren Rahmenbedingungen in der Verfassung genau festgelegt waren.

»Was ist das?«, fragte sich Lee, während sein Blick auf Eastmans Dokument ruhte.

Lee wusste auch, dass jeder Versuch, den Vizepräsidenten zum entscheidenden Akteur bei der Bestätigung der Wahl zu machen, eine absichtliche Verzerrung der Verfassung darstellen würde.

Lee hatte Mark Meadows und andere Personen im Weißen Haus und bei den Republikanern wiederholt darauf hingewiesen, dass der Vizepräsident nur die Rolle eines Gehilfen bei der Auszählung spielte. Das war alles, was ihm zustand. Es war eine Befugnis, die in diesen sechs Worten des 12. Zusatzartikels genau beschrieben und beschränkt wurde: »und dann werden die Stimmen gezählt«.

Eastmans zweiseitiges Memo stellte das übliche Zählverfahren auf den Kopf. Lee war überrascht, dass eine derartige Stellungnahme von Eastman kam, einem Juraprofessor, der für den Richter des Obersten Gerichtshofs Clarence Thomas gearbeitet hatte.

Lee las weiter. »Hier ist das Szenario, das wir vorschlagen.« Das Memo enthielt sechs mögliche Schritte für den Vizepräsidenten. Der dritte Punkt fiel dem Senator besonders auf.

---

3. At the end, he announces that because of the ongoing disputes in the 7 States, there are no electors that can be deemed validly appointed in those States. That means the total number of "electors appointed" – the language of the 12th Amendment -- is 454. This reading of the 12th Amendment has also been advanced by Harvard Law Professor Laurence Tribe (here). A "majority of the electors appointed" would therefore be 228. There are at this point 232 votes for Trump, 222 votes for Biden. Pence then gavels President Trump as re-elected.

3. Am Ende gibt er bekannt, dass aufgrund der anhaltenden Streitigkeiten in den sieben Bundesstaaten keine Wahlleute aus diesen Staaten als rechtskräftig ernannt gelten können. Das bedeutet, dass die Gesamtzahl der »ernannten Wahlmänner« – so die Formulierung des 12. Verfassungszusatzes – 454 beträgt. Diese Lesart des 12. Zusatzartikels wurde auch vom Harvard-Juraprofessor Laurence Tribe vertreten (hier). Eine »Mehrheit der ernannten Wahlmänner« wäre demnach 228. Beim jetzigen Stand liegen 232 Stimmen für Trump vor und 222 Stimmen für Biden. Pence erklärt daraufhin Präsident Trump für wiedergewählt.

Er las es sicherheitshalber noch einmal. Pence »gibt bekannt, dass aufgrund der anhaltenden Streitigkeiten in den sieben Bundesstaaten keine Wahlleute aus diesen Staaten als rechtskräftig ernannt gelten können«. Damit würde Pence die Zahl der Staaten, deren Stimmen bei der Wahl gezählt werden, auf nur noch 43 Staaten reduzieren, sodass 454 Wahlleute übrig bleiben würden, die entscheiden würden, wer gewinnt.

»Beim jetzigen Stand liegen 232 Stimmen für Trump vor und 222 Stimmen für Biden«, schrieb Eastman über dieses Szenario. »Pence erklärt daraufhin Präsident Trump für wiedergewählt.«

Eine Maßnahme des Vizepräsidenten, um Dutzende von Millionen rechtmäßig abgegebener Stimmen zu annullieren und einen neuen Sieger zu verkünden? Lee wurde ganz schwindelig. Eine derartige Vorgehensweise wurde weder durch die Verfassung noch durch ein Gesetz oder eine frühere Praxis gestützt. Eastman hatte sich diese Idee offenbar aus den Fingern gesaugt.

Eastman hatte auch die zu erwartende Empörung und die Befürchtung eines Staatsstreichs antizipiert.

4. Howls, of course, from the Democrats, who now claim, contrary to Tribe's prior position, that 270 is required. So Pence says, fine. Pursuant to the 12th Amendment, no candidate has achieved the necessary majority. That sends the matter to the House, where the "the votes shall be taken by states, the representation from each state having one vote . . . ." Republicans currently control 26 of the state delegations, the bare majority needed to win that vote. President Trump is re-elected there as well.

4. *Natürlich gibt es einen Aufschrei vonseiten der Demokraten, die nun entgegen Tribes zuvor erwähnter Position behaupten, dass 270 Stimmen erforderlich seien. Also sagt Pence: In Ordnung. Gemäß dem 12. Verfassungszusatz hat kein Kandidat die erforderliche Mehrheit erreicht. Damit wird die Angelegenheit an das Repräsentantenhaus verwiesen, wo »die Abstimmung nach Bundesstaaten erfolgt, wobei die Vertretung jedes Staates eine Stimme hat [...]«. Die Republikaner kontrollieren derzeit 26 der bundesstaatlichen Delegationen, gerade genug für die Mehrheit, die nötig ist, um diese Abstimmung zu gewinnen. Auch auf diese Weise wird Präsident Trump somit wiedergewählt.*

So würden sie ihr Spiel aufziehen. Entweder würde Pence persönlich Trump zum Sieger erklären, oder er würde dafür sorgen, dass die Wahlentscheidung im Repräsentantenhaus getroffen würde, wo Trump die Garantie hätte zu gewinnen.

Der Kongress hatte die Präsidentschaftswahlen erst zweimal zuvor in der amerikanischen Geschichte entschieden. Lee verschlang den Rest von Eastmans Memo, in dem außerdem stand: »Pence sollte dies tun, ohne um Erlaubnis zu fragen.«

»Tatsache ist, dass die Verfassung dem Vizepräsidenten die Befugnisse eines endgültigen Schiedsrichters erteilt«, hieß es darin.

Lee wusste, dass nichts weiter von der Wahrheit entfernt sein konnte als dies. Der Vizepräsident war keineswegs der »endgültige Schiedsrichter«. Wie Quayle hatte er sich die Zeile des 12. Verfassungszusatzes eingeprägt, die besagte, dass der Präsident des Senats einfach »alle Bescheinigungen öffnet und die Stimmen dann gezählt werden«.

Was für ein Chaos. Lee hatte fast zwei Monate lang versucht, Trump und Meadows klarzumachen, dass sie Rechtsmittel einlegen sowie Unterlagenprüfungen, Neuauszählungen oder andere Schritte fordern konnten. Sie konnten Dutzende von Klagen einreichen. Aber ihre Zeit war begrenzt. »Denken Sie stets daran, dass die Stoppuhr läuft«, sagte er.

Wenn nichts davon klappte, würde Pence nur die Stimmen zählen können. Das war's.

Mark Meadows war in seiner Jugend, wie er selbst sich nannte, ein »fetter Nerd« und ein Außenseiter gewesen.[4] Nunmehr 61 Jahre alt, war er etwas schlanker geworden, aber stämmig geblieben; er war stolz darauf, der Trump-Insider zu sein. Er war zu der Person geworden, die Trump zu jeder Tageszeit anrief. Seine Kollegen kommentierten unter vier Augen, wie begeistert er war, wenn er von den Anrufen des »POTUS« erzählte, wie er den Präsidenten nannte.

Meadows konnte auch sehr diskret arbeiten; er liebte es, Leute beiseitezunehmen und Besprechungen unter Ausschluss der Öffentlichkeit abzuhalten. Aber er war keineswegs reserviert. Wenn es etwas an ihm auszusetzen gab, dann fanden ihn einige von Trumps Mitarbeitern eher zu emotional. Bei mehreren Gelegenheiten hatte er im Westflügel in aller Öffentlichkeit geweint, wenn es um heikle personelle und politische Entscheidungen ging.[5]

Meadows berief am Samstag, dem 2. Januar, ein Treffen in seinem Büro im Weißen Haus ein, damit Graham in seiner Rolle als Anwalt und Vorsitzender des Justizausschusses des Senats von Giuliani und dessen Mitarbeitern über die Wahlprobleme und den Wahlbetrug informiert werden konnte, die sie angeblich gefunden hatten.

Ihre Erkenntnisse seien ausreichend, um die Wahl zu Trumps Gunsten zu kippen, behauptete Giuliani unter Berufung auf Beweise, die ihm vorgelegt worden seien.

Giuliani bot einen Computerexperten auf, der eine mathematische Formel vorstellte, die zeigen sollte, dass ein Sieg Bidens nahezu ausgeschlossen war. Mehrere Bundesstaaten hatten mehr Stimmen für Biden registriert, als zuvor in den Jahren 2008 und 2012 für Obama abgegeben worden waren.[6] Da die Umfragen aber zeigten, dass Obama in diesen Staaten beliebter als er gewesen sei, sei es für Biden rechnerisch fast unmöglich gewesen, Obama bei den Präsidentschaftswahlen 2020 auf rein numerischer Ebene zu überholen, versicherte Giulianis Experte.

Das sei zu abstrakt, bemerkte Graham. Der Ausgang einer Präsidentschaftswahl lasse sich nicht auf der Grundlage irgendeiner Theorie beeinflussen. Er misstraue zwar den Mainstream-Medien, die kategorisch behaupteten, dass die Vorwürfe von Trump falsch seien, aber er wolle mehr Belege. Zeigen Sie mir ein paar konkrete Beweise, sagte Graham.

Giuliani und sein Team erklärten, sie hätten überwältigende, unanfechtbare Belege dafür, dass Stimmen gezählt worden seien, die von Toten, von Jugendlichen unter 18 Jahren und von inhaftierten Schwerverbrechern stammten.

Graham entgegnete, zweifellos sei einiges davon zutreffend, aber er benötige Beweise.

»Ich bin ein schlichter Mensch«, sagte er. »Wenn man tot ist, darf man nicht wählen. Wenn man unter 18 ist, darf man nicht wählen. Wenn man im Gefängnis sitzt, darf man nicht wählen. Konzentrieren wir uns auf diese drei Aspekte.«

Etwa 8000 Verbrecher haben in Arizona gewählt, antworten sie ihm.

»Nennen Sie mir einige Namen«, verlangte Graham.

Sie erwiderten, sie wüssten von 789 Toten, die in Georgia gewählt hätten. Namen, sagte Graham. Sie versprachen, ihm die Namen bis zum Montag zu nennen. Dann erzählten sie ihm, sie hätten 66 000 Personen unter 18 Jahren gefunden, die illegal in Georgia gewählt hätten.

Wissen Sie, wie schwer es ist, jemanden, der 18 Jahre alt ist, zur Stimmabgabe zu bewegen? Und Sie haben 66 000 junge Leute unter 18 entdeckt, die gewählt haben, ist das richtig?

Ja, das ist richtig.

»Geben Sie mir ein paar Namen. Ich benötige es schriftlich von Ihnen. Sie müssen mir handfeste Beweise zeigen.«

Sie stellten ihm dies für Montag in Aussicht.

»Sie sind dabei, Ihre Prozesse zu verlieren«, fügte Graham hinzu.

Trumps Anwälte hatten mittlerweile bei fast 60 Wahlanfechtungen verloren.[7] Am Ende würden etwa 90 Richter, darunter auch von Trump ernannte, gegen die von Trump veranlassten Klagen entscheiden.

Vizepräsident Pence ging am späten Sonntagabend, dem 3. Januar, nach der Vereidigung der neuen Senatsmitglieder in sein Büro in der Nähe des Senatssaals, um sich mit der Verhandlungsleiterin des Senats, Elizabeth MacDonough, unter vier Augen zu treffen.

McConnell und seine Stabschefin Sharon Soderstrom, eine Expertin für Richtlinien und Verfahrensweisen, hatten Pence zu diesem Schritt geraten. Sie wollten keine Überraschungen erleben und waren der Auffassung, dass sich Pence vorbereiten sollte, selbst wenn er einen vorab verfassten Text vortragen würde.

Begleitet von seinem Stabschef Marc Short und seinem Anwalt Greg Jacob bat Pence MacDonough, ihm den Plan für den 6. Januar zu erläutern. Erzählen Sie mir, wie das ablaufen wird. Er machte sich Notizen, während MacDonough ihm erklärte, wie er auf Schwierigkeiten reagieren konnte und welche Möglichkeiten er als Vorsitzender hatte.

Pence überhäufte sie mit hypothetischen Fragen: Was geschieht, wenn dieser Einspruch erhoben wird? Wie geht das vonstatten? Welche Redepassagen muss ich genau einhalten und bei welchen Teilen meiner Rede habe ich vielleicht ein wenig Spielraum?

Short und Pence hatten wochenlang darüber diskutiert, ob es für Pence möglich sein würde, den in den Fernsehnachrichten ideal verwertbaren Augenblick zu vermeiden, in dem er der Welt Trumps Niederlage würde verkünden müssen. Ein gefundenes Fressen für einen Rivalen von Pence im Jahr 2024.

»Darf ich vielleicht Verständnis für einige der Einwände äußern?«, fragte Pence.

MacDonoughs Antwort war knapp und sachlich. Halten Sie sich an das vorgegebene Skript, riet sie ihm. Ihre Aufgabe ist die eines Stimmenzählers. Pence gab ihr recht.

EINUNDVIERZIG

Am Montag, dem 4. Januar, war Graham im Weißen Haus, wo er einige Memos erhielt, die Trumps Behauptungen stützten. Er beauftragte seinen Fahrer, sie zu Lee Holmes zu bringen, Grahams Hauptanwalt im Justizausschuss, der seit sieben Jahren für ihn tätig war.

Das erste Memo von Giuliani an Graham enthielt 20 Seiten mit jeweils 39 Namen plus 9 weitere Namen.[1] Es sah beeindruckend aus.

Bei der Lektüre erfuhr Holmes, dass ein Team von Buchprüfern »789 tote Personen identifiziert hatte, die in Georgia bei den Parlamentswahlen 2020 gewählt hatten«. Die Untersuchung bezog sich auf per Briefwahl und durch Bevollmächtigte abgegebene Stimmen.

MEMORANDUM

TO
FROM: CHAIRMAN LINDSEY GRAHAM
            MAYOR RUDY GIULIANI, TRUMP LEGAL DEFENSE TEAM
DATE: 4 JANUARY 2021
RE: DECEASED PEOPLE WHO VOTED IN THE 2021 ELECTION IN GA

Overview
Many independent interest groups have undertaken analyses to review the mail-in and absentee ballots that were reported by various Secretaries of State to determine if deceased voters had ballots requested, cast and counted in their name. While there are many reports across the country that show significant numbers of dead voters participating in various states, the number that we are absolutely certain of, is that provided by an independent firm run by Bryan Geels and Alex Kaufman, who are based in Georgia.

Georgia – Margin - 11,779
They have identified 789 dead people who voted in Georgia in the 2020 General Election. Their team did a comprehensive analysis of mail-in and absentee ballot voter names and obituaries, which showed these as definitive numbers. A comprehensive list of those voters is attached herewith.

Für Holmes war es unklar, wie jemand eine so umfangreiche Liste von Verstorbenen zusammenstellen und sie auf aussagekräftige Weise mit deren kurze Zeit zurückliegendem Wahlverhalten abgleichen konnte. Aber vielleicht waren einige der Namen auf Giulianis Liste tatsächlich für Wahlbetrug verwendet worden.

Auf jeden Fall fand Holmes, nachdem er begonnen hatte, Hunderte von Namen zu überprüfen, keine glaubwürdigen Beweise für Betrug.

Robert Drakeford zum Beispiel war 88 Jahre alt, als er am 18. September einen Stimmzettel erhielt. Der Stimmzettel wurde fünf Tage später zurückgeschickt. Den Unterlagen zufolge starb Drakeford am 2. November. Eine weitere betagte Person hatte gewählt und war gestorben, womit nichts bewiesen war, selbst wenn das Dokument der Wahrheit entsprach.

Aber Giuliani hatte in seinem Memo an Graham geschrieben, dass die Angaben »sicher feststehend« seien. Das war eine gewagte Behauptung.

Holmes war fassungslos angesichts der eklatanten Unstimmigkeiten in Giulianis Bericht. Soweit er es beurteilen konnte, hatten fast alle der 789 Toten, die angeblich in Georgia gewählt hatten, ihre Stimmzettel ordnungsgemäß erhalten, bevor sie starben. Die Quellenlage war unklar. Er konnte nicht erkennen, welche Regierungsdokumente verwendet worden sein könnten.

Zweifellos hatten einige Menschen in Georgia erst gewählt und waren dann gestorben. Dieser Bericht bewies gar nichts, er war lächerlich. Holmes konnte nachvollziehen, warum die Gerichte in Georgia Trumps Beanstandungen zurückgewiesen hatten.

In einem zweiten Memo von Giuliani über Georgia hieß es:[2]

> To: Senator Lindsey Graham (R-SC)
> From: Rudolph Giuliani
> Re: Voting Irregularities, Impossibilities, and Illegalities in the 2020 General Election
> Date: January 4, 2020
>
> **Introduction**
> The 2020 U.S. General Election had several abnormalities that contributed to multiple irregularities, which raises concerns about the integrity of the election. The concerns span multiple states, and have consistent patterns seen in each of the states. United States laws, as well as the laws of each of the states, set specific standards for who is eligible to vote, and how and when votes may be legally cast. The information below details proven fallacies that invalidate the vote count and outcome of the each of the respective states. Per your request, this memorandum is limited to traditional voter fraud in a sample of the contested states and does not discuss machines, algorithms, or technological manipulation.
>
> The detailed information provided in this memorandum is a simple snapshot of the verifiable information available. Per your request, we limited the number of names and identities provided to a small sample, and this memo is intended to exemplify the fact that the illegal votes are provable, documented, and identifiable.
>
> **Georgia (Tally Spread = 11,779)**
> In Georgia, 66,248 individuals under the age of 18 registered to vote and illegally voted in the 2020 general election, or more likely, someone illegally voted in their name. Evidence suggests that 10,315 dead people voted in Georgia, and 2,560 felons with incomplete sentences registered to vote and cast their votes. 4,502 unregistered voters cast ballots. 2,506 convicted felons voted in Georgia.

Dann sah sich Holmes einen PowerPoint-Ausdruck an, der ihm von Giuliani geschickt worden war:[3] »Unabhängige Analysen, die von fachkundigen Buchprüfern und Ivy-League-Statistikern durchgeführt wurden, zeigen eine hinreichende Zahl illegaler Stimmen. [...] In Georgia wurden bei der Wahl mindestens 27 713 illegale Stimmen abgegeben und mitgezählt.«

Holmes fragte sich, wer diese nicht namentlich genannten superschlauen Experten sein konnten. Diese Gesamtzahl war mehr als doppelt so hoch wie die 11 779 Stimmen, die Biden den Sieg in diesem Bundesstaat bescherten.

Die »vertrauliche« Analyse des Memos besagte auch, dass 18 325 Wähler sich »mit einer Wohnadresse registriert hatten, die vom USPS, dem United States Postal Service, als leerstehend gekennzeichnet ist«.

Wie könnte irgendjemand, und sei es ein Team von Spitzenklasse-Statistikern, 7,6 Millionen registrierte Wähler durchgehen und diese mit den Postverzeichnissen abgleichen, um 18 325 an unbewohnten Adressen registrierte Personen zu finden?

Holmes war geschickt dabei, Informationen im Internet zu finden, und klickte sich durch die große Zahl der öffentlich zugänglichen Wählerdaten. Er konnte keine Website entdecken, die jemandem Zugang zu Angaben verschafft hätte, die eine derartige Ermittlung möglich gemacht hätten. In den Memos von Giuliani wurde aber behauptet, dass alle Informationen aus öffentlichen Verzeichnissen stammten.

In Giulianis Analyse wurde überdies erwähnt, es habe »305 701« Fälle gegeben, in denen »das Datum der Beantragung einer Stimmabgabe durch Bevollmächtigte vor dem frühesten nach den Gesetzen von Georgia zulässigen Datum« gelegen habe.

Aber dafür hätte man wiederum 7,6 Millionen Karteikarten von Wählern durchsehen müssen. Soweit Holmes das beurteilen konnte, waren die Angaben zu den Anträgen auf Wahl durch Bevollmächtigte nur in einigen Bezirken Georgias verfügbar. Folglich wäre es nahezu unmöglich gewesen, dies bei 7,6 Millionen Wählern zu überprüfen.

In einem weiteren »vertraulichen« Memo hieß es, es hätten »4502« Personen eine Stimme abgegeben, die »nicht in den Wählerverzeichnissen des Bundesstaates aufgeführt sind«.[4] Wie konnten nicht registrierte Personen eine Stimme abgeben? Und wie konnte man das herausfinden?

Dann erhielt Holmes eine E-Mail von einem Team erfahrener konservativer Anwälte, die mit Giuliani in Georgia zusammenarbeiteten.[5] In der E-Mail stand:

Georgia Election Official's Numbers Don't Add Up
Caught – Either Lying or Profoundly Ignorant of the Election Data

Georgia's election officials announced on Monday, January 4, that the election was valid because it had a small margin of error and that those contesting the election were all wrong. In doing so, they either lied to the public or betrayed a profound ignorance of the election data. Below is a chart that describes the official position of the Georgia Secretary of State vs the truth.

Dann widmete sich Holmes wieder den Memos von Giuliani und stellte fest, dass ein Großteil der neuesten Daten aus den journalistischen Recherchen von Christina Bobb vom One America News Network stammte, einem Pro-Trump-Fernsehsender, der Verschwörungstheorien über »Wahlmaschinen« verbreitete, die für Betrug »berüchtigt« seien.[6] Er hatte den Eindruck, dass die Zahl der angeblich minderjährigen Wähler in Georgia außergewöhnlich hoch war.

In Bezug auf Nevada hieß es in dem Memo, dass »42 284 registrierte Wähler mehr als einmal gewählt haben«.

Holmes fragte sich, wie dies möglich gewesen sein sollte. In mehreren Wahlbezirken? In denselben Wahlbezirken? Eine doppelte Stimmabgabe war eindeutig illegal, aber wer würde das denn in laut Giuliani öffentlich zugänglichen Listen verfolgen und aufzeichnen?

In Nevada, so stand weiter in dem Memo, waren »2468 Wähler 30 Tage vor der Wahl aus dem Bundesstaat Nevada weggezogen und daher nicht wahlberechtigt«. Und 1506 waren als »verstorben [gemeldet] vom Hauptsterberegister der Sozialversicherungsverwaltung, von Konsumentendaten-Verkäufern, durch Erwähnungen in öffentlichen Todesanzeigen, in den Daten über verstorbene Kreditnehmer«.

»8111 Wähler hatten sich mit nicht existierenden Adressen registriert«, so Giulianis Bericht. »15 164 Wähler aus anderen Bundesstaaten haben [in Nevada] gewählt.«

Holmes konnte keine öffentlich zugänglichen Verzeichnisse finden, die es jemandem erlauben würden, derartige Schlussfolgerungen zu ziehen.

In Bezug auf Arizona stand in dem Memo, es habe »36 473 Personen [gegeben], die ihre Staatsbürgerschaft nicht nachweisen konnten, deren Stimmzettel aber akzeptiert und mitgezählt wurden«.

Holmes wusste, dass eine Überprüfung der Staatsbürgerschaft bei landesweiten Parlamentswahlen nicht erforderlich war; sie war sogar nicht einmal zulässig. Er stieß auf einen Fall des Obersten Gerichtshofs aus dem Jahr 2013, *Arizona vs. Inter Tribal Council*, bei dem die Auffassung vertreten wurde, dass das Gesetz zur Registrierung bei nationalen Wahlen von 1993 den Bundesstaaten verbietet, bei landesweiten Stimmabgaben einen Nachweis der Staatsbürgerschaft zu verlangen.[7] Holmes rief Wahlbeamte in Arizona an, die ihm sagten, dass sie keine Staatsbürgerschaftsnachweise verlangten und dass sie sich an die Rechtsprechung in dem vom Obersten Gerichtshof entschiedenen Fall hielten.

Es handelte sich um eine weitere Zahl ohne faktische Grundlage und vor allem auch ohne Namen.

Eine wirkliche Täuschung war die Behauptung, es habe in Arizona 11 676 Stimmüberschreitungen gegeben. Von »Stimmüberschreitungen« sprach man, wenn ein Wähler für mehr als die erlaubte Anzahl von Kandidaten stimmte. Der Vorwurf stützte sich auf einen fünfseitigen Bericht, in dem die Stimmüberschreitungen bei 220 verschiedenen Wahlen im Bundesstaat aufgelistet waren, darunter für den Richter des Berufungsgerichts, den Constable, den County Assessor sowie für das Amt des Stadtrats und des Bürgermeisters von Phoenix. In Giulianis Memo wurden dann alle diese Fälle addiert, um auf die Gesamtzahl von 11 676 zu kommen.

Bei der Präsidentschaftswahl gab es jedoch nur 180 Stimmüberschreitungen; nur sie konnten eine Rolle spielen im Duell zwischen Trump und Biden. Dieser einzige relevante Bereich mit 180 Fällen würde am Wahlausgang in Arizona nichts ändern, da Biden laut der letzten Auszählung mit 10 457 Stimmen gewonnen hatte.

In Wisconsin gaben laut dem Memo 226 000 Menschen ihre Stimme ab, die möglicherweise »lebenslänglich inhaftiert« waren, und weitere »170 140 Personen gaben ihre Stimme über eine Vollmacht ab, ohne sich zuvor für diese Art der Stimmabgabe registriert zu haben«.

Weiterhin wurde behauptet, dass in Pennsylvania »682 777 Briefwahlstimmen mitten in der Nacht vom 3. auf den 4. November ausgewertet wurden, entgegen den Gesetzen des Bundesstaates«, die vorschreiben, dass die Auszählung von Vertretern beider Parteien überwacht wird. Dieser Vorwurf stützte sich auf die eidesstattliche Erklärung eines einzigen Wahlbeobachters.

»Alle betrügerischen Stimmen müssen abgezogen werden«, hieß es in dem Memo. Holmes war erneut erstaunt angesichts der Übertreibung. Betrügerisch? Dafür gab es keine Beweise.

Anschließend wurde behauptet: »Wenn man nur diese Zahl abzieht, dann gewinnt Präsident Trump den Staat mit [einem Vorsprung von] Hunderttausenden [von Stimmen]«.

Holmes fand die Schludrigkeit, den anmaßenden Ton vorgeblicher Gewissheit und die Ungereimtheiten dieser Argumentation disqualifizierend. Die drei Memos ergaben keinen Sinn.

Nichtsdestotrotz hatte in einem der für Graham bestimmten Memos gestanden: »Die detaillierten Informationen in diesem Memorandum sind eine einfache Momentaufnahme der überprüfbaren Angaben, die zur Verfügung stehen. Auf Ihren Wunsch hin haben wir die Anzahl der Namen und Identitäten auf eine kleine Auswahl beschränkt, und dieses Memorandum soll die Tatsache veranschaulichen, dass die illegalen Stimmen nachweisbar, dokumentiert und identifizierbar sind.«

Holmes berichtete Graham, die Daten in den Memos seien ein Fantasieprodukt, vorgetragen in einem anmaßenden Tonfall und einem Sprachstil wie in der achten Klasse.

Graham sah sich die Memos an.

»Dritte Klasse«, sagte er. Holmes fügte hinzu, ein Teil der Vorwürfe beruhe auf einer eidesstattlichen Erklärung.

Graham erwiderte: »Ich kann mir bis morgen eine eidesstattliche Erklärung beschaffen, in der steht, dass die Welt eine Scheibe ist.«

Obwohl Trump weiterhin wütend über die Entscheidung von Arizona und Fox News war, Biden frühzeitig in der Wahlnacht zum Sieger auszurufen, war Graham überzeugt, dass der Gouverneur von Arizona, Doug Ducey, der Republikaner war, für eine faire Wahl gesorgt hatte und über ein effektives System zur Überprüfung der Unterschriften verfügte.

Graham sagte zu Trump, er habe Arizona wegen seiner Angriffe auf den verstorbenen John McCain verloren, der in seinem Heimatstaat nach wie vor beliebt sei. Dessen Witwe Cindy hatte Biden unterstützt, der mit ihr gut befreundet war und bei McCains Beerdigung gesprochen hatte.

»Ich glaube, der Grund für Ihre Niederlage in Arizona ist, dass Sie auf einem Toten herumgehackt haben«, bemerkte Graham.

Senator Lee und seine Frau Sharon flogen nach Georgia, um an Trumps Kundgebung am 4. Januar für die republikanischen Senatoren Loeffler und Perdue vor deren jeweiligen Wahlen teilzunehmen.

Lee traf sich dort mit Trumps in Georgia operierendem Anwaltsteam, das das Ergebnis der Präsidentschaftswahlen in diesem Bundesstaat anzweifelte. Die Anwälte waren eifrig bei der Sache und argumentierten, sie hätten zahlreiche Beweise dafür, dass viele Briefwahlstimmen an Adressen geschickt worden seien, die keine Wohnadressen seien und keine legitimen Adressen für einen Wähler in Georgia. Sie sagten, es seien so viele Stimmen auf unrechtmäßige Weise für Biden abgegeben worden, dass Trump nun zum Wahlsieger erklärt werden müsse.

»Wenn Sie recht haben«, sagte Lee, »warum sind Sie dann nicht vor Gericht, um eine einstweilige Verfügung zu erwirken? Oder um eine Vorausklage einzureichen? Oder warum bringen Sie diese Argumente nicht gegenüber den Wahlbeamten in Georgia vor? Gegenüber dem Wahlleiter? Gegenüber dem Gouverneur oder dem Generalstaatsanwalt oder Ihrem Parlament?«

Die Legislative des Bundesstaates hatte alle nötigen Befugnisse. Deshalb fragte er sie: »Warum erzählen Sie das mir? Sie könnten Ihr Problem genauso gut der englischen Königin vortragen. Der Kongress kann nichts für Sie tun. Sie verschwenden Ihre Zeit.«

Die Anwälte wiesen ihn darauf hin, dass ein Gericht oder das bundesstaatliche Parlament immer noch einschreiten könnten.

»Ich bin mir sicher, dass das in die Schlagzeilen kommen wird,« sagte Lee, »sodass ich es nicht verpassen werde.«

ZWEIUNDVIERZIG

Der pensionierte Generalleutnant Keith Kellogg fühlte sich zu Trump hingezogen, seit er 2016 an dessen Kampagne mitgewirkt hatte. Trump nahm ihn ernst und schenkte ihm Aufmerksamkeit. Mit seinen breiten Schultern, seinem eckigen Kinn und seiner schroffen Ausdrucksweise wirkte Kellogg so, wie Trump es bei seinen Generälen schätzte.

Doch in den letzten Jahren fühlte sich Kellogg zwischen zwei Welten hin- und hergerissen: der Pence-Welt, in der er der nationale Sicherheitsberater des Vizepräsidenten war, und der Trump-Welt.

»Ich mache keinen Hehl daraus. Ich bin ein Trump-Getreuer«, sagte Kellogg nach außen hin. Dennoch arbeitete er direkt für Pence, in einer Position, die er angenommen hatte, nachdem er nach dem Rücktritt von Michael Flynn kurzzeitig als Trumps nationaler Sicherheitsberater fungiert hatte.

»Ich hatte meine eigenen Spitznamen für beide«, sagte Kellogg. »Feuer und Eis.«

Trump fühlte sich wohl in Kelloggs Gesellschaft. Er konnte in seiner Gegenwart unbesorgt fluchen.

»Ich habe es mit einem beschissenen Irren zu tun«, sagte Trump bei einer Unterredung mit Kellogg, sich auf sein Treffen mit dem nordkoreanischen Diktator Kim Jong-un beziehend.

Pence war das genaue Gegenteil von Trump. Pence hatte eine offene Bibel auf seinem Schreibtisch und betete täglich. Er traf sich mit Freunden zum Bibelstudium und hielt Geheimnisse unter Verschluss, allenfalls Marc Short, seine Frau Karen Pence und einige wenige andere wurden eingeweiht. In den vier Jahren, in denen er mit Pence zusammen war, hatte Kellogg ihn nie fluchen hören – und Kellogg wagte es auch nicht, in seiner Gegenwart zu fluchen.

Seit November hatte Kellogg schmerzlich mitverfolgt, wie Pence stillschweigend unter Trumps Druck litt, die Wahl anzufechten. Während eines Flugs mit der Air Force Two, um einen Raketenstart zu beobachten, nahm Kellogg ihn zur Seite.

»Sir, Sie müssen das beenden, und zwar folgendermaßen«, riet ihm Kellogg. »Gehen Sie einfach rein zu ihm und sagen Sie: ›Ich werde es nicht tun.‹ Nicht nur, dass Sie es nicht tun *können*, sondern dass Sie es nicht tun *werden*.«

Er sagte, für Trump gebe es keine wichtigere Charaktereigenschaft als Härte. Nur auf diese Weise könne man mit ihm reden.

Pence gab ihm keine Antwort.

Pence war nach Georgia geflogen, um dort am 4. Januar Wahlkampf für die beiden republikanischen Senatoren zu machen. Das Weiße Haus hatte einen politischen Doppelspieltag geplant: Zunächst würde am Vormittag Pence dorthin reisen, und dann würde am späten Abend Trump in diesen Bundesstaat kommen. Getrennte Reisen.

Nach langen Gesprächen mit seinen Beratern neigte Pence zu der Position, es habe bei der Wahl Probleme gegeben, aber er vermied Ausdrücke wie »manipuliert« und »Betrug«. Auf diese Weise versuchte er, sich Trump gewogen zu halten, ohne auf Giulianis radikale Linie einzuschwenken.

»Ich weiß, dass wir alle unsere Zweifel an der letzten Wahl haben«, sagte Pence vor einer riesigen amerikanischen Flagge in Milner, Georgia, »und ich möchte Ihnen versichern, dass ich die Sorgen von Millionen von Amerikanern über die Unregelmäßigkeiten bei dieser Wahl teile.«[1]

»Und ich verspreche Ihnen etwas für diesen Mittwoch«, sagte er. Die Menge wurde durch diese Worte elektrisiert. »Das wird unser Tag im Kongress werden.«

Aus dem Publikum war Gebrüll zu hören.

»Dann werden die Einsprüche vorgetragen und die Beweise vorgelegt. Aber zunächst einmal geht es morgen um Georgia.«

Auf dem Rückflug nach Washington arbeiteten Pence und seine Berater an der Formulierung des Schreibens, das er am 6. Januar veröffentlichen wollte und in dem er seine Entscheidung begründen würde, die bei der Wahl abgegebenen Stimmen ordnungsgemäß auszuzählen.

Short war von dieser Idee nicht begeistert und schlug nach einer Weile vor, Pence könne auch ohne die Herausgabe einer Stellungnahme vorgehen. Warum sollte er sich dadurch zur Zielscheibe von Angriffen machen? Aber Pence beharrte auf dem Brief.

In seiner Kabine in der Air Force Two sitzend, beschlossen sie, das Wort »Betrug« an keiner Stelle zu verwenden. Stattdessen würde die Rede von »Unregelmäßigkeiten« sein, wie in seiner Ansprache. Im Hintergrund lief mit gedämpfter Lautstärke ein Beitrag über Pence auf Fox News.

»Es wird Leute geben, die sich darüber nicht freuen werden«, sagte sein leitender Berater Marty Obst und malte die Reaktion der Konservativen aus, wenn Pence bei seinem Plan bleiben würde, sich nicht in die Auszählung einzumischen. »Aber es sind viel weniger Leute, als Sie denken.« Obst versuchte, ihn aufzumuntern.

»Da bin ich mir nicht so sicher«, sagte Pence.

Obst nahm Pence später während des Fluges zur Seite. Er machte sich Sorgen um seinen langjährigen Chef.

»Ich bin in einer guten Position«, versicherte Pence ihm. »Ich denke, es wird Gegenwind geben. Wir werden sehen.«

Pence blickte Obst an. Er wusste, dass Obst, ein stämmiger, schnell sprechender Typ, ziemlich aufbrausend werden konnte. Er war womöglich ganz heiß darauf, in den kommenden Tagen für Pence zum Kampfhund zu werden.

»Sie werden versucht sein, sich einzumischen«, sagte Pence, »aber das vermeiden Sie besser. Es würde uns nicht weiterhelfen.«

In Washington wartete derweil Trump auf die Rückkehr von Pence. Er sagte seinen Helfern, dass er erst dann zu seiner für jenen Abend geplanten Wahlkampfveranstaltung nach Georgia fliegen würde, wenn er zuvor die Gelegenheit gehabt hätte, mit dem Vizepräsidenten zu sprechen.

Nach seiner Landung auf der Joint Base Andrews wurde Pence mitgeteilt, dass der Präsident ihn treffen wolle. Short rief Meadows an und sagte, sie würden vorbeikommen, aber er bat darum, die Zahl der Gesprächsteilnehmer zu beschränken, um keine ausufernden Diskussionen führen zu müssen. Meadows willigte ein.

Als Pence mit Short und Jacob das Oval Office betrat, wurden sie dort bereits von Trump und Eastman erwartet.

Trump war ganz aufgebracht. Er sprach minutenlang über Eastmans Qualifikation als einer der besten Rechtsgelehrten der Nation. Er betonte, dass Pence etwas unternehmen könne. Dann ergriff Eastman das Wort und sagte, er habe es überprüft: Pence könne etwas tun.

»Meine Ratgeber haben mir gesagt, dass ich das nicht kann«, antwortete Pence und warf einen Blick hinüber zu seinem Berater Greg Jacob.

»Nun ja, Sie können das sehr wohl«, sagte Eastman. Sein am 2. Januar an Lee gerichtetes Memorandum war mittlerweile auf sechs Seiten angewachsen. Die zentrale Idee darin war, Pence solle den Vorgang im Kongress unterbrechen, um den Republikanern in den Parlamenten der Bundesstaaten die Möglichkeit zu geben, Sondersitzungen abzuhalten und die Entsendung einer anderen Gruppe von Wahlleuten zu erwägen.

In diesem Memo wurde außerdem weiterhin behauptet, dass es konkurrierende Listen von Wahlleuten gebe, und ein Szenario vorgeschlagen, bei dem »Vizepräsident Pence die Stimmzettel auswertet« und »selbst entscheidet, welche [Liste] gültig ist«. Eastman gab jedoch zu, dass diese alternativen Listen von Wahlmännern und -frauen vorerst nur eine Wunschvorstellung waren und noch nicht in juristisch greifbarer Form vorlagen.

»Sie müssen wirklich auf John hören. Er ist ein angesehener Verfassungsrechtler. Hören Sie darauf, was er sagt«, insistierte Trump. »Hören Sie John zu.«

Von draußen war das Brummen des Marine-One-Helikopters zu hören, der bereit war zum Abflug. Jacob und Eastman einigten sich rasch darauf, sich am nächsten Tag für ein Gespräch unter vier Augen zu treffen.

Pence dankte Trump für seine Bereitschaft, nun nach Georgia zu reisen, und sagte zu ihm, dies sei wichtig, denn dieser Besuch könne entscheidend für den Erhalt der Mehrheit im Senat sein. Trump zuckte nur mit den Schultern.

An jenem Abend in Georgia ging Trump in einer fast 90-minütigen Rede auf die Demokraten los und präsentierte Verschwörungstheorien zur Wahl.[2] Das Rennen um den Senat erwähnte er kaum und konzentrierte sich stattdessen auf seine eigenen Hoffnungen, die Präsidentschaft zu behalten.

»Man wird uns das Weiße Haus nicht wegnehmen. Wir werden darum kämpfen mit allen Mitteln, das kann ich Ihnen versprechen«, sagte Trump zu den Tausenden von Menschen, die die Tribünen bevölkerten und an Kränen riesige amerikanische Flaggen gehisst hatten.

Lee nahm an der Kundgebung teil. »Mike Lee ist auch hier«, sagte Trump. »Aber ich bin heute ein bisschen böse auf ihn. Ich möchte nur, dass Mike Lee zuhört, worüber wir reden, denn wissen Sie was, wir benötigen seine Stimme.«

Dann schoss Trump eine Salve gegen Pence ab. Sein Treffen mit ihm, das einige Stunden zuvor stattgefunden hatte, war ergebnislos geblieben.

»Ich hoffe, dass Mike Pence sich für uns durchsetzen wird. Das muss ich Ihnen sagen«, bemerkte Trump.

»Er ist ein großartiger Kerl«, fügte er hinzu. »Aber wenn er das nicht schafft, werde ich ihn natürlich etwas weniger schätzen.« Er schlug mit der Hand auf die Seite des Rednerpults, während die Menge lachte.

Mike Lee ging an jenem Abend mit einem tiefen Gefühl der Frustration und Verwirrung ins Bett. Sah er nicht richtig? Oder war alles so seltsam, wie es ihm schien?

In der Zwischenzeit riefen ihn immer wieder Unbekannte auf seinem Handy an und forderten ihn auf, »den Diebstahl zu stoppen«. Die Anrufer stammten aus Bundesstaaten, in denen die Gerichte oder die örtlichen Parlamente angeblich kurz davorstanden einzuschreiten.

War das denn möglich?, fragte sich Lee. Es war für ihn offensichtlich, dass diese Strategie auf der Behauptung des Trump-Anwalts John Eastman beruhte, dass »sieben Staaten doppelte Wahlleutelisten übermittelt haben«. Von anderen Quellen hatte er nichts Derartiges gehört, auch in den Nachrichten war dies nicht gemeldet worden. Gab es überhaupt einen einzigen Bundesstaat, der dies wirklich tat? Ich muss herausfinden, ob das wahr ist, beschloss Lee.

Während der nächsten 48 Stunden ermittelte Lee die Telefonnummern von Mandatsträgern in Georgia, Pennsylvania, Michigan und Wisconsin; über Dritte suchte er nach Informationen zu Arizona.

Alle diese Bundesstaaten hatten eine republikanische Legislative. Er sprach mit den politischen Führern. Ein US-Senator kann fast jeden ans Telefon bekommen. Lee tätigte Dutzende von Anrufen.

Jede einzelne Person, mit der er Kontakt aufnahm, sagte ihm dasselbe: Es bestand keine Aussicht auf eine Mehrheit in irgendeinem der Parlamente dieser Staaten, um die Wahl für gescheitert zu erklären oder die Wahlleuteliste zu annullieren. In keiner einzigen Kammer in einem dieser Staaten.

Lee hatte bald genug davon, immer wieder dieselbe Antwort zu erhalten.

DREIUNDVIERZIG

Am Abend des 5. Januar, während er auf die Rückkehr von Pence von einem Treffen der Coronavirus-Taskforce wartete, wurde Trump von einem Berater informiert, dass seine Anhänger dabei waren, sich in der Nähe des Weißen Hauses auf der Freedom Plaza bei der Pennsylvania Avenue zu versammeln.

Trotz der bitteren Kälte jubelten die Trump-Fans lautstark und riefen seinen Namen, dabei »Make America Great Again«-Fahnen schwenkend.

Als Pence eintraf, erzählte Trump ihm von den Tausenden von Anhängern. »Sie lieben mich«, sagte er.

Pence nickte. »Natürlich sind sie hier, um Sie zu unterstützen«, sagte er. »Sie lieben Sie, Mr. President.«

»Aber«, fügte Pence hinzu, »sie lieben auch unsere Verfassung.«

Trump verzog das Gesicht.

Das mochte sein, sagte Trump, aber sie stimmten ihm trotzdem zu: Pence könnte und sollte Bidens Wahlleute hinauswerfen.

»Bringen Sie es in Ordnung, nehmen Sie es zurück. Das ist alles, was ich von Ihnen verlange, Mike«, sagte Trump. »Lassen Sie das Repräsentantenhaus über die Wahl entscheiden.«

Trump war nicht bereit aufzugeben, vor allem nicht gegenüber einem Mann, den er als »Sleepy Joe« beschimpfte.

»Was meinen Sie, Mike?«, fragte Trump.

Pence kehrte zu seinem Mantra zurück: Er habe nicht die Befugnis, etwas anderes zu tun, als die Wahlleutestimmen zu zählen.

»Na ja, aber was ist, wenn diese Leute sagen, dass Sie doch die Befugnis besitzen?«, fragte Trump und verwies mit einer Geste auf die Menschenmenge draußen vor dem Weißen Haus. Durch die Fenster des Oval Office konnte man lauten Jubel und grelle Megafonstimmen hören.

»Wenn diese Leute sagen, es stünde in Ihrer Macht, würden Sie es dann nicht wollen?«, fragte Trump.

»Ich würde nicht wollen, dass eine einzelne Person diese Befugnis hat«, sagte Pence.

»Aber wäre es nicht ziemlich cool, über diese Macht zu verfügen?«, fragte Trump.

»Nein«, sagte Pence. »Sehen Sie, ich habe mir das durchgelesen, und ich sehe keine Möglichkeit, es zu tun. Wir haben alle Möglichkeiten ausgeschöpft. Ich habe alles getan, was ich konnte – samt einigen zusätzlichen Anstrengungen –, um einen Weg aus dieser Situation zu finden. Es geht einfach nicht. Meine Antwort lautet: Nein.«

»Ich habe mich mit all diesen Leuten getroffen«, sagte Pence, »sie gehören alle zur selben Kategorie. Ich persönlich glaube, dass jetzt die Grenze erreicht ist, von dem, was ich tun kann. Wenn Sie also eine Strategie für den 6. Januar haben, sollten Sie nicht auf mich zählen, denn ich bin nur dazu da, die Umschläge zu öffnen. Sie sollten mit dem Repräsentantenhaus und dem Senat sprechen. Ihre Mitarbeiter sollten mit ihnen über die Beweise sprechen, die vorgelegt werden sollen.«

»Nein, nein, nein!«, brüllte Trump.

»Sie verstehen mich nicht, Mike. Sie können das tun. Ich will nicht mehr Ihr Freund sein, wenn Sie das nicht tun.«

»Sie werden am 20. nicht vereidigt werden. Es gibt kein Szenario, bei dem Sie am 20. vereidigt werden können«, sagte Pence. »Wir müssen uns überlegen, wie wir damit umgehen, wie wir es handhaben wollen. Wie wir darüber sprechen wollen.«

Trump schien außer sich zu sein. Der Mann, der Trumps Forderungen immer nachgekommen war, der ihm nie öffentlich widersprochen oder ihn kritisiert hatte, nachdem er Vizepräsident geworden war, würde ihm diesen letzten Gefallen nicht tun. Die Macht, die er vier Jahre lang über Pence ausgeübt hatte, die Loyalität, die bei diesem wie eine feste Charaktereigenschaft wirkte, schienen ihm nun zu entgleiten.

Trumps Stimme wurde lauter. Er warf ihm vor, schwach und mutlos zu sein.

»Sie haben uns verraten. Ich habe etwas aus Ihnen gemacht. Zuvor waren Sie ein Nichts«, sagte Trump. »Ihre Karriere ist vorbei, wenn Sie das tun.«

Pence rückte nicht von seiner Position ab.

Ein Berater von Pence, Tom Rose, sah, wie dieser das Oval Office verließ. Rose war einer der engsten Freunde von Pence und berichtete später, Pence sei kreidebleich gewesen, wie jemand, der in einem Krankenhaus eine schreckliche Nachricht erhalten hatte.

Rose, ein konservativer Jude und ehemaliger Radiomoderator aus Indiana, der bei der Arbeit eine Kippa trug und Pence' politische Einstellung sowie seine Leidenschaft für den Mittleren Westen teilte, sagte, dass ihn das stark mitgenommen habe. Er hatte Mike Pence sehr gerne und war davon überzeugt, dieser habe eine derartige Demütigung nicht verdient.

Pence, der gegenüber seinen Helfern zu scherzen pflegte, er sei »auf Stufe 9« von 10, wenn er gestresst war, sah nun aus, als sei er auf Stufe 15.

»Ich habe auf dem Spielfeld mein Bestes gegeben«, sagte Pence zu seiner Handvoll von Mitarbeitern, nachdem er in sein Büro im Westflügel zurückgekehrt war. »Ich habe alle meine Argumente vorgetragen und dabei mein Möglichstes getan.«

Im Raum blieb es still. Es gab wenig hinzuzufügen. Als der Vizepräsident zu seiner Wagenkolonne ging, sagte er zu Marc Short, er habe nicht geschwankt und habe sich nicht kleinkriegen lassen.

Dann beugte er sich hinab, um in das auf ihn wartende Fahrzeug einzusteigen.

Nachdem Pence gegangen war, öffnete Trump eine Tür in der Nähe des Schreibtischs. Ein eisiger Luftzug wehte durch den Raum.

Draußen herrschte eine Temperatur knapp unter dem Gefrierpunkt, und der Wind ließ sie noch kälter erscheinen. Trump stand regungslos da und lauschte.

Durch den Lärm der Polizeisirenen und das Gewirr der Innenstadt hindurch konnte er seine Fans hören. Sie klangen so, als seien sie bester Dinge. Er atmete die kalte Luft ein und lächelte.

Trump ließ die Tür offen, sodass der gedämpfte Soundtrack der aufgeregten Schreie und Rufe seiner Anhänger den Raum erfüllte.

Dann rief Trump seine Pressesprecherin Kayleigh McEnany und deren Stellvertreter zu sich herein. Sein Direktor für Social Media und ehemaliger Manager seines Golfclubs in Westchester, New York, Dan Scavino, saß auf einer Couch in der Nähe des Präsidenten.

Als die Mitarbeiter eintraten, fröstelte es einige von ihnen. Dennoch schloss Trump die Tür nach außen nicht. Ein paar flüsterten, sie frören, während sie aufmerksam bereitstanden.

Der Lärm draußen wurde lauter, fast wie auf einer Party.

»Ist das nicht toll?«, rief Trump aus. »Morgen wird ein großer Tag sein.«

»Es ist so kalt, und dennoch sind sie zu Tausenden da draußen«, sagte Trump. Judd Deere, Trumps loyaler stellvertretender Pressesprecher, meldete sich zu Wort.

»Sie freuen sich darauf, etwas von Ihnen zu hören, Mr. President«, bemerkte er.

Ein anderer Mitarbeiter äußerte, er hoffe, dass der Mittwoch friedlich verlaufen werde.

Einige nickten und fügten hinzu, dass sie dies ebenfalls hofften.

Trump blickte hinüber zu der Menschenmenge und sagte: »Ja, aber da draußen herrscht gerade viel Wut.«

Dann lief Trump im Raum umher und bat um Ratschläge für die Taktik gegenüber den Republikanern im Kongress. »Wie können wir sie dazu bringen, das Richtige zu tun?«, fragte er.

Niemand konnte ihm eine für ihn zufriedenstellende Antwort geben.

»Die Republikaner und die RINOs [die »Republikaner nur dem Namen nach«] sind Schwächlinge«, wetterte Trump.

»Was ihnen fehlt, ist Mut«, sagte Trump. »Mut.«

»Der Vizepräsident, die Kongressabgeordneten, sie alle sollten das Richtige tun!«, bemerkte Trump. Er warnte, er werde bei Abgeordneten, die für die Bestätigung von Bidens Wahlsieg stimmen würden, bei künftigen Vorwahlen deren Rivalen unterstützen.

Dann wiederholte Trump seine Frage: »Wie können wir sie dazu bringen, das Richtige zu tun?« Er bat um Vorschläge, was er twittern könnte, und Scavino hielt seinen Laptop aufgeklappt bereit, um sofort etwas zu tippen.

Die Anwesenden schauten sich verlegen an, einige hatten die Hände zum Aufwärmen in die Taschen ihrer Kleidung gesteckt. Nur wenige äußerten Worte der Ermutigung.

McEnany wandte sich an ihre Mitarbeiter und fragte sie, ob sie gerne ein Foto von sich mit dem Präsidenten hätten. Sie bewegten sich rasch zu ihm hinüber, stellten sich neben ihn und lächelten, während das Foto gemacht wurde.

Später rief Trump bei dem aus Texas stammenden Senator Ted Cruz an. Er wollte den neuesten Stand erfahren. Würden die Republikaner ihr Zögern überwinden und gegen alles Einspruch erheben?

Cruz und zehn weitere Republikaner im Senat drängten auf die Einsetzung eines Kongressausschusses zur Untersuchung der Wahl. Dies war seine Begründung für die Unterstützung des Einspruchs gegen die Wahlauszählung. Arizona, Pennsylvania und Georgia sollten am nächsten Tag an die Reihe kommen. Aber Cruz hatte nicht vor, pauschal gegen die Auszählung in jedem Bundesstaat Einspruch einzulegen.

»Sie müssen gegen alle Staaten Einspruch erheben, die vom Repräsentantenhaus angesprochen werden könnten«, sagte Trump.

»Mr. President, ich konzentriere mich darauf, diese Gruppe von elf Senatoren zusammenzuhalten, und innerhalb der Gruppe herrscht Einigkeit darüber, dies nicht zu tun.«

Trump fragte ihn, ob er dann wenigstens gegen einen oder zwei Bundesstaaten Einspruch einlegen würde.

Cruz antwortete, seine Gruppe werde gegen den ersten auf der Tagungsordnung stehenden Staat, Arizona, Einspruch erheben und im

Rahmen dieses Vorgangs über die von ihm vorgeschlagene Kommission diskutieren.
Trump war mit diesem Plan nicht zufrieden. Legen Sie doch einfach Einspruch ein, sagte er. Die Kommission von Cruz interessierte ihn nicht. Er verlangte von ihm ein aggressives Auftreten, einen Einspruch gegen die Ergebnisse aller zur Sprache kommenden Bundesstaaten.
Nein, erwiderte Cruz.

Marc Short blieb bis etwa 22 Uhr im Weißen Haus. Pence hatte sich beeilen müssen, um zu einem geplanten Dinner mit Firmenchefs und Unterstützern im Naval Observatory zu erscheinen. Er sollte um 18:30 Uhr dort sein, kam aber fast eine Stunde zu spät.
Obst war bei der Second Lady Karen Pence und unterhielt die Gäste, während sie auf die Ankunft des Vizepräsidenten warteten. Dort erhielt Obst auch Textnachrichten von Giulianis Mitarbeiter Boris Epshteyn, einem engen Freund von Eric Trump, der Obst eindringlich bat, ihn dabei zu unterstützen, Pence zu bearbeiten.
Am Rande der Freedom Plaza, oben in einer Suite im renommierten Willard Hotel, saß Epshteyn mit Rudy Giuliani und Steve Bannon zusammen und drängte die Republikaner im Kongress durch Telefonanrufe dazu, sich am 6. Januar auf die Seite von Trump zu stellen und die Bestätigung von Biden zu verhindern.
Als Mitternacht näher rückte, wurden die Menschenmassen im Freien immer aufgebrachter. Es kam zu Zusammenstößen zwischen Polizeibeamten und rechtsextremen, in Milizen organisierten Aktivisten sowie den sogenannten »Proud Boys«, die durch die normalerweise um diese Zeit leeren Straßen der Hauptstadt zogen. Die Mülltonnen waren bis zum Rand mit Essensresten vollgestopft. Die Metropolitan Police nahm fünf Personen wegen Körperverletzung und Waffenbesitzes fest.[1]
Die Menschen auf den Straßen johlten, waren guter Dinge und geradezu begeistert darüber, dass Trump den Wahlsieg am Mittwoch möglicherweise zurückerobern würde. Sie warteten darauf, dass Giuliani und andere Stars des Trump-Universums aus dem Willard kommen würden.

Sie nickten den anderen Trägern roter MAGA-Caps freundlich zu, es war eine von großer Solidarität getragene Bewegung.

Epshteyn sagte zu Obst, dass Giuliani Pence gerne in seinem Anwesen besuchen würde, um mit ihm zu sprechen. Auf Obst wirkte dies wie ein Vorschlag aus einem schlechten Mafia-Film.

Als Pence zu Hause ankam, sah er erschöpft aus. Als ehemaliger Moderator lokaler Radio- und Fernsehsender setzte er aber ein gekonntes Lächeln auf und begann mit einer herzlichen Begrüßung der wohlhabenden Geschäftsleute, denen er für ihre Unterstützung dankte. Die Ereignisse des kommenden Tages erwähnte er nicht. Er beschränkte sich auf belanglose Konversation.

Als das Abendessen zu Ende war, kam Obst auf ihn zu. »Geht es Ihnen gut?«

»Mir geht es gut«, sagte Pence. »Alles okay.«

Als am Dienstag, dem 5. Januar, allmählich in der Presse bekannt wurde, dass Pence auf seiner Position beharren würde, wies Trump am späten Abend sein Wahlkampfteam an, eine Stellungnahme herauszugeben, in der er behauptete, er und Pence seien sich »völlig einig, dass der Vizepräsident die Befugnis hat zu handeln«.[2]

Short war fassungslos. Der Präsident hatte soeben eine offizielle Erklärung im Namen des Vizepräsidenten abgegeben, ohne sich mit dem Vizepräsidenten oder dessen Büro abzusprechen. Außerdem wurde darin das genaue Gegenteil von Pence' Position behauptet.

Short rief Jason Miller an, der sich mit Bannon und Giuliani im Willard befand.

»Das verstößt gegen das Protokoll«, sagte Short kurz angebunden. Miller weigerte sich, auch nur ein Wort davon zurückzunehmen.

»Der Vizepräsident hat die Kompetenz, dies zu tun, er muss sich loyal verhalten«, sagte Miller.

Kurz danach rief Trump Giuliani an und dann Steve Bannon, der ebenfalls zusammen mit dem ehemaligen Bürgermeister von New York im Willard war. Trump berichtete von seinem Treffen mit Pence. Er sagte, das ganze Verhalten des Vizepräsidenten habe sich verändert – Pence sei nicht mehr derselbe Mensch, den er von früher kenne.

»Er war sehr arrogant«, behauptete Trump.

Bannon stimmte ihm zu. Trumps vier Worte waren ernüchternd. Sie wirkten wie ein Versuch, das Scheitern eines Deals verbal zu bewältigen. Pence würde nicht klein beigeben. Wenn Mike Pence arrogant war, bedeutete das, dass Trumps Vorstoß keine Chance hatte.

»Sehr arrogant«, wiederholte Trump, der anschließend weiter in die Nacht hinein twitterte.

Um 1 Uhr morgens setzte der Präsident diesen Tweet ab: »Wenn Vizepräsident @Mike_Pence sich für uns einsetzt, werden wir die Präsidentschaft gewinnen. Viele Bundesstaaten wollen den Fehler rückgängig machen, der ihnen unterlaufen ist, als sie unrichtige und sogar betrügerische Zahlen in einem Verfahren bestätigt haben, das NICHT von ihrer Legislative genehmigt wurde (was aber vorgeschrieben ist). Mike kann die Ergebnisse zurückschicken!«[3]

Trump hatte für den 6. Januar einen »wilden« Protest versprochen, und in den Wochen vor der Bestätigung waren das Pentagon und die Strafverfolgungsbehörden bereits auf der Suche nach Anzeichen von bevorstehender Gewalt.[4] Das FBI richtete eine Einheit ein, um Geheimdienstberichte zu überwachen.

Auf Twitter und in den sozialen Medien wurden die Beiträge immer heftiger: Ich werde diese Person töten. Diesen Typ erschießen. Diesen Kerl aufhängen. Alles in die Luft sprengen. Das FBI entdeckte und überprüfte die Drohungen, aber keine schien glaubwürdig. Willkommen im Amerika des Jahres 2021.

Ken Rapuano, als ziviler Mitarbeiter des Pentagons an jenem Tag für die Koordination der Sicherheitsmaßnahmen zuständig, blieb regelmäßig durch behördenübergreifende Telefonkonferenzen in Kontakt mit mehr als einem Dutzend Polizei- und Sicherheitsdiensten im Raum Washington.

Er fragte, ob jemand die Unterstützung der Nationalgarde benötigen würde. Es wurde eine Präsenz von 10 000 bis 20 000 Menschen erwartet: keine geringe Anzahl, aber auch keine ungeheure Menge. Die mantraartige Antwort lautete: Wir haben alles unter Kontrolle. Die Behördenvertreter behaupteten, sie wären den Umgang mit Menschenmengen dieser Größenordnung gewohnt. Lediglich die Metropolitan Police von Washington, D. C., bat um eine kleine Verstärkung von 340 Soldaten der Nationalgarde, die hauptsächlich die Verkehrsknotenpunkte rund um die Ellipse und das Weiße Haus bewachen sollten.

Ihre Uniform würde ihren Aufgaben an diesem Tag entsprechen: orangefarbene Westen und Schirmmützen. Keine Helme, keine Schutzausrüstung und keine Waffen. Eine kleine, nur 40-köpfige schnelle Eingreiftruppe, QRF genannt, wurde ebenfalls angefordert, ebenso wie ein Kontingent von F-16-Mechanikern der Army und der Air National Guard. Nicht gerade SWAT-Teams.

Die Botschaft war unmissverständlich: Keine Wiederholung der Gewaltanwendung gegen die Demonstranten am Lafayette Square. Keine bewaffneten Truppen. Keine Militarisierung. Keine Hubschrauber-, Satelliten- oder Radaroperationen.

»Um es ganz klar zu sagen«, schrieb die Bürgermeisterin von Washington, D. C., Muriel Bowser, am 5. Januar an den amtierenden Generalstaatsanwalt Jeffrey Rosen und hochrangige Beamte des Pentagons, »der District of Columbia fordert kein weiteres Personal der Bundespolizei an und rät von jeder zusätzlichen Entsendung ohne vorherige Benachrichtigung und Rücksprache [mit dem Metropolitan Police Department] ab«.[5]

Doch als der 6. Januar näher rückte, tauchten unheilvolle Vorzeichen auf, darunter eine mögliche Mini-Version des Terroranschlags vom 11. September. Das FBI erhielt einen Bericht über eine mögliche Bedrohung der Hauptstadtregion aus der Luft durch ein privates Starrflügelflugzeug.

General Milley bat Christopher Miller, den amtierenden Verteidigungsminister, rasch eine NOBLE EAGLE genannte Flugübung mit über die Stadt fliegenden Kampfjets anzuordnen, die nach dem 11. September entwickelt worden war, um die Reaktion auf einen ähnlichen Angriff zu proben.

Seien Sie auf alles vorbereitet, sagte Milley. Lassen Sie die Übung NOBLE EAGLE mit F-16-Jets und weiteren Luftabwehrsystemen durchführen. »In Anbetracht der Geheimdienstinformationen sollten wir hier ganz wach und auf der Hut sein.«

Milley teilte Miller mit, dass er befugt sei, ein die Region Washington bedrohendes Luftfahrzeug abzuschießen. Und wenn Miller gerade nicht persönlich erreichbar sein sollte, dann hätten die Generäle des North American Aerospace Defense Command die Vollmacht zum Abschuss.

VIERUNDVIERZIG

Trump wachte am 6. Januar früh auf, twitterte und forderte Pence auf, die Wahlleutestimmen zurückzuweisen.

»Alles, was Mike Pence tun muss, ist, sie an die Bundesstaaten zurückzuschicken, DANN GEWINNEN WIR«, twitterte Trump um 8:17 Uhr. »Tu es, Mike, dies ist eine Zeit für besonderen Mut!«[1]

Marc Short und Greg Jacob trafen Pence an jenem Morgen um 9 Uhr, um den Brief fertigzustellen, den der Vizepräsident am 6. Januar veröffentlichen wollte.

Jacob hatte wochenlang an dem Brief gearbeitet. Er war als Anwalt für die Washingtoner Kanzlei von O'Melveny & Myers tätig gewesen, war Mitglied der Federalist Society und mit der konservativen Rechtslehre bestens vertraut.

Schon früh hatte sich Jacob an den konservativen Anwalt John Yoo gewandt, der an der University of California in Berkeley lehrte. Yoo genoss unter der republikanischen Partei nahestehenden Juristen einen ausgezeichneten Ruf. Während seiner Zeit als Mitarbeiter des Justizministeriums von George W. Bush hatte er die sogenannten »Foltermemos« verfasst, die eine rechtliche Grundlage für die Folterung von Gefangenen im Krieg gegen den Terror darstellten, und er war auch Referent von Richter Clarence Thomas am Obersten Gerichtshof gewesen.

»Meines Erachtens hat Vizepräsident Pence keinen Ermessensspielraum mehr. Das ist nichts, worüber man sich den Kopf zerbrechen muss, man sollte nicht einmal daran denken«, sagte Yoo zu Jacob. »Ihr Chef tut mir leid, denn sein Arbeitgeber« – gemeint war Trump – »wird sauer auf ihn sein.«

Jacob holte weitere Meinungen ein. Er rief Richard Cullen an, einen ehemaligen US-Staatsanwalt aus Virginia, der 2017 während der Ermittlungen zur russischen Wahlbeeinflussung als Pence' persönlicher Anwalt tätig gewesen war. Er pflichtete Yoo bei.

Am frühen Morgen des 6. Januar rief Cullen J. Michael Luttig an, einen pensionierten ehemaligen Bundesrichter, der in rechten Kreisen geschätzt wurde. Vor vielen Jahren hatte Luttig einmal John Eastman als seinen Rechtsreferenten beschäftigt. Seine Stellungnahme würde für den Vizepräsidenten eine wichtige Referenz darstellen können.

»Heute ist der entscheidende Tag«, sagte Cullen. »Man hat mich gebeten, Sie zu fragen: ›Können Sie uns auf irgendeine Weise helfen?‹«

»Wann wird die Hilfe gebraucht?«, fragte Luttig.

»Sofort«, antwortete Cullen.

»Sie können dem Vizepräsidenten von mir ausrichten, dass ich der Überzeugung bin, dass er die Abstimmung des Wahlleutekollegiums heute bestätigen muss«, sagte Luttig. In seinem dunklen Arbeitszimmer sitzend, begann er, eine Erklärung auf seinem iPhone zu tippen. Dann schickte er sie an Cullen, und von diesem aus ging sie direkt in Pence' Brief ein.

Die Kabinettsbeamten kamen am 6. Januar ab 9:30 Uhr zu einer 30-minütigen Direktorenbesprechung ohne Präsident Trump zusammen. Neue und vertrauliche Geheimdienstberichte, die an diesem Morgen aus Übersee eingetroffen waren, schienen Anlass zur Sorge zu geben, doch nach ihrer Analyse beruhigte sich die angespannte Atmosphäre im Saal.

Dann wurden die Kabinettsmitglieder über Trumps geplante Kundgebung im Ellipse-Park informiert. Kontrollpunkte auf den Straßen zur Lenkung der Menschenmassen wurden eingerichtet. Die Nationalgarde, in orangefarbenen Westen und ohne Helme, würde die Metropolitan Police verstärken.

Milley sagte, er erwarte einen Tag ohne besondere Vorkommnisse, zumindest hinsichtlich der Sicherheitsrisiken. Trump hatte in der Vergangenheit bereits zahllose Kundgebungen abgehalten, bei denen es zwar zu kleineren Krawallen kam, aber nie zu einer ernsthaften Krise.

Präsident Trump rief Pence am 6. Januar gegen 10 Uhr vormittags an, als dieser gerade mit Short und Jacob zusammen war. Pence entschuldigte sich bei diesen und ging in das obere Stockwerk, um dort ungestört telefonieren zu können.

»Ich werde mich nun bald zum Kapitol begeben«, sagte Pence zu Trump. »Ich hatte Ihnen versprochen, darüber noch einmal zu schlafen und die Problematik noch einmal mit meinen Mitarbeitern zu diskutieren. Alle vorgebrachten Einwände und vorgelegten Beweise werden wir berücksichtigen. Aber im Kapitol werde ich meine Pflicht erfüllen.«

»Mike, das ist nicht in Ordnung!«, rief Trump, der vom Oval Office aus mit ihm sprach. »Mike, Sie können es tun. Ich verlasse mich darauf, dass Sie es tun. Wenn Sie es nicht tun, habe ich vor vier Jahren den falschen Mann ausgewählt.«

Während Trump Pence weiter bedrängte, kam der Leibwächter des Präsidenten, Nick Luna, herein und übergab ihm einen Zettel. Die Menschen draußen auf der Kundgebung waren bereit. Seine Anhänger warteten auf ihn.

»Sie werden kneifen!«, rief Trump ins Telefon. Seine Wut war für die anderen Personen im Oval Office, darunter seine Tochter Ivanka, deutlich sichtbar.

Sie drehte sich um zu Keith Kellogg.

»Mike Pence ist ein guter Mann«, bemerkte Ivanka Trump zu Kellogg.

»Das weiß ich«, antwortete Kellogg.

Später sorgte er dafür, dass über Ivankas Sympathie für Pence hinreichend berichtet wurde.

Bevor Trump am 6. Januar die Bühne betrat, spornte Giuliani die versammelten Teilnehmer der Mobilisation bereits mit militaristischen Formulierungen an.

»Ersetzen wir die Gerichtsverhandlung durch einen Kampfeinsatz«, rief er, und die Menge johlte zustimmend.[2]

Die Zuhörer waren in dicke Mäntel gehüllt, aber in einer Art von Ekstase. In den Händen trugen sie selbst gemachte Schilder, auf den Köpfen rote Trump-Kappen. »Save America March« war auf den Bildschirmen auf der Bühne zu lesen. Trumps Angehörige und Berater standen zusammen hinter der Bühne, es schwirrte ihnen der Kopf.

»Das ist unglaublich«, bemerkte Präsident Trump kurz vor 12 Uhr, als er auf Tausende von Menschen blickte.

»Die Medien werden den wahren Umfang dieser Kundgebung nicht zeigen«, fügte Trump hinzu. »Bitte richten Sie Ihre Kameras darauf und zeigen Sie allen, was hier draußen wirklich vor sich geht. Diese Menschen lassen es nicht mehr länger mit sich machen. Sie lassen es sich nicht mehr gefallen.«

Wie Giuliani war er ganz auf Kampf eingestellt.

»Mit Schwäche werden Sie unser Land niemals zurückerobern. Sie müssen Stärke zeigen, und Sie müssen stark sein«, sagte er. »Wir sind hierhergekommen, um zu fordern, dass der Kongress das Richtige tut und nur die Wahlleute zählt, die auf rechtmäßigen Listen stehen, nur auf rechtmäßigen.«

»Ich bin mir sicher, dass Sie alle von hier aus in Kürze zum Kapitol marschieren werden, um sich dort auf friedliche und patriotische Weise Gehör zu verschaffen.«

Kurz vor 13 Uhr unternahm Trump einen letzten Versuch, Pence dazu zu bewegen, sich ihm zu unterwerfen und seine Anweisungen zu befolgen.

»Mike Pence, ich hoffe, Sie werden sich für das Wohl unserer Verfassung und für das Wohl unseres Landes einsetzen. Und wenn Sie das nicht tun, werde ich sehr enttäuscht von Ihnen sein. Das sage ich Ihnen jetzt schon, denn mir wird nichts Gutes berichtet.«

Pence veröffentlichte seinen zweiseitigen Brief kurz vor 13 Uhr und twitterte ihn dann um 13:02 Uhr.[3] Er und sein Team hatten ihn zuvor weder Meadows noch dem Berater des Weißen Hauses Pat Cipollone gezeigt.

»Als früherer Geschichtsstudent, der die Verfassung liebt und deren Autoren verehrt, glaube ich nicht, dass die Gründungsväter unseres

Landes die Absicht hatten, den Vizepräsidenten mit der einseitigen Befugnis auszustatten zu entscheiden, welche Wahlleutestimmen während der gemeinsamen Sitzung des Kongresses gezählt werden sollten, und kein Vizepräsident in der amerikanischen Geschichte hat jemals eine solche Befugnis geltend gemacht«, schrieb Pence.

Der Brief endete mit der Eidesformel: »So wahr mir Gott helfe.«

Im Anschluss an Trumps einstündige Rede folgten Tausende von Teilnehmern seiner Anregung.[4] Sie marschierten die Pennsylvania Avenue hinunter in Richtung Kapitol. Als sie dort ankamen, standen ihnen außer kleinen Gruppen von Beamten der Capitol Police nur hüfthohe Absperrungen und fahrradständerartige Zäune im Weg.

Sie sprangen über die Gestelle und drängten trotz der Ermahnungen der Beamten immer näher an das Kapitol heran.

Um 13:30 Uhr war ein Teil der Menschenmenge zu einem Mob geworden, der gegen die Türen des Kapitols hämmerte und Einlass forderte. Um 13:50 Uhr meldete Robert Glover, der Kommandant der Metropolitan Police vor Ort, dass ein Aufstand im Gange war. Mögliche Rohrbomben waren gerade in der Nähe gefunden worden.

Kurz nach 14 Uhr zerbrachen die ersten Fenster des Kapitols, was das Eindringen ermöglichte. Viele der Krawallmacher waren auf der Suche nach Mike Pence. »Hängt Mike Pence!«, skandierten sie, während sie durch die Hallen zogen. »Bringt Mike Pence raus! Wo ist Pence? Findet ihn!« Draußen war ein behelfsmäßiger Galgen errichtet worden.

Als die Capitol Police im Plenarsaal des Repräsentantenhauses auf dessen Sprecherin Pelosi zutrat, weigerte diese sich zunächst, sich aus dem Raum geleiten zu lassen. Sie hatte den Vorsitz inne und war darauf eingestellt, sich den ganzen Nachmittag lang die Einwürfe der Republikaner anhören zu müssen. Das würde peinlich für die ganze Nation sein, ein politisches Schmierentheater, aber es war ihre Pflicht, es zu ertragen.

Es gibt gewaltsame Eindringlinge im Gebäude, sagte man ihr. Wir müssen Sie hier rausholen.

»Nein, ich will hier bleiben.«[5]
»Sie müssen gehen.«
»Nein, ich werde nicht gehen.«
»Doch, Sie müssen gehen.«
Am Ende ließ sie sich überreden.

Ganz in der Nähe, ebenfalls im Plenarsaal, beugten sich Beamte der Capitol Police zu dem dort sitzenden Jim Clyburn hinunter und flüsterten ihm dieselbe Nachricht zu. Er konnte es zunächst nicht glauben und warf seinen Agenten einen zweifelnden Blick zu: Sollte das Plenum des Parlaments nicht der sicherste Ort in Amerika sein?

Pelosis Personenschützer umringten sie schützend und führten sie rasch aus dem Saal. Auch Clyburn wurde eilig durch eine Tür hinausgeschleust, vor der wenig später die im Kapitol randalierende Air-Force-Veteranin Ashli Babbitt von einem Polizisten erschossen werden sollte. Clyburn wurde auf dem Weg nach unten über die Treppe eines Gebäudeteils geleitet, von dessen Existenz er nichts gewusst hatte, obwohl er dem Kongress seit 1993 angehörte und als Majority Whip das drittwichtigste Mitglied des Repräsentantenhauses war. Man half ihm, in seinen SUV einzusteigen, seinen »Truck«, wie er ihn nannte.

»Wir können Sie nicht nach Hause bringen«, sagte ihm ein Agent. »Wir haben die Anweisung, Sie an einen geheimen Ort zu führen.«

Nach einer fünfminütigen Fahrt kamen Pelosi und Clyburn, die getrennt unterwegs waren, am Fort Lesley J. McNair an, einem kleinen, sicheren Posten der US-Armee, nur wenige Straßenzüge vom Baseballstadion der Washington Nationals entfernt. Eine Karawane von schwarzen Fahrzeugen unter regenbedecktem Himmel. Sie stiegen aus und gingen hinein.

Pelosi dachte an ihre Kolleginnen und Kollegen sowie ihre Mitarbeiterschaft – und an ihren verstorbenen Vater, der vor Jahrzehnten als Vertreter von Baltimore im Repräsentantenhaus gesessen war. Dort hatte er einer Rede von Winston Churchill im Plenarsaal beigewohnt. Sie wusste, dass ihn die aktuellen Vorfälle schockiert hätten. Sie entsprachen nicht den amerikanischen Werten.

Sie rief ihre Mitarbeiter an. Diese hatten sich versteckt und kauerten unter Tischen. Sie hatten die Tür verbarrikadiert, das Licht ausgeschaltet und schwiegen in der Dunkelheit.

Die Randalierer drangen schließlich in Pelosis Büro ein und stahlen dort ihre Papiere und andere persönliche Gegenstände. Sie durchwühlten ihren Arbeitsplatz im zweiten Stock, machten genüsslich Fotos mit ihren Handys und stellten ihre Füße auf ihren Schreibtisch.

»Wo ist die Sprecherin?«, schrien einige. »Findet sie!«

Auch Clyburn rief seine Mitarbeiter an. Sie befanden sich in seinem Privatbüro, wo sie von innen schwere Möbel vor die Tür geschoben hatten. Draußen sind Leute, die versuchen, mit Gewalt hier einzudringen, sagten die verängstigten Assistenten am Telefon.

Clyburn war bestürzt. Hatte man es auf ihn abgesehen? War dies ein Insiderjob? Sein privates Büro war so gut wie unmarkiert. Warum waren die Krawallmacher nicht zu seinem öffentlichen Büro gegangen, an dessen Tür sein Namensschild angebracht war? Woher wussten sie, wo sich das Privatbüro befand?

Die Aufrührer schlugen weitere Fenster ein und zerschmetterten einen Spiegel. Der Boden des Kongressgebäudes war mit Glasscherben übersät.

»Das war ein Akt der Gewalt«, sagte Pelosi im Fort McNair. »Keine gewöhnlichen Störenfriede wie bei einer Demonstration. Sondern ein Akt der Gewalt.«

McConnell hörte gerade der Rede von Senator James Lankford aus Oklahoma zu, als er bemerkte, dass Sicherheitskräfte in den Senatssaal strömten. Wenige Augenblicke später stand ein Agent mit einem Sturmgewehr neben ihm. Auch er wurde nun in das Fort McNair gebracht.

McConnell rief Milley an.

»Wir benötigen den Einsatz der Nationalgarde. Und zwar sofort«, sagte er.

Dann sprach er mit Pence, der ebenfalls aus dem Senatssaal geführt worden war.

»Wir bemühen uns gerade um Unterstützung. Wir brauchen Hilfe bei der Sicherung des Gebäudes«, sagte McConnell, »und wir müssen diese Idioten von dort entfernen.«

McConnell fand die Reaktion der Sicherheitsbehörden beunruhigend langsam.

Meadows rief McConnell mehrmals an und versprach, ihm zu helfen; er gab dem Verteidigungsministerium die Handynummer des Mehrheitsführers, damit man McConnell von dort aus direkt erreichen konnte.

Im Fort McNair erteilte McConnell seiner Stabschefin Sharon Soderstrom den Auftrag, die Demokraten zu finden. Demokraten und Republikaner befanden sich an unterschiedlichen Aufenthaltsorten. Er war besorgt, dass die überforderte Capitol Police versuchen könnte, die Rückkehr ins Kapitol nach dessen Räumung zu verzögern.

»Finden Sie heraus, wo sie sind, und sagen Sie ihnen, dass wir auf alle Fälle heute Abend ins Gebäude zurückkehren werden«, sagte McConnell. »Ich möchte das zur besten Sendezeit tun, damit das Land sieht, dass wir wieder zur Stelle sind und die Auszählung der Wahlleutestimmen zum Abschluss bringen.«

»Es ist wichtig, dass möglichst viele Fernsehzuschauer erfahren, dass der Angriff gescheitert ist«, fügte er hinzu.

McConnell war sozusagen im Kapitol aufgewachsen. Im Sommer 1964 hatte er ein Praktikum im Senat absolviert. Er liebte diesen Ort. Dort befand sich nicht nur sein Büro, sondern es war für ihn auch sein Zuhause.

FÜNFUNDVIERZIG

Pence, der mit einer Maske in Navyblau im Kapitol ankam, hatte gerade als Vorsitzender die gemeinsame Sitzung beider Kammern des Kongresses geleitet, als er um 14:13 Uhr von Secret-Service-Agenten aus dem Senatssaal geführt wurde.[1] Sie brachten ihn in das Büro des Vizepräsidenten im zweiten Stock in der Nähe des Senats, wohin dann auch seine Frau Karen und seine Tochter Charlotte kamen, die ihn ins Kapitol begleitet hatten.

Als die Nachricht eintraf, dass Randalierer durch das Gebäude stürmten und durch die Gänge in Richtung des Senatssaals rannten, sagte Tim Giebels, einer der Secret-Service-Agenten, die an diesem Tag für seinen Personenschutz zuständig waren, zu Pence, er müsse sich an einen sicheren Ort im Erdgeschoss begeben, in die Nähe der Wagenkolonne des Vizepräsidenten.

Als sie dort angekommen waren, erhielt Giebels weitere Informationen. Die Aufständischen waren überall im Kapitol, niemand hatte mehr die Kontrolle.

»Ich werde nicht von hier wegfahren«, sagte Pence. Er wusste, dass der Secret Service ihn rasch wegschaffen würde, wenn er in sein Fahrzeug steigen würde. Das würde aussehen wie eine Flucht.

»Wir müssen jetzt los!«, rief Giebels und bat Pence, sich in das Fahrzeug zu setzen.

»Ich werde nicht einsteigen«, erwiderte Pence. Er sagte, er würde bleiben, wo er war, und Anrufe tätigen, während sich die Wagenkolonne mit angelassenen Motoren bereithalten würde loszufahren, falls sich die Lage verschlimmern sollte.

Pence telefonierte mit McConnell und anderen Politikern in verantwortlichen Positionen, die sagten, sie bräuchten die Nationalgarde, um rascher eingreifen zu können. Das Kapitol müsse gesichert werden. McConnell fragte, wo die Verstärkungstruppen seien.

»Ich werde sie anrufen und Sie dann verständigen«, antwortete Pence.

Keith Kellogg, der sich im Westflügel des Weißen Hauses befand, während die Ausschreitungen ein immer größeres Ausmaß annahmen, bemerkte, dass der Präsident in seinem privaten Esszimmer neben dem Oval Office fernsah.

Auf dem Bildschirm begannen Bilder von den Randalierern im Kapitol zu erscheinen. Sie liefen nicht nur im Gebäude umher, sondern kletterten Wände hoch, prügelten sich mit der Polizei und brüllten Drohungen durch die Marmorfoyers. Das war kein bloßer Protest mehr. Einige der Abgeordneten und andere Beobachter vor Ort sprachen bereits von einem Aufstand.

Verdammte Scheiße, dachte Kellogg. Was ist hier los?

Während die Krawallmacher durch das Kapitol stürmten, blickten viele von ihnen in ihre Handys und warteten auf eine Reaktion von Trump. Die Menschenmenge im Inneren des Gebäudes wuchs weiter an. Noch mehr Fenster wurden eingeschlagen.

Trump twitterte um 14:24 Uhr. Er warf Pence vor, er habe »nicht den Mut, das zu tun, was zum Schutz unseres Landes und unserer Verfassung hätte getan werden müssen«.[2]

Kellogg suchte Trump im Speisezimmer des Präsidenten auf, nachdem er kurz zuvor Textnachrichten mit den Mitarbeitern von Pence im Kapitol ausgetauscht hatte.

»Sir, der Vizepräsident ist in Sicherheit«, sagte Kellogg zu Trump.

»Wo ist Mike?«, fragte Trump.

»Der Secret Service ist bei ihm. Sie sind unten im Keller. Dort ist alles in Ordnung; er wird nicht in das Fahrzeug steigen.«

»Denn er weiß«, erklärte Kellogg, »dass man woandershin verfrachtet wird, sobald man sich überreden lässt, sich in das Auto zu setzen.«

»Mr. President«, fügte er hinzu, »Sie sollten wirklich einen Tweet absetzen.« Auf dem Capitol Hill trage »niemand Fernsehgeräte mit sich herum. Sie müssen ganz schnell etwas twittern, um dazu beizutragen, die Menschenmenge dort zu beruhigen. Die Sache ist außer Kontrolle geraten. Vor Ort wird man es nicht schaffen, die Leute zu bändigen. Sir, man ist dort nicht auf eine derartige Situation vorbereitet. Sobald ein Mob erst einmal in solch einen Zustand geraten ist, kann man nichts mehr dagegen tun«, sagte er.

»Jaja«, erwiderte Trump.

Dann zwinkerte er ihm zu und sah weiter fern.

Kellogg sah sich um und stellte fest, dass der Westflügel nahezu leer war. Meadows war in seinem Büro, aber sonst war Trump im Wesentlichen auf sich allein gestellt. Der nationale Sicherheitsberater Robert O'Brien war in Florida. Kushner war nicht da.

Also machte Kellogg sich auf die Suche nach Ivanka Trump.

Im Repräsentantenhaus hatten die Polizisten ihre Waffen gezogen und auf die Türen gerichtet, als die Protestierenden mit lautem Geschrei von außen gegen das schwere Holz schlugen.

Der Kongressabgeordnete Joe Neguse, ein 36-jähriger Demokrat aus Colorado, schickte eine Textnachricht an seine Frau Andrea. Sie teilte ihm daraufhin mit, dass der Mob in der Statuary Hall war, nur wenige Schritte von ihm entfernt. Er sagte ihr, dass er sie liebe, dass er ihre gemeinsame Tochter liebe und dass alles gut werden würde.

Aber Neguse und andere um ihn herum, die auf dem Boden kauerten, waren sich gar nicht so sicher bezüglich des guten Ausgangs. Der Saal war abgeriegelt. Die Polizei forderte die Abgeordneten auf, zu den bereitstehenden Gasmasken zu greifen, und rief ihnen Anweisungen zu. Runter auf den Boden! Masken aufsetzen!

Als die Parlamentarier die Gasmaskenboxen öffneten, erzeugte dies ein schrilles Geräusch wie von einer Alarmglocke. Eine Kakofonie aus Klingeln und Geschrei erfüllte den Plenarsaal.

»Bereit machen, um in Deckung zu gehen!«

Neguse konnte hören, wie die Randalierer gegen die Türen hämmerten.

Polizisten stürmten auf mehrere Gruppen von Abgeordneten zu. Es geht los! Folgen Sie uns!

Sie wurden an einen sicheren Ort evakuiert.

Paul Ryan, der frühere Sprecher des Repräsentantenhauses, saß allein in seinem Arbeitszimmer in seinem Haus in der Nähe von Washington. Im Hintergrund lief der Fernseher. Auf seinem Schreibtisch lag ein Stapel von Unterlagen, die er noch durchsehen musste. Er gehörte verschiedenen Ausschüssen an und unterrichtete auch. Vieles davon lief über Zoom-Konferenzen ab.

Er warf einen Blick auf den Bildschirm. Ein Aufstand? Im Kapitol? Er stellte den Ton lauter. Die Gesichter der Polizeibeamten im Kapitol konnte er sofort identifizieren. Oh mein Gott, dachte er, die kenne ich doch. Nicht nur, weil einige von ihnen seine Personenschützer gewesen waren, sondern auch, weil sie ihm vertraut waren aus den vielen Jahren, die er im Kongress verbracht hatte: von 1992 bis 2018, erst als Assistent, dann als Abgeordneter.

Er sah, wie ein bärtiger Rabauke ein Plexiglas-Schutzschild der Polizei emporhob und damit ein Fenster des Kapitols einschlug, dessen Glas zersplitterte. Noch ein Schlag mit dem Schild, noch mehr Glassplitter. Nach einem weiteren Stoß war das Fenster nun vollständig aufgebrochen. Die Randalierer brüllten bedrohlich und sprangen auf; dann kletterten sie hinein.

Ich war davon ausgegangen, dass Trumps Kampf nur Theater war, dachte Ryan. Trump würde seine Kundgebung abhalten und seinen Anhängern sagen, er habe nicht verloren. Es würde eine Show zur Verarbeitung dieser Wahl und zur Vorbereitung der nächsten sein. Ich hatte mir nicht vorgestellt, dass es so weit gehen würde.

Aber es passierte tatsächlich. Er sah immer noch die Gesichter von ihm vertrauten Polizisten. Das war für ihn schwer zu verkraften. Er rief befreundete Mitglieder des Repräsentantenhauses und deren Mitarbeiter an. Einige von ihnen erzählten ihm, sie seien gerade dabei, sich in den Treppenhäusern gegen Randalierer zu wehren. Die Statuary Hall, die er als Sprecher Dutzende Male pro Tag durchquert hatte, wurde in diesem Augenblick überrannt.

»Ich hoffe, Sie sind in Sicherheit«, sagte Ryan zu ihnen. Er sagte, er fühle sich schuldig, weil er nicht an ihrer Seite sei.

»Donald Trump hat das angezettelt, er hat sie aufgehetzt«, bemerkte Ryan wütend zu mehreren Freunden. »Er hat sie dorthin geschickt. Er hat ihnen das eingebläut. Er hat sich entschieden, auf bescheuerte Berater zu hören. Er hätte den Ratschlägen von Pat Cipollone oder Bill Barr folgen können, aber er vertraut auf Rudy Giuliani.«

Später setzte Ryan sich an seinen Computer. Er tippte eine E-Mail an eine kleine Gruppe von Beamten der Capitol Police, die zu seinem Personenschutz gehört hatten. Er schrieb, er und seine Frau Janna seien »entsetzt und fassungslos« angesichts der Gewalt gegen Beamte und der Schändung des Kapitols.

Dann blickte Ryan wieder auf den Fernseher und beobachtete, was gerade los war. Er rieb sich die Augen. Mein Gott, sagte er, weil es ihn überraschte, dass diese feucht waren.

Die Aufständischen schrien weiter und kletterten ins Gebäude. Sie schlugen mit Metallstangen auf Polizisten ein.

Ryan begann zu weinen.

Er rief seine Assistentin an und trug ihr auf, alle seine Termine für den Rest des Tages abzusagen. »Momentan kann ich mich mit nichts anderem befassen«, erklärte er.

»Wo ist der Präsident?«

Der Führer der Minderheit im Repräsentantenhaus, Kevin McCarthy, rief im Weißen Haus an und bat die dortigen Mitarbeiter, ihn mit dem Präsidenten zu verbinden.

McCarthys Büro im zweiten Stock des Kapitols wurde gerade verwüstet. Die Fenster seines Büros waren zertrümmert. Sein Personenschützer hatte ihn eilig hinausbegleitet.

Trump meldete sich in der Leitung.

»Sie müssen sich zeigen und diese Leute auffordern, damit aufzuhören. Ich bin nicht mehr im Kapitol. Wir sind überrollt worden«, sagte McCarthy. Mit ernster Stimme fügte er hinzu: »Gerade wurde jemand erschossen.«

McCarthy hatte gehört, dass ein Schuss abgefeuert wurde. Um 14:44 Uhr wurde die Air-Force-Veteranin Ashli Babbitt von einem Polizeibeamten im Inneren des Kapitols erschossen, als sie und andere Eindringlinge versuchten, eine Tür in unmittelbarer Nähe von Abgeordneten aufzubrechen.[3]

»Ich werde einen Tweet absetzen«, versprach Trump.

»So etwas wie heute habe ich noch nie erlebt«, fügte McCarthy hinzu. »Sie müssen diesen Personen sagen, dass sie innehalten sollen. Sie müssen sie dazu bringen, das Gebäude zu verlassen. Alle müssen raus, und zwar sofort.«

Trump schien den Ernst der Lage nicht zu begreifen. Er fragte McCarthy an keiner Stelle, ob dieser in Sicherheit sei. Und eine seiner Bemerkungen stach heraus: »*Nun ja, Kevin, ich habe den Eindruck, diese Leute sind unzufriedener mit der Wahl, als Sie das sind.*«[4]

Als Kellogg Ivanka Trump gefunden hatte, sagte er zu ihr, sie müsse mit ihrem Vater über die Ausschreitungen im Kapitol sprechen. Sie könne ihren Vater besser erreichen als andere und sie könne mit ihm als Tochter reden.

Ivanka ging daraufhin ins Oval Office. Als sie ein paar Minuten später wieder herauskam, erkannte Kellogg sofort ihren besonderen Gesichtsausdruck. Er hatte diesen Ausdruck schon bei seiner eigenen Tochter gesehen. Sie hatte gerade ein hartes Streitgespräch hinter sich.

Wochenlang hatten Ivanka Trump und ihr Ehemann Jared Kushner tatenlos zugesehen, wie Trump sich juristischen Hypothesen und parlamentarischen Strategien, die ihm von seinen Verbündeten nahegelegt worden waren, hingegeben hatte. Sie hatten sich gegenüber Trump zurückgehalten, und Kushner hatte seinen Mitarbeitern erklärt, dass es sich um Trumps Präsidentschaft handele und dieser allein entscheiden solle, wie er sie beenden wolle.

Kushner wollte nicht als Erster bei Trump intervenieren. Er forderte die anderen auf, ihn zu respektieren und ihm Spielraum zu lassen. Im November sowie gegen Ende Dezember war Kushner in den Nahen Osten gereist.

Kellogg und weitere Personen konnten beobachten, dass Ivanka anschließend noch zweimal zu ihrem Vater ins Zimmer ging.

»Lass es damit bewenden«, sagte sie zu ihm. »Lass es gut sein«, wiederholte sie.

Aber Trump rief Pence an jenem Tag kein einziges Mal an.

Marc Short, der bei Pence war, rief später Meadows an, um eine kurze Statusmeldung durchzugeben.

»Der Vizepräsident arbeitet mit der Parlamentsleitung zusammen, um sicherzustellen, dass die Abstimmung wieder aufgenommen wird«, sagte Short.

»Vermutlich ist das die richtige Entscheidung«, sagte Meadows. »Können wir sonst noch etwas für Sie tun?«

Short war zutiefst enttäuscht von Meadows. »Können wir sonst noch etwas für Sie tun?« Wollte er ihn auf den Arm nehmen? Erkannte er nicht die Dringlichkeit?

Um 15:13 Uhr schickte Trump einen Tweet ab: »Ich bitte alle Personen im US-Kapitol, friedlich zu bleiben. Keine Gewalt! Denken Sie daran, WIR sind die Partei von Recht und Ordnung – respektieren Sie die Gesetze und unsere großartigen Männer und Frauen in Uniform. Vielen Dank!«[5]

In der Pressestelle des Weißen Hauses zuckte die Trump-Beraterin Sarah Matthews zusammen. Sie und weitere Mitarbeiter des Präsidenten hatten gebannt vor ihren Computern gewartet, denn sie wussten, dass der Amtsinhaber am anderen Ende des Flurs einen Tweet absetzen sollte. Aber als sie seine Twitter-Nachricht gelesen hatte, sagte sie zu ihren Kollegen, dass diese Botschaft wenig dazu beitragen würde, die Unruhen zu beenden. Es war ein sanftes Abwinken, keine Aufforderung.

»Die Situation ist außer Kontrolle«, sagte Matthews. Sie ging hinunter in das untere Pressebüro, das näher am Besprechungsraum lag. »Das ist wirklich schlimm.«

Die Kongressabgeordnete Elissa Slotkin, eine 44-jährige Demokratin aus Michigan, erreichte den Generalstabschef Milley telefonisch um 15:29 Uhr. Vor ihrer Wahl in den Kongress war Slotkin CIA-Analystin gewesen, hatte drei Einsätze im Irak absolviert und war später während der Obama-Jahre eine hochrangige Mitarbeiterin im Pentagon gewesen.

Slotkin kannte Milley gut. Sie hatten Vertrauen zueinander und pflegten einen freundschaftlichen Umgang.

»Mark, du musst die Nationalgarde hierherkommen lassen«, sagte sie in bestimmtem Ton. Sie war aufgewühlt und alarmiert. Sozusagen im Bagdad-Modus. Das Kapitol befand sich im Belagerungszustand, und sie und ihre Abgeordnetenkollegen hatten sich in ihren Büros versteckt.

»Das weiß ich«, sagte Milley. »Wir kümmern uns gerade darum.«

»Mir ist bewusst, dass ich wegen dem, was im Juni passiert ist, wütend auf dich war«, sagte Slotkin und bezog sich dabei auf den Vorfall am Lafayette Square. »Aber jetzt brauchen wir dich, und zwar hier und gleich jetzt. Und wir brauchen dich zusammen mit deinen Soldaten. Schick einfach so viele Truppen wie möglich sofort hierher.«

»Elissa, ich hab's verstanden.«

»Ich weiß, wie inkonsequent das klingt«, sagte sie. Im Jahr zuvor hatte sie die Beteiligung des Militärs an der Auflösung der Floyd-Demonstration auf dem Lafayette Square kritisiert.

»Da hast du recht«, sagte Milley. »Ein bisschen inkonsequent ist das schon. Aber wir kommen trotzdem.«

»Du bist in einer absurden Lage«, sagte sie.

»Frau Abgeordnete, wir werden so schnell wie möglich mit so vielen Leuten wie möglich angesaust kommen.«

»Stimmt es, dass Trump Nein gesagt hat?«, fragte Slotkin. Hatte der Präsident es abgelehnt, die Nationalgarde anzufordern? Dieses Gerücht war auf dem Capitol Hill im Umlauf.

»Ich bin absichtlich nicht zu Trump gegangen«, verriet Milley ihr. »Ich bin zu Pence gegangen. Ich habe ihn darüber informiert, dass wir die Garde schicken. Pence hat das begrüßt.«

»Es war klug von dir, dass du Trump nicht einbezogen hast«, sagte Slotkin. »Gut, dass du ihn nicht gefragt hast.«

»Ich glaube nicht, dass Trump dies unbedingt ablehnen würde«, sagte Milley.

»Warum nicht?«, fragte Slotkin.

Milley erklärte, dass er Trump einige Tage zuvor bei einer anderen Besprechung zur nationalen Sicherheit berichtet habe, dass geplant sei, am 6. Januar einige Nationalgardisten zur Unterstützung der Capitol Police und der Washingtoner Polizei einzusetzen. Trump habe sich zustimmend geäußert und zu ihm gesagt: »Gut, macht ruhig, was nötig ist.«

Aber dann bemerkte Milley gegenüber Slotkin: »Ich glaube, er wollte das. Ich glaube, es gefällt ihm. Ich glaube, er will dieses Chaos. Er möchte, dass seine Unterstützer bis zum bitteren Ende kämpfen.«

Milley schob rasch eine Einschränkung dieses Urteils hinterher und fügte hinzu: »Genau weiß ich es nicht.«

Biden verschob seine Pläne, an diesem Tag über die Wirtschaft zu reden, und bereitete eine kurze Stellungnahme vor.[6] Um 16:05 Uhr betrat er die Bühne in seinem Übergangsquartier in Wilmington. Hinter ihm waren riesige blaue Bildschirme zu sehen, auf denen in weißen Buchstaben »Office of the President Elect« zu lesen war. Seine Stimme war gedämpft, fast ein Flüstern, als er zu sprechen begann.

»In dieser Stunde wird unsere Demokratie in einem noch nie dagewesenen Ausmaß angegriffen«, sagte er, »wie wir es in der Neuzeit noch nicht erlebt haben. Ein Angriff auf die Zitadelle der Freiheit, das Kapitol.«

»Das ist kein Protest. Es sind Unruhen.« Seine Stimme wurde allmählich lauter und zorniger. »Es ist Chaos. Es grenzt an einen Aufstand.«

Biden appellierte an Trump, »jetzt im landesweiten Fernsehen aufzutreten« und »seinen Eid zu erfüllen und die Verfassung zu verteidigen und ein Ende dieser Belagerung zu fordern«.

Nachdem er geendet hatte, drehte er sich um und ging in den Backstage-Bereich, weg von den hellen Scheinwerfern, die auf sein Rednerpult gerichtet waren. Ein Reporter rief ihm zu: »Sind Sie besorgt wegen Ihrer Amtseinführung, Sir?« Ein anderer Reporter rief: »Haben Sie heute mit McConnell gesprochen?«

Im Schatten neben der Rückseite der Bühne stehend, drehte Biden sich um und hob seine rechte Hand, um anzuzeigen, dass er noch etwas hinzufügen wollte. Sein Gesicht war auf dem Bildschirm kaum zu sehen, aber seine Stimme war laut vernehmlich.

»Ich mache mir keine Sorgen um meine Unversehrtheit, Sicherheit oder um die Amtseinführung«, sagte er. »Das amerikanische Volk wird dieser Herausforderung die Stirn bieten. Jetzt.« Er hielt inne.

»Genug ist genug ist genug!«, rief Biden und deutete einen Faustschlag in die Luft an, während er seinen Ordner festhielt. Er wandte sich wieder um, senkte den Kopf und verließ den Raum.

SECHSUNDVIERZIG

Kurz nach 16 Uhr, während weitere Randalierer ins Kapitol eindrangen und dabei die Beamten der Capitol Police überrannten, rief Pence Christopher Miller, den amtierenden Verteidigungsminister, an und befahl ihm: »Räumen Sie das Kapitol.«[1]

Miller versicherte Pence, er sei bereits dabei, dies zu veranlassen, und es seien Vorbereitungen dafür im Gange.

Im Weißen Haus blieb Kellogg nahe beim Präsidenten, der sich weiterhin im Oval Office befand. Meadows war auch nicht weit entfernt.

Dann kam der stellvertretende Nationale Sicherheitsberater Matthew Pottinger vorbei, ein ehemaliger Journalist und einer der wichtigsten Ratgeber von Trump in Bezug auf China und die Pandemie.

Meadows ließ seine schlechte Laune an Pottinger aus. Die Nationalgarde ließ zu lange auf sich warten.

»Verdammt noch mal«, fluchte Meadows. Er sagte, er habe Miller aufgetragen, sich zu beeilen. »Wo ist die Garde?«

Pottinger, der Kontakte zum Pentagon und zu verwandten Behörden hatte, berichtete, Miller würde die Garde nur äußerst ungern zur gewaltsamen Niederschlagung der Unruhen einsetzen. Das erscheine Miller zu militarisiert und zu brutal.

Meadows wollte diese Ausrede nicht gelten lassen.

Ich habe ihn doch aufgefordert, die Garde in Bewegung zu setzen. Gehen Sie los und sorgen Sie dafür, dass das geschieht, sagte Meadows. Er befahl Pottinger, Miller anzurufen und ihn zu drängen.

Kellogg wollte mithelfen und rief Millers Stabschef Kash Patel an.

»Was zum Teufel treibt ihr da?«, fragte Kellogg ihn. »Meadows ist ganz aufgebracht, weil die Garde noch nicht auf dem Weg ist.«

»Oh, sie ist schon unterwegs, jetzt kommt sie«, erwiderte Patel. Anthony Ornato, ein Secret-Service-Beamter, der zu Trumps Einsatzleiter im Weißen Haus geworden war, erinnerte Kellogg an eine andere Möglichkeit.

»Wir haben 2000 Marshals, die wir sofort anfordern können, um sie dort einzusetzen«, sagte Ornato.

»Das ist vermutlich keine schlechte Idee. Schicken Sie sie zusätzlich dorthin«, antwortete ihm Kellogg.

Es kamen immer mehr Leute ins Oval Office. Vorschläge zur Schadensbegrenzung machten die Runde. Der Präsident könnte noch mehr Tweets verfassen. Eine Videobotschaft aufnehmen. Eine Pressekonferenz abhalten.

»Das wäre wahrscheinlich das Dümmste, was er in diesem Augenblick tun könnte«, sagte Kellogg. »Wenn man bei einer Pressekonferenz auftritt, bedeutet das, dass man Fragen gestellt bekommt, über die man keine Kontrolle hat. Man muss sicherstellen, dass man die Situation im Griff hat.«

Dann gingen Meadows und Kellogg sowie weitere Berater hinein zum Präsidenten, um mit ihm zu sprechen. Gemeinsam beschloss man, einen Videoclip aufzuzeichnen.[2] Er wurde kurz danach vor dem Weißen Haus gedreht, mit Trump vor einer einzigen Kamera. Er enthielt keine Entschuldigung und kein Zugeständnis und wurde um 16:17 Uhr veröffentlicht.

»Bei dieser Wahl wurde betrogen, aber wir dürfen diesen Leuten nicht in die Hände spielen«, sagte Trump. »Wir müssen es friedlich lösen. Geht also nach Hause. Wir lieben euch. Ihr seid etwas ganz Besonderes.«

Sieben Minuten später veröffentlichte der U.S. Marshals Service einen Tweet: »Der U.S. Marshals Service schließt sich mit anderen Sicherheitsbehörden zusammen, um die U.S. Capitol Police beim Einsatz in Washington, D.C. zu unterstützen.«[3]

In einem riesigen Raum in einem Bürogebäude des Senats wurden die Senatoren beider Parteien aufgefordert, diese Örtlichkeit nicht zu verlassen, während die Capitol Police die Tür bewachte. Es gab dort nur wenig zu essen, und die Senatoren murrten, dass sie Hunger hätten. Während sie auf ihren Handys die neuesten Nachrichten verfolgten und sich in kleine Gruppen verteilten, kam es unter ihnen zu Spannungen. Dabei forderte Senator Sherrod Brown aus Ohio, ein Demokrat, Lindsey Graham auf, gefälligst den Mund zu halten.

Niemand sprach mit Senator Hawley, dem viele im Raum die Schuld gaben, den Aufstand angezettelt zu haben, weil er eine Woche zuvor seinen Widerstand gegen die Bestätigung des Wahlergebnisses angekündigt hatte.

Ein Foto von Hawley mit erhobener und geballter Faust vor dem Kapitol, als wolle er seine Solidarität mit den Trump-Anhängern bekunden, kursierte im Internet.[4] Er wurde zum Gesicht von Trumps Blockadestrategie im Senat.

Nach einer Weile sahen die Senatoren, dass Senator Cruz zu Hawley hinüberging. »Wie werden Sie sich verhalten?«, fragte Cruz.

Fast ein Dutzend Republikaner im Senat hatten ursprünglich geplant, Einspruch gegen die Teilnahme der Wahlleute von Arizona an der Abstimmung zu erheben. Doch angesichts der anhaltenden Unruhen waren einige Senatoren der Grand Old Party, darunter die unterlegene Senatorin Kelly Loeffler aus Georgia, dazu bereit, dieses Theater nun zu beenden und Bidens Sieg zu bestätigen.[5]

McConnell äußerte gegenüber mehreren Senatoren, er wolle schneller vorankommen. Die Sitzung wieder aufnehmen und Arizona abhaken, um weitermachen zu können. Aber er wusste, dass ein schnelles Vorankommen unmöglich sein würde, wenn Hawley fortfahren würde, Einspruch gegen die Zählung von Pennsylvania zu erheben. Nach den Senatsregeln würde jeder Widerspruch eine weitere Debatte auslösen.

Hawley sagte wenig zu Cruz und zu Senator Roy Blunt, seinem republikanischen Parteikollegen aus Missouri, der sich ebenfalls an ihn wandte und ihn nach seiner aktuellen Haltung fragte.

Trotz des Blutvergießens im Kapitol und trotz des Drängens einiger seiner Kollegen, nicht länger im Weg zu stehen, entschied Hawley schließlich, dass er seinen Einspruch sowohl bei Arizona als auch bei Pennsylvania aufrechterhalten würde. Er würde auf einer Linie mit Trump bleiben.

Als sie von Hawleys Entschluss erfuhren, ächzten viele seiner republikanischen Kollegen. Was sie als politisches Spektakel für einen Präsidenten betrachteten, der seine Niederlage nicht akzeptieren konnte, sollte nun bis nach Mitternacht andauern. Andere Republikaner würden jedoch sicherlich auf Hawleys Seite stehen, da sie befürchteten, es sich ansonsten mit Trumps Wählerschaft zu verscherzen.

Während es langsam Abend wurde, twitterte Trump weiter, und zur gleichen Zeit bemühten sich die Polizei und die Soldaten darum, das Kapitol zu sichern. Gewalttätige Mitglieder extremistischer Milizen und weiße Rassisten, die später vom FBI identifiziert wurden, zerschlugen Glas und zerrissen Schilder beim Durchqueren der Flure. Büromaterial wurde auf dem Boden verstreut. Bunte Flaggen mit den Aufschriften »TRUMP« und »AMERICA FIRST« wurden neben den Büsten der Vizepräsidenten in der Nähe des Senats gehisst.

Truppen der Nationalgarde, die inzwischen eingetroffen war, patrouillierten auf dem Gelände und vertrieben Eindringlinge, während die Polizei Verhaftungen vornahm. Man hörte Schreie und trotzige Sprechchöre.

»Solche Sachen und Vorfälle passieren, wenn ein heiliger und erdrutschartiger Wahlsieg großen Patrioten, die seit Langem schlecht und unfair behandelt wurden, derart grob & bösartig entrissen wird«, twitterte Trump eine Minute nach 18 Uhr. »Kehrt zurück nach Hause in Liebe & Frieden. Dieser Tag soll nie vergessen werden!«[6]

Kurz nach 20 Uhr kehrte der Senat in seinen Plenarsaal zurück.

Senator Tim Scott aus South Carolina, der einzige schwarze Republikaner im Senat, wandte sich an Pence.

»In einem Moment wie diesem würde ich gerne beten«, sagte Scott. »Nur zu«, sagte Pence. »Tun wir es.« Senator Steve Daines aus Montana, ein weiterer Republikaner, schloss sich ihnen an.

Als Arizona zur Abstimmung kam, lehnten 93 Senatoren die Einwände von Hawley und fünf Gleichgesinnten ab – neben Cruz die Senatoren Cindy Hyde-Smith aus Mississippi, Tommy Tuberville aus Alabama, Roger Marshall aus Kansas und John Kennedy aus Louisiana.

Loeffler stimmte nicht mit dieser Gruppe ab.

»Als ich heute Morgen in Washington ankam, hatte ich die feste Absicht, gegen die Bestätigung der Wahlleutestimmen Einspruch zu erheben«, sagte sie und blickte nach unten.[7] »Was heute geschehen ist, hat mich jedoch gezwungen, meine Entscheidung zu überdenken, und ich kann jetzt nicht mehr mit gutem Gewissen der Auszählung widersprechen.«

Aber dann lehnte Hawley auch noch die Wahlleutestimmen Pennsylvanias ab, was stundenlange weitere Diskussionen nach sich zog. Senator Romney, der hinter dem 41-jährigen Hawley saß, schien seinen Kollegen mit seinen Blicken töten zu wollen, was der Aufmerksamkeit der Millionen von Zuschauern, die die Übertragung des Verfahrens verfolgten, nicht entging.

Als die Debatte fortgesetzt wurde, ergriffen zahlreiche Senatoren das Wort. Viele von ihnen sahen erschöpft und zerknittert aus.

In feierlichem, aber bestimmtem Ton rief Senator Mike Lee: »Wir müssen uns alle daran erinnern, dass wir einen Eid geschworen haben, dieses Schriftstück zu wahren, zu schützen und zu verteidigen«, und hielt dabei eine Kopie der Verfassung empor.[8]

»Der Vizepräsident der Vereinigten Staaten wird die Stimmzettel öffnen, und die Stimmen werden dann gezählt. Diese Worte begrenzen, definieren und beschränken jedes Quäntchen an Autorität, das wir bei diesem Vorgang besitzen. Unsere Aufgabe ist es, zu öffnen und dann zu zählen. Genau das. Mehr steht uns nicht zu. Ich habe sehr viel Zeit aufgewandt, um mit den örtlichen Regierungsvertretern in jenen Bundesstaaten in Kontakt zu treten, aber in keinem der umstrittenen Staaten – nein, nicht einmal in einem einzigen – habe ich Anzeichen dafür gefunden, dass ein Parlament oder ein Minister oder ein Gouverneur oder ein Vizegouverneur die Absicht hätte, die Liste der Wahlleute zu ändern. Unsere Aufgabe ist es, hier zusammenzukommen, die Stimmzettel zu öffnen und sie dann auszuzählen. Das ist alles.«

Lindsey Grahams Auftritt im Plenum war eine ungefiltert vorgebrachte Mischung aus persönlicher Betroffenheit und politischem Realismus.[9]

»Trump und ich hatten zusammen eine fantastische Zeit. Es tut mir leid, dass sie auf diese Weise endet. Um Himmels willen, ich bedauere es wirklich. Aus meiner Sicht war er ein konsequent handelnder Präsident, aber der heutige Tag wird als Erstes erwähnt werden in seinem Nachruf.« Der 6. Januar würde für immer mit Trumps Vermächtnis verbunden bleiben.

»Ich kann nur sagen: ›Ich bin raus‹«, erklärte Graham. »Was genug ist, ist genug. Es wurde behauptet, in Georgia hätten 66 000 Menschen unter 18 Jahren gewählt. Wie viele Leute glauben das? Ich bat darum, zehn Namen genannt zu bekommen, und erhielt einen einzigen. Es wurde behauptet, in Arizona hätten 8000 inhaftierte Straftäter gewählt. Auch hier habe ich zehn Namen verlangt; man konnte mir keinen einzigen nennen.«

»Wir müssen es zu Ende bringen«, sagte er.

»Mike, Mr. Vice President«, fügte er hinzu, »halten Sie einfach durch. Sie haben einen Sohn, der F-35-Kampfflugzeuge steuert. Sie haben einen Schwiegersohn, der mit F-18-Jets fliegt. Beide sind da draußen in der Luft, damit wir es hier richtig machen können. Was Joe Biden betrifft, so habe ich ihn auf vielen seiner Reisen um die ganze Welt begleitet. Ich habe gehofft, dass er verlieren würde. Ich habe sogar darum gebetet, dass er verliert. Aber er hat gewonnen.«

Wie zuvor bei Arizona wies der Senat den Einspruch gegen die Wahlleutestimmen Pennsylvanias zurück, diesmal mit 92 zu 7 Stimmen. Das Repräsentantenhaus hatte den Pennsylvania betreffenden Einspruch mit 282 zu 138 Stimmen abgelehnt.

Kurz nach 3:40 Uhr am frühen Donnerstag, dem 7. Januar, verkündete Pence, dass Biden als Sieger bestätigt worden war.[10]

Pence machte sich auf den Weg nach draußen zu seiner Wagenkolonne.[11] Short schickte dem Vizepräsidenten eine Textnachricht: »2. Timotheus 4:7«.

Pence war diese Bibelstelle vertraut.

»Ich habe den guten Kampf gekämpft, ich habe den Lauf vollendet, ich habe Glauben gehalten«, lauten die Worte in der deutschen Fassung der Lutherbibel.

SIEBENUNDVIERZIG

Pelosi und Schumer riefen Pence am Morgen des 7. Januar gemeinsam an, um ihn eindringlich zu bitten, sich auf den 25. Verfassungszusatz zu berufen, der es »dem Vizepräsidenten und einer Mehrheit der wichtigsten Vertreter der Ministerien« gestattet, dem Kongress offiziell mitzuteilen, dass »der Präsident nicht in der Lage ist, die Rechte und Pflichten seines Amtes wahrzunehmen«.[1] Ein solches Vorgehen würde es dem Vizepräsidenten ermöglichen, »unverzüglich die Rechte und Pflichten des Amtes als kommissarischer Präsident zu übernehmen«.

»Ich glaube nicht, dass er ans Telefon geht. Jemand sagt ihm nicht, dass es klingelt«, bemerkte Pelosi zu ihren Beratern. Seine wahrscheinlich mangelnde Bereitschaft zu einem Gespräch war für sie ein Zeichen seiner Schwäche.

Pence nahm ihren Anruf tatsächlich nicht entgegen. Aber Short rief stattdessen Schumers Stabschef Michael Lynch an, um sich nach dem Grund ihres Anrufs zu erkundigen. Short wollte Pence abschirmen von allen Initiativen, Trump seines Amtes zu entheben.

»Worum geht es? Wie kann ich Ihnen behilflich sein?«, fragte Short Lynch, während die Führer der im Kongress vertretenen Demokraten in der Warteschleife blieben.

»Sie hielten uns 25 Minuten lang in der Leitung und sagten dann, der Vizepräsident würde nicht ans Telefon kommen«, berichtete Schumer später.

»Wenn der Vizepräsident den Anruf annimmt, dann gehen sie anschließend zu den Stäben«, bemerkte Short zu Kollegen, sich dabei auf die im Plenarsaal befindlichen Mikrofone beziehend, »und sagen, dass sie mit dem Vizepräsidenten über die Anwendung des 25. Verfassungszusatzes gesprochen haben, was den Vizepräsidenten in eine äußerst peinliche Lage bringen würde.«

Pence zog nie in Erwägung, zurückzutreten oder sich auf den 25. Verfassungszusatz zu berufen, um Trump aus dem Amt zu entfernen. Greg Jacob wies ihn darauf hin, dass die Anwendung dieses Zusatzartikels für den Fall gedacht sei, dass ein Präsident handlungsunfähig sei und dass die aktuelle Situation, so schlimm sie auch sei, dieses Kriterium nicht erfülle. Pence gab ihm recht.

Pence arbeitete den ganzen Tag von seiner Amtswohnung aus und begab sich nicht ins Weiße Haus. Er sprach nicht mit Trump, der von einigen Republikanern und sogar von der konservativen Redaktionsleitung des *Wall Street Journal* zum Rücktritt aufgefordert wurde.[2]

Trumps Verkehrsministerin Elaine Chao, die Frau von Mitch McConnell, trat zurück und erklärte, sie sei »zutiefst beunruhigt« über die Ereignisse vom 6. Januar.[3] Barr sagte in einer öffentlichen Erklärung, Trump habe einen »Mob [orchestriert], um den Kongress unter Druck zu setzen«, und bezeichnete sein Verhalten als »Verrat an seinem Amt und seinen Anhängern«.

Später am Donnerstag rief Pence seinen Anwalt Richard Cullen an und dankte ihm für seine Ratschläge. Er sagte, er befinde sich gerade mit seiner Gattin in der Residenz des Vizepräsidenten.

»Wie ist es Ihnen ergangen?«, fragte Cullen.

Cullen konnte hören, wie Pence sich an seine Frau wandte. »Schatz, hatten wir Angst?« Er konnte ihre Antwort nicht hören.

»Ich bete für den Präsidenten«, sagte Pence.*

Graham war klar, dass es für Trump sehr schwer sein würde, auf Rache zu verzichten. Im Interesse Trumps und aller anderen Beteiligten hoffte Graham, dass der Streit mit Pence den Präsidenten nicht weiter belasten würde.

Später, am Flughafen, wurde Graham von Trump-Anhängern ange-

---

* Zu Milleys Rolle am 8. Januar 2021 siehe auch den Prolog.

schrien und verfolgt. »Verräter! Verräter!«, brüllten sie, während Graham durch das Terminal schritt und auf sein Telefon starrte.[4]

»Haben Sie einen Eid geschworen?«, rief ein Mann.

»Das habe ich«, sagte Graham.

»Nun, auf diesen Eid haben Sie geschissen.«

Der Sicherheitsdienst brachte ihn in einen Warteraum, wo er von Pence angerufen wurde, der ihm danken wollte für seine warmen Worte im Senat über den Sohn und Schwiegersohn des Vizepräsidenten.

Graham war der Überzeugung, dass die Art, wie Trump Pence behandelt hatte, zu den schlimmsten Dingen gehörte, die Trump je getan hatte. Graham glaubte, dass jeder vernünftige Demokrat nun verstanden hatte, dass Trump sich selbst viel Schaden zugefügt hatte und die beste Strategie darin bestand, in Deckung zu gehen, während Trump die Personen in seinem Umfeld zur Schnecke machte.

Graham sagte zu Trump: »Dadurch haben Sie Ihren Kritikern mehr recht als unrecht gegeben.« Später bemerkte er: »Ich glaube nicht, dass er sich bis heute über die Wirkung seiner Worte im Klaren ist.«

Ich habe gerade eine völlig unglaubliche, beunruhigende Erfahrung gemacht, sagte der Kongressabgeordnete Adam Smith am 8. Januar um 11:30 Uhr in einem Telefonat mit dem Generalstabschef Milley.

Smith, der Vorsitzende des für die Streitkräfte zuständigen Ausschusses des Repräsentantenhauses, war ein Abgeordneter aus dem Bundesstaat Washington mit 24 Jahren Kongresserfahrung. Er war ein gemäßigter Demokrat, kaum bekannt in der Öffentlichkeit, der keinen Wert darauflegte, in die Schlagzeilen zu kommen. Aber in Militär- und Pentagonkreisen war er hinter den Kulissen ein einflussreicher Abgeordneter.

Der 55-jährige Smith berichtete, am Tag nach den Unruhen im Kapitol sei er auf dem Alaska-Airlines-Flug, der um 17 Uhr vom Washingtoner Reagan National Airport nach Seattle startet, auf einem Gangplatz in Reihe 26 gesessen. Dort sei er umringt worden von etwa 100 Trump-Anhängern, die alle Mützen mit der Aufschrift »Make America great again« trugen.

Smith, der an Wochenenden oder während der Sitzungspausen des Kongresses regelmäßig diesen fast sechsstündigen Rückflug nach Hause antrat, hatte im vergangenen Jahr das Flugzeug aufgrund der Pandemie meist nahezu leer vorgefunden. Doch dieses Mal hatte er Glück, überhaupt einen Platz zu bekommen. Während die Menge allmählich lauter wurde, schien niemand zu bemerken, dass dieser Mann, der wie ein freundlicher Geschäftsreisender aussah, ein Parlamentarier war.

Das Flugzeug war voll mit hässlichem Gerede über angebliche Verschwörungen, um Trump die Wahl zu stehlen. Ebenso häufig wurde die QAnon-Gruppe erwähnt, von der die Passagiere überzeugt behaupteten, sie sei ein Bollwerk gegen eine Bande kannibalistischer, Trump feindlich gesinnter Pädophiler, allesamt Satansanbeter und internationale Vertreiber von Kinderpornografie.

Mehrere Passagiere erwähnten auch »6MWE«. Smith wusste nicht, wovon sie sprachen. Er war entsetzt, es zu erfahren, als er Passagieren zuhörte, die ungerührt erklärten, es bedeute »6 million weren't enough« (»6 Millionen waren nicht genug«), was sich auf die in den Konzentrationslagern der Nazis umgebrachten Juden bezog.

Sie äußerten ihre tiefe Enttäuschung darüber, dass der Aufstand das Ergebnis der Präsidentschaftswahl nicht umgekehrt habe. Dies sei der Endkampf für eine neue Ordnung gewesen. Zustimmendes Kopfnicken.

Smith, der schweigend mit einer Mundschutzmaske dasaß, fühlte sich wie in der Umkleidekabine einer Mannschaft, die ein Spiel verloren hatte. Diese Leute waren so niedergeschlagen, dass sich Smith dabei paradoxerweise gut fühlte. Das Land ist zum Teufel gegangen, sagten sie, es ist schrecklich, ein furchtbarer Ort.

Amerika sei so schlecht drauf, in einer so verfahrenen Lage, behauptete ein junger Mann. »Deswegen werde ich nach Südkorea ziehen.«

Südkorea?, dachte Smith und war verwirrt. Warum ausgerechnet dorthin? Der junge Mann beantwortete Smiths unausgesprochene Frage, indem er zu den anderen Passagieren sagte: »Südkorea ist zu 90 Prozent christlich.« In Wirklichkeit gibt es in Südkorea nur 29 Prozent Christen.[5]

»Sie sollten nach Idaho ziehen«, schlug eine Frau vor.

»Ich glaube allerdings nicht, dass es in Idaho anständige Fischgerichte gibt«, erwiderte der junge Mann.

Smith hatte den Eindruck, dass dieser junge Mann eine faschistische Machtübernahme in den Vereinigten Staaten anstrebte, aber wenn er kein ordentliches Sushi bekommen konnte, lohnte sich das für ihn vielleicht doch nicht.

Die Menschen, die am Vortag im Kapitol randaliert hatten, mussten ja von irgendwoher kommen, aber er war überrascht, dass so viele von ihnen in seinen traditionell den Demokraten nahestehenden Bundesstaat zurückkehrten.

Smith, der gerade seine erste Impfdosis erhalten hatte, saß mit seinem Mund-Nasen-Schutz da und sagte kein Wort, während weiter heftige Sprüche geklopft wurden. Wenn ich mich jemals mit dem Coronavirus anstecken sollte, dann jetzt, dachte er.

Auf dem mittleren Sitz neben ihm saß eine zierliche Frau, etwa 50 Jahre alt und mit Trump-Utensilien geschmückt, die offensichtlich dieselben Bedenken hatte. Sie wischte eifrig die Umgebung ihres Sitzplatzes ab.

Da er Vorsitzender des Streitkräfteausschusses war, hatten sich seit dem 6. Januar mehrere Kongressmitglieder an ihn gewandt und ihre Besorgnis über die Sicherheit der streng geheimen Codes für den Abschuss von Atomwaffen zum Ausdruck gebracht. Trump hatte diese Codes. Gab es eine Möglichkeit, den Präsidenten in Zaum zu halten? Smith hatte diese Bedenken an die Parlamentssprecherin Pelosi weitergeleitet.

Ein Abgeordneter sagte, er sei besorgt, dass Trump kurz vor seinem Abschied die Air Force One stehlen, nach Moskau fliegen und US-Geheimnisse an Putin verkaufen könne. Eine weitere Befürchtung der Parlamentarier war, dass das Kapitol während Bidens Amtseinführung angegriffen werden könnte. Wie würden sie sicherstellen können, dass Trump die Ordnungskräfte nicht daran hindern würde, Biden zu schützen?

Während der Flug weiter das Land überquerte, hielt das rassistische und antisemitische Gerede unvermindert an. Es war eine Sache, den ganzen Tag von etwas zu lesen oder darüber zu sprechen, aber eine andere, stundenlang mittendrin zu sitzen. Es war eine äußerst unangenehme Erfahrung, so wie der Aufstand selbst. Smith war überzeugt, dass viele der Personen auf diesem Flug und im Kapitol eindeutig versucht hatten, den Wahlsieg eines rechtmäßig gewählten Präsidenten wieder rückgängig zu machen. Daran bestand für ihn kein Zweifel.

Aber Smith hatte auch den Eindruck, dass dieser Aufruhr auf Realitätsverweigerung beruhte. Es war, als würde jemand versuchen, über die Distanz von mehr als 80 Metern ein Feldtor im American Football zu erzielen. Ist solch ein unrealistischer Spielzug tatsächlich ein versuchter Torschuss? Man könnte es zweifellos so nennen, aber es hätte keine Aussicht, erfolgreich zu sein. Trump und seine Anhänger hatten keine Chance, das Ergebnis einer rechtmäßigen Wahl umzustoßen, aber das hieß nicht, dass sie es nicht versuchen konnten. Ave Maria.

Smith pflegte Donald Trump als eine selten eintretende Naturkatastrophe in der Geschichte der amerikanischen Demokratie zu betrachten. Aber er sagte seinen Kollegen, es gebe für den Kongress keine Möglichkeit, gesetzliche Vorkehrungen zu treffen, um das Land für den Fall zu schützen, dass ein Verrückter ins Weiße Haus einziehen sollte. Die Befugnis zur Kriegsführung war an den Präsidenten als Oberbefehlshaber abgetreten worden. Die einzige Macht, die der Kongress in praktischer Hinsicht hatte, war, den Geldhahn zuzudrehen. Er hielt das System zur Kontrolle des Einsatzes von Atomwaffen für verwundbar.

»Das Hauptaugenmerk muss darauf liegen, dass wir nicht wieder einen Irren ins Weiße Haus lassen«, sagte Smith. »Unsere zweihundertjährige Geschichte lehrt uns, dass der Präsident der Vereinigten Staaten das Militär so einsetzt, wie er es will.«

»Trump ist psychisch instabil«, stellte er fest. »Er ist ein narzisstischer Psychopath. Man musste befürchten, dass er das Pentagon und das Verteidigungsministerium dazu benutzen würde, einen Staatsstreich durchzuführen.«

Diese ebenso bestürzende wie düstere Einschätzung machte am 8. Januar im Kongress die Runde. Einen Tag zuvor hatte Trump ein Video veröffentlicht, in dem er erklärte, dass »am 20. Januar eine neue Regierung ihre Arbeit aufnehmen wird« und dass er eine »reibungslose, geordnete und nahtlose Amtsübergabe« wünsche. Aber das Video wirkte wortkarg, ausdruckslos und unüberzeugt. Es konnte nur wenige Abgeordnete beruhigen.

»Meine Sorge bei Trump war immer, dass er eine faschistische Machtübernahme des Landes in die Wege leiten würde«, sagte Smith. »Ich habe nie wirklich befürchtet, dass er einen Krieg beginnen würde. Er ist ein Feigling. Ein derartiges Maß an Verantwortung will er nicht übernehmen.«

ACHTUNDVIERZIG

Karen Pence hatte tagelang Goodie Bags mit kleinen Geschenken für die Büroangestellten ihres Mannes vorbereitet und sie mit Champagnerflöten, Honig aus ihrem Bienenstock im Naval Observatory sowie Schneidebrettern mit dem Siegel des Vizepräsidenten gefüllt. Sie legte auch einen Druck ihres Gemäldes vom Naval Observatory bei, eine Anspielung auf ihre Bemühungen, mehr Aufmerksamkeit für die Kunsttherapie zu wecken, eine Initiative zur psychischen Gesundheit, die sie jahrelang vorangetrieben hatte.

Und trotz des Schreckens vom 6. Januar war Karen Pence fest entschlossen, eine Abschiedsfeier für die Mitarbeiter durchzuführen, die am Freitag, dem 8. Januar, ab 16 Uhr im weitläufigen Büro des Vizepräsidenten im Eisenhower Executive Office Building stattfinden sollte.

Als sie und Pence an jenem Freitagnachmittag dort zur Party eintrafen, brachen etwa 70 Mitarbeiter in Beifall aus. Sie begann zu weinen.

Auch die Augen von Mike Pence wurden feucht, sein Gesicht wurde rot, und er lächelte verlegen, während die Angestellten minutenlang applaudierten. Dies war eine Welt, in der die eigene Haltung zu Trump nie offen ausgesprochen wurde, in der Ängste verdrängt wurden. Mit ihrem Beifall sagten sie Pence alles, was sie ihm sagen wollten, und er schien es zu verstehen.

»Es war eine aufwühlende Woche«, begann Pence und sah zu Karen hinüber. Er dankte ihr und seiner Familie für ihre Unterstützung.

»Sie ist die beste Second Lady der amerikanischen Geschichte und ist mit mir durch dick und dünn gegangen«, sagte Pence mit Blick auf seine Frau. »Sie ist immer an meiner Seite.«

Karen Pence weinte noch etwas mehr.

Im Saal wurde es still, als die Pences sich sammelten.

Pence hob nun zu einer kurzen Abschiedsrede an. Er ging nicht speziell auf Trump oder die Unruhen im Kapitol ein. Er tat dies nur indirekt, auf seine eigene Weise. Er bat die Anwesenden, auf ihre Zeit mit ihm und im Dienst der Regierung ohne Bedauern oder Abscheu zurückzublicken.

»Ich hoffe, Sie alle sind stolz darauf, dieser Regierung gedient zu haben. Es gibt viel, worauf Sie stolz sein können«, sagte Pence. »Ich hoffe, dass Sie den öffentlichen Dienst auch im weiteren Verlauf Ihrer Karriere in Betracht ziehen werden. Es gibt keine größere Ehre, als dem Gemeinwesen zu dienen.«

»Ich hatte nie die Ehre, als junger Mann im Weißen Haus zu arbeiten«, fuhr Pence fort. »Und wenn man jeden Tag hier tätig ist, hält man manchmal gar nicht inne, um sich bewusst zu machen, was für eine unglaubliche Chance das ist.«

Dann schaute Pence Short an, dessen stoische Haltung ein ihn auszeichnender Charakterzug war. Er berichtete, wie Short ihm nach der Bestätigung von Bidens Wahlsieg per Textnachricht einen Timotheus-Vers geschickt hatte. Pence fügte hinzu, Short sei für ihn die echteste Art von Freund, fast wie ein Bruder. Da wurden auch Shorts Augen feucht.

»Das hat mir und meiner Familie in jener Situation sehr viel bedeutet«, sagte Pence. »Dieses Amt hat einen guten Kampf geführt. Wir haben den Glauben bewahrt.«

»Jetzt wollen wir das Rennen in diesen letzten zwei Wochen zu Ende bringen«, unterstrich Pence, »und zwar auf anständige Weise, mit einem geordneten Übergang zum Harris-Team.«

Pence scherzte, er und Karen würden am Abend nach einer anstrengenden Woche endlich entspannen können.

»Wir könnten einen draufmachen mit Pizza und O'Doul's«, meinte Pence (die genannte Marke ist ein alkoholfreies Bier). Die Mitarbeiter seufzten, da Pence diese Bemerkung fast jeden Freitagnachmittag machte und sie zum Leidwesen seiner Redenschreiber auch in seinen Ansprachen beibehielt.

Short teilte Pence mit, dass die gesamte Mitarbeiterschaft zusammengelegt habe, um ihm seinen Kabinettsstuhl zu kaufen. Es hatte 1200 Dollar gekostet, ihn von der Bundesregierung zu erwerben.

Short erinnerte daran, dass vor einigen Jahren, als er noch für Pence im Repräsentantenhaus tätig und dieser dort Fraktionsvorsitzender der Republikaner gewesen war, Pence seine Grundsätze an der Wand seines Büros aufgehängt hatte: Gott verherrlichen, Spaß haben und alle Republikaner im Kongress unterstützen.

»Nun, die letztgenannte Regel haben wir nach der Louie-Gohmert-Klage nicht mehr befolgt«, sagte Short und bezog sich dabei auf den erfolglosen Versuch des texanischen Abgeordneten Louie Gohmert, Pence im Dezember zu verklagen, um auf diese Weise zu versuchen, den Ausgang der Präsidentschaftswahlen durch die Ablehnung der bundesstaatlichen Wahlleute umzukehren.

»Als Dankeschön haben wir für Sie alle ein Goodie Bag vorbereitet«, rief an dieser Stelle Karen Pence und zeigte ihnen, was sie hineingesteckt hatte. Die Mienen der Mitarbeiter hellten sich auf.

Mike Pence signierte dann die Innenseite seiner Schreibtischschublade, eine Tradition bei der Verabschiedung des Vizepräsidenten. Biden hatte im Jahr 2017 unterschrieben. Pence kritzelte seinen Namen unmittelbar daneben, an das Ende einer Liste, in der auch Dan Quayle, Nelson Rockefeller und George H. W. Bush standen.

Nach dem Ende der Abschiedsparty entspannte Marty Obst noch zusammen mit Pence und dessen Gattin. Aber Obst bemerkte, dass sich hinter dem Small Talk und dem Lächeln schwelende Wut und Traurigkeit verbargen. Die Goodie Bags und die unausgesprochenen Bemühungen, diesen Abschied als normal erscheinen zu lassen, waren ein dünner Firnis über den tragischen Geschehnissen.

Obst wandte sich an einen Kollegen und vertraute ihm an, dieser Moment sei eine Folge der »toxischen Wirkung der Macht« gewesen.

Können Sie sich vorstellen, fragte ihn Obst, was passiert wäre, wenn Trump auf seine Niederlage mit etwas Anstand reagiert und sich dann mit dem Gedanken an das Jahr 2024 zurückgezogen hätte?

»Der Kerl hätte die republikanische Partei nun komplett unter Kontrolle«, sagte Obst. »Die Partei wäre völlig elektrisiert. Und der Vizepräsident wäre der Erste, der sagen würde: ›Ich bin nicht mehr im Amt. Wie kann ich jetzt vier Jahre lang für Sie arbeiten, um sicherzustellen, dass Sie wieder Präsident werden?‹«

NEUNUNDVIERZIG

Ron Klain befand sich in seinem Hotelzimmer in Wilmington, als am 6. Januar kurz nach 16 Uhr die endgültigen Ergebnisse von den Behörden in Georgia eintrafen. Ossoff und Warnock hatten beide gewonnen. Die Demokraten hatten nun die Kontrolle im Senat.

Biden, der die Fernsehberichterstattung über die Geschehnisse im Kapitol mit Entsetzen verfolgt hatte, war erfreut, als Klain mit den neuesten Informationen vorbeikam. Das ändert natürlich vieles, sagte Biden. Der designierte Präsident rief bald darauf Warnock und Ossoff an, um ihnen zu gratulieren. Die beiden künftigen Senatoren hatten nur eine Botschaft: Jetzt müssen wir den Leuten die Schecks geben.

Biden lachte. Ja, das müssen wir, sagte er. Die 600-Dollar-Schecks waren bereits ab Dezember an die Amerikaner verschickt worden, nachdem der Kongress sein Ausgabengesetz verabschiedet hatte. Jetzt war es an der Zeit, einen zusätzlichen Scheck über 1400 Dollar zu versenden. Insgesamt 2000 Dollar für Millionen von bedürftigen Amerikanern.

Die Schecks würden die Wirtschaft mit dringend benötigtem Geld versorgen, aber Klain hielt sie auch für ein Symbol dafür, dass die Demokraten die Führung in Washington übernommen hatten. Die Bevölkerung hatte der Partei enorme Macht verliehen. Es war ein Auftrag, nun entsprechende Taten folgen zu lassen. Georgia beseitigte jedes Zögern.

Am Freitag, dem 8. Januar, berief Biden von seinem Haus in Wilmington aus eine Sitzung mit hochrangigen Mitarbeitern ein.

Vor Georgia hatte sein ursprünglicher Rettungsplan etwa 1,4 Billionen Dollar gekostet – eine schwindelerregende Zahl direkt nach der 900-Milliarden-Dollar-Infusion in die nationale Wirtschaft im Dezember. Biden wollte jetzt von seinen Beratern erfahren, ob es möglich sein würde, sogar noch höher zu gehen.

Klain war der einzige Mitarbeiter des Übergangsteams, der physisch bei Biden vor Ort war. Die anderen waren über eine Videokonferenz zugeschaltet.

Deese, der vorgesehen war für den Posten des Direktors von Bidens nationalem Wirtschaftsrat, präsentierte eine Reihe von Folien, und Klain spürte, dass sich ein größerer Plan abzeichnete. Er sagte zu Biden, dass sie ihm am nächsten Tag ein genauer ausgearbeitetes Konzept zur Prüfung vorlegen würden.

An jenem Samstag hielt Deese folglich eine weitere Präsentation. Dabei wurden Optionen vorgestellt, die von 1,4 Billionen Dollar bis hin zu 2 Billionen Dollar reichten.

Biden löcherte sie mit Fragen.

»Gehen wir wirklich davon aus, dass wir etwas so Großes durchsetzen können?«, fragte er.

Biden war viele Jahre lang im Senat gewesen und wusste, dass eine Ein-Stimmen-Mehrheit keine Garantie darstellte. Er wollte nicht über Monate hinweg um dieses Projekt kämpfen müssen. »Wird dies meine gesamten ersten 100 Tage, mein gesamtes erstes Jahr in Beschlag nehmen?«, fragte er. »Wie lange wird das dauern? 50 zu 50 im Senat? Und mit einer sehr geringen Mehrheit im Repräsentantenhaus?«

Biden fügte hinzu: »Das ist eindeutig das, was wir tun müssen, um dieses Virus zu besiegen und die Wirtschaft in Schwung zu bringen. Aber, hören Sie, können wir das wirklich schaffen?«

»Wir haben gar keine andere Wahl«, antwortete Klain.

Klain erinnerte an die Erfahrungen Obamas im Jahr 2009, als sich die Republikaner während einer weltweiten Rezession gegen den Konjunkturplan der Obama-Regierung gestellt hatten, was Obama schließlich dazu veranlasste, ein 787-Milliarden-Dollar-Paket zu akzeptieren, ein Betrag, der niedriger war als der, den seine Wirtschaftsexperten für nötig hielten, um die Wirtschaft anzukurbeln. Diesmal, sagte er, bräuchten sie einen echten Wirtschaftsaufschwung.

»Anstatt unter uns zu verhandeln, anstatt zu fragen, was möglich ist, anstatt hier zu sitzen und das Projekt aufgrund politischer Kriterien zu reduzieren, sollten wir auf den Tisch legen, was wir tatsächlich für nötig halten«, erklärte Klain. »Und wenn der Kongress diesen Vorschlag ablehnt, dann ist das eben so.«

Die Demokraten sollten ihre Segel nicht nach dem Wind ausrichten, aus dem Gefühl heraus, was politisch machbar oder durchsetzbar sei, sagte Klain.

Mehrere Biden-Berater meldeten Bedenken an und brachten zwei gewichtige Gegenargumente vor. Erstens, so Anita Dunn, bestünde die Gefahr, dass durch zu hohe Forderungen der Vorschlag zu einer Art von Totgeburt werde. Das Establishment würde schockiert sein, »Heiliger Strohsack« rufen, und sogar einige demokratische Abgeordnete würden sich abwenden.

Der zweite Punkt sei, dass, wenn sie zu viel verlangten, die Republikaner ein leichtes Spiel hätten, indem sie über das Ausgabendefizit, die Inflation und die Abwälzung der Last auf unsere Enkelkinder lamentieren würden.

Dunn hatte sich bereits zuvor bei progressiven Demokraten unbeliebt gemacht, aber sie war der Auffassung, dass sie Biden vor den Risiken warnen musste.

Biden hörte sich das alles an. Das Land befand sich in einer Krise. Ungefähr 4000 Menschen starben jetzt jeden Tag am Coronavirus, es war der tödlichste Monat der Pandemie in den Vereinigten Staaten.[1] Das Land würde bis zum Ende des Jahres eine Bilanz von einer Million toten Amerikanern erreichen können, nach zwei Jahren einer verheerenden Pandemie. Die Wirtschaft war ins Stottern geraten und hatte im Dezember 140 000 Arbeitsplätze weniger zu verzeichnen,[2] was Trump die zweifelhafte Ehre einbrachte, der erste Präsident seit Herbert Hoover zu sein, der während seiner Amtszeit Arbeitsplätze verlor.[3]

Biden sagte, die Krise sei eine Realität und müsse wie eine solche behandelt werden.

Er unterzeichnete schließlich ein 1,6-Billionen-Dollar-Paket. »Wir werden dem Land und dem Kongress unsere beste Empfehlung präsentieren, für das, was wir wirklich brauchen.«

Biden hatte Jahrzehnte im Senat und im Amt des Vizepräsidenten verbracht, stets eingeschränkt durch die Grenzen dieser Rollen. Seinem Freund, dem späteren Senator von Delaware Ted Kaufman, hatte er anvertraut, er habe immer geglaubt, dass nur die Präsidentschaft die Chance biete, einen grundlegenden Wandel herbeizuführen.

Jetzt hatte er die Präsidentschaft erobert und besaß mehr als genug Erfahrung mit dem Schicksal.

»Ich könnte heute Nachmittag von einem Bus überfahren werden, und dann wäre es vorbei. Also werde ich so schnell wie möglich so viel wie möglich tun«, erklärte Biden.

»Ihr könnt versuchen, damit zu beginnen, es den Demokraten im Kongress schmackhaft zu machen, und ich werde eine Rede an die Nation halten, in der ich alles darlege«, sagte Biden zu seinen Beratern.

Um die Ernsthaftigkeit dieses Projekts zu betonen, erörterten Bidens Mitarbeiter die Idee einer großen Ansprache des künftigen Präsidenten am 14. Januar, nur wenige Tage vor seiner Amtseinführung.

Einerseits schien eine Rede vor dem Amtsantritt ein schwerer Verstoß gegen das Protokoll zu sein. Biden war noch nicht Präsident. Die meisten designierten Präsidenten hielten zu diesem Zeitpunkt Mitte Januar feierliche Veranstaltungen ab, die hierauf Rücksicht nahmen. Traditionell war dies eine Zeit, um parteipolitischen Groll zu überwinden.

Aber Trump behauptete immer noch, die Wahl sei ihm gestohlen worden. Die Zusammenarbeit bei der Machtübergabe war bestenfalls sporadisch, es gab sogar Obstruktionsversuche.

Biden war sich unsicher, wies die Idee aber nicht zurück. Würde eine große Rede ungehörig wirken? Wie ein zu früher Griff nach der Macht?

Seine Berater warfen einen Blick auf den Kalender. In den Tagen nach der Amtseinführung war der Terminkalender vollgepackt mit anderen Auftritten. Er würde die Rede nur entweder am 14. oder am 25. Januar halten können. Das waren die einzigen freien Zeitfenster.

Biden entschied schließlich gemäß der Dringlichkeit. Abzuwarten würde eine falsche Botschaft aussenden, sagte er. Er wählte den 14. Januar.

Klain schickte alle los – unter anderem Deese, sodann die neue Direktorin für Gesetzgebung im Weißen Haus, Louisa Terrell, außerdem Ricchetti und Dunn –, zu Pelosi, Schumer und allen anderen führenden Demokraten im Repräsentantenhaus und Senat. Man musste sich zunächst Zeit zum Zuhören nehmen.

Die Reaktionen waren positiv, aber drängend. Nach den Erfolgen in Georgia hatten die Spitzen der Demokraten den Eindruck, das politische Kapital zu besitzen, um mehr zu tun. Sie spornten Biden und seine Berater an, zwei weitere zentrale Komponenten hinzuzufügen: zusätzliche 100 bis 200 Milliarden Dollar für staatliche und lokale Hilfen und eine deutliche Erhöhung der Steuergutschrift für Kinder.

Die Ausweitung der Steuergutschrift für Kinder – was mehr Geld für Familien mit Kindern bedeutete – war ein Sicherheitsnetz, das Millionen von Kindern aus der Armut holen konnte.[4] Im Falle einer Verabschiedung dieses Gesetzes würden fast 40 Millionen amerikanische Familien Anspruch auf monatliche Zahlungen der nationalen Behörden haben – 300 Dollar für jedes Kind unter sechs Jahren und 250 Dollar für jedes Kind ab sechs Jahren aufwärts. Direkt auf das Bankkonto der Familie.

Die Kongressabgeordnete Rosa DeLauro aus Connecticut und Senatorin Patty Murray aus Washington waren zwei der stärksten Befürworter dieses Programms unter den Demokraten auf dem Capitol Hill. Sie sagten, es bedeute eine grundlegende Veränderung, da sie wussten, dass der politische Deutungsrahmen von Interesse für Biden sein konnte. Beide Frauen waren auch die Leiterinnen der wichtigen Bewilligungsausschüsse in ihren jeweiligen Kammern, mit Zuständigkeit für die Kontrolle von Bundesausgaben.

DeLauro, die seit fast 30 Jahren als Vertreterin von New Haven im Kongress saß, war Gründungsmitglied des Progressive Caucus und seit Langem eine entschiedene Verfechterin der Kinderrechte.[5]

»Der Zeitpunkt dafür ist gekommen«, sagte sie am 12. Januar in einem Telefonat mit Klain. »Sie müssen das jetzt tun.«

Biden fügte seinem Vorschlag noch 100 Milliarden Dollar hinzu.

Bidens neu gestalteter Plan belief sich nun auf 1,7 Billionen Dollar plus weitere 200 Milliarden Dollar für staatliche und lokale Hilfen, für die sich Schumer eingesetzt hatte.

Die neue Gesamtsumme: 1,9 Billionen Dollar.

Biden sagte seinen Beratern, das sei nun alles. Ein bisschen weniger als 2 Billionen Dollar. Ein Vorhaben, das für die Progressiven hinreichend ambitioniert war, von dem er aber auch glaubte, es auf breiter Basis vermitteln zu können. Jedoch beschwor er seine Mitarbeiter, sich nicht nur um neue Gesetze zu kümmern, sondern ebenso intensiv um die Bekämpfung des Virus. Neben der Verabschiedung des finanziellen Rettungsplans gehörte auch das Ziel von 100 Millionen Impfungen in 100 Tagen zu seinen Prioritäten.

FÜNFZIG

Am 9. Januar, einen Tag nach seinen spannungsgeladenen Gesprächen mit dem chinesischen General Li und der Parlamentssprecherin Pelosi, hielt Generalstabschef Milley einige Gedanken in seinem täglich geführten Notizbuch fest.

Es war für ihn wie eine Art von Brainstorming.

Zu den Unruhen vom 6. Januar schrieb er: »Was ist das für ein amorphes Ding, das da am 6. passiert ist? Wer sind diese Leute?«

Er schrieb rasch:

»6MWE«

»Extremer Flügel der Tea Party«

»QAnon«, fügte er hinzu, mit einem Vermerk zu diesen völlig diskreditierten Verschwörungstheoretikern.

»Patriot Movement«, eine rechtsextreme Miliz.

»We the People«-Bewegung

»Nazis«

»Proud Boys«

»The Oath Keepers«

»Newsmax«, die konservative Nachrichten-Website, die Trump seit Langem freundlich gesinnt war.

»Epoch«, womit *The Epoch Times* gemeint war, eine rechtsextreme Publikation, die der Kommunistischen Partei Chinas kritisch gegenüberstand.

Als Zusammenfassung kritzelte Milley darunter die Worte »Große Bedrohung: Inlandsterrorismus«.

Darunter gab es die neuen »Brown Shirts«, eine US-Neonazi-Version der Braunhemden tragenden SA, der paramilitärischen Kampforganisation von Hitlers NSDAP. Es war der Plan einer Revolution, eine

Verwirklichung der Vision von Steve Bannon. Alles niederreißen, in die Luft jagen, verbrennen und dann an die Macht gelangen.

Milley begann, ein öffentliches Memorandum an die Streitkräfte zu verfassen. »Was am 6. Januar 2021 geschah, war ein direkter Angriff auf den US-Kongress, das Kapitol und unsere verfassungsmäßigen Abläufe.« Er fügte hinzu: »Am 20. Januar 2021 […] wird der designierte Präsident Biden in sein Amt eingeführt und wird unser 46. Oberbefehlshaber.«

Normalerweise war es nicht die Aufgabe des Generalstabschefs, derartige Erklärungen abzugeben.

Milley nahm einen Entwurf dieses Textes zu einer vertraulichen Kommissionssitzung im Pentagon mit. Er verteilte Kopien davon an die Oberkommandeure der Streitkräfte.

»Sie müssen es nicht unterschreiben«, sagte er. »Ich kann es ganz allein unterschreiben, als Generalstabschef und im Namen der Oberkommandeure. Oder wir können es alle unterschreiben. Sehen Sie sich den Text an und sagen Sie mir dann, was Sie davon halten.«

Sie lasen ihn sich alle durch, und jeder von ihnen erklärte sich bereit, den Brief zu unterzeichnen. Er wurde am 12. Januar veröffentlicht.[1]

Die Medienberichterstattung über Milleys Schreiben war dürftig, aber Vox kommentierte, es sei eine »bemerkenswerte Stellungnahme«: »es sieht so aus, als würden Amerikas oberste Militärs etwas anderes nicht tolerieren: den versuchten Umsturz der amerikanischen Demokratie mit Gewalt.«[2]

Dennoch machte sich Milley weiterhin Sorgen. Er dachte daran, wie Trump in der Vergangenheit mit den Verbündeten der USA umgegangen war. Es gab keinen Spitzenpolitiker weltweit, der sich mit ihm verstand und der dazu in der Lage gewesen wäre, ihn zurückzuhalten.

Er erinnerte sich an frühere Wutausbrüche im Oval Office.

»Diese Kraut-Schlampe Merkel!«, hatte Trump bei einem Treffen über die deutsche Bundeskanzlerin Angela Merkel geflucht, dabei ein im englischen Sprachraum gängiges Schimpfwort für die Deutschen verwendend. Dann wandte Trump sich an Milley und die anderen Anwesenden.

»Ich wurde von dem größten Kraut von allen aufgezogen, von Fred Trump«, sagte er. Er drehte sich auf seinem Stuhl herum und zeigte auf das Bild seines Vaters, das auf dem Tisch hinter dem Schreibtisch stand.

Die anderen im Raum waren sprachlos.

Er verschonte nicht einmal seine eigene Familie.

»Wissen Sie«, scherzte Trump bei einer anderen Besprechung über seinen Schwiegersohn Jared Kushner, der in einer modernen jüdisch-orthodoxen Familie aufgewachsen war und sich für den Frieden im Nahen Osten einsetzte, »Jared ist Israel gegenüber loyaler als gegenüber den Vereinigten Staaten.«

Am 15. Januar rief Milley in Zusammenarbeit mit dem Secret Service die Leiter aller Abteilungen oder deren Stellvertreter zu einer Probe der Amtseinführung Bidens zusammen. Sie trafen sich in der Conmy Hall der Joint Base Myer-Henderson Hall. Es handelte sich um eine historische Räumlichkeit, eine massive ehemalige Reithalle, die lange Zeit vom Militär genutzt worden war. In den letzten Jahren war sie jedoch in einen modernen Veranstaltungsraum umgewandelt worden, der mit einem 44 mal 4 Meter großen Bildschirm und Lichterketten wie eine Hollywood-Filmkulisse wirkte.[3]

Das Heimatschutzministerium hatte Bidens Amtsantritt zunächst für den Zeitraum vom 19. bis zum 21. Januar als nationale Veranstaltung mit besonderen Sicherheitsmaßnahmen deklariert. Doch nach den Ereignissen vom 6. Januar ließ man die Sonderregeln nun schon am 13. Januar beginnen. Das bedeutete, dass der Secret Service, die federführende Behörde, mehr Zeit haben würde, um die Stadt vorbeugend abzuriegeln.

Mithilfe eines Overhead-Projektors ließ Milley eine leuchtende Karte der gesamten Stadt auf den Boden projizieren, auf der alle Straßen und Brücken, Denkmäler und andere Gebäude, einschließlich des Kapitols und des Weißen Hauses, zu sehen waren.

»Was am 6. Januar passiert ist, wird sich nicht wiederholen«, sagte Milley zu den Teilnehmern. »Wir werden dafür sorgen, dass es zu einer friedlichen Machtübergabe kommt. In dieser Stadt wird es mehrere Ebenen von Sicherheitsmaßnahmen geben. Joe Biden wird um 12 Uhr mittags Präsident der Vereinigten Staaten sein, und dabei wird alles friedlich ablaufen.«

Milley begann mit einer Übung, die beim Militär als »ROC-Drill« bezeichnet wird und bei der Konzepte und Verantwortlichkeiten geprobt werden.

Die Nationalgarde würde 25 000 Soldaten in der Stadt haben, und alle Polizei- und Strafverfolgungsbehörden würden vor Ort sein. Niemand würde sich bewegen können.

»Stellen Sie sich vor, die Proud Boys kommen über die Brücke der 14. Straße«, sagte Milley. Er fragte jeden führenden Vertreter der einzelnen Abteilungen: »Was tun Sie in diesem Fall?«

»Und wenn es eine Bedrohung durch ein Flugzeug gäbe? Was würden Sie tun? Wer wäre dafür zuständig?«

»Was wäre bei der Bedrohung durch eine Autobombe?«

»Ein unbemanntes Luftfahrzeug, eine Drohne?«

»Eine Drohung gegen ein bestimmtes Denkmal?«

Einige hatten Antworten, andere nicht.

»Ich hoffe, dass ein Anwalt anwesend ist, denn ich werde meine Antworten unter Vorbehalt geben«, sagte an einem bestimmten Punkt ein stellvertretender FBI-Direktor. Es sei schwierig, Entscheidungen der Strafverfolgungsbehörden vorab zu proben, sagte der FBI-Beamte. »Es ist keine objektive Wissenschaft. Wir tun, was wir können.« Dafür erhielt er Zustimmung von einigen der Anwesenden.

Ein Vertreter der Capitol Police fragte: »Was ist mit bewaffneten Protesten vor der Amtseinführung?«

Bücher, Karten und Seiten mit Daten wurden im Laufe der Diskussion hin und her geschoben und ausgetauscht. Milley sagte den Teilnehmern, sie sollten sich überlegen, wer die Entscheidungen treffen würde. Diese Art von Operation erfordere Kohärenz. »Wo soll sich der zentrale

Kommandoposten befinden?«, fragte er. Nach einer Runde von Antworten einigte man sich auf einen geheimen Ort.

Welche Art von Waffen würde die Nationalgarde verwenden?

M4-Karabiner, die wichtigste Infanteriewaffe.

Jemand fragte: »Was machen unsere Soldaten, wenn ein Typ mit Hörnern, bemaltem Gesicht und einem umgehängten Bärenfell auftaucht und versucht, ihnen die Waffen wegzunehmen?«

»Das haben wir trainiert«, antwortete ein Ein-Sterne-General.

Milleys Projektion zeigte zwei Sicherheitslinien um das Kapitol: Eine grün gepunktete Linie war die erste und würde von der Nationalgarde bemannt werden. Die zweite war eine rot gepunktete Linie, einen Häuserblock weiter innen.

»Es könnten 200 oder 300 Typen kommen, die Boogaloo Boys, mit Nazihemden und im Wind flatternden Konföderiertenfahnen, die sagen: ›Wir sind auf dem Weg, das Martin-Luther-King-Denkmal abzureißen.‹ Wollen Sie dann Soldaten oder Polizeikräfte einsetzen?«[4]

Die Antwort lautete: Polizeibeamte, die Verhaftungen vornehmen können. Die Parkpolizei kündigte an, dass sie am 20. Januar ab 8 Uhr morgens Golfwagen auf der National Mall patrouillieren lassen werde, um die Denkmäler und Museen zu bewachen.

Während die Sitzung sich in die Länge zog, gab es Murren und weitere lange, mehrteilige Fragen. Im Raum herrschte eine Atmosphäre der Unsicherheit und des Unbehagens. Es gab keinen Leitfaden für die Sicherheitsmaßnahmen bei einer Amtseinführung nach einem Aufstand. Es gab so viele Beteiligte, so viele Bundesbehörden.

»Die Mühe der Vorbereitung ist viel geringer als der Schmerz des Bedauerns«, sagte Milley. Und um dem Nachdruck zu verleihen, wiederholte er noch einmal, worum es in dieser Mission ging.

»Es steht eine Menge auf dem Spiel. Am 20. um 12:01 Uhr wird Joe Biden vereidigt. Wir werden dafür sorgen, dass das geschieht.«

EINUNDFÜNFZIG

Im Weißen Haus suchte Keith Kellogg Ivanka Trump in ihrem Büro auf. Der Generalleutnant im Ruhestand wollte einen Bericht über die Geschehnisse vorlegen.

Er wollte auch einen Schlussstrich ziehen. Im Gegensatz zu anderen aus dem Umfeld von Pence war er nach wie vor davon überzeugt, dass Trump ein anständiger Mensch war, ein Präsident, dem eine Situation einfach ein wenig entglitten war. Er wollte nicht, dass seine Jahre an der Seite von Trump davon nun negativ geprägt sein würden.

»Ich glaube an den Präsidenten der Vereinigten Staaten. Ich bin wirklich von ihm überzeugt. Das war ich schon immer«, sagte Kellogg zu ihr. »Wenn ich Donald J. Trump loyal unterstütze, dann nehme ich ihn so, wie er ist, mit allen seinen guten und schlechten Seiten. Für mich ist die Sache entschieden.«

»Ich wünschte nur, die besonneneren Gemüter hätten sich durchgesetzt«, sagte er. »Es gab einige Stimmen, bei denen ich vorgezogen hätte, sie wären nicht im Raum gewesen.«

»Sie wissen, dass er ein sehr eigenwilliger Mensch ist«, erwiderte Ivanka.

»Das liegt in der Familie«, sagte Kellogg, der ihre Bereitschaft zu schätzen wusste, am 6. Januar der Konfrontation mit ihrem Vater nicht aus dem Weg zu gehen.

Sie war ruhig und geschäftsmäßig. Sie gab nur kurze Antworten.

Später würde Kellogg Ivanka und Jared Kushner vorschlagen, Pence die Freiheitsmedaille des Präsidenten zu verleihen, um die Beziehung zum Vizepräsidenten wieder zu verbessern.

Sie antworteten ihm: Nette Idee, aber wir müssen noch etwas Zeit verstreichen lassen. Warten wir ab, was passiert.

Der ehemalige Vizepräsident Dan Quayle rief Pence wenige Tage nach den Ausschreitungen an.

»Herzlichen Glückwunsch«, sagte Quayle. »Was Sie getan haben, war völlig richtig.«

Pence bedankte sich, war aber wortkarg.

»Wie ist Ihr Verhältnis zu Trump?«, fragte Quayle.

»Na ja, das weiß ich nicht«, sagte er.

Trump und Pence trafen sich am Montag, dem 11. Januar im Oval Office des Weißen Hauses zu ihrem ersten Gespräch seit dem 6. Januar.

Trump war den ganzen Vormittag über schlechter Laune gewesen; er schimpfte über die Professional Golfers' Association of America, die ihr Vorhaben eines zukünftigen Major-Turniers in seinem Golfclub in New Jersey abgesagt hatte.[1] Trump schien diese Nachricht härter zu treffen als die diversen Rücktritte von Kabinettsmitgliedern aufgrund der Ereignisse vom 6. Januar; er lamentierte, er habe jahrelang hart darum gekämpft, sich ein großes Golfturnier zu sichern.

Ein weiterer Tiefschlag war die Weigerung des Footballtrainers der New England Patriots, Bill Belichick, nach Washington zu kommen, um dort von Trump die Freiheitsmedaille des Präsidenten entgegenzunehmen. »Die tragischen Ereignisse der letzten Woche haben mich zu der Entscheidung veranlasst, diese Auszeichnung nicht zu akzeptieren«, sagte Belichick in einer Stellungnahme.[2]

Trump war verstimmt. Sein Lieblingstrainer, die Golfprofis der PGA, die Firmen – sie alle wandten sich wegen des 6. Januars von ihm ab. Er sagte, es sei eine Schande.

Bei ihrem Treffen im Oval Office entschuldigte sich Trump nicht bei Pence. Ihre Diskussion beschränkte sich auf knappe und vage Äußerungen darüber, wie sie ihre Amtszeit gemeinsam zu Ende führen würden. Pence hörte die meiste Zeit nur zu. Das Gespräch dauerte etwa eine Stunde.

»Ich möchte Sie nur wissen lassen, dass ich immer noch für Sie bete, Mr. President«, sagte Pence. »Wir haben alle eine Menge durchgemacht, es war eine schwierige Zeit für uns alle, aber ich habe damit nicht aufgehört.«

»Danke, Mike«, erwiderte Trump.

Am nächsten Tag forderte das Parlament Pence offiziell auf, sich auf den 25. Zusatzartikel zu berufen, um Trump aus dem Amt zu entfernen. Mit einem ungewöhnlich emotionalen Brief wies Pence diese Forderung zurück.³

»Letzte Woche habe ich dem Druck nicht nachgegeben, die Befugnisse zu überschreiten, die mir aufgrund meiner verfassungsmäßigen Autorität zustehen, um das Ergebnis der Wahl zu bestimmen, und ich werde auch jetzt nicht den Bemühungen des Repräsentantenhauses nachgeben, zu einem so ernsten Zeitpunkt im Leben unserer Nation politische Spielchen zu treiben«, schrieb Pence.

»In der Bibel heißt es: ›Ein jegliches hat seine Zeit, und alles Vorhaben unter dem Himmel hat seine Stunde: [...] heilen hat seine Zeit; [...] bauen hat seine Zeit‹. Diese Zeit ist jetzt gekommen.«

Der zweite Antrag gegen Trump wurde am 11. Januar unter dem Aktenzeichen »H. Res. 24« eingereicht: »Einleitung eines Verfahrens zur Amtsenthebung von Donald John Trump, Präsident der Vereinigten Staaten, wegen staatsgefährdender Verbrechen und Vergehen«. Die Anklage: »Aufwiegelung zum Aufstand«.⁴

»Er muss abtreten«, sagte Sprecherin Pelosi am 13. Januar im Vorfeld der Abstimmung über die Amtsenthebung im Repräsentantenhaus. »Er ist eine klare und gegenwärtige Gefahr für die Nation, die wir alle lieben.«⁵

Die Führer der Demokraten im Parlament, deren Annäherungsversuche an Pence gescheitert waren, hofften, auf diesem Weg das Amtsenthebungsverfahren in Fahrt zu bringen.

»Es herrschte die allgemeine Auffassung, dass es schneller ginge, wenn wir einen Rücktritt erzwingen oder die Kabinettsmitglieder und Mike Pence dazu veranlassen könnten, sich auf den 25. Verfassungszusatz zu berufen«, erklärte in privatem Rahmen der Kongressabgeordnete Hakeem Jeffries aus New York, ein Mitglied der Führungsriege seiner Partei. Er stand Pelosi nahe und wurde als ihr möglicher Nachfolger gehandelt. »Aber um das tun zu können, mussten wir bereit sein, ein Amtsenthebungsverfahren einzuleiten.« Es ging darum, die Rahmenbedingungen für ein entsprechendes Vorgehen zu schaffen, entweder innerhalb der Trump-Regierung oder zumindest im Kongress.

Bei der Abstimmung über die Amtsenthebung im Repräsentantenhaus kamen Risse in der Grand Old Party zum Vorschein. Zehn Republikaner im Repräsentantenhaus schlossen sich den Demokraten an, darunter die Abgeordnete Liz Cheney aus Wyoming, die protokollarische Nummer drei im Parlament und Tochter des Bush-Vizepräsidenten Dick Cheney.

Das Verfahren gegen Trump wurde mit 232 zu 197 Stimmen eingeleitet, womit er zum ersten Präsidenten wurde, gegen den zweimal eine derartige Anklage erhoben wurde. Alle 222 Demokraten stimmten geschlossen dafür, unterstützt von den zehn Republikanern.

McConnell wollte sich nicht dazu äußern, ob er im Senat für eine Verurteilung Trumps stimmen würde. »Ich habe noch keine endgültige Entscheidung darüber getroffen, wie ich abstimmen werde, und ich beabsichtige, mir die rechtlichen Argumente anzuhören, wenn sie dem Senat vorgelegt werden«, schrieb er in einem Brief an die republikanischen Senatoren.[6]

Pence traf sich am 13. Januar in seinem Büro im Westflügel des Weißen Hauses mit Short, Obst und weiteren ehemaligen Mitarbeitern, darunter die früheren Stabschefs Nick Ayers und Josh Pitcock.

Es herrschte immer noch eine emotional angespannte Atmosphäre. Sie fanden es erschreckend, dass Meadows und Kushner die Schwere der Vorfälle und die schlechte Behandlung von Pence durch Trump zu ignorieren schienen.

Ayers, der im Dezember 2018 beinahe das Angebot angenommen hätte, Trumps Stabschef im Weißen Haus zu werden, war für das Treffen von seinem Wohnort in Georgia nach Washington geflogen. Er war wütend und unzufrieden mit Pence' Reaktion, die er als zu nachgiebig im Sinne von »Schwamm drüber« empfand. Er sagte zu Pence, er sei nicht daran interessiert, Trump zu besuchen.

Jared Kushner tauchte bald darauf in Pence' Büro auf und sagte, er würde gerne mit Pence darüber sprechen, wie man den Präsidenten dazu bewegen könnte, eine Erklärung abzugeben, in der er sich verpflichten würde, seine Regierungstätigkeit normal zu beenden und dann für eine geordnete Amtsübergabe zu sorgen.

»Können Sie mir helfen, den Präsidenten davon zu überzeugen, dies zu tun?«, fragte Kushner.

Na klar, antwortete Pence, lächelte und nickte. Er versprach, in Kushners Büro vorbeizuschauen.

Nachdem Kushner gegangen war, versammelte Pence seine engsten Mitarbeiter und bemerkte, es sei nett von Jared gewesen, ihn in diesen Vorgang einzubeziehen. Seine Helfer blickten ihn verständnislos an.

»Soll das ein Witz sein?«, fragte Ayers Pence. »Haben Sie uns deshalb hergebeten?«

»Sir«, sagte Ayers, »das sind Leute, die immer nur auf ihren eigenen Vorteil bedacht sind. Sie haben sehr deutlich gemacht, was sie von Ihnen halten. Wie oft haben sie angerufen, als Sie im Kapitol waren?«

Obst tat Kushners Bemühungen als »Propaganda« ab, als einen Versuch Kushners, sein eigenes Image nach dem 6. Januar aufzupolieren, indem er sich als Vermittler eines Friedensschlusses mit Pence darstellte.

»Denen geht es um ihre eigenen Finanzen, nicht um das Wohl des Landes«, bemerkte Obst zu seinen Kollegen. Er fuhr fort, Kushner sei wahrscheinlich besorgt, mit dem Aufstand in Verbindung gebracht zu werden, sobald er wieder in die Privatwirtschaft zurückgekehrt sei.

Dennoch ging Pence später in Kushners Büro und machte einige Vorschläge. Am selben Abend veröffentlichte das Weiße Haus ein Video, das Trump mit verkrampften Händen am Schreibtisch zeigte. Mehrere Mitarbeiter, die bei der Herstellung dieses Clips mitgeholfen hatten, erinnerten sich, dass Trump nervös wirkte, als er über das Amtsenthebungsverfahren sprach. Er sagte, er könne den Republikanern im Senat nicht trauen. Sie könnten für seine Verurteilung stimmen.

Deshalb ist es wichtig, dass Sie dieses Video aufnehmen, sagten ihm die Berater. Sie müssen den Republikanern etwas in die Hand geben, worauf sie sich berufen können.

»Meine amerikanischen Mitbürger«, sagte Trump in dem Videoclip vom 13. Januar, »ich möchte mich sehr klar ausdrücken. Ich verurteile unmissverständlich die Gewalt, die wir letzte Woche gesehen haben. Gewalt und Vandalismus haben in unserem Land und in unserer Bewegung überhaupt nichts zu suchen.«[7]

Er fügte hinzu: »Wie Sie alle war auch ich schockiert und zutiefst betrübt über die Katastrophe, die sich letzte Woche im Kapitol ereignet hat. Ich möchte den Hunderten von Millionen von großartigen amerikanischen Bürgern danken, die auf diese Situation mit Ruhe, Mäßigung und Anstand reagiert haben. Wir werden auch diese Herausforderung meistern, so wie wir das immer schaffen.«

Bevor er zum Schluss kam, wetterte Trump aber noch gegen »die Bemühungen, unsere Mitbürger zu zensieren, mundtot zu machen und auf schwarze Listen zu setzen«.

Es wirkte, als wolle er seinen Anhängern ein Zeichen geben, dass er trotz dieser hölzernen präsidialen Stellungnahme im Geiste bei ihnen war.

ZWEIUNDFÜNFZIG

Am 14. Januar stellte Biden dem Land seinen 1,9-Billionen-Dollar-Plan vor. Er beschrieb ihn als eine Notfallreaktion auf eine Krise, mit echtem Mitgefühl.[1]

»Es existiert nicht nur eine wirtschaftliche Notwendigkeit, jetzt zu handeln, sondern ich glaube, dass wir auch eine moralische Verpflichtung dazu haben«, sagte Biden. »Während dieser Amerika heimsuchenden Pandemie dürfen wir nicht zulassen, dass Menschen hungern müssen. Wir dürfen nicht zulassen, dass Menschen aus ihren Wohnungen vertrieben werden. Wir dürfen nicht tatenlos zusehen, wie Krankenschwestern, Erzieher und andere ihre Arbeitsplätze verlieren.«

Zu den zentralen Bestandteilen des Plans gehörte:[2]

- 1400-Dollar-Schecks für Millionen von Amerikanern
- Eine zusätzliche landesweite Arbeitslosenunterstützung von 400 Dollar pro Woche, die bis September zur Verfügung stehen würde, eine Erhöhung gegenüber der Zahlung in Höhe von 300 Dollar, die im März auslaufen sollte
- 400 Milliarden Dollar für die Bekämpfung der Pandemie
- 350 Milliarden Dollar an staatlichen und lokalen Hilfen
- Eine Verlängerung des erweiterten Bundesprogramms für Lebensmittelmarken bis September
- 30 Milliarden Dollar für die Unterstützung der Amerikaner bei Problemen mit Wohnungsmieten und Stromrechnungen
- Eine enorme Ausweitung der Steuergutschrift für Kinder

Klain fand die Reaktion auf diesen Plan ermutigend – und zollte Anita Dunn Anerkennung für ihre führende Rolle bei der Vermittlung dieser Absichten und für die Gewinnung von Unterstützung aus der Wirtschaft, von Demokraten aus dem Kapitol und von Gouverneuren. Der Plan wurde ernst genommen, und die Republikaner schienen von den Folgen des 6. Januar abgelenkt zu sein; außerdem hatte sich ihre Taktik der scharfen Steuerkürzungen nach den vier Jahren der Trump-Ära erschöpft.

»Ich denke, wir haben vielleicht sogar unterschätzt, wie sehr das Land sich nach jemandem sehnte, der ihm sagen würde: Wir müssen jetzt das Folgende tun«, bemerkte Klain. »Ja, es ist ein umfangreicher und kühner Plan. Ja, das stimmt. Aber wissen Sie was? Wir haben die Nase voll von halbherzigen Maßnahmen. Wir haben es satt, dass man uns nicht die Wahrheit sagt, verstehen Sie?«

In den Gesprächsrunden des Nachrichtensenders MSNBC und in den Windungen von Twitter, wo die politisch Progressiven alle Maßnahmen Bidens kommentierten, war das Echo jedoch weit weniger enthusiastisch. Einige Mitglieder des Repräsentantenhauses kritisierten, dass die 1400-Dollar-Schecks hinter den 2000 Dollar zurückblieben, die Trump vorgeschlagen hatte.[3] Andere fanden es gut, dass Biden sich ambitionierte Ziele steckte, aber würde er sich damit durchsetzen können? Oder wollte er nur ein Zeichen setzen, bevor er sich dann mit Mitch McConnell auf einen Kompromiss einigen würde?

Als McConnell Bidens Rede vom 14. Januar hörte, dachte er sich, es sei klug von diesem, sich frühzeitig an die Öffentlichkeit zu wenden, um seinen Plan zu verkünden.

»Er will so viel wie möglich so schnell wie möglich tun«, bemerkte McConnell in einem privaten Gespräch, »denn politisches Kapital ist immer vergänglich.« Wäre er an Bidens Stelle, hätte er wahrscheinlich dasselbe getan.

Aber obwohl er Bidens Vorgehensweise verstand, erinnerte McConnell seine Kollegen daran, dass seine eigenen Memoiren von 2016 den

Titel *The Long Game* trugen (übersetzbar als *Ein Spiel mit Ausdauer*).[4] An diesem Ansatz würde er sich auch weiterhin orientieren. Hinsetzen und abwarten.

Während der Obama-Jahre waren McConnell und Biden in der Regel nur dann zu einer Einigung gelangt, wenn sich beide Seiten »zwischen den 40-Yard-Linien« befanden, also in der Mitte des Spielfeldes, wie McConnell mit einem Ausdruck aus dem American Football den Ort der Übereinkunft nannte.

Es gab zwar viele Zeitschriftenporträts und Zeitungsberichte über die beiden, in denen sie Vereinbarungen vorbereiteten, aber McConnell wusste, dass ihre Stärke nicht die Verhandlung war. Was sie beherrschten, war, etwas zum Abschluss zu bringen. Sie waren politische Realisten.

McConnell machte es nichts aus, in einer abwartenden Haltung zu verweilen, während Biden sein großes Ausgabengesetz vorantrieb. Er war lange genug im Kongress gewesen, um beobachten zu können, wie Obama, George W. Bush, Bill Clinton und andere zum Präsidenten gewählt wurden und aggressiv auftraten, um anschließend bei den Zwischenwahlen von den Wählern dafür abgestraft zu werden.

»Joe wird nur zu seiner alten Kompromissbereitschaft zurückkehren, wenn er muss, und das wird davon abhängen, ob es ihm gelingt, seine Ziele auf einen Schlag nur mithilfe der Demokraten zu erreichen«, sagte McConnell. »Wenn er das nicht schafft, dann sind wir wieder im Spiel.«

In einer privaten Telefonkonferenz mit einigen der größten Spender seiner Partei am 14. Januar beklagte Karl Rove die mangelnde Wahlbeteiligung der Republikaner-Anhänger in bestimmten Gebieten Georgias. Es sei eine Katastrophe, aber schlimmer noch, es zeichne sich ab, dass diese Katastrophe sich wiederholen werde, wenn Trump und seine Verbündeten weiterhin Zweifel an der Integrität der Wahl säen würden.

»Im Wesentlichen gebe ich die Schuld dafür den Hardcore-Trump-Anhängern, die den Eindruck gewonnen hatten, dass es sich nicht lohnte, erneut zur Wahl zu gehen, weil die Wahl im November angeblich manipuliert worden war und es bei der Stichwahl nicht anders sein würde«, erklärte Rove. »Das zweite Problem war, dass unsere Gegner ganze Arbeit geleistet haben. Die schwarze Wahlbeteiligung hatte diesmal einen größeren Anteil an der Gesamtzahl der abgegebenen Stimmen.«

Gegen Ende des Gesprächs äußerte ein Spender gegenüber Rove die dringende Bitte, ihm und allen eher »altmodischen« Republikanern seine Einschätzung der Zukunft der Partei zu verraten, die Aussichten nach dem Ende der Trump-Ära und nach den Ereignissen vom 6. Januar.[5]

»Wie tief ist Ihres Erachtens die Spaltung, und was werden die Auswirkungen der vergangenen Monate sein?«, fragte der Spender.

»Ich denke, es gibt tiefe Gräben in unserer Partei«, sagte Rove. Aber er mache sich vor allem Sorgen, dass an der Basis der Grand Old Party »eine große Anzahl von Amerikanern glaubt, dass die Wahl gestohlen wurde«. Diese hätten eine andere Auffassung der Realität.

»Schauen Sie, ich habe schon einige Präsidentschaftswahlen miterlebt. Aber diesmal hatte der Präsident mehr als 50 Mal die Gelegenheit dazu, seine Anklage vor Gericht vorzutragen. Und ich habe mich bemüht, Verhandlungen beizuwohnen und die Schriftsätze zu lesen. Der Inhalt dieser Schriftsätze stimmt nicht mit der Rhetorik des Präsidenten überein«, erklärte er. »Dennoch gibt es eine große Anzahl von Menschen, die glauben, dass ihm die Wahl gestohlen wurde, und das ist ihr wichtigster Bezugspunkt.«

In Zukunft, so Rove, »wird sich die Frage stellen, ob es Menschen gibt, die ihre ganze Existenz von der Spaltung und Uneinigkeit in der Partei abhängig machen, die um des Kämpfens willen kämpfen. Die sagen: ›Hör zu, du darfst mir nicht widersprechen: Wenn du nicht auf meiner Seite stehst, bist du eine Null und ich werde dich dafür bestrafen.‹ Eine derartige Einstellung halte ich für sehr problematisch.«

»Insofern habe ich keine gute Antwort auf Ihre Frage nach der Zukunft unserer Partei.«

Trump erhielt seine Behauptungen bezüglich der Wahl aufrecht und traf sich weiterhin mit Verbündeten, die glaubten, die Wahl sei ihm gestohlen worden.

Am 15. Januar machte der Fotograf der *Washington Post* Jabin Botsford ein Foto von Mike Lindell, dem konservativen Trump-Verbündeten und Geschäftsführer von MyPillow, während dieser auf den Westflügel des Weißen Hauses zusteuerte, um sich dort mit Trump zu treffen.[6] Lindell war eine feste Größe bei Fox News und anderen Sendern, wo er ständig von Wahlbetrug in den Bundesstaaten sprach.

Auf Botsfords Aufnahme war ein Teil des Memorandums erkennbar, das Lindell in der Hand hielt; dort stand »*sofort* das Aufstandsgesetz« und »Kriegsrecht, wenn nötig«.

Trumps Stimmung am Vorabend von Bidens Amtseinführung war gedrückt. Seine Helfer hatten ihn am 19. Januar gegen 19 Uhr durch die offene Tür des Oval Office dabei beobachtet, wie er einen handschriftlichen Brief an Biden verfasste. Er hatte zuvor einige von ihnen um Ratschläge gebeten. Sie legten ihm nahe, eine konstruktive Haltung einzunehmen. Aber Trump verfasste den Brief dann allein und behielt den Inhalt für sich.

Gegen 22 Uhr telefonierte Trump mit Kevin McCarthy, dem Minderheitsführer des Repräsentantenhauses.

»Ich habe den Brief gerade fertiggestellt.«

McCarthy antwortete, er freue sich, dies zu hören. Er hatte Trump schon seit Wochen aufgefordert, ein derartiges Schreiben zu verfassen.

Dann wurde McCarthy emotional. Trump hatte nicht vor, an der Amtseinführung teilzunehmen. Er war in einer ganz anderen Befindlichkeit als während ihrer gemeinsam verbrachten Stunden in Mar-a-Lago und an Bord der Air Force One, wo sie politische Neuigkeiten diskutierten und Starbursts aßen, Trumps bevorzugte Süßigkeiten.

»Ich weiß nicht, was in den letzten zwei Monaten mit Ihnen passiert ist«, sagte McCarthy. »Sie sind nicht mehr derselbe, der Sie vier Jahre lang waren. Sie haben gute Sachen gemacht und Sie wollen doch, dass man sich dafür an Sie erinnert. Rufen Sie Joe Biden an.«

Trump wies das Ansinnen zurück. McCarthy erklärte ihm, es sei wichtig für das Land, dass eine Art von Gespräch stattfinde. Um den Machtwechsel sichtbar zu machen.

»Tun Sie es für mich.«

McCarthy war aufgebracht.

»Sie müssen ihn anrufen. Rufen Sie Joe Biden an.«

Nein, erwiderte Trump.

»Rufen Sie Joe Biden an.«

Nein.

»Rufen Sie Joe Biden an!«

Nein.

Dann wechselte Trump das Thema.

Es gab Gerüchte, dass Trump über einen Austritt aus der Grand Old Party nachdachte.

»Ich werde die Partei keineswegs verlassen. Ich werde Ihnen helfen«, sagte er. Dann gab er McCarthy seine neue Telefonnummer in Florida.

Trump hat Biden nie angerufen.

Später in jener Nacht war Trump im Weißen Haus damit beschäftigt zu entscheiden, wer begnadigt werden sollte. Die wichtigste Frage war jedoch, ob er selbst eine Begnadigung erhalten sollte.

Da mehrere gegen ihn laufende Ermittlungsverfahren, insbesondere in New York, sich im Januar auszuweiten schienen, äußerte Trump gegenüber Graham: »Man versucht, meine Familie zu zerstören.« Begnadigungen für alle Mitglieder seiner Familie wären eine Möglichkeit. Dann fragte Trump Graham, ob er sich selbst begnadigen solle.

»Eine Selbstbegnadigung wäre eine schlechte Idee«, erwiderte Graham, »eine schlechte Idee für die Präsidentschaft, eine schlechte Idee für Sie.«

Eine Selbstbegnadigung würde auch kein Allheilmittel für Trumps Probleme mit der Justiz sein, erklärten ihm seine Anwälte. Der Bezirksstaatsanwalt von Manhattan, Cyrus Vance, der dabei war, die Geschäftsmethoden der Trump Organization zu untersuchen, würde weiter ermitteln können. Eine Begnadigung durch den Präsidenten gilt nur für Verstöße gegen nationale Gesetze, nicht gegen bundesstaatliche.

Trump verzichtete auf die Selbstbegnadigung, unterzeichnete aber in den letzten, hektisch betriebsamen Stunden seiner Amtszeit eine große Zahl anderer Begnadigungen. Mehr als 140 Personen wurden am 19. Januar kurz vor Mitternacht mit einem Federstrich von Trump begnadigt, darunter Bannon, der Rapper Lil Wayne, der ehemalige Bürgermeister von Detroit, Kwame Kilpatrick, und zahlreiche weitere Verbündete aus Politik und Wirtschaft.[7]

Für Biden verlief der Vorabend seiner Amtseinführung in gedämpfterer Atmosphäre. Als er am 19. Januar vor dem nach seinem verstorbenen Sohn benannten Hauptquartier der Nationalgarde von Delaware, dem Major Joseph R. »Beau« Biden III National Guard Reserve Center in New Castle, stand, sagte der designierte Präsident, er bedaure nur eines: »Er ist nicht hier.«

»Wir würden ihn als Präsident vorstellen«, sagte Biden.

Für den Bruchteil einer Sekunde brach Bidens Stimme jäh ab und überschlug sich.[8] Sein Gesicht verzog sich vor Schmerz.

Eine Sekunde später fuhr er bereits mit seiner Rede fort. Aber durch das Schimmern der Lichter in der Nähe der Bühne konnte man erkennen, dass ihm Tränen über die Wangen liefen.

DREIUNDFÜNFZIG

Trump kam, mit der First Lady Melania Trump, am Morgen des 20. Januar die Treppen von der Privatresidenz hinunter. Das Personal – die Köche, Hausangestellten und Reinigungskräfte – erwartete sie kurz vor 8 Uhr im Diplomatic Reception Room.

Beim Eintritt des Präsidentenpaars applaudierten die Angestellten, und manche weinten, als der Präsident ihnen für ihre Dienste dankte und ihnen die Hand schüttelte. Ein Angestellter überreichte dem Präsidenten und der First Lady die US-amerikanische Flagge, die bei ihrer Ankunft vier Jahre zuvor über dem Weißen Haus geweht hatte, gemeinsam mit einem passenden Aufbewahrungskasten aus Kirschholz.

Trump entdeckte Robert O'Brien und Pat Cipollone und winkte sie für ein Foto herbei.

Melania trug eine Sonnenbrille. Wer mit ihr sprach und sich für den Abschied zu ihr beugte, sah Tränen.

»Richten Sie Lo-Mari und den beiden Mädchen Grüße aus«, sagte Melania zu O'Brien.

Dann gingen die Trumps nach draußen, traten ins kalte Morgenlicht und bestiegen den Präsidentenhelikopter Marine One.

Auf der Andrews Air Force Base erwartete Familie Trump ihre Ankunft. Im Empfangsraum in der Nähe der Rollbahn und der Air Force One machte Tiffany, Trumps jüngste Tochter, mit dem Handy Fotos vom Fernsehbildschirm, auf dem zu sehen war, wie der Helikopter abhob.

Weitere Trump-Kinder beobachteten den Start von Marine One schweigend. Jeder im Raum schaute auf dasselbe Fernsehgerät. Gebannt. Ließ den Moment auf sich wirken.

Damit vollendete sich, was am 20. Januar 2017 begonnen hatte. An jenem Tag waren Trump und Präsident Obama gemeinsam vom Weißen Haus zum Kapitol gefahren. Senator Roy Blunt, der mit anderen Senatoren für die Planung der Amtseinführung verantwortlich war, saß ebenfalls mit im Auto.

Während der Fahrt wandte sich Trump an Obama.

»Was war Ihr größter Fehler?«, fragte Trump.

Obama zögerte kurz und sah Trump an.

»Mir fällt keiner ein«, antwortete er.

Trump wechselte das Thema.

»Ist das der Wagen, den Sie immer benutzen?«

Mark Meadows, Trumps scheidender Stabschef, lud Klain ein, sich für die Amtsübergabe am 20. Januar mit ihm in seinem Büro im Weißen Haus zu treffen. Klain würde nicht an der Amtseinführung teilnehmen, sondern stattdessen die Berichte der Nachrichtendienste und Ordnungskräfte vom Weißen Haus überwachen. Zehntausende Nationalgardisten waren immer noch in Washington, in Tarnanzug, mit Schutzhelmen und Gewehren. In der Innenstadt, die mit Metallzäunen abgesperrt war, wimmelte es von ihnen.

Gewalt und die Androhung von Gewalt waren jetzt Teil einer Amtseinführung – und der amerikanischen Politik.

Ein Zusammenstoß auf den Straßen oder auch nur ein einzelner Schuss konnten die Amtseinführung trüben oder, im schlimmsten Fall, völlig bestimmen. Klain war nervös, angespannt.

Er kam gegen 10:30 Uhr am Weißen Haus an. Er hatte dort schon fünf Mal gearbeitet, aber den Westflügel noch nie so verlassen erlebt. Es war unheimlich. Nur wenige Trump-Mitarbeiter waren noch vor Ort. Die bekannten Büros und eleganten Flure waren voller Reinigungstrupps.

Er ging zum Büro des Stabschefs. Die Tür war geschlossen. Er klopfte. Keine Antwort. Er drehte am Türgriff. Verriegelt. Er stand vor dem zweitwichtigsten Büro in Washington, das bald seines sein sollte, zu dem ihm jetzt aber noch der Zutritt verwehrt war, und wartete.

Schließlich näherte sich ein Trump-Mitarbeiter mit einem Telefon: »Mr. Meadows ist dran für Sie.« Klain hielt sich das Telefon ans Ohr.

Ich verspäte mich etwas, sagte Meadows. Er habe Trump zum Abflug begleitet und werde bald da sein.

Als Meadows endlich kam, ließ er Klain ins Büro.

Unser Treffen wird leider kürzer, als ich geplant hatte, sagte Meadows. Trump hatte unerwartet noch eine letzte Begnadigung für Al Pirro unterschrieben, den Ex-Mann von Fox-News-Sprecherin und Trump-Verbündeter Jeanine Pirro.[1] Meadows musste die Begnadigung noch vor Mittag zum Justizministerium bringen, damit sie rechtsgültig registriert werden konnte.

Meadows fragte, ob Klain bereits in die streng geheimen Codes für die Präsidentennachfolge und diverse Notfallpläne – bei Bombenanschlägen, Luftangriffen, Cyberangriffen und sogar Invasionen – eingewiesen worden war.

Ja, antwortete Klain. Zwei Tage zuvor hatte er sich mit Brigadier General Jonathan Howerton, dem Leiter des Militärbüros des Weißen Hauses mit mehr als 2500 Mitarbeitern, zu einer umfassenden Einweisung getroffen.

Sind Sie bereits in die vertraulichen Inhalte zur Sicherheit und für die Kommunikation im Weißen Haus eingewiesen worden?, fragte Meadows.

Auch da habe er bereits eine umfassende Einführung erhalten, sagte Klain.

»Ich wünsche Ihnen alles Glück der Welt«, verabschiedete sich Meadows freundlich. »Ich wünsche Ihnen Erfolg. Ich drücke Ihnen die Daumen. Ich werde für Sie beten.«

Klain dankte ihm, und Meadows verließ den Raum.

Es war jetzt gegen 11:15 Uhr, noch 45 Minuten lang konnte Klain nichts tun, sich noch nicht einmal in seinen eigenen Computern einloggen. Er befand sich im Wartezustand.

Er ging hinunter zum Oval Office, wo Mitarbeiter Bidens Büro einrichteten, Kunstwerke aufstellten. Dort standen jetzt Büsten von Robert

Kennedy, Martin Luther King Jr., Cesar Chaves und Rosa Parks. Ein riesiges Porträt von Franklin D. Roosevelt. Und *Avenue in the Rain*, ein impressionistisches Gemälde von amerikanischen Flaggen des Malers Childe Hassam aus dem frühen 20. Jahrhundert, das auch bei Clinton und Obama gehangen hatte.[2]

Das Porträt von Andrew Jackson, der Hunderte Sklaven besessen und einen brutalen Feldzug gegen amerikanische Ureinwohner geführt hatte, flog raus.

Bidens Freunde sagten, das seien ganz Biden und Donilon. Seelenvolle Inneneinrichtung.

In den Tagen nach der Wahl hatte O'Brien mit den Vorbereitungen für den Übergang zur Biden-Präsidentschaft begonnen. Das hatte er auch öffentlich gesagt. Trump war nicht glücklich darüber gewesen, hatte ihn aber auch nicht daran gehindert.

Am 20. Januar hatte O'Brien 40 oder 50 Ordner mit Dokumenten zusammengestellt, etwa 4000 Seiten. Auf den Schreibtisch, der bald Jake Sullivan gehören sollte, legte er einen persönlichen Brief mit einem Memo über streng geheime verdeckte Operationen und zugangsbeschränkte Programme. Er zog die verschiedenen Ausweiskarten hervor, die er bei sich trug, Passwörter für verschiedene Eventualitäten, und legte sie oben auf den Brief.

Wenn Sie irgendetwas brauchen, melden Sie sich bei mir, sagte er zu Sullivan.

Ein Fotograf schoss ein Foto von den beiden, der eine mit Maske, der andere ohne.

»Gott segne Sie«, sagte O'Brien zu Sullivan. Damit war die Macht an das neue Team übergeben.

Am anderen Ende der Pennsylvania Avenue hatte Pence nicht vor, am Tag der Amtseinführung mit Biden zu sprechen, aber ihre Sicherheitstrupps begegneten sich im Kapitol. Biden ging lächelnd auf ihn zu.

»Danke, dass Sie hier sind!«, sagte Biden. »Ich freue mich, dass Sie hier sind.« Sie hatten sich vor Jahren in der Residenz des Vizepräsidenten kennengelernt, nachdem Pence gewählt worden war. Pence hatte mehrmals von dem Treffen erzählt und dabei Biden als freundlichen Mann beschrieben, der keine Mühen gescheut hatte, um die Pence-Familie willkommen zu heißen.

Der ehemalige Präsident Clinton kam extra herüber und begrüßte Pence.

»Danke für das, was Sie getan haben. Sie haben das Richtige getan«, sagte Clinton.

Kamala Harris wurde von Eugene Goodman zu ihrem Platz geführt, dem Beamten der Capitol Police, der am 6. Januar so tapfer gehandelt hatte. Biden trug einen schweren schwarzen Wintermantel und eine graublaue Krawatte. Vertreter des Senats und des Repräsentantenhauses saßen hinter ihm, mit Schutzmasken.

Harris hielt bei der Zeremonie zwei Bibeln. Die eine hatte dem verstorbenen Richter am Obersten Gerichtshof Thurgood Marshall gehört, dem ersten schwarzen Richter, und die andere Regina Shelton, ihrer zweiten Mutter aus der Kindheit.[3] Sie trug die für sie typische Perlenkette, ein Symbol ihrer Studentinnenverbindung, wie es schon andere Demokratinnen in Anerkennung ihres neuen Platzes in der Geschichte getan hatten.

Trotz der umfangreichen Sicherheitsvorkehrungen, die die Machtübergabe schützen sollten, war man im Westflügel und im geheimen Kommandozentrum sehr besorgt. Brücken, Monumente und Autos wurden überwacht. Soldaten patrouillierten am Kapitol mit M4-Gewehren. Polizisten drehten ihre Runden.

Milley war auf der Präsidententribüne. Das gehörte zu seinem Job, aber er dachte, er sei wahrscheinlich einer der glücklichsten Menschen dort oben. Nicht wegen Präsident Biden, sondern weil Trumps Präsidentschaft zu Ende war und es so aussah, als würde die Machtübergabe friedlich verlaufen.

Vor der Amtseinführung, als Biden Kriegspläne und die Kontrollermächtigung für die nuklearen Waffen durchgesehen hatte, hatte sich Biden bei Milley persönlich bedankt, obwohl er nicht deutlich sagte, wofür eigentlich.

Milley hatte seine Entscheidung, »den Schlesinger zu machen«, nur dem engsten Kreis mitgeteilt.

»Wir wissen, was Sie durchgemacht haben«, hatte Biden gesagt. »Wir wissen, was Sie geleistet haben.«

Im Kapitol und auf dem Podium hatten Vizepräsidentin Harris und verschiedene neue Kabinettsmitglieder ähnlich ihren Dank ausgedrückt. Milley wusste nicht, wie viel sie genau über seine Kämpfe mit Trump wussten, aber er vermutete, eine Menge. Das war eben Washington, wo geheime Insiderinformationen flossen – manchmal war das falsch, aber in diesem Fall war es richtig.

Zwischendurch kam Pence vorbei.

Mike nickte ihm zu und sagte: »Danke für Ihre Führungsstärke, Mr. Vice President.«

Pence nickte zurück und ging weiter. Es war ein kurzer Moment, fast nur ein Augenblick.

Milley bemerkte die Stille.

Clyburn drehte seine Runden, ganz der Königsmacher. Präsident George W. Bush winkte ihn zu sich heran.

»Sie sind der Retter, wissen Sie das?«, sagte Bush zu Clyburn. »Hätten Sie nicht Joe Biden unterstützt, dann gäbe es heute keinen Machtwechsel.«

Joe Biden sei der Einzige, der Trump besiegen konnte, sagte Bush.

Fünf Minuten vorher hatte Bill Clinton im Gespräch mit Clyburn dasselbe Wort verwendet – »Retter«.

»Sie haben mich wohl mit Bill Clinton sprechen hören«, sagte Clyburn zu Bush, während sie Selfies mit Besuchern machten.

Das Gespräch mit Hillary Clinton war ernster. »Für die Zukunft des Landes ist es sehr wichtig, dass die Verantwortlichen für den 6. Januar zur Verantwortung gezogen werden«, sagte Clyburn zu ihr.

Bidens dünnes weißes Haar, das länger war als üblich, wurde vom Wind aufgeplustert, als er vorne saß. Er hörte aufmerksam zu, während die junge schwarze Harvard-Absolventin Amanda Gorman ihr Gedicht »The Hill We Climb« vortrug.

»Wir haben tief in den Abgrund geblickt«, sagte Gorman zu Millionen in ihrem gelben Mantel. »Wir haben gesehen, dass Ruhe nicht immer gleich Friede ist.«

Sie sagte: »Irgendwie, gelitten und gelebt. Eine Nation, die nicht zerbrochen ist, nur unvollendet.«[4]

Klain ging hinüber zum Büro des nationalen Sicherheitsberaters, in das Jake Sullivan gerade einzog. Sie kannten sich seit 15 Jahren, seit 2006, als Klain Partner in der Anwaltskanzlei O'Melveny & Myers gewesen war. Sullivan hatte einen Sommer lang dort direkt für Klain gearbeitet. Später hatte Klain Sullivan geholfen, einen Job im Wahlkampfteam von Obama 2008 zu bekommen.

Das war typisch für das Weiße Haus unter Biden, wo so viele von Einsteigerjobs bis heute gemeinsam aufgestiegen waren.

Vor Mittag machten sich Klain und Sullivan auf den Weg zum Lagezentrum im Situation Room. Sie hatten eine sichere Videokonferenz angesetzt, um sich von allen Leitern in Sicherheit und Strafverfolgung auf den aktuellen Stand zur Bedrohungslage bringen zu lassen: NSA, Heimatschutz, FBI, CIA und andere Nachrichtendienste.

Sie dachten an nichts anderes als die Sicherheit, als sie sich auf ihren Plätzen niederließen. Auf einem Bildschirm lief eine Videoübertragung der Amtseinführung Bidens. Der Ton war bewusst stummgeschaltet, damit sie sich darauf konzentrieren konnten, auf alles Ungewöhnliche zu achten. Sie kannten die endgültige Version von Bidens Rede zum Amtsantritt, denn sie hatten beide Vorschläge dafür unterbreitet.

Sie sahen auf einem nahen Fernsehgerät zu, wie Biden seine Hand auf eine Familienbibel mit keltischem Kreuz legte, eine Reverenz an seine irische Herkunft, jene Bibel, auf die er, nach dem Tod seiner Frau und seiner Tochter, auch am Krankenbett seiner Söhne im Jahr 1973 den

Amtseid als Senator abgelegt hatte.[5] Er wurde zum zweiten katholischen Präsidenten des Landes überhaupt und trat damit in die Fußstapfen des Helden seiner Jugend, JFK.

Bidens 2552 Wörter lange Rede, die Donilon, Meacham und andere mitgestaltet hatten, war eine Ode an die Überparteilichkeit und die Demokratie.

»Dies ist der Tag der Demokratie«, begann Biden. »Ein Tag der Geschichte und der Hoffnung. Der Erneuerung und der Entschlossenheit. Bei einer historischen Feuerprobe wurde Amerika erneut getestet, und Amerika hat sich der Herausforderung als gewachsen erwiesen. Heute feiern wir nicht den Triumph eines Kandidaten, sondern einer Sache, der Demokratie.

Wir werden rasch und mit Dringlichkeit vorgehen, denn wir haben viel zu tun in diesem Winter der Gefahr und der bedeutenden Möglichkeiten«, sagte er der kleinen, Abstand haltenden Menge in Washington.[6]

Abgeordnete applaudierten. Kleine Fahnen flatterten auf der Mall anstelle von Zuschauern – 191 500 davon hatte das Presidential Inaugural Committee im Gedenken an jene aufstellen lassen, die ihr Leben durch die Pandemie verloren hatten, und als Stellvertreter für die vielen Tausend, die nicht teilnehmen konnten.[7]

Auf Trumps letztem Flug nach Florida wurden Steak im Südstaatenstil, Eier und Grütze zum Frühstück serviert.[8] Nach der Landung säumten wenige Tausend Menschen die Straßen, um Trumps Autokolonne auf dem Weg nach Mar-a-Lago zu sehen. Die Kolonne kroch langsam voran, Trump winkte und gab Daumenhochs durch die getönte Glasscheibe.

Auf dem Anwesen angekommen, ging Trump direkt in seine Residenz, begleitet von Melania. Er war noch zehn Minuten lang Präsident.

Um 11:59 Uhr am 20. Januar war Trump in seinem Apartment. Keine Tweets. Keine Reden.

Um 12:01 Uhr begann der Secret Service, sich vom Anwesen zurückzuziehen. Trump war nicht mehr Präsident. Kein Zugriff mehr auf den nuklearen »Football«. Der sicherheitstechnische Fußabdruck war innerhalb eines Augenblicks geschrumpft.

Nach der Amtseinführung begleiteten Vizepräsidentin Harris und ihr Mann, Doug Emhoff, Pence und Karen Pence die Treppen des Kapitols hinunter. Das Ehepaar Pence fuhr zur Andrews Air Force Base und flog von dort, mit Familienmitgliedern sowie den Hunden, der Katze und dem Kaninchen der Familie, nach Columbus, Indiana.

Das Flugzeug landete dort am Nachmittag im Sonnenschein. Zwischen den Leitern zweier Feuerwehrautos wehte eine große amerikanische Flagge, und am Rednerpult auf der Rollbahn stand: »WIEDER ZU HAUSE.« Als Pence und seine Familie auf die kleine Bühne zugingen, spielte der fröhliche Rocksong »All Right Now« von Free.

Karen Pence sprach zu der Menge aus Familie und Freunden: »In der Air Force Two gibt es eine Tradition: Wir laden immer jemanden ein, auf dem Notsitz im Cockpit als Gast Platz zu nehmen.«

Da vorne bekäme man eine andere »Perspektive«, sagte sie, denn »man sieht, wo alles ist, und bekommt ein Gefühl dafür, wo es hingeht.«

»Heute saß Mike auf dem Notsitz«, sagte sie. Dann begann sie zu weinen.[9]

VIERUNDFÜNFZIG

Die Sicherheitsmaßnahmen erfüllten ihren Zweck in einem scheinbar verschanzten Washington. Die Planungen, Vorbereitungen und Sorgen, von der Sitzung in der Conmy Hall bis zu den Truppen und Polizisten auf den Straßen, hatten offenbar jede drohende Gewalt verhindert.

Klain und Sullivan blieben, mit verschiedenen anderen Mitarbeitern, darunter auch Bidens Heimatschutzberaterin Elizabeth Sherwood-Randall, am 20. Januar mehr als eine Stunde lang im Situation Room und überwachten alles.

Bei seiner Ankunft im Oval Office nach 16 Uhr begrüßte Biden sein Team und fragte Klain, was er ihm zur Unterzeichnung vorlegen könne. Wo war die Arbeit? Legen wir los, sagte er.

Biden unterzeichnete 15 Exekutivanordnungen und zwei behördliche Richtlinien und damit, wie Jen Psaki später schrieb, sehr viel mehr als Trumps zwei Anordnungen an seinem ersten Tag.[1]

Durch viele seiner Unterschriften machte er wichtige Punkte von Trumps Agenda rückgängig. So wurde eine Maskenpflicht in Bundesgebäuden eingeführt. Die Baugenehmigung für die Keystone-XL-Pipeline wurde zurückgezogen. Die politischen Verbindungen zur Weltgesundheitsorganisation und zum Pariser Klimaabkommen wurden wieder aufgenommen. Der nationale Notstand, den Trump eingeführt hatte, um sich Gelder für den Bau der Grenzmauer zu sichern, wurde beendet. Das Einreiseverbot aus einigen Ländern mit überwiegend muslimischer Bevölkerung wurde aufgehoben.

In einer Schublade des Schreibtischs hatte Trump einen Brief für Biden hinterlassen. Biden steckte ihn in die Tasche, ohne ihn mit seinen Beratern zu teilen.

Dann richtete er seine Aufmerksamkeit auf das Virus.

Während Biden sich an jenem Morgen des 20. Januar auf den Weg zum Kapitol machte, bereitete die 30-jährige Sonya Bernstein, eine von Jeff Zients' Stellvertreterinnen, den Start des Coronavirus-Reaktionsplans des Präsidenten für Punkt 12 Uhr vor.

Bernstein war zuvor Assistentin von Etatdirektorin Sylvia Burwell gewesen und hatte seit Monaten in ihrer Untergeschosswohnung in Mount Pleasant, D. C., daran gearbeitet. Sie bezeichnete die Wohnung scherzhaft als Kommandozentrum. Bei ihrem früheren Job im öffentlichen Krankenhaussystem in New York City hatte sie erlebt, wie die Fallzahlen im ersten albtraumhaften Ausbruch der Pandemie in die Höhe schossen und Krankenhäuser und medizinisches Personal überwältigten.

Jeden Tag hatte sie beim Aufwachen an die vielen Todesopfer gedacht und gehofft, dass es morgen besser werden würde, aber die Sterbezahlen waren immer weiter gestiegen. Es hatte ihr sehr zugesetzt, und sie hatte sofort die Chance ergriffen, Biden dabei zu unterstützen, eine andere Richtung einzuschlagen.

Bernstein nahm am Morgen der Amtseinführung an einer Videokonferenz teil. Es gab eine ausführliche To-do-Liste und eine Aufstellung aller Bundesbehörden und Unterbehörden. Sie besprachen die wichtigsten Fragen und Maßnahmen. Sie mussten in wenigen Tagen von null auf hundert beschleunigen.

Eine Infrastruktur für Covid-Tests musste rasch aufgebaut werden. Finanzierung, Personal und Ausrüstung für die Beschaffung der Impfstoffe, Impfärzte und geeignete Örtlichkeiten mussten gefunden werden. Normale Apotheken gaben keine Impfstoffe aus, und Zients wollte ein Apothekenprogramm aufbauen. Lehrer sollten bei der Impfung Priorität bekommen, denn Biden wollte die Schulen wieder öffnen lassen. Lieferketten mussten verbessert werden.

Vertreter aus den Ministerien für Heimatschutz, Verteidigung, Gesundheit und Soziales kamen zur Videokonferenz dazu. Sie alle waren gern bereit, einen Platz am Zoom-Tisch einzunehmen.

Bernstein konnte fast fühlen, wie die Impfstoffe in die Arme der Menschen flossen.

Am Nachmittag des 25. Januar, einem Montag, traf sich Zients mit Biden und Vizepräsidentin Harris im Oval Office, um über die Impfstoffverteilung zu sprechen.

Das Trump-Team hatte ausgedehnte Verhandlungen mit Pfizer über weitere 100 Millionen Dosen geführt, aber nicht bestellt.

»Mr. President«, sagte Zients. »Ich glaube, wir haben hier die Chance, über den Sommer mehr Dosen geliefert zu bekommen, wenn wir schnell handeln, und ich denke, wir sollten Nägel mit Köpfen machen.«

Die Gesamtkosten für 100 Millionen weitere Dosen Pfizer-Impfstoff beliefen sich auf 4 Milliarden Dollar.

Wir befinden uns im Krieg, sagte Biden und griff die Empfehlung umgehend auf. »Das schlimmstmögliche Szenario ist in diesem Fall gar kein schlimmes Szenario«, fügte er hinzu. »Es bedeutet nur, dass wir überschüssige Impfdosen haben.«

Zients stimmte ihm zu. »Man läuft nie nur bis zur Spitze eines Hügels, oder? Man läuft immer darüber hinaus«, sagte er. Sie wollten das Problem überwältigen.

»Wie zuversichtlich sind Sie, dass der Hersteller liefern kann?«, fragte Biden.

»Schiefgehen kann immer etwas«, antwortete Zients. »Aber wir werden es sehr aufmerksam überwachen. Wir werden unser ganzes Gewicht in die Waagschale werfen, auch den Defense Production Act, um die Hersteller dabei zu unterstützen, dass sie rechtzeitig oder vor dem Termin liefern können. Wenn wir es beschleunigen können, werden wir das tun.«

»Das klingt für mich auf jeden Fall nach der richtigen Entscheidung«, sagte Biden. »Da muss man nicht lange nachdenken.«

Biden wollte die zusätzlichen 100 Millionen Pfizer-Dosen am nächsten Tag ankündigen.[2] Er genehmigte auch den Kauf von 100 Millionen weiteren Moderna-Dosen, und die 200 Millionen zusätzlichen Dosen kamen zu den bereits georderten 400 Millionen Dosen hinzu, sodass die USA über 600 Millionen Dosen verfügten – ausreichend viele, um 300 Millionen Amerikaner mit der notwendigen Doppeldosis zu versorgen.

Doch Biden hatte noch mehr Fragen an Zients. »Können wir irgendetwas tun, um die Sache zu beschleunigen? Wie stellen wir fest, ob die Hersteller rechtzeitig liefern können? Wie geht es mit den Bestellungen für Schutzmasken voran?«

Biden hatte angeordnet, dass alle Amerikaner in seinen ersten 100 Amtstagen Masken tragen sollten.[3] Das Tragen von Masken war der schnellste und einfachste Weg, um Leben zu retten, war aber nach der unklaren Berichterstattung aus Trumps Weißem Haus, ob es denn notwendig sei oder nicht, stark politisch aufgeladen worden.

»Was unternehmen wir, um Massenimpfzentren aufzubauen?«, fragte Biden Zients.

Die FEMA mache Fortschritte, antwortete Zients. Bis Ende März würden 21 große Impfzentren in Betrieb sein und bei Vollbetrieb 71 000 Impfdosen pro Tag verabreichen können.

»Sind die alle in großen Stadien?«

Nein.

»Mobile Impfteams?«

Das war ein Überbegriff für die Maßnahmen, mit denen Impfdienste in die Gemeinden gehen und dort spezielle Bevölkerungsgruppen erreichen sollten.

»Wie schicken wir die in ländliche Gegenden und schwer zu erreichende Gebiete und stellen sicher, dass die Impfstoffe gerecht verteilt werden?«, fragte Biden.

Einige Daten zeigten, dass die Impfstoffe noch nicht gleichmäßig verteilt würden, antwortete Zients.

Biden wies ihn an, sie müssten sich auf eine gerechte Verteilung konzentrieren. Er wolle, dass alle Mittel und Möglichkeiten der Bundesregierung zum Einsatz kämen.

»Tun wir, was wir können, damit die Menschen Masken tragen«, sagte er. »Tun wir, was wir können, damit wir so schnell wie möglich Impfstoffe bekommen. Tun wir, was wir können, damit die Menschen sich an mehr Orten impfen lassen können, um mehr Impfärzte und mehr Nadeln in Arme zu bekommen.«

FÜNFUNDFÜNFZIG

»Hey, haben Sie dieses Mittagessen durchsickern lassen?«

Präsident Trump, in dunklem Anzug mit gelber Krawatte, grinste Kevin McCarthy an, den Oppositionsführer im Repräsentantenhaus, der ihn am 28. Januar in Mar-a-Lago besuchte.

»Nein«, antwortete McCarthy und kam an einer Vase voller gelber Rosen und goldenen Tüchern vorbei auf ihn zu. »Das muss jemand bei Ihnen gewesen sein. Ich habe meinen Mitarbeitern nie davon erzählt.«

»Sie glauben, dass es einer meiner Mitarbeiter war?«

»Nein. Ich glaube nicht, dass es einer Ihrer Mitarbeiter war.«

»Wer war es Ihrer Meinung nach dann?«

»Sie«, antwortete McCarthy.

McCarthys Besuch beim ehemaligen Präsidenten war in allen Nachrichten. Der ehemalige Präsident stritt nicht ab, dass er es hatte durchsickern lassen. Er schien begierig, wieder in die Schlagzeilen zu kommen, wieder aktiv zu werden. Wenn der oberste Republikaner im Repräsentantenhaus zu Besuch kam, dann behielt man das nicht für sich.

Die obere Riege der Republikanischen Partei kam immer noch zu ihm. Insbesondere McCarthy war nur schwer einschätzbar, nachdem er mit seiner Bemerkung am 13. Januar, Trump »trägt Verantwortung« für die Aufstände am Kapitol, Trump verärgert hatte. Jetzt besuchte McCarthy ihn, suchte seinen Rat.

»Melania sagt, darüber wird mehr berichtet als über mein Treffen mit Putin«, sagte Trump. Hubschrauber kreisen in der Nähe, sagte er, und es gibt ein großes Medienaufgebot.

»Ihnen ist klar, dass das für uns beide gut ist, oder?«

»Na schön«, antwortete McCarthy.

McCarthy hoffte, Trump für die GOP im Repräsentantenhaus halten zu können, damit er im Jahr 2022 die Mehrheit für sie zurückgewann. Dafür musst er Trump von aussichtslosen Vorwahlkämpfen weglenken und dazu bringen, dass er seinen Namen für Sitze hergab, die gewonnen werden konnten. Sie nahmen zum Mittagessen Platz.

»Wollen Sie einen Cheeseburger und Pommes?«

»Ich nehme einen Cheeseburger, aber ich bin fett geworden«, antwortete McCarthy. »Keine Pommes. Salat. Nehmen Sie das Brötchen weg.«

»Und das funktioniert wirklich?«, fragte Trump mit einem Blick auf McCarthys Teller. Er nahm das Brötchen auch von seinem Hamburger.

»Wollen Sie Eiscreme?«

»Ich nehme lieber Obst.«

Trump bestellte ein Eis für sich.

»Dass ich nicht mehr auf Twitter bin, hat mir geholfen.«

»Ach, wirklich?«

»Ja, eine Menge Leute haben mir gesagt, sie mögen meine Politik, aber nicht meine Tweets.«

»Ja, wie jeder.«

»Meine Zahlen sind hochgegangen.«

Trump erkundigte sich nach dem bevorstehenden Amtsenthebungsverfahren im Senat.

»Ich glaube nicht, dass sie damit weit kommen«, beruhigte McCarthy ihn.

Am 31. Januar, nur 11 Tage nachdem Biden den Amtseid abgelegt hatte, sprach Graham erneut mit Trump. Das Amtsenthebungsverfahren sollte Anfang Februar beginnen. Einen Tag zuvor hatte Trump sein Anwaltsteam für das Verfahren drastisch umgebaut, war von einer Gruppe kaum bekannter Anwälte zur nächsten gewechselt.

Trump rief planlos Anwälte und Mitarbeiter wegen des Verfahrens an. Er war verwirrt und wollte wegen der Wahl und seiner Betrugsvorwürfe erneut vor Gericht gehen. Bei jedem Anruf war es dieselbe laute, wütende Leier, die irgendwann sogar seine engsten Mitarbeiter erschöpfte.

Die meisten unserer Jungs, die Republikaner im Senat, werden zu Ihren Gunsten abstimmen, versicherte Graham Trump bei dem Telefonat, mit der Begründung, ein Amtsenthebungsverfahren gegen einen ehemaligen Präsidenten, der gar nicht mehr im Amt war, sei nicht verfassungsgemäß.

Trump jedoch schien sich mehr über die Unterstützung der erstmals gewählten Kongressabgeordneten Marjorie Taylor Greene aus Georgia zu freuen, die zum rechten Flügel der Republikaner gehörte und deren politisches Image auf ihrer extremistischen Politik basierte. Greene hatte Trump bei dessen Bemühungen, das Wahlergebnis anzufechten, unterstützt und einen Tag nach der Amtseinführung die Amtsenthebung Bidens beantragt.

Greene hatte außerdem QAnon-Verschwörungstheorien in den sozialen Medien verbreitet. »Q ist ein Patriot«, hatte sie in einem Videoposting geschrieben. »Wir haben das gleiche Ziel vor Augen, und er ist sehr pro-Trump.«[1]

»Seien Sie vorsichtig«, warnte Graham Trump. »Lassen Sie sich von ihr nicht auf Treibsand ziehen.«

»Sie sagt sehr nette Dinge über mich«, entgegnete Trump.

Graham seufzte. So würde es also in Trumps Welt nach dem Weißen Haus zugehen.

Er würde sein Bestes geben, um Trump zu lenken, wo er konnte. Er würde immer noch der Senator sein, den Trump anrufen konnte, um eine Einschätzung des Kongresses zu bekommen, oder wegen einer Runde Golf.

Aber man konnte ihn nicht ändern. Man hielt einfach das Gespräch in Gang.

SECHSUNDFÜNFZIG

Senatorin Susan Collins, gemäßigte Republikanerin aus Maine, fuhr am 31. Januar gerade mit ihrem Mann, Tom Daffron, zum Flughafen Bangor, als Präsident Biden anrief.[1]

»Ich habe gerade Ihren Brief erhalten«, sagte er in seiner leicht erkennbaren, lebhaften und ermutigenden Stimme.

Collins, die bereits in der fünften Wahlperiode im Senat saß, hatte einen Brief von zehn republikanischen Senatoren an Biden arrangiert. Sie hatten ihn an jenem Morgen mit einem Gegenvorschlag zu Bidens 1,9-Billionen-Dollar-Rettungspaket an das Weiße Haus geschickt. Ihr Vorschlag belief sich auf weniger als ein Drittel von dem, was Biden eingeplant hatte – 618 Milliarden Dollar.

Sie erkannte den alten Joe am Telefon sofort, geschäftig und gelassen. Er wollte sie auf den neuesten Stand bringen und reden. Sie kannten sich sehr gut. In ihren ersten zwölf Jahren hatten sie gemeinsam im Senat gesessen, und in weiteren acht war Biden Vizepräsident und damit Vorsitzender des Senats gewesen.

Collins wollte den neuen Präsidenten nicht abwürgen, aber sie wollte auch nicht ihren Flug nach Washington verpassen. Sie bat ihren Mann, noch ein paar Runden um den Flughafen zu drehen.

»Ich muss wirklich meinen Flug erwischen«, sagte sie schließlich.

Biden sagte, er sei gerne zu dem Treffen bereit, um das die Republikaner in ihrem Brief gebeten hatten. Passte ihr morgen?

»Darf ich die anderen neun Republikaner informieren?«

Bitte warten Sie damit, bis Sie in Washington gelandet sind, bat Biden. Diese Bitte fand Collins ungewöhnlich, aber sie vermutete, dass er wahrscheinlich seinen Mitarbeitern Bescheid sagen wollte. Biden war schon lange telefonsüchtig gewesen und griff schnell zum Hörer, um einen Kontakt herzustellen oder ein Treffen zu vereinbaren, wenn er ein Problem erkannte, und vor allem als Gelegenheit, um zu verhandeln. Collins hatte den Brief erst wenige Stunden zuvor an das Weiße Haus geschickt, das an einem Sonntag wahrscheinlich gar nicht voll besetzt war.

Ron Klain war entgeistert, als er den Brief sah. Ein Drittel von Bidens 1,9-Billionen-Dollar-Plan war eine extrem niedrige Summe und konnte kein ernsthafter Vorschlag sein.

Der Brief steckte voller Optimismus und Appelle für ein parteiübergreifendes Handeln. Er begann mit: »Wie Sie in Ihrer Rede zum Amtsantritt sagten, erfordert die Überwindung der Probleme, vor denen unser Land steht, ›das, was in einer Demokratie am schwersten erreichbar ist: Einigkeit.‹«

Im Brief stand außerdem: »Im Geiste der Überparteilichkeit und Einigkeit haben wir ein COVID-19-Rettungspaket entworfen, das auf früheren COVID-Hilfe-Gesetzen aufbaut, die alle mit überparteilicher Zustimmung erlassen wurden.« Aber das erste Angebot wollte nicht so recht zur bekundeten Freundlichkeit passen.

Biden sagte Klain jedoch, er werde den Vorschlag nicht zurückweisen. Was nicht bedeutete, dass er ihn akzeptierte. Er wollte einfach mehr darüber hören. Vielleicht waren diese Republikaner bereit, Trump hinter sich zu lassen und eine Vereinbarung zu treffen. Vielleicht war der im Brief genannte Betrag verhandelbar. Er würde sie einladen. Sein Stil war es zuzuhören. Ein Brief durfte nicht von vornherein alles bestimmen. Er war eine Einleitung.

Nach ihrer Ankunft in Washington erfuhr Collins, dass das Weiße Haus sich gemeldet hatte. Biden würde sie um 17 Uhr am folgenden Montag, dem 1. Februar, empfangen. Sie rief die anderen neun Republikaner in ihrer Gruppe an, von Senatorin Lisa Murkowski aus Alaska bis Senator Todd Young aus Indiana und Senator Bill Cassidy aus Louisiana.

Collins brachte sie auf Linie und verteilte die Aufgaben. Jeder Senator sollte sich auf einen wichtigen Teil des Rettungspakets konzentrieren und ihn vorstellen. Sie würden Biden zeigen, dass er viel zu früh viel zu viel wollte und dabei viel zu viel Geld ausgab.

Collins informierte den Fraktionsvorsitzenden Mitch McConnell über das bevorstehende Treffen mit Biden. Er gab ihr seinen Segen, wollte sich aber derzeit nicht direkt beteiligen. Zehn Senatoren, die sich mit Biden trafen, konnten als Versuchsballon für McConnell dienen, eine Chance, Biden einzuschätzen. Er würde zusehen, wie Biden, sein kürzlich an die Macht gelangter Kollege, sich bei einer Verhandlung verhielt, bei der es um viel Geld und hohe Einsätze ging. Er bekam so auch einen besseren Eindruck davon, welche Richtung der Präsident einschlug.

McConnell wusste auch, dass Collins schon lange zu einer größeren Gruppe von etwa 20 republikanischen und demokratischen Senatoren gehörte, die sich gern persönlich trafen, um überparteiliche Ideen zu besprechen. Sie trafen sich häufig zu Dinners oder geheimen Meetings. McConnell behielt diese Diskussionen im Auge, machte sich aber selten Sorgen deswegen. Bei diesen Gelegenheiten wurde viel geredet, aber es gab kaum Hinweise, dass sie irgendwo hinführten.

McConnell glaubte, Politik sei schonungslos parteiisch. Überparteilichkeit war schön und gut – wenn es keine andere Möglichkeit gab, um etwas Konkretes zu erreichen, und wenn man dabei nicht zu große Zugeständnisse an die Demokraten machte.

Mit den Jahren hatte Biden gelernt, dass Besprechungen – insbesondere lange Besprechungen – nützlich sein konnten, um Leute von ihren Positionen abzubringen. Die meisten Senatoren kannten nur die kurze Version der vorgeschlagenen Gesetze, die mehrere Hundert Seiten umfassen konnten. Bei einer langen Diskussion konnten sich Bereiche für Kompromisse eröffnen. Aber das brauchte Zeit. Als Obamas Vizepräsident hatte er zwischen dem 5. Mai und dem 22. Juni 2011 einen Marathon aus elf Arbeitsgruppensitzungen mit Republikanern über eine langfristige Lösung für die Staatsschuldenkrise geführt. Die Gespräche wurden ergebnislos abgebrochen, wie er nur zu genau wusste. Aber sie waren einer Lösung nahegekommen.

Der Kontext des bevorstehenden Treffens war wichtig. Bidens Notfallpaket war ein Steuergesetz- und Haushaltsentwurf. Die Demokraten konnten im Senat ein sogenanntes »Reconciliation«-Verfahren einleiten, wenn sie das wollten. Nach obskuren Senatsregeln bezüglich Haushaltsgesetzen war nur eine einfache Mehrheit notwendig. Außerdem war dabei kein Filibuster möglich, der de facto 60 Stimmen erforderte. Bei dem Stimmenverhältnis von 50:50 im Senat und der entscheidenden Stimme von Vizepräsidentin Harris konnte der Rettungsplan durchgehen, mit 51 zu 50, wenn Biden alle 50 Demokraten auf Linie halten konnte – eine große, unsichere Aufgabe. Aber vielleicht eine Möglichkeit.

Am 1. Februar, einem Montag, dem zwölften Tag seiner Präsidentschaft, betrat ein maskierter Präsident Biden um 17 Uhr das Oval Office. Er setzte sich auf den Stuhl des Präsidenten mit dem Rücken zum Kamin.

Er war freundlich, aber es war nicht ganz der alte Joe, der lachend hereinspazierte, mit Kumpels das Neueste besprach und sich über Sportmannschaften unterhielt. Er vermittelte den Eindruck, hier gehe es ums Geschäft. Er hatte einen Stapel Notizen in der Hand und ein Notebook auf dem Schoß.

Seine dunklen Socken mit kleinen blauen Hunden, die unter dem Hosenbein hervorlugten, gaben der ernsten Situation ein wenig Leichtigkeit.[2]

Vizepräsidentin Harris saß zu seiner Rechten im anderen Sessel. Collins saß aufrecht in einem jägergrünen Kleid links von Biden auf der Couch, die ihm am nächsten stand. Alle trugen Masken und saßen weit auseinander.

»Danke, dass Sie hergekommen sind«, begann Biden sanft, während er sich umsah. Sie dankten ihm vielmals. »Wir haben Ihnen zu danken, Mr. President.«

»Nein, nein, nein«, sagte Biden, »Ich möchte unbedingt mit Ihnen reden.« Er machte eine kurze Pause. »Es fühlt sich an, als wäre ich wieder im Senat. Nichts in meinem Leben habe ich lieber gemacht.«

Die neun republikanischen Senatoren im Raum glucksten. Auch sie waren mit Ordnern und Notebooks bewaffnet. Der zehnte Senator, Mike Rounds aus South Dakota, war über Telefon zugeschaltet. Klain, Ricchetti und andere Mitarbeiter saßen im Hintergrund.

Die gute Nachricht sei, so Collins, dass sie mit Bidens 160-Milliarden-Dollar-Vorschlag für die Impfstoffverteilung und Testprogramme als direkte und notwendige Reaktion auf die Pandemie einverstanden waren.

Aber dann kamen sie und die anderen republikanischen Senatoren auf den Kern ihrer Kritik an den 1,9 Billionen Dollar zu sprechen. Sie glaubten nicht, dass die Wirtschaft sich in einer ernsthaften Notlage befand. Das 900-Milliarden-Paket, das der Kongress erst im Dezember beschlossen hatte, sei mehr als ausreichend.

»Dann gehen wir einmal die Punkte durch, bei denen wir unterschiedlicher Meinung sind«, schlug Biden vor. Er wollte die Einzelheiten, »Granularität« erreichen, ein Wort, das er in Meetings immer häufiger benutzte.

Die Republikaner schienen mit einer Stimme zu sprechen. Biden sah 465 Milliarden Dollar direkte Zahlungen oder Hilfsschecks über 1400 Dollar pro Person vor. Der Vorschlag der Republikaner belief sich auf 220 Milliarden Dollar, weniger als die Hälfte. Statt des 1400-Dollar-Schecks in Bidens Plan, die noch zu den 600-Dollar-Schecks hinzukamen, die bereits im Dezember-Paket enthalten waren, konnte man den neuen Scheck vielleicht auf 900 Dollar reduzieren. Oder vielleicht sogar 800 oder 700 Dollar? Und so ging es weiter.

Senatorin Murkowski aus Alaska schlug 1000 Dollar vor.

Biden hörte zu, gab aber nicht nach.

Klain schüttelte den Kopf. Nein. Der 1400-Dollar-Scheck war ein großer Pluspunkt in Bidens Politik und Strategie gewesen. Zusammen mit den 600 Dollar, die im Rahmen des früheren Hilfsplans im Dezember ausgegeben worden waren, ging es um eine Summe von 2000 Dollar.

Die 2000 Dollar waren ein Versprechen der zwei neuen demokratischen Senatoren aus Georgia. Beide hatten in einem traditionell republikanischen Staat gewonnen, weil sie bei Wahlkampfveranstaltungen den Leuten gesagt hatten, sie müssten für sie stimmen, um die zusätzlichen 1400 Dollar zu bekommen. Biden war selbst dort gewesen. Das Ergebnis war ein 50:50-Stimmenverhältnis im Senat.

Klain schüttelte wieder den Kopf.

Collins sah zu Klain hinüber. Wer war dieser Kerl da hinten, der ein solches Theater machte? Der so unverschämt den Kopf schüttelte? Hinter der Maske erkannte sie ihn nicht. Sie wandte sich an Senator Rob Portman aus Ohio: »Wissen Sie, wer der Typ ist?«

Ron Klain, flüsterte Portman zurück.

Auch der finanzpolitisch konservative Senator Mitt Romney aus Utah, der der einzige republikanische Senator gewesen war, der beim ersten Amtsenthebungsverfahren für Trumps Verurteilung gestimmt hatte, bemerkte Klains Kopfschütteln. Romney hatte schon in verschiedenen Aufsichtsräten gesessen und wusste um die Macht kleiner Gesten.

»Ich glaube, Ron hält das hier für einen Rohrkrepierer«, sagte Romney, während er sich umdrehte.

Ein paar republikanische Senatoren und Berater Bidens lachten unbehaglich. Klain antwortete nicht. Er fand es verrückt, darüber zu diskutieren, wie Biden etwas nicht tun könnte, von dem er ganz eindeutig gesagt hatte, dass er es tun würde.

Klain merkte später an, dass er den Kopf wohl etwas heftiger geschüttelt hatte, als er es vorgehabt hatte. Es war nicht seine Absicht gewesen, beeinflussend oder respektlos zu sein. Aber er fand die Position der Republikaner aus dem Senat lächerlich, eine völlige Verweigerung eines großen Sieges von Biden.

Biden brachte das zur Sprache, was Klain gedacht hatte: Georgia.

»Wir haben mit diesem Thema die Wahlen in Georgia gewonnen«, sagte Biden.

Im Raum herrschte einen Moment lang Schweigen. Nicht der alte Joe. Er war ganz der praktische Politiker.

Romney saß Biden und Collins gegenüber auf einer anderen Couch und hielt die Diskussion in Gang. Er zog ein paar Statistiken heraus, die er mitgebracht hatte. Im Stil eines CEO argumentierte er, dass manche Staaten, im Gegensatz zu einigen finanziell gebeutelten Städten, an diesem Punkt der Pandemie kein Geld brauchten. Er erläuterte, wie er die Hilfen für Staaten und Städte berechnen wolle.

In fast der Hälfte der Staaten seien die Einnahmen gestiegen, sagte Romney und fragte, warum man denen dann mehr Geld geben sollte. Andere hatten noch nicht einmal die Gelder ausgegeben, die Trump und der Kongress letztes Jahr beschlossen und verteilt hatten.

Romneys letztes Argument verblüffte Klain. Der republikanische Vorschlag sah weder Hilfen für Staaten noch für Kommunen vor. Biden hatte dafür den Riesenbetrag von 350 Milliarden Dollar vorgesehen. Warum sprach Romney dann von Berechnungen? Null mal irgendetwas ergab immer noch null. Diese Leute redeten von Berechnungsformeln, obwohl sie nichts auf den Tisch legten. Das war Bullshit.

Er schüttelte den Kopf erneut.

Jetzt mischte sich Portman ein, ehemaliger Direktor des Office of Management and Budget und US-Handelsvertreter unter der Präsidentschaft von George W. Bush. Wie Romney war Portman als besonnener, geschäftsorientierter Republikaner bekannt, der enge Verbindungen zu Familie Bush unterhielt. Doch Portman stand Trump, der bei den Republikanern in Ohio immer noch beliebt war, weit weniger feindselig gegenüber.

Portman hatte außerdem Grund zur Hoffnung, dass Biden sich auf einen Deal einließ. Eine Woche zuvor hatte er bekannt gegeben, dass er 2022 nicht für eine dritte Amtszeit im Senat kandidieren würde. Biden hatte ihn angerufen, und es war ein gutes Gespräch gewesen.

Aber er war auch Realist. Tage zuvor hatte Portman mit Steve Ricchetti telefoniert und ihn gebeten, dem Präsidenten auszurichten, dass sie einen schlechten Start haben würden, wenn sie neben dem Problem Solvers Caucus im Repräsentantenhaus nicht auch die gemäßigten Senatoren einbanden.

Ricchetti hatte ihm widersprochen. Präsident Biden und die Republikaner im Senat hätten unterschiedliche Blickwinkel auf diese Krise. Sie sähen sich unterschiedliche Daten an und sprächen mit unterschiedlichen Experten. Der Präsident sei entschlossen, große Geschütze aufzufahren. Er werde sich niemals dazu überreden lassen, die ersten Monate untätig zu bleiben.

Portman drängte Ricchetti, Biden solle seine Position genau überdenken. Was Biden in den kommenden Wochen tat, konnte seine Präsidentschaft bestimmen.

»Dies ist ein Sister-Souljah-Moment für Biden«, hatte Portman zu Ricchetti gesagt. Er bezog sich damit auf Bill Clintons Rüge im Jahr 1992 gegenüber der schwarzen Aktivistin, die Schwarze aufgerufen hatte, eine Woche lang Weiße statt andere Schwarze zu töten. Das wurde verbreitet als Versuch Clintons angesehen, sich als Politiker der Mitte zu positionieren und um Wähler in den Vorstädten zu buhlen.[3]

»Nehmen Sie das Mikrofon in die Hand und sagen Sie: ›Wissen Sie was? Wir haben uns das Paket auf die Fahnen geschrieben. Es ist Teil unseres Wahlprogramms. Wir glauben daran. Aber wir werden alle tief durchatmen und auf die Bremse treten‹«, hatte Portman Ricchetti vorgeschlagen. Biden könne ganz einfach von vorn beginnen und etwas Kleineres und Überparteiliches machen. Das Land einen. Ricchetti war höflich, aber sie sprachen nicht dieselbe Sprache.

Bei anderen Treffen und Telefonaten mit Republikanern im Senat Ende Januar hatten auch Brian Deese und Jeff Zients keineswegs angedeutet, dass Biden nachgeben würde. Ricchetti gehörte zum Chor des Weißen Hauses.

Am 1. Februar versuchte Portman es im Oval Office noch einmal und bat Biden dieses Mal direkt, sich von den linkspolitischen Versuchungen zurückzuziehen. Er sagte Biden, manche Teile des Rettungsplans hätten nichts mit der Pandemie zu tun und überzeugten ihn nicht. Die Steuervorteile für Eltern gehörten dazu, und beim Internal Revenue Service habe man ihm und anderen gesagt, die Umsetzung werde wahrscheinlich lange dauern.

Diese Steuervorteile halfen Familien nicht unmittelbar bei der Bewältigung des Virus, sagte Portman. Die Wirtschaft erhole sich bereits, und das Bruttoinlandsprodukt werde wieder steigen.

Biden wies darauf hin, dass sie früher bereits zusammengearbeitet hatten.

Das wisse er, antwortete Portman.

Biden beharrte auf seinem Ansatz und seinen Zahlen.

Klain widersprach Portmans Beschreibung der Steuervorteile für Eltern vehement. Würde es schwierig werden, diese umzusetzen? Natürlich. Alles war schwierig, wenn der IRS es machen sollte. Aber es war machbar. Er schüttelte wieder den Kopf.

Collins warf Klain wütende Blicke zu.

Die Mitarbeiter des Weißen Hauses horchten auf, als Senatorin Shelley Moore Capito aus West Virginia das Wort ergriff. Die Republikanerin Capito verstand sich gut mit Joe Manchin, dem demokratischen Senator ihres Staates. Manchin war die entscheidende demokratische Stimme. Was Capito sagte, konnte darauf hinweisen, was Manchin womöglich wollte.

Capito legte Biden nahe, er solle eine kürzere Geltungsdauer für die 400 Dollar Zuschlag zum Arbeitslosengeld erwägen, der Teil des Präsidentenplans war und zu den 1400-Dollar-Schecks hinzukam. Nach Bidens Plan sollten die 400 Dollar bis September 2021 gezahlt werden.[4] Die Republikaner im Senat wollten, dass die 400 Dollar nur bis Juli ausgezahlt wurden.

Capito sagte, ihr ginge es vor allem darum, die Beihilfen an der kurzen Leine zu halten. Sie befürchtete, dass viele Menschen in West Virginia nicht zur Arbeit zurückkehren würden, wenn die Hilfen zu lange ausgezahlt wurden. In ihrem Staat beliefe sich die wöchentliche Arbeitslosenhilfe dann auf 724 Dollar – was etwa 19 Dollar die Stunde entsprach, mehr als das Doppelte des Mindestlohns von 8,75 Dollar in dem Staat.

Biden sagte, er diskutiere gern über Capitos Vorschlag. Dann erklärte er: »Ich bleibe definitiv bei September.«

Dann wandte sich Biden an Collins und schlug vor, sich wieder mit Punkten zu beschäftigen, bei denen Einigkeit bestand. »Sie haben eine eigene Art, Kleinunternehmen in Ihrem Gesetz zu berücksichtigen.« Biden wusste, dass Hilfen für stillgelegte Betriebe eines ihrer Kernthemen waren. Sie war in der Regierung von George H. W. Bush Regionaldirektorin für die Small Business Administration gewesen, bevor sie in den Senat gewählt wurde.

»Ich berücksichtige Kleinunternehmen. Der Umfang ist etwa gleich groß«, wies Biden hin. Beide Pläne sahen dafür 50 Milliarden Dollar vor.

»Wissen Sie was? Ich gebe meinen Plan auf, und wir nehmen Ihren. Wir könnten meinen Kleinunternehmer-Plan durch Ihren ersetzen. Das könnten wir tun.«

Für diesen Vorschlag war Collins aufgeschlossen. »Gut«, sagte sie. »Da verfolgen wir dieselben Ziele.«

Die Diskussion ging weiter – höflich und zirkulär. Biden hielt an seinen 1,9 Billionen Dollar fest und warf häufig einen Blick in seine Notizen oder auf sein Notebook. Die Republikaner beharrten auf 618 Milliarden Dollar.

Schließlich vertagte Biden das Treffen. Seine Mitarbeiter würden sich bei ihnen melden. »Brian Deese wird mit Ihnen in Kontakt bleiben«, versprach er. »Nicht wahr, Brian?«

Klain fand, Biden habe das Treffen gut geleitet.

Manche der anwesenden Republikaner sagten später, sie hätten sich langsam gefragt, ob das alles nur Show war. Hatte Biden das Treffen nur angesetzt, um behaupten zu können, er habe es versucht? Das wäre schwer zu glauben. Joe war nicht der Typ, der ihnen erst Hoffnungen machte und dann auf stur stellte. Und er hatte eine Stunde mehr Zeit dafür aufgewendet, als vorgesehen war.

SIEBENUNDFÜNFZIG

Während Biden sich im Oval Office von den Senatoren verabschiedete, trat Senator Portman auf Steve Ricchetti zu. Das sei ein gutes, konstruktives Treffen gewesen, sagte er. Ricchetti, der nur selten E-Mails nutzt und in jeder Situation übervorsichtig ist, antwortete knapp. Dann wandte sich Portman an Ron Klain.

»Das war ein gutes Treffen«, sagte er. »Vielen Dank für die Einladung.« Wenn sie so weitermachten, bewegten sie sich in die richtige Richtung.

»Aber wenn Sie ein Reconciliation-Verfahren anstreben, wird das für eine schlechte Atmosphäre sorgen.«

»Wir haben lange an diesem Paket gearbeitet, Senator Portman«, sagte Klain. »Und ich behaupte nicht, dass es bei jedem Dollar um Leben und Tod geht. Aber wir werden auf jeden Fall etwas brauchen, das unserem Vorschlag sehr nahekommt, um dieses Virus zu besiegen und die Wirtschaft zu retten.«

»Wir fordern hier nicht einfach nur viel Geld«, fuhr er fort. »Dies ist ein Plan, den wir zusammengestellt haben. Und bei 600 Milliarden, oder eigentlich nur 500 Milliarden, wenn man den eigentlichen Geldbetrag berücksichtigt, der in Ihrem Plan steckt, sind wir meilenweit voneinander entfernt.«

»Sie sind hergekommen und haben uns die Pistole auf die Brust gesetzt. Das ist kein gutes Treffen.«

»Das haben wir ganz und gar nicht getan, Ron«, widersprach Portman. »Wir haben Sie nicht unter Druck gesetzt. Wir haben uns Ihre Argumente angehört. Sie haben sich unsere angehört. Jetzt könnten wir ein erneutes Treffen vereinbaren, um das Gespräch in Gang zu halten.«

»Okay«, sagte Klain. »Okay.«

Klain hat das ganze Treffen fehlgedeutet, dachte Portman. Die Republikaner hatten bei Biden vorgefühlt, aber ihm kein Ultimatum gestellt. Diese zehn Senatoren waren gemäßigt, nicht wie McConnell oder die streng konservativen Abgeordneten des Freedom Caucus.

Klain verstand Portmans Anmerkung zum Treffen so, dass dies kein aggressiver Schachzug war, sondern die Grundlagen für spätere Verhandlungen legen sollte. Portman stand McConnell nahe und war ein altgedienter finanzpolitischer Verhandler. Als Handelsvertreter hatte er mit 30 Ländern verhandelt und war in die direkte Konfrontation mit China gegangen. Er würde keine Bereitschaft zu weiteren Verhandlungen andeuten, wenn er es nicht so meinte.

Collins war hocherfreut. »Das war ein sehr guter Meinungsaustausch«, erklärte sie Reportern, als sie am selben Abend im Wintermantel vor dem Weißen Haus stand. »Wir haben heute keine Einigung erzielt. Aber das hat auch niemand von diesem zweistündigen Treffen erwartet.«[1]

»Wir haben uns allerdings darauf geeinigt, dass wir das Thema bei weiteren Treffen wieder aufgreifen werden«, fügte sie hinzu.

Später sagte sie bei einem privaten Treffen: »Ich habe richtig geschwärmt und es auch so gemeint, weil der Präsident sich zwei Stunden Zeit für uns genommen hat! Er hat uns aufmerksam zugehört. Aus meiner Sicht war es ein exzellentes, produktives Gespräch.«

Später fragte *The Washington Post* beim Pressedienst des Weißen Hauses an, ob Bidens Socken mit den blauen Hunden etwas über seine Politik aussagen sollten. Blaue Hunde sind das Maskottchen für gemäßigte Demokraten.

»Es ist äußerst unwahrscheinlich, dass er dabei eine unterschwellige Botschaft im Sinn hatte«, erklärte ein Mitarbeiter, der bezüglich der Socken-Sache anonym bleiben wollte, gegenüber der Zeitung.

»Ich bin mir fast sicher«, fügte er hinzu. »Es ist interessant, aber meiner Meinung nach rein zufällig.«[2]

Ohne Wissen der republikanischen Senatoren, die am 1. Februar das Weiße Haus verließen, hatte Biden Manchin, den wohl konservativsten Senator der Demokraten, am selben Abend zu einem persönlichen Gespräch eingeladen.

Manchin hatte im Erdgeschoss des Weißen Hauses gewartet, während sich das Treffen mit den Republikanern eine Stunde länger als geplant hinzog. Er versteckte sich fast, damit ihn weder Reporter noch die Republikaner sahen.

Manchin hatte von 2005 bis 2010 als Gouverneur von West Virginia gedient, bevor er in den Senat gewählt wurde. Mit 1,90 Meter Körpergröße und breiten Schultern strahlte er das Selbstbewusstsein eines ehemaligen College-Sportlers aus. Er hatte ein Football-Stipendium für die West Virginia University gewonnen und war seit der Kindheit mit Nick Saban befreundet, dem legendären Footballcoach an der Universität von Alabama, der ebenfalls aus Farmington in West Virginia stammte.

Manchin war bei den Demokraten dafür bekannt, bei Abstimmungen unberechenbar zu sein. Er war durchaus gesellig, spielte in der Politik aber gern den einsamen Wolf. Während der Sitzungsperioden des Senats wohnte er auf einem Hausboot, *Almost Heaven*, das im Washington Channel des Potomac festgemacht war. Seine Südstaaten-Art half ihm, in West Virginia zu überleben, wo er als einziger Demokrat ein staatsweites Amt innehatte. Trump hatte 2020 den Staat mit 39 Prozentpunkten Vorsprung gewonnen.

Machin brüstete sich damit, dass er so gute Beziehungen zur anderen Partei pflegte, dass er nie gegen einen Republikaner Wahlkampf geführt hatte.

In einem Senat mit 50:50-Verteilung verlieh Manchins Unabhängigkeit ihm enorme Macht. Wenn er nicht mitmachte, konnte jede Abstimmung scheitern. Dann müsste Biden einen Republikaner finden, der die Stimmenzahl wieder auf 50 brachte, sodass Harris die Abstimmung entscheiden konnte. Aber das war unwahrscheinlich, denn McConnell hielt die GOP im Senat im Klammergriff.

Manchin und Biden kannten sich seit Manchins Anfangsjahren im

Senat, als Biden Vizepräsident gewesen war. »Das verstehe ich, Joe«, sagte Biden zu Manchins Ausführungen darüber, wie es war, ein Demokrat in einem konservativen Staat zu sein. Delaware galt als der wirtschaftsfreundlichste Staat im Land. »Sagen Sie mir, was ich tun kann. Ich kann für Sie sein oder gegen Sie, wie es Ihnen am meisten nützt.«

Biden wusste, dass Manchin schwer zu überzeugen sein würde, auch wenn West Virginia durch den Plan viel Geld erhalten würde. Man konnte ihn nicht kaufen, man musste ihn für sich gewinnen.

Manchins Mantra war: »Wenn ich es zu Hause erklären kann, dann stimme ich dafür. Wenn ich es nicht erklären kann, dann kann ich nicht dafür stimmen.« Aber er war auch starrköpfig, und wenn er am Anfang Nein sagte, dann blieb er oft dabei.

Einmal widersetzte sich Manchin der Parteilinie und sagte davor zu Harry Reid, dem Mehrheitsführer: »Harry, diesen Scheiß kann ich in West Virginia nicht einmal an meinem besten Tag verkaufen.« Sein Deal mit Reid war: »Harry, ich halte es für das Beste, wenn ich Ihnen einfach sage, wie ich abstimmen werde, damit es keine Überraschungen gibt, so wissen Sie immer, wo ich stehe.«

Biden und Manchin setzten sich spät am 1. Februar allein im Oval Office zusammen. Joe mit Joe.

Biden sagte: »Joe, ich habe diese Situationen schon erlebt, und ich versuche, eine Lösung zu finden. Ich bevorzuge einen überparteilichen Weg, aber der braucht Zeit. Leider haben wir in diesem Fall keine Zeit wegen der Pandemie und der Wirtschaft.« Es gab einen Stichtag, den 14. März, an dem das erhöhte Arbeitslosengeld auslief.

»Das ist so wichtig«, betonte Biden. Er erinnerte sich an die Arbeit am Affordable Care Act für Obama im Jahr 2009. »Ich habe über die Parteigrenzen hinweg gearbeitet, das wissen Sie.«

»Ich weiß, dass Sie das tun, Mr. President«, sagte Manchin. »Ich weiß, wie es in Ihnen drinnen aussieht.«

»Ich verstehe Ihren Standpunkt«, sprach Biden weiter. »Aber ich möchte es Ihnen erklären. Ich habe damals mit denen sieben oder acht Monate lang an einem Kompromiss für den Affordable Care Act gearbeitet. Jetzt haben wir die Covid-Pandemie, und da spielt Zeit eine wichtige Rolle. Ich kann nicht sechs oder sieben Monate lang verhandeln.«

Manchin meinte, er wolle, dass President Biden, wie alle Präsidenten, Erfolg habe, und werde nicht zulassen, dass er scheiterte.

Es war keine Verhandlung. Es wurde nur über wenige Details gesprochen. Manchin wollte ein paar Änderungen, aber er würde dazu beitragen, dass sie etwas hinbekamen.

Später am selben Abend besprachen Biden und Klain die Sitzungen mit den republikanischen Senatoren und Senator Manchin.

»Es lief ganz gut, denke ich«, sagte Biden über das GOP-Treffen. »Offensichtlich liegen unsere Positionen weit auseinander.«

»Sie sind in den ganzen zwei Stunden kein einziges Mal von ihren 618 Milliarden Dollar abgerückt«, schimpfte Klain. »Sie haben nicht einmal gesagt, vielleicht legen wir was drauf oder vielleicht geben wir Ihnen mehr Geld dafür oder vielleicht treffen wir uns bei den Schulen in der Mitte.«

Der Präsident wollte 170 Milliarden Dollar, um die Schulen wieder aufzumachen, die Republikaner boten 20 Milliarden. »Ja, es war ein freundliches Gespräch«, sagte Biden. Aber mit keinerlei Bewegung.

Klain berichtete, dass Portman ein Gegenangebot angekündigt hatte.

»Na, das klingt doch gut«, meinte Biden. Er schätzte die Chance, dass mit den Republikanern etwas zu erreichen war, auf 20 bis 25 Prozent. Keine guten Chancen, aber es war immerhin möglich.

Eins war sicher: Sie wollten nicht zu einem »Charlie Brown« gemacht werden. Sie hatten das schon früher erlebt, dass die Republikaner im Senat den Football in letzter Minute weggezogen hatten, bevor sie zutreten konnten. Sie konnten nicht ewig warten. Selbst wenn acht der zehn Republikaner vom Treffen für Bidens Antrag stimmten, wären es nicht genug – 58 Stimmen waren zwei weniger als die 60, die notwendig waren, um einen Filibuster abzuwenden.

Klain und Biden waren sich einig, dass ein Reconciliation-Verfahren nur mit Demokraten wahrscheinlich unvermeidbar war. Die zehn Republikaner waren zu weit von Bidens Zahlen entfernt. Biden brauchte nun einen ordentlichen Vorschlag von ihnen, ein Zeichen, dass sie kompromissbereit waren – eine Anerkenntnis seines politischen Kapitals und der Macht der Demokraten in diesem neuen Washington. Das hätte ein Zündfunke sein können. Aber es gab keinen.

Selbst als Biden den Sieg in Georgia und sein Versprechen bezüglich der Schecks aufs Tapet gebracht hatte, war es so, als wollten die Republikaner das nicht akzeptieren.

Kurz darauf kommunizierte Klain vertraulich mit den Fraktionssprechern im Kongress. Sie wollten die Tür für die Republikaner offen halten, damit sie zurückkommen und mit ihnen an einzelnen Punkten des 1,9-Billionen-Dollar-Antrags arbeiten konnten, aber Biden wollte die Sache vorantreiben. Keine Pause.

Sprecherin Pelosi war an Bord und sagte ihren Verbündeten im Weißen Haus und im Kapitol, sie finde es völlig in Ordnung, dass die Republikaner sich mit Biden getroffen hatten. Aber 618 Milliarden Dollar? »Das meinen die nicht ernst«, meinte sie.

»Sie haben nicht verstanden, was der Präsident gesagt hat«, vermutete Pelosi. Einen abgemilderten Plan konnte sie ihren Mitgliedern nicht verkaufen. »Wem streichen Sie das Geld? Streichen Sie das Essen für die Kinder? Die Wohnungen für ihre Familien? Die direkten Zahlungen? Die Arbeitslosenhilfe? Streichen Sie die Impfstoffe?«

Pelosi hatte ihre Gefühle bereits am Sonntag vor der Amtseinführung gegenüber Biden zum Ausdruck gebracht. Sie hatten bereits seit Jahrzehnten das Auf und Ab in Washington miterlebt. Sie hatte ihn gedrängt, schnell loszulegen und gleich in die Vollen zu gehen, für das Land und für die Demokraten, und nicht auf die Republikaner zu warten.

»Nach all den Bewerbungen für das Präsidentenamt ist das jetzt Ihre Zeit«, sagte Pelosi. »Wir haben über uns immer gesagt: ›Die Zeiten haben uns gefunden.‹ Nun, die Zeiten haben Sie gefunden.«

ACHTUNDFÜNFZIG

Senatorin Collins saß am nächsten Tag, einem Montagmorgen, in ihrem Büro, als einer ihrer Mitarbeiter hereinkam und berichtete, Mehrheitsführer Schumer habe im Senat angekündigt, er werde ein Reconciliation-Verfahren beantragen. Das war ein verfahrensrechtlicher Schritt, aber er zeigte, welche Absichten die Demokraten verfolgten.

»Ich fasse es nicht«, war Collins' Reaktion. Seit dem Treffen im Weißen Haus mit Biden, das sie so überschwänglich beschrieben hatte, waren noch keine 24 Stunden vergangen. Sie hatte erwartet, dass das Weiße Haus mit einem neuen Vorschlag auf sie zukäme. »Das bedeutet, dass sie kein Gegenangebot machen werden, und wir haben eines erwartet.«

Für Collins war dies der Beweis, dass Biden sich deutlich nach links bewegt hatte. Sie sah sich gern fast perfekt in der politischen Mitte. »Ich glaube, ich bin in der Mitte der Mitte«, sagte sie. Sie war die einzige republikanische Senatorin mit Mandat in einem Staat, den Biden gewonnen hatte.

Collins war überzeugt, dass Schumer bei seinem Schritt in Richtung Reconciliation Bidens Segen hatte. Sie glaubte, dass Bidens Stab, vor allem Klain, und Schumer den Präsidenten dazu gedrängt hatten.

Sie glaubte außerdem, dass Schumer versuchen könnte, damit beim liberalen Teil der Partei Boden gutzumachen, weil er im Jahr 2024 bei einer parteiinternen Wahl wahrscheinlich gegen einen Star der Parteilinken, die Kongressabgeordnete Alexandria Ocasio-Cortez, antreten musste, die inzwischen so berühmt war, dass man sie nur noch AOC nannte, ein führendes Mitglied der sogenannten »Squad« im Repräsentantenhaus.

Die Parteilinke hatte Schumer seit Tagen bedrängt. Senatorin Elizabeth Warren war auf ihn zugekommen, nachdem sie von dem Angebot der Republikaner erfahren hatte. »Nehmen Sie es nicht an«, beschwor sie ihn.

Am 2. Februar hatte Schumer im Senat erklärt, die Demokraten seien zur Zusammenarbeit mit den Republikanern bereit, aber sie würden es auch allein machen, wenn die Republikaner Bidens Plan blockierten.[1]

»Wir wünschen uns bei diesem ganzen Bestreben überparteiliche Zusammenarbeit. Wir wünschen uns das wirklich«, sagte Schumer. »Aber dem amerikanischen Volk die große und mutige Hilfe zukommen zu lassen, die es braucht, steht für uns an erster Stelle. Das ist das Wichtigste. Also noch einmal: Wir werden nichts verwässern, nicht zaudern und nichts verzögern.«

Das Weiße Haus schickte verschiedene Dokumente und Unterlagen an Collins, um einige Zahlen zu begründen. Sie hatte den Eindruck, dass eines der Dokumente von der American Federation of Teachers, der Lehrergewerkschaft, zusammengestellt worden war. Nur so ließ sich der Betrag von 170 Milliarden Dollar erklären, mit dem Biden die Schulen unterstützen wollte.

Schumer bestätigte Collins' Verdacht später an jenem Tag, als er zu Reportern sagte: »Joe Biden ist sehr für ein Reconciliation-Verfahren. Ich habe jeden Tag mit ihm gesprochen. Unsere Mitarbeiter haben mehrmals am Tag miteinander geredet.«

Collins und Schumer sprachen nicht miteinander. Sie hatte es verabscheut, wie die Demokraten sie vor ihrer Wiederwahl 2020 angegriffen hatten. Die Demokraten hatten 180 Millionen Dollar in den Wahlkampf gepumpt, den sie am Ende mit neun Prozentpunkten gewonnen hatte.[2] Sie fand die Wahlwerbung der Demokraten unnötig persönlich und schmutzig, sie war damals als Betrügerin bezeichnet worden, die von Trump und McConnell gesteuert war.

Die Katholikin Collins hatte gegenüber Freunden später gewitzelt: »Zur Fastenzeit habe ich auf meine Wut auf Chuck Schumer verzichtet. Ich musste mich zwischen der Wut und Wein entscheiden und habe beschlossen, dass mir ein Glas Wein am Abend lieber ist.«

Beim Mittagessen der Senats-GOP später am Tag sprach sie McConnell an. Diese Mittagessen waren in aller Regel eine geschlossene Gesellschaft, bei der jede Woche ein anderer Senator das Essen wählte, meist etwas aus dem jeweiligen Heimatstaat. Wenn ein Südstaaten-Senator für das Essen zuständig war, konnten Besucher im Kapitol und die Reporter auf den Gängen gegrillte Rinderbrust und Maisbrot riechen.

Collins erzählte McConnell, dass das Treffen mit Biden am Tag zuvor gut verlaufen sei, Schumers Ankündigung eines Reconciliation-Verfahrens sie aber völlig überrascht habe. Sie sei überrumpelt gewesen. Das sei so hinterlistig gewesen. Zehn Republikaner dazu zu kriegen, dass sie sich auf 618 Milliarden Dollar einigten und öffentlich zu einer Ausgabe in dieser Höhe standen, sei nicht einfach gewesen. Ob das dem Weißen Haus nicht klar sei?

McConnell war nicht überrascht. Er hatte nicht erwartet, dass Biden und Schumer so schnell handeln würden, dass sie so schnell die Reconciliation-Karte ausspielen würden. Aber er hatte damit gerechnet, dass sie es am Ende tun würden.

»Joe Biden hat eine tadellose Persönlichkeit«, sagte McConnell wenige Minuten später zu einer größeren Gruppe Republikaner bei dem Mittagessen. »Aber man darf nicht glauben, dass er zur politischen Mitte gehört.«

Das wurde zum Motto bei den Republikanern. Biden sei ein netter Typ, mit vielen befreundet, aber kein Gemäßigter – und sein Stab lenkte ihn noch weiter nach links.

Als das Reconciliation-Verfahren anlief, äußerte McConnell gegenüber anderen Senatoren und seinen Mitarbeitern, er glaube nicht, dass Biden in der Sache nachgeben würde. Er wollte Geschichte schreiben.

»Er hat eine Vision, wie Amerika aussehen soll, und ich habe auch eine, aber eine andere«, sagte McConnell. »Der Grund, warum wir dieses Jahr noch nicht miteinander gesprochen haben, ist, dass er tut, was jeder demokratische Präsident machen will: das Land so weit wie möglich nach links pushen, so schnell wie möglich.«

»Sie alle wollen der nächste Roosevelt sein«, sagte er und bezog sich damit auf eine lange Reihe von demokratischen Präsidenten. »Sie wissen alle, dass sie keine drei Amtszeiten haben können, aber hoffen auf ein Denkmal.«

Zu anderen sagte er: »Wer es in der Politik so weit gebracht hat, denkt als Erstes: ›Mein Gott, ich kann nicht glauben, dass ich Präsident der Vereinigten Staaten geworden bin.‹ Und als Zweites: ›Ich möchte ein großer Präsident der Vereinigten Staaten werden.‹«

Am Ende des Mittagessens am 2. Februar drehte Collins ihre Runde durch den Raum und gab den Republikanern ihren persönlichen Bericht ab: Ihr alter Freund schien zu Verhandlungen bereit zu sein, aber die Leute in seinem Umfeld waren es nicht.

Collins erzählte von Klains Kopfschütteln und schüttelte dabei selbst den Kopf über den Stabschef. Sie fand einen sichtbaren und negativen Kopfschüttel-Kommentar, während der Präsident mit der politischen Opposition sprach, für einen Stabschef unpassend. Sie empfand es als Beleidigung für die Republikaner und Biden selbst. Es war plump und unhöflich.

Im Rahmen seines weiteren Vorgehens rief Biden McConnell an, vorgeblich wegen Myanmar. Der Fraktionssprecher der Republikaner im Senat hatte die demokratischen Bemühungen in dem vormals Burma genannten Land seit Langem unterstützt. Es war eines der wenigen politischen Felder, wo sie sich tatsächlich einig waren.

Biden bat McConnell um strategische Empfehlungen und Rat und wechselte dann kurz das Thema zum 1,9-Billionen-Dollar-Rettungsplan. Was hielt er davon?

McConnell hielt es für unwahrscheinlich, dass der Präsident für ein derart großes Ausgabenpaket republikanische Unterstützung im Senat bekommen würde. Etwas in diesem Umfang konnten sie keinesfalls unterstützen.

Aus seiner Sicht drückte McConnell damit nur das Offensichtliche aus. Er war nicht unhöflich. Es war nur eine kurze Einschätzung. Er wiederholte nur eine öffentliche Äußerung.

McConnells einflussreiche Stabschefin Sharon Soderstrom, die zugeschaltet war, hatte sich bei persönlichen Gesprächen Anfang Februar gegenüber hohen Biden-Mitarbeitern ähnlich geäußert. Sie nannte ihnen keine genaue Stimmenzahl, sagte ihnen aber, dass die republikanischen Senatoren einem erweiterten Arbeitslosengeld misstrauisch gegenüberstünden, weil das schlecht für Geschäfte sei, die wieder öffnen wollten. Zu viele Menschen bekamen dadurch mehr Geld, wenn sie nicht arbeiteten und zu Hause blieben, als durch Arbeit.

Klain bemerkte, dass Biden über keine besonderen Überredungsfähigkeiten bei McConnell verfügte, keine magischen Kräfte eines »McConnell-Flüsterers«, als den manche Biden während der Obama-Jahre bezeichnet hatten. Aber er wusste, wie man mit McConnell umgehen musste.

»Zum Beispiel wird man Mitch McConnell niemals davon überzeugen, dass er bei der Erbschaftsteuer falschliegt«, erklärte Klain einmal. »Dass er an der Kennedy School nicht die richtigen Kurse belegt hat, um den regressiven Steuertarif zu verstehen. Das versucht Joe Biden gar nicht. Er sagt eher: ›Okay, sagen Sie mir, was Sie brauchen, damit das funktioniert. Und ich sage Ihnen, was ich brauche.‹«

Im Weißen Haus war man zunehmend der Ansicht, dass McConnell und die Republikaner im Senat aus einem bestimmten Grund blockierten und auf ihrer Position beharrten: Sie bezweifelten, dass Biden den Antrag durchbringen und alle 50 Demokraten auf seiner Seite halten konnte.

Mit ihren Handlungen schienen sie zu sagen: Soll er es doch versuchen, und dann werden wir sehen, ob er Manchin und die Parteilinken mit ihren so unterschiedlichen Ideologien für die Abstimmung zusammenhalten kann. Und wenn er es nicht kann, wird Biden vielleicht zu uns zurückkriechen müssen und einen kleineren Deal aushandeln, um so die Bilanz seiner ersten 100 Tage zu retten.

»Er hat seine Truppen dagegen aufgestellt«, urteilte Klain im Weißen Haus. »Vielleicht bekommen wir eine republikanische Stimme, vielleicht auch nicht. Ich weiß es nicht. Aber das Grundproblem, das die

Republikaner haben, ist, dass das Vorhaben populär ist« bei der Bevölkerung, auch bei republikanischen Wählern.

Im Westflügel warb Klain für das, was er als seine »Theorie von der kleinen roten Henne« zu Bidens Rettungsplan nannte – und zu den Wahlen 2022. Er legte eine Namensliste an.

»Wenn wir das Ding durchbekommen, Covid besiegen und die Wirtschaft wieder in Gang bringen, dann bekommen diejenigen, die geholfen haben, die Weizenkörner aufzupicken und das Brot zu backen, einen Anteil an den Lorbeeren«, sagte Klain. »Wer nicht geholfen hat, bekommt nichts.«

»Wir beteiligen uns erst, wenn das Ding durchfällt«, sagte McConnell zu seinen Mitarbeitern. Vielleicht schaffte es Biden, sein Notfallpaket durchzubekommen, aber irgendwann, jetzt oder später, würde er die Republikaner am Verhandlungstisch brauchen. Das war sein Hebelpunkt.

»Dann erst werden wir miteinander verhandeln«, erklärte McConnell seine Strategie. »Ich nehme es ihm nicht übel, dass er jetzt nicht mit mir verhandelt, weil mir nichts von dem gefällt, was er macht.«

McConnell glaubte, die Wirtschaft käme wieder in Schwung, die Impfstoffe wurden ausgeliefert. Die Republikaner würden im Senat abwarten und so für die Wähler, die sie im Jahr 2022 für sich gewinnen würden, nicht wie Pfennigfuchser aussehen. Es war nicht wie im März 2020, als die Pandemie begann, oder der beängstigende Schlingerkurs in die Finanzkrise Ende 2008.

NEUNUNDFÜNFZIG

Senator Sanders, Bidens größter Gegner, der zum wichtigen Unterstützer wurde, und andere demokratische Senatoren, wie Debbie Stabenow aus Michigan, Jon Tester aus Montana und Brian Schatz aus Hawaii, standen am 3. Februar vor dem Oval Office. Sie blickten um sich und lachten. Trump war nicht mehr da.

»Manchmal hatte ich Panikattacken, wenn ich da herauskam«, erzählte Stabenow in Erinnerung an ihre vergangenen Besuche bei Trump. »Niemand hatte je gute Laune, wenn er da hineinging oder herauskam, und den meisten stand danach das Entsetzen ins Gesicht geschrieben. Nach dem Motto: ›Oh mein Gott, ich kann es nicht fassen.‹«

Als Stabenow dieses Mal das Oval Office betrat, sagte sie zu Biden: »Sie können mein strahlendes Lächeln durch die Maske nicht sehen, aber ich versichere Ihnen, dass ich darunter strahle.«

Biden und seine wichtigsten Mitarbeiter im Weißen Haus hatten ihre Aufmerksamkeit schnell von Collins, Portman und den anderen Republikanern weg und auf Pelosi, Schumer und die Demokraten im Kongress gelenkt. Sie wollten den Plan weiter vorantreiben und für Bewegung auf ihrer Seite sorgen.

Schumers Antrag auf ein Reconciliation-Verfahren für den Rettungsplan hatte die Demokraten im Senat in Hochstimmung versetzt – ein Zeichen, dass sie wichtig und dieses Mal nicht nur Nebendarsteller waren. Sie hatten es satt zuzusehen, wie die Gemäßigten und die geschäftigen »Gangs« der politischen Mitte die Deals und Schlagzeilen bestimmten.

Biden kam gleich zur Sache. Die Vereinigten Staaten befänden sich in einer historischen Krise, sagte er. Er zog seine Karte mit der Anzahl der Impfungen vom Vortag hervor – mehr als 1,5 Millionen Menschen.

Wir werden in den ersten 100 Tagen besser vorankommen, als wir ursprünglich dachten, sagte Biden. Aber das ist noch nicht alles. Wir haben diesen Rettungsplan, und ohne Sie wird er nicht klappen. Wir alle müssen ein Team bilden, als Demokraten, sagte er.

Dann fing Biden an, durch den Raum zu wandern und nach Input zu fragen, nicht nur für das Konzept an sich, sondern auch dafür, wie man es dem Land am besten verkauft. Das ist ein unglaublicher Moment für die Nation und für uns, sagte er.

Das gehörte zu Bidens Stil. Er wollte Einzelheiten. Manche hielten ihn für einen Streber. Andere sahen in ihm einen Präsidenten, der nicht unvorbereitet oder verwirrt wirken wollte, wie es gelegentlich während des Wahlkampfs gewesen war. Trump hatte Biden wiederholt aufgefordert, seine kognitive Gesundheit überprüfen zu lassen, und seine geistige Leistungsfähigkeit infrage gestellt. »Irgendwas ist da los«, hatte Trump zu seinen Mitarbeitern gesagt.

Biden verabscheute Trumps Sticheleien und stellte als Präsident sicher, dass er gegenüber Reportern aufmerksam blieb.

»Was werden sie mir zurufen?«, fragte Biden oft seine Mitarbeiter, bevor er Pressevertreter im Oval Office zu einem Fototermin empfing. »Was werden sie fragen?«

Am 3. Februar wandte sich Biden dem Raum voller Senatoren zu und wies mit dem Kopf auf das Roosevelt-Porträt. Schreckliche Zeiten bringen große Präsidenten hervor, sagte er.

»Ich wäre viel lieber ein guter Präsident geworden, aber so ist es jetzt eben.«

Er sprach über das Treffen vom 1. Februar mit den republikanischen Senatoren. Wenn wir die Republikaner zum Mitmachen bewegen könnten, wäre das toll, sagte er. Aber ich habe mich gerade erst mit ihnen getroffen und habe nicht das Gefühl, dass sie es ernsthaft wollen. Aber wir werden es versuchen. Am Ende sind wir es, die dafür sorgen müssen, dass wir es hinkriegen.

Ich weiß, dass manche von Ihnen mit den gemäßigten Republikanern reden, und das ist großartig, fuhr er fort. Wenn Sie mehr Unterstützung bekommen, können wir das gut gebrauchen. Das wäre mir lieber, Sie kennen mich. Aber entscheidend ist, dass wir etwas für die Menschen tun.

Stabenow sagte, Überparteilichkeit werde in der Biden-Ära neu definiert und bedeute jetzt nicht mehr in erster Linie, Kompromisse mit republikanischen Abgeordneten zu schließen, sondern eine Politik zu verfolgen, die sowohl demokratische als auch republikanische Wähler ansprach. Die Demokraten sollten sich auf diese Wähler konzentrieren und nicht auf die zersplitterten, wankelmütigen Parteisprecher der GOP im Kongress. Biden stimmte ihr zu. Sie sollten die Wähler direkt ansprechen.

Der 64-jährige Senator Jon Tester aus Montana, ein sanfter Riese mit Militärhaarschnitt, sagte Biden, er sei zum ersten Mal im Oval Office. Seiner Stimme hörte man die Rührung an. Er saß seit 2007 im Senat, seit 14 Jahren, durch die Amtszeiten von Obama und Trump hindurch, und heute war er zum ersten Mal hier.

»Ein ziemlich unglaublicher Raum, es war ziemlich cool«, sagte Tester später gegenüber einem lokalen Nachrichtensender. Er grinste. »Es ist wirklich ein ovales Büro. Sogar die Türen sind oval.«[1]

Sanders, inzwischen Vorsitzender des Senate Budget Committees, ergriff das Wort. Kürzen Sie nichts, beschwor er ihn. Dabei gehe es nicht allein darum, ein riesiges Rettungspaket zu beschließen, sondern man werde sich so die Wählerstimmen der Arbeiterklasse für eine ganze Generation sichern. Es gehe darum zu beweisen, dass die Bundesregierung funktioniere. Trump hatte diese Wählerschaft mit seinem Handelskrieg und den Strafzöllen gegen China gestohlen. Um sie zurückzugewinnen, musste man sie davon überzeugen, dass die Demokraten auf ihrer Seite waren, sich um die Arbeiterklasse kümmerten.

Die Zukunft der amerikanischen Demokratie hänge davon ab, welche Partei die Partei der Arbeiterklasse sei, fügte der 79-jährige Sanders in seinem kratzigen Brooklyner Akzent hinzu. Die Demokraten müssten die Menschen am Rande der Gesellschaft wirklich ansprechen, diejenigen, die zu kämpfen hatten. Seiner Meinung nach biedere sich die

Demokratische Partei zu sehr bei den Eliten an, den Gebildeten mit Macht und Verbindungen.

Er suche den bodenständigen Einfluss, nicht den roten Faden der Eliteuniversitäten, der Bidens inneren Kreis prägte.

»Wenn wir nicht liefern können, dann können wir den Vormarsch des Autoritarismus womöglich nicht aufhalten«, meinte Sanders.

Sanders war in Flatbush, Brooklyn, als Sohn eines polnischen Immigranten aufgewachsen, der Farbe verkaufte, aber nie genug Geld verdiente, um seiner Frau den Traum von einem Leben jenseits mietpreisgebundener Wohnungen erfüllen zu können. Ein Großteil seiner Familie war in Polen während des Holocaust ausgelöscht worden.[2]

Nach dem 6. Januar könnten sie nichts mehr für selbstverständlich annehmen, sagte er zu Biden und seinen Kollegen. Wer konnte schon wissen, ob sich hier nicht noch mehr Schrecken ereignen würden.

»Als Jugendlicher habe ich viel über den Holocaust und Deutschland in den Dreißigerjahren gelesen«, erzählte Sanders später anderen. »Deutschland war eines der kultiviertesten Länder in Europa. Eines der fortschrittlichsten. Wie konnte das Land Beethovens und so vieler großer Dichter und Schriftsteller und Einsteins in Barbarei versinken? Wie geschieht das? Mit dieser Frage müssen wir uns beschäftigen. Und das ist nicht einfach.«

Biden rief Collins am 7. Februar an, dem Super-Bowl-Sonntag.

»Das war ein wirklich schlechter Schritt, Mr. President, dass Chuck die Reconciliation beantragt hat«, sagte Collins. Da sei eine Chance vergeben worden. »Unser Angebot war ehrlich gemeint – und es war nicht unser letztes.«

Sie sah in diesem Anruf eine unerwartete Gelegenheit für ein persönliches Gespräch von Susan mit Joe und Joe mit Susan. Sie und die anderen neun Republikaner aus ihrer Gruppe hatten ihr Angebot um 32 Milliarden Dollar erhöht, von 618 Milliarden auf 650 Milliarden.[3] Das zusätzliche Geld sollte in die Hilfsschecks fließen, wobei eine ausgewählte Gruppe von Amerikanern dann Schecks über 1400 Dollar bekommen sollte. Sie und die anderen Republikaner hielten das für ein deutliches Entgegenkommen. Ein solcher Betrag war einmal etwas wert gewesen.

Biden drückte sein Interesse an einer weiteren Zusammenarbeit mit ihr und den anderen Republikanern aus, machte aber keine festen Zusagen. Es sei nur eine Erhöhung um fünf Prozent. Sie waren immer noch meilenweit voneinander entfernt.

Collins wies ihn darauf hin, dass ihre Gruppe nicht rein zufällig aus zehn Republikanern bestand. Zehn von ihnen plus 50 Demokraten ergaben 60 Stimmen, genügend, um einen Filibuster zu verhindern. Die magischen 60, nannte sie sie.

»Mr. President, ich weise Sie darauf hin, dass ich bei dem Anruf mithöre«, unterbrach eine männliche Stimme das Gespräch. Sie gehörte Brian Deese, Bidens Direktor des National Economic Council.

Biden wirkte überrascht. Collins war empört. Was ging hier vor? Wie konnte das geschehen? Sie hatte es für einen persönlichen Anruf aus dem Weißen Haus gehalten. Überwachten Bidens Mitarbeiter alle seine Telefonanrufe, hörten zu oder beteiligten sich?

Plötzlich klingelte es mehrmals hintereinander.

Kling! Kling! Kling! Kling!

Offensichtlich klinkten sich noch andere in das Gespräch ein.

Wer? Was? Wie?

Sowohl Biden als auch Collins wählten ihre Worte wegen dieser Eindringlinge sofort vorsichtiger. Jetzt war es kein persönliches Gespräch mehr von Joe mit Susan und Susan mit Joe. Collins hatte keine Ahnung, wer sonst noch zuhörte. Sie fragte allerdings nicht, was vor sich ging, und fand es auch nie heraus.

Das Gespräch war effektiv beendet. Ein kurzer Schnappschuss der politischen Situation und ihrer Leben im Jahr 2021. Der Vormarsch der Technologie, jeder war online, das Internet bestimmte das Leben aller. Deese' Unterbrechung verunsicherte sie – ein weiterer Mitarbeiter, der alles überwachte, ein weiterer Zwischenfall in der Kategorie von Klains Kopfschütteln. Ein weiterer Schatten, der auf Joes Schulter fiel.

Collins war gegenüber Biden und Klain höflich und freundlich gewesen, hatte aber nie etwas angeboten, das sie ernst nehmen konnten. Collins erklärte stets, auf freundliche Weise, warum Biden falschlag. Sie hielten ihr ihre Beständigkeit zugute. Aber sie hielten ihr letztes Angebot, das sie in Umlauf gebracht hatte, mit der geringfügigen Erhöhung auf 650 Milliarden Dollar, für einen sehr langsamen Fortschritt.

Parallel dazu bemühten sich Biden und der Stab des Weißen Hauses angestrengt um die Stimme von Senatorin Murkowski für den Rettungsplan. Sie war ihre letzte Hoffnung auf eine republikanische Stimme, aber sie mussten den Versuch letztendlich aufgeben.

»Sie wird wahrscheinlich nicht für uns stimmen«, sagte Biden. »Aber ich mag sie und will ihr helfen. Sie wird uns bei dieser Abstimmung nicht unterstützen. Aber es ist gut möglich, dass sie das später bei einer anderen Abstimmung tun wird. Ich will also, dass wir sie berücksichtigen, ganz egal, ob sie uns bei diesem Paket unterstützt oder nicht.«

Der Anteil von Alaska an dem Notfallpaket wurde schließlich von 800 Millionen auf 1,25 Milliarden Dollar erhöht.

SECHZIG

Am Mittwoch, dem 3. Februar, rief Biden sein Team für Nationale Sicherheit für eine umfassende Revision des 20 Jahre dauernden Krieges in Afghanistan zusammen.

Biden plante einen großen Schritt: Er wollte den endlosen Krieg beenden. Damit würde er der amerikanischen Außenpolitik seinen Stempel aufdrücken. Er hatte sich schon als Obamas Vizepräsident stark gegen eine umfangreiche Truppenstationierung in Afghanistan ausgesprochen. Aber damals hatte nicht er die Entscheidungen getroffen. Jetzt schon.

Er kannte die Männer und Frauen aus seinem Team für Außenpolitik, die nun vor ihm saßen, die meisten von ihnen sehr gut. Viele waren Veteranen der Obama-Administration. Die Gruppe verachtete Trump weitgehend für seine Außenpolitik, lehnte sie als zusammenhanglos, amateurhaft und unnötig isolationistisch ab. Sie waren entschlossen, die traditionellen Abläufe und Systeme der Außenpolitik der Obama-Jahre wiederzubeleben und wieder in Kraft zu setzen, die sie noch persönlich mitgestaltet hatten.

»Ich sage Ihnen ganz direkt, wo ich stehe«, kündigte Biden an. Er erinnerte sie daran, dass er einer Fortsetzung dieses Krieges, der nach den Terrorangriffen auf die USA am 11. September 2001 begonnen hatte, schon lange skeptisch, wenn nicht gar zynisch, gegenüberstand.

»Aber ich werde Ihnen zuhören«, versprach er. Er habe den Nationalen Sicherheitsberater Jake Sullivan gebeten, ihnen einen umfassenden Überblick zu geben und den ehrlichen Vermittler zu spielen, der jeden Stein umdrehe und sicherstellte, dass jedes Argument von jedem gehört wurde. Eine vollständige und faire Debatte könne vielleicht verhindern, dass während des Vorgangs etwas nach außen drang, weil jeder seine Argumente gegenüber Biden vorbringen konnte und daher nicht an die Öffentlichkeit gehen musste, um sich Gehör zu verschaffen.

Biden fügte hinzu: »Ich will unbedingt Gegenargumente hören und werde aufgeschlossen bleiben, weil ich auf jeden Fall zuhören und berücksichtigen werde, falls es einen überzeugenden Grund gibt, dort zu bleiben.«

Trump hatte einen vollständigen Abzug aller US-amerikanischen Truppen für den 1. Mai 2021 angekündigt, aber Biden wollte seine eigene Entscheidung nach seinem eigenen Zeitplan treffen.[1]

Langjährige Biden-Berater wie der Außenminister Blinken und Bidens Stabschef Klain wussten, dass Biden alle Truppen nach Hause bringen wollte. Er hatte sie seit 2009 abziehen wollen, seit er glaubte, das Militär und später Außenministerin Hillary Clinton hätten Obama in seinem ersten Jahr bedrängt und bestürmt. Sie hatten darauf bestanden, dass Obama weitere Zehntausende US-Truppen nach Afghanistan entsandte. Ihr Widerstand gegen jede andere Option war, oft öffentlich, so stark gewesen, dass Obama, der nur wenig Erfahrung mit Außenpolitik und dem Militär gehabt hatte, kaum eine andere Wahl geblieben war.

Der Verteidigungsminister unter Präsident George W. Bush, Robert Gates, den Obama damals überraschend gebeten hatte, das Amt weiterhin zu übernehmen, hatte angedeutet, dass er zurücktreten werde, falls Obama keine weiteren Truppen genehmigte. Obama hatte damals geglaubt, er könne es sich nicht leisten, eine derart etablierte Persönlichkeit der nationalen Sicherheit zu verlieren.

Blinken hatte Biden im persönlichen Gespräch im Jahr 2009 sogar sagen hören, dass die Vereinigten Staaten einen brutalen Bürgerkrieg in Kauf nehmen müssten, falls die US-Truppen abzogen. »Wie schlimm kann es schon werden?«, hatte Biden gefragt. Als man ihn mit der Frage bedrängte, ob zwischen den ethnischen Gruppen der Paschtunen, die fast die Hälfte der afghanischen Bevölkerung ausmachen, ein Bürgerkrieg ausbrechen würde, war Biden fast von seinem Stuhl aufgesprungen. »Bingo, bingo, bingo, bingo!«, hatte er zuversichtlich gerufen, grimmig einen seiner Lieblingsausdrücke wiederholend.

Biden hatte Obama damals seine Meinung kundgetan, auch dass er darüber enttäuscht war, wie das Militär den Präsidenten in seinen Augen manipuliert hatte. Anderen gegenüber hatte Biden 2009 anvertraut: »Mich kann das Militär nicht so herumschubsen«, und ließ damit mehr als durchscheinen, dass genau das mit Obama geschehen sei.

Jetzt, bei der Revision im Jahr 2021, vermutete der Verteidigungsminister Lloyd Austin, der Biden noch aus den Obama-Jahren kannte, gegenüber seinen Mitarbeitern, Biden meine es ernst und daher werde die US-amerikanische Beteiligung an dem Krieg sehr wahrscheinlich enden. Doch seiner Meinung nach sprachen gute militärische, nachrichtendienstliche und strategische Argumente dafür, wenigstens eine kleine Militärpräsenz im Land zu belassen.

Austin war der erste schwarze US-Verteidigungsminister, 1975 Absolvent der Militärakademie West Point aus Georgia, und hatte 40 Jahre lang beim Militär gedient. Im Jahr 2009, während Obamas ursprünglicher Revision des Afghanistan-Einsatzes, war er Direktor des Joint Chiefs of Staff gewesen, ein wichtiger Drei-Sterne-Posten, und war damals mit Bidens Einstellung vertraut geworden. In den folgenden Jahren hatten die beiden Männer noch mehr miteinander zu tun. Austin war 2010 als kommandierender General der US-Streitkräfte in den Irak entsandt worden, als Obama Biden mit der Aufsicht über den Abzug der meisten US-Truppen betraut hatte. Major Beau Biden war Jurist in Austins Stab, und Major und General lernten sich gut kennen.

Biden und Austin waren mit der Geschichte des Afghanistankriegs so sehr verbunden, wie man es nur sein konnte.

Das war der Anfang einer außerordentlichen Reihe von 25 NSC-Treffen, in großer und kleiner Zusammensetzung, Einzelgesprächen mit Biden und Treffen mit seinen Topberatern und Kabinettsmitgliedern. Daneben fanden noch Meetings von NSC-Mitgliedern und Stellvertretern ohne Biden statt. Es war eine der umfangreichsten politischen Revisionen, die je durchgeführt wurden.

Der Präsident war gelegentlich emotional und kampfeslustig und schien größere Sicherheit und klarere Lösungen zu wollen, als zu haben waren. Biden konnte empfindlich und ungeduldig sein. Ein Topberater empfand die Arbeit mit ihm als fast unerträglich, als Biden immer mehr Details und nachrichtendienstliche Einschätzungen verlangte.

Andere sahen in der Revision ein Musterbeispiel dafür, wie außenpolitische Entscheidungen getroffen werden sollten.

Bidens Hauptargument, auf dem die Debatte basierte, war, dass die Mission von ihrer ursprünglichen Zielsetzung abgewichen war.

Präsident George W. Bush hatte den Krieg im Oktober 2001 begonnen, um die Terrororganisation al-Qaida auszumerzen, die für die Angriffe auf das World Trade Center in New York City und das Pentagon am 11. September verantwortlich war.

Die Zielsetzung bestand darin, weitere Angriffe zu verhindern. Aber der Krieg hatte sich zu einer staatsbildenden Unternehmung ausgeweitet, um die religiös extremen Taliban zu besiegen, die al-Qaida eine Zuflucht gewährt hatten, von der aus sie ihre Angriffe planen und vorbereiten konnten. Die Taliban hatten Afghanistan vor dem 11. September 2001 fünf Jahre lang mit harter Hand regiert. Das Regime hatte islamisches Recht durchgesetzt, Frauen unterdrückt und Kulturstätten zerstört, darunter Buddha-Statuen aus dem 6. Jahrhundert, die sie als verbotene religiöse Götzenbilder betrachteten.

Eine ursprünglich zur Aufstandsbekämpfung initiierte Aktion namens COIN umfasste am Ende nicht nur die Bekämpfung der Taliban, sondern auch den Schutz der afghanischen Bevölkerung und Regierung. An einem Punkt planten manche leitende US-Militärs, an jeder Straßenecke in der Hauptstadt Kabul Soldaten aufzustellen. Auf dem Höhepunkt des Krieges vor zehn Jahren hatten die Vereinigten Staaten 98 000 Truppen in Afghanistan. Bis 2021 sank diese Zahl auf 3500, einschließlich regulärer und Sondereinsatztruppen.

Diese ganze Revision Bidens stand unter der Fragestellung: Worin besteht die Mission?

Biden empfand besonderen Abscheu gegenüber Missionen zur Aufstandsbekämpfung, weil er darin ein klassisches Beispiel für eine schleichende Ausweitung des Einsatzes sah.

»Unsere Mission in Afghanistan besteht darin zu verhindern, dass Afghanistan weiterhin als Basis für Angriffe auf unser Land und US-Alliierte durch al-Qaida und andere terroristische Gruppen dient, nicht darin, den Taliban den Todesstoß zu versetzen«, erinnerte Biden alle Anwesenden an die ursprüngliche Zielsetzung des Krieges.

Für ihn war aus dem Krieg ein Kampf zwischen der afghanischen Regierung und den Taliban geworden. Das US-Militär sollte sich nicht an einem Bürgerkrieg in einem anderen Land beteiligen und stattdessen die Truppen nach Hause bringen, sagte Biden gegenüber Beratern.

Als vorbereitenden Schritt in der von Sullivan geleiteten Revision wollte Biden ein paar wenige Fragen beantwortet haben, die deutlich zeigten, in welche Richtung er neigte. Wenn auch nur eine dieser Fragen nicht mit Ja beantwortet werden konnte, mussten sie sich der Realität stellen, dass die Zielsetzung der US-Truppen nicht erreichbar war.

»Erstens: Glauben wir, dass unsere Anwesenheit in Afghanistan die Wahrscheinlichkeit für eine dauerhafte, verhandlungsbasierte politische Übereinkunft zwischen der afghanischen Regierung und den Taliban grundlegend erhöht?«

»Zweitens: Glauben wir, dass die Bedrohung durch al-Qaida und ISIS aus Afghanistan die Stationierung von Tausenden Bodentruppen dort auf unbegrenzte Zeit erfordert?«

»Drittens: Welches Risiko bedeutet es für die militärischen Kräfte und die Mission, wenn wir den Abzugstermin am 1. Mai aufheben und sagen, dass wir unbefristet bleiben? Und muss ich dann wieder mehr Truppen nach Afghanistan schicken?«

Im Gegenzug für den mit der Trump-Administration ausgehandelten Abzugstermin am 1. Mai hatten die Taliban sich bereit erklärt, keine US-Truppen mehr anzugreifen. Seit einem Jahr hatte es keine Angriffe mehr gegeben. Aber geheimdienstliche Erkenntnisse wiesen darauf hin, dass es auf jeden Fall neue Angriffe geben würde, falls Biden beschloss, die US-Truppen auf unbestimmte Zeit im Land zu belassen.

Er sagte auch, er wolle eine gründliche Untersuchung der humanitären Konsequenzen für die afghanische Zivilbevölkerung für den Fall, dass die US-Streitkräfte sich zurückziehen.

Im persönlichen Gespräch sagte Sullivan: »Wenn man als Präsident der Vereinigten Staaten eine solche Entscheidung treffen muss, dann muss man sich der Tatsache stellen, dass diese Entscheidung Menschenleben kosten kann und wird.«

Obama berichtet in seinen Memoiren *Ein verheißenes Land* aus dem Jahr 2020 von einem Ratschlag, den Biden ihm bei der ersten Überprüfung der Afghanistan-Politik im ersten Jahr von Obamas Präsidentschaft erteilt hatte: »Hören Sie mir zu, Boss. Vielleicht bin ich schon zu lange in dieser Stadt, aber eines erkenne ich, nämlich wenn diese Generäle versuchen, einen neuen Präsidenten an die Leine zu nehmen.« Bidens Gesicht war nur wenige Zentimeter von Obamas entfernt, als er gut hörbar flüsterte: »Lassen Sie sich von denen nicht blockieren.«[2]

Jetzt wollte sich Biden auf keinen Fall blockieren lassen.

Im Verlauf von zwei Monaten voller Meetings und vertraulicher Gespräche im Rahmen der Sullivan-Revision legte das Pentagon schließlich zwei Hauptoptionen vor. Minister Austin sagte, Biden könne entweder so schnell und sicher wie möglich einen geordneten Abzug aller Truppen durchführen, oder er könnte der Stationierung von US-Truppen in Afghanistan auf unbestimmte Zeit zustimmen.

US-Truppen lieferten entscheidende Beiträge zur Koordinierung von Überwachungen und nachrichtendienstlichen Tätigkeiten, die die afghanische Regierung von Ashraf Ghani stabilisierten, einem Akademiker, der seit sechs Jahren Präsident von Afghanistan war. Laut Austin lieferten die US-Truppen außerdem eine Einschätzung der Lage, die man nur vor Ort bekam. Die Anwesenheit dort, auf dem Boden, konnte bei der Früherkennung von Problemen entscheidend sein.

Während des Sullivan-Verfahrens bemerkte Biden: »Wenn das Ziel darin besteht, die Ghani-Regierung zu halten, würde ich meinen eigenen Sohn nicht hinschicken.«

Das war ein heikles Thema. Der Präsident erwähnte seinen verstorbenen Sohn Beau mehrfach, wenn es um die Einschätzung ging, ob die Mission notwendig und lohnenswert war.

Biden war der erste US-Präsident seit Jahrzehnten, der ein Kind bei den Truppen in einem Kriegsgebiet gehabt hatte, und Beaus Erfahrungen schien Biden empfindlicher für Opfer und Risiken gemacht zu haben.[3]

Wenn die USA in Afghanistan blieben, prognostizierten die Nachrichtendienste, würden die Taliban ihre Angriffe wieder aufnehmen.[4] Wenn das geschah, so Biden, würde er wahrscheinlich aufgefordert werden, noch mehr Truppen zu schicken. »Wenn wir 3000 Truppen dort haben und sie angegriffen werden, dann werden Sie« – er zeigte auf Austin und Milley – »zu mir kommen und sagen, okay, wir brauchen 5000 weitere Truppen.«

Diesen Teufelskreis wollte er vermeiden. Eine Truppenpräsenz würde zum Magneten für weitere Truppen werden, weil militärische Befehlshaber ihre eigenen Soldaten natürlich beschützen wollten. Und die Lösung dafür war, kaum überraschend, weitere Truppen zu schicken.

Sullivan kam zu dem Schluss, dass die Frage nicht war, ob man blieb oder abzog, sondern, ob man weitere Truppen schickte oder abzog.

Das lieferte ein schwerwiegendes Argument für einen Abzug, weil Biden ganz offensichtlich keine weiteren Truppen entsenden würde. Das war keine Option.

EINUNDSECHZIG

Das Amtsenthebungsverfahren gegen Trump im Februar war theatralisch und emotional. Die Demokraten zeigten Filmaufnahmen von den Ausschreitungen am Kapitol. Senatoren auf beiden Seiten waren erschüttert, als sie auf grobkörnigen Clips sahen, wie Pence mit Familie die Hintertreppe hinuntereilte und Romney durch die Gänge irrte, beide nur wenige Schritte von Aufständischen entfernt.

»Man hört, wie der Mob schreiend den Tod des Vizepräsidenten der Vereinigten Staaten fordert«, sagte die Leiterin des Amtsenthebungsverfahrens Stacey Plaskett, eine Demokratin von den Virgin Islands.[1]

Trump, der nach den Ausschreitungen von Twitter und Facebook gesperrt worden war, beobachtete das Verfahren von seinem Haus in Florida aus. Es gefiel ihm gar nicht, und er schimpfte gegenüber Beratern über seinen Verteidiger Bruce Castor aus Pennsylvania, weil er einen zu großen Anzug trug und ein langatmiges und weitschweifiges Eröffnungsplädoyer hielt, das sogar die Trump-Unterstützer verwirrte, von denen sich einige fragten, ob er womöglich improvisierte.

McConnell sagte den republikanischen Senatoren, es sei eine Gewissenswahl für sie alle. Wie er selbst abstimmen wollte, enthüllte er im Voraus nicht.

Trump wurde mit 57 zu 43 Stimmen freigesprochen; 67 Stimmen wären für eine Verurteilung notwendig gewesen. Sieben Republikaner, unter ihnen Romney und Collins, hatten für eine Verurteilung Trumps gestimmt.

Nach der Abstimmung trat McConnell ans Rednerpult. Er war einer der 43 gewesen, die den ehemaligen Präsidenten freigesprochen hatten. Er hatte an seiner Rede gefeilt, um ganz sicherzugehen, dass er genau das sagte, was er sagen wollte.

»Der 6. Januar war eine Schande« und ein »terroristischer« Akt, sagte er, befeuert von Menschen, »die vom mächtigsten Mann der Erde mit groben Unwahrheiten gefüttert wurden, weil er wütend war, dass er eine Wahl verloren hatte«.[2]

McConnell klang verärgert, aber beherrscht. Er wandte sich ein ums andre Mal an seine Kollegen und gestikulierte bedeutungsvoll in ihre Richtung. Als er die Beweise für einen Wahlbetrug beschrieb, die Trumps Verbündete vorgelegt hatten, führte er zwei Finger zusammen, bis sie sich fast berührten und bezeichnete ihre Ansprüche als außerordentlich dünn.

»Es steht außer Frage, dass Präsident Trump praktisch und moralisch verantwortlich ist«, sagte McConnell. »Es lag auch an der ganzen künstlichen Atmosphäre einer bevorstehenden Katastrophe, die zunehmend wilden Gerüchte um einen erdrutschartigen Wahlsieg, der in einem geheimen Coup von unserem heutigen Präsidenten gestohlen worden sei.«

Dennoch, so sagte er, sei »die Rede des Präsidenten nach strengen kriminalrechtlichen Standards wahrscheinlich keine Anstiftung zum Aufstand« gewesen.

Lindsey Graham sagte McConnell, er sei überrascht gewesen, ihn so emotional zu erleben. »Ich wusste nicht, dass Sie wütend werden können«, meinte Graham.

McConnell, normalerweise der republikanische Realist und kaltblütige Anführer, war in einen Bereich gedrängt worden, in dem die Wunden der Partei möglicherweise nie heilten.

»Der Hass auf Trump kennt keine Grenzen«, hatte Graham einmal gesagt. »Er lässt Menschen Dinge tun, die nicht in ihrem eigenen Interesse liegen. Wie Mitch. Ich habe noch nie einen Menschen gesehen, der andere Menschen so beeinflussen kann wie Donald Trump.«

»Ich habe es immer wieder gesehen. Es gibt nichts Vergleichbares in der Politik. Intelligente, rationale Menschen brechen zusammen, wenn es um Trump geht«, sagte er. »Er versucht gar nicht, sie mürbe zu machen. Er hat keine magischen Kräfte. Er ist einfach er selbst. Und er macht einen fertig. Er bringt Leute dazu, Dinge zu tun, die nicht gut für sie sind, nur weil sie ihn nicht mögen.«

Trump unterhielt sich mit Graham am Tag darauf, dem Valentinstag. Graham war der selbst ernannte Mittelsmann zwischen den Republikanern im Senat und einem wütenden Ex-Präsidenten.

Grahams Beziehung zu Trump war seit dem Aufstand vom 6. Januar erheblich komplizierter geworden. Sie waren echte Freunde, vereint durch politische Gespräche und Golf. Sie konnten ernsthafte Unterhaltungen führen. Kein anderer Präsident hatte Graham so eingebunden wie Trump. Und die Beziehung zu ihm verschaffte ihm auch größere Sichtbarkeit in den Nachrichten und in der GOP. Im Fernsehen war er Stammgast, vor allem bei Fox.

Aber Graham betrachtete seine Verbindung zu Trump auch als politische Notwendigkeit für die republikanische Partei. »Ich weiß nicht, wie wir ohne ihn ein Comeback schaffen sollen«, sagte er. »Und ich weiß auch nicht, wie wir es schaffen sollen, wenn er sich nicht ändert.«

Am 14. Februar war Trump wegen McConnells Rede im Senat schlechter Stimmung und sauer. »Ich kann nicht fassen, dass er so etwas gesagt hat, nach allem, was wir zusammen durchgemacht haben«, wütete Trump gegenüber Graham. Und so ging es weiter. Steuersenkungen. Richter und der Supreme Court. Deregulierung.

Graham berichtete ihm, McConnell sei immer noch zornig. Er glaube, Trump habe den Republikanern und ihm die Mehrheit im Senat gekostet durch den Verlust der beiden Sitze aus Georgia.

Trump stürzte sich wieder auf McConnell.

Graham befürchtete, es könnte die Republikaner um eine goldene Gelegenheit bringen, die Macht 2022 zurückzugewinnen, wenn McConnell und Trump sich nicht wieder versöhnten. Die Demokraten würden dieses Zerwürfnis nutzen, um die Partei zu spalten.

»Sie werden Auszüge aus Mitchs Rede für den Wahlkampf 2022 in Arizona, New Hampshire, Georgia und anderen umstrittenen Staaten nutzen«, prophezeite Graham. »Und sie werden sagen: ›Das sagt Mitch McConnell über Trump. Was halten Sie davon?‹«

Bei Fox News versicherte Graham am selben Abend, wer glaube, dass Trump einfach weggehen oder dass man ihn aus der Partei hinaustreiben könne, liege falsch: »Er ist bereit, das hinter sich zu lassen und die republikanische Partei neu aufzubauen.«[3]

Tage später machte McConnell, zumindest öffentlich bei Fox, einen Rückzieher. Er sagte, er werde Trump »unbedingt« unterstützen, wenn die Republikaner den Ex-Präsidenten 2024 wieder nominierten.[4]

Graham sah in der Bemerkung einen Versuch McConnells, den Frieden zu wahren. Aber er wusste, dass sich nichts wirklich geändert hatte. Im Pressebericht aus McConnells Büro zu dem Auftritt bei Fox News wurde seine Kritik an Biden in den Vordergrund gestellt. Sein Versprechen, eine mögliche dritte Nominierung Trumps zu unterstützen, wurde nicht einmal erwähnt.

Graham bearbeitete Trump weiter, versuchte, ihn für die Republikaner bei der Stange zu halten.

»Mr. President, wenn wir 2022 erfolgreich sein wollen, müssen wir unsere beste Mannschaft auf den Platz stellen«, sagte Graham in einem weiteren Telefonat zu Trump und zählte einige republikanische Senatoren auf wie John Boozman aus Arkansas, John Hoeven aus North Dakota und Roy Blunt aus Missouri. Sie alle waren unauffällige Abgeordnete, deren Wiederwahl anstand. Sie könnten einen Trump-Bonus gebrauchen, sagte Graham. »Je früher Sie sie unterstützen, umso besser.«

Trump sagte, er greife ihnen gerne unter die Arme. Er schien bereit, den Kampf wieder aufzunehmen. Aber er war sehr viel interessierter daran, sich an Republikanern wie der Kongressabgeordneten Liz Cheney und anderen zu rächen, die im Amtsenthebungsverfahren gegen ihn gestimmt hatten. Sie seien illoyale und unbekehrbare Verräter.

»Das Wichtigste ist jetzt, dass Sie den Schaden mit Mike Pence beheben«, sagte Graham zu ihm. »Allgemein glaubt man, dass Mike Pence unglaublich loyal Ihnen gegenüber war und Sie ihn schlecht behandelt haben.«

Keine Chance, sagte Trump.

»Ich verstehe ja, dass Sie geglaubt haben, Sie hätten die Wahl gewonnen, und dann nicht darüber hinwegkamen, dass Sie verloren haben«, sagte Graham. »Aber Sie haben von Pence mehr verlangt, als er Ihnen geben konnte, und Sie haben unfaire Dinge über ihn gesagt. Ich halte es für das Beste, Mr. President, wenn Sie das wieder hinbiegen, sofern Sie es können.«

Trump schwieg.

Am selben Wochenende veranstaltete Trump ein Dinner in Mar-a-Lago mit Freunden, unter ihnen Corey Lewandowski, Trumps kratzbürstiger ehemaliger Wahlkampfmanager von 2016, der ihm immer noch nahestand, sowie die ehemalige Generalstaatsanwältin von Florida Pam Bondi, eine von Trumps Verteidigerinnen bei seinem ersten Amtsenthebungsverfahren.

Ständig traten Clubmitglieder und Gäste auf Trump zu, unterwürfig und verzaubert, und hofierten ihn: »Sie sind der großartigste Präsident, seit ich geboren wurde! Der beste!«

Trump fragte sie nach McConnell. Er sagte, er bedaure immer noch, dass er McConnells Wiederwahl 2020 unterstützt habe. »Ich weiß, dass McConnell mich hasst. Aber was sollte ich tun? Jemand anderen unterstützen?«

Er war wütend auf Kevin McCarthy, den Oppositionsführer im Repräsentantenhaus, weil er ihn wegen der Wahlbetrugsvorwürfe schlechtgemacht hatte. »Der Typ hat mich jeden Tag angerufen und so getan, als wären wir beste Freunde, und dann ist er mir in den Rücken gefallen. Er ist kein guter Mensch.«

Lewandowski sagte später, es habe ihn überrascht, dass ausgerechnet Trump scheinbar nicht verstanden hatte, dass hohe republikanische Parteifunktionäre sich von Eigeninteressen leiten ließen.

»Kevin kam her und hat mir den Hintern geküsst, weil er will, dass ich ihm helfe, die Mehrheit zurückzugewinnen«, erzählte Trump.

Er sah sich auf seinem Anwesen um, auf dem es von Bewunderern und Bewohnern von Palm Beach wimmelte. »Twitter hat mich gesperrt«, sagte er. »Es ist so entspannend ohne. Wissen Sie, wem ich alles die Hölle heißmachen müsste, wenn ich dort noch aktiv wäre?«

Pence mietete ein Haus im nördlichen Virginia und ein Büro in Crystal City, neben dem Ronald Reagan Washington National Airport. Sein Leben war nun ruhiger. Die Fahrzeugkolonne des Vizepräsidenten war Vergangenheit. Nur noch ein paar wenige Agenten des Secret Service waren ihm zugewiesen. Er arbeitete an einem Buch und ein paar Vorträgen. Sein eigentliches Projekt waren politische Sichtbarkeit und Rehabilitierung. Er wollte im Spiel bleiben für 2024.

Am 23. Februar begrüßte Pence Mitglieder des Republican Study Committee, einer konservativen Fraktion im Repräsentantenhaus, deren Vorsitzender er einmal gewesen war, in seinem neuen Büro. Es war eine Gelegenheit, den erfahrenen Staatsmann zu spielen.

Keiner der anderen erwähnte Trump, daher tat es Pence. Er versicherte ihnen, dass er und der Präsident ein paar gute Telefonate geführt hätten. Keiner fragte nach Einzelheiten. Es war, als spräche ein Freund über seine geschiedene Ehe, während man selbst Gründe finden will, um beide zu mögen.

Bei den Erinnerungen an seine Tage im Abgeordnetenhaus zehn Jahre zuvor wurde Pence nostalgisch. Er erzählte, dass im Jahr 2009 kein einziger Republikaner für Präsident Obamas Konjunkturpaket gestimmt habe – und er sagte, dass sich die Konservativen heute Bidens Rettungsplan genauso widersetzen sollten. Keine einzige Stimme. Es war die Gelegenheit, die Partei bei einer Sache zu vereinen.

»Dies ist ein entscheidender Moment für uns, für die Republikaner«, sagte Pence. »Obama hat uns bei den Verhandlungen außen vor gelassen, und wir sagten damals, dass wir nicht zu diesem Gesetz beitragen, wenn er uns nicht am Verhandlungstisch haben will. Unsere Partei muss ihre Position in Bezug auf Staatsausgaben wieder einnehmen«, forderte Pence.

Allerdings bringe diese Botschaft gewisse »Komplikationen« mit sich, fügte er hinzu. Aber er sprach nicht explizit von Heuchelei. Die Republikaner hatten unter Trump viele Billionen ausgegeben und die finanzpolitische Zurückhaltung völlig aufgegeben. Die Staatschulden der Vereinigten Staaten waren in die Höhe geschnellt. Aber es war ein Leichtes, zur Politik des erhobenen Zeigefingers früherer Jahre zurückzukehren.

Die konservativen Abgeordneten um Pence nickten, vom Vorsitzenden der Gruppe, Jim Banks aus Indiana, bis Lauren Boebert, einer frisch gewählten, hitzköpfigen jungen Frau aus Colorado. Auch ihnen waren die Komplikationen bewusst, aber im Moment ging es nur um den Kampf.

ZWEIUNDSECHZIG

Am 27. Februar verabschiedete das Repräsentantenhaus Bidens 1,9-Billionen-Dollar-Rettungspaket, einschließlich der Klausel, die den Mindestlohn ab 2025 auf 15 Dollar pro Stunde anhob. Es war ein knapper Sieg gewesen mit 219 zu 212 Stimmen, ohne ein einziges Ja von den Republikanern.

Sprecherin Pelosi beschrieb das, was die Demokraten in die Wege leiteten, mit biblischen Begriffen: »Ich sehe darin das Matthäusevangelium. Denn ich war hungrig und ihr habt mir zu essen gegeben; ich war fremd und ihr habt mich aufgenommen.«

Die Parlamentarierin des Senats Elizabeth MacDonough hatte Tage zuvor entschieden, dass ein Gesetz, das den Mindestlohn auf 15 Dollar pro Stunde anhob, gegen die Vorschriften für die Reconciliation verstieß und daher nicht mit dem Rettungspaket beschlossen werden könne.[1]

Biden hatte sich im Wahlkampf 2020 für einen Mindestlohn von 15 Dollar die Stunde ausgesprochen, aber er und seine Top-Berater waren nicht erpicht darauf, sich mit der Parlamentarierin anzulegen. Pelosi ließ die Klausel jedoch drin, weil sie wusste, dass ihre Parteikollegen sie wollten. Die demokratischen Senatoren würden sie abtrennen müssen.

Dass die Klausel drinblieb, war auch ein unverblümter Hinweis an die demokratischen Senatoren: Die demokratische Fraktion im Repräsentantenhaus ist liberaler als ihr. Vergesst das nicht. Wenn ihr das Gesetz aufweicht, könnte das die Zustimmung gefährden, wenn es wieder ins Repräsentantenhaus zur Abstimmung zurückkommt.

Ron Klain hatte immer kleine Notizkärtchen in der Jackentasche. Darauf stand alles in winziger Schrift. Der Zeitplan des Präsidenten, To-do-Listen, das Tagesprogramm für die Mitarbeiter des Weißen Hauses, zu erledigende Telefonanrufe.

Ende Februar stand auf dieser Liste ganz oben: Gemäßigte Demokraten im Senat von Bidens Rettungsplan überzeugen.

Klain führte jede Menge Gespräche mit diesen Senatoren. Erstaunt stellte er etwas fest, das er als »vollständige Inversion in der amerikanischen Politik« bezeichnete. Bernie Sanders und Verbündete vom linken Flügel wollten, dass auch Menschen, die sechsstellige Jahreseinkünfte – 100 000 Dollar – oder mehr hatten, die Hilfsschecks bekamen. Die Gemäßigten waren strikt dagegen und wollten, dass das Geld vor allem armen Menschen zugutekam.

Am Ende einigten sie sich auf einen Kompromiss: Paare, die 150 000 Dollar verdienten, bekamen den Scheck in voller Höhe, während an jene, die bis zu 200 000 Dollar verdienten, ein Teilbetrag ging, wobei dieser Teilbetrag mit zunehmendem Einkommen rasch kleiner wurde.[2]

Manchin und sieben weitere Demokraten waren mit Teilaspekten des Rettungsplans nicht einverstanden. Klain und der Stab des Weißen Hauses führten über ihre Einwände genau Buch, von großen Bedenken bis zu kleinen Beschwerden. In einem Senat mit ausgeglichener Stimmenverteilung war jeder Demokrat eine wichtige Stütze des Ganzen. Jeder wurde gebraucht.

Klain erinnerte sich, dass sie alle das Leben im Weißen Haus unter Obama schon schwierig gefunden hatten, als 58 Senatoren Demokraten gewesen waren. Jetzt fantasierte er davon, dass er als Stabschef nur drei Tage die Woche arbeiten müsste, wenn Biden 58 Demokraten auf seiner Seite hätte.

Während die Demokraten im Senat ihre Version von Bidens Plan verhandelten, forderten der demokratische Senator Mark Warner aus Virginia und andere mehr Geld, um die Breitbandversorgung in ländlichen Gebieten auszubauen, wo es nur eine mangelhafte Netzanbindung gab.[3]

Mehr als drei Milliarden Dollar waren bereits im Haushaltsplan vom Dezember für die Breitbandprogramme zur Verbesserung der Internetanbindung vorgesehen, eine enorme Summe. Doch Warner und die anderen drängten auf mehr mit der Begründung, dass sich das Leben der Amerikaner durch die Pandemie verändert habe und Hochgeschwindigkeits-Internet unabdingbar für Gesundheitsversorgung, Fernunterricht und Arbeit im Homeoffice sei.

Das Weiße Haus Bidens erklärte sich bereit, die Gesamtsumme der Ausgaben für den Breitbandausbau im Haushaltsjahr 2021 auf 20 Milliarden Dollar zu erhöhen.[4]

Zunächst dachten Warner und die anderen, das bedeute, dass das Weiße Haus 20 Milliarden auf die 3 Milliarden Dollar, die Ende des vorigen Jahres bewilligt worden waren, draufpacken würde, sodass sich eine Gesamtsumme von 23 Milliarden Dollar ergab.

»Das ist aber weniger als angekündigt«, beschwerte sich Warner in einer Zoom-Konferenz kurz darauf. »Sie haben gesagt, Sie würden 20 Millionen draufpacken.« Aus dem Rettungspaket wurde offensichtlich ein Geschenkpaket für Demokraten.

Steve Ricchetti und Warner hatten deswegen einen kleinen Streit, und Ricchetti beharrte auf der Gesamtsumme von 20 Milliarden Dollar für das Jahr 2021. Am Ende stimmten Warner und seine Verbündeten zu und sicherten so zusätzliche 17 Milliarden Dollar für den Breitbandausbau.

Das war eine große Zusage, die größte Breitbandinvestition des Bundes aller Zeiten.[5]

Die internen Zänkereien bei den Demokraten waren ein Zeichen dafür, um wie viel Geld es ging und dass jeder das meiste für seine besonderen Anliegen herausholen wollte. Es war ein echter Fressrausch.

Beim Rettungspaket hatten McConnell und Graham nicht viel mitzureden, dennoch trafen sie sich regelmäßig. Das Hauptthema war nach wie vor Trump und die Rolle, die der Ex-Präsident bei der Vorbereitung der Partei auf einen Wahlsieg im Jahr 2022 spielen sollte.

Graham sagte, Trump sei immer noch der größte Machtfaktor in der Partei. Die 74 Millionen Wählerstimmen, die er bekommen hatte, hallten immer noch nach, und er hatte eine loyale und starke Gefolgschaft. Für McConnell war Graham der »Trump-Flüsterer«. Die Rolle schien ihm zu Graham zu passen. Aber seine Strategie kaufte er ihm nicht ab. McConnell sah Trumps Stern sinken. Er war im Ruhestand. Ein Rennpferd, das seine beste Zeit hinter sich hat.

»Es gibt einen eindeutigen Trend«, sagte McConnell, hin zu einer republikanischen Partei, die nicht mehr von Trump dominiert wird. »Donald Trump zu hofieren ist keine sinnvolle Strategie.«

McConnell erinnerte Graham daran, dass er diese Dynamik schon einmal beobachtet hatte, im Jahr 2014. Damals hatten Republikaner aus dem Partei-Establishment ungestüme Herausforderer von der Tea Party wie Christine O'Donnell in Delaware geschlagen. Viele Republikaner hatten ihn damals gewarnt, die Tea Party werde die GOP schlucken und jedes Rennen gewinnen.

Stattdessen hatten die Republikaner die Kontrolle über das Repräsentantenhaus gehalten,[6] sogar 13 Sitze dazugewonnen und so die größte Mehrheit seit 1929 errungen.[7] Im Senat hatten sie die Kontrolle zurück- und neun Sitze dazugewonnen, die größte Zunahme seit Reagans Jahr 1980.

Das Jahr 2022 könne ein zweites 2014 werden, sagte McConnell. Die Republikaner könnten standhaft bleiben und das Normale unterstützen, nicht das Verrückte. Sie sollten sich auf Wählbarkeit konzentrieren und bei Vorwahlen einschreiten, wenn nötig.

McConnell war zuversichtlich, dass seine bevorzugten Kandidaten gegen jedes Mob-Netzwerk, das Trump aufbauen konnte, obsiegen würden. McConnell und sein Team würden besser organisieren, mehr Geldspenden sammeln und theatralische Zusammenstöße vermeiden.

»Trump und ich werden uns nur in die Haare geraten, wenn er sich hinter irgendeinen Clown stellt, der auf keinen Fall gewinnen kann«, sagte McConnell spitz. »Wenn wir den Senat zurückgewinnen wollen, müssen wir so wählbare Kandidaten wie möglich haben.«

Der Sieg musste das oberste Ziel sein. Wenn Trump dabei nützlich war, toll. Wenn nicht, würden sie sich gegen seine Kandidaten stellen. Das war nichts Persönliches, sagte McConnell.

McConnell war zuversichtlich, dass die Demokraten scheitern würden, falls sie versuchten, ihn gegen die Republikaner zu verwenden, selbst wenn sie auf seine Rede vom 13. Februar hinwiesen, in der er Trump eine moralische Verantwortung zugeschrieben hatte.

»Ich bin nicht genug Bösewicht, damit das funktioniert«, sagte er, zumindest nicht in der GOP.

Trump würde es trotzdem versuchen.

DREIUNDSECHZIG

Die größte Hürde für Biden war nach wie vor Joe Manchin. Biden wusste es, Klain wusste es, und Manchin wusste es auch. Am Abend des 2. März, einem Dienstag, fuhr Klain zu Manchins 12-Meter-Boot *Almost Heaven*. Die beiden wollten gemeinsam zu Abend essen, nur sie zwei. Es war ein hübsches Boot, aber nicht superschick. »Almost Heaven, West Virginia« lautet die erste Zeile von John Denvers »Take Me Home, Country Roads«, einer Hymne des Staates. Das Boot war die schwimmende Zitadelle des Senators. »Ich kann die Leinen lösen und einfach wegfahren«, nach Hause, wie er einem Reporter der Zeitschrift *GQ* erzählt hatte.

Ich kann zu Hause den Bürgern von West Virginia nicht erklären, dass sie zusätzlich zu den 1400-Dollar-Schecks, die wir ihnen schicken, weiter 400 Dollar bekommen, wenn sie eine Woche länger arbeitslos bleiben, sagte er.

Das Arbeitslosengeld sei zu hoch und werde zu lange ausgezahlt, klagte Manchin. Der 400-Dollar-Zuschlag müsse auf 300 Dollar verringert und die Laufzeit gekürzt werden. Das war seine Grundforderung.

Klain wusste von Manchins Versprechen an Biden, dass er das Paket nicht scheitern lassen würde, aber Manchin war ein echter Nonkonformist, der sich nicht unter Druck setzen ließ. Klain verließ die *Almost Heaven* an jenem Abend nach dem Essen mit der Überzeugung, dass man Manchin irgendwie entgegenkommen musste.

Nicht nur Klain umwarb Manchin. Auch Senator Portman hatte, von McConnell dazu ermutigt, mit Manchin seit Anfang Februar Gespräche geführt, als klar wurde, dass die Gruppe der zehn Republikaner kein Gehör finden würde.

Manchin war immer noch im Spiel. Portman legte einen Änderungsvorschlag zum Rettungspaket vor, nach dem die 400 Dollar wöchentlicher Zuschlag auf 300 Dollar gekürzt und für kürzere Zeit ausgezahlt werden sollte.

Das gefiel Manchin.[1] Der Betrag von 300 Dollar war ebenso eine psychologische, symbolische rote Linie wie eine politische Position. Er hatte sich in den letzten Wochen mit gemäßigten demokratischen Wirtschaftspolitikern unterhalten, wie dem ehemaligen Finanzminister Larry Summers, der in einem Gastkommentar in der *Washington Post* gewarnt hatte, zu hohe Staatsausgaben könnten eine Inflation auslösen. Er hatte außerdem mit dem ehemaligen Wirtschaftsberater Obamas Jason Furman gesprochen.

Diese Gespräche bestätigten Manchins Bauchgefühl, dass die Arbeitnehmer so früh wie möglich bereit sein sollten, an ihre Arbeitsplätze zurückzukehren. Die Wirtschaft würde sich erholen, und die verlängerte Auszahlung von Arbeitslosengeld war ein zu starker Anreiz für die Leute, um zu Hause zu bleiben.

Manchin gab Portman sein Wort, dass er den Änderungsantrag mit den 300 Dollar unterstützen würde.

Bidens Covid-Koordinator Jeff Zients erstattete dem Präsidenten täglich Bericht. Das Pentagon bewilligte einen Antrag der FEMA auf militärische Unterstützung und entsandte mehr als 1000 Nationalgardisten zu Impfzentren. Im ganzen Land wurden lokale Impfzentren eingerichtet. Biden hatte versprochen, in seinem ersten Monat im Amt 100 Impfzentren zu unterstützen. Inzwischen waren es 441.[2]

Gerade lief ein Pilotprogramm an, bei dem Impfungen in Apotheken verabreicht werden sollten. Durch den Public Readiness and Emergency Preparedness Act konnten Pflegekräfte, Ärzte und andere Beschäftigte aus dem Gesundheitswesen, die eigentlich im Ruhestand waren, Impfungen verabreichen.

Aber es wurde nicht einmal annähernd genug getestet, vor allem bei asymptomatischen Menschen. Die Vereinigten Staaten lagen weltweit auf Platz 32 bei der Genomsequenzierung, der Testmethode, mit der neue Varianten entdeckt wurden. Neue Mutationen aufzuspüren war entscheidend, um die Verbreitung des Virus zu verlangsamen, weil neue Mutationen oft ansteckender waren. Frühe Testungen, wenn die Varianten noch selten auftraten, waren besonders wichtig. Zients fand diesen Rückstand absurd, und er bat Biden um mehr Geld, um dieses Handicap zu beseitigen.

Biden genehmigte die Gelder, trieb Zients aber weiterhin scharf an. »Schaffen Sie das?«, fragte er ihn und klang dabei ein wenig skeptisch.

Zients versprach, dass bis Ende März im ganzen Land Hunderte von lokalen Impfzentren den Betrieb aufnehmen würden. Mit einem Speichenmodell sollte sichergestellt werden, dass die Impfstoffe in gefährdeten Gemeinden fair und gerecht verteilt wurden.

»Werden wir es wirklich schaffen, Tausende davon einzurichten? Wie viele Menschen werden wir erreichen?«, wollte Biden wissen. »Woher kommen sie?« Er fragte sogar: »Wie sehen sie aus?«

»Wo stehen wir bei den mobilen Impfteams?«, erkundigte sich Biden bei vier Meetings, von etwa 40, die Biden schon früh zum Virus abhielt. Zients hielt den Präsidenten mit vier Memos über die Fortschritte des Programms auf dem Laufenden. Ende März wurden in 950 der 1385 lokalen Zentren Impfungen verabreicht, viele nutzten mobile Impfmobile und Pop-up-Impfstationen.

Zients berichtete, dass die FEMA 4 Milliarden Dollar Unterstützung an die Staaten ausgezahlt habe.

Derweil arbeitete Sonya Bernstein immer noch von ihrer Untergeschosswohnung aus.

»Jedes Mal, wenn ich die beiden Stufen vor meiner Haustür hinaufginge, blendete mich das Licht«, witzelte sie gegenüber anderen. Sie befand sich in Isolation. Es war das operative Ende der Viruskampagne, bei der allen Bereichen der Bundesregierung Befehle gegeben und Anweisungen erteilt wurden. Totale Mobilmachung.

VIERUNDSECHZIG

Mehrheitsführer Schumer rief Sprecherin Pelosi an, als das Rettungspaket im Senat ins Stocken geriet. Ohne Schadenfreude. Rein geschäftlich. Es war an der Zeit, das Gesetz zum Abschluss zu bringen.

Wir sind enttäuscht, dass wir den Mindestlohn da nicht hineinbekommen. Es hat uns so viel bedeutet, sagte Schumer. Aber das ist die Realität. Pelosi stimmte ihm zu. Es sei eine Enttäuschung, aber sie konnten nicht zulassen, dass es Bidens ganzes Gesetzespaket zu Fall brachte.

»Wir werden es später durchbringen«, sagte Pelosi über die Erhöhung des Mindestlohns. »Das werden wir, und wenn wir es tun, dann wird es mehr sein müssen als 15 Dollar die Stunde.«

Neben der Erhöhung des Mindestlohns streichen wir auch noch mehrere Milliarden an Hilfen auf staatlicher und lokaler Ebene und investieren sie stattdessen ins Breitband-Internet für ländliche Regionen, sagte Schumer.

Und drittens werden wir die wöchentliche Arbeitslosenhilfe von 400 auf 300 Dollar senken müssen.

Meinen Liberalen werden diese Änderungen nicht gefallen, meinte Pelosi.

Sie kannte ihre Leute. Sie beobachtete den House Progressive Caucus genau. Diese Abgeordneten stritten gern, vor allem mit ihr, und insbesondere der »Squad« aus jungen, progressiven Frauen wie der Abgeordneten Ocasio-Cortez, die Pelosi bei einem Einwanderergesetz, das sie unterstützt hatte, die Gefolgschaft verweigert hatte.[1] Wenn diese Abgeordneten sich statt 400 Dollar Zuschlag mit 300 Dollar ohne weitere neue Vergünstigungen zufriedengeben sollten, war es gut möglich, dass sie rebellierten.

Jede Änderung ist ein Schlag gegen die Mehrheit meiner Fraktion, sagte Pelosi. Wenn Sie wollen, dass sie das Gesetz schlucken, dann müssen Sie mir etwas geben.

Schumer schlug eine Änderung vor – ein Steuernachlass von 10 200 Dollar, sodass das Arbeitslosengeld von der Steuer befreit wäre.

Das ergab für Klain, der an allen Verhandlungen beteiligt war und sie aufmerksam beobachtete, Sinn. Ohne den Steuernachlass würden viele Arbeitslose am Stichtag einen Steuerbescheid bekommen. Das wäre ein Albtraum und würde zu dem führen, was Klain als »einen dieser Derblöde-Kongress-sollte-etwas-unternehmen-Momente« bezeichnete.

Schumer schusterte mit dem demokratischen Senator Tom Carper aus Delaware einen neuen Änderungsvorschlag zusammen: Der Zuschlag zum Arbeitslosengeld bleibt bei 300 Dollar und wird bis Ende Oktober ausgezahlt, es gibt einen Steuerfreibetrag von 10 200 Dollar.[2]

Pelosi versprach Schumer und dem Weißen Haus, dass sie das Gesetz so durchbringen konnte, aber dabei musste es bleiben. Es durfte keine Veränderungen mehr geben. »Lassen Sie es uns einfach zu Ende bringen«, sagte sie. »Machen wir es einfach.« Klain und die anderen hatten nichts dagegen einzuwenden.

Schumer und sein Whip-Team hielten sich bedeckt und waren zurückhaltend bezüglich dessen, was am Freitag bei der Abstimmung geschehen würde.

»Als Whip nimmt man gar nichts als gegeben an, bis die Stimmen ausgezählt ist«, erklärte Senator Dick Durbin aus Illinois gegenüber der CNN. »Ob wir es schaffen, dass 50 demokratische Senatsmitglieder bis zum Schluss loyal bleiben und die Vizepräsidentin den Stimmengleichstand entscheiden kann, muss sich noch erweisen.«[3]

Als Manchin von dem neuen Änderungsvorschlag erfuhr, nach dem 300 Dollar bis Ende Oktober ausgezahlt und ein Steuerfreibetrag von 10 200 Dollar gewährt werden sollten, ging er an die Decke. »Das haben wir so nicht vereinbart.« Ja, er hatte Biden versprochen, dass er das Rettungspaket nicht scheitern lassen würde. Aber dieser verlängerten Auszahlungsdauer für Arbeitslosengeld hatte er nie zugestimmt.

»Sie behaupten also, ich würde mich nicht an mein Versprechen halten«, sagte Manchin zu seinen Mitarbeitern, als spräche er mit Klain oder Biden, »aber Sie halten sich nicht an Ihr Versprechen.« Damit stürmte er aus dem Büro.

Klain kam am Freitag, dem 5. März, früh ins Weiße Haus und merkte, dass alle hier unglücklich aussahen.

Im Senat fand gerade die Abstimmung über Bernie Sanders' Änderungsvorschlag zur Erhöhung des Mindestlohns auf 15 Dollar statt. Es würde wohl eine lange Abstimmung werden. Aber Sanders drohte, gegen das Rettungspaket insgesamt zu stimmen, wenn sein Vorschlag durchfiel. Die Erhöhung des Mindestlohns erhielt nur 42 Stimmen.[4]

»Wenn Bernie Sanders gesagt hätte, ›Ich verteidige diesen Hügel bis zum Tod‹, dann wäre das der Wendepunkt gewesen«, sagte Senator Richard Blumenthal aus Connecticut zu anderen. Das wäre das Ende des Rettungsplans gewesen. Aber Sanders stand zu dem Gesetz und zu Biden.

Klain hatte seit den Vorwahlen ständig mit Sanders zu tun gehabt. In der Übergangsphase hatten Klain und Sanders sogar erwogen, Sanders als Arbeitsminister ins Kabinett zu bringen. Unter vier Augen hatte Sanders Klain anvertraut, dass ihm die Vorstellung gefiel. So könnte er ein paar Leuten in den Hintern treten, an Gewerkschaftsprotesten teilnehmen und vor Amazon-Zentren auftauchen. Aber als die Demokraten die Mehrheit gewannen, verwarfen Klain und Sanders die Idee. Stattdessen sollte Sanders Vorsitzender eines Komitees werden.

Nachdem die Klain-Verbündete und Leiterin eines liberalen Thinktanks Neera Tanden von Biden zur Direktorin des Office of Management and Budget ernannt worden war, äußerte sie sich auf Twitter aggressiv gegen Sanders und erntete dafür scharfe Kritik. Gleichzeitig versuchten die Republikaner Sanders dazu zu verleiten zurückzuschlagen.

»Sie haben Sanders praktisch eine ignorante Schlampe genannt«, erklärte Senator John Kennedy aus Louisiana bei ihrer Bestätigungsanhörung und spielte damit auf den berühmten *Saturday-Night-Live*-Sketch an.[5]

Als Geste des guten Willens gegenüber dem Weißen Haus erledigte Sanders die Sache ohne großes Aufsehen. Er bat Tanden zu sich in sein Büro im Senat. Er hatte ihre Tweets ausgedruckt, um sie mit ihr durchzugehen. Er wollte ihr klarmachen, dass er darüber nicht glücklich war. Aber er wollte keinen öffentlichen Streit.
»Bitte verlassen Sie alle den Raum«, sagte er zu seinen Mitarbeitern. »Ich möchte mich allein mit ihr unterhalten.«
Am Ende zog Tanden ihre Aussagen zurück.[6]

Schumer war erst kurze Zeit Mehrheitsführer, aber Manchin hatte die Grundsätze für eine Zusammenarbeit vorgegeben und erklärt, wie er als Teil der Mehrheit arbeiten würde.

Er wiederholte den Ansatz, den er bereits bei Harry Reid verfolgt hatte: »Wenn ich es zu Hause erklären kann, dann stimme ich dafür. Wenn ich es nicht erklären kann, kann ich nicht dafür stimmen.« Er hatte Reid immer im Voraus darüber informiert, wie er abstimmen würde, um Überraschungen zu vermeiden. West Virginia sei ein sehr republikanischer Staat, sagte er, und deshalb würde er immer die unabhängigste Stimme sein und am häufigsten von der Parteilinie abweichen.

An jenem Morgen ging Manchin zu Schumers Mehrheitsführer-Büro im Kapitol.

»Hey Chuck«, grüßte Manchin. »Ich möchte Sie darüber informieren, dass ich nicht für diese Nachbesserung beim Arbeitslosengeld stimmen werde.« Er meinte damit die Carper-Änderung, die die Auszahlung des 300-Dollar-Zuschlags bis zum 4. Oktober und die Steuerbefreiung über 10 200 Dollar vorsah, die das Repräsentantenhaus zufriedenstellen sollte. »Das ist nicht der Deal, auf den wir uns geeinigt haben.« Er wollte stattdessen für den Portman-Vorschlag stimmen. »Ich sage Ihnen mal was. Wir sind da einfach unterschiedlicher Meinung. Verstehen Sie das? Wir sind unterschiedlicher Meinung.«

Die Nachricht verbreitete sich rasch. Auf dem Weg zum Sitzungssaal sprach der Senator Angus King aus Maine Manchin an, ein Unabhängiger, der mit den Demokraten eine Fraktion bildete: »Joe, lass uns diesen Deal einfach annehmen. Es wird gut ausgehen.«

Nein, nein, widersprach ihm Manchin. Das wird es nicht.

Manchins Stabschef Lance West schlug ihm vor, in seinem versteckten Büro im Keller des Kapitols zu arbeiten. Es lag ganz in der Nähe einer Cafeteria, wo er sich mit Essen versorgen und andere Senatoren meiden konnte.

Die demokratische Senatorin Amy Klobuchar aus Minnesota sondierte im Senat auf eigene Faust und rief dann Steve Ricchetti im Weißen Haus an. Manchin mache keine Scherze, warnte sie. Der Rettungsplan würde scheitern. Heute Abend. Bidens erste 100 Tage würden von einer innerparteilichen Machtprobe gezeichnet sein.

Der Anruf brachte die Dinge ins Rollen.

Klain und andere sprachen mit Biden darüber. Vielleicht war es an der Zeit, dass er Manchin anrief, der ihm versprochen hatte, dass er das Rettungspaket nicht scheitern lassen würde.

Biden zögerte. Er hatte schon Hunderte parlamentarische Kämpfe durchgestanden. Ein Anruf des Präsidenten hatte besonderes Gewicht. Es war das letzte Überzeugungsmittel.

»Ich kann diesen Anruf nur einmal machen«, gab er zu bedenken.

»Wir müssen entscheiden, ob jetzt der richtige Moment dafür ist. Ist es das Richtige?«

Alle schienen der Meinung zu sein, dass es das Richtige war.

»Ich kann das nur einmal machen«, wiederholte Biden.

Biden rief Joe Manchin gegen 13 Uhr an. Manchin war in seinem Versteck gemeinsam mit seinem Stabschef Lance West.

»Joe«, begann Biden. »Sie wollten das Arbeitslosengeld niedriger haben. Das haben wir gemacht. Sie haben auf einem bestimmten Datum bestanden« für den Zuschlag zum Arbeitslosengeld. »Wir haben uns damit befasst. Sie wollten Schecks für eine bestimmte Zielgruppe. Das haben wir gemacht. Aber das war es jetzt. Sie müssen mitspielen.«

Manchin korrigierte Biden. Er sagte, die zusätzlichen Arbeitslosenschecks seien zwar niedriger, würden aber über längere Zeit in den Herbst hinein ausgegeben. Die Menschen würden für einige Zeit dafür bezahlt werden, dass sie nicht arbeiteten.

Und dann machte er seinem Ärger über den neuen Steuerfreibetrag über 10 200 Dollar Luft, von dem er eben erst erfahren hatte. Jemand, der nicht arbeitete, sollte eine Steuererleichterung bekommen, die jemand, der arbeitete, nicht bekam.

»Joe«, versuchte Biden es erneut, »wenn Sie nicht mitmachen, dann lassen Sie mich wirklich im Regen stehen. Ich brauche Sie. Finden Sie eine Möglichkeit, wie Sie Ja sagen können.«

»Ich weiß nicht, ich habe Rob Portman mein Wort gegeben«, zögerte Manchin. Er spreche mit Ökonomen, und die sagten ihm, die Wirtschaft werde abheben wie eine Rakete. Mr. President, die Menschen müssen spätestens im Juli wieder zur Arbeit gehen. Mr. President, Sie haben gesagt, im Mai könnten wir allen Bürgern, die geimpft werden wollen, Impfstoff anbieten.

Ich muss dieses Gesetz durchbringen, entgegnete Biden nachdrücklich mit einem Hauch Irritation. Sie sind dafür verantwortlich, wenn ich dieses Gesetz nicht durchbringe.

»Sie müssen mir vertrauen«, sagte Manchin. »Sie werden nicht verlieren.« Seine Absicht sei es nicht, das Gesetz zu Fall zu bringen, er wollte nur, dass ein paar Teile entfernt wurden. Er sei auf Bidens Seite, aber er erwarte, dass das Weiße Haus ihm entgegenkam.

»Verdammt, Joe«, sagte Biden ungeduldig. »Ich muss dieses Gesetz durchbringen.«

»Mit allem gebührenden Respekt, Mr. President«, erwiderte Manchin. »Dieses Gesetz könnten Sie nicht einmal mit einem Fass Dynamit zu Fall bringen. Das könnten Sie nicht einmal mit einem Haufen Nitroglycerin hochjagen. Da steckt zu viel Gutes drin.«

Er fügte hinzu: »Jede kleine Kommune bekommt dadurch Geld. Sie werden, zum ersten Mal, ihr Schicksal selbst in die Hand nehmen. Sie können ihre Wasserversorgung reparieren, die Abwasserrohre, die Internetverbindung. Wir tun damit viel Gutes, Mr. President.«

»Joe, bringen Sie mein Gesetz nicht zu Fall«, bat Biden. Es war eine persönliche Bitte.

»Ihr Gesetz wird durchgehen, Mr. President. Das versichere ich Ihnen.« Dann kam die manchinsche Sturheit, vor der sich das Weiße Haus fürchtete, zum Vorschein. »Ich werde hierbei nicht einknicken. Sie müssen mir etwas geben. Wir müssen eine Übereinkunft treffen. Aber machen Sie sich keine Sorgen, Mr. President. Das schaffen wir.«

Das Gespräch war beendet. Biden wies seine Mitarbeiter an, dafür zu sorgen, dass die Sache geklärt wurde. Klain war überzeugt, dass diese Weigerung Manchins etwas mit Portman zu tun hatte.

In seinem Versteck blickte Manchin zu seinem Stabschef Lance West. »Die kennen meinen Standpunkt, oder?«, fragte er. »Die wissen, dass ich bei 300 Dollar stehe. Das ist nichts Neues für sie.«

»Natürlich, das sagen Sie ja schon lange«, versicherte ihm West.

»Machen Sie sich an die Arbeit, sorgen Sie dafür, dass das korrigiert wird«, wies Manchin ihn an.

»Sagen Sie mir, wen ich anrufen soll. Ich rufe sofort an. Sie werden es korrigieren.«

Schumer erkannte, dass der Zeitpunkt für ein politisches Manöver gekommen war. Er schlug vor, nacheinander über die Änderungsvorschläge abstimmen zu lassen. Wenn Manchin zuerst für den Portman-Vorschlag stimmte, hielt er so sein Wort. Dann konnten sie den Carper-Vorschlag zur Abstimmung stellen. Der wäre so formuliert, dass er den Portman-Vorschlag aufhob, und Manchin konnte dafür stimmen. Das Gesetz hätte dann die 50 Stimmen für einen Gleichstand, den Vizepräsidentin Harris dann entscheiden konnte.

Pelosi erinnerte Schumer, dass er sich an ihren Deal halten musste. Wenn der Portman-Vorschlag durchging, wie er war, und die Arbeitslosenhilfe auf 300 Dollar gesenkt und nur bis Ende Juli ausgezahlt wurde, konnte sie nicht garantieren, dass das Gesetz im Repräsentantenhaus Zustimmung fand.

FÜNFUNDSECHZIG

Gegen 15 Uhr am 5. März sah Senatorin Debbie Stabenow aus Michigan Manchin zu seinem Büroversteck eilen.

Sie klopfte an seine Tür. Manchin bat sie herein und lud sie ein, sich mit ihm auf die Couch zu setzen.

Er begann über seine Bedenken bezüglich des Gesetzesvorschlags zu sprechen – zu lange Auszahlungsdauer des Arbeitslosengeldes, die Steuerbefreiung über 10 200 Dollar.

Stabenow hielt Manchins Einwände für unbedeutend – kleinere Punkte, keine großen Probleme. Jemand musste die Wahrheit aussprechen. Deutliche Worte finden. Sie war seit den Tagen Jimmy Carters als Präsident gewählte Volksvertreterin. Man durfte nicht zulassen, dass eine Person etwas zu Fall brachte, das bereits beschlossen war, wenn zu 99 Prozent eine Einigung erreicht war.

»Wissen Sie was, Joe?«, fragte Stabenow. »Jeder von uns könnte sich so verhalten. Wir sind 50 Menschen hier. Glauben Sie, das Gesetz ist für mich in allen Punkten perfekt?«

Manchin hörte ihr zu.

»Die Wahrheit ist, dass einige Kollegen hier im Haus sich ziemlich über Sie ärgern«, sagte sie. »Ist Ihnen das klar?«

»Ich weiß, ich weiß, ich weiß, Deb«, antwortete Manchin. »Aber Sie verstehen das nicht. Ich repräsentiere West Virginia.«

»Und ich repräsentiere Michigan. Eine Menge Leute denkt ähnlich wie Sie, aber wissen Sie was? Unsere Fraktion besteht nicht nur aus einer Person. Wir sind 50. Und wir müssen hier irgendwie zusammenkommen, selbst wenn etwas für unseren eigenen Staat nicht perfekt ist. Weil, wissen Sie was? Dieses Gesetz wird nicht nur für West Virginia gemacht. Es wird auch nicht nur für Michigan gemacht.«

Manchin sprach über Arbeitslosigkeit. Jetzt, wo die Impfstoffe zügig verteilt wurden, wollte er, dass die Menschen lieber zur Arbeit gingen, als das Arbeitslosengeld zu kassieren und zu Hause zu bleiben. Er befürchtete, dass Unternehmen nicht genug Arbeitskräfte finden würden.
»Sie waren Gouverneur«, erinnerte ihn Stabenow. »Sie wissen, dass nichts perfekt ist. Man versucht nur, es gut hinzubekommen.«
»Sie sind egoistisch.«
Stabenow hatte deutliche Worte gewählt, das wusste sie, vielleicht ein bisschen zu sehr. Aber sie hielt es für angemessen. Jeder in der demokratischen Fraktion im Senat schlich um Joe herum. Irgendjemand musste ihm sagen, was alle dachten. Es gab echten Ärger wegen der Verzögerungen. Sie wusste außerdem – wie alle es wussten –, dass Joe gerne gemocht wurde. Er lud Gäste auf sein Boot ein. Er war nicht die Art von Senator, der es genoss, der Böse zu sein.

Als Nächstes ging Stabenow zum Versteck von Senator Tim Kaine aus Virginia. Senatorin Kyrsten Sinema aus Arizona, eine gemäßigte Demokratin, war bereits dort und blickte auf.

»Und?«, fragte sie.

»Ich weiß es nicht«, antwortete Stabenow. »Ich weiß es nicht. Ich habe ihm die Wahrheit gesagt. Ich habe ihm gesagt, was er hören musste. Ich weiß es nicht.«

Lance West und Schumers Stabschef setzten eine informelle Pendeldiplomatie in Gang. West ging vom Versteck zu Schumers Büro. Und dann wieder zurück. Die meisten Reporter erkannten ihn nicht, und so konnte er den Weg ohne großes Aufsehen zurücklegen, ganz im Gegensatz zu Schumers langjährigem Stabschef Mike Lynch.

»Oh Scheiße, Sie werden das Gesetz hochgehen lassen«, sagte Lynch, sonst bekannt für seine ruhige Art, früher am Tag zu West.

»Wie ist das überhaupt möglich?«, fragte West.

Lynch skizzierte, was Pelosi zu Schumer gesagt hatte. Wenn das Gesetz weiter verwässert wird, wird die progressive Fraktion im Repräsentantenhaus den Aufstand üben.

»Sie werden es zurückschicken, wenn es keine 400 Dollar bis Ende September gibt«, sagte Lynch.

Wirklich? West war skeptisch. Hatte die progressive Fraktion diese Macht?

»Ich will es nicht herausfinden«, antwortete Lynch.

Für West war das der beste Spruch des Nachmittags. Er erzählte Manchin davon, der es nicht glaubte. Sie würden Bidens Gesetz durchfallen lassen, um ihm eins auszuwischen? So ein Blödsinn. Pelosi war hartnäckig, wie immer. Die Demokraten wollten das Gesetz so schnell wie möglich durchbringen. Das Arbeitslosengeld würde in etwa einer Woche, am 14. März, auslaufen. Manchin schickte ihn zurück. Er sollte einen Kompromiss finden. Bleiben Sie bei den 300 Dollar, aber seien Sie flexibel.

West und Lynch diskutierten daraufhin über einen Kompromiss mit 300 Dollar bis Anfang September, die Steuerbefreiung sollte bleiben, aber eine Obergrenze für höhere Einkommen bekommen. Diese Veränderung hätte reale Auswirkungen für jene, die zu kämpfen hatten. Etwa 18 Millionen Amerikaner waren auf das erweiterte Arbeitslosengeld angewiesen.

Lynch horchte auf. Laut Carpers Originaltext sollte das Geld bis 4. Oktober 2021 ausgezahlt werden. Manchin bot nun an, das Gesetz zu unterstützen, wenn es stattdessen nur bis 6. September lief. Das war machbar. Und die Obergrenze für die Steuerbefreiung? In Ordnung.

Schumer war erfreut über diese Entwicklung. Manchin schien sich besonnen zu haben.[1]

West informierte Louisa Terrell von Bidens Office of Legislative Affairs über den aktuellen Stand der Dinge. »Louisa, ich habe Mike einen Kompromiss vorgeschlagen«, sagte West. »Ich will, dass auch Sie davon wissen, weil ich es für ein gutes Angebot halte und glaube, dass wir damit leben können.«

Terrell sagte, sie werde sich melden.

Biden hatte allen gesagt, dass er nur einmal anrufen konnte. So machten Präsidenten das. Ein Anruf, um einen Senator unter Druck zu setzen. Man durfte es dabei nicht übertreiben.

Sie müssen noch einmal anrufen, sagten Bidens Berater am späten Freitagnachmittag zu ihm. Schumer hatte Carpers Änderungen direkt nach Portmans Änderungsvorschlag zur Abstimmung vorbereitet. Aber Manchin hatte Schumers Vereinbarung noch nicht offiziell zugestimmt.

Sie mussten jetzt Nägel mit Köpfen machten, sagten die Berater.

Biden seufzte. Na gut.

Er rief Manchin an, der gerade vor seinem Versteck stand, als das Telefon klingelte. Er huschte hinein.

Biden war kurz angebunden. Die Sache zöge sich schon zu lange hin. Und Manchin war immer noch nicht einschätzbar, trotz aller Verhandlungen der Teams von Schumer und Manchin.

»Was zum Teufel haben Sie vor, Joe?«, fragte Biden ihn. »Jetzt kommen Sie schon, Mann.«

»Sehen Sie mal«, fuhr er fort. »Wir haben es so hingedreht, dass Sie für Portman stimmen können. Das muss jetzt ein Ende haben. Sie haben gewonnen, Joe. Sie werden als der mächtigste Senator dastehen. Es wird so aussehen, als hätten Sie den Deal ausgehandelt.«

»Akzeptieren Sie ein Ja als Antwort«, beschwor er Manchin. »Sie können für Portman stimmen. Wir haben das Arbeitslosengeld so abgeändert, wie Sie es wollten. Aber Sie müssen die zweite Abstimmung für Carper akzeptieren. Sie müssen Carper unterstützen. Wir müssen hierbei das letzte Wort haben.«

Ein echtes Ja kam immer noch nicht über Manchins Lippen.

»Die verhalten sich, als wollten sie mich dazu zwingen«, beschwerte sich Manchin. »Die können mich mal am Arsch lecken.«

»Joe, ich würde nie von Ihnen verlangen, gegen Ihre Überzeugungen zu stimmen«, beschwichtigte ihn Biden.

Von einem ehemaligen Senator waren das große Worte, dachte Manchin. Es gab viel Druck, damit man sich für das Team oder die Partei opferte. »Mein Team heißt West Virginia«, sagte er. »Niemand hier hat mich eingestellt. Niemand hier kann mich feuern. Nur mein Team in West Virginia kann das, und den Leuten dort muss ich Rede und Antwort stehen.«

Nach dem Anruf hatte Biden das Gefühl, das Manchin die Kurve noch kriegen würde. Auch Klain und die anderen dachten das.

Mike Lynch und Lance West telefonierten miteinander. »Steht der Deal noch?«, frage Lynch.

»Ja«, antwortete West. Der Deal stand.

Schumer rief das Weiße Haus an. Sie hatten es geschafft.

Manchin und West verließen ihr Versteck und gingen zu Schumers Büro. Manchin versprach, er werde Portmans Änderungsvorschlag unterstützen und danach Carpers. Er werde sein Versprechen gegenüber seinen republikanischen Freunden halten, aber Biden nicht im Stich lassen. Sie gingen alles noch ein letztes Mal gemeinsam durch:

- Der 300-Dollar-Zuschlag zum Arbeitslosengeld wird bis zum 6. September verlängert.
- Empfänger von Arbeitslosengeld bekommen einen Steuerfreibetrag von 10 200 Dollar, vorausgesetzt, sie leben in einem Haushalt mit einem Jahreseinkommen von weniger als 150 000 Dollar.

»Ich finde Sie immer noch toll, Kumpel«, sagte Manchin zu Schumer, nachdem er sich über die Gespräche ausgelassen hatte. Er umarmte Schumer.

Später sagte Manchin über sein Gespräch mit Schumer: »Chuck und ich können uns toll lautstark streiten. Kein Wunder, wenn ein Italiener und ein Jude gemeinsam im Raum sind. New York und West Virginia.« Damit war alles gesagt.

Aber die Abstimmung war erst in einigen Stunden, erinnerte Schumer das Weiße Haus. Sie würden den Abend und die frühen Morgenstunden brauchen, um die Änderungen schriftlich aufzusetzen und dem

Congressional Budget Office vorzulegen. Es war kein fertiges Gesetz, daher konnten die Kosten noch nicht endgültig berechnet werden. Bei diesem Abstimmungsmarathon standen weitere Änderungsvorschläge zur Wahl.

Manchin traf sich mit Portman. »Ich habe sie von 400 auf 300 Dollar gedrückt, wie Sie es wollten«, sagte er ihm. »Entscheidend war, die 400 Dollar zu vermeiden.«

Portman bat ihn, bei seinem Änderungsvorschlag zu bleiben: 300 Dollar Zuschlag bis Mitte Juli.

»Das kann ich nicht«, informierte Manchin ihn. »Ich habe diese Anpassung durchgesetzt und kann jetzt keinen Rückzieher machen.«

Gegen 19:45 Uhr hielt Lynch eine Telefonkonferenz mit den demokratischen Stabschefs ab. Er dankte allen für ihre Geduld.

Schumers öffentliche Bekanntmachung der Einigung gegen 20 Uhr am Freitag beendete eine neunstündige Pattsituation.[2] Am Ende der Abstimmung an jenem Abend hatte der Senat einen neuen Rekord für die längste Dauer einer namentlichen Abstimmung aufgestellt – mit fast 12 Stunden. Fast zwei Stunden mehr als der bisherige Rekord.

Die Demokraten waren erschöpft und erleichtert.

Senator Blumenthal nahm Schumers Umgang mit Manchin zur Kenntnis. Schrei ihn an, aber sorge dafür, dass er sich nicht zu weit entfernt, dass er im Team bleibt. Er und andere fragten sich, ob Harry Reid an seiner Stelle ebenso geduldig gewesen wäre. Manchins Vorsitz beim Energy and Natural Resources Committee im Senat war nie in Gefahr gewesen. Biden mochte geflucht haben – und die Anzahl der »fucks«, die Biden geäußert hatte, wuchs mit jeder Erzählung. Aber gedroht hatten Biden und Schumer nie.

Frustriert verwickelte Portman am Abend im Plenarsaal des Senats den Vorsitzenden des Finance Committee Ron Wyden aus Oregon in eine Diskussion.[3] Es fühlte sich wie die längsten acht Stunden seines Lebens an, weil er anwesend sein musste, falls sein Änderungsvorschlag aufgerufen wurde.

»Plötzlich muss man keine Steuern mehr zahlen, wenn man Arbeitslosengeld bezieht, aber wenn man arbeitet, muss man Steuern zahlen. Wie funktioniert das?«, fragte Portman im Senat.

Wyden wies Portmans Kritik zurück.

»Die Partei, die von sich selbst behauptet, sie wolle Arbeitern bei den Steuern helfen, rührt keinen Finger.«

Portmans Änderungsvorschlag wurde an jenem Abend angenommen. Und dann ging Carpers Vorschlag durch, der Portmans ersetzte, ganz wie Schumer es arrangiert hatte.

Am Samstag, dem 6. März, wurde alles zusammengefasst, und das Rettungspaket wurde beschlossen. Mit 50 zu 49 Stimmen. Der republikanische Senator Dan Sullivan aus Alaska verpasste die Abstimmung wegen eines Trauerfalls in der Familie.[4]

SECHSUNDSECHZIG

Biden verfolgte die Abstimmung des Senats am 6. März im Treaty Room des Weißen Hauses. Zusammen mit Anita Dunn arbeitete er ein Statement aus. Andere Mitarbeiter bezeichneten den Ausgang scherzhaft als »verdammt großartigen Deal«; ein Bezug zu Bidens berühmtem Kommentar bei der Verabschiedung von Obamacare.

Biden war überglücklich. Er rief im Aufenthaltsraum der Senatoren an und bat, mit irgendeinem Demokraten zu sprechen, der sich gerade dort aufhielt. Man solle einfach irgendjemanden ans Telefon holen.

Er telefonierte auch mit Schumer. »Das war ein echter Geniestreich, bis Freitag abzuwarten, um den Coup zu landen«, erklärte Biden. »Kein definitives Ergebnis zu erzwingen, sondern den Dingen ihren Lauf zu lassen.« Keine Hektik. Die Änderungsvorschläge von Portman und Carper nacheinander zu bringen. Das war die Lösung.

»Hören Sie, Chuck«, sagte er. »Ich habe schon viel gesehen. Ich bin schon lange mit dabei. Aber was Sie da gemacht haben, das war wirklich meisterhaft, so etwas habe ich noch nie erlebt.«

Er rief Bernie Sanders an.

»Wir werden uns Zeit nehmen müssen, um das zu vermitteln, durchs Land touren«, sagte Sanders. Einst Rivalen, jetzt kollegiale Vermittler. »Ein paar Veranstaltungen machen, um das abzusichern, was wir hier erreicht haben.«

Biden dankte Sanders für den Rat und dafür, dass er ihm zur Seite gestanden hatte. Sanders' Zustimmung hatte maßgeblich dazu beigetragen, den progressiven Flügel bei der Stange zu halten.

Die übrigen demokratischen Senatoren wurden zu einem Zoom-Meeting mit Biden eingeladen. Doch Bidens Kamera funktionierte nicht. Nur seine Stimme war zu hören. Schumer hingegen war zu sehen.

Er war sehr emotional. Er erklärte, er sei stolz auf den Zusammenhalt, sprach von einer historischen und bahnbrechenden Gesetzesvorlage. »Sie können sehr stolz sein«, sagte er.

Die endgültige Abstimmung war für die folgende Woche angesetzt. Die überarbeitete Senatsversion wurde am 10. März mit 220 zu 211 Stimmen vom Repräsentantenhaus verabschiedet. Biden und Harris verfolgten die Stimmabgabe zusammen mit einigen Beratern im Roosevelt Room. »Unter normalen Umständen hätte sich das gesamte Team das zusammen angesehen, so wie schon beim Affordable Care Act«, sagte Biden zu den anderen.

Am nächsten Tag hielt Biden eine landesweit im Fernsehen übertragene Ansprache anlässlich des Jahrestags des Corona-Shutdowns. »Vor einem Jahr traf uns ein Virus, dem man mit Schweigen begegnete und das sich unkontrolliert ausbreiten konnte«, sagte er. »Doch jetzt werden wir dank der von uns geleisteten Arbeit bis Ende Mai ausreichend Impfstoff für alle Erwachsenen in den USA zur Verfügung haben. Damit sind wir der ursprünglichen Planung um Monate voraus.«[1]

Biden zollte Trump nicht einmal flüchtigen Dank für die Impfstoffe; eine Kränkung, die undankbar wirkte und eigentlich gar nicht zu ihm passte. Zients war der Ansicht, dass die Anerkennung den Medizinern und Wissenschaftlern gebührte, die die Impfstoffe entwickelt hatten, und nicht Trump.

»Das ist wirklich ein nationaler Kraftakt, ähnlich wie im Zweiten Weltkrieg«, sagte Biden im East Room. »Denn selbst wenn wir jede uns zur Verfügung stehende Ressource einsetzen, hängen der Sieg über das Virus und die Rückkehr zur Normalität davon ab, dass wir als Nation alle gemeinsam an einem Strang ziehen.«

Bidens Stimmung hob sich, nachdem er die Rescue Bill unterzeichnet hatte. Seine Präsidentschaft hatte stark begonnen. Bei den wichtigen Gesetzesvorhaben stand es nun eins zu null für ihn. Er schien erfreut, doch er betrachtete die Verabschiedung des Gesetzes nicht als persönliche Leistung, wie er es vielleicht als jüngerer Politiker getan hätte. Er war 78 Jahre alt, seine Sicht der Dinge hatte sich verändert.

»Ich tue nur das, was ich für richtig halte«, sagte er seinem Team. »Ich habe lange gebraucht, um bis hierher zu kommen. Ich bin hier, um diesen Job zu machen.« Er sagte, mit dem wilden Gerangel in der Politik habe er sich arrangiert, doch er sei längst nicht mehr so besessen wie etwa 1987. Er habe zu viele andere Präsidenten aufsteigen und abstürzen sehen. Dieses Bewusstsein, dass alles dem Schicksal unterworfen sei, wolle er sich bewahren und alles so nehmen, wie es komme, Tag für Tag.

Mike Donilon blieb in Bidens Nähe, hielt sich aber aus den Nachrichten heraus. Als er sich an einem Wochenende in einem gut besuchten Coffeeshop in Alexandria mit einem alten Freund traf, erkannte ihn dort niemand. Obwohl jemand wie Klain über eine erhebliche Zahl an Followern bei Twitter verfügte, hatten die Biden-Berater keinen Prominenten-Status. Im Hinblick auf Intrigen war Bidens erstes Jahr das genaue Gegenteil von Trumps ersten Wochen und Monaten.

Viele Teammitglieder Bidens, ob sie nun aus der Politik oder den Medien kamen, waren noch relativ jung; Verkehrsminister Pete Buttigieg war zum Beispiel erst neununddreißig. Biden sah sich gern als Förderer der nächsten Generation. Doch Donilon, Dunn, Ricchetti und Klain standen gemeinsam mit Jill Biden auch für Bidens Erfahrung und bewährte Politik.

Am 12. März lud Biden zu einer Feier im Rose Garden des Weißen Hauses. »Das ist ein Paradigmenwechsel«, sagte er, als er sich Seite an Seite mit Vizepräsidentin Harris präsentierte.

»Man muss den Leuten in klarer, einfacher, direkter Sprache sagen, was man macht, um ihnen zu helfen. Man muss in der Lage sein, eine Geschichte zu erzählen, eine Geschichte darüber, was man machen will und warum das wichtig ist, weil man damit das Leben von Millionen Menschen ganz konkret verändern kann.«[2]

Der republikanische Fraktionsvorsitzende Mitch McConnell nahm Manchins »Ja« zum Rettungsplan relativ gelassen. Im kleinen Kreis erklärte er, Manchin wisse wie Senatorin Sinema nur zu gut, dass es unklug wäre, Vorbehalte gleich bei Bidens erstem großen Gesetzesvorhaben zu zeigen. Biden sei zu frisch im Amt, zu populär.

McConnell fragte sich, ob der Druck der Demokraten auf Manchin es ihm vergällt hatte, 2021 mehr für Biden zu tun. Vielleicht fühlte er sich etwas ausgelaugt. Der progressive Flügel setzte ihm tagtäglich wegen seiner Politik zu, die sich an den Interessen seines konservativen Heimatstaates ausrichtete.

»Außer sich vor Wut«, erklärte McConnell Manchins Stimmung am 5. März, allerdings hielten einige Republikaner und Demokraten das für Wunschdenken.

Schumer habe Manchin und seine Seite wie Idioten aussehen lassen, sagte McConnell, bei all dem Hin und Her in Hinblick auf die Carper- und Portman-Vorschläge. Er konnte sich schon die Wahlkampfwerbung vorstellen. Das würde noch lange im Gedächtnis bleiben, ähnlich wie bei John Kerry, der als Senator 2002 für eine Intervention im Irak gestimmt hatte, sich 2004 als Präsidentschaftskandidat jedoch dagegen ausgesprochen hatte.

SIEBENUNDSECHZIG

Am 21. April gegen 16 Uhr trafen sich Clyburn und Manchin in Clyburns Büro im Kapitol. Es sollte ein ernstes, arbeitsreiches Treffen werden. Beide hatten ihre Stabschefs und wichtigsten Berater dabei. Sechs Personen in einem Raum, drei auf der einen Seite, drei auf der anderen, verteilt auf Ledersofas und Sessel in dunklem Kirschrot.

Im Gegensatz zu den Randalierern, die im Januar das Kapitol gestürmt und offenbar keine Mühe gehabt hatten, Clyburns Büro zu finden, benötigte Manchin eine Wegbeschreibung.

Der von Nancy Pelosi vorgelegte »For the People Act«, kurz H. R. 1 genannt, dümpelte im Senat vor sich hin, nachdem er im März vom Repräsentantenhaus verabschiedet worden war.[1] Das Gesetz sah eine vorzeitige Stimmabgabe mindestens zwei Wochen vor einer Wahl sowie einen vereinfachten Eintrag ins Wahlregister der Bundesstaaten vor.

Kaum hatten sich alle hingesetzt, kam Clyburn zur Sache. Manchin könne generell seine Position beibehalten und die Verzögerungstaktik der Republikaner weiterhin unterstützen, doch wenn es um das Wahlrecht gehe, sei diese Haltung nicht zu tolerieren. Manchin müsse beim Wahlrecht nachgeben, da die Sache verfassungsrechtlich und moralisch völlig klar sei.

»Ich habe nie von Ihnen verlangt, Ihre Haltung zum Filibuster zu ändern«, sagte Clyburn. »Aber mir wäre es sehr lieb, wenn für die Filibuster-Taktik beim Wahlrecht ähnliche Regeln gelten würden wie bei Haushaltsfragen.« Bei Haushaltsfragen gab es ein Reconciliation-Verfahren, für das eine einfache Mehrheit genügte. »Wir haben die Möglichkeit, eine Ausnahme zu machen.

Reconciliation [Aussöhnung]. Das ist ein Begriff, der besser zu Verfassungsfragen als zum Haushalt passt.«

Manchin hörte zu, gab aber keine Zusagen. Er war umgänglich. Wir werden sehen.

»Hören Sie«, sagte Clyburn. »Man muss kein rassistisches Land sein, um Rassismus zu tolerieren. Genau das machen wir.« Die Wahlrechtsvorschläge der Republikaner seien eindeutig rassistisch, erklärte er.

Clyburn fuhr fort, er habe Strom Thurmond gekannt, den mittlerweile verstorbenen segregationistischen Senator aus seinem Heimatstaat South Carolina. Er sagte, selbst er und Thurmond hätten nach einigen Differenzen zusammengefunden. »Strom und ich kamen sehr, sehr gut miteinander aus.«

Manchin erklärte, er habe noch nie von einer Zusammenarbeit der beiden in der Vergangenheit gehört. »Wir arbeiteten zusammen, um die Dinge in South Carolina voranzubringen«, erwiderte Clyburn.

»Wir arbeiten immer noch mit seinen Kindern und seiner Frau zusammen. Ich arbeite immer noch mit seiner Familie zusammen. Strom hatte eine Schwester namens Gertrude«, die Clyburn von ihrer Arbeit für die bundessstaatliche Regierung vor vielen Jahrzehnten kannte.

»Gertrude und ich arbeiteten im selben Büro. Unsere Schreibtische waren nur vier oder fünf Schritte voneinander entfernt. Und er sagte mir immer: ›Meine Schwester Gertrude ist richtig in Sie vernarrt.‹ Und ich sagte: ›Tja, dann zeigen Sie mir Ihre Liebe zu Ihrer Schwester und arbeiten Sie mit mir zusammen.‹ Und wir haben viel zusammen bewegt«, um Finanzmittel für South Carolina zu sichern.

Clyburn führte auch seinen Mentor ins Feld, den Richter Richard Fields. Er lebte immer noch. Mit hundert Jahren. Er war auf einem historisch schwarzen College in West Virginia gewesen.

»Bluefield State«, sagte Manchin.

»Ich weiß noch, wie die West Virginia State University zu 100 Prozent schwarz war«, sagte Clyburn. »Heute sind diese Hochschulen zu 80, 85 Prozent weiß.«

Manchin sagte seine Unterstützung zu. »Ich bin bereit, alles zu tun, was notwendig ist, um die Rechte der Wähler zu bewahren und zu schützen.« Das im März in Georgia verabschiedete Gesetz, das der republikanische Gouverneur Brian Kemp unterschrieben habe, enttäusche ihn. Das Gesetz beschränkte die Briefwahl und verschärfte die Anforderungen bei der Identifizierung, obwohl die Republikaner behaupteten, es vereinfache den Zugang zur Urne, weil es bei persönlichem Erscheinen eine Stimmabgabe einen Tag vor der eigentlichen Wahl ermöglichte.

Was man säe, werde man eines Tages auch ernten, erklärte Manchin. Wenn wir die Regeln ändern, um etwas zu erreichen, machen die Republikaner dasselbe, wenn sie eines Tages wieder an der Macht sind. Ich kann kaum glauben, dass wir keine Republikaner auf der anderen Seite finden, die mit uns der Ansicht sind, dass wir eine faire, leicht zugängliche und sichere Stimmabgabe benötigen.

Tja, erwiderte Clyburn, ich habe nur einen Vorschlag gemacht. Finden Sie eine Möglichkeit, ihn umzusetzen.

Das Treffen dauerte eine Stunde. Manchin war freundlich bis zum Schluss, stets der joviale ehemalige Quarterback. Doch er gab erneut keine Zusagen.

Clyburn sagte seinem Team, er werde dranbleiben.

Clyburn war zunehmend enttäuscht und ungehalten. Das war seit Jahrzehnten der größte Rückschlag.

Insgesamt waren seit der Wahl landesweit fast 400 Gesetzesentwürfe zur Einschränkung des Wahlrechts vorgelegt worden.[2] Seit Januar waren fast 20 neue Gesetze unterzeichnet und Dutzende weitere von den bundesstaatlichen Parlamenten verabschiedet worden oder lagen den Parlamenten vor.[3]

Eine von den Republikanern forcierte Überprüfung der Wahlergebnisse in Maricopa County in Arizona wurde zu einem weiteren zentralen Anliegen für Trump und seine Anhänger.[4] Giuliani machte dafür bundesstaatliche Abgeordnete und Beamte mobil. In Georgia forderten die Republikaner weitere Nachzählungen von Hunderttausenden Stimmzetteln im Raum Atlanta.[5]

»Wir wollen eine Straftat daraus machen, dass man jemandem, der acht Stunden vor einem Wahllokal ansteht, eine Flasche Wasser schenkt? Was zum Teufel soll das? Also wirklich!«, tobte Clyburn.

Im Juni hatte sich Manchin in der Filibuster-Frage immer noch nicht bewegt. Er hatte ein dreiseitiges Memo als Grundlage für weitere Verhandlungen über einen von beiden Parteien getragenen Entwurf für ein Wahlreformgesetz erstellt. Stacey Adams, Demokratin aus Georgia, erklärte, Manchins Memo sei ein »erster und wichtiger Schritt« zu einem Kompromiss.

Am 22. Juni gelang es den Demokraten nicht, die notwendigen 60 Stimmen zu mobilisieren, um das Gesetz zur Reform des Wahlrechts im Repräsentantenhaus zu verabschieden.[6]

Einige Demokraten sahen darin durchaus auch Positives, denn nun stehe das Thema zentral im Mittelpunkt und könne für Biden und die Partei ein Schlüsselthema im Wahlkampf 2022 werden.

Doch Clyburn wollte mehr.

»Die Demokratie ist in Gefahr, und der Senat verliert sich in sinnlosen Debatten«, sagte er zu seinem Team angesichts der wankenden Demokraten. »Und der Kopf des Ganzen ist niemand anderes als McConnell.«

ACHTUNDSECHZIG

Biden entsandte zum Außenministertreffen der NATO am 23. und 24. März in Brüssel seinen Außenminister Blinken und Verteidigungsminister Austin. Die 36 NATO-Mitglieder hatten noch fast 10 000 Truppen in Afghanistan stationiert. Die USA stellten mit 3500 das größte Kontingent. In den vergangenen 20 Jahren hatten die Verbündeten alle ein beständiges Engagement in Afghanistan gezeigt.

Aufmerksam zuhören und sich beraten, lautete Bidens Leitsatz. Solide, funktionsfähige Allianzen waren ein wesentlicher Bestandteil seiner Weltsicht.

Für Biden hatte einer von Trumps schlimmsten Fehlern darin bestanden, dass er die NATO herabgesetzt und sich vor allem auf die finanziellen Beiträge der Mitgliedstaaten konzentriert hatte.

Bei einer Besprechung hinter verschlossener Tür machte sich Blinken drei Stunden lang Notizen.

»Folgendes habe ich gehört, Mr. President«, sagte er Biden noch am selben Abend bei einem abhörsicheren Telefonat aus Brüssel. Der Inhalt seines Berichts war nicht völlig überraschend, gab jedoch zu denken. Blinken sagte, er habe einen »quadrophonischen« Sturm der Empörung zu hören bekommen, er war also von allen Seiten gewaltig angegangen worden. Blinken war Musiker und hatte eine eigene Band namens Coalition of the Willing, in der er E-Gitarre spielte.

Den anderen Außenministern wäre es am liebsten, berichtete er Biden weiter, wenn die USA den Abzug ihrer Truppen als Druckmittel einsetzen würden, um die Taliban zu konkreten Zugeständnissen in Hinblick auf eine politische Einigung zu bewegen. Im Idealfall sollten die grundlegenden Züge eines zukünftigen afghanischen Staates ausgehandelt werden, eine Verfassung und Reformen. Die Minister hatten sehr

ambitionierte Hoffnungen und sprachen von Wahlen, Menschenrechten und den Rechten von Frauen und Mädchen.
Biden und Blinken steckten in einer Zwickmühle.
Zurück in Washington beriet sich Blinken mit den Mitgliedern seines Stabs und Experten aus dem Außenministerium. Anschließend änderte er seine Empfehlung. Zuvor hatte er sich wie Biden für einen kompletten Abzug ausgesprochen. Seine neue Empfehlung sah nun vor, die US-Truppen noch eine Weile im Land zu lassen, in der Hoffnung auf eine politische Einigung. Um Zeit für Verhandlungen zu gewinnen.
Auch Verteidigungsminister Austin machte einen neuen Vorschlag, eine Variation desselben Themas. Er schlug einen Mittelweg vor. Anstelle von »Alles oder nichts« könnte man doch auch einen langsamen, »gesteuerten« Rückzug in drei oder vier Phasen vornehmen, um ein Druckmittel bei diplomatischen Verhandlungen zu haben. Die »gesteuerten« Rückzugsphasen würden außerdem Zeit und Raum für einen politischen Prozess bieten und könnten als Absicherung dienen, wenn die diplomatischen Gespräche scheiterten.

Im Verlauf der internen Debatte über das weitere Vorgehen in Afghanistan stellten Biden und Jake Sullivan allen Beteiligten eine grundlegende Frage: Wie sähe das Best-Case-Szenario im Falle eines Abzugs der US-Truppen aus?
Mitarbeiter der zivilen und militärischen Nachrichtendienste nannten ein mögliches ausgehandeltes Abkommen zwischen der afghanischen Regierung und den Taliban ohne großflächige anhaltende Kämpfe. Bevölkerungszentren wie Kabul und Herat sollten relativ friedlich bleiben und von der Stabilität profitieren, die im Verlauf der vergangenen 20 Jahre erreicht worden war. In den anderen Teilen des Landes würde die Kontrolle der Zentralregierung – wenn überhaupt – deutlich geringer ausfallen. Das wäre der beste Fall, doch niemand deutete an, dass er auch der wahrscheinlichste war.
Biden und Sullivan fragten die Anwesenden auch, wie Russland und China nach einem Abzug der US-Truppen agieren würden.

Beiden Mächten wäre es generell lieber, wenn die US-Truppen in Afghanistan bleiben würden, berichteten die Geheimdienstmitarbeiter. China und Russland profitierten von der relativen Stabilität in der Region, ohne viel Geld oder Arbeit zu investieren.

Dann kamen die Worst-Case-Szenarien. Austin, Milley und die Geheimdienstmitarbeiter präsentierten eine lange Liste mit den Nachteilen eines Abzugs. Ihre Prognose war düster:

- Der Bürgerkrieg zwischen der afghanischen Regierung und den Taliban zieht sich in die Länge und weitet sich dramatisch aus.
- Die Hauptstadt Kabul und andere Städte fallen und geraten in die Hände der Taliban, was zu einem Zusammenbruch des afghanischen Staates binnen weniger Monate oder Jahre führt.
- Es kommt zu massiven Flüchtlingsströmen, mindestens 500 000 Afghanen verlassen das Land. Andere Schätzungen waren doppelt so hoch und lagen bei einer Million.
- Die aktuell geschwächte Terrororganisation al-Qaida erstarkt und ist bald wieder in der Lage, Anschläge gegen die USA oder ihre Verbündeten durchzuführen.

Biden fragte, wie früh man gewarnt werde, wenn die Terrororganisation wieder ihre alte Kapazität erreicht habe. Sechs Monate vorher, erklärten die Geheimdienstler.

»Wir können uns eindeutig nicht darauf verlassen, dass wir volle sechs Monate hätten«, antwortete Biden. »Ich möchte, dass Sie Over-the-Horizon-Kapazitäten aufbauen«, womit er Kapazitäten für eine Überwachung und auch Angriffe aus benachbarten Ländern meinte, »die es uns erlauben, ein Wiedererstarken von al-Qaida zu unterdrücken und auch andere Anschläge von außen zu unterbinden.«

Austin erinnerte alle daran, dass den zivilen und militärischen Nachrichtendiensten bei einer »Over-the-Horizon«-Taktik die kritische situative Analyse vor Ort fehle, die für die Schlagkraft der USA von zentraler Bedeutung sei.

Die Präsentation des Worst-Case-Szenarios wurde fortgesetzt:

- Die Afghanen werden ihre Bürgerrechte verlieren.
- Die gesamte Region wird destabilisiert.

Was ist mit Pakistan?, fragte Biden. Er hielt Pakistan aufgrund seines Atomwaffenarsenals für den gefährlichsten Staat in der Region.

Eine Machtübernahme der Taliban in Afghanistan könnte den Tehrik-i-Taliban oder TTP, der pakistanischen Talibanbewegung, großen Auftrieb geben. Die TTP waren im aktiven, bewaffneten Widerstand gegen die pakistanische Regierung und wurden für die Anschläge und die Ermordung der ehemaligen Premierministerin Benazir Bhutto 2007 verantwortlich gemacht.

Die Warnungen der Vertreter des Militärs und der Geheimdienste wurden düsterer. Sie verfügten über jahrzehntelange Erfahrungen bei der Verfolgung und Analyse der Taliban. Sie wussten genau, was das Erstarken der Taliban für die afghanische Bevölkerung bedeutete, vor allem für die Frauen.

- Frauenrechte werden mit Füßen getreten, afghanische Frauen werden im berüchtigten Fußballstadion von Kabul öffentlich ausgepeitscht und vor johlenden Zuschauern mit Kopfschüssen hingerichtet, wie es während der früheren Talibanherrschaft geschehen war. Die abgehackten Arme und Beine von Dieben werden öffentlich zur Schau gestellt.
- Die etwa 16 000 Schulen, die in den vergangenen 20 Jahren eingerichtet wurden, werden geschlossen oder zerstört.

Die Aufzählung menschlichen Leids und politischer Folgen war erschreckend.

Okay, sagte Biden, reden wir über die uns zur Verfügung stehenden Mittel, um die möglichen Folgen und Risiken zu reduzieren.

Nach einem Abzug der US-Truppen, erklärte er, laute sein Ziel, innerhalb von sechs Monaten über ausreichende Kapazitäten in der Golfregion zu verfügen, um auf neue Probleme auch ohne in Afghanistan stationierte US-Truppen reagieren zu können. Dann könnten die USA weiterhin terroristische Ziele in Afghanistan überwachen und hätten eine Ausgangsbasis für militärische Aktionen, um gegebenenfalls einzugreifen.

Sullivan und der NSC präsentierten Biden schließlich zwei Memos: die stärksten Argumente für einen Verbleib in Afghanistan und die stärksten Argumente für einen Abzug. Die Memos basierten auf ausführlichen Diskussionen zwischen den verschiedenen Behörden und Ministerien. Genauso wichtig, wenn nicht sogar noch wichtiger, war jedoch Bidens eigene Geschichte im Zusammenhang mit Afghanistan.

Bei einem Interview 2015 wurde der russische Präsident Wladimir Putin gefragt, ob seine 16 Jahre beim KGB ihn beeinflussen würden. Putins denkwürdige Antwort: »Jede Phase in unserem Leben hinterlässt Spuren.«[1]

Das könnte man auch über die 20 Jahre sagen, in denen Biden mit dem Krieg in Afghanistan zu tun hatte, als Vorsitzender des Senate Foreign Relations Committee, in seinen acht Jahren als Vizepräsident und bei seinen vielen Aufenthalten vor Ort.

Diese Zeit war weit mehr als nur eine Phase in Bidens politischem Leben. Von besonderer Bedeutung war die dreimonatige Strategieüberprüfung, die Obama im ersten Jahr seiner Präsidentschaft zu Afghanistan durchführte. Als Vizepräsident hatte Biden an allen Besprechungen teilgenommen, sämtliche nachrichtendienstliche Berichte gelesen und sich ungewöhnlich stark eingebracht. Auf subtile und weniger subtile Weise hatte Biden deutlich gemacht, wenn überhaupt, dann sollten nur wenige zusätzliche Truppen nach Afghanistan geschickt werden.

Im darauffolgenden Jahr, 2010, hatte Biden im privaten Kreis noch einmal Präsident Obamas Entscheidung überprüft, die Truppenzahl um 30 000 US-Soldaten aufzustocken. Er sprach von einem tragischen Machtspiel, das nationale Sicherheitsexperten auf Kosten eines jungen

Präsidenten durchgezogen hätten. Obama, erklärte Biden, sei vom Militär und den »fünf Granitblöcken« überrollt worden, wie er die damals maßgeblichen Akteure nannte. Gemeint waren Außenministerin Hillary Clinton, Verteidigungsminister Robert Gates, der Vorsitzende der Vereinigten Stabschefs Michael Mullen, General David Petraeus als Oberbefehlshaber von CENTCOM und General Stanley McChrystal, der Befehlshaber in Afghanistan.

McChrystal hatte eine vertrauliche Einschätzung des Krieges verfasst und darin erklärt, es drohe ein »Scheitern der Mission«, wenn er nicht Zehntausende weitere Truppen erhalte.[2] Genauer gesagt wollte er 40 000 zusätzliche Soldaten. Die vier anderen Granitblöcke – Clinton, Gates, Mullen und Petraeus – unterstützten McChrystal.

In privater Runde sagte Biden, falls er einmal seine Memoiren schreibe, werde er »akkurat und präzise« das Problem benennen, das er in der Haltung der fünf sah.

»Ich habe wieder und wieder und immer wieder aufs Neue dargelegt, dass die Taliban nicht al-Qaida sind«, sagte Biden. Der Aufstand sei Teil eines internen Bürgerkriegs und habe nichts mit einer terroristischen Bedrohung der USA zu tun.

Biden erinnerte sich an einen Afghanistanbesuch vor seinem Amtsantritt als Vizepräsident. Er hatte den damaligen US-Kommandanten David McKiernan getroffen, der ihm sagte, man habe seit 18 Monaten nichts mehr von al-Qaida gesehen.

Biden erzählte, er habe daraufhin zu Verteidigungsminister Gates gesagt: »Ich will Ihnen eine einfache Frage stellen. Wenn es al-Qaida nicht gäbe, würden wir dann 100 Milliarden Dollar oder mehr dafür ausgeben, Zehntausende Frauen und Männer nach Afghanistan zu schicken? Die Antwort lautete ›ja‹. Damit war alles klar.«

Gates argumentierte, die Präsenz der US-Truppen trage zur strategischen Stabilität in der Region bei.

Biden hatte gesagt: »Eine der grundlegenden Prämissen, auf denen diese Granitblöcke ihre Argumente aufbauten, lautete: Um Pakistan zu stabilisieren, müssten wir zeigen, dass wir bereit sind, die Taliban zu schlagen. Dabei ist das völlig unlogisch. Denn sie, die Pakistanis, haben die gottverdammten Taliban geschaffen. Wie sollen wir Pakistan stabilisieren, wenn wir genau die Leute besiegen, die sie geschaffen haben und weiterhin unterstützen?«

Zur Unterstützung der Bitte um zusätzliche Truppen hatte das Militär ein klassisches Planspiel namens »Poignant Vision« durchgeführt, das zeigen sollte, dass die Entsendung von 40 000 weiteren Soldaten dringend notwendig sei.[3] Eine geringere Zahl würde in einer Katastrophe für die Region münden.

Biden sagte Obama, das Militär würde ihm »Bullshit« über den Krieg erzählen. Er wusste von seinen Jahren im Senat, dass das Militär Obama mit Fachbegriffen überhäufte.

»Das ist wie bei einem Kind auf einer katholischen Schule. Im Unterricht wird das Thema Beichte und Priester behandelt. In der dritten Klasse, wenn man lernt, Buße zu tun. Aber man kann nicht einfach sagen, ich habe die goldene Kette geklaut, dem Priester aber verschweigen, dass an der Kette auch noch eine goldene Uhr hing.«

Doch genau das würde das Militär tun, wie Biden erklärte. »So sind diese Typen nun mal. Man muss herausfinden, ob am Ende der Kette noch eine verdammte goldene Uhr hängt.« Und er fügte hinzu: »Vieles davon ist neu für den Präsidenten.« Obama wurde erst 2004 in den Senat gewählt und war nur vier Jahre lang Senator, bevor er ins Weiße Haus einzog.

»Sie hatten vier oder fünf Prinzipien, die meiner Meinung nach total auf Sand gebaut waren«, befand Biden.

Eins davon war die fortgesetzte Ausbildung der 400 000 afghanischen Sicherheitskräfte und Polizisten. Denn sie würde kein Ende der Aufstände garantieren, wenn die Kapazitäten der US-Truppen immer noch weitaus größer waren als die der afghanischen Streitkräfte.

Und wenn die afghanischen Streitkräfte nicht in der Lage waren, die Kontrolle zu übernehmen, würden die USA auf ewig im Land bleiben.

»Diese falsche Darstellung, weil man nur die halbe Wahrheit sagte, trat ständig auf«, sagte Biden.

Biden verbrachte Stunden um Stunden allein im Gespräch mit Obama, oft bei ihrem regelmäßigen wöchentlichen gemeinsamen Mittagessen.

»Sie dachten, sie könnten alle anderen austricksen. Sie denken nur an ihre Kriegsspiele, aber ich hatte meine Spielchen beim Mittagessen.« Biden stand mit seiner Ansicht nicht allein. Als die Militärkommandanten argumentierten, sie bräuchten die Stützpunkte in Afghanistan für den Einsatz der Predator-Drohnen, ferngesteuerte, unbemannte bewaffnete Luftfahrzeuge, erklärte CIA-Direktor Leon Panetta, die Drohnen könnten auch von anderen Ländern aus gesteuert werden.

»Gott sei Dank gab es den guten alten Leon«, sagte Biden. »Leon sagt frei heraus Nein, ich sehe das anders.«

Bei der strategischen Analyse 2021 war Biden grundsätzlich mit Blinken einer Meinung, eine politische Einigung nicht einseitig auszuschließen.

Allerdings zeigte sich nun eine gewisse Anspannung. In Biden rangen zwei Haltungen miteinander – Rückzug oder der Versuch, Verhandlungen noch eine letzte Chance zu geben.

Oder wie man beim Militär gern sagte: »Jede Option ist suboptimal.« Biden musste nun die am wenigsten suboptimale Option finden.

»Vergleichen Sie mich nicht mit dem Allmächtigen«, sagte Biden zu Blinken. »Vergleichen Sie mich mit der Alternative.«

NEUNUNDSECHZIG

Blinken wandte sich über Mittelsleute in Doha, Katar, erneut an die Taliban mit dem Vorschlag, den Abzug der US-Truppen zu verschieben.

Die Taliban lehnten ab und erklärten, wenn die USA nicht ab dem 1. Mai oder sogar früher mit dem Abzug beginnen würden, würden sie dazu übergehen, die US-Truppen und die afghanischen Provinzhauptstädte anzugreifen.

Das war das Letzte, was Biden wollte. Neue Todesopfer bei den US-Truppen nach einer einjährigen Pause unter Trump wären eine politische Katastrophe.

Blinken änderte seine Position erneut und kam zu dem Schluss, 3500 US-Soldaten seien das absolute Minimum, würden jedoch nicht ausreichen, um Druck auf die Taliban auszuüben. 10 000 US-Truppen wären vielleicht dieses Druckmittel gewesen, doch das konnte Blinken nicht belegen.

Biden erinnerte Blinken daran, dass sie bereits sechs Jahre zuvor, 2015, als er Vizepräsident gewesen sei, im Situation Room darüber debattiert hätten, die US-Truppen aufzustocken.

Die Militärführer hatten dafür plädiert, das Engagement um ein weiteres Jahr zu verlängern. Sie erklärten, der letzte Schritt, bevor Afghanistan militärisch selbstständig werden und auf eigenen Füßen stehen könne, bestehe darin, das afghanische Militär in die Lage zu versetzen, eigenständig Nachschublinien aufzubauen und Flugzeuge zu warten. Das würde ein Jahr dauern.

»Das war vor sechs Jahren«, erinnerte Biden Blinken, doch es sei immer noch nicht passiert. »Vor sechs Jahren!«

Es gab kein besseres Beispiel dafür, dass das Militär die »goldene Uhr« versteckte. Blinken beriet sich mit einigen früheren Außenministern. Ein ziemlich informeller Club. Einer fragte: »Erinnern sich die Leute daran, wer in Afghanistan am 10. September 2001, am Tag vor den Terroranschlägen, das Sagen hatte? Das waren die Taliban. Sie waren dort seit fünf Jahren an der Macht. Hatten die USA vor, Krieg zu führen, um die Taliban zu entmachten, weil uns nicht gefiel, was sie taten? Nein. Warum dann jetzt?«

»Wir sind nicht in Afghanistan einmarschiert, um dort eine Demokratie im Sinne Jeffersons zu installieren«, lautete schließlich Blinkens Fazit.

Austin war ebenfalls der Ansicht, dass 3500 US-Truppen kein ausreichendes Druckmittel darstellten. Anfang April 2021, als Blinken und Austin wieder einen vollständigen Abzug befürworteten, sagte Biden seinen Beratern, genau dafür habe er sich entschieden. Die US-Bodentruppen würden das Land spätestens bis zum 11. September 2021 verlassen, dem 20. Jahrestag der Terroranschläge.

Er sagte, niemand habe ihm versichern können, dass sich an der Situation in einem Jahr oder in zwei oder drei Jahren wirklich etwas ändern werde. Er sehe in einem Verbleib ein höheres Risiko als in einem Abzug. Im Grunde laufe es auf die Frage hinaus: Wenn nicht jetzt, wann dann? Es gebe zu viele Vielleichts. Vielleicht würde es besser werden. Vielleicht würde man die Kurve kriegen. Vielleicht dies, vielleicht das. Die Bedrohung durch al-Qaida habe in Afghanistan erheblich abgenommen, vielleicht sei sie sogar eliminiert, allerdings habe sich die terroristische Bedrohung in andere Regionen verlagert. Die eindeutigen Gefahrenzonen seien nun in Somalia und im Iran.

Biden bemerkte, dass seine Vorgänger ebenfalls einen Rückzug angestrebt hatten. Obama habe den Abzug gewollt und Trump auch. Der einfache Weg sei der, einen Teil der Truppen dortzulassen.

»Es gibt einen einfachen Weg, und es gibt einen Grund, warum wir immer noch Truppen in Afghanistan haben. Die einfachere Entscheidung ist die, das Problem einfach auf die lange Bank zu schieben«, sagte er. »Aber ich bin nicht Präsident geworden, um den einfachen Weg zu wählen.«

Allerdings sagte Biden auch, er wisse nicht, was dann passiere. Der Ausgang sei offen, das gab er zu.

Seine Entscheidung und seine Anweisungen waren nicht auf ein einzelnes Dokument beschränkt, ein traditionelles NSM oder National Security Memorandum. Verteidigungsminister Austin übermittelte den Kommandanten die militärischen Anforderungen für einen Abzug. Eine Reihe von Memos, sogenannte Summaries of Conclusions oder SOC, fasste den Inhalt der Besprechungen zusammen und nannte die Anforderungen für den Aufbau von Over-the-Horizon-Kapazitäten sowie für eine Beibehaltung der US-Botschaft in Kabul.

Biden sprach gegenüber seinen Beratern von einer harten Entscheidung. Doch Sullivan glaubte nicht, dass Biden sich deswegen quälte. Biden schien mit seiner Entscheidung im Reinen zu sein.

»Was wir tun können, ist, uns die beste Position zu verschaffen, mit der terroristischen Bedrohung umzugehen«, sagte Biden, »und die nationalen afghanischen Streitkräfte und Sicherheitskräfte und die afghanische Regierung in die Lage zu versetzen, der Bedrohung innerhalb des Landes entgegenzutreten.«

Milley, der Vorsitzende der Vereinigten Stabschefs, hielt die Analyse für offen und fair. »Im Afghanistankrieg nähert sich die US-Beteiligung am Boden ihrem Ende«, teilte Milley seinem Stab mit. »Die Frage lautet nun: Ist dieser Krieg damit für die USA vorbei?« Milleys Antwort deckte sich mit Bidens. Es sei zu früh, um das zu beurteilen, und eine Prognose über den Ausgang sei schwierig.

Trotz der in seinen Augen möglichen schrecklichen und destabilisierenden Folgen haderte er nicht damit, dass sein Rat unberücksichtigt blieb. »Nur weil ein General etwas empfiehlt, heißt das nicht, dass es automatisch das Richtige ist. Der Präsident hat eine viel weiter gefasste Perspektive.«

Im »Tank« im Pentagon sprach Milley mit den Vereinigten Stabschefs über die Autorität des Präsidenten bei finalen Entscheidungen zur nationalen Sicherheit.

»Hier sind einige Punkte, die wir als Militärführer berücksichtigen sollten«, sagte Milley. »Wir haben es mit einem Präsidenten zu tun, der unter Obama Vizepräsident war, und mit Typen wie Blinken und Sullivan und all den anderen. Sie alle hatten in der Obama-Administration Positionen in der zweiten oder dritten Reihe. Sie alle erinnern sich noch sehr gut an das erste Jahr unter Obama.« Damals hatten das Militär und Außenministerin Clinton Druck auf Obama ausgeübt, weitere 30 000 US-Truppen in den Afghanistankrieg zu schicken.

»Ich war damals Colonel, und Mullen war Vorsitzender, und ich war vor Ort. Ich habe einen Teil davon mitbekommen. Admiral Mullen, McChrystal und Petraeus, also die Militärs, versuchten, den Präsidenten in die Enge zu treiben, einen neuen, jungen Präsidenten aus Chicago, was sie ihrer Ansicht nach vielleicht, ich kann ja keine Gedanken lesen, ausnutzen konnten, um ihn zu einem massiveren Vorgehen in Afghanistan zu drängen.

Und jetzt kommt, was ich als Colonel Milley daraus gelernt habe. Ich habe ein paar Regeln für unser Verhalten, an die wir uns halten werden. Die eine lautet, dass wir nie, niemals, den Präsidenten der Vereinigten Staaten in die Enge treiben. Wir geben ihm immer Raum für Entscheidungen. Nummer zwei lautet, dass wir uns nie irgendwo einschmeicheln und dass wir unsere Haltung nicht auf der Titelseite der *Washington Post* bekannt geben. Und erst recht nicht, das ist mir verdammt wichtig, in irgendwelchen Reden und Ansprachen. Das macht man einfach nicht. Man äußert offen und ehrlich seine Meinung. Man äußert sie unter Ausschluss der Öffentlichkeit und gegenüber dem Präsidenten, von Angesicht zu Angesicht oder in professionellen Dokumenten. Wir spielen keine Spielchen. Das macht man beim Militär nicht. Wir untergraben den Präsidenten nicht. Wir treiben einen Präsidenten nicht in die Enge. Nach diesen Regeln spielen wir. So einfach ist das. Und wenn sich jemand nicht daran halten will, dann war es das für ihn.«

Über Biden sagte Milley: »Wir haben es hier mit einem erfahrenen Politiker zu tun, der seit 50 Jahren in Washington, D. C., aktiv ist. Der Grund, warum die Entscheidungsfindung in der Obama-Regierung oft so abgeschottet war und sich ins Weiße Haus verlagerte, ist bei diesem negativen ersten Jahr zu suchen, weil es da einen Vertrauensbruch gab. Und deswegen gab es die Beschwerden der Generäle über das Mikromanagement während der Obama-Regierung.«

Austin und Milley beschlossen, den Rückzug voranzutreiben, weil das sicherer für die US-Truppen war. Sie hofften, alle Truppen bis Mitte Juli wieder daheimzuhaben.[1] Ein Besucher in Austins Büro sagte, der neue Verteidigungsminister habe eine »Heidenangst«, dass von Afghanistan irgendwann ein Terroranschlag ausgehen könnte.

»Wenn jemand ein Buch über diesen Krieg schreibt«, sagte Ron Klain zu anderen, »dann sollte das mit dem 11. September 2001 beginnen und mit dem Tag enden, an dem Joe Biden sagte: ›Wir kommen nach Hause.‹«

In der Praxis hieß das, dass Biden Afghanistan einem Bürgerkrieg und potenziellen Zusammenbruch überließ, doch Klain sagte bei einer der letzten Besprechungen, es sei von grundlegender Bedeutung, dass die amerikanischen Familien, die Opfer für den Krieg gebracht hätten, vor allem diejenigen, die geliebte Angehörige verloren hätten, nicht das Gefühl hätten, Biden würde sie im Stich lassen. Nachdem er seine Entscheidung zum Rückzug öffentlich verkündet hatte, sollte er persönlich den Abschnitt 60 auf dem Nationalfriedhof Arlington besuchen und denjenigen die Ehre erweisen, die beim Einsatz ihr Leben verloren hatten, empfahl Klain. Und sicherstellen, dass ihn die Familien auch sahen.

Biden hielt am 14. April eine 16-minütige Rede an die Nation.[2] Anstelle einer dramatischen abendlichen Ansprache aus dem Oval Office wandte er sich am Nachmittag vom Treaty Room an die Bevölkerung.

»Ich bin jetzt der vierte Präsident der Vereinigten Staaten, in dessen Amtszeit amerikanische Truppen in Afghanistan im Einsatz sind: zwei Republikaner, zwei Demokraten«, sagte er. »Ich werde diese Verantwortung nicht an einen fünften weitergeben. In den vergangenen zwölf Jahren, seit meinem Amtsantritt als Vizepräsident, habe ich einen Zettel bei mir getragen, die mich an die genaue Zahl der amerikanischen Soldatinnen und Soldaten erinnert, die im Irak und in Afghanistan ums Leben kamen. Die genaue Zahl, keine ungefähre oder gerundete Angabe, weil all diese Toten menschliche Wesen waren, deren Leben man achten muss und die Familien zurückließen. Man muss jeden Einzelnen zählen, eine genaue Zählung ist wichtig. Bis zum heutigen Tag starben 2448 Militärangehörige und beim Militär Beschäftigte für unseren Einsatz in Afghanistan, 20722 wurden verwundet. Es ist Zeit, diesen ewigen Krieg zu beenden.«

Anschließend besuchte Biden den Nationalfriedhof Arlington und ging mit Maske allein durch den Abschnitt 60, in dem die Toten aus Afghanistan und aus dem Irak beigesetzt sind.[3]

»Es fällt mir in diesen Tagen schwer, einen Friedhof zu besuchen, ohne an meinen Sohn Beau zu denken«, sagte Biden. Er wandte sich zu den Hunderten von weißen Grabsteinen, breitete die Arme aus und ergänzte: »Sehen Sie sich das an.«

Lindsey Graham war wütend auf Biden und auf Trump wegen der endgültigen Entscheidung zum Abzug aller Truppen aus Afghanistan. Seiner Ansicht nach hatten beide die Tragweite eines Rückzugs nicht verstanden.

»Ich hasse Joe Biden dafür«, sagte Graham. »Ich hasse Trump. Ich habe jeden Respekt für Biden verloren. Mein Respekt für Trump hat stark gelitten«, weil er versucht hatte, sämtliche US-Truppen aus Afghanistan abzuziehen, jedoch auf massiven Widerstand der Militärführung gestoßen war.

Graham, der in den vergangenen 20 Jahren über ein Dutzend Mal nach Afghanistan gereist war, glaubte, mehr über den Konflikt zu wissen als jeder andere im Kongress und sogar mehr als die meisten Militärs.

Das Problem, so Graham, sei, dass »der radikale Islam nicht angepasst werden kann. Man kann ihn nicht beschwichtigen. Die Taliban sind eine radikale islamistische Bewegung, die sich in keinem Punkt mit den Werten deckt, die uns lieb und teuer sind. Sie unterdrücken Frauen, sind absolut intolerant gegenüber religiöser Vielfalt und würden Afghanistan zurück ins 11. Jahrhundert befördern, wenn sie könnten. Ich kann nur sagen, dass eine solche Bewegung irgendwann zurückkehren und uns wieder heimsuchen wird. Wir dachten, die Taliban wären nur ein Haufen durchgeknallter Spinner. Aber die Taliban sind eine regionale, radikale islamistische Bewegung, die zwar keine exterritorialen Pläne hat, aber ein Umfeld schafft, das den internationalen Terrorismus fördert. Sie werden für Instabilität sorgen, und al-Qaida wird zurückkommen. Ich denke, die Taliban werden Personen Unterschlupf bieten, die es auf uns abgesehen haben. Wir haben den besten Horchposten aufgegeben, den man in Hinblick auf den internationalen Terrorismus haben kann«, sagte er, »und damit meine ich die CIA-Stationen entlang der afghanisch-pakistanischen Grenze.«

Doch er zeigte auch Verständnis. »Die amerikanische Bevölkerung will diesen Abzug. Die Leute sind müde. Ich fürchte um die Stabilität Pakistans, wenn Afghanistan den Bach runtergeht. Es wird einen Bürgerkrieg geben. Frauen in bestimmten Teilen des Landes werden in großer Gefahr sein, und der ganze Scheiß wird im amerikanischen Fernsehen zu sehen sein. Biden und Trump werden als diejenigen betrachtet werden, die der Bewegung, die zum 11. September führte, neues Leben eingehaucht haben.«

Graham sagte, er habe ein grundlegenderes Ziel. »Meine Aufgabe besteht darin, den Teil der Republikanischen Partei zu bewahren, der links vom McCain-Flügel noch übrig ist, den Ronald-Reagan-Flügel der Partei, der glaubt, dass Amerika als Führungsmacht unverzichtbar ist. Dass wir alles opfern, was nötig ist, um unsere Sicherheit und Werte weltweit zu bewahren. Dass die Idee, man könne sich dort zurückziehen und hier dann sicher sein, ein Hirngespinst ist. Wer nicht versteht, dass der beste Weg, Amerika zu schützen, darin besteht, im Hinterhof des Feindes Partnerschaften mit den Menschen aufzubauen, die den radikalen Islam ablehnen, ist ein Idiot.«

Wenn es keine Evakuierungsmaßnahmen in Afghanistan gebe, erklärte Graham, »werden die Dolmetscher und all die Leute, die uns dort geholfen haben, für ihr Land zu kämpfen, abgeschlachtet. Das wird unsere Ehre besudeln. Davon bin ich überzeugt.«

Auch der pensionierte General David Petraeus, der die US-Streitkräfte in Afghanistan befehligt hatte und als Architekt der von Biden verabscheuten Strategie der Aufstandsbekämpfung galt, übte umgehend harsche Kritik an der Entscheidung.

»Wollen wir wirklich zulassen, dass wichtige Städte an die Taliban fallen? Ich gehe davon aus, dass ein Bürgerkrieg brutal und blutig sein wird und all die entsetzlichen Merkmale eines barbarischen Krieges aufweisen wird. Wir haben eine Regierung, die davon redet, die Demokratie und Menschenrechte wieder mehr zu unterstützen. Nun, so viel dazu. Da ist ein Land, wo wir das alles tatsächlich verteidigen könnten und wo die Alternative ziemlich düster aussieht. Und wir sind nicht bereit, dort 3500 Soldaten zu lassen? Das zeigt, dass die Unterstützung für Demokratie, Menschenrechte und Frauenrechte nur hohle Worte sind.«

Die Over-the-Horizon-Überwachung und -Kapazität sei reine Fiktion. »Drohnenflüge würden sechs bis acht Stunden dauern, außerdem kann man Drohnen nicht in der Luft betanken. Das ist eine entsetzliche Situation. Und die ist uns keine 3500 Truppen wert?

Ein massiver, tragischer Fehler«, lautete sein Fazit. »Der zeigt, dass überhaupt keine Vorstellung darüber besteht, welche Bedeutung US-Truppen am Boden und die Überwachung aus der Luft durch Starrflügelflugzeuge, Luftnahunterstützung und andere Aufklärungsplattformen haben. Das wird wie 1975 in Saigon werden, als die letzten Amerikaner in Vietnam per Hubschrauber evakuiert werden mussten. Nur werden die Helikopter dieses Mal Amerikaner vom Dach der amerikanischen Botschaft in Kabul retten, und das womöglich im Herbst 2022 kurz vor den Wahlen zum Senat und Repräsentantenhaus.«

Expräsident George W. Bush erklärte öffentlich, Bidens Entscheidung sei ein Fehler. »Ich fürchte, afghanische Frauen und Mädchen werden unaussprechliches Leid erfahren.«[4]

463

Biden hatte nicht mit so vielen kritischen Kommentaren im Fernsehen und in der Presse gerechnet. Leute, die zuvor lautstark ein Ende des längsten Krieges gefordert hatten, hatten plötzlich nur noch die Zukunft verschiedener Gruppen in Afghanistan vor Augen, vor allem der Frauen und Mädchen.

Ihm kam es so vor, als ob die öffentliche Meinung von »Wir müssen diesen Krieg beenden« abrupt zu »Was wird nun aus den Menschen dort?« gewechselt hätte. Der Druck war gewaltig.

Einige Tage nach Bidens Ankündigung saßen Blinken und Sullivan beim Präsidenten im Oval Office. Obwohl die Entscheidung gefallen war, konnte Blinken erkennen, dass der Präsident immer noch damit rang, dass jede Entscheidung die falsche schien, egal welche er getroffen hätte.

»Mr. President«, sagte Blinken im Bemühen, ihn aufzumuntern, »das war eine unglaublich schwierige Entscheidung.« Sie sei im Stil eines Präsidenten getroffen worden. »Ich bewundere Sie, dass Sie sich zu einem Entschluss durchgerungen haben.« Denn wie seine Vorgänger hätte er einer Entscheidung auch ausweichen können, darüber hatten sie schon gesprochen. Doch er hatte sich sehenden Auges darauf eingelassen.

Biden stand neben dem Schreibtisch. Blinken sah ihm an, dass ihn die Auswirkungen seiner Entscheidung belasteten. Präsidenten leben in einer Welt des Suboptimalen.

Der Präsident, eine einsame Gestalt neben seinem Schreibtisch, tippte leicht auf die Platte.

»Ja«, sagte Biden, »hier muss man wirklich Verantwortung übernehmen.«

SIEBZIG

Am Samstag, dem 8. Mai 2021, standen Trump, Lindsey Graham und Gary Player, der 85-jährige südafrikanische Golfstar und Sieger in neun Major-Turnieren, auf dem Fairway beim zehnten Loch des Golfplatzes Trump International in West Palm Beach in Florida.

108 Tage zuvor hatte Trump das Weiße Haus geräumt und lebte nun in seiner Enklave in Florida, umgeben von Gönnern und Gästen auf seinem Anwesen Mar-a-Lago und in seinem Golfclub, wo er den Zuspruch seiner Anhänger sichtlich genoss. Wenn Trump sein gut durchgebratenes Steak oder einen Hamburger aß, kamen die Leute zu ihm, zeigten ihm ihre hocherhobenen Daumen und nannten ihn den rechtmäßig gewählten Präsidenten. Oder sie reichten ihm Ausdrucke von Artikeln, in denen von Wahlbetrug die Rede war.

Player mit seinen 1,68 Meter war ein legendärer Fitnessfan, der immer noch 350 Pfund an der Beinpresse schaffte. Als Trump ihm einen Tag nach dem Sturm auf das Kapitol die Presidential Medal of Freedom verlieh, hatte er gescherzt: »Sir, Sie sollten mal ein bisschen abnehmen.«[1]

Als treuer Freund und Unterstützer zog Player einen Rescue Club aus der Tasche, einen Schläger, der einem Golfer aus der Patsche helfen soll.

»So schlägt man 150 Yards«, sagte Player, anstelle der üblichen 250 Yards. »Den Schläger locker fassen. Die Schlagfläche sollte einen flachen Winkel bilden. Nicht so weit ausholen. Dadurch fliegt der Ball in einem höheren Bogen, das ist besser als Ihr Eisen 9.«

Player, der wegen seiner stets schwarzen Spielkleidung den Spitznamen »Black Knight« trug, stellte sich in Position, holte kurz aus und machte einen kompakten, kontrollierten Schlag. Der Ball beschrieb einen perfekten Bogen, landete auf dem Green, sprang einmal hoch und rollte ins Loch.

Holla!, jubelten Trump und Graham. Sie lachten dröhnend.

Players Ansatz – sich zurückzunehmen, mit einem kleineren Schläger nicht ganz so weit auszuholen, mehr Kontrolle auszuüben – war eine nahezu perfekte Metapher für die Vorgehensweise, die Graham Trump seit der Wahl predigte.

»Mr. President«, hatte Graham früher am Morgen gesagt, »die Partei kann ohne Sie nicht wachsen, das ist unmöglich. Sie sind der Anführer der Republikaner. Aber wir müssen hier ein bisschen Schadensbegrenzung betreiben.«

Kummer und Hass, ein endloses Sperrfeuer, hatten Trump nach Grahams Ansicht zu Fall gebracht. Graham fragte sich oft, ob Trump der entstandene Schaden bewusst war. War er in der Lage, ihn zu beheben?

Trump wollte nicht über die anstehenden Zwischenwahlen 2022 sprechen. Er war gedanklich noch bei der Wahl 2020. Er sei betrogen worden, wiederholte er. Der Wahlsieg sei ihm gestohlen worden. Die Republikaner hätten ihn nicht ausreichend unterstützt.

Wieder nannte er wütend Mitch McConnell und die Kongressabgeordnete Liz Cheney als Schuldige. Trump würde McConnell niemals die Aussage verzeihen, sein Handeln im Vorfeld der Ereignisse vom 6. Januar sei eine »schändliche Pflichtverletzung« gewesen. Für ihn war das ein Dolchstoß in den Rücken.

Pence hätte ihn retten können, wenn er die Anerkennung der Wahl durch den Kongress verhindert hätte, fügte Trump hinzu.

»Nein«, sagte Graham. »Mike Pence hat seinen Job gemacht.«

Trump ignorierte ihn.

Graham kannte diesen Gesprächsverlauf mittlerweile zur Genüge. Trump redete von Schiebung, Betrug und einer gestohlenen Wahl.

»Sie haben eine knappe Wahl verloren«, sagte Graham zum gefühlt hundertsten Mal. Trump ignorierte auch diese Bemerkung.

Graham glaubte, dass Trump womöglich nie seine Niederlage eingestehen würde, er war jedoch überzeugt, dass er eine größere Hilfe für

Trump und die Republikanische Partei sein könnte, wenn er in Trumps Umfeld blieb und seine schlimmsten Impulse abschwächte. Die Republikaner brauchten Trumps Hilfe, um 2022 die Mehrheit im Senat und Repräsentantenhaus zurückzugewinnen.

Er konnte als Mittelsmann zu jenen fungieren, die sich mit Trump nicht einmal im selben Raum aufhalten wollten, aber dasselbe Ziel hatten – die Wahl gewinnen. Außerdem war das Zusammensein mit Trump beste Unterhaltung. Seine Feinde erkannten einfach nicht seinen Charme.

Zwischen den Abschlägen erzählte Player Trump und Graham von einem neuen Golfplatz, den er in Südafrika mitten in der Wildnis bauen wollte. In einer wunderschönen Gegend, wo die Golfer beim Spielen alle möglichen Tiere zu Gesicht bekommen würden – Büffel, Löwen, Zebras und Elefanten, die durch die Savanne zogen.

»Und was passiert, Gary, wenn zwei Löwen sagen: ›Schau mal, das ist ein ordentlicher Happen, den Typen würde ich gern fressen. Komm, den schnappen wir uns‹?«, scherzte Trump.

»Na ja, es gibt Zäune und Absperrungen«, sagte Player.

»Sie meinen, die können nicht über einen Zaun klettern?«, fragte Trump skeptisch.

»Wenn man in einen Jeep steigt, dann kommen sie nicht in den Jeep«, versicherte Player. »Aber wenn man aus dem Jeep steigt, dann fressen sie einen.«

»Woher wissen Sie, dass sie nicht in den Jeep kommen?«, fragte Trump.

»Ich würde mein Leben nicht unbedingt darauf verwetten«, meinte Graham.

Trump ließ nicht locker.

»Haben Sie eine Pistole?«

»Nein«, sagte Player.

»Tja, ich habe eine«, sagte Trump.

Graham hatte schon lange nicht mehr erlebt, dass Trump so viel lachte und so viel Spaß hatte. Er war bester Laune und quietschfidel. Kein

Präsidentenamt. Keine Flut von Tweets. Seine Sperre bei Twitter und Facebook war überraschend befreiend, wie er behauptete.

»Ich habe plötzlich jede Menge Zeit für andere Dinge«, hatte Trump gesagt.

Golf war sein ultimatives Freizeitvergnügen, und an jenem Tag hatte Trump noch einen finanziellen Unterstützer und einen Caddy dabei. Player hatte seinen Enkel mitgenommen. Sechs Männer, deren Golfwagen sich über Stunden kreuz und quer über den Golfplatz bewegten und deren Bälle in alle Richtungen flogen; über ihren Köpfen war fast so viel los wie auf einem Flughafen.

Player hatte einen Score von 68, vier unter Par. Trump vielleicht sechs über Par. Graham spielte sechs gute Löcher, sechs schlechte und sechs mittelmäßige. Standard, kein echter Score, sagte er. Trump hatte Grahams Golfschwung kritisiert: »Sie stürzen sich auf den Ball.«

Nach dem Golfen bearbeitete Graham Trump weiter. »Sie sind am stärksten, wenn Sie über Ihre Politik sprechen«, sagte er. Er hatte auch eine Liste parat: »Die Sicherung der Grenze anstelle chaotischer Zustände, eine Steuerreform, eine schlanke Regierung, die Einschüchterung des Iran, Druck auf China.«

Die Demokraten und Biden seien zu übergriffig, zu radikal, erklärte Graham. »Die Demokraten leisten ihren Beitrag, um uns wieder ins Spiel zu bringen.« Graham ging sogar noch weiter: »Wenn nächsten Dienstag Wahl wäre, würden wir die Mehrheit im Repräsentantenhaus holen. Wir haben gute Chancen auf ein Comeback und auf einen Sitz mehr im Senat.

Aber ohne Sie schaffen wir das nicht, Mr. President. Sie müssen uns helfen. Aber Sie müssen sich auf die Zukunft konzentrieren, nicht auf die Vergangenheit, nur dann haben wir maximale Erfolgsaussichten.«

Graham erinnerte an einen Suchtberater, der sich mühte, seinen Patienten davon abzuhalten, sich ein weiteres Glas zu genehmigen. Trump wollte immer wieder an der Vergangenheit nippen.

»Sie müssen sich festlegen, wen Sie unterstützen wollen und wen nicht«, sagte Graham. »Natürlich wollen Sie das beste Team. Es ist in

Ihrem Interesse, wenn Sie für uns den Senat und das Repräsentantenhaus gewinnen. Wenn die Partei ein Comeback schafft, würde das auch bedeuten, dass der 6. Januar nicht der Tag ist, der von Ihrer Präsidentschaft in Erinnerung bleibt.«

Und dann präsentierte er die Lösung: »Das machen wir am besten, indem wir Leute aussuchen, die in ihren Bundesstaaten gewinnen können, in ihren Wahlbezirken. Das sind vielleicht nicht die Leute, die Sie besonders mögen, aber eben diejenigen, die gewinnen können.« Trump würde Leute unterstützen müssen, die ihn nicht immer von ganzem Herzen unterstützt hatten, ja nicht einmal seine Verbündeten waren.

»Sie müssen die meisten meiner Senatskollegen unterstützen«, sagte Graham. Insgesamt wollten zu der Zeit 15 republikanische Senatoren zur Wiederwahl antreten, darunter auch Lisa Murkowski, die beim Amtsenthebungsverfahren im Februar für einen Schuldspruch Trumps gestimmt hatte.[2]

Nein, erklärte Trump lebhaft, als Murkowskis Name fiel, auf gar keinen Fall. Sie sei sehr illoyal gewesen und sehr undankbar gegenüber allem, was er für Alaska getan habe wie etwa die Genehmigungen zur Öl- und Gasförderung.

In Georgia, erklärte Graham Trump, arbeite er daran, den Trump-Favoriten und ehemaligen Football-Star Herschel Walker als Kandidat zu rekrutieren. Walker, der dreimal in die All-American-Auswahl gewählt wurde und 1982 die Heisman-Trophy gewann, gilt als einer der besten Footballspieler aller Zeiten. Und er war seit Langem mit Trump befreundet.

Walkers Kandidatur könnte zum Testfall für die Republikaner werden. Er war berühmt, konservativ und Afroamerikaner. Doch in Washington hatten viele altgediente Berater Bedenken wegen Walkers Vergangenheit und psychischer Verfassung. Dem Fernsehsender ABC hatte er in einem Interview einmal gesagt, er spiele, wenn er Gäste habe, gern »Russisch Roulette« mit einem geladenen Revolver, den er sich an die Schläfe setze.[3] Er hatte Trumps Behauptungen zum Wahlbetrug und seinen Kampf unter dem Schlagwort »Stop the Steal« lautstark unterstützt.⁴ Doch die Wahl in Georgia 2022 würde aller Wahrscheinlichkeit nach große Disziplin erfordern.

Graham riet Trump auch, eine »America First«-Agenda zu erstellen, die sich an Newt Gingrichs »Contract with America« von 1994 orientieren solle, einem bedeutenden konservativen Plan, in dem Gesetze vorgestellt wurden, die die Republikaner verabschieden wollten, wenn sie die Mehrheit im Repräsentantenhaus zurückgewinnen würden. Damals hatten die Republikaner sechs Wochen nach der Vorstellung des Contract bei den Zwischenwahlen zusätzliche 54 Sitze im Repräsentantenhaus und die Kontrolle über beide Kammern errungen und so die Demokraten vernichtend geschlagen.⁵

Grahams Politikseminar nach dem Golfen dauerte eineinhalb Stunden. Er hatte seine Punkte vorgebracht.

»Ich kann durchaus auch austeilen«, sagte Graham, nachdem Trump gegangen war, »und ich setze mich für ihn ein. Aber ich bin trotzdem immer derjenige, der sich für einen möglichst konfrontationslosen Ansatz entscheidet.

Wenn er 2024 antreten will, muss er an seinen Persönlichkeitsproblemen arbeiten. Die Probleme, die durch Trumps Persönlichkeit entstehen, lassen sich leichter beheben, als wenn die Partei komplett auseinanderfallen würde und wir einen Bürgerkrieg hätten. Wenn man versuchen würde, Trump aus der Republikanischen Partei auszuschließen, käme es zur Bildung einer dritten Partei.

Politisch sind wir gut aufgestellt. Aber unser Teamkapitän ist stark angeschlagen.«

Trump sah das natürlich ganz anders.

»Sind meine Zahlen wirklich so gut?«, fragte Trump seinen langjährigen Meinungsforscher John McLaughlin am 16. Juni bei einem politischen Briefing in seinem Golfclub in Bedminster, New Jersey.

»Ja«, nickte McLaughlin und zeigte auf das Blatt mit einer Umfrage seiner Firma vom 21. Mai, die besagte, dass sich 73 Prozent der republikanischen Wähler für eine erneute Kandidatur Trumps 2024 aussprachen. Und 82 Prozent gaben an, sie würden ihn im Falle einer Kandidatur bei den Vorwahlen unterstützen.[6]

McLaughlin blätterte auf die nächste Seite. Hier lautete die Frage an die republikanischen Stammwähler: »Wenn wir die Vorwahlen zu den republikanischen Präsidentschaftswahlen 2024 betrachten, welchen der folgenden Kandidaten würden Sie wählen, wenn die Wahl heute stattfände?«

Das Ergebnis zeigte, dass Trump das Feld potenzieller Kandidaten dominierte, 57 Prozent sprachen sich bei über einem Dutzend Konkurrenten für ihn aus. Mike Pence belegte mit nur 10 Prozent den zweiten Platz. Ron DeSantis, der Gouverneur von Florida und ein aufsteigender Stern in der Partei, stand mit 8 Prozent an dritter Stelle.

»Haben Sie jemals solche Zahlen gesehen?«, fragte Trump.

»Nein«, sagte McLaughlin. »Diese Zahlen, Ihre Zahlen, sind sogar besser als die von Reagan.«

»In vielerlei Hinsicht waren Sie als Präsident noch konservativer als Reagan«, ergänzte er. »Härter, was Einwanderung und Handelsfragen angeht, stärker für die Pro-Life-Bewegung. Sie haben die Republikanische Partei zu einer Partei der arbeitenden Männer und Frauen Amerikas gemacht, während Reagan immer daran arbeiten musste, die Reagan-Demokraten an sich zu binden und die Arbeiterklasse für sich zu gewinnen.«

Das Treffen mit McLaughlin war keine einmalige Besprechung. Trumps Politikteam war weiterhin aktiv, auch wenn es seit seinem Ausscheiden aus dem Amt erheblich an Umfang eingebüßt hatte.

Andere Umfragen zeigten, dass Trump immer noch große Unterstützung bei den republikanischen Wählern genoss, aber auch erhebliche Negativwerte hatte. Eine landesweite Umfrage von NBC News und dem *Wall Street Journal* im April ergab, dass Trump von den registrierten Wählern zu 32 Prozent positiv und zu 55 Prozent negativ beurteilt wurde, verglichen mit 50 Prozent positiven und 36 Prozent negativen Urteilen für Biden.

»Je mehr Sie angegriffen werden, desto mehr festigt sich Ihre Basis«, erklärte McLaughlin. »Sie konsolidiert sich. Ihre Unterstützung wandert nicht ab.«

McLaughlin argumentierte gegenüber Trump seit Wochen, dass Bidens Unterstützung massiv einbrechen könnte, ähnlich wie Jimmy Carters Vorsprung vor den Wahlen 1980, als die Krise nach der Geiselnahme in der amerikanischen Botschaft in Teheran alles andere überschattet und Ronald Reagan am Ende den Sieg davongetragen hatte.

»Das Pendel wird wieder zurückschwingen, Mr. President«, sagte er. »Sie müssen nur Geduld haben. Lehnen Sie sich zurück und warten Sie ab, was passiert, dann werden die Wähler ihre Entscheidung für Biden bereuen.

Das sind *Ihre* Impfstoffe. *Sie* haben eine Situation im Land geschaffen, in der sich die Wirtschaft wieder erholen kann. Biden wird dafür nicht die Anerkennung einstreichen können.«

Kellyanne Conway gehörte immer noch zu Trumps innerem Zirkel. »Meine Kellyanne, meine Kellyanne«, begann er das Gespräch, als er sie nach einer sommerlichen Runde Golf anrief.

Da sie das Weiße Haus im Vorjahr verlassen und am Wahlkampf 2020 nicht offiziell mitgewirkt hatte, hatte sie fünf Jahre nach ihrer Tätigkeit als Wahlkampfmanagerin einen gewissen Abstand zu seiner Niederlage.

»Es ist in Ordnung, wenn Sie mich ›meine Kellyanne‹ nennen«, sagte sie. »Aber ich möchte, dass Sie auch noch etwas anderes in mir sehen.« Sie stand nicht auf seiner Gehaltsliste und war misstrauisch gegenüber den Beratern, die sich auf seinen riesigen Fundraising-Apparat verließen, um ihren Lebensunterhalt auch nach dem Wahlkampf abzusichern. »Ich bin jemand, wenn nicht sogar die Einzige in Ihrem Umfeld, die keinen Cent, keinen einzigen Penny aus dem 1,4 Milliarden Dollar schweren Etat für Ihre Wiederwahlkampagne bekommen hat.«

Okay, erklärte Trump, verstanden.

»Es gibt acht bis zehn Punkte, die Sie wissen sollten. Sie sollten zurück zu Ihrer Basis. Warum haben Sie 2016 gewonnen? Sie haben gewonnen, weil Sie diese Verbindung zu den Leuten haben. Die Menschen, die so oft vergessen werden. Sie haben ihnen aufgeholfen. Diese Menschen haben finanziell, kulturell und emotional von Ihnen profitiert. Mit Ihnen als Präsident haben sie wirtschaftlich profitiert, hatten Aufstiegschancen. Und Ihre Niederlage trifft sie besonders hart. Diese Leute sind besonders hart getroffen, weil sie Bergleute und Stahlarbeiter oder in der Ölbranche tätig sind. Leute mit einem bestenfalls mittleren Einkommen. Sie haben nicht nur ein Kind, sie haben drei oder vier, und jetzt geht es mit ihnen wieder wirtschaftlich bergab.« Hören Sie auf zu schmollen. Haken Sie die Wahl ab. Sprechen Sie die wahren Ängste und Befürchtungen an. Gewinnen Sie die Unterstützung der Frauen aus den Vorstädten zurück, die Sie 2016 unterstützt haben. Schimpfen Sie lieber wieder über China und nicht über Georgia.

Trump sagte, er wisse ihren Rat zu schätzen und denke wehmütig an seinen Wahlkampf 2016 zurück. Damals sei es im Grunde auf ihn und eine Handvoll Berater hinausgelaufen, die in seinem Privatflugzeug von einer Versammlung zur nächsten gejettet seien. Das hätte er gern wieder, er wolle wieder der Außenseiter sein. Sein Wahlkampf 2020 habe so etwas Geschäftsmäßiges gehabt.

»Deshalb werden Sie, meine Liebe, beim nächsten Mal das Sagen haben«, verkündete Trump.

Conway lachte, machte aber keine Versprechungen.

»Hören Sie, Sie waren beide Male der Underdog, obwohl Sie beim zweiten Mal Präsident der Vereinigten Staaten waren. Aber dieses Mal haben Ihnen der Hunger und der Biss gefehlt. Sie hatten weder zu wenig Mittel noch zu wenig Leute.« Arlington (die Schaltzentrale des Trump-Wahlkampfteams) sei zu einem zweiten Brooklyn geworden (von wo aus Hillary Clinton ihren Wahlkampf 2016 organisiert hatte).

»Wie meinen Sie das?«, fragte Trump.

»Trump 2020 ähnelte Hillary 2016. Sie hatten zu viel Geld, zu viel Zeit, zu viel Ego.«

Später, als Trump wieder mit Freunden und finanziellen Unterstützern auf dem Golfplatz stand, sagte er seinen Mitspielern, er überlege, seine private Boeing 757 zu nutzen, um Biden zu verhöhnen. Ein Doppelgänger der Air Force One, der vor den Zwischenwahlen 2022 durchs Land fliegt.

»Die Amerikaner lieben dieses Flugzeug«, sagte er. »Und ich überlege, es rot, weiß und blau lackieren zu lassen. Wie die Air Force One, so wie die Air Force One meiner Meinung nach aussehen sollte. Das ist mein Markenzeichen. Ich mache das nicht in einem Firmenjet. Ich komme doch nicht in einer kleinen Gulfstream daher wie irgendein verdammter CEO.«

EINUNDSIEBZIG

»Ich bin empört, dass Sie mich als Mörder bezeichnen«, sagte der russische Präsident Wladimir Putin zu Biden bei einem Telefonat am 13. April. Biden war in einem Interview für ABC News gefragt worden, ob er Putin für einen Mörder halte, und hatte geantwortet: »Das tue ich.«[1] »Mir wurde eine Frage gestellt«, sagte Biden zu Putin. »Ich habe darauf geantwortet. Es ging bei dem Interview um ein völlig anderes Thema. Ich hatte das nicht geplant.« Als ob das irgendetwas ändern würde.

Der Kreml hatte von einer noch nie da gewesenen Kränkung gesprochen und seinen Botschafter in den USA zu weiteren Konsultationen nach Moskau beordert.[2]

Putin hatte auch öffentlich zurückgeschlagen und erklärt: »Man soll nicht von sich auf andere schließen.«[3] Außerdem hatte er auf die Behandlung der amerikanischen Ureinwohner durch die US-Regierung verwiesen und auf den Abwurf von Atombomben auf Japan im Zweiten Weltkrieg.

Das Telefongespräch war Teil von Bidens Bemühen, Putin darüber zu informieren, dass ihn ein frostigeres Verhältnis als mit Trump erwarten würde.

Vor dem Anruf hatte Biden zu Jake Sullivan gesagt, er wolle eine neue Strategie für den Umgang mit Russland. Was wollen wir erreichen?

»Machen wir einen Schritt zurück«, begann Biden. »Ich denke nicht an einen Reset.« Er meinte damit Obamas Strategie gegenüber Russland. »Ich strebe kein irgendwie geartetes gutes Verhältnis an, aber ich will einen stabilen und vorhersagbaren Umgang mit Putin und Russland.«

In einem ersten Schritt forderte Biden die Nachrichtendienste auf, die Qualität der Informationen über angebliche russische Aktionen in jüngster Zeit zu beurteilen. Die Nachrichtendienste meldeten, sie könnten mit hoher Wahrscheinlichkeit sagen, dass Russland hinter drei größeren aggressiven Aktionen stecke: der Vergiftung des Oppositionsführers Alexei Nawalny, den massiven Cyberattacken, die es Russland ermöglichten, etwa 16 000 Computersysteme weltweit zu stören oder auszuspionieren, und der Einmischung in die amerikanischen Präsidentschaftswahlen 2020 zur Unterstützung von Trump.

Während seines Gesprächs mit Putin im April brachte Biden diese Anschuldigungen vor.

»Sie liegen mit allem falsch«, sagte Putin. »Sie haben keine Beweise. Wir haben uns nicht in Ihre Wahlen eingemischt. Wir haben nichts davon getan.«

Biden ignorierte sein Leugnen. »Ich warne Sie, wir werden darauf zurückkommen«, sagte er. Er beschrieb eine Reihe aggressiver Sanktionen. »Sie werden diese Woche erfolgen, und ich möchte, dass Sie sie direkt von mir hören. Und sie erfolgen aufgrund bestimmter Handlungen Ihrerseits. Ich habe gesagt, dass ich darauf reagieren werde, und jetzt reagiere ich darauf.«

Er warnte Putin außerdem vor einem neuerlichen militärischen Vorstoß in der Ukraine.

Putin setzte sein kategorisches Leugnen fort und sagte, er sei empört über die Mörder-Anschuldigung.

»Treffen wir uns«, sagte Biden und schlug einen Gipfel vor. »Sie und ich setzen uns zusammen. Sie bringen Ihre Punkte vor und ich meine.« Jedes Thema könne angesprochen werden. »Wir begegnen uns von Angesicht zu Angesicht und reden über alles.«

»Nur um das klarzustellen«, sagte Putin. »Sie wollen, dass wir uns treffen und über alle Probleme in unserer Beziehung sprechen? Über alles?«

Sullivan, der das Gespräch mithörte, dachte, der stets misstrauische Putin wolle sicherstellen, dass das nicht irgendeine Falle war.

Biden versicherte Putin, sie würden ein offenes Gespräch führen. Er wusste, Putin war klar, dass ein Treffen auch vermitteln würde, dass der amerikanische Präsident ihn respektierte. Sie hatten sich zehn Jahre zuvor schon einmal getroffen, 2011, als Biden Vizepräsident war und Putin Ministerpräsident.

Später hatte Biden in einem Interview mit dem *New Yorker* erzählt, er habe während des Treffens zu Putin gesagt: »Herr Ministerpräsident, wenn ich Ihnen in die Augen sehe, glaube ich nicht, dass Sie eine Seele haben.«

Putin habe gelächelt und Biden über den Dolmetscher wissen lassen: »Wir verstehen einander.«[4]

Für Biden gehörte es zum Standardprogramm eines amerikanischen Präsidenten, sich mit dem russischen Staatschef zu treffen. Trotz seiner sinkenden Wirtschaftsleistung und einem Bruttoinlandsprodukt, das nur 10 Prozent des amerikanischen ausmachte, besaß Russland immer noch über 2000 strategische Nuklearwaffen und Tausende kleinere taktische Atomwaffen. Außerdem verfügte Russland über erhebliche konventionelle und nicht konventionelle Militäreinheiten, die auf der ganzen Welt stationiert waren.

»Okay«, sagte Putin schließlich zu Biden. »Ich hätte auch gern dieses Gipfeltreffen. Unsere Teams sollen sich an die Arbeit machen.«

Biden zitierte häufig einen Spruch des langjährigen demokratischen Sprechers des Repräsentantenhauses Tip O'Neill, dass Politik immer lokal ist.[5] »Wissen Sie«, sagte Biden, »Diplomatie ist immer persönlich. Am Ende des Tages muss man ein persönliches Verhältnis aufbauen.«

Am 15. April verkündeten das Weiße Haus und das Finanzministerium Sanktionen gegen die russische Zentralbank, das russische Finanzministerium, den Staatsfonds, sechs Technologieunternehmen, gegen 32 Firmen und Einzelpersonen wegen der versuchten Einflussnahme auf die Präsidentschaftswahlen 2020 und gegen acht Personen und Gruppen, die an der russischen Besetzung und Unterdrückung auf der Krim beteiligt waren.[6]

Biden und Putin gaben später bekannt, dass sie sich am 16. Juni in Genf treffen würden.[7]

»Ich weiß, um dieses Treffen wird viel Aufhebens gemacht, aber für mich ist das sehr klar – also das Treffen«, sagte Biden gegenüber Reportern am 16. Juni am Ufer des Genfer Sees nach dem Gespräch mit Putin. »Zum einen gibt es für einen persönlichen Dialog zwischen Staatschefs keinen Ersatz, wie diejenigen von Ihnen wissen, die mich schon eine Weile begleiten. Keinen. Und Präsident Putin und ich hatten … teilen eine beispiellose Verantwortung, die Beziehung zwischen zwei mächtigen und stolzen Ländern zu pflegen, eine Beziehung, die stabil und kalkulierbar sein muss.«[8]

»Warum sind Sie so zuversichtlich, dass er sein Verhalten ändern wird, Mr. President?«, fragte Kaitlan Collins, die CNN-Chefkorrespondentin für das Weiße Haus.[9]

Biden, der sich bereits zum Gehen gewandt hatte, drehte sich irritiert um.

»Ich bin nicht zuversichtlich, dass er sein Verhalten ändern wird«, sagte er mit finsterem Blick zu Collins und mahnendem Zeigefinger. »Wo zum Teufel – was machen Sie eigentlich die ganze Zeit? Wann habe ich gesagt, ich sei zuversichtlich? Ich sagte …«

»Sie sagten, in den nächsten sechs Monaten könnten Sie …«, hob Collins an.

»Ich sagte, was ich sagte, war … um das klarzustellen: Ich sagte: Was deren Verhalten ändern wird, ist, wenn der Rest der Welt reagiert und ihr Ansehen in der Welt gemindert wird. Ich bin überhaupt nicht zuversichtlich. Ich nenne nur die Fakten.«

Collins ließ nicht locker: »Aber wenn man bedenkt, dass sich sein Verhalten in der Vergangenheit nicht geändert hat und dass er in der Pressekonferenz, nachdem er mehrere Stunden lang mit Ihnen zusammensaß, jede Beteiligung an Cyberattacken abgestritten hat; dass er Menschenrechtsverletzungen heruntergespielt hat, dass er sich sogar geweigert hat, Alexei Nawalnys Namen zu nennen. Wie passt das zu einem konstruktiven Treffen, wie es Präsident ... Präsident Putin behauptet hat?«[10]

Biden schnauzte die 29-jährige Reporterin an: »Wenn Sie das nicht verstehen, dann sind Sie in der falschen Branche.«
Der kurze, aber heftige Wortwechsel ging auf Twitter viral. Als Biden später am Tag vor der Air Force One stand, sagte er: »Ich muss mich bei meiner letzten Fragestellerin entschuldigen. Ich hätte nicht, ich hätte bei der letzten Antwort, die ich gab, nicht so besserwisserisch sein sollen.« Collins sagte, eine Entschuldigung sei nicht nötig.

Der Vorfall erinnerte für einen Moment an eine ganze Reihe selbst verschuldeter Ausrutscher Bidens, die jedoch weitgehend in Vergessenheit geraten waren, weil er sich seit seinem Amtsantritt an vorbereitete Texte und Abläufe hielt.

Diese Seite Bidens – seine gelegentliche Neigung, gereizt zu reagieren oder Formulierungen zu zerpflücken – war nach wie vor vorhanden und nun Teil seines Auftretens als Präsident. Mehrere Biden-Berater erzählten hinter vorgehaltener Hand, Klain und Dunn hätten sich des Problems angenommen und würden versuchen, ihn von spontanen Zusammentreffen oder langen Interviews fernzuhalten. Sie nannten das Bemühen, den Präsidenten abzuschirmen, »die Wand«.

Dennoch kam es hin und wieder zu spontanen Kommentaren Bidens.

»Die Progressiven mögen mich nicht, weil ich nicht bereit bin, eine, wie ich es nennen würde und wie sie es nennen würden, sozialistische Agenda zu verfolgen«, sagte er dem *New York Times*-Kolumnisten David Brooks im Mai.[11] Sein Kommentar verärgerte viele Progressive, weil er sie mit dem Begriff »sozialistisch« in Verbindung gebracht hatte.

Ende Juni verkündete Biden, er habe mit den Republikanern im Senat einen wichtigen, parteiübergreifenden Deal zur Infrastruktur ausgehandelt, doch kurz darauf schien er die Vereinbarung wieder kippen zu wollen, als er erklärte, sie hänge von einem liberaleren Ausgabenpaket ab, das durch ein Reconciliation-Verfahren möglich gemacht werde.[12]

»Beides muss erfolgen«, sagte er, »und ich werde eng mit Sprecherin Pelosi und Mehrheitsführer Schumer zusammenarbeiten, um sicherzustellen, dass beide Vorlagen umgehend und zusammen den legislativen Prozess durchlaufen. Und das möchte ich betonen: zusammen.«

Seine Bemerkung überraschte einige Demokraten, die immer von einer zweigleisigen Strategie ausgegangen waren. Und sie verärgerte die Republikaner, die alles andere als begeistert waren, dass er eine Bedingung ergänzt hatte, nachdem er zuvor so vollmundig einen großen, parteiübergreifenden Deal angekündigt hatte.

Steve Ricchetti hing tagelang am Telefon, um den Schaden zu reparieren, die Beziehungen zu kitten und weiterhin mit allen im Gespräch zu bleiben. Am Ende gab Biden ein 628 Wörter langes Statement heraus, um seine Position zu verdeutlichen.[13]

McConnell kritisierte das Hin und Her scharf und erklärte: »Da wird einem ja ganz schwindlig.«[14]

Biden machte weiter. Die Infrastrukturmaßnahmen waren ein zentraler Teil seiner Agenda, ein entsprechendes Paket musste verabschiedet werden. Man macht einen Fehler, man macht weiter.

Man fällt hin, man steht wieder auf.

Und manchmal stolpert man auch im wortwörtlichen Sinn.

Biden stolperte am 19. März auf der Gangway der Air Force One, mit der er nach Atlanta fliegen wollte, und stürzte auf die Knie. Er stand auf, nahm ein paar weitere Stufen und stürzte erneut.[15]

Die Republikaner verspotteten Biden und verbreiteten genüsslich das Video, was natürlich auch daran lag, dass sich Bidens Team im Wahlkampf 2020 über Trumps mitunter unsicheren Gang lustig gemacht hatte.

Das Weiße Haus versicherte, Biden gehe es »zu hundert Prozent gut«.[16]

Doch Biden war frustriert. Später erzählte er, sobald er in der Flugzeugkabine gewesen sei, habe er vor sich hin geflucht.

»Fuck«, flüsterte er. »Fuck!« Er war laut genug, dass ihn auch die anderen hörten.

Russland blieb bei seinem Kurs. Amerikanische Nachrichtendienste verzeichneten eine massive Anzahl von Ransomware-Angriffen, die sie zu russischen Kriminellen zurückverfolgen konnten. Die Angriffe mit Schadsoftware, die den Zugriff auf Daten oder ganze Computersysteme verhinderte, bis Geld gezahlt wurde, oft Millionen von Dollar, verursachten enorme Schäden. Hier wurde nicht nur ein Cyberwar, sondern auch ein Wirtschaftskrieg geführt. Noch gab es keine Beweise für eine direkte Verbindung zum russischen Geheimdienst oder zu Putin, doch wie bei allem in Russland war Putins Griff eisern, er hatte stets die Kontrolle.

Biden und Putin telefonierten am 9. Juli über eine abhörsichere Verbindung miteinander. Biden verlangte, dass Putin hart gegen die von Russland aus operierenden Kriminellen vorgehen solle, die an den korrupten und böswilligen Attacken beteiligt waren.

»Wenn Sie es nicht können oder wollen, werde ich es tun«, sagte Biden. »Ich möchte das hier nur klarstellen, damit es keine Missverständnisse gibt.«

Am Ende des Gesprächs ergänzte Biden: »Wissen Sie, große Länder haben eine große Verantwortung. Sie sind aber auch sehr verwundbar.«

Die US-Kapazitäten für Cyberangriffe waren hervorragend, wie Putin wusste. Biden beließ es dabei. Eine direkte Drohung gegenüber dem russischen Präsidenten sprach er nicht aus.

Biden hatte sein Leben lang die Präsidentschaft angestrebt. Doch als er schließlich ins Weiße Haus einzog, erkannten seine Berater schnell, dass er sich unbehaglich fühlte. Er vermisste Delaware. Sein eigenes Haus.

Im privaten Kreis nannte Biden das Weiße Haus schon bald »die Gruft«. Es war einsam. Kalt. Das Coronavirus machte gesellschaftliche Zusammenkünfte unmöglich, zumindest am Anfang, als nur er und Jill sowie ihre beiden Deutschen Schäferhunde vor Ort waren. Die Familie kam natürlich zu Besuch, doch Biden hätte sich lieber in Gesellschaft seiner Enkel in Delaware entspannt, wo er nachts gern Schokoladeneis direkt aus dem Gefrierschrank naschte.

Biden versicherte Beratern und Freunden, dass die Bediensteten im Weißen Haus einen tollen Job machten. Alle waren freundlich. Sie fragten ihn stets nach seinen Wünschen oder ob sie ihm einen Snack bringen könnten. Es war wie in einem exklusiven Hotel. Selbst der Wohnbereich des Weißen Hauses, den er in seinen acht Jahren als Vizepräsident nie besucht hatte, war so gestaltet. Prächtige Teppiche. Gemälde an der Wand. Kunstvolle Kronleuchter. Das alles erinnerte ihn an das Waldorf Astoria.

»Ich bin es einfach nicht gewohnt, dass mir jemand beim Ablegen sofort den Mantel abnimmt und ihn für mich aufhängt«, sagte Biden. »Aber sie sind wirklich alle sehr nett.«

Die Residenz des Vizepräsidenten, hinter Bäumen versteckt auf einem 5 Hektar großen Anwesen gelegen und 4 Kilometer vom Weißen Haus entfernt, hatte besser zu seinem Wunsch nach Ungezwungenheit gepasst.

Wochenenden in Wilmington wurden schon bald zur Norm. In den Marine-One-Hubschrauber steigen, zum Militärflugplatz Andrews fliegen und von dort weiter nach Hause. Dort konnte er spazieren gehen und seine ausgiebigen, mäandernden Telefonate mit langjährigen Senatskollegen oder den Leuten in Delaware führen, die ihn immer noch Joe nannten.

»Er fühlt sich in der Wohnung im Weißen Haus nicht richtig wohl«, erklärte Ron Klain. Die Butler und Bediensteten in der Pennsylvania Avenue 1600, all das sei nicht sein Ding. »So ist er nicht. Er lebt gern in einem Haus. Joe Biden hat immer zwischen der Arbeit und seinem Zuhause unterschieden. Und die Wohnung oben im Weißen Haus gibt einem das Gefühl, bei jemand anderem zu Gast zu sein.«

Gegenüber seinen engsten Beratern, mit denen er seit Jahrzehnten zusammenarbeitete, bewahrte Biden ein starkes Vertrauen. Sie kannten einander. Sie kannten ihn. Kein schlechter Tag, keine Katastrophe konnte dieses Vertrauen – oder ihn – erschüttern.

Und es gab Hoffnung. Bei seinem Amtsantritt am 20. Januar hatte es in den USA 191 458 neue Covid-Fälle und 3992 neue Todesfälle gegeben.

Ende Juni war die Gesamtzahl der Coronatoten in den USA auf unter 300 Fälle pro Tag gesunken, ein deutlicher Rückgang um mehr als 90 Prozent.[17] Der Grund dafür war vor allem das erfolgreiche Impfprogramm.

Die Centers for Disease Control gaben bekannt, dass voll geimpfte Personen bei sozialen Kontakten und in ihrem Alltag keine Maske mehr tragen müssten.[18] Die Geschäfte öffneten wieder, Cafés und Restaurants begrüßten ihre Gäste auch in Innenräumen. Auf den Straßen herrschte schon bald wieder geschäftiges Treiben.

Doch der weitere Verlauf der Pandemie war nach wie vor nicht abzusehen. Die aggressive und hoch ansteckende Delta-Variante bedrohte die Welt. Ein zögerliches Verhalten beim Impfen oder die Ablehnung der Impfung könnten eine Herdenimmunität in den USA verhindern. Die langfristige Wirkung der Impfstoffe gegenüber einem mutierenden Coronavirus war nach wie vor nicht bekannt.

»Seine Stimmung, in der er derzeit jeden Tag ins Büro kommt, befindet sich in einem mittleren emotionalen Bereich«, sagte Klain im privaten Kreis einmal.

Daraus sprach ebenso Hoffnung wie Realität. Als Präsident blieb Biden ein emotionaler Mensch, der zu allem seine Gefühle offen zeigte. Ein »mittlerer emotionaler Bereich« war bei ihm nicht natürlich.

»Keine Nachricht, die ich ihm am Morgen mitteile«, sagte Klain, »kann schlimmer sein als die Art von Nachricht, die er schon so oft in seinem Leben erhalten hat.« Der Tod seiner ersten Frau und kleinen Tochter 1972, der Tod seines Sohnes Beau 2015.

»Umgekehrt ist keine Nachricht, die ich ihm am Morgen mitteile, besser als die Nachrichten, die er schon einmal zu einem anderen Zeitpunkt in seinem Leben erhalten hat.«

Zum Beispiel wurde Biden, nachdem er bei den Vorwahlen in New Hampshire auf dem fünften Platz gelandet war, neun Monate später doch noch zum Präsidenten der Vereinigten Staaten gewählt.

ZWEIUNDSIEBZIG

»Ihr Problem ist zu viel Drama«, sagte Lindsey Graham im Sommer zu Trump bei einem ihrer endlosen und mittlerweile zur Routine gewordenen Telefongespräche. »Ihre Sprunghaftigkeit. Sie könnten, wenn Sie wollten, Ihr Problem leichter in den Griff kriegen als Biden. Sie sagen dauernd, die Wahl sei manipuliert und Sie seien betrogen worden. Sie haben eine knappe Wahl verloren. Sie haben Scheiße gebaut.«

Trump legte abrupt auf.

Einen Tag später rief er Graham zurück.

»Ich mache Ihnen keinen Vorwurf«, sagte Graham. »Ich hätte auch aufgelegt!«

Er hatte harte Worte benutzt, doch Graham erinnerte Trump daran, dass er auf seiner Seite stehe, stets sein Freund bleiben werde. Er versuche, ihn zu rehabilitieren. Doch wer konnte sagen, was passieren würde, wenn sich Trump mit einer neuen Einstellung und einem neuen Ansatz präsentierte?

Trump antwortete stets, seine Anhänger würden seine Persönlichkeit lieben. »Ich würde meine Basis verlieren«, wenn ich mich ändere. Sie erwarten von mir, dass ich kämpfe, dass ich Unruhe stifte. Das war einkalkuliert. Das war nicht scheiße. Die Wahl wurde gestohlen.

Am Abend des 22. Juni, einem Dienstag, führten Trump und Graham ein weiteres ausführliches Telefongespräch.

Graham wollte, dass Trump sich mehr auf Biden konzentrierte. Er sagte, Bidens Politik sei eine Katastrophe, hier müsse man angreifen.

Doch Trump hatte es im Wahlkampf versäumt, Biden zu definieren, und zugelassen, dass Biden sich so präsentierte, wie er es selbst wollte. Und jetzt definierte sich Biden wieder selbst.

»Sie können besser als jeder andere Argumente gegen Biden vorbringen«, sagte Graham. »Aber das können Sie nicht, wenn Sie sich gleichzeitig über Ihre Niederlage beschweren. Die Medien sind nicht auf Ihrer Seite. Sie stürzen sich auf eine beiläufige Bemerkung, die Sie in einer Rede über 2020 machen, und dann ist alles andere ausgelöscht, was Sie über Biden und darüber sagen, wie er das Land in die falsche Richtung lenkt. Wenn wir 2022 zurückkommen und das Repräsentantenhaus und die Mehrheit im Senat zurückerobern wollen, bekommen Sie die gebührende Anerkennung. Aber wenn wir das Repräsentantenhaus und den Senat 2022 nicht zurückerobern, dann ist der Trumpismus meiner Meinung nach tot. Der 6. Januar wird dann der Tag sein, der von Ihnen im Gedächtnis bleibt. Wenn wir 2022 nicht gewinnen, sind wir erledigt.«

Im Repräsentantenhaus mussten die Republikaner bei den Zwischenwahlen nur fünf weitere Sitze dazugewinnen.[1] Doch Minderheitsführer Kevin McCarthy hatte alle Hände voll zu tun, die schwer lenkbare Fraktion in den Griff zu bekommen. Zu viele Splittergruppen. Graham war acht Jahre Mitglied des Repräsentantenhauses gewesen, bevor er 2003 in den Senat wechselte, und kannte die Verhältnisse gut. »Da gibt es die Republican Study Groups. Und die Moderaten. Das Repräsentantenhaus ist eine einzige Katastrophe.«

Graham war der Ansicht, dass Trump ohne seine harte Haltung zur Einwanderung von den Republikanern 2016 nicht zum Präsidentschaftskandidaten gekürt worden wäre. Die Amerikaner wollten eine stärkere Kontrolle ihrer Grenzen. Trump hatte das erkannt. Er hatte das Thema für die Republikaner aufgegriffen und damit die Wähler gewonnen, die sich nicht mit einer republikanischen Politik identifizieren konnten, wie sie Paul Ryan oder Mitch McConnell vertraten. Biden, der die legale Einwanderung erweitern und vereinfachen wollte, wurde von den Republikanern bereits wegen der aktuellen Einwanderungswelle aus Mittelamerika unter Beschuss genommen.

In Hinblick auf die Wirtschaft und Staatsausgaben glaubte Graham, die Leute wüssten instinktiv, dass nicht alles auf Dauer kostenlos sein könne. Die Menschen würden dazu verleitet, nicht zu arbeiten. Die Inflation sei der Feind der Mittelschicht.

»Eine außer Kontrolle geratene Grenze«, fasste Graham seine Position zusammen. »Die massive Zunahme der Kriminalität und steigende Benzin- und Lebensmittelpreise könnten 2022 zu einem republikanischen Erfolg führen.«

»Glauben Sie, dass der so durchschlagend ausfallen würde?«, fragte Trump.

»Ja«, antwortete Graham.

Doch dann sagte Trump wieder, dass er bei der Wahl betrogen worden sei. »Wissen Sie, ich habe in Georgia gewonnen.«

»Nein«, sagte Graham, »das ist mir entgangen. Davon habe ich noch nie gehört.«

»100 000 Leute wurden aus dem Register gestrichen«, sagte Trump.

»Mr. President«, erwiderte Graham, »bei allem Respekt, das heißt nicht, dass Sie in Georgia gesiegt hätten.« Etwa 67 000 Einwohner Georgias waren aus dem Wahlregister gestrichen worden, weil sie ein Formular zur Adressänderung ausgefüllt hatten, 34 000 weitere Namen waren gelöscht worden, weil die an ihre Heimatadresse gesandten Wahlunterlagen nicht zugestellt werden konnten.

»Es gibt nichts, egal was passiert, das Ihnen nachträglich den Sieg in Georgia oder Arizona einbringen wird. Punkt.« Und auch in keinem anderen Bundesstaat.

»Die Anschuldigungen, die Sie in Bezug auf die Wahl erheben, sind nicht stichhaltig«, sagte Graham. Ein paar kleinere Probleme beim Ablauf der Wahlen, das war es dann schon, weit entfernt davon, das Ergebnis in irgendeinem Bundesstaat zu ändern. Er erinnerte Trump daran, dass er und seine Leute das überprüft hatten.

»Es gab weder 60 000 Wähler in Georgia, die noch keine achtzehn waren, noch 8000 Häftlinge in Arizona, die vom Gefängnis aus wählten. Das stimmt nicht.«

Trump blieb dabei. Er sei betrogen worden.

»Sie stimmen mir jedoch zu, wenn ich sage, dass Sie eine Chance auf ein Comeback haben«, sagte Graham. Er probierte es mal wieder mit einem anderen Ansatz.

»Ja.«

»Dann konzentrieren wir uns darauf. Mr. President, das größte Comeback in der amerikanischen Geschichte wäre möglich. Nach dem 6. Januar wurden Sie schon abgeschrieben und für politisch tot erklärt. Allgemein ist man der Ansicht, dass die Republikanische Partei unter Ihrer Führung auseinandergebrochen ist. Wenn Sie als Parteiführer uns 2022 zum Sieg führen und Sie dann das Weiße Haus zurückerobern würden, wäre das das größte Comeback in der amerikanischen Geschichte. Ich will nicht so tun, als ob ich die Stimmung im Land genau kennen würde«, fuhr Graham fort, »doch ich kenne die Stimmung der republikanischen Wähler bei den Vorwahlen in South Carolina. Sie stehen felsenfest hinter Trump.« Doch diese Stimmung würde nicht ewig währen.

»Mr. President, es gibt eine wachsende Anzahl von Leuten, die sich fragen, ob Sie zu schwer beschädigt sind, um noch einmal siegen zu können. Und darunter sind ziemlich viele Trump-Anhänger. Denen müssen Sie beweisen, dass Sie sich ändern können.«

Trump hatte in Mar-a-Lago eine Reihe von Trump-Buch-Autoren zu Gast, die Interviews mit ihm führen wollten, am besten gleich mehrere.

»Sie werden ein beschissenes Buch über mich schreiben«, sagte Trump.

»Ja, da haben Sie wahrscheinlich recht«, stimmte Graham zu.

»Aber ich dachte, im Buch könnte vielleicht eine Zeile stehen, die es weniger beschissen macht.«

»Da bin ich Ihrer Meinung«, sagte Graham. »Warum nicht?«

»Ich rede mit jedem.«

Graham hatte den Eindruck, dass Trump jedem die Tür öffnete außer einem Uber-Fahrer.

»Zumindest kann ich meine Seite der Geschichte darstellen«, sagte Trump. Er schien begeistert von den Interviews.

»Wenn Sie nicht glauben, dass Sie einen guten Job gemacht haben, warum sollten das die anderen denken?«, fragte Graham.

»Ich denke, ich habe einen guten Job gemacht.«

»Sagen Sie den Leuten warum. Verteidigen Sie Ihre Arbeit als Präsident. Denken Sie, es lohnt sich, Ihre Präsidentschaft zu verteidigen?«

»Yeah.«

»Dann los. Mir hat Ihre Präsidentschaft sehr gefallen. Sie hat mich ausgelaugt. Ich habe in den letzten drei Jahren lauter graue Haare bekommen.«

In der Hälfte der Zeit hatte Trump die Medien geschickt genutzt, in der anderen Hälfte »war er selbst sein schlimmster Feind«, wie Graham feststellte. Der Umgang mit Trump war ähnlich, wie wenn man der Sonne zu nahe kam. Man konnte schwere Verbrennungen davontragen. Für Republikaner wie Graham lautete die Frage: »Wie nahe willst du der Sonne kommen, ohne zu verbrennen?«

»Ich denke, er kann vieles wiedergutmachen. Er hat eine gewisse Magie, aber auch eine dunkle Seite. Ich habe das schon tausendmal gesagt. Sein Wunsch, Erfolg zu haben und als erfolgreich zu gelten, ist meine größte Hoffnung. Er will als guter Präsident in Erinnerung bleiben.«

Einmal, als Trump erklärte, er sei ein guter Präsident gewesen, antwortete Graham: »Sie haben recht, das waren Sie. Aber Sie haben verloren.«

»Ich wurde betrogen.«

Bevor ein Comeback möglich war, musste Trump jedoch den Makel des 6. Januar loswerden, wie Graham befand.

»Der 6. Januar war ein schrecklicher Tag in der amerikanischen Geschichte. Das war wie 1968. Jeden Morgen dachte man beim Aufwachen, was kann heute passieren? Was wird als Nächstes passieren? Bobby Kennedy war ermordet worden. Martin Luther King war ermordet worden. Es gab Krawalle auf den Straßen. Der Parteitag der Demokraten war ein einziges Chaos. Aber wir haben es damals geschafft. Wir werden es auch heute schaffen.«

Graham sagte Trump, er solle doch bitte aufhören, das Verhalten der Randalierer im Kapitol zu entschuldigen.

Aber Trump hörte nicht auf.

»Das waren friedliche Leute. Das waren großartige Leute«, sagte Trump am 11. Juli in einem Interview mit Fox News. »Die Liebe, die Liebe, die in der Luft lag, so etwas habe ich noch nie erlebt. Das waren unbewaffnete Leute, die dorthin gingen. Und ganz ehrlich, die Türen waren offen, und die Polizei hat in vielen Fällen ..., also wissen Sie, es gibt Hunderte Stunden von Videoaufzeichnungen. Man sollte die Aufzeichnungen herausgeben, damit wir sehen können, was wirklich passiert ist.«[2]

Dennoch waren bei den Krawallen über hundert Polizisten verletzt worden.

Graham wollte das nicht hören. Im Sommer hatten Staatsanwälte über 500 Personen wegen ihrer Teilnahme an den Krawallen angeklagt.[3]

»Wie läuft's, Boss?«, fragte Brad Parscale Trump bei einem Telefongespräch Anfang Juli.

Parscale war als Trumps ehemaliger Wahlkampfmanager ein Jahr zuvor nach dem Debakel bei Trumps Auftritt in Tulsa aus dem Trump-Zirkel verbannt worden, aber jetzt war er wieder dabei. Trump war oft ein Herz und eine Seele mit seinen Beratern, servierte sie dann eiskalt ab und nahm sie später wieder in seinen Kreis auf.

»Werden Sie antreten, Sir?«

»Ich denke darüber nach«, antwortete Trump. Er klang rastlos. Ungeduldig. Er erwärmte sich zunehmend für die Idee. »Ich denke wirklich ernsthaft über eine Kandidatur nach.«

»Mehr wollte ich gar nicht hören«, sagte Parscale.

»Wir müssen das machen, Brad«, sagte Trump. Dann dachte er laut darüber nach, ob Biden dement sei.

»Ein Tattergreis«, grollte Trump. Er meinte Biden.

»Er hatte eine Armee. Eine Armee für Trump. Die will er wiederhaben«, erzählte Parscale später. »Er fühlt sich unter Druck, weil er nicht mitten im Getümmel steht wie früher, und er zerbricht sich den Kopf, wie er das wieder erreichen kann. Ich glaube nicht, dass er das als Comeback betrachtet. Er sieht es als Rache.«

EPILOG

Am anderen Ufer des Potomac River in Quarters 6 in seiner streng geheimen Einrichtung (»Sensitive Compartmented Information«), umgeben von mehreren abhörsicheren Videobildschirmen mit Verbindung zum Weißen Haus und in die ganze Welt, mühte sich der Vorsitzende Milley noch immer, die Bedeutung des Aufstands vom 6. Januar auszuloten.

»Der 6. Januar war einer der Hochrisikotage«, sagte Milley zur Führung seines Mitarbeiterstabs. »Weder ich noch irgendjemand, den ich kenne, auch nicht beim FBI oder wo auch immer, hatte sich vorstellen können, dass Tausende Menschen das Kapitol attackieren würden. Das Kapitol regelrecht zu umzingeln und aus mehreren Richtungen gleichzeitig anzugreifen und das zu tun, was die getan haben, das war etwas anderes. Der Sechste war ziemlich dramatisch. Das ist ungefähr so dramatisch, wie es aussieht, es fehlt nicht viel bis zu einem Bürgerkrieg.«

Nach der landläufigen Ansicht, die sich auch in Washington breitgemacht hatte, hätte es Warnzeichen gegeben. Aber Milley wusste, dass das zusammenhanglose Gerede im Internet niemals die spezifischen, glaubwürdigen Erkenntnisse liefern konnte, anhand deren eine Katastrophe hätte verhindert werden können.

Es war ein schweres Versagen der US-Geheimdienste gewesen, vergleichbar mit den ausgebliebenen Warnungen im Vorfeld der Terroranschläge vom 11. September 2001 und des Überfalls der Japaner auf Pearl Harbor. Sie legten tiefe Lücken und Schwachstellen im amerikanischen System bloß.

Was übersahen Milley und andere hier? Was verstanden sie nicht?

Milley, immer der Historiker, dachte an die kaum in Erinnerung gebliebene Revolution des Jahres 1905 in Russland. Der Aufstand war fehlgeschlagen, hatte allerdings die Bühne bereitet für die erfolgreiche Revolution von 1917, aus der am Ende die Sowjetunion hervorging. Wladimir Lenin, der Anführer der Revolution von 1917, hatte später den Aufstand von 1905 als »Die Große Generalprobe« bezeichnet.

War der 6. Januar nur eine Generalprobe gewesen?

Milley sagte seinen leitenden Mitarbeitern: »Was wir hier gesehen haben, war vielleicht nur das Vorspiel zu etwas viel Schlimmerem, das uns bevorsteht.«

Milley war klar, dass die Geschichte langsam voranschreitet, mitunter jedoch ohne Vorwarnung einen abrupten Sprung nach vorne macht, der deshalb unmöglich aufzuhalten ist. Ob das Land Zeuge des Endes der Ära Trump oder des Auftakts zur nächsten Phase der Ära Trump wurde, kann nur in der Rückschau abschließend beurteilt werden.

Trump war derweil keineswegs inaktiv. Im Sommer 2021 war er im ganzen Land unterwegs und absolvierte Auftritte im Wahlkampfstil. Über 10 000 Menschen mit Trump-Mützen und Transparenten, auf denen »Save America!« stand, besuchten seinen Auftritt in Wellington, Ohio, am 26. Juni.

»Wir haben nicht verloren. Wir haben nicht verloren. Wir haben nicht verloren«, erzählte Trump der Menge.[1]

»Noch mal vier Jahre! Noch mal vier Jahre! Noch mal vier Jahre!«, grölte das Publikum.

»Wir haben diese Wahl zwei Mal gewonnen!«, behauptete Trump. Das war seine neueste Masche, mit der er das Geschehen in einen, in *seinen* Sieg über Biden umdeutete. Die Menge tobte. »Und vielleicht müssen wir sie noch ein drittes Mal gewinnen.«

Nach rund 90 Minuten stachelte Trump die Leute ein weiteres Mal auf. Das war alles andere als ein Abschied.[2]

»Wir werden uns nicht beugen«, sagte Trump und verfiel in einen bei Churchill abgekupferten Tonfall. Es war eine Kriegsansprache. »Wir werden nicht zerbrechen. Wir werden nicht nachgeben. Wir werden niemals aufgeben. Wir werden niemals kapitulieren. Wir werden niemals klein beigeben. Wir werden unter keinen Umständen aufgeben, nie im Leben. Meine amerikanischen Landsleute, unsere Bewegung ist weit davon entfernt, am Ende zu sein. In Wirklichkeit hat unser Kampf gerade erst begonnen.«

Milley fragte sich, ob dies nur in Trumps Verlangen begründet war, Stärke auszustrahlen? Oder war es das Verlangen nach absoluter Macht?

Präsidenten müssen übernehmen, was ihre Vorgänger ihnen an Unvollendetem hinterlassen haben. Davon konnte sich niemand so umfassend überzeugen wie Joseph R. Biden jr.

Biden und seine Berater hassten es, Trumps Namen auch nur auszusprechen. Die Helfer warnten sich nicht selten gegenseitig, man möge doch bitte das »T«-Wort vermeiden.

Aber Trumps Existenz durchdrang noch immer das Weiße Haus, selbst in der Residenz. Eines Abends ging Biden in einen Raum mit einem riesigen Videobildschirm an der Wand. Zur Entspannung lud sich Trump Programme hoch, um auf den berühmtesten Golfplätzen der Welt virtuell den Schläger zu schwingen. »Was für ein Riesenarschloch«, sagte Biden einmal, als er die Golfspielzeuge des ehemaligen Präsidenten begutachtete.

Ein früherer Präsident, der schwer an der Last des Schattens seines Vorgängers zu tragen gehabt hatte, war Gerald Ford im Jahr 1974.[3] Ford nannte Watergate einen »nationalen Albtraum«. Watergate verschwand wieder, aber Nixon verschwand nicht. In seinen ersten 30 Tagen als Präsident wurde Ford immer stärker belagert, während Nixon weiter die Nachrichten dominierte.

»Ich musste mir meine eigene Präsidentschaft verschaffen«, sagte Ford später.

Sein Rezept dafür war die vollständige Begnadigung Nixons. Ford glaubte, dies wäre im nationalen Interesse und die einzige Möglichkeit, sich von der Vergangenheit und von Nixon zu lösen. Die Entscheidung stieß auf nahezu universelle Empörung, und Ford verlor die Präsidentschaft zwei Jahre später wieder, größtenteils wegen des Verdachts, er hätte es darauf angelegt gehabt, seinen politischen Mentor und Amtsvorgänger vor dem Gefängnis zu bewahren.

Biden hat gesagt, er würde Trump niemals begnadigen. Aber er stand vor dem gleichen Dilemma wie Ford: Wie bringe ich das Land voran? Wie streife ich die Vergangenheit ab und gestalte meine eigene Präsidentschaft?

Biden behielt Trump im Auge, auch wenn er sich mit seinen Beobachtungen bedeckt hielt. Seine Helfer bemerkten, dass er mitunter gereizt und schwierig sein konnte und an manch einem Morgen missmutig ins Oval Office kam, wegen einer weiteren Runde Trump-Talk auf *Morning Joe*, einer Expertenrunde des Nachrichtensenders MSNBC.

Fünf Jahre zuvor, am 31. März 2016, als Trump beim Rennen um die Nominierung der Republikaner für die Präsidentschaftswahlen kurz vor dem Sieg stand, arbeiteten wir erstmals zusammen und interviewten Trump in seinem damals noch nicht fertiggestellten Trump International Hotel an der Pennsylvania Avenue in Washington.[4]

Am gleichen Tag erkannten wir in ihm eine außergewöhnliche politische Kraft, in vielerlei Hinsicht direkt aus dem amerikanischen Drehbuch. Ein Außenseiter. Anti-Establishment. Ein Geschäftsmann. Ein Macher. Bombastisch. Selbstbewusst. Ein Haudrauf mit flinker Zunge.

Aber wir sahen auch die dunkle Seite. Er konnte kleinkariert sein. Grausam. Gelangweilt von der Geschichte Amerikas und verächtlich gegenüber Traditionen des Regierungsgeschäfts, an denen sich die gewählten Führer des Landes seit langer Zeit orientierten. Verlockt von der Aussicht auf Macht. Begierig, seinen Willen mithilfe von Furcht durchzusetzen.

»Echte Macht bedeutet – ich will das Wort eigentlich gar nicht verwenden – Furcht«, ließ uns Trump wissen.

»Ich bringe die Wut an die Oberfläche. Ja, ich sorge dafür, dass die Leute ihre Wut herauslassen. Das habe ich schon immer gemacht. Ich weiß nicht, ob das ein Pluspunkt oder eine Belastung ist, aber wie auch immer, so bin ich.«

Könnte Trump seinen Willen ein weiteres Mal durchsetzen? Gab es Grenzen für das, was er und seine Anhänger tun könnten, um ihn wieder an die Macht zu bringen?

Die Gefahr bleibt.

HINWEIS FÜR UNSERE
LESERINNEN UND LESER

Alle Interviews für dieses Buch wurden nach dem journalistischen Grundsatz des »deep background« geführt. Das bedeutet, dass alle uns bekannten Informationen verwendet werden konnten, wir aber nicht veröffentlichen, wer sie geliefert hat. Dieses Buch beruht auf vielen Hundert Stunden Interviews mit über 200 Personen, die die hier beschriebenen Ereignisse aus erster Hand mitgestaltet haben oder dabei waren. Fast alle haben uns erlaubt, die Interviews per Tonaufnahme aufzuzeichnen. Wenn wir einem Teilnehmer ein wörtliches Zitat, bestimmte Überlegungen oder Schlussfolgerungen zuschreiben, stammt diese Information von dieser Person selbst, von einer Kollegin oder einem Kollegen mit Wissen aus erster Hand oder aus staatlichen oder persönlichen Dokumenten, Terminkalendern, Tagebüchern, E-Mails, Notizen aus Meetings, Protokollen und anderen Aufzeichnungen.

Präsident Trump und Präsident Biden haben es abgelehnt, für dieses Buch interviewt zu werden.

DANK

Wir sind Jonathan Karp, dem CEO von Simon & Schuster, zutiefst dankbar. Er führt ein Unternehmen, das jedes Jahr Tausende von Titeln veröffentlicht, aber er hat auch selbst mit Hand angelegt, als unser Redakteur. Er stand uns bei jedem Schritt zur Seite – bei Konzeption, Entwurf und selbst bei der Formulierung von Bildlegenden und Umschlagtext. Er motivierte uns und sich selbst und stellte immer die wichtigen Fragen: Haben wir das richtig wiedergegeben? Haben wir das richtig verstanden? Mit wem könnten wir noch darüber sprechen?

Jon ist ein Redakteur mit Gewissen und Empathie, er strebt nach Wahrheit und Klarheit. Er liebt Bücher, Autoren und Leser, und für ihn ist die Arbeit des Verlegers sowohl bürgerliche Pflicht als auch moralische Verantwortung.

Ein besonderer Dank geht an Kimberly Goldstein, die sich in organisatorischer und technischer Hinsicht darum kümmerte, dass dieses Buch veröffentlicht werden konnte. Sie ist eine Meisterin ihres Fachs. Unser Dank geht auch an die anderen Manager und Entscheider bei Simon & Schuster, die uns unermüdlich unterstützt haben: Dana Canedy, Julia Prosser, Lisa Healy, Lisa Erwin, Paul Dippolito, Irene Kheradi, Stephen Bedford, Kate Mertes, Richard Shrout, W. Anne Jones, Jackie Seow, Rafael Taveras, Mikaela Bielawski und Elisa Rivlin.

Unser Lektor Fred Chase reiste aus seiner Heimat in Texas nach Washington an und las das Manuskript mehrfach durch, mit scharfem Blick und brillantem Sprachgefühl. Mary E. Taylor hat uns viele Stunden lang kompetent und professionell bei diesem Projekt unterstützt; wir werden ihr ewig dankbar sein.

Robert B. Barnett, Anwalt und Rechtsberater, hat sich den Ehrentitel »Senior Publishing Guru of Washington« redlich verdient. Er führte uns bei jeder neuen Wendung sicher durch dieses Projekt, immer klug, immer engagiert und immer ansprechbar.

Woodward war 50 Jahre bei der *Washington Post*, Costa acht. Die *Post* ist eine der großartigen, stetig wachsenden Institutionen in den Vereinigten Staaten – anspruchsvoll, traditionell, aber auch experimentierfreudig. Jeff Bezos, der Eigentümer der *Post*, hat der Zeitung Dynamik und dringend benötigte Stabilität gebracht. Ihr Herausgeber Fred Ryan hat uns beide unterstützt und unerschütterlich die Pressefreiheit verteidigt.

Im Newsroom möchten wir dem ehemaligen leitenden Redakteur Marty Baron, Chef vom Dienst Cameron Barr sowie Redakteurin Tracy Grant dafür danken, dass sie diese Kooperation ermutigt haben, und wir freuen uns, Martys Nachfolgerin Sally Buzbee darin zu unterstützen, die *Post* in den kommenden Jahren zu leiten und auszubauen. Inlandsredakteur Steven Ginsberg wird von uns beiden ebenso sehr geschätzt wie das gesamte Inlandsteam.

Wir danken MaryAnne Golon, der Chefin der Fotoredaktion der *Post*, sowie dem Fotoredakteur Thomas Simonetti, der uns bei den Fotos für dieses Buch mit großem Sachverstand assistiert hat.

Wir wissen die Beziehungen zu schätzen, die wir zu einigen Hundert anderen Kollegen bei der *Post* haben, vom Bürohelfer bis hin zu den Reportern, die eng mit uns altgedienten Redakteuren zusammenarbeiten und jeden Tag den Betrieb am Laufen halten. Es sind viel zu viele Namen, um sie alle hier zu nennen, aber wir hoffen, dass sie wissen, wie viel sie uns bedeuten. Wir fühlen uns geehrt, Mitglieder der *Post*-Familie zu sein.

Wenn man ein Buch über das Weiße Haus und Wahlkampagnen schreiben will, muss man ständig dazulernen. Wir haben viel gelernt aus der Berichterstattung von *The Post*, *The New York Times*, *The Wall Street Journal*, CNN, NBC News und MSNBC, ABC, CBS News, Associated Press, Reuters, Axios, *The Atlantic* und *Politico*, neben vielen anderen.

Zudem haben wir zur gleichen Zeit wie andere Autoren über die letzten Monate von Trumps Präsidentschaft berichtet. Natürlich brachten uns unsere Recherchen manchmal auf ähnliche Pfade, und wir respektieren die Arbeit, die diese Autoren mit ihren Büchern über diese Zeit gemacht haben, vor allem *I Alone Can Fix It* (»Nur ich kann das in Ordnung bringen«) von Carol Leonnig und Philip Rucker, *77 Tage: Amerika am Abgrund – das Ende von Trumps Amtszeit* von Michael Wolff sowie *Frankly, We Did Win This Election* (»Offen gesagt, wir haben diese Wahl gewonnen«) von Michael C. Bender.

WOODWARD

Vielen Dank an frühere Kolleginnen und Kollegen und bleibende Freundinnen und Freunde: Carl Bernstein (für fast 50 Jahre Rat und Freundschaft), Don Graham, Sally Quinn, David und Linda Maraniss, Rick Atkinson, Christian Williams, Paul Richard, Patrick Tyler, Tom Wilkinson, Steve Luxenberg, Scott Armstrong, Al Kamen, Ben Weiser, Martha Sherrill, Bill Powers, John Feinstein, Michael Newman, Richard Snyder, Jamie Gangel, Danny Silva, Andy Lack, Betsy Lack, Rita Braver, Carl Feldbaum, Anne Swallow, Seymour Hersh, Richard Cohen, Steve Brill, Tom Boswell, Wendy Boswell, Judy Kovler, Peter Kovler, Ted Olson, Lady Olson, Karen Alexander, Brendan Sullivan, Bill Nelson, Jim Hoagland, Jane Hitchcock, Robert Redford, David Remnick, David Martin, Gerald Rafshoon, Cheryl Haywood, George Haywood, Jim Wooten, Patience O'Connor, Christine Kuehbeck, Wendy Woodward, Sue Whall, Catherine Joyce, Jon Sowanick, Bill Slater, Cary Greenauer, Don Gold, Kyle Pruett, Marsha Pruett, Veronica Walsh, Mickey Cafiero, Grail Walsh, Redmond Walsh, Diana Walsh, Kent Walker, Daria Walsh, Bruce McNamara, Josh Horwitz, Ericka Markman, Barbara Guss, Bob Tyrer, Sian Spurney, Michael Phillips, Neil Starr, Shelly Hall, Evelyn Duffy, Dr. William Hamilton, Joan Felt, Ken Adelman, Carol Adelman, Tony D'Amelio, Joanna D'Amelio, Matt Anderson, Brady Dennis, Jeff Glasser, Bill Murphy, Josh Boak, Rob Garver, Stephen Enniss, Steve Milke, Pat Stevens, Bassam Freiha, Jackie Crowe, Brian Foley, Cyrille Fontaine, Dan Foley, Betty Govatos und Barbara Woodward.

Ich habe im gesamten Verlauf dieses Projekts Rosa Criollos großzügigen Geist zu schätzen gewusst.

Robert Costa, 35 Jahre alt, ist nicht einmal halb so alt wie ich mit meinen 78 Jahren, aber Politik und Journalismus in Washington versteht er besser als ich. Er ist ein Phänomen. Er hat mir sehr viel beigebracht, hat uns immer gedrängt, bohrende, ehrliche Fragen zu stellen und dann die Antworten kritisch zu hinterfragen. Ich war froh, wenn ich ein oder zwei Interviews am Tag geschafft hatte; an vielen Tagen hat er sieben gemacht. Niemand hat mehr Energie oder Wissbegierde. Er fand eine Struktur für diese Geschichte, weil er sofort die Beziehung zwischen Biden und Trump erkannte und die verbindenden Elemente der Washingtoner Politik zwischen Republikanischer und Demokratischer Partei, Weißem Haus und Kongress.

An meine Familie denke ich jeden Tag: an Tochter Diana, Tochter Tali und ihren Mann Gabe und natürlich an meine Enkel Zadie und Theo.

Meine Frau Elsa Walsh hat diesem Buchprojekt viele Tage und Wochen ihrer Zeit gewidmet. Bei formellen Gesprächen und lockeren Unterhaltungen und noch mehr Gesprächen. Am wichtigsten ist freilich, dass sie eine brillante, bestens informierte und sehr gründliche Redakteurin ist. Costa und ich kamen regelmäßig in den Genuss sehr überzeugender Revisionsvorschläge. Er hat erkannt – ebenso wie ich im Laufe vieler Jahre –, dass es durchaus möglich ist, mehr Anregungen und Änderungsvorschläge auf einer Manuskriptseite unterzubringen als ursprünglichen Text.

In gewissem Maße ist mir Elsas Genie nach wie vor ein Rätsel. Nach über 200 Interviews, die fast alle aufgezeichnet wurden, haben Costa und ich 6200 Seiten an Niederschriften. Daraus könnte man ungefähr 20 lange und ernst zu nehmende Bücher machen – sozusagen eine virtuelle Bibliothek der Präsidentschaften von Trump und Biden. Manchmal verloren wir aus dem Blick, was wichtig sein könnte und was nicht –

aber nicht Elsa. Sie erkannte stets mit schlafwandlerischer Sicherheit, wer wichtige Informationen lieferte und von wem sie stammten. Eines Abends schnappte sie sich einen Stapel Interview-Transkripte und zog sich damit und ihrem grünen Stift zurück. Und dann fing sie an, uns mit Fragen zu bombardieren: Warum ist das nicht in der letzten Manuskriptfassung? Seht ihr nicht, wie das zusammenhängt mit dem, was eine andere Person gesagt hat? Jeden Tag legte sie uns ausgesuchte Zeitungsausschnitte aus der *Washington Post*, der *New York Times* oder dem *Wall Street Journal* auf den Schreibtisch oder aus spezialisierten politischen und militärischen Veröffentlichungen, stellte sogar To-do-Listen und Leselisten für uns zusammen.

Alles hängt mit allem zusammen, ließ sie uns immer wieder auf unterschiedlichste Weise wissen. Ich würde empfehlen, dass ihr diese Person kontaktiert oder noch einmal mit dieser Person Rücksprache haltet. Geht dieser Abschnitt weit genug? Mit ihrer Arbeit verbesserte sie jede Szene und das ganze Buch.

Ich rufe mir immer wieder in Erinnerung, dass Elsa große Stücke hält auf Henry James und seine Auffassung, dass Freundlichkeit wichtig ist. Sie ist immer freundlich. Mir fehlen die Worte, um ihr genug zu danken für alles, was sie zu unserem gemeinsamen Leben und meiner Arbeit als Autor beigetragen hat, zu den 17 Büchern, die ich verfasst habe, seit wir zusammen sind.

Als wir 1989 heirateten, wurde ein Gedicht von Wallace Stevens vorgelesen:

So great a unity, that it is bliss
Ties us to those we love
Be near me, come closer, touch my hand
Phrases compounded of dear relation, spoken twice,
Once by the lips, once by the services.

COSTA

Meine Geschwister James Costa, Ellen Duncan und Tim Costa sind die Grundpfeiler meines Lebens, zusammen mit meinen Eltern Tom und Dillon Costa. Meine Schwägerin Meghan Daly Costa und mein Schwager Paul Duncan sowie meine Nichten Dillon und Sloane Duncan bringen zusätzliche Freude in unser Leben.

Mein besonderer Dank gilt den erweiterten Familien Dalton und Costa. Ich habe zu viele wunderbare Tanten und Onkel, Cousinen und Cousins, um sie namentlich hier zu nennen – ihr alle wisst, wie viel ihr mir bedeutet.

Ich bin den langjährigen Freunden meiner Familie in Bucks County und im ganzen Land dankbar, und meinen Freunden in der Gegend von Washington.

Bei meiner Arbeit für Printmedien und Fernsehsender bin ich mit klugen und engagierten Kollegen gesegnet. Seit 2014 habe ich das Glück, die *Washington Post* meine berufliche Heimat zu nennen. Vielen Dank an die Reporter und Redakteure, die mir zu Partnern geworden sind, während wir über die großen Storys berichteten, und auch an Tammy Haddad und das Live-Team der *Post*.

Bei PBS und WETA hat Sharon Rockefeller mir die Türen geöffnet und das Privileg gewährt, die TV-Sendung *Washington Week* zu moderieren. Vielen Dank an das hervorragende Team der Sendung, das Management von PBS und den Verwaltungsrat der Corporation for Public Broadcasting.

Fünf Jahre lang als politischer Analyst für MSNBC und NBC News tätig zu sein war fantastisch. Vielen Dank an Rashida Jones, Elena Nachmanoff, Andy Lack und die Moderatoren, Reporter und unermüdlichen Produzenten, die mir zu engen Freunden geworden sind.

Rev. John Jenkins, Träger des Ehrenkreuzes Conspicuous Service Cross und Präsident der University of Notre Dame, hat mich in einer kritischen Phase meiner beruflichen Laufbahn ermutigt, Reporter zu werden. Er ist mir für mehr als zehn Jahre ein Mentor geblieben. Mein

Journalismusprofessor Robert Schmuhl ist nach wie vor eine kluge und lenkende Präsenz in meiner Arbeit.

Der Journalist und Buchautor Michael Bamberger hat mir enorm viel über Schreiben und Zuhören beigebracht und darüber, stets die emotionale Wahrheit in den kleinsten Momenten zu finden.

Mein besonderer Dank geht an drei meiner Lehrer an der Pennsbury High School: Al Wilson, Steve Medoff und Frank Sciolla. Durch ihre Vision und ihr Engagement wurde ich an den Journalismus herangeführt.

Es ist schwierig, in Worte zu fassen, wie viel Freude es mir gemacht hat, Bob, Elsa und Diana Woodward kennenzulernen. Ich werden ihnen ein Leben lang dankbar sein. Und Bob: Du hast mir wirklich die Meisterklasse über Reporting und Leadership zuteilwerden lassen. Jeder Tag war ein Geschenk.

ANMERKUNGEN

Die Informationen in diesem Buch stützen sich primär auf ausführliche Hintergrundinterviews der Autoren mit Beteiligten und Zeugen aus erster Hand oder auf zeitgenössische Notizen und Dokumente. Weitere und ergänzende Quellenangaben folgen:

PROLOG

1 Full Metal Jacket, Stanley Kubrick, 17. Juni 1987, Warner Bros.
2 Siehe »Military and Security Developments Involving the People's Republic Of China«, Office of the Secretary of Defense Annual Report to Congress, 2020.
3 Helen Regan und James Griffiths, »No Force Can Stop China's Progress, says Xi in National Day Speech«, CNN, 1. Oktober 2019.
4 Tetsuro Kosaka, »China Unveils ICBM Capable of Reaching U. S. With 10 Warheads«, *Nikkei Asia*, 2. Oktober 2019; Rajeswari Pillai Rajagopalan, »Hypersonic Missiles: A New Arms Race«, *The Diplomat*, 25. Juni 2021.
5 Steven Lee Myers, »China Sends Warning to Taiwan and U. S. With Big Show of Air Power«, *The New York Times*, 18. September 2020; Yimou Lee, David Lague und Ben Blanchard, »China Launches ›Gray-Zone‹ Warfare to Subdue Taiwan«, Reuters, 10. Dezember 2020.
6 Yew lun tian, »Attack on Taiwan and Option to Stop Independence, Top China General Says«, Reuters, 28. Mai 2020.
7 »China's Military Aggression in the Indo-Pacific Region«, U. S. Department of State, 2017–2021, State.gov.
8 Siehe Ben Macintyre, *The Spy and The Traitor* (New York: Broadway Books, 2018), S. 178–182.
9 Ebenda, S. 182.
10 Jeffrey Herf, »Emergency Powers Helped Hitler's Rise. Germany Has Avoided Them Ever Since«, *The Washington Post*, 19. Februar 2019.
11 Brief von Nancy Pelosi, Sprecherin des Repräsentantenhauses, an Kollegen der Demokratischen Partei, »Dear Colleague on Events of the Past Week«, 8. Januar 2021, speaker.gov.
12 Siehe William J. Perry und Tom Z. Collina, *The Button* (Texas: BenBella, 2020).
13 William J. Perry und Tom Z. Collina, »Trump Still Has His Finger on the Nuclear Button. This Must Change«, *Politico*, 8. Januar 2021.
14 Bernard Gwertzman, »Pentagon Kept Tight Rein in Last Days of Nixon Rule«, *The New York Times*, 25. August 1974.

15 Bob Woodward und Carl Bernstein, *Ein amerikanischer Alptraum. Die letzten Tage in der Ära Nixon*. Bodenheim: Athenäum Verlag, 1996.
16 Video: Manu Raju, CNN Breaking News, 12:03 Uhr, 8. Januar 2021.

EINS

1 »Trump Condemns Hatred ›On Many Sides‹ in Charlottesville White Nationalist Protest«, *CBS News*, 12. August 2017.
2 Annie Karni, »In Biden White House, the Celebrity Staff Is a Thing of the Past«, *The New York Times*, 18. Mai 2021.
3 Scott MacKay, »Commentary: From South Providence to the Biden Campaign, Meet Mike Donilon«, Rhode Island Public Radio, 12. Oktober 2020.
4 Harmeet Kaur und Hollie Silverman, »Charlottesville Police to Remove Same Version of Car That Killed Heather Heyer from Its Fleet«, CNN, 13. Dezember 2019.
5 @JoeBiden, »There is only one side. #charlottesville«, 12. August 2017, 18:18 Uhr, Twitter.com.
6 »President Trump News Conference«, C-SPAN, 15. August 2017.
7 »Remarks by Vice President Biden at Health Care Bill Signing Ceremony at the White House«, C-SPAN, 23. März 2010.
8 Joe Biden, »We Are Living Through a Battle for the Soul of This Nation«, *The Atlantic*, 27. August 2017.

ZWEI

1 David A. Fahrenthold, »Trump Recorded Having Extremely Lewd Conversation About Women in 2005«, *The Washington Post*, 8. Oktober 2016.
2 Julie Hirschfeld Davis, »Bidding Congress Farewell, Paul Ryan Laments Nation's ›Broken‹ Politics«, *The New York Times*, 19. Dezember 2018.
3 Das Referenzmaterial liegt den Autoren vor.
4 »Paul Ryan at Trump Tower«, Kommentare gegenüber Reportern, die unter C-SPAN.org zur Verfügung stehen; veröffentlicht am 9. Dezember 2016.
5 Damian Paletta und Todd C. Frankel, »Trump Says No Plan to Pull Out of NAFTA ›At This Time‹«, *The Washington Post*, 27. April 2017.
6 Austin Wright, »Ryan, House and Senate GOP Outraged by Trump News Conference«, *Politico*, 15. August 2017.
7 Mike DeBonis und Erica Werner, »Congressional Negotiators Reach Deal on $1.3 Trillion Spending Bill Ahead of Friday Government Shutdown Deadline«, *The Washington Post*, 21. März 2018.
8 Video: »Pete Hegseth: This Is a Swamp Budget«, Fox News, 23. März 2018, foxnews.com.
9 @realDonaldTrump, »I am considering a VETO of the Omnibus Spending Bill ... and the BORDER WALL, which is desperately needed for our National Defense, is not fully funded«, 23. März 2018, Twitter.com.
10 Robert Costa, »My Brother, Paul Ryan«, *National Review*, 20. August 2012.

11 Paul Kane, John Wagner und Mike DeBonis, »Speaker Ryan Will Not Seek Reelection, Further Complicating GOP House Prospects«, *The Washington Post*, 11. April 2018.

DREI

1 Neena Satija, »Echoes of Biden's 1987 Plagiarism Scandal Continue to Reverberate«, *The Washington Post*, 5. Juni 2019.
2 Joe Biden, *Promises to Keep: On Life and Politics*. New York: Random House, 2007.
3 Ebenda, S. ii–iii.
4 Siehe Bob Woodward, *The Price of Politics*. New York: Simon & Schuster, 2013.
5 Peter Baker, »Biden and Obama's ›Odd Couple‹ Relationship Aged into Family Ties«, *The New York Times*, 28. April 2019.
6 Luis Martinez und Arlette Saenz, »Joe Biden's Son Hunter Biden Discharged from Navy After Positive Cocaine Test«, ABC News, 16. Oktober 2014.
7 Hunter Biden, *Beautiful Things: Meine wahre Geschichte*. Hamburg: Hoffmann und Campe, 2021.
8 Michael D. Shear, »Beau Biden, Vice President Joe Biden's Son, Dies at 46«, *The New York Times*, 30. Mai 2015.
9 Steve Holland, »Standing Among U. S. Graves, Biden Explains Afghanistan Decision in Personal Terms«, Reuters, 14. April 2021.
10 »Full text: Biden's Announcement That He Won't Run for President«, *The Washington Post*, 21. Oktober 2014.

VIER

1 Jill Biden, *Where the Light Enters*, New York: Flatiron Books, 2019.
2 Lauren Easton, »Calling the Presidential Race State by State«, Associated Press, 9. November 2020.
3 Video: »Conversation with President Amy Gutmann & The Honorable Joseph R. Biden, Jr.«, Irvine Auditorium, University of Pennsylvania, 30. März 2017, president.upenn.edu/bidenevent-3-30-17.
4 »Donald Trump Inauguration Speech Transcript«, *Politico*, 20. Januar 2017; Joe Biden, *Versprich es mir: Über Hoffnung am Rande des Abgrunds*. München: C. H. Beck, 2020.
5 Emily Smith, »Beau Biden's Widow Having Affair with His Married Brother«, *New York Post*, 1. März 2017.
6 Hunter Biden, *Beautiful Things: Meine wahre Geschichte*. Hamburg: Hoffmann und Campe, 2021, Kap. 10.
7 Bryn Stole, »As Congressional Black Caucus Chair, Cedric Richmond Steps Forward to Cut a National Figure«, *The Advocate*, 10. August 2018.
8 Ben Terris und National Journal, »The Fiercest Battle in D. C. Is on the Baseball Diamond«, *The Atlantic*, 11. Juni 2013.
9 »Hardcover Nonfiction«, *The New York Times*, 3. Dezember 2017.

10 Roy S. Johnson, »Overlooked No More: Joseph Bartholomew, Golf Course Architect«, *The New York Times*, 5. Februar 2020.

FÜNF

1 Robert Costa, »McGahn's Last Stand«, *The Washington Post*, 4. Oktober 2018.
2 Emma Brown, »California Professor, Writer of Confidential Brett Kavanaugh Letter, Speaks Out About Her Allegation of Sexual Assault«, *The Washington Post*, 16. September 2018.
3 Jane C. Timm, »Democrats Gain 40 House Seats, as NBC Projects TJ Cox Wins California's 21st District«, NBC News, December 6, 2018; Harry Enten, »Latest House Results Confirm 2018 Wasn't a Blue Wave. It Was a Blue Tsunami«, CNN, December 6, 2018.
4 Dieses politische Memo für Biden liegt den Autoren vor.
5 Annie Karni, »A Peek Inside Hillary Clinton's Brooklyn HQ«, *Politico*, 16. Juli 2015.

SECHS

1 Shannon Van Sant, »Trump Appoints Gen. Mark Milley Chairman of the Joint Chiefs of Staff«, NPR, 8. Dezember 2018. Kapitel sechs.
2 David Brown, Daniel Lippman und Wesley Morgan, »Trump's Newest ›Central Casting‹ General«, *Politico*, 10. Juli 2019.
3 Kenneth P. Vogel, Michael LaForgia und Hailey Fuchs, »Trump Vowed to ›Drain the Swamp‹, but Lobbyists Are Helping Run His Campaign«, *The New York Times*, 6. Juli 2020.
4 »Hearing to Consider the Nomination of General Mark A. Milley, for Reappointment to the Grade of General and to Be Chairman of the Joint Chiefs of Staff«, Committee on Armed Services, United States Senate, 11. Juli 2019, armed-services.senate.gov.
5 Siehe Bob Woodward, *Wut*. München: Hanser, 2020, S. 168.
6 Michael Kranish und Hamza Shaban, »In Corporate Role, William P. Barr Clashed with Justice Department That He Now Seeks to Lead«, *The Washington Post*, 8. Dezember 2018.
7 Andrew Prokop, »Trump's Attorney General Nominee Wrote a Memo Expressing Deep Suspicion of the Mueller Probe«, Vox, 20. Dezember 2018.
8 US Government Publishing Office, »Confirmation Hearing on the Nomination of Hon. William Pelham Barr to Be Attorney General of the United States«, Senate Hearing 116–65, 15. und 16. Januar 2019, Congress.gov.
9 Robert S. Mueller, »Report on the Investigation into Russian Interference in the 2016 Presidential Election«, United States Department of Justice, März 2019.
10 Ebenda, S. 2.
11 »Read Attorney General William Barr's Summary of the Mueller Report«, *The New York Times*, 24. März 2019.
12 Präsident Trump, C-SPAN, 24. März 2019.

13 Devlin Barrett und Matt Zapotosky, »Mueller Complained That Barr's Letter Did Not Capture ›Context‹ of Trump Probe«, *The Washington Post*, 30. April 2019.
14 Dartunorro Clark, »Hundreds of Former Prosecutors Say Trump Would Have Been Indicted if He Were Not President«, NBC News, 6. Mai 2019.
15 Aaron Blake, »A GOP-Appointed Judge's Scathing Review of William Barr's ›Candor‹ and ›Credibility‹, Annotated«, *The Washington Post*, 5. März 2020.
16 Von Bob Woodward geführtes Interview mit Präsident Donald J. Trump, 20. Dezember 2019, in: *Wut*. München: Hanser, 2020, S. 199.

SIEBEN

1 Kristen Schott, »See the NoVA Home Where the Bidens Used to Reside«, Zeitschrift *Northern Virginia*, 8. Januar 2021.
2 Jordan Fabian, »Biden Hires Former Obama Official Anita Dunn as Senior Adviser«, Bloomberg News, 15. Januar 2021.
3 Ryan Lizza, »Why Biden's Retro Inner Circle Is Succeeding So Far«, *Politico*, 19. Dezember 2019.
4 Nate Cohn, »Moderate Democrats Fared Best in 2018«, *The New York Times*, 10. September 2019.
5 Alex Thompson und Theodoric Meyer, »Ron Klain's Possible Resurrection«, *Politico: West Wing Playbook*, 11. November 2020.
6 Ebenda.
7 Margie Fishman, »Divorce Filing Details Split of Kathleen, Hunter Biden«, *The News Journal*, 2. März 2017.
8 Gabriel Debenedetti, »Rising Stars Collide in Shadow 2020 Primary«, *Politico*, 29. Januar 2018.
9 Eric Bradner, »Pete Buttigieg Makes Star Turn in Town Hall Spotlight«, CNN, 11. März 2019.

ACHT

1 Jill Biden, *CBS This Morning*, 7. Mai 2019.
2 Naomi Lim, »›Pop, you Got to Run‹«, *Washington Examiner*, 26. September 2019.
3 Samantha Putterman, »Fact-checking the Pedophilia Attacks Against Joe Biden«, *PolitiFact*, 12. August 2020.
4 »Biden School Celebration: Conversation with Joe Biden and Presidential Historian Jon Meacham«, University of Delaware, 26. Februar 2019.
5 Hunter Biden, *Beautiful Things: Meine wahre Geschichte*. Hamburg: Hoffmann und Campe, 2021.
6 Ebenda.
7 Ebenda.

NEUN

1. Jon Meacham, *The Soul of America: The Battle for Our Better Angels*. New York: Random House, 2018.
2. Video: »Biden School Celebration: Conversation with Joe Biden and Presidential Historian Jon Meacham«, University of Delaware, 26. Februar 2019.
3. Annie Karni und John Koblin, »Helping to Shape the Words of the President-Elect: A Presidential Historian«, *The New York Times*, 9. November 2020.
4. Christina Jedra und Xerxes Wilson, »Lisa Blunt Rochester Wins Second Term in Congress«, *The News Journal*, 6. November 2018.
5. Natasha Korecki, Marc Caputo und Alex Thompson, »›Friendly Grandpa‹ or Creepy Uncle? Generations Split over Biden Behavior«, *Politico*, 1. April 2019.
6. Hailey Fuchs, »Me Too Is Still a Movement«, *The Washington Post*, 11. August 2019.
7. Lucy Flores, »An Awkward Kiss Changed How I Saw Joe Biden«, *New York*, 29. März 2019.
8. Lisa Lerer, »Joe Biden Jokes About Hugging in a Speech, Then Offers a Mixed Apology«, *The New York Times*, 5. April 2019.
9. Jill Biden, *Where the Light Enters*. New York: Flatiron Books, 2019, S. 53.
10. Jill Biden, *CBS This Morning*, 7. Mai 2019.

ZEHN

1. Matthew Yglesias, »The Comically Large 2020 Democratic Field, Explained«, Vox, 17. Dezember 2018.
2. @JoeBiden, »The core values of this nation … our standing in the world … our very democracy … everything that has made America—America—is at stake. That's why today I'm announcing my candidacy for President of the United States. #Joe2020«, 25. April 2019, 06:00 Uhr, Twitter.com.
3. Elana Schor, »Joe Biden Faces a Challenge Winning Over Progressives«, Associated Press, 22. März 2019.
4. Michael Scherer und John Wagner, »Former Vice President Joe Biden Jumps into White House Race«, *The Washington Post*, 25. April 2019.
5. Michelle Ye Hee Lee, »Joe Biden Campaign Reports Raising $6.3 Million in 24 Hours«, *The Washington Post*, 26. April 2019.
6. Tim Meko, Denise Lu und Lazaro Gamio, »How Trump Won the Presidency with Razor-Thin Margins in Swing States«, *The Washington Post*, 11. November 2016.
7. @realDonaldTrump, 25. April 2020, Twitter.com.
8. Video: @thehill, President Trump: »I just feel like a young man. I'm so young. I can't believe it. I'm the youngest person – I am a young, vibrant man. I look at Joe – I don't know about him«, 26. April 2019, 12:37 Uhr, Twitter.com.
9. Video: »Joe Biden on Why He's Running for President«, *The View*, ABC News, 26. April 2019.
10. »Joe Biden Campaign Rally in Pittsburgh«, C-SPAN, 29. April 2019.
11. Die Umfrageergebnisse von Bidens Kampagne liegen den Autoren vor.

ELF

1 Gillian Brockell, »A Civil Rights Love Story«, *The Washington Post*, 10. Januar 2020.
2 Jonathan Martin, »Hoping to Woo Black Voters, Democratic Candidates Gather at James Clyburn's Fish Fry«, *The New York Times*, 21. Juni 2019.
3 Isaac Stanley-Becker, »›We Got Things Done‹: Biden Recalls ›Civility‹ with Segregationist Senators«, *The Washington Post*, 19. Juni 2019.
4 Ebenda.
5 Justin Wise, »Biden Defends Remarks About Segregationist Senators: ›Apologize for What?‹«, *The Hill*, 19. Juni 2019.
6 Emma Dumain, »Biden Said He Found Common Ground with Segregationists«, McClatchy, 19. Juni 2019.
7 Emma Dumain, »Emily Clyburn – Librarian, Activist, Wife of SC Congressman Jim Clyburn – Dies at 80«, *The State*, 19. September 2019.
8 »Transcript: Night 2 of the First Democratic Debate«, *The Washington Post*, 28. Januar 2019.
9 »Harris Gets Big Debate Bounce While Biden Sinks Quinnipiac University National Poll Finds«, *Quinnipiac University Poll*, 2. Juli 2019, poll.qu.edu.

ZWÖLF

1 Astead W. Herndon, Shane Goldmacher und Jonathan Martin, »Kamala Harris Says She's Still ›In This Fight‹, but out of the 2020 Race«, *The New York Times*, 3. Dezember 2019.
2 Jonathan Martin, »Elizabeth Warren and Bernie Sanders Have a Problem: Each Other«, *The New York Times*, 16. Dezember 2019.
3 Sean Sullivan und Amy Gardner, »Sanders's Heart Attack Raises Questions About His Age, Potential Damage to Campaign«, *The Washington Post*, 5. Oktober 2019.
4 Robert Costa, »Ascendant Bernie Sanders Turns His Focus to Joe Biden as Iowa Nears«, *The Washington Post*, 2. Januar 2020.
5 April McCullum, »As Mayor, Bernie Sanders Had to Wait for a Revolution«, *Burlington Free Press*, 27. Februar 2016.
6 Asma Khalid, »In a Month, Michael Bloomberg Has Spent More than $100 Million on Campaign Ads«, NPR, 27. Dezember 2019.
7 Von Bob Woodward geführtes Interview mit Präsident Donald J. Trump, 5. Dezember 2019, in *Wut*. München: Hanser, 2020, S. 225.

DREIZEHN

1 Graeme Wood, »Biden's Sleepily Reassuring Appointments«, *The Atlantic*, 23. November 2020.
2 Claire Shaffer, »Yes, Biden's Secretary of State Hopeful Antony Blinken Has a Band«, *Rolling Stone*, 23. November 2020.
3 Siehe Bob Woodward, *Wut*. München: Hanser, 2020, S. 13–15.

4 Juliet Eilperin und Lena H. Sun, »Ebola Czar Ron Klain to Leave Feb. 15 After Leading U. S. Response to Outbreak«, *The Washington Post*, 29. Januar 2015.
5 Joe Biden, »Trump Is Worst Possible Leader to Deal with Coronavirus Outbreak«, *USA Today*, 27. Januar 2020.
6 Woodward, *Wut*. München: Hanser, 2020, S. 13.
7 Natasha Korecki, »How Trump's Biden Mania Led Him to the Brink of Impeachment«, *Politico*, 27. September 2019.
8 »Telephone Conversation with President Zelensky of Ukraine«, 25. Juli 2019, Transkript, freigegeben am 24. September 2019, WhiteHouse.gov.
9 Seung Min Kim, »In Historic Vote, Trump Acquitted of Impeachment Charges«, *The Washington Post*, 5. Februar 2020.
10 Alexander Burns, Jonathan Martin und Katie Glueck, »How Joe Biden Won the Presidency«, *The New York Times*, 7. November 2020.
11 Nathan Robinson, »Joe Biden Flopped in Iowa«, *The Guardian*, 4. Februar 2020.
12 Chris Sikich, »Pete Buttigieg Surges in New Hampshire After Seizing Iowa Narrative with Claim of Victory«, *Indianapolis Star*, 7. Februar 2020.
13 Adam Shaw, »Brutal Biden Campaign Ad Mocks Buttigieg's Experience as South Bend Mayor«, Fox News, 8. Februar 2020.

VIERZEHN

1 Matt Viser und Cleve R. Wootson Jr., »Eighteen Days That Resuscitated Joe Biden's Nearly Five-Decade Career«, *The Washington Post*, 29. Februar 2020.
2 Tracy Jan, »Reparations, Rebranded«, *The Washington Post*, 24. Februar 2020.
3 Jonathan Martin und Alexander Burns, »Bernie Sanders Wins Nevada Caucuses, Strengthening His Primary Lead«, *The New York Times*, 22. Februar 2020.
4 »Read the Full Transcript of the South Carolina Democratic Debate«, CBS News, 25. Februar 2020.
5 »Representative Jim Clyburn Endorses Joe Biden Ahead of South Carolina Primary«, C-SPAN, 26. Februar 2020.
6 Jeff Zeleny und Arlette Saenz, »Joe Biden Grapples with Attacks from Trump and the Rising Warren Threat«, CNN, 7. Oktober 2019.
7 Transkript, »Clyburn on Biden Endorsement«, CNN, 28. Februar 2020.
8 »›He Reminds Me of My Son Beau‹«, CNN, 2. März 2020.

FÜNFZEHN

1 »Live Results: Super Tuesday 2020«, *The Washington Post*, washingtonpost.com/elections.
2 Alex Seitz-Wald, »How Sanders Delegates Organized a Walkout Under Everyone's Nose«, NBC News, 26. Juli 2016.
3 Sydney Ember, Annie Karni und Maggie Haberman, »Sanders and Biden Cancel Events as Coronavirus Fears Upend Primary«, *The New York Times*, 10. März 2020.

4 Matt Viser und Annie Linskey, »Live from His Basement, Joe Biden Pushes for Visibility as Democrats Worry«, *The Washington Post*, 25. März 2020.
5 Aaron Sharockman, »Biden Isn't in the Basement, but the Trump Campaign Keeps Saying So«, *PolitiFact*, 4. Oktober 2020.
6 Jess Bidgood, »Elizabeth Warren's Oldest Brother Dies of Coronavirus in Oklahoma«, *The Boston Globe*, 23. April 2020.
7 Das Wahlkampf-Memo liegt den Autoren vor.
8 Douglas MacKinnon, »Bye Bye Biden? Democrats Could Replace Joe Biden with John Kerry as Presidential Candidate«, *The Sun*, 31. Juli 2020.
9 Ashley Parker und Josh Dawsey, »Adviser, Son-in-Law and Hidden Campaign Hand«, *The Washington Post*, 26. Juli 2019.

SECHZEHN
1 Dareh Gregorian, »Who Is Attorney General William Barr?«, NBC News, 18. April 2019.
2 »William P. Barr Oral History«, Miller Center, University of Virginia, 5. April 2001.

SIEBZEHN
1 Kaitlan Collins, Joan Biskupic, Evan Perez und Tami Luhby, »Barr Urges Trump Administration to Back Off Call to Fully Strike Down Obamacare«, CNN, 5. Mai 2020.
2 Jessie Hellmann, »GOP Senator: DOJ's Obamacare Argument ›as Far-fetched as Any I've Ever Heard‹«, *The Hill*, 12. Juni 2018.
3 Harold Ramis, *Und täglich grüßt das Murmeltier*, 1993.
4 Von Maria Bartiromo auf Fox News geführtes Interview mit Donald J. Trump, 14. Mai 2020.
5 Michael Balsamo und Eric Tucker, »Barr Appoints Special Counsel in Russia Probe Investigation«, Associated Press, 1. Dezember 2020.
6 Matt Zapotosky, »Barr Says He Does Not Expect Obama or Biden Will Be Investigated by Prosecutor Reviewing 2016 Russia Probe«, 18. Mai 2020.

ACHTZEHN
1 Marc Caputo und Christopher Cadelago, »Dems Warm to Biden's Bunker Strategy«, *Politico*, 24. Juni 2021.
2 Ebenda
3 Justin Wise, »Poll: Biden Widens Lead over Trump to 10 points«, *The Hill*, 31. Mai 2020.
4 Allyson Chiu, Katie Shepherd, Brittany Shammas und Colby Itkowitz, »Trump Claims Controversial Comment About Injecting Disinfectants Was ›Sarcastic‹«, *The Washington Post*, 24. April 2020.
5 Von Bob Woodward geführtes Interview mit Präsident Donald J. Trump, 19. März 2020, in: *Wut*. München: Hanser, 2020, S. 18.

6 @realDonaldTrump, 9. März 2020, 14:47 Uhr, Twitter.com.
7 »President Trump with Coronavirus Task Force Briefing«, C-SPAN, 23. März 2020.
8 Kate Sheridan, »The Coronavirus Sneaks into Cells Through a Key Receptor«, STAT News, 10. April 2020; Krishna Sriram, Paul Insel und Rohit Loomba, »What Is the ACE2 receptor«, *The Conversation*, 14. Mai 2020.
9 Von Bob Woodward geführtes Interview mit Präsident Donald J. Trump, 19. März 2020, in: *Wut*. München: Hanser, 2020, S. 332.
10 Dr. Vivek Murthy, *Together: The Healing Power of Human Connection in a Sometimes Lonely World*. New York: HarperCollins, 2020.

NEUNZEHN

1 Derrick Bryson Taylor, »George Floyd Protests: A Timeline«, *The New York Times*, 28. März 2021.
2 Paul Walsh, »7 Minutes, 46 Seconds: Error in George Floyd Killing Timeline Won't Affect Charges, County Says«, *Minneapolis Star Tribune*, 18. Juni 2020.
3 Von Bob Woodward geführtes Interview mit Präsident Donald J. Trump, 3. Juni 2020, in: *Wut*. München: Hanser, 2020, S. 393.
4 Nick Miroff und Josh Dawsey, »The Adviser Who Scripts Trump's Immigration Policy«, *The Washington Post*, 17. August 2019.
5 Denise Kersten Wills, »›People Were Out of Control‹: Remembering the 1968 Riots«, *Washingtonian*, 1. April 2008.
6 Tara Isabella Burton, »The Waco Tragedy, Explained«, Vox, 19. April 2018.
7 Lauren Pearlman, »A President Deploying Troops at Home Subverts Local Control and Accountability«, *The Washington Post*, 5. Juni 2020.
8 Jonathan Lemire und Zeke Miller, »Trump Took Shelter in White House Bunker as Protests Raged«, Associated Press, 31. Mai 2020.
9 Robert Costa, Seung Min Kim und Josh Dawsey, »Trump Calls Governors ›Weak‹, Urges Them to Use Force Against Unruly Protests«, *The Washington Post*, 1. Juni 2020.
10 »President Trump's Call with US Governors over Protests«, CNN, 1. Juni 2020.

ZWANZIG

1 »Guard Chief Stresses Strategic Use of Force, Parity with Active Force«, Defense.gov, 4. März 2020.
2 U. S. Government Publishing Office, »Oversight Hearing Before the Committee on Natural Resources, U. S. House of Representatives, June 28–29, 2020«.
3 Ebenda.
4 Transkript von »President Trump's Rose Garden Speech on Protests«, CNN, 1. Juni 2020.
5 Phillip Kennicott, »The Dystopian Lincoln Memorial Photo Raises a Grim Question: Will They Protect Us, or Will They Shoot Us?«, *The Washington Post*, 3. Juni 2020.

EINUNDZWANZIG

1 »Joe Biden's Remarks on Civil Unrest and Nationwide Protests«, CNN, 2. Juni 2020.
2 Matthew Impelli, »U. S. Secretary of Defense Breaks with Trump, Says He Doesn't Support Invoking Insurrection Act«, *Newsweek*, 3. Juni 2020.

ZWEIUNDZWANZIG

1 Transkript: »General Mark Milley's Message to the National Defense University Class of 2020«, *Joint Staff Public Affairs*, 11. Juni 2020.
2 Michael P. Farrell, »A Visual History of Albany's Top Dog: Nipper Through the Years«, *Albany Times Union*, 25. Januar 2021.
3 Dan Lamothe und Josh Dawsey, »U. S. Military Faces a Reckoning on How to Handle Its Confederate Symbols Without Provoking Trump«, *The Washington Post*, 12. Juni 2020.
4 Barry Levinson, United States: New Line Cinema, 1997.

DREIUNDZWANZIG

1 Nicole Sganga, Musadiq Bidar und Eleanor Watson, »Oklahoma Officials Worry About Trump's Rally as Tulsa County COVID Infections Rise to Record Levels«, CBSNews.com, 18. Juni 2020.
2 Siehe Bob Woodward, *Wut*. München: Hanser, 2020, S. 408.
3 Philip Rucker und Robert Costa, »Trump Rallies in Red-State America—and Faces a Sea of Empty Blue Seats«, *The Washington Post*, 20. Juni 2020.
4 Annie Karni und Maggie Haberman, »Away from Gridlock in Washington, Trump Puts on a Show for His Club«, *The New York Times*, 7. August 2020.
5 @realDonaldTrump, 22. August 2020, 07:49 Uhr, Twitter.com.
6 Sarah Karlin-Smith, »Trump to Pick Texas Cancer Doctor to Head FDA«, *Politico*, 1. November 2019.

VIERUNDZWANZIG

1 Brian Schwartz, »Joe Biden Pledges to Pick a Woman to Be His Running Mate«, CNBC, 15. März 2020.
2 Stephanie Saul, »Kamala Harris's Secret Weapon: The Sisterhood of Alpha Kappa Alpha«, *The New York Times*, 1. Juli 2019.
3 Edward-Isaac Dovere, »The Battle That Changed Kamala Harris«, *The Atlantic*, 19. August 2020.
4 Kamala Harris, *Der Wahrheit verpflichtet*. München: Siedler Verlag, 2021, S. 114.
5 @kamalaharris, »Am Wochenende nahm ich an der Trauerfeier für meinen lieben Freund Beau Biden teil. Es war eine bewegende Ehrung für Beau, dem seine Familie, die Menschen in Delaware und unser Land so viel bedeuteten. Ich schätze mich glücklich, Beau zum Freund gehabt zu haben und dass ich in meiner Funktion als Justizministerin eng mit ihm zusammenarbeiten durfte. Mein Herz und meine Gebete sind bei seiner Familie, die er so leidenschaftlich liebte«, 8. Juni 2015, Instagram.com.

6 Scott Bixby, »Kamala Harris Was in Biden Circle of Trust. Then Came Debate Night«, *The Daily Beast*, 13. Juli 2020.
7 Ellen Barry, »How Kamala Harris's Immigrant Parents Found a Home, and Each Other, in a Black Study Group«, *The New York Times*, 13. September 2020.
8 David Lightman, »How Liberal Is She? Watchdog Groups Rate the Senate Record of Kamala Harris«, *The Sacramento Bee*, 12. August 2020.
9 Colby Itkowitz, »Joe Biden's Personal Notes on Kamala Harris: No Grudges«, *The Washington Post*, 28. Juli 2020.
10 Julie Pace, David Eggert und Kathleen Ronayne, »How Biden Decided: Whitmer Pulled Back, Pushing Pick to Harris«, Associated Press, 12. August 2020.
11 Philip Elliott, »How Joe Biden's Enduring Grief for His Son Helped Lead Him to Kamala Harris«, *Time*, 12. August 2020.
12 Michel Martin, »Joe Biden Remembers His Son in His New Memoir«, NPR, 8. November 2017.
13 »Elections: Data and Analysis for Current and Past Races with Women Candidates, by Election Year«, Rutgers: Center for American Women and Politics, cawp.rutgers.edu; Ruth Igielnik, »Men and Women in the U. S. Continue to Differ in Voter Turnout Rate, Party Identification«, Pew Research Center, 18. August 2020.
14 James Oliphant und Kanishka Singh, »Biden Campaign Raises $48 Million in 48 Hours After Naming Kamala Harris as V P Choice«, Reuters, 13. August 2020.
15 »Joe Biden Introduction of Senator Kamala Harris as Running Mate«, C-SPAN, 12. August 2020.

FÜNFUNDZWANZIG

1 Clarence Williams, Anne Gearan, Carol D. Leonnig, und Martin Weil, »Secret Service Shoots Man Near the White House«, *The Washington Post*, 10. August 2020.
2 @realDonaldTrump, 12. August 2020, 07:33 Uhr, Twitter.com.
3 Donald J. Trump for President, 11. August 2020, youtube.com.
4 Andrew Restuccia und Rebecca Ballhaus, »Trump Replaces Campaign Manager«, *The Wall Street Journal*, 15. Juli 2020.
5 Noah Weiland und Sharon LaFraniere, »F. D. A. to Release Stricter Guidelines for Emergency Vaccine Authorization«, *The New York Times*, 22. September 2020.
6 Robert Califf, Scott Gottlieb, Margaret Hamburg, Jane Henney, David Kessler, Mark Mclellan und Andy von Eschenbach, »7 former FDA commissioners: The Trump Administration Is Undermining the Credibility of the FDA«, *The Washington Post*, 29. September 2020.
7 Transcript of Presidential Debate, The Commission on Presidential Debates, 29. September 2020, debates.org.
8 »Moving at the Speed of Science: An open letter from Pfizer Chairman and CEO Albert Bourla to U. S. colleagues«, 1. Oktober 2020, Pfizer.com.
9 Vice President Joe Biden, Transcript of Presidential Debate, The Commission on Presidential Debates, 29. September 2020, debates.org.

10 Noah Weiland, Maggie Haberman, Mark Mazzetti und Annie Karni, »Trump Was Sicker than Acknowledged with Covid-19«, *The New York Times*, 11. Februar 2021.
11 Katie Thomas und Gina Kolata, »President Trump Received Experimental Antibody Treatment«, *The New York Times*, 2. Oktober 2020.
12 Yasmeen Abutaleb und Damian Paletta, *Nightmare Scenario: Inside the Trump Administration's Response to the Pandemic That Changed History*. New York: HarperCollins, 2021.
13 Josh Margolin und Lucien Bruggeman, »34 People Connected to White House, More Than Previously Known, Infected by Coronavirus: Internal FEMA Memo«, ABCNews.com, 7. Oktober 2020.
14 Meghan Keneally, »State Department Denies Tillerson called Trump a ›Moron‹«, Associated Press, 4. Oktober 2017.

SECHSUNDZWANZIG
1 Siehe Bob Woodward, *The Commanders*. New York: Simon & Schuster, 1991, S. 40.
2 Donald J. Trump in einem Interview mit Maria Bartiromo, Fox News, 11. Oktober 2020.
3 Team Trump, 21. September 2020, Facebook.com.

SIEBENUNDZWANZIG
1 Annika Merrilees, »President Donald Trump Once Again Serves Fast Food to College Athletes at White House Celebration«, ABCNews.com, 4. März 2019.
2 @realDonaldTrump, 22. Juni 2020, 05:16 Uhr, Twitter.com.
3 »Full Transcript: President Trump's Republican National Convention Speech«, *The New York Times*, 28. August 2020.
4 Patrick Maks, »Calling the 2020 Presidential Race State by State«, Associated Press, 8. November 2020.
5 Elahe Izadi, »Who Won Arizona? Why the Call Still Differs by Media Organization«, *The Washington Post*, 5. November 2020; David Bauder, »Two Fox News Political Executives Out After Arizona Call«, Associated Press, 19. Januar 2021.
6 Grace Segers, »Joe Biden Expresses Confidence in Election Night Speech: ›We Feel Good About Where We Are‹«, CBS News, 4. November 2020, 01:15 Uhr.
7 Niederschrift von Präsident Trumps Rede zur Wahlnacht vom 4. November 2020.
8 Benjamin Swasey und Connie Hanzhang Jin, »Narrow Wins in These Key States Powered Biden to the Presidency«, NPR, 2. Dezember 2020.
9 David Brady und Brett Parker, »This Is How Biden Eked Out His 2020 Victory«, *The Washington Post*, 12. Februar 2021.
10 Nick Vlahos, »After Close Shave, Cheri Bustos Furious About Polling That Missed GOP Gains in House«, *The Journal Star*, 6. November 2020.

ACHTUNDZWANZIG

1 Brian Slodysko, »Explaining Race Cals: How AP Called the Race for Biden«, Associated Press, 7. November 2020.
2 Katie Glueck, *The New York Times*, 7. November 2020.
3 Amber Phillips, »Joe Biden's Victory Speech, Annotated«, *The Washington Post*, 7. November 2020.
4 Siehe z. B. »A Time to Heal: Gerald Ford's America«, C-SPAN, 31. Januar 2010.
5 »(Your Love Keeps Lifting Me) Higher and Higher«, Columbia Studios, 1967.
6 Margaret Aitken, Interview mit Jim Gilmore, *Frontline*, 21. Juli 2020.
7 Seamus Heaney, *Ausgewählte Gedichte*. München: Carl Hanser Verlag, 1995, S. 154.
8 Biden schrieb den Kindern auch einen persönlichen Brief, der den Autoren vorliegt:
Joseph R. Biden
9. November 2020
Liebe Familie Manlove,
im Namen der gesamten Familie Biden möchten ich Ihnen mein tiefstes Mitgefühl wegen des plötzlichen Todes Ihrer geliebten Angehörigen Elaine and Wayne aussprechen. Der Verlust macht uns fassungslos, und mit uns sehr viele Menschen in Delaware.
Elaine war eine liebevolle Ehefrau, Mutter, Großmutter, Freundin und Staatsbedienstete. Ihr Vermächtnis als Wahlleiterin des Staates Delaware ist fester Bestandteil eben der Demokratie, die besser, inklusiver und gerechter zu machen sie ihr Leben gewidmet hat. Ob als Wähler oder als Kandidat, ich wusste, und meine Wählerstimme wusste, dass dieses so fundamentale Recht, seine Stimme abzugeben, unter ihrem wachsamen Auge und dank ihrer tiefen Liebe zu unserem Staat in besten Händen war.
Ernannte und verehrte Führer aller politischen Schattierungen, Elaine verkörperte das unausgesprochene Credo unseres Bundesstaates, dass alles Politische persönlich sei, ganz gleich, wie schwierig die Aufgabe auch sein mochte. Ihre Freude war ansteckend genug, um die Menschen zusammenzubringen, um unsere Gemeinsamkeiten als Amerikaner zu bestärken. Und wir haben bei der gerade erst zurückliegenden historischen Wahl gesehen, dass mehr Bürger von Delaware als jemals zuvor ihre Stimme abgegeben haben. Aber wir alle wissen auch, dass ihre einzige noch tiefere Verbindung die Verbindung zu ihrem geliebten Wayne war. Er war ein guter, anständiger, ehrenvoller Mann.
Matthew, Joe, Michael, uns ist die schicksalhafte Verbindung gemeinsam, geliebte Menschen ganz plötzlich und viel zu früh verloren zu haben. Ich weiß wohl, dass es keine Worte gibt, die den Schmerz lindern könnten, den ihr jetzt empfindet, aber ich möchte euch versichern, dass eines Tages die Erinnerung an eure Eltern wieder ein Lächeln hervorbringen wird, bevor sie euch weinen lässt. Das wird Zeit brauchen, aber ich verspreche euch, dieser Tag wird kommen. Und am heutigen Tag und in den schweren Tagen, die vor euch liegen, hoffe ich, ihr mögt Trost finden in einer

Hymne, die unserer Familie Kraft gegeben hat und die, wie ich glaube auch unserem Staat und dem ganzen Land Kraft gibt.

»Und er wird euch erheben auf den Schwingen des Adlers, euch Zuflucht geben vor dem Schrecken der Nacht, er wird dich hell leuchten lassen wie die Sonne und sicher halten in seiner Hand.«*

Möge der Geist eurer geliebten Eltern erhoben werden auf den Schwingen des Adlers, hell leuchten wie die Sonne und sicher gehalten werden in der Hand Gottes.

In Liebe und Mitgefühl, Joe Biden

* (Eigene Übersetzung des Refrains eines Songs von Michael Joncas, der auf Teilen des 91. Psalms basiert – Anm. d. Ü.)

NEUNUNDZWANZIG

1 Bob Woodward, *Obamas Kriege*. München: DVA, 2011, S. 98.
2 »Senator Graham Speaks to Reporters«, Calling for a Special Counsel to Investigate Hunter Biden, C-SPAN, 16. Dezember 2020.
3 Katelyn Burns, »The Trump Legal Team's Failed Four Seasons Press Conference, Explained«, *Vox*, 8. November 2020.
4 Video: »Four Seasons Total Landscaping Press Conference«, AP-Archiv, 17. November 2020.
5 Ebenda.
6 »Election Drama Unfolds as Counting Continues«, Sidney Powell bei *Lou Dobbs Tonight*, Fox Business, 6. November 2020.

DREISSIG

1 @realDonaldTrump, »Ich freue mich, mitteilen zu können, dass Christopher C. Miller, der hoch angesehene (und vom Senat einstimmig bestätigte) Direktor des National Counterterrorism Center, mit sofortiger Wirkung zum kommissarischen Verteidigungsminister ernannt wird ... Chris wird GROSSARTIGE Arbeit leisten! Mark Esper wurde entlassen. Ich möchte ihm für seinen Einsatz danken«, 9. November 2020, 12:54 Uhr, Twitter.com.
2 Meghann Myers, »Exclusive: Esper, on His Way Out, Says He Was No Yes Man«, *Military Times,* 9. November 2020.
3 Katie Thomas, David Gelles und Carl Zimmer, »Pfizer's Early Data Shows Vaccine Is More Than 90 % Effective«, *The New York Times*, 9. November 2020.
4 @realDonaldTrump, 10. November 2020, Twitter.com.
5 @Mike_Pence, sagte @VP Team Today, »es ist erst vorbei, wenn es vorbei ist, und DAS HIER ist noch nicht vorbei! Präsident @realDonaldTrump hat unaufhörlich für uns gekämpft, und wir werden so lange weiterkämpfen, bis jede LEGALE Stimme ausgezählt ist!«, 9. November 2020, 13:41 Uhr, Twitter.com.
6 »Exclusive – President Donald Trump: Paul Ryan Blocked Subpoenas of Democrats«, *Breitbart*, 13. März 2019.
7 Video: Außenminister Mike Pompeo, »›There Will Be a Smooth Transition to a Second Trump Administration‹«, *The Washington Post,* 10. November 2020.

EINUNDDREISSIG

1 »Remarks by General Mark A. Milley at the Opening Ceremony for the National Museum of the United States Army«, *Joint Staff Public Affairs*, 11. November 2020.
2 Courtney Kube, »Gen. Milley's Wife Saved Vet Who Collapsed at Veterans Day Ceremony in Arlington«, NBC News, 13. November 2020.
3 David Ignatius, »How Kash Patel Rose from Obscure Hill Staffer to Key Operative in Trump's Battle with the Intelligence Community«, *The Washington Post*, 16. April 2021.
4 »Episode 9: Trump's War with His Generals«, Axios, 16. Mai 2021.
5 »Joint Statement from Elections Infrastructure Government Coordinating Council & The Elections Infrastructure Sector Coordinating Executive Committees«, 12. November 2020, cisa.gov.
6 @realDonaldTrump, »Die jüngste Stellungnahme von Chris Krebs zur Sicherheit der Wahlen von 2020 war höchst ungenau ... Daher wurde Chris Krebs mit sofortiger Wirkung als Direktor der Cybersecurity and Infrastructure Security Agency entlassen«, 17. November 2020, 19:07 Uhr, Twitter.com.
7 »UN Agency: Iran Uranium Stockpile Still Violates Atomic Deal«, Associated Press, 11. November 2020.

ZWEIUNDDREISSIG

1 Den Autoren liegt eine Kopie des Briefs des Giuliani-Teams an die Trump-Kampagne vor.
2 »Trump Campaign News Conference on Legal Challenges«, C-SPAN, 19. November 2020.
3 Bess Levin, »Rudy Giuliani's Hair Dye Melting Off His Face Was the Least Crazy Part of His Batshit-Crazy Press Conference«, *Vanity Fair*, 19. November 2020.
4 Tucker Carlson, »Time for Sidney Powell to Show Us Her Evidence«, Fox News, 19. November 2020.
5 David Marchese, »Why Stacey Abrams Is Still Saying She Won«, *New York Magazine*, 28. April 2019.
6 Carol D. Leonnig und Josh Dawsey, »Trump's Personal Aide Apparently Lost White House Position over Gambling Habit«, *The Washington Post*, 15. März 2018.
7 Mike Lillis, »Clyburn: Biden Falling Short on Naming Black Figures to Top Posts«, *The Hill*, 25. November 2020.

DREIUNDDREISSIG

1 Michael Balsamo, »Disputing Trump, Barr Says No Widespread Election Fraud«, Associated Press, 1. Dezember 2020.
2 Zachary Cohen, »The Tweet That Got James Comey to Go to the Press«, CNN.com, 8. Juni 2017.
3 @Donald Trump Junior, 8. Dezember 2020, Instagram.com.

4 @CortesSteve, Twitter-Profil mit Stand vom 7. Juli 2021, Twitter.com.
5 Hillary Clinton in einer Rede vor Journalisten bei einer Spendenaktion in New York, 9. September 2020; Katie Reilly, »Read Hillary Clinton's ›Basket of Deplorables‹ Remarks About Donald Trump Supporters«, *Time*, 10. September 2016.

VIERUNDDREISSIG
1 Karl Rove, »This Election Result Won't Be Overturned«, *The Wall Street Journal*, 11. November 2020.
2 Joey Garrison, »›They Have Not Earned Your Vote‹: Trump Allies Urge Georgia Republicans to Sit Out Senate Run-offs«, *USA Today*, 3. Dezember 2020.
3 Alison Durkee, »Trump and the GOP Have Now Lost More than 50 Post-Election Lawsuits«, *Forbes*, 8. Dezember 2020.
4 Anordnung von Richter Samuel Alito in *Mike Kelly, United States Congressman, et al., Applicants et al. v. Pennsylvania, et al.*, erlassen am 8. Dezember 2020.
5 @realDonaldTrump, 23. März 2016, 20:55 Uhr, Twitter.com.
6 Maureen Dowd, »Trump Does It His Way«, *The New York Times*, 2. April 2016.
7 »Read William Barr's Resignation Letter to President Trump«, *The Washington Post*, 14. Dezember 2020.
8 @realDonaldTrump, »Hatte gerade ein sehr nettes Treffen mit Justizminister Bill Barr im Weißen Haus. Unsere Beziehung ist ausgezeichnet, er hat großartige Arbeit geleistet! Wie brieflich mitgeteilt, wird Bill unmittelbar vor Weihnachten ausscheiden, um die Ferien mit seiner Familie zu verbringen …« 14. Dezember 2020, 17:39 Uhr, Twitter.com.
9 Siehe z. B. Ann Gerhart, »Election Results Under Attack: Here Are the facts«, aktualisiert am 11. März 2021, washingtonpost.com.
10 Sarah Binder, »Why So Many House Republicans Co-Signed Texas's Lawsuit to Overturn the Election«, *The Washington Post*, 15. Dezember 2020.
11 »McConnell Applauds President Trump & Congratulates President-Elect Biden«, 15. Dezember 2020, mcconnell.senate.gov.
12 Video: »Vice President Joe Biden Visits McConnell Center«, University of Louisville, 11. Februar 2011.

FÜNFUNDDREISSIG
1 @realDonaldTrump, 11. Dezember 2020, 07:11 Uhr, Twitter.com.
2 »Pfizer and BioNTech Celebrate Historic First Authorization in the U. S. of Vaccine to Prevent Covid-19«, Pfizer, 11. Dezember 2020.
3 »FDA Takes Additional Action in Fight Against COVID-19 by Issuing Emergency Use Authorization for Second Covid-19 Vaccine«, U. S. Food and Drug Administration, 18. Dezember 2020.
4 »Trends in Number of Covid-19 Vaccinations in the U. S.«, Centers for Disease Control and Prevention, covid.cdc.gov/covid-data-tracker/#vaccination-trends.
5 Siehe Centers for Disease Control and Prevention Data Tracker, covid.cdc.gov.

6 Ebenda.
7 »The Employment Situation: December 2020«, U. S. Bureau of Labor Statistics, 8. Januar 2021.
8 »Fact Sheet: The U. S. Response to the Ebola Epidemic in West Africa«, 6. Oktober 2014, Obamawhitehouse.archives.gov.
9 Chad Day, Luis Melgar und John McCormick, »Biden's Wealthiest Cabinet Officials: Zients, Lander, Rice Top the List«, *The Wall Street Journal*, 23. März 2021.
10 »Fact Sheet: President Biden Announces Community Health Centers Vaccination Program to Launch Next Week and Another Increase in States, Tribes, & Territories' Vaccine Supply«, Briefing Room, 9. Februar 2021, WhiteHouse.gov.
11 U. S. Department of Health and Human Services, »Ensuring Equity in COVID-19 Vaccine Distribution: Engaging Federally Qualified Health Centers«, Hrsa.gov.
12 Rachel Siegel, Josh Dawsey und Mike Debonis, »Trump Calls on Congress to Approve $2,000 Stimulus Checks, Hinting He Might Not Sign Relief Bill Without Changes«, *The Washington Post*, 22. Dezember 2020.

SECHSUNDDREISSIG

1 »Results: Women Candidates in the 2020 Elections«, Rutgers University: Center for American Women and Politics, 4. November 2020.
2 Adam Nagourney, »A Stinging Setback in California Is a Warning for Democrats in 2022«, *The New York Times*, 26. Dezember 2020.

SIEBENUNDDREISSIG

1 Cade Metz und Julie Creswell, »Patrick Byrne, Overstock CEO Resigns After Disclosing Romance with Russian Agent«, *The New York Times*, 22. August 2019.
2 Sheelah Kolhatkar, »A Tycoon's Deep-State Conspiracy Dive«, *The New Yorker*, 7. Dezember 2020.
3 *Youngstown Sheet & Tube Co. v. Sawyer*, 343 US 579 (1952).
4 Reuters-Video: »›No Plan to Do So‹, Barr Says of Appointing Special Counsels«, *The New York Times*, 21. Dezember 2020.

ACHTUNDDREISSIG

1 Verfassung der USA, Amendment XII.
2 Kyle Kondik, »Republican Edge in Electoral College Tie Endures«, University of Virginia, Center for Politics, 9. Januar 2020.
3 »Electoral Ballot Count«, C-SPAN, 6. Januar 1993.
4 Jacques Billeaud, »US Supreme Court Asked to Decertify Biden's Win in Arizona«, Associated Press, 13. Dezember 2020.

NEUNUNDDREISSIG

1 »Sen. Hawley Will Object During Electoral College Certification Process«, 30. Dezember 2020, hawley.senate.gov.
2 @realDonaldTrump, 30. Dezember 2020, 14:06 Uhr, Twitter.com.
3 Brian Schwartz, »Pro-Trump Dark Money Groups Organized the Rally That Led to Deadly Capitol Hill Riot«, CNBC, 9. Januar 2021.
4 Matt Zapotosky, Josh Dawsey, Rosalind S. Helderman und Shayna Jacobs, »Steve Bannon Charged with Defrauding Donors in Private Effort to Raise Money for Trump's Border Wall«, *The Washington Post*, 20. August 2020.

VIERZIG

1 Memorandum von John Eastman, »Privileged and Confidential: January 6 scenario«, geschickt an Mike Lee am 2. Januar 2021, liegt den Autoren vor.
2 Robert Barnes, »Supreme Court Considers ›Faithless‹ Presidential Electors and Finds More Questions than Answers«, *The Washington Post*, 13. Mai 2020.
3 Mark Joyella, »On Fox News, Stephen Miller Says ›An Alternate Set of Electors‹ Will Certify Trump as Winner«, *Forbes*, 14. Dezember 2020.
4 Gabriella Muñoz, »Mark Meadows' Journey from ›Fat Nerd‹ to Trump Chief of Staff«, *The Washington Times*, 12. März 2020.
5 Maggie Haberman, »For Mark Meadows, Transition from Trump Confidant to Chief of Staff Is a Hard One«, *The New York Times*, 16. April 2020.
6 Reuters-Mitarbeiter, »Fact check: Clarifying the Comparison Between Popular Vote and Counties Won in the 2020 Election«, *Reuters*, 29. Dezember 2020.
7 Zoe Tillman, »Trump and His Allies Have Lost Nearly 60 Election Fights in Court (And Counting)«, *BuzzFeed News*, 14. Dezember 2020.

EINUNDVIERZIG

1 An Lindsey Graham von Bürgermeister Rudy Giuliani geschicktes Memorandum, Rechtsbeistand-Team Trump, »Deceased People Who Voted in the 2021 Election in GA«, 4. Januar 2021, liegt den Autoren vor.
2 »Voting Irregularities, Impossibilities, and Illegalities in the 2020 General Election«, 4. Januar 2021, liegt den Autoren vor.
3 »Analysis of Vote Irregularities in Georgia's 2020 General Election«, Januar 2021, liegt den Autoren vor.
4 »Confidential Memo on Voting Irregularities in Georgia«, 3. Januar 2021, liegt den Autoren vor.
5 E-Mail an Lindsey Graham von Rudolph Giuliani, »Voting Irregularities, Impossibilities, and Illegalities in the 2020 General Election«, 4. Januar 2021.
6 Rachel Abrams, »One America News Network Stays True to Trump«, *The New York Times*, 18. April 2021.
7 *Arizona v. Inter Tribal Council of Ariz., Inc.*, 570 U. S. 1 (2013).

ZWEIUNDVIERZIG

1 »Vice President Pence Remarks at Georgia Senate Campaign Event«, C-SPAN, 4. Januar 2021.
2 »President Trump Remarks at Georgia U. S. Senate Campaign Event«, C-SPAN, 4. Januar 2021.

DREIUNDVIERZIG

1 Marissa J. Lang, Emily Davies, Peter Hermann, Jessica Contrera und Clarence Williams, »Trump Supporters Pour Into Washington to Begin Demonstrating Against Election«, *The Washington Post*, 5. Januar 2021.
2 Maggie Haberman und Annie Karni, »Pence Said to Have Told Trump He Lacks Power to Change Election Result«, *The New York Times*, 5. Januar 2021.
3 @realDonaldTrump, 6. Januar 2021, 01:00 Uhr, Twitter.com.
4 @realDonaldTrump, »Peter Navarro releases 36-page report alleging election fraud ›more than sufficient‹ to swing victory to Trump. A great report by Peter. Statistically impossible to have lost the 2020 Election. Big protest in D. C. on January 6th. Be there, will be wild!« 19. Dezember 2020, Twitter.com.
5 Brief der Washingtoner Bürgermeisterin Muriel Bowser an den amtierenden Generalstaatsanwalt General Rosen, den Verwaltungsleiter der US-Armee McCarthy und den amtierenden Verteidigungsminister Miller, 5. Januar 2021. Vgl. @MayorBowser, 5. Januar 2021, 13:53 Uhr, Twitter.com.

VIERUNDVIERZIG

1 @realDonaldTrump, 6. Januar 2021, 08:17 Uhr, Twitter.com.
2 Video von Rudolph Giulianis Äußerungen: »›Let's Have Trial by Combat‹ over Election«, Reuters, 6. Januar 2021.
3 @Mike_Pence, 6. Januar 2021, 13:02 Uhr, Twitter.com.
4 »Former President Donald Trump's January 6 Speech«, CNN-Transkription, 8. Februar 2021.
5 Lesley Stahl, »Nancy Pelosi on the Riot at the Capitol, Congress' Mandate Under Joe Biden and the Youth in the Democratic Party«, Transkription der CBS-Nachrichten, aus der CBS-Sendung *60 Minutes*, 11. Januar 2021.

FÜNFUNDVIERZIG

1 Elyse Samuels, Joyce Sohyun Lee, Sarah Cahlan und Meg Kelly, »Previously Unpublished Video Shows Pence, Romney, Schumer and Others Rushing to Evacuate the Capitol«, *The Washington Post*, 10. Februar 2021.
2 @realDonaldTrump, »Mike Pence hatte nicht den Mut, das zu tun, was zum Schutz unseres Landes und unserer Verfassung hätte getan werden müssen, nämlich den Bundesstaaten die Chance zu geben, einen korrigierten Sachverhalt zu bestätigen und nicht die betrügerischen oder ungenauen Sachverhalte, die sie zuvor bestätigen sollten. Die USA verlangen die Wahrheit!« 6. Januar 2021, 14:24 Uhr, Twitter.com.

3 Dalton Bennett, Emma Brown, Atthar Mirza, Sarah Cahlan, Joyce Sohyun Lee, Meg Kelly, Elyse Samuels und Jon Swaine, »41 Minutes of Fear: A Video Timeline from Inside the Capitol Siege«, *The Washington Post*, 16. Januar 2021.
4 Aaron Blake, »9 Witnesses Who Could Have Offered Vital Testimony at Trump's Impeachment Trial«, *The Washington Post*, 13. Februar 2021.
5 @realDonaldTrump, 6. Januar 2021, 15:13 Uhr, Twitter.com.
6 »President-elect Biden Remarks on U.S. Capitol Protesters«, C-SPAN, 6. Januar 2021.

SECHSUNDVIERZIG

1 Lisa Mascaro, Ben Fox und Lolita C. Baldor, »›Clear the Capitol‹, Pence Pleaded, Timeline of Riot Shows«, Associated Press, 10. April 2021.
2 »President Trump Video Statement on Capitol Protesters«, C-SPAN, 6. Januar 2021.
3 @USMarshalsHQ, 6. Januar 2021, 16:24 Uhr, Twitter.com.
4 Katie Bernard, »A Photographer and a Fist Pump. The Story Behind the Image That Will Haunt Josh Hawley«, *The Kansas City Star*, 7. Januar 2021.
5 Matthew Choi, »Loeffler Reverses on Challenging Biden's Win After Riot at Capitol«, *Politico*, 6. Januar 2021.
6 @realDonaldTrump, 6. Januar 2021, 18:01 Uhr, Twitter.com.
7 Senator Kelly Loeffler floor statement, »I Cannot Now in Good Conscience Object«, C-SPAN, 6. Januar 2021.
8 »Sen. Lee Speaks on Counting Electoral Votes«, 6. Januar 2021, lee.senate.gov.
9 »Graham Addresses Electoral Results on Senate Floor«, 6. Januar 2021, lgraham.senate.gov.
10 CBS News staff, »Pence Announces Biden's Victory After Congress Completes Electoral Count«, CBS News, 7. Januar 2021.
11 Josh Dawsey und Ashley Parker, »Inside the Remarkable Rift Between Donald Trump and Mike Pence«, *The Washington Post*, 11. Januar 2021.

SIEBENUNDVIERZIG

1 »Joint Statement on Call to Vice President Pence on Invoking 25th Amendment«, 7. Januar 2021, speaker.gov/newsroom.
2 The Editorial Board, »Donald Trump's Final Days: The Best Outcome Would Be for Him to Resign to Spare the U.S. Another Impeachment Fight«, *The Wall Street Journal*, 7. Januar 2021.
3 @SecElaineChao, »It has been the honor of a lifetime to serve the U.S. Department of Transportation«, Rücktrittsschreiben, 7. Januar 2021, 13:36 Uhr, Twitter.com.
4 Paul P. Murphy, Gregory Wallace, Ali Zaslav und Clare Foran, »Trump Supporters Confront and Scream at Sen. Lindsey Graham«, CNN, 10. Januar 2021.
5 Phillip Connor, »6 Facts About South Korea's Growing Christian Population«, Pew Research Center, 12. August 2014.

ACHTUNDVIERZIG

Die Informationen in diesem Kapitel stammen aus detaillierten Hintergrundgesprächen.

NEUNUNDVIERZIG

1 »Trends in Number of COVID-19 Cases and Deaths in the US Reported to CDC, by State/Territory«, CDC Data Tracker, covid.cdc.gov.
2 »U. S. Current Employment Statistics Highlights: December 2020«, U. S. Bureau of Labor Statistics, 8. Januar 2021, bls.gov.
3 Glen Kessler, »Biden's Claim that Trump Will Be the First President with a Negative Jobs Record«, *The Washington Post*, 2. Oktober 2020.
4 »DeLauro, DelBene, Torres Introduce Legislation to Expand the Child Tax Credit to Permanently Give Families Monthly Payments and Cut Child Poverty Nearly in Half«, 8. Februar 2021, delauro.house.gov.
5 Congresswoman Rosa L. DeLauro, *The Least Among Us: Waging the Battle for the Vulnerable.* New York: The New Press, 2017.

FÜNFZIG

1 Nicht geheimes »Memorandum for the Joint Force« der Oberkommandeure des Generalstabs, 12. Januar 2021.
2 Alex Ward, »US Military Chiefs Warn Troops Against ›Sedition and Insurrection‹ Before Biden Inauguration«, *Vox*, 12. Januar 2021.
3 »Historic Conmy Hall Transformed with Christie LED Wall«, Christie Digital Systems, 24. September 2020, christiedigital.com.
4 Craig Timberg, Elizabeth Dwoskin und Souad Mekhennet, »Men Wearing Hawaiian Shirts and Carrying Guns Add a Volatile New Element to Protests«, *The Washington Post*, 4. Juni 2020.

EINUNDFÜNFZIG

1 Doug Ferguson, »PGA Championship Leaving Trump National in '22 Tournament«, Associated Press, 11. Januar 2021.
2 Steve Gardner, »Patriots' Bill Belichick Declines Medal of Freedom from Donald Trump, Says He Has ›Great Reverence‹ for Democracy«, *USA Today*, 11. Januar 2001.
3 Transkription, »Read Pence's Full Letter Saying He Can't Claim ›Unilateral Authority‹ to Reject Electoral Votes«, https://www.nytimes.com/interactive/2021/01/13/us/pence-letter-to-pelosi.html
4 »H.Res.24 – Impeaching Donald John Trump, President of the United States, For High Crimes and Misdemeanors«, *Congressional Record*, 11. Januar 2021, congress.gov.
5 »The Latest: Pelosi Wants Fines for Bypassing House Security«, Associated Press, 13. Januar 2021.
6 Nick Niedzwiadek, »McConnell Says He Hasn't Ruled Out Convicting Trump in Senate Trial«, *Politico*, 13. Januar 2021.

7 »A Message from President Donald Trump«, Trump White House Archives, 13. Januar 2021.

ZWEIUNDFÜNFZIG

1 Video: »Biden Unveils $ 1.9 Trillion COVID Relief Bill«, CBS News, 15. Januar 2021.
2 »President Biden Announces American Rescue Plan«, Briefing Room, 20. Januar 2021, WhiteHouse.gov.
3 Brief an Präsident Biden und Vizepräsidentin Harris, 28. Januar 2021, unterzeichnet vom Abgeordneten Ilhan Omar und mehr als 50 weiteren Demokraten aus dem Kongress, omar.house.gov.
4 Mitch McConnell, *The Long Game: A Memoir.* New York: Sentinel, 2016.
5 Eine Tonaufzeichnung der Telefonkonferenz liegt den Autoren vor.
6 »A Pillow Salesman Apparently Has Some Ideas About Declaring Martial Law«, *The Washington Post*, 15. Januar 2021.
7 Rosalind S. Helderman, Josh Dawsey und Beth Reinhard, »Trump Grants Clemency to 143 People in Late-Night Pardon Blast«, *The Washington Post*, 20. Januar 2021.
8 »President-elect Biden Departure from Delaware«, C-SPAN, 19. Januar 2021.

DREIUNDFÜNFZIG

1 Alayna Treene, »Trump's Final Act as President: Pardoning Jeanine Pirro's Ex-Husband«, *Axios*, 20. Januar 2021.
2 Annie Linskey, »A Look Inside Biden's Oval Office«, *The Washington Post*, 21. Januar 2021.
3 Chelsea Jane und Cleve Wootston Jr., »Kamala Harris Sworn into History with Vice-Presidential Oath«, *The Washington Post*, 20. Januar 2021.
4 Amanda Gorman, *The Hill We Climb – Den Hügel hinauf.* Zweisprachige Ausgabe. Hamburg: Hoffmann und Campe, 2021, S. 15 und 17.
5 Shane O'Brien, »Celtic Cross Featured on Joe Biden's Irish Ancestors' Bible Used in Inauguration«, *Irishcentral.com*, 21. Januar 2021.
6 »Inaugural Address by President Joseph R. Biden, Jr.«, *WhiteHouse.gov*, 20. Januar 2021.
7 Jason Samenow, »Inaugural ›Field of Flags‹ on the Mall Seen from Space«, *The Washington Post*, 20. Januar 2021.
8 Menükarte liegt den Autoren vor.
9 »Former VP Mike Pence and Former Second Lady Karen Pence Return Home to Indiana«, WLKY News Louisville, 20. Januar 2021.

VIERUNDFÜNFZIG

1 Seung Min Kim, »On His First Day, Biden Signs Executive Orders to Reverse Trump's Policies«, *The Washington Post*, 20. Januar 2021.
2 »Remarks by President Biden on the Fight to Contain the COVID-19 Pandemic«, Briefing Room, 26. Januar 2021, WhiteHouse.gov.

3 »Biden Says He Will Ask Americans to Wear Masks for the First 100 Days He's in Office«, *CNN*, 3. Dezember 2021.

FÜNFUNDFÜNFZIG
1 Camila Domonoske, »QAnon Supporter Who Made Bigoted Videos Wins Ga. Primary, Likely Heading to Congress«, *NPR*, 12. August 2020.

SECHSUNDFÜNFZIG
1 Stellungnahme: »Group of 10 Republican Senators Outline Covid-19 Relief Compromise, Request Meeting with President Biden«, 31. Januar 2021.
2 Ashley Parker, Matt Viser und Seung Min Kim, »›An Easy Choice‹«, *The Washington Post*, 7. Februar 2021.
3 Thomas B. Edsall, »Clinton Stuns Rainbow Coalition«, *The Washington Post*, 14. Juni 1992.
4 »President Biden Announces American Rescue Plan«. Briefing Room, 20. Januar 2021, WhiteHouse.gov.

SIEBENUNDFÜNFZIG
1 »Senate Republicans on Covid-19 Relief Talks with President Biden«, *C-SPAN*, 1. Februar 2021.
2 Ashley Parker, Matt Viser und Seung Min Kim, »Inside Biden's Decision to Go It Alone with Democrats on Coronavirus Relief«, *The Washington Post*, 7. Februar 2021.

ACHTUNDFÜNFZIG
1 »Majority Leader Schumer Remarks on the Urgent Need to Begin the Process of Passing COVID Relief Legislation by Advancing the Budget Resolution Today«, 2. Februar 2021, democrats.senate.gov.
2 Ellen Barry, »The Democrats Went All Out Against Susan Collins. Rural Maine Grimaced«, *The New York Times*, 17. November 2020.

NEUNUNDFÜNFZIG
1 Maritsa Georgiou, »Tester Discusses Stimulus Proposal Talks, First Visit to Oval Office«, *NBC Montana*, 3. Februar 2021.
2 Bernie Sanders, »As a Child, Rent Control Kept a Roof over My Head«, *CNN*, 30. Juli 2019.
3 »Group of 11 Republican Senators Push for Targeted $650 Billion COVID-19 Relief Plan«, 5. März 2021, collins.senate.gov.

SECHZIG

1 »Agreement for Bringing Peace to Afghanistan Between the Islamic Emirate of Afghanistan Which Is Not Recognized by the United States as a State and Is Known as the Taliban and the United States of America«, 29. Februar 2020.
2 Barack Obama, *Ein verheißenes Land*. München: Penguin, 2020, S. 450.
3 »Remarks by President Biden on the Way Forward in Afghanistan«, Treaty Room, 14. April 2021, WhiteHouse.gov.
4 Jacob Knutson, »Taliban Threatens to Attack U. S. Troops as Trump Withdrawal Date Passes«, *Axios*, 1. Mai 2021.

EINUNDSECHZIG

1 »Trump Impeachment Trial Day Two«, Transkript, *CNN*, 10. Februar 2021.
2 »McConnell on Impeachment: ›Disgraceful Dereliction‹ Cannot Lead Senate to ›Defy Our Own Constitutional Guardrails‹«, 13. Februar 2021, mcconnell.senate.gov.
3 »Trump Is Ready to ›Move on and Rebuild the Republican Party‹, Sen. Graham«, Fox News Sunday, 14. Februar 2021.
4 »McConnell Says He'll ›Absolutely‹ Support Trump if He's 2024 GOP Presidential Nominee«, *Axios*, 26. Februar 2021.

ZWEIUNDSECHZIG

1 »Top Senate Official Disqualifies Minimum Wage from Stimulus Plan«, *The New York Times*, 27. Februar 2021.
2 »Fact Sheet: The American Rescue Plan Will Deliver Immediate Economic Relief to Families«, U. S. Department of Treasury, 18. März 2021, treasury.gov.
3 »Federal Reserve Chair to Sen. Warner, Broadband Is an Economic Necessity«, 23. Februar 2021, warner.senate.gov.
4 »Three programs – the Emergency Broadband Benefit, the ARP Emergency Connectivity Fund, and the ARP Capital Projects Fund – exclusively set aside funding for digital equity policies. These three programs together total $20.371 billion«, Adie Tomer und Caroline George, »The American Rescue Plan Is the Broadband Down Payment the Country Needs«, Brookings, 1. Juni 2021, brookings.edu.
5 »Statement of Sen. Warner on Senate Passage of the American Rescue Plan«, 6. März 2021, warner.se.
6 »House Election Results 2014«, *The New York Times*, 17. Dezember 2014.
7 Phillip Bump, »It's All but Official: This Will Be the Most Dominant Republican Congress Since 1929«, *The Washington Post*, 5. November 2014.

DREIUNDSECHZIG

1 Larry Summers, »The Biden Stimulus Is Admirably Ambitious. But It Brings Some Big Risks, Too«, *The Washington Post*, 4. Februar 2021.
2 »Fact Sheet: 441 Federally-Supported Community Vaccination Centers in First Month of Biden-Harris Administration«, Briefing Room, 26. Februar 2021.

VIERUNDSECHZIG

1 Emily Chochrane, »Senate Is on Track for Stimulus Vote After Democrats Agree to Trim Jobless Aid«, *The New York Times*, 5. März 2021.
2 U. S. Government Publishing Office, Legislative Session, Congressional Record, Vol. 167, No. 42, United States Senate, 5. März 2021, S1230; Erica Werner, Jeff Stein und Tony Romm, »Senate Democrats Announce Deal on Unemployment Insurance, Allowing Biden Bill to Move Forward«, *The Washington Post*, 5. März 2021.
3 Transkript aus dem Situation Room, CNN, 4. März 2021.
4 U. S. Government Publishing Office, Legislative Session, Congressional Record, Vol. 167, No. 42, United States Senate, 5. März 2021, »Amendment No. 972«, S1219.
5 »Office of Management and Budget Director Confirmation Hearing«, C-SPAN, 10. Februar 2021.
6 Seung Min Kim und Tyler Pager, »Tanden Withdraws as Budget Nominee in Biden's First Cabinet Defeat«, *The Washington Post*, 2. März 2021.

FÜNFUNDSECHZIG

1 Emily Chochrane, »Senate Is on Track for Stimulus Vote After Democrats Agree to Trim Jobless Aid«, *The New York Times*, 5. März 2021.
2 U. S. Government Publishing Office, Legislative Session, Congressional Record, Vol. 167, No. 42, United States Senate, 5. März 2021, S1230; Erica Werner, Jeff Stein und Tony Romm, »Senate Democrats Announce Deal on Unemployment Insurance, Allowing Biden Bill to Move Forward«, *The Washington Post*, 5. März 2021.
3 »Senators Wyden and Portman on Extending Unemployment Benefits to September«, *C-SPAN*, 5. März 2021.
4 H. R.1319 – American Rescue Plan Act, as amended, passed in the Senate by Yea-Nay Vote 50–49, 6. März 2021, 0:12 Uhr.

SECHSUNDSECHZIG

1 »Remarks by President Biden on the Anniversary of the COVID-19 Shutdown«, East Room, White House, 11. März 2021, White House.gov.
2 »Remarks by President Biden on the American Rescue Plan«, Rose Garden, White House, 12. März 2021, WhiteHouse.gov.

SIEBENUNDSECHZIG

1 For the People Act of 2021, H. R.1, 117th Congress (2021–2022).
2 »Voting Laws Roundup: May 2021«, Brennan Center for Justice, 28. Mai 2021, brennancenter.org.
3 Ebenda.
4 »Arizona Election Audit Enters New Phase as Ballot Count Ends«, Associated Press, 25. Juni 2021.
5 Mark Niesse, »More Ballot Reviews Pending in Georgia, Sowing Doubts in Elections«, The Atlanta Journal-Constitution, 10. Juni 2021.

6 Dave Morgan, »Democrats Hope a Voting Rights Failure Sparks Change on Senate Filibuster«, Reuters, 22. Juni 2021.

ACHTUNDSECHZIG

1 »President Vladimir Putin Part 1«, Interview mit Charlie Rose, 28. September 2015, charlierose.com. Der Kreml gibt das Zitat etwas anders wieder: »Man weiß, dass jede Phase im Leben eine Wirkung auf jemanden hat. Was immer wir tun, all unser Wissen, unsere Erfahrungen, bleibt uns erhalten, wir tragen es weiter, nutzen es auf die eine oder andere Weise. In diesem Sinne haben Sie recht, ja.« Siehe »Interview to American TV channel CBS and PBS«, 29. September 2015, en.kremlin.ru.
2 Siehe dazu Bob Woodward, *Obamas Kriege: Zerreißprobe einer Präsidentschaft.* München: DVA, 2010, S. 196; Bob Woodward, »McChrystal: More Forces or ›Mission Failure‹«, *The Washington Post*, 21. September 2009, S. A1.
3 Siehe Woodward, *Obamas Kriege*, S. 293 f.

NEUNUNDSECHZIG

1 Thomas Gibbons-Neff, Eric Schmitt und Helene Cooper, »Pentagon Accelerates Withdrawal from Afghanistan«, *The New York Times*, 25. Mai 2021.
2 »Remarks by President Biden on the Way Forward in Afghanistan«, Treaty Room, 14. April 2021, WhiteHouse.gov.
3 Anna Gearan, Karen DeYoung und Tyler Page, »Biden Tells Americans ›We Cannot Continue the Cycle‹ in Afghanistan as He Announces Troop Withdrawal«, *The Washington Post*, 14. April 2021.
4 Kate Martyr, »George W. Bush: Afghanistan Troop Withdrawal ›A Mistake‹«, Deutsche Welle, 14. Juli 2021.

SIEBZIG

1 »Donald Trump Cracked Fat Joke with Golf Legends at Private Ceremony Day After Insurrection«, *TMZ Sports,* 25. Februar 2021.
2 »Senators up for Re-Election in 2020«, U. S. Senate Press Gallery, 9. Juli 2021, dailypress.senate.
3 Bob Woodruff, Jamie Hennessey und James Hill, »Herschel Walker: ›Tell the World My Truth‹«, ABC News, 15. April 2008.
4 Bill Barrow, »In Georgia, Herschel Walker Puts GOP in a Holding Pattern«, Associated Press, 26. Juni 2021.
5 Martine Powers und Reuben Fischer-Baum, »How to Flip the House«, *The Washington Post,* 26. Juni 2018.
6 »National Survey Results General Election Likely Voters Political Environment, Trends & Analysis«, McLaughlin & Associates, Mai 2021, mclaughlinonline.com.

EINUNDSIEBZIG

1 »Transcript: ABC News' George Stephanopoulos Interviews President Joe Biden«, ABC News, 16. März 2021.
2 Sarah Rainsford, »Putin on Biden: Russian President Reacts to US Leader's Criticism«, BBC News, 18. März 2021.
3 Video: »Putin on Biden Killer Remark«, Reuters, 18. März 2021, youtube.com.
4 Evan Osnos, »The Biden Agenda«, *The New Yorker*, 20. Juli 2014.
5 Tip O'Neill, *All Politics Is Local. And Other Rules of the Game*. New York: Random House, 1995.
6 »Fact Sheet: Imposing Costs for Harmful Foreign Activities by the Russian Government«, Briefing Room, 15. April 2021, WhiteHouse.gov.
7 »Statement by White House Press Secretary Jen Psaki on the Meeting Between President Joe Biden and President Vladimir Putin of Russia«, Briefing Room, 25. Mai 2021, WhiteHouse.gov.
8 »Remarks by President Biden in Press Conference«, Hôtel du Parc des Eaux-Vives, Genf, Schweiz, 16. Juni 2021, WhiteHouse.gov.
9 Ebenda.
10 Ebenda.
11 David Brooks, »Has Biden Changed? He Tells Us«, *The New York Times*, 20. Mai 2021.
12 »Remarks by President Biden on the Bipartisan Infrastructure Deal«, East Room, 24. Juni 2021, WhiteHouse.gov.
13 Seung Min Kim und Sean Sullivan, »Biden Tries to Move Beyond Flubbed Rollout of Infrastructure Deal«, *The Washington Post*, 29. Juni 2021.
14 »Democrats Pull the Rug out from Under Bipartisan Infrastructure Negotiators with ›Unserious Demands‹«, 24. Juni 2021, republicanleader.senate.gov.
15 »President Biden Departure from Joint Base Andrews«, C-SPAN, 19. März 2021.
16 Katie Rogers, »Biden Is ›Doing 100 Percent Fine‹ After Tripping While Boarding Air Force One«, *The New York Times*, 19. März 2021.
17 CDC Data Tracker, »Trends in Number of COVID-19 Cases and Deaths in the US Reported to CDC, by State/Territory«, covid.CDC.gov.
18 »Remarks by President Biden on the COVID-19 Response and the Vaccination Program«, Rose Garden, White House, 13. Mai 2021, 15:58 Uhr, WhiteHouse.gov.

ZWEIUNDSIEBZIG

1 Nathan L. Gonzales, »These 4 States Could Decide Control of Congress in 2022«, Roll Call, 16. Juni 2021.
2 Transkript eines Interviews von Maria Bartiromo mit Donald J. Trump, *Sunday Morning Futures*, Fox News, 11. Juli 2021.
3 »Six Months Since the January 6th Attack on the Capitol«, United States Attorney's Office, District of Columbia, justice.gov.

EPILOG
1 »Former President Trump Holds Rally in Ohio«, C-SPAN, 26. Juni 2021.
2 Ebenda.
3 Siehe Bob Woodward, *Shadow*. New York: Simon & Schuster, 1999, S. 13.
4 Veröffentlichtes Interview von Bob Woodward und Robert Costa mit Donald J. Trump, 31. März 2016.

BILDNACHWEISE

Jabin Botsford (*The Washington Post*), Bild 5, 6, 8, 10, 15, 17, 18, 22, 24, 28
Jahi Chikwendiu (*The Washington Post*), Bild 3
Al Drago (for *The Washington Post*), Bild 13
Demetrius Freeman (*The Washington Post*), Bild 9, 19
Salwan Georges (*The Washington Post*), Bild 16, 26
Andrew Harnik (AP Photo), Bild 20
Evelyn Hockstein (for *The Washington Post*), Bild 1
Calla Kessler (*The Washington Post*), Bild 27
Melina Mara (*The Washington Post*), Bild 25
Khalid Mohammed-Pool (Getty Images), Bild 21
Bill O'Leary (*The Washington Post*), Bild 4
Astrid Riecken (for *The Washington Post*), Bild 12
Michael Robinson Chávez (*The Washington Post*), Bild 11
Toni L. Sandys (*The Washington Post*), Bild 14
Patrick Semansky (AP Photo), Bild 7
Brendan Smialowski (AFP), Bild 29
Alex Wong (Getty Images), Bild 2, 23

PERSONENREGISTER

Abrams, Stacey 215
Abutaleb, Yasmeen 172
Achromejew, Sergei 175
Adams, Stacey 447
Aitken, Margaret 189 f.
Alexander, Lamar 118
Alito, Samuel 232, 260
Anzalone, John 52, 84
Austin, Lloyd 220, 406, 409 f., 448–450, 457 f., 460
Ayers, Nick 350 f.

Babbitt, Ashli 305, 313
Balsamo, Mike 221
Banks, Jim 417
Bannon, Steve 38, 265 f., 295–297, 343, 359
Barr, Christine 111
Barr, William 61–64, 96, 111–121, 130, 133 f., 138–140, 174, 205 f., 217–219, 221 f., 224–227, 234 f., 255, 312, 326
Bartholomew, Joseph M. 52
Basu, Zachary 209
Bauer, Bob 66
Bedingfield, Kate 99
Beethoven, Ludwig van 401
Belichick, Bill 348
Bernstein, Sonya 370, 425
Bessler, John 104
Bhutto, Benazir 451
Biden, Ashley 49, 188
Biden, Beau 45–47, 49 f., 53, 70, 72, 76–78, 88 f., 104, 164, 406, 410, 461, 483
Biden, Finnegan 73
Biden, Hallie 50

Biden, Hunter 44 f., 50, 70, 73 f., 96, 188, 192, 255
Biden, Jill 48, 50, 72, 80, 103–105, 165 f., 188, 442, 481
Biden, Joe sr. 43
Biden, Kathleen 44 f., 50, 70
Biden, Maisy 73
Biden, Naomi 43, 73
Biden, Neila 43
Biden, Robert »Hunter« II 72
Biden, Valerie 108
Bishop, Vaughn 206
Blasey Ford, Christine 54 f.
Blinken, Antony 94, 405, 448 f., 455–457, 459, 464
Bloomberg, Michael 91 f., 98
Blumenthal, Richard 428, 438
Blunt Rochester, Lisa 76–79
Blunt, Roy 320, 361, 414
Bobb, Christina 280
Boebert, Lauren 417
Bondi, Pam 415
Booker, Cory 56
Boozman, John 414
Bossie, David 196 f.
Botsford, Jabin 357
Bourla, Albert 170 f.
Bowser, Muriel 298
Boxer, Barbara 164
Bradley, Omar 17
Breyer, Stephen 97
Brooks, David 479
Brooks, Mo 260
Bro, Susan 82

537

Brown, George 27
Brown, Sherrod 320
Burks, Jonathan 37 f., 40
Burwell, Sylvia 370
Bush, George H. W. 61, 111 f., 120, 151, 257, 334, 385
Bush, George W. 230, 300, 350, 355, 365, 382, 405, 407, 463
Buttigieg, Pete 70, 88, 91 f., 98 f., 103 f., 442
Byrne, Patrick 251, 254

Capito, Shelley Moore 384
Carlson, Tucker 214 f.
Carper, Tom 76, 427, 429, 432, 435–437, 439 f., 443
Carter, Jimmy 66, 433, 472
Case, Steve 68
Cassidy, Bill 377
Castor, Bruce 411
Chamberlain, Neville 159
Chao, Elaine 326
Chauvin, Derek 128
Chaves, Cesar 363
Chávez, Hugo 231
Cheney, Dick 350
Cheney, Liz 350, 414, 466
Churchill, Winston 305, 492
Cipollone, Pat 117–119, 154, 217, 221, 252, 303, 312, 360
Clark, Justin 233
Clinton, Bill 159, 257, 355, 363–365, 383
Clinton, Hillary 44, 46, 48 f., 57, 66–68, 90, 96 f., 106, 122, 182, 228, 251, 365, 405, 453, 459, 473
Clyburn, Angela 102
Clyburn, Emily 87 f., 102
Clyburn, James 86–88, 91, 100–104, 162 f., 165, 179, 219 f., 305 f., 365, 444–447
Clyburn, Jennifer 102
Collins, Kaitlan 478 f.
Collins, Susan 376–382, 384 f., 387, 392–395, 398, 401–403, 411

Comey, James 114, 225
Conway, Kellyanne 83, 114, 117, 172, 181, 472, 473
Coons, Chris 76–79, 187
Cornyn, John 187
Cortes, Steve 228 f.
Crowe, William J. 175
Cruz, Heidi 232
Cruz, Ted 232 f., 260 f., 264, 294 f., 320, 322
Cullen, Richard 300 f., 326
Cummings, Elijah 92

Daffron, Tom 376
Daines, Steve 322
Davidson, Philip 17
Deere, Judd 293
Deese, Brian 246, 337, 340, 383, 385, 402
DeLauro, Rosa 340
Dempsey, Martin 176
Denver, John 423
DeSantis, Ron 471
Dobbs, Lou 197
Dodd, Chris 165
Dole, Bob 41
Donilon, Mike 31–35, 46 f., 51 f., 56, 66, 72, 75, 81 f., 85, 91 f., 99, 188, 363, 367, 442
Doocy, Steve 41
Dowd, Maureen 232
Drakeford, Robert 277
Ducey, Doug 282
Dunford, Joseph Jr. 58, 176
Dunn, Anita 66 f., 97 f., 338, 340, 354, 440, 442, 479
Durbin, Dick 427
Durham, John 120, 224

Eastland, James O. 87
Eastman, John 261, 267–271, 287–289, 301
Einstein, Albert 401
Ellis, Jenna 234
Emhoff, Doug 166, 368

Epshteyn, Boris 295 f.
Esper, Mark 132–140, 143–147, 149, 154, 198 f., 201 f., 216

Fabrizio, Tony 108–110, 158, 169
Farah, Alyssa 216
Fauci, Anthony 125, 173, 243 f.
Fields, Richard 445
Flood, Emmet 62
Flores, Lucy 79 f.
Floyd, George 128 f., 143, 166, 315
Flynn, Michael 38, 200, 251–254, 284
Foley, Tom 258
Ford, Gerald 60, 188, 493
Franz Ferdinand, Erzherzog 149
Frazier, Joe 195
Furman, Jason 424

Gates, Robert 17, 405, 453
Gerassimow, Waleri 176
Ghani, Ashraf 409
Giebels, Tim 308
Gingrich, Newt 159, 470
Giuliani, Rudy 96, 183–186, 194–197, 200, 213–215, 219, 227–229, 234, 253–255, 272 f., 276–281, 285, 295 f., 302 f., 312, 446
Glover, Robert 304
Gohmert, Louie 334
Goldberg, Rube 257
Goldfein, David L. 58
Goldwater, Barry 259
Goodman, Eugene 364
Gore, Al 257
Gorman, Amanda 366
Graff, Rhona 38
Graham, Lindsey 63, 192 f., 213, 215, 219, 235 f., 262 f., 267, 272–274, 276 f., 282 f., 320, 323, 326 f., 358, 374 f., 412–415, 420 f., 461 f., 465–470, 484–489
Greene, Marjorie Taylor 375
Guilfoyle, Kimberly 228

Hahn, Stephen 159–161, 169 f., 239 f.
Hannity, Sean 38, 169
Harris, Donald 164
Harris, Kamala 56, 70, 88–90, 92, 162–168, 188, 219, 247, 333, 364 f., 368, 371, 379, 388, 432, 441 f.
Harrison, Jaime 219 f.
Harris, Shyamala 164
Haspel, Gina 19, 202, 206, 210 f.
Hassam, Childe 363
Hawley, Josh 264, 320–322
Heaney, Seamus 191
Hegseth, Pete 41
Herschmann, Eric 221, 252 f.
Heyer, Heather 32, 82
Hicks, Hope 138, 193 f., 203, 216
Hill, Anita 82, 226
Hitler, Adolf 19, 159, 342
Hoeven, John 414
Holmes, Lee 276–282
Holt, Lester 229
Hoover, Herbert 159, 338
Howerton, Jonathan 362
Hyde-Smith, Cindy 322

Ignatius, Davis 205

Jack, Brian 182
Jackson, Andrew 363
Jacob, Greg 264, 274, 287 f., 300, 302, 326
Jansen, Kathrin 199
Jefferson, Thomas 81, 457
Jeffries, Hakeem 350
Johnson, Lyndon B. 131

Kaine, Tim 434
Kaufman, Ted 339
Kavanaugh, Brett 54 f., 165
Kavanaugh, Pete 57
Kellogg, Keith 130 f., 207 f., 284 f., 302, 309 f., 313 f., 318 f., 347
Kelly, John 39, 174

539

Kelly, Mike 231
Kemp, Brian 215, 446
Kemp, Jack 111 f.
Kennedy, Anthony M. 54
Kennedy, John 264, 322, 428
Kennedy, John F. 31, 35, 69, 232, 367
Kennedy, Robert F. 31, 363, 488
Kerry, John 443
Kessler, David 122–124
Kilpatrick, Kwame 359
Kim Jong-un 284
King, Angus 58, 429
King, Martin Luther 130, 346, 363, 488
Kissinger, Henry 27
Klain, Ron 67–71, 94 f., 171, 240 f., 243, 246, 336–338, 340, 354, 361 f., 366, 369, 377, 380–382, 384–387, 390–392, 395–397, 402, 405, 419, 423, 427 f., 430, 432, 437, 442, 460, 479, 482 f.
Klobuchar, Amy 99, 103–105, 430
Krebs, Chris 209
Kushner, Jared 110, 112, 138, 193, 199, 218, 230, 310, 313 f., 344, 347, 350 f.

Lankford, James 306
Lee, Mike 259–261, 264, 267–272, 283, 287–289, 322
Lee, Rex 260
Lee, Sharon 283
Lengyel, Joe 136
Lenin, Wladimir 492
Levi, Will 221
Lewandowski, Corey 415
Lewis, John 77
Lil Wayne 359
Lincoln, Abraham 130
Lindell, Mike 200 f., 357
Li Zuocheng 13 f., 16 f., 19, 176 f., 342
Loeffler, Kelly 227, 230, 283, 320, 322
Luna, Nick 302
Luttig, J. Michael 301
Lynch, Michael 325, 434 f., 437 f.

MacDonough, Elizabeth 274 f., 418
Macgregor, Douglas 209
Manchin, Joe 384, 388–390, 396, 419, 423 f., 427–438, 443–447
Manlove, Elaine 189 f.
Manlove, Joseph 190
Manlove, Matthew 190
Manlove, Michael 190
Manlove, Wayne 189
Manning, Tim 244 f.
Mao Zedong 16
Marks, Peter 170, 239
Marshall, Roger 322
Marshall, Thurgood 364
Matthews, Sarah 314 f.
Mattis, Jim 41, 58 f., 174
Mayfield, Curtis 103
McCain, Cindy 282
McCain, John 70, 282 f., 462
McCarthy, Kevin 235, 248–250, 312 f., 357 f., 373 f., 415, 485
McCarthy, Ryan 204
McChrystal, Stanley 453, 459
McConnell, Mitch 41 f., 54 f., 173 f., 186 f., 219, 230, 236–238, 246, 259, 261, 274, 306–309, 317, 320, 326, 350, 354 f., 378, 387 f., 393–397, 411–415, 420–423, 443, 447, 466, 480, 485
McEnany, Kayleigh 293 f.
McEntee, John 209, 215 f.
McGahn, Don 54
McKenzie, Frank 145, 147–149
McKiernan, David 453
McLaughlin, John 169, 470–472
Meacham, Jon 75, 188, 367
Meadows, Mark 138, 144 f., 150, 153 f., 160, 169 f., 172, 198, 204–206, 216, 218, 221, 225 f., 236, 239, 252, 254, 261, 269, 272, 287, 303, 307, 310, 314, 318 f., 350, 361 f.
Merkel, Angela 343
Miller, Christopher 20, 198 f., 204 f., 207, 209, 211, 298 f., 318

Miller, Jason 169, 194, 296
Miller, Stephen 128–130, 268
Miller, Virgil 55
Milley, Hollyanne 138, 205
Milley, Mark 13–30, 58–60, 129–131, 133–136, 138–141, 143–155, 175–177, 200–202, 204–211, 227, 298 f., 301, 306, 315 f., 327, 342–346, 364 f., 410, 450, 458–460, 491–493
Morgan, Matt 184 f., 233
Morris, Dick 159, 168 f.
Mueller, Ann 111
Mueller, Robert 61–64, 111, 226
Mullen, Michael 453, 459
Murkowski, Lisa 377, 380, 403, 469
Murray, Bill 118
Murray, Patty 340
Murthy, Vivek 122–126
Mussolini, Benito 86

Nakasone, Paul 18 f.
Navarro, Peter 197
Nawalny, Alexei 476, 478
Neguse, Andrea 310
Neguse, Joe 310 f.
Nixon, Richard 23, 27, 30, 188, 259, 493
Nunes, Devin 205

Obama, Barack 44, 47, 56 f., 66 f., 83 f., 94, 99, 120, 122, 164, 192, 210, 237, 241 f., 244, 246, 273, 315, 337, 355, 361, 363, 366, 378, 389, 396, 400, 404–406, 409, 416, 419, 424, 452–455, 457, 459, 460, 475
O'Brien, Lo-Mari 360
O'Brien, Robert 95, 138, 147, 149, 207 f., 310, 360, 363
Obst, Marty 200, 286, 295 f., 334 f., 350 f.
Ocasio-Cortez, Alexandria 67, 392, 426
O'Donnell, Christine 421
O'Neill, Tip 477
Ornato, Anthony 319

O'Rourke, Beto 92, 104 f.
Ossoff, Jon 246, 336
Oswald, Lee Harvey 232

Paletta, Damian 172
Panetta, Leon 455
Parks, Rosa 363
Parnas, Lev 234
Parscale, Brad 108, 110, 157 f., 169, 194, 489 f.
Patel, Kash 205–207, 209, 318
Pelosi, Nancy 20–24, 26, 29 f., 55, 92, 248, 304–306, 325, 329, 340, 342, 349 f., 391, 398, 418, 426 f., 432, 434 f., 444, 480
Pence, Charlotte 308
Pence, Karen 284, 295, 308, 332–334, 368
Pence, Mike 36, 40 f., 130, 145, 153, 166, 181, 184, 192, 200, 207, 211, 216, 255–259, 264–266, 270–272, 274 f., 284–288, 290–292, 295–297, 300–304, 306, 308 f., 314, 316, 318, 321 f., 324–327, 332–334, 347–351, 363–365, 368, 411, 414–417, 466, 471
Perdue, David 227, 230, 283
Perez, Tom 220
Perry, William J. 26
Petraeus, David 453, 459, 463
Philbin, Pat 221
Pirro, Al 362
Pirro, Jeanine 362
Pitcock, Josh 350
Plaskett, Stacey 411
Player, Gary 465–468
Podesta, John 68
Pompeo, Mike 200–202, 204, 210 f., 225
Portman, Rob 381–384, 386 f., 390, 398, 423 f., 429, 431 f., 436–440, 443
Pottinger, Matthew 95 f., 318
Powell, Colin 17, 151
Powell, Sidney 197, 200, 214 f., 219, 231, 234, 251–255
Psaki, Jen 369

Putin, Wladimir 329, 373, 452, 475–479, 481

Quayle, Dan 256–259, 272, 334, 348
Quillian, Natalie 243, 245

Rapuano, Ken 297
Reagan, Ronald 175, 260, 421, 462, 471 f.
Reed, Don 107 f.
Rehnquist, William H. 232
Reid, Harry 106, 389, 429, 438
Ricchetti, Steve 46, 48 f., 52, 66, 340, 380, 382 f., 386, 420, 430, 442, 480
Richmond, Cedric 51–53, 55–57, 86, 103
Roberts, John 264
Rockefeller, Nelson 334
Romney, Mitt 36, 322, 381 f., 411
Roosevelt, Franklin D. 179, 220, 253, 363, 394, 399
Rosen, Jeffrey 298
Rose, Tom 292
Rounds, Mike 380
Rove, Karl 230 f., 355 f.
Ryan, Janna 312
Ryan, Paul 36–42, 311 f., 485
Ryan, Tim 93

Saban, Nick 388
Sanders, Bernie 66 f., 90–92, 98 f., 101, 103 f., 106 f., 162, 164, 168, 398, 400 f., 419, 428 f., 440
Scavino, Dan 293 f.
Schatz, Brian 398
Schlesinger, Arthur M. jr. 76
Schlesinger, James 27, 29 f., 365
Schultz, Greg 56 f., 97
Schumer, Chuck 246 f., 325, 340 f., 392–394, 398, 426 f., 429, 432, 434–440, 443, 480
Scott, Tim 321 f.
Selenskyj, Wolodymyr 96
Sessions, Jeff 61, 63

Shakir, Faiz 90 f., 106
Shelton, Regina 364
Sherwood-Randall, Elizabeth 369
Short, Marc 40 f., 200, 264, 274, 284, 286 f., 292, 295 f., 300, 302, 314, 324 f., 333 f., 350
Sinema, Kyrsten 434, 443
Sister Souljah 383
Slotkin, Elissa 315 f.
Smith, Adam 327–331
Smith, Cameron 104
Smith, Will 195
Soderstrom, Sharon 274, 307, 396
Sorensen, Theodore 31
Spanberger, Abigail 67
Stabenow, Debbie 398, 400, 433 f.
Stepien, Bill 169, 194
Sullivan, Dan 439
Sullivan, Jake 97, 99, 126, 363, 366, 369, 404, 408–410, 449, 452, 458 f., 464, 475 f.
Summers, Larry 424
Swan, Jonathan 209

Talmadge, Herman 87
Tanden, Neera 428 f.
Taylor, Maxwell 17
Terrell, Louisa 340, 435
Tester, Jon 398, 400
Thomas, Clarence 82, 226 f., 269, 300
Thurmond, Gertrude 445
Thurmond, Strom 237, 445
Tillerson, Rex 174
Tribe, Laurence 270 f.
Truman, Harry S. 220, 253
Trump, Donald jr. 180, 228
Trump, Eric 180, 295
Trump, Fred 344
Trump, Ivanka 38, 138, 180, 302, 310, 313 f., 347
Trump, Melania 63, 181, 232, 360, 367, 373
Trump, Tiffany 360
Tuberville, Tommy 322

Urban, David 58, 154, 199

Vance, Cyrus 358

Walker, Herschel 469
Walsh, Elsa 44 f.
Warner, Mark 419 f.
Warnock, Raphael 246, 336
Warren, Elizabeth 70, 90–92, 98 f., 107 f., 166, 392
West, Lance 430, 432, 434 f., 437
White, Byron 68
Whitmer, Gretchen 166
Williams, Brian 229

Wilson, Jackie 188
Wood, Lin 230 f.
Woodward, Bob 44 f., 65, 93, 123, 125, 128, 157
Wray, Chris 218
Wyden, Ron 438 f.

Xi Jinping 14, 16

Yoo, John 300 f.
Young, Todd 230, 377

Zients, Jeff 242–245, 370–372, 383, 424 f., 441